Fast Alles, was Recht ist–Jura für Nichtjuristen-
(10. Auflage, C.H.Beck, 2021)

거의 모든 법

-시민들을 위한 법 안내서-

우베 베젤Uwe Wesel 지음 | 이종수 옮김

PUBLIUS
PUBLISHING
VERITAS VINCIT

거의 모든 법

-시민들을 위한 법 안내서-

Fast Alles, was Recht ist–Jura für Nichtjuristen-

(10. Auflage, C.H.Beck, 2021)

우베 베젤Uwe Wesel 지음

이종수 옮김

목 차

옮긴이의 글

이 책은 우베 베젤Uwe Wesel 교수가 펴낸《Fast Alles, was Rechts ist – Jura für Nichtjuristen-》(10. Aufl. C.H.Beck, 2021)을 번역한 것이다. 독일어 원서의 제목을 그대로 옮기면《법에 관한 거의 모든 것- 비법률가들을 위한 법학》이다.

옮긴이가 베젤 교수의 책을 처음 접하였을 때는 1990년대 초반 독일 유학 시절이었다. 1984년에 베젤 교수가 펴낸《Juristische Weltkunde》(법의 세계 입문)라는 제목의 문고판 책이 저명한 주르캄프Suhrkamp 출판사를 통해서 시중에 나와 있었는데, 이 책을 읽고서 무척이나 흥미로웠다. 마치 법학의 신세계를 접하는 듯 했다. 위 책의 내용을 근간으로 삼아서 이후 1992년부터《Fast Alles, was Recht ist –Jura für Nichtjuristen-》이라는 제목으로 지금껏 제10차 개정판에 이르기까지 꾸준히 증보되어온 게 바로 이 번역서다. 그러니 저자인 베젤 교수가 작고할 때까지 이 책에다 평생의 공력을 기울여왔다고 말해도 결코 과언이 아니다.

이 책은 부제副題가 그렇듯이 또한 법률가가 아닌 일반시민들을 위한 법교양서를 표방하고 있는데, 하지만 그 내용이 절대 가볍지 않다. 일반시민뿐만 아니라 법률가들도 반드시 읽어야 할 책이라고 생각된다. 특히나 이 책은 법에 관심을 갖고서 로스쿨 진학을 염두에 두고 있는 학부 학생들과 로스쿨에서의 학업 중에 리걸 마인드가 제대로 잡히지 않는 학생들이 법과 법학의 전체적인 모습을 조망하고, 여러 법적 쟁점을 더 깊이 있고, 쉽게 이해하는 데에 도움이 되리라고 본다.

책의 곳곳에서 해당 쟁점을 쉽게 설명하기 위해서 삽입된 흥미로운 사례와 주요 판례 및 관련 법조문들이 등장하는데, 우리 법조문 및 판례와도 유사한 대목들이 많은 까닭에 함께 대조하면서 읽어보면, 더욱 흥미롭고 유익하리라고 본다. 또한, 잘 알려져 있듯이 우리 법과 법학이 그동안 독일법을 상당 부분 계수繼受해 온 까닭에, 이 책에서 다루고 있는 여러 독일 법 분야에서의 최근 동향은 또한 우리 법의 가까운 미래이기도 하다.

이에 덧붙여서 이번 개정판이 나온 전후로 독일에서 행해진 주요한 몇몇 변경 사항은 다음과 같다. 기존의 성명법姓名法이 개정되어서 2024년 11월부터는 전문가의 감정의견서나 법원의 허가 없이도 누구나 인터넷상의 클릭만으로 쉽게 자신의 이름과 성별性別을 변경할 수 있게끔 되었다. 그리고 독일 연방헌법재판소는 지난 2020년 2월 26일에 그간 "자살自殺의 상업적 장려"를 처벌해온 형법전 제217조에 대해 위헌 판결을 내렸다. 이로써 이른바 "조력자살"Sterbehilfe, Suizidhilfe이 합법적으로 허용되는데, 이 모든 게 개인이 가진 자기결정권을 존중하는 차원에서의 결정이었다.

그리고 이 책에는 독일의 여러 법 분야에서 주어진 구체적인 사안들과 관련해서 이전과는 다른 법적 결론을 도출해 내기 위하여 학계와 법원에서 어떻게 기교技巧적인 법, 즉 법 기술을 동원해서 이를 해결해왔는지도 또한 적나라하게 잘 묘사되고 있다.

저자의 바람대로 이 책은 법학 분야에서 세계적으로 저명한 C.H.Beck 출판사에서 2021년에 펴낸 개정판이 제10판인 데서도 확인되듯이, 독일의 출판시장에서 법교양서로는 드물게 베스트셀러의 반열에 올랐다. 안타깝게도 저자가 재작년에 타계했기 때문에 앞으로 이 책의 개정판이 더 이상 없을 것이어서, 아마도 이 번역서가 마지막 개정판이 될 거라고 짐작된다.

오랫동안 고대의 로마법 연구에 천착해온 그간의 학문적 이력 때문에 저자의 주된 관심사가 또한 법사학에도 걸쳐있다. 시중에 법교양서들이 많이 나와 있지만, 이렇듯 2천 년이 넘는 법의 역사를 전체적으로 조망하면서 거의 모든 법 분야의 핵심적인 내용을 뽑아내서 소개하는 게 결코 쉬운 일이 아니다. 로마법 학자이자 법사학자인 저자이기에 감당해낼 수 있었던 작업이라고 생각된다. 게다가 시중에 나와 있는 여느 법학개론서들이 그렇듯이, 그저 개괄적이고 평면적인 소개가 아니라 통시적인 관점에서 정확한 사례와 관련 판례를 제시하고, 주요 대목마다 발견되는 저자 자신의 깊은 경륜과 오랜 내공이 담긴 촌철살인寸鐵殺人의 사법비판 또한 돋보인다. 이런 까닭에 독일의 한 신문은 저자를 두고서 "법의 성배聖杯를 찾아 나선 인디아나 존스Indiana Johns"라고 묘사하는데, 이 책의 내용과 저자의 그간 학문적 이력을 반추해 보면, 딱 걸맞은 비유라고 여겨진다.

이 책을 읽어가면서 옮긴이가 학부 시절부터 줄곧 법학을 공부해 오면서 지녀온 여러 의문점이 나름 해소되는 뜻밖의 소득과 기쁨이 있었다. 예컨대 민법에서 물권행위의 유인성과 무인성 논쟁 그리고 민법상의 불법행위와 형법상의 위법행위 간의 관계 문제 등이 그러하다. 행여나 독자들이 스스로 확인하고서 터득하는 즐거움을 빼앗을까 봐서 더 이상의 사족蛇足은 삼가려는데, 독자들도 이 책을 읽어가면서 옮긴이가 느낀 유레카의 기쁨을 함께하기를 기대해 본다.

이 번역서가 나오기까지 여러분의 도움이 있었다. 먼저 이 번역서의 출간을 흔쾌히 수락해주신 푸블리우스 출판사의 전민형 대표와 책의 교정작업을 도와준 광운대 법학부 손상식 교수에게 감사드린다. 그리고 고된 번역작업 중에 늘 곁에서 큰 도움을 주는 사랑하는 아내에게 특히 고마운 마음을 전한다.

2025년 여름, 정발산 자락에서 옮긴이

서문

　시간이 흐르면서 모든 게 바뀌고, 책들도 또한 마찬가지다. 지금 이 책에는 많은 부분이 새롭게 삽입되었는데, 책 전체를 거의 전면적으로 새로이 작업하다시피 했다. 이 책의 초판본이 발간되고서 30년이 지난 시점에서 마침내 제10차 개정판을 펴내는 까닭에, 이는 불가피한 작업이기도 하다. 이전의 개정판에는 이번과 같은 전면적인 개정작업이 없었다. 외형적으로도 이번 개정판이 새로운데, 그간 C.H.Beck 출판사에서 출간된 나의 다른 책들과 판형을 맞추고 양장본의 겉장에는 책날개까지 덧붙였다. 모두 10개의 편장과 함께 책의 편장과 순서도 바뀌었는데, 지난 3년 이래로 유럽연합EU에서 통일적으로 규율되고 있는 정보기본규정 때문에 더욱 중요해지는 정보보호에 관한 내용을 제8장에다 추가했다. 그리고 제9장에는 법학부의 학업에서부터 제2차 사법시험까지에 이르는 법률가 교육 및 양성에 관한 내용을 덧붙였다. 여기서는 의학도의 교육과정 및 학업성적과도 함께 비교해 두었다.

　이 책의 집필에 도움을 준 Dieter Burneleit와 Johannes Wasmuth 박사에게 감사의 말을 전하는데, 이들은 정확한 전문지식으로 나의 집필 작업을 크게 도왔고, 큰 인내심을 갖고서 기껍게 이 일을 해냈다.

2021년 5월, 베를린에서 Uwe Wesel

Recht und Sprache

제1장
법과 언어

위 문장은 언론에서 "기교技巧적인 법언어"의 사례로 종종 거론되는 법 텍스트들 가운데 하나다. 이번에는 1985년 10월에 제정된 「야생동물보호규정」이 문제다. 이 규정을 두고서 누군가가 시 한 수를 짓는다. "새 둥지를 두고서 놀리거나 괴롭히지 말라. 왜냐하면, 그것도 당신처럼 고통을 느끼기 때문이다."

이 같은 조롱은 법률가들이 흔히 쓰는 문장에 대한 못마땅함이 사회 전반에 널리 퍼져있음을 드러낸다. 일반인들은 썩 내켜 하지 않으면서도 읽고 있지만, 그런 까닭에 대다수가 해당 법문法文을 이해하기가 거의 어렵다. 즉 이렇듯 널리 퍼져있는 법에 대한 못마땅함과 그 이면에는 여러 문제점이 놓여있다.

법원에서의 소송은 19세기까지만 해도 굳게 닫힌 문 뒤에서 그리고 대부분 단지 서면으로만 진행되었다. 그래서 19세기 초반부터 자유주의적인 법률가들이 법치국가적인 맥락에서 사법개혁을 촉구했다. 이 법치국가원리는 18세기 말 무렵에 형성된 여러 새로운 개념 중의 하나였다. 이 같은 사법개혁에는 또한, 민·형사소송에서의 공개주의와 구두변론주의가 포함되어 있었다. 1848년의 3월 혁명과 더불어서 그간의 절대주의가 막을 내리고서야 비로소 사법개혁이 실현될 수가 있었고, 그 이후로 「법원조직법」GVG에서 법정法廷에서의 심리는 공개되고(현행 법원조직법 제169조 제1문), 독일어로 구두변론이 행해진다고 규정되고 있다. 이로써 사람들은 법에 따라서 결정된 판결에 설득되고 또한 공감할 수 있게 되었다. 그러나 자유주의자들이 생각했던 것처럼 그리 간단치만은 않았다. 왜냐하면, 법언어가 문제였다.

법언어로 가능한 한 단순하게 표현하더라도, 사람들은 법이 본질적으로 언어라고 말하곤 한다. 즉 법률가들의 의식 속에서, 적어도 그네들의 일상적인 작업 가운데, 또한 그들 내부의 영역에서 그리고 시민들을 대상으로 하는 그들의 외부적인 등장에서 그렇듯이 법은 언제나 언어이다. 많은 법률과 판결들, 법적 자문의견서, 법률문헌들, 법정에서의 심리 […] 여기서 언어가 아닌 게 없으며, 때로 구술되고, 때로는 활자화된다. 그것은 물론 특별한 방식으로 발전되어 온 언어다. 우리네 노동 분업적인 사회의 다른 특별한 영역들, 즉 자연과학 또는 정신과학, 의학과 공학 분야에서도 이와 같이 해당 언어들이 발전해 왔다. 이것들은 전문 언어이다. 그리고 모든 전문 언어는 나름의 문제점을 갖고 있는데, 예컨대 해당 전문 분야의 바깥에 놓여 있는 이들에게는 쉽사리 이해되지 않는다는 것이다. 즉 누군가가 철학적으로 구성해서 말하는데, 도대체 무얼 말하는지 누구도 이해하지 못할 단어들을 구사하는 것이 마치 뛰어난 기교인 양 행세한다. 철학적으로 올바르다고 여겨지는 것이, 그러나 다른 분야라면 별도의 철저한 논증이 있어야 하는데, 이로써 고도로 발전해 온 해당 전문 언어로 복잡한 문제들을 보다 더 쉽게 파악할 수 있게끔 한다. 그러나 예컨대 자연과학과 공학 분야에서 그렇듯이 아마도 이 복잡한 문제들은 때로는 통상적인 일상의 언어로는 거의 해결될 수가 없다. 그러나 여기서 해당 문제가 차라리 거의 순수하게 기술적이라면, 이는 법에서도 이와 마찬가지로 특별히 중요한 정치적인 의미가 있다.

법은 한 국가 내의 규범들 전체를 일컫는다. 이것은 국가에 의해서 만들어지는데, 특히 세 개의 권력, 즉 의회, 행정부와 법원들에 의해서 만들어진다. 여기서 "모든 국가권력은 국민으로부터 나온다"라는 문장은 모든 민주주의의 보편적 원리로 통용된다. 국민은 선거를 통해서 의회와 행정부 그리고 법원들을 구성한다. 왜냐하면, 법관들은 행정부로부터 임명되거나, 때로는 의회에서 선출되기 때문이다. 기본법GG 제20조 제2항은 다음과 같이 밝히고 있다.

> 모든 국가권력은 국민으로부터 나온다. 이 국가권력은 국민의 선거와 투표를 통해서 그리고 입법, 집행 및 사법의 특별한 기관들을 통해서 행사된다.

이제 국민들이 선거로써 국가를 구성할 이들을 뽑을 때는 그 국가의 질서가 지금껏 어떤 모습이었는지 그리고 앞으로도 이 질서가 어떤 모습이어야 할지를 생각하고서 결정해야 한다. 그러니까 법의 모습까지도 미리 염두에 두고서 이를 최우선으로 생각해서 선거에 임해야 한다. 이런 까닭에 국민들은 이에 대해 미리 충분한 정보를 갖고 있어야 한다. 그래서 정보는 다시금 공개성을 전제로 한다. 공개성은 국가작용의 투명성을 뜻한다. 그래서 국가작용, 즉 의회, 행정부와 법원들의 행위가 유권자인 일반시민들이 이해할 수 없는 언어로 행해진다면, 투명성이 결여된다. 이로써 민주주의원리, 공개성 및 통제의 원리가 부인당하는 셈이다. 그러므로 여느 시민이 복잡한 기계의 기술적인 안내지침서를 이해할 수 없는지와 의회에서 제정된 법률과 법원이 행한 판결의 이해 여부를 다루는 것은 그 뉘앙스가 사뭇 다르다.

또한 다른 맥락에서 법언어는 특수성을 갖는다. 왜냐하면 법언어의 배후에는 국가의 폭력독점이 놓여있기 때문이다. 일상에서 그냥 말하는 것은 그저 장광설長廣舌에 지나지 않는다. 법률이나 법원이 무언가를 말한다면, 그 배후에는 젊은 남녀들을 경찰서로 끌고 가듯이, 나이 지긋한 법원집행관이나 구금시설이 갖는 궁극적인 기능에는 이렇듯 물리적인 강제가 놓여 있다. 미국에서 불량배들은 "경찰관의 손에 쥐어진 야광봉의 끝에는 많은 법이 담겨있다"There is plenty of law at the end of a nightstick라고 말한다. 왜냐하면, 실제로 이 야광봉의 끝에 많은 법이 존재하기 때문이다.

세 가지 문제점

그리고 전문 언어들에는 이해하기가 어렵다는, 즉 난해함의 문제만이 있는 게 아니다. 법언어에는 불분명함과 이데올로기라는 다른 두 개의 문제점이 또한 존재한다. 따라서 우리는 이 세 개의 문제점을 제대로 다뤄야만 한다. 첫째, 법률가들의 언어는 이해하기가 어렵다. 둘째, 법률가들의 언어는 불분명하다. 셋째, 법률가들의 언어는 이데올로기적이다. 이 세 가지 문제점을 차례대로 설명해 보려고 하는데, 이는 이해당사자들이 혼자서 또는 공동으로 맞닥뜨리게 되는 문제이기 때문이다.

먼저 불분명함은 법률가들의 문제이다. 그 어떤 법률도 추후에 발생하는 모든 분쟁 사건을 별다른 수고로움이 없이 이런저런 의미로 해결할 수 있게끔 그렇게 분명하게 구성될 수가 없다. 두 번째로 난해함, 즉 이해하기가 어려움은 법에 문외한門外漢인 일반시민들의 문제이다. 법률가들이 특별히 나름 분명하게 표현한다손 치더라도 일반시민들은 대개 곧바로 이해할 수가 없다. 세 번째로 이데올로기적인 것은 법률가와 비법률가 모두의 문제이다. 이는 법에 관한 중요한 물음이 다뤄지는 곳에서 그것이 대부분 전적으로 분명하고 이해할 수 있게끔 구성된다고 하더라도 법률가와 비법률가 모두가 이해하기가 어렵다는 것을 뜻한다. 이만 각설하고, 이제 난해함의 문제부터 다뤄보기로 하자.

1. 법언어의 난해함

민사법원과 형사법원의 구조와 소송요건을 일반적으로 규율하는 어떤 법률이 있다. 이것은 즉 이들 법원의 구성을 뜻하고, 따라서 「법원조직법」 GVG으로 불린다. 이 법원조직법 제184조에서 다음과 같이 규정하고 있다.

> 법정法廷에서의 언어는 독일어이다.

참으로 대단한 표현이다. 그렇지 아니한가? 왜냐하면, 모든 사람은 독일어를 이해해야 마땅하기 때문이다. 그런데 법정에서 말해지는 독일어는 무엇인가? 여기서 제184조의 규정은 기술적인 의미에서 법정에서 통역 없이 그저 영어나 프랑스어로 말해서는 아니 된다는 원칙만을 나타내는 게 아니다. 해당 규정은 공개성, 알 권리와 민주적 통제에 관한 계몽적인 목소리를 또한 내포하고 있다. 이는 여러 개의 단어로 조합된 아래 법원조직법 제169조의 규정에서 미리 알 수가 있다.

> 판결과 결정의 선고를 포함해서 당해 법원의 심리는 공개된다.

이것이 민주적인 공개성의 원칙과 어떻게 관련되는지를 보다 정확하게 살펴보자. 우리는 여기서 또한 당연히 무언가를 이해할 수 있어야 한다. 그런데 이는 거의 불가능하다. 왜냐하면 여기서는 독일어가 아닌 다른 언어, 즉 법률가의 언어로 말해지고 있기 때문이다. 이 법률가의 언어는 고도의 추상화, 부족한 직관성, 고유한 개념들, 긴 문장들로 구성되는 지나치게 상세한 표현방식, 수많은 명사名詞와 이리저리 얽혀있는 복문複文들로 구성되곤 한다. 이에 관한 유명한 사례가 바로 1879년에 당시 최고법원인 제국법원이 행한 판결인데, 판례집 제1권에 수록된 "철로鐵路" 개념이 바로 그러했다.

한 노동자가 철로 건설현장에서 다쳤다. 해당 철로는 광물을 운송하는 협궤선로인데, 탈선해서 사고가 빚어졌다. 그런데 책임자로 건설회사가 지목되지 않았다. 당시의 「제국배상책임법」 제1조에 따라서 건설회사가 배상책임을 부담하는지가 물음으로 제기되었다. 동 규정에 따르면 누구라도 철로 운영 중에 다치면 무과실책임을 부담하게 된다. 해당 회사는 "아니다"라고 답했다. 즉 증기기관으로 움직이는 자기 회사의 협궤선로는 작업현장에 깔린 선로이지, 공공철도가 아니라는 주장이었다. 그러나 제국법원은 법상의 철로가 맞는다면서, 회사 측이 배상해야 한다고 밝혔다.* 이는 철로 개념에 해당되기 때문이고, 제국법원 민사재판부의 해당 판결, 즉 유명한 철로 개념은 판례집 제1권 252쪽에 수록되어 있다.

"금속성으로 된 꽤 협소한 공간 위에서 사람 또는 물체의 반복적인 이동을 목표로 하는 일종의 활동인데, 그 견고함과 구조, 윤활력으로 인해 대형 중량을 운송하거나 비교적 빠른 속도로 운송할 수 있고, 이러한 특성에다가 이동에 사용되는 자연력(증기, 전기, 동물이나 인간의 근육활동 등등, 경사진 선로에서는 운송 차량과 적재된 화물의 자체 무게만으로도 움직임)이 운행 중에 결합하면 상당히 강력하고 상황에 따라서는 필요한 정도만큼만 유용할 수도 있지만 인간의 생명을 파괴하고 건강을 해치는 효과를 발휘할 수도 있다."**

---

* 그런데 이 사건을 다룬 하급법원들에서는 법상의 철로 개념에 해당하지 않는다며 회사 측에 배상책임이 없다고 판결했다. 이를 위해서 회사 측은 법상의 철로 개념에 해당하지 않는다는 여러 법학교수의 자문의견서를 재판부에 제출했다. 해당 판결이 당시 독일사회에서 크게 논란이 되던 가운데 제국법원은 이와 같이 하급법원의 판결을 파기하는 판결을 내렸다. 어느 법사학자는 이로써 당시의 "철로 개념"이 독일사회에서 법조계 전체에 대한 조롱거리가 되었다고 묘사한다.

** 독일어로 쓰인 본래의 원문 자체가 많은 지시대명사, 관계대명사와 복잡한 복문들이 구사되면서 마침표 하나로 끝나는 하나의 문장으로 구성되어 있어서, 독일 사람들도 대체 뭘 말하는지 이해하기가 어렵게 구성되어 있다. 저자가 의도적으로 위 문장을 인용하는 까닭에 번역문

이로써 우리는 철로가 무엇인지를 단지 알 따름이다. 법언어의 이 같은 낯섦이 늘 그런 것만은 아니다. 고대 로마에서는 모든 시민이 법언어를 쉽게 이해할 수 있었고, 법언어는 유연하고 분명했었다. 고대의 로마인들이 역사상 최초로 기술적인 측면에서 고도로 발달한 법을 만든 바로 그 장본인들인데도 말이다. 이 법은 오늘날 우리의 법체계에도 여전히 그 토대를 형성하고 있다. 이들은 그네들의 법이 기원전 5세기 중반에 만들어진「12표법」Lex Duodecim Tabularum에 근거하고 있다고 늘 믿어왔다.* 공화정의 말기인 키케로Cicero와 카이사르Caesar의 시기에도, 즉 4백 년이 훌쩍 흘렀는데도 많은 로마인은 이 12표법을 능숙하게 암송할 수가 있었다. 어린아이들도 수업 중에 12표법을 배웠다. 그것의 언어는 실제로도 매우 단순했다. 제6절의 첫 번째 문장은 라틴어로 이렇게 적혀 있다.

"Si in ius vocato ito. Ni it antestamino. Igitur em capito. Si calvitur pedemve struit manum endo iacito. Si morbus aevitasve vitium escit qui in ius vocabit immentum dato. Si nolet arceram ne sternito."

이 문장을 옮기면 다음과 같다.

"만약에 어떤 이가 다른 이를 법정에 부르면, 그 사람은 법정에 나가야 한다. 만일 그가 나오지 않으면 소송을 제기한 원고는 증인을 세워서 피고를 체포해야 한다. 만약에 피고가 도망가면, 원고는 스스로 조치를 취해야 한다. 만약에 피고가 늙거나 병이 들었다면, 그에게 마차

이 이 모양인 게 옮긴이의 불찰이 아니다.
* 역사가 리비우스(Titus Livius, BC 59~AD 17)는 자신이 쓴《로마사》제3권에서 이렇게 말했다. 그는 이 12표법(12동판법)이 단순한 법률 제정에 그치지 않고, 성문화(成文化)를 통해서 법적 불확실성이 해소되고, 이로써 평민들의 권리 신장에 기여했다고 평가한다. 그는 다음과 같이 말한다. "이 법률은 로마인들의 시민적 자유의 기초를 닦았으며, 법이 더 이상 귀족들의 무기가 되지 않게끔 했다."

를 보낼 수 있다. 피고가 이를 원치 않는다면, 원고는 더 이상 피고를 배려하지 않아도 된다."

이는 타인을 상대로 하는 소송이 어떻게 시작되는지의 물음을 다루고 있는데, 우리는 오늘날 이것을 소송의 청구(소의 제기)라고 말한다. 「민사소송법」ZPO 제253조 제1항은 아래와 같이 규정하고 있다.

> 소송의 청구는 문서(소장)의 송달로써 행해진다.

고대의 로마법에서는 모든 법문法文이 "부르다", "가다", "오다", "(증인을) 소환하다" 등과 같은 동사動詞들로 구성되어 있었다. 즉 자세하고 일목요연하다. 그런데 지금의 우리네 법률은 청구, 소송, 송달, 서면, 소장訴狀과 같이 단지 다섯 개의 명사名詞뿐이다. 12표법은 구체적이고 직관적이었다. 반면에 지금의 우리네 민사소송법은 추상적이고 한눈에 쉽게 파악되지 않는다. 이는 법문法文이 더 이상 평범한 시민들이 아니라 상류의 중산층, 법관과 변호사들을 위하여 작성되기 때문이다. 즉 단지 일부의 전문가들만이 다룰 수 있는 기술적인 도구인 셈이다.

고대와 중세의 독일법에서 법언어는 심지어 로마인들의 법언어보다도 훨씬 더 일목요연했었다. 아주 오랫동안 법문이 성문화되지 않은 채 단지 구술口述로 전승됐다. 그리고 판결은 문서로 만들어지지 않고 그 자리에서 말로 행해졌다. 구술을 통한 전승은 기억력에 의존하는데, 따라서 고대의 독일법에서 법 격언, 운율을 맞춘 시적인 표현뿐만 아니라 우리가 오늘날에도 때로 구사하고 있듯이 반복적인 표현방식을 흔하게 발견할 수 있다. 즉 "선물로 받은 허접한 말은 아가리를 살펴보지 않는다". 이들은 우리가 오늘날 법문에서 구성하는 바와 같이 증여한 물건에 설령 결함이 있다 하더라도 증여자가 책임을 부담하지 않는다는 것을 표현하기 위해 이렇게 말했다. "눈을 부릅뜨라, 거래는 거래다"는 말도 이와 마찬가지다.

또 다른 사례를 들어보자. 지금의 「형사소송법」StPO 제7조는 주소지뿐만 아니라 범죄가 벌어진 행위지에서도 기소될 수 있다고 규정하고 있다.

관할지역 내에서 범죄가 행해진 법원이 심급법원이 된다.

고대의 독일법에서는 이 대목이 오히려 더 알기 쉽게끔 다음과 같이 구성되었다.

"당나귀가 춤추는 바로 그곳에 반드시 털이 흩날려 있다."

독일에서의 변화는 14~15세기에 로마법의 계수繼受와 함께 시작되었다. 로마법을 적용하기 위해서는 라틴어가 필요했다. 여러 법률, 소송서류와 각종의 문서들이 독일어로 작성되고, 법정에서의 심리 또한 독일어로 행해졌다. 그런데 법학문헌들의 대다수가 라틴어로 적혀있었다. 또한, 판결문에도 일반인들이 이해하기 어려운 라틴어가 사용되었다. 1200년 무렵 아이케 폰 레프고브Eike von Repgow가 집대성한 중세의 독일법 모음집인 《작센슈피겔》Sachsenspiegel도 처음에는 라틴어로 쓰여 있었다. 라틴어는 학문적인 언어였다.

3백 년 후인 18세기에 계몽주의와 함께 점차 다시 독일어가 대학 법학부의 강의실과 법률문헌들에서 사용되기 시작했다. 그러나 이렇듯 라틴어와 결합하였던 까닭에 법률가들의 언어는 여전히 악명이 높았다. 라틴어로 된 많은 전문용어가 일상에서 구사되었던 때문만은 아니다. 로마인들에게는 지극히 자명했던 것이 그러나 우리에게는 늘 어렵사리 따라가야 하는 복잡한 얽힘으로 남아있다. 이로써 법은 각자가 알고 있는 바를 말하지만, 누구도 이해할 수 없는 단어들이 구사되는 일종의 기예技藝가 되고 말았다. 또는 1965년에 발간된 《짐플리키씨무스》Simplicissimus라는 이름을 지닌 풍자잡지의 한 대목을 인용할 수가 있겠는데, 형사재판에서 판결을 선고하는 법관을 스케치한 그림 아래에는 다음과 같이 적혀 있었다.

"피고인이 범행을 자백했고, 위증에 따르는 처벌을 안내받은 증인들도 이를 확인해 주었으며, 피고인에게서 폭행을 당한 자가 다툼의 원인에 전혀 책임이 없지는 않다는 사실로써 피고인에게는 집행유예의 형이 선고될 수 있다."

로마법에 기초해서 19세기 말에 독일 「민법전」BGB이 만들어졌다. 오랜 사전작업 끝에 1888년에 초안이 완성되고서 제국의회로 넘겨졌다. 그런데 그것의 난해함 때문에 분노의 바람이 드셌다. 이 민법전에 대한 가장 신랄한 비판자들 가운데 한사람인 비엔나 대학의 안톤 멩거Anton Menger 교수는 1890년에 출간된 자신의 저서 《민법과 무산대중계급》*에서 다음과 같이 밝히고 있다.

"초안의 내용에서와 같이 독창성이 전혀 결여되어 있는데, 그 형식 또한 전적으로 잘못되었다. 그 어떤 입법의 일부도 민법전보다도 더 민중적이고, 보편적이며 이해하기 쉬운 표현방식이 필요하지 않다. 왜냐하면, 헌법, 행정법, 민사소송법 및 형법과 같은 기타 법률들은 단지 특정한 인민들의 범주에만 관여하고, 특별한 경우에만 적용되는 반면에, 민법전은 일상에서 그리고 모든 인민에게 적용된다. 그런데 우리는 지금 여러 법 개념이 차별화되고, 법소재들이 갈가리 분해되는 방식으로 엄청나게 확장된 법률문헌을 가진 셈이다. 적절하게도 독일 법학을 날이 너무 얇게 그리고 날카롭게 갈려서 더는 손에 쥐고서 사용할 수 없는 위험한 칼에 비유하고 있다. 이렇듯 특출한 재능이 없는데도 상찬받

---

* 이 책은 최근 국내에서 제목을 다소 달리하여 번역본이 출간되었다. A. Menger(이진기 옮김), 《가난한 사람의 민법》, 정독, 2019.

고 있는 이 초안의 작성자들은 지금 법학적 스콜라주의의 영향 아래에 놓여있는데, 따라서 이보다 더 추상적이고 반反 대중적인 표현방식을 능가하기가 어려운 졸작을 세상에 내놓았다.”

이 민법전 초안을 갖고서 추가로 작업하는 데에 이미 큰 수고가 필요했다. 1898년 제국의회에서 초안의 두 번째 개정안을 통과시켰을 때에 실제로도 이전보다는 조금은 더 나아 보였다. 특히 많은 외국어 단어들이 삭제되었는데, 당시에 어디서나 독일어로 된 단어들을 사용하고 있었던 까닭이다. 서西프로이센의 마리엔베르더Marienwerder에 소재하는 고등법원의 법원장인 율리우스 에를러Julius Erler는《새로운 민법전의 언어》(1896)라는 책에서 다음과 같이 자신의 견해를 밝혔다.

“몇몇 대목들을 도외시한다면, 독일인들은 민법전 제정이 언어적으로도 모범적인 성취로 기뻐해야 할 정당한 계기를 갖게 되었다. 성취되어야 할 것이 결국 성취되었다.”

그런데 단지 외국어 단어들만 삭제되었을 뿐이다. 언어는 여전히 추상적이고, 한눈에 파악하기가 어려웠다. 그것은 상류 중산층의 언어였고, 특권의 바깥에 놓여있는 일반시민들에게는 일종의 높은 장벽이었다. 오늘날도 여전히 이와 다르지가 않다. 이제 민법전 제164조의 “대리代理” 규정을 갖고서 짧고 전적으로 정상적이고 그리고 차라리 무해한 시도를 해보자.

> 타인의 이름으로 행위를 한다는 의사가 인식할 수 있게끔 드러나지 않는 경우에는 자신의 이름으로 행위를 하려는 의사의 흠결을 고려하지 않는다.

만일 자유주의적 그리고 민주적인 사고가 19세기 전반기보다 더 낫게 관철되고, 1848년의 혁명이 좌절되고서 오랫동안 관棺 속에 처박히지 않았더라면, 아마도 법률가들의 언어는 이와는 다르게 발전했을 법하다. 당시에 사람들은 민주적인 사고를 또한 법에도 실현하고자 시도했었다. 즉 모든 시민이 재판 과정에 참여하면서 법률전문가들의 영향력을 최소화할 수 있는 참심법원의 설치와 재판의 공개성 실현을 요구했다. 즉 절대주의하의 비밀주의에 대항하는 시민적 공개성의 요구였다. 왜냐하면, 여전히 그리고 늘 재판이 법정의 폐쇄된 문 뒤에서 행해지고 있었기 때문이다. 이미 임마누엘 칸트Immanuel Kant도 이를 비판하면서, "공개성이 없이는 그 어떤 정의도 없다"고 말했다. 1821년에 안젤름 포이에르바흐Anselm Feuerbach는 《정의 구현을 위한 공개성과 구두변론에 관한 고찰》이라는 제목의 책에다 자유주의자들을 위한 강령을 담아두었다. 요한 고틀립 피히테Johann Gottlieb Fichte는 이 책에서 법이 가급적 어떻게 운용되어야 하는지에 관한 확실한 기준을 목도했다. 이는 결국 지난 20세기 중반 이래로 오랫동안 서서히 관철됐는데, 흔히들 충분히 읽히고 있지 않은 규정이기는 하지만 오늘날의 「법원조직법」GVG 제169조는 아래와 같이 규정하고 있다.

> 판결과 결정의 선고를 포함해서 당해 법원의 심리는 공개된다.

그런데도 법률가들은 이를 제대로 받아들이지 않고 있다. 여느 다른 이들에게서 통제받지 않으면서 판결을 내리기에는 이게 더 손쉬울 법하다. 사람들은 권력이라는 걸 손에 쥐고서 혼자서만 휘두르려고 한다. 또한, 현재의 일부 법률가들은 여전히 공개성에 있어서는 차라리 훼방하는 관계에 놓여있다. 사람들은 이제 이것을 뿌리칠 준비가 되어있다. 1964년 이래로 법정에서 행해지는 재판의 녹취, 녹화 및 중계가 금지되었는데, 그 이후에 일부 정치인들이 법정에서의 재판 중에 흔쾌하지 않은 방식으로 사진 찍히기도 했다. 법률가들은 재판의 공개성이 위험하다고 말한다. 즉 공개성이 진실발견과 소송참가자들의 사적 영역 그리고 법관의 독립성을 위협한다는 주장이다. 법관이 올바른 판결을 찾는 것이 매우 민감한 과정이라고 말하면서, 즉 법관은 "길거리에 나선 시위대로부터의 압력"이 없이 전적으로 평온한 가운데 자신의 길을 걸어가야 한다고 주장한다.

이제 또 다른 목소리를 들어보자. 이들은 법정의 공개성이 높은 헌법적 위상을 지닌 법익이라고 강조한다. 2017년 10월 8일에 제정된 「법정 절차상 미디어 공개의 확대를 위한 법률」과 함께 이 같은 상황이 개선되었다.

법학도들은 학업 중에 모든 수업에서 법언어가 지닌 고도의 추상화 수준과 발달한 복잡한 전문용례들을 익히는데, 이는 이들에게서 차츰 일상의 쉬운 언어들을 내려놓게끔 만든다. 대체로 법학부에 입학하고서 2~3년이면 그리된다. 이제 이들은 이전의 자신에게서 벗어나서는 천천히 그리고 여유만만하게 고도의 추상화라는 공기를 한껏 들이마시면서 뽐내며 멋진 요트를 몬다. 반면 그 아래에 있는 평범한 대중들은 이 요트가 도대체 어디로 흘러가고 있는지, 아무것도 모르는 채로 그저 뒷전에 남아있다. 우리는 지상에서도 이와 똑같은 길을 답습해 가고 있다. 법적인 결정은 일상의 구체적인 언어로 정당화되어야 한다. 모든 민주화의 과정에서 기술관료제적인 대가가 요구되듯이 앞으로도 더 많은 시간이 필요할 터이지만, 그 밖의 다른 어려움은 없으리라고 본다.

2. 법언어의 불분명함

법언어가 지닌 이 같은 난해함을 유지해야 한다는 결정적인 논거는, 이를 좀 더 면밀하게 살펴보면 그것이 타당하지 않다는 사실이 덧붙여진다. 대다수 사람은 고도로 발달한 전문 언어만이 결과의 통일성, 판결의 일관성 및 사법司法적 판단의 예측 가능성을 담보한다고 말하곤 한다. 그런데 실제로는 이와는 정반대다. 법언어가 지닌 고도의 추상화 수준에도 불구하고, 이는 매우 부실하기만 하다. 이로써 우리는 법률가들이 지닌 두 번째 문제와 마주한다. 즉 법률가들의 언어는 불분명하다.

이 점을 분명히 밝히기 위해, 지금 두 개의 사례, 즉 하나는 비교적 단순하고 다른 하나는 다소 어려운 사례를 살펴보기로 하자. 한 사례는 법적인 문제들을 지닌 분쟁사례, 즉 갈등사례로서 대체로 원고와 피고라는 두 당사자 사이의 문제다. 흔히들 사실관계가 이렇다고 말하면서, 법률로써 이 문제를 해결해야 한다. 먼저 쉬운 사례부터 함께 생각해 보자.

젊은 통역사인 마리Marie는 독일철도회사에서 상급감독관으로 일하고 있는 야콥Jakob과 결혼했다. 이들에게는 아이가 없었다. 아내인 마리가 어떻게든 아이를 갖기 원했기 때문에 야콥은 신생아인 게지네Gesine를 입양하자는 데에 마지못해서 마침내 동의했다. 그런데 입양 이후에 이로 인해서 부부간에 심각한 갈등이 불거졌고, 결국 이들은 갈라섰다. 게지네는 지금 두 살이다. 마리는 어린 게지네를 돌봐야 해서 자신이 이전에 해왔던 일을 계속할 수가 없다. 그래서 마리는 야콥에게 생활부양비 지급을 요구한다. 야콥은 게지네가 결국 이혼의 원인이었다고 말한다. 그런 까닭에 그가 지금 마리에게 생활부양비를 지급해야 한다면, 이는 옳지 않다고 생각한다.

위 사례를 다뤄야 하는 법률가는 먼저 관련 법률을 찾아보게 된다. 독일 법학의 대가大家 중의 한 사람인 뮌스터 대학의 해리 베스터만Harry Wester-mann 교수는 학생들에게 이렇게 말한다. "법률에 눈길을 주는 것은 법에 대한 이해를 돕는다". 이혼에 관한 법률규정과 생활부양비에 관한 규정은 민법전에서 찾을 수가 있다. 비록 경험이 일천하더라도 법전을 조금만 뒤적거리면, 이내 제1570조를 접하게 된다. 지난 2008년에 개정된 이후로는 아래와 같이 적혀 있다.

> **제1570조(아이의 양육에 따른 부양)**
>
> (1) 이혼한 부부의 일방은 출생 후 적어도 세 살인 공동의 아이의 양육 내지 돌봄을 이유로 타방에게 부양을 요구할 수 있다. 부양청구기간은 형평에 맞게끔 연장될 수 있다. 여기서는 아이의 복리와 양육과 관련되는 기존하는 여러 가능성이 고려되어야 한다.
>
> (2) 부양청구기간은 육아의 행태, 혼인기간 및 혼인 시의 경제활동이 참작되는 가운데 형평에 맞게끔 연장될 수 있다.

마리와 야콥은 이혼한 부부다. 그러한 한에서 이 법률의 적용에는 아무런 문제가 없다. 그렇지만 이혼한 부부의 일방이 어느 시점부터 아이의 양육을 이유로 타방에게 부양을 요구할 수 있는지의 물음에 답하는 게 그리 쉽지만은 않다. 하나는 확실하다. 아이가 네 살 생일날까지다. 따라서 마리는 그 기간에 부양비를 요구할 수 있다. 그런데 위 법조항이 새로이 개정되고 나서는 다소 복잡해졌는데, 여기서는 더 이상 다루지 않겠다. 어쨌든 이것만으로는 사안의 사실관계가 충분하지 않다.

여전히 다른 문제가 있다. 법률에서는 "부부 공동의" 아이를 전제하고 있다. 게지네가 과연 마리와 야콥 사이에서 공동共同의 아이인가? 이 아이는 단지 입양되었을 뿐이다. 언뜻 보면 아마도 의구심을 가질 법도 하다. 그렇지만 법률가가 민법전을 계속해서 더 뒤적거리면, 입양入養에 관한 장을 접하고서 제1754조를 찾아낸다. 해당 법조항의 제1문은 아래와 같이 말하고 있다.

> 부부가 아이를 입양하거나 또는 한 배우자가 다른 배우자의 아이를 입양하는 경우에 그 아이는 부부 사이에서 공동의 혼인 중의 자식으로서의 법적인 지위를 요구한다.

이로써 법률가는 해당 사례를 해결했다. 민법전 제1570조가 요구하는 모든 전제조건이 충족되었다. 야콥은 생활부양비를 지급해야 한다. 마리를 위해서뿐만 아니라 또한 어린 게지네를 위해서도 말이다. 게지네에 대해서는 다소 다르지만, 이 부분은 여기서 정확하게 근거 짓지 못한다. 이 문제는 민법전 제1601조에서 비롯한다.

이게 마리와 야콥 간에 불거진 분쟁사례이고, 그 해결책이다. 이로부터 우리는 법률가들이 법률을, 즉 여기서는 제1570조를 적용할 때 무엇을 하는지 배울 수가 있다. 법률가들 스스로 이것을 "포섭한다subsumieren"라고 말한다. 법률의 적용은 포섭Subsumtion에 근거한다. 이 단어는 라틴어에서 유래하는데, "일치하다"라는 뜻이다. 즉 사안의 사실관계와 법률의 문언이 언어적으로 일치해야 한다. 그러고서야 법적인 결론이 등장할 수가 있다. 이게 전부다. 여기서 포섭은 입양된 아동에 관한 법규정으로서 약간 우회하면서 간단히 행해진다. 모든 것들이 정확하게 딱 들어맞는다. 법률상의 언어와 사안을 묘사하는 언어가 전적으로 일치한다. 전혀 문제가 없다. 그런데 이제 위 사례를 약간 비틀어보기로 하자.

젊은 통역사인 마리는 연방철도회사의 상급감독관으로 일하고 있는 야콥과 결혼했고, 수년 후에 아이가 없는 가운데 이혼했다. 이혼하고서 몇 달이 지나고서 마리는 휴가를 떠났는데, 전前남편인 야콥과 함께 묵었던 이탈리아 사르데냐섬의 호텔에다 방을 잡았다. 그곳에서 그녀는 우연히 전 남편 야콥을 만났다. 그 역시 그녀와 같은 생각이었던 까닭이다. 날은 따뜻했고, 햇살이 환하게 비추고 있었다. 둘만의 고즈넉한 저녁이었고, 매미들이 찌륵 찌륵 울어대고 있었다. 달리 말하자면, 이제 게지네는 입양된 게 아니라 이곳 휴양지에서 잉태되었고, 이혼하고서 1년 후에 태어났다. 야콥은 혼외자식인 게지네를 위해 마땅히 부양비를 지급해야 한다. 그리고 마리 또한 이제 부양이 필요하다. 그녀는 아이 때문에 당분간 통역사로 더 이상 일을 할 수가 없다. 그녀는 야콥을 상대로 그녀 자신뿐만 아니라, 혼외자식인 아이의 모母의 자격으로도 생활부양을 청구할 수가 있겠는가?

1995년까지만 해도 이에 대한 대답은 "아니다"였다. 원칙적으로 혼외자의 생부生父는 모母의 생계를 배려할 필요가 없었다. 당시에는 "여성들이 좀 더 조심해야 했다"라고들 여겼다. 비로소 1995년에서야 또한 미혼모를 위해서도 제1570조와 유사한 규정이 마련되었다. 마찬가지로 2008년에 해당 법규정이 다시 개정되었다. 이제 민법전 제1615조는 아래와 같이 규정하고 있다.

제1615조(아이의 출생에 따른 부 또는 모의 부양청구)

(1) 부父는 아이의 출생 전 6주와 출생 후 8주의 기간에 부양책임이 있다. 이는 임신으로 인하거나 이 시기 동안의 출산으로 인해 생겨나는 비용에도 적용된다.

(2) 아이의 모母가 임신의 결과로 또는 임신 및 출산으로 인해 야기된 질병 때문에 경제활동을 할 수 없는 한에서 부는 위 제1항 제1문에서 규정하는 기간을 넘어서 부양책임을 진다. 이는 모가 아이의 돌봄과 양육으로 인해 경제활동을 기대할 수 없는 경우에도 동일하게 적용된다. 이 부양의무는 이르면 아이의 출생 전 4개월부터 시작하고, 적어도 출생 후 3년 동안 지속된다. 이 기간은 형평에 맞게끔 연장된다. 여기서는 특히 아이의 복리와 양육과 관련되는 기존하는 여러 가능성이 고려되어야 한다.

(3) 친족 간의 부양의무에 관한 규정들이 준용된다. 부가 갖는 의무는 모의 친족들이 부담하는 의무보다도 우선한다. 민법전 제1613조 제2항의 규정이 준용된다. 청구권은 부의 사망으로도 소멸하지 아니한다.

(4) 만약에 부가 아이를 돌보고 있는 경우라면, 부에게는 모를 상대로 제2항 제2문에 따른 청구권이 주어진다. 이 경우에는 제3항의 규정이 준용된다.

위 규정은 혼인 중의 자식과 혼외자식 간의 평등을 꾀하는 일련의 법률들 속에 놓여있는데, 이미 1949년에 제정된 기본법 제6조 제5항에서 이와 같이 요구해 오고 있다. 1998년 이래로 진행되어온 이 같은 변화는 2007년 12월 21일에 통과된 「생활부양권에 관한 개정법률」(2008년 1월 1일 자 발효) 과 함께 잠정적으로 종료되었다. 그 이후로 더는 법적인 차별이 거의 없다. 우리는 바로 이 같은 상황을 목도하고 있다.

따라서 오늘날 이에 대한 대답은 "그렇다"이다. 마리는 야콥을 상대로 게지네를 위해서뿐만 아니라 자신을 위해서도 생활부양을 요구할 수 있다. 그럼에도 불구하고 뚜렷한 차이점이 있다. 즉 "모든 동물이 평등하지만, 어떤 동물은 다른 동물들보다도 더 평등하다." 즉 마리와 야콥의 사례에서는 두 개의 법규정이 문제가 된다. 그 하나는 혼외자식에 관한 제1615조이고, 다른 하나는 이혼했지만, 혼인 중의 자녀를 둔 모에 관한 제1570조이다. 이 제1570조의 법문은 앞에서 적어두었으니 참고하시라. 이에 대해서 제1578조는 아래와 같이 말하고 있다.

> **부양의 정도는 혼인 중의 생활관계에 따라서 결정된다.**

제1615조의 규정에 따른 미혼모를 위한 부양금액은 이보다도 더 적을 수가 있다. 이에 대해서는 아래의 제1610조가 적용된다.

> **부담해야 할 부양의 정도는 요부양자의 생활형편에 따라서 결정된다 (적절한 부양).**

따라서 부양금액이 수백 유로씩이나 더 적을 수 있다. 따라서 모에게는 제1570조가 더 유리하다. 금액 여하를 결정해야 하는 법률가는 먼저 이 규정을 심사한다. 즉 구성요건이 충족되었는지 말이다. 첫째, 마리는 이혼한 배우자이다. 둘째, 그녀는 보살핌과 양육이 필요한 갓난아기를 돌봐야 한다는 게 분명하다. 그런데 이제 세 번째 물음이 던져진다. 게지네는 공동의 아이인가? 물론 마리는 사르데냐섬에서의 고즈넉한 밤과 매미 울음소리를 떠올리면서 게지네가 입양된 아이보다도 더 공동의 아이라고 말할 법도 하다. 그러나 법률가는 이를 의심하게 된다. 여기서는 상반되는 두 견해로 나뉜다.

한쪽의 법률가들은 게지네가 해당 법률조항에서 뜻하는 공동의 아이가 아니라면서 위 사실관계가 민법전 제1570조의 구성요건에 합치하지 않는다고 말할 수 있다. 왜냐하면, 해당 규정은 '공동의'라는 단어와 더불어서 아이가 혼인 중에 생겨야만 한다는 사실을 표현하고 있기 때문이다. 이 점이 여기서 분명하지는 않지만, 이전의 기존 혼인관계에서 규정되고 있는 부양에 관한 전체적인 관련성으로부터 이 같은 결론이 도출된다. 입법자는 이혼 이후에 태어날 아이를 전혀 생각하지 못했다. 즉 달리 말하자면, 제1570조에서의 '공동의'는 '공동의 혼인 중에'를 뜻한다. 아이가 혼인관계에서 비롯되었다는 사실이 결정적이다. 혼인관계에 근거해서만 후속적인 결과들이 지지될 수 있다고 본다.

게지네는 실제로는 혼인 중의 자식이 아니다. 이 견해에 따르면 야콥은 마리에게 제1570조에 따른 부양비를 지급할 필요가 없으며, 해당 전제조건들을 모두 충족하는 한에서 제1615조에 따른 부양비를 지급해야 한다.

그러나 또한 법적으로 다른 견해가 있을 수도 있다. 게지네의 경우에 사실상 그 '공동성'이 혼인 중에 입양된 아이보다도 더욱 강하다. 그래서 게지네와 같이 부부가 이혼하고 나서 비로소 잉태된 경우에 부양청구권과 관련해서는 제1570조뿐만 아니라 다른 법률적 근거들이 존재한다고 주장될 수도 있다. 예컨대 한 여성이 이혼하고서 그 어떤 일자리도 찾지 못하는 경우가 그러하다. 이는 민법전 제1573조에서 규정하고 있다. 이 경우에 이혼한 전 남편은 마찬가지로 생활부양비를 지급해야 한다. 게지네의 경우도 이와 유사하다. 이는 일종의 이혼 이후의 실업상태인 셈이고, 야콥 또한 여기에 결정적으로 원인을 제공했다. 따라서 야콥은 그에게는 책임이 없는 마리의 실업상태에 대해서도 생활부양비를 지급해야 한다.

　앞에서 다룬 내용이 바로 내가 법률가들의 언어가 불분명하다고 지적하는 대목이다. 민법전 제1570조의 의미에서 '공동共同의'라는 단어를 어떻게 이해해야 하는지를 확실히 말하기가 어렵다. 이것은 이미 2천 년 전부터 제기되어온 오래된 물음이기도 하다. 아리스토텔레스가《니코마코스윤리학》에서 이 문제를 다뤘었고, 그는 그 어떤 법률도 언제라도 불거지기 마련인 모든 사례를 해결하게끔 분명하게 구성될 수가 없다고 말한다. 활자로 구성되는 법률이 존재해온 이래로 이 문제는 늘 지속하여 왔다. 19세기에 개념법학이 발달한 이후로 독일의 법률가들은 심각한 어려움에 빠져들었다. 오늘날까지도 그 영향력이 여전한 이 개념법학에서는 모든 사례마다 법률 안에서 순수히 논리적인 조작의 방식으로, 즉 수학적으로 해결책을 도출해 낼 수 있다고 믿는다. 이혼하기 전에 게지네를 입양한 마리와 야콥 간의 첫 번째 사례가 그 흔한 경우에 해당한다. 그러나 종종 언어는 우리를 곤경에 빠트리곤 한다. 언어는 일상생활에서처럼 불명확하다.

　직면해있는 이 같은 딜레마로 인해 법률가들이 자주 비난받곤 한다. 그런데 마리와 야콥 간의 두 번째 사례처럼 결정을 내리는 데에 두 가지 가능성이 있는 경우에는 어쩔 도리가 없는 셈이다. 그리고 한쪽은 이렇게, 다른 한쪽은 저렇게 달리 결정하는 게 어쩔 도리가 없다. 이는 궤변으로, 극히 드문 예외적인 사례에서 실제로 벌어지는 법의 곡해曲解로 또는 통례적인 어려움의 과장誇張으로 간주된다. 예컨대 에른스트 폰 살로몬Ernst von Salomon이* 1951년에 펴낸 자전적인 소설책《Der Fragebogen》여러 질문에서 지적하듯이 통상적인 드라마 내다수가 그저 코미디에 지나지 않는다. 제2차 세계대전이 끝난 직후에 건설되어서 미군 측이 관리하는 어느 포로수용소를 다룬 드라마가 그랬다. 독일군 전쟁포로들 사이에 분쟁이 불거

---

* 에른스트 폰 살로몬(1902~1972)은 독일의 소설가이자 극작가이다.

졌고, 이들 안에서 분쟁을 중재하는 위원회가 열렸다. 여기서 에른스트 폰 살로몬은 이렇게 말한다.

"물론 익살꾼들은 심판관의 재량이라는 빛나는 보물을 실컷 떠들어대는데, 이는 과거에 지방의회의 의장이었고, 지금은 이 중재위원회의 탁월한 위원장인 예제리히Jeserich 박사가 비교라는 기교를 갖고서는 중재위원회의 결정이라며 성취해내는 것이다. 원고더러 욕을 내뱉기는 했으나, 결코 모욕하려는 의도는 아니었다는 피고의 항변은 그냥 일방적으로 묻혀버리고 말았다."

그런데 이것이 극단적으로 예외적인 경우이고, 물론 전형적인 사례는 아니다. 일상에서는 마리와 야콥 간의 두 번째 사례가 흔하다. 어느 저명한 법률가의 유명한 시에서 이 같은 통례적인 사례가 딜레마로 묘사되는데, 이 법률가는 라이프치히와 슈트라스부르크에서 공부하고서는 제국궁정법원이 소재하는 베츨라르Wetzlar에서 법률시보로 근무했었고, 바이마르 시대에 《파우스트》Faust라는 작품을 저술하기도 했다.*

"단어들로 잘 논쟁할 수 있고,
단어들로 체제를 마련하고,
이 단어들을 믿게끔 할 수도 있지만,
단어 하나에서 철자 하나도 빼내시는 못한다."

딜레마 상황이 불거지면, 우리는 다양한 방법으로 이를 해결하려고 시도해왔다. 그런데 한쪽에는 논리학자들이, 다른 한쪽에는 해석학자들이 포진해있다. 논리학자들은 법률 내지는 법률가들에게서 정확하고 정치精緻한

---

* 대문호인 요한 볼프강 폰 괴테(Johann Wolfgang von Goethe, 1749~1832)를 지칭한다.

언어의 발전을 요구하는데, 그 언어는 그 어떤 유보조건이나 단서도 달지 않은 채로 논리적으로 흠결 없이 기능하는 계산적인 언어, 즉 수학적 언어이다. 참으로 다행스럽게도 이는 지금껏 아직 성취되지 못했다. 또한, 이들에게서 가장 주목할 점은 이들 전체가 그리할 수 있는 그 어떤 기회를 얻지 못했다는 사실이다. 1951년에 출간된 《법 논리학》Juristische Logik이라는 책에서 울리히 클룩Ulrich Klug이 위와 같이 밝혔는데, 그는 아마도 수백 년은 족히 더 걸릴 거라고 예상했다.

해석학 – 언어의 불분명함 문제를 해결하려는 시도

그런데 해석학자들은 달리 접근한다. 이들은 언어의 다의성, 비규칙성과 불명확성을 익히 알고 있고, 이를 제거할 수 없다는 데에서부터 논의를 시작한다. 그래서 이들은 본래 이해하기가 어려운 텍스트를 이리저리 살펴보고, 이것을 이해하려는 논의에 집중한다. 해석학Hermeneutik이라는 단어는 그리스어에서 유래하는데, *"hermenneuein"*은 이해하다, 해석하다, 밝히다, 번역하다를 뜻한다. 헤르메네우스Der hermeneus는 해명하는 자Erklärer, 전령傳令, Herold이고, 통역자이다. 플라톤Platon의 친구인 테에테트Theaetet는 시인詩人을 두고서 신의 전령으로 불렀다. 이러한 입장에 서 있는 가장 대표적인 법률가이기도 한 에른스트 포르스트호프Ernst Forsthoff 또한 자신이 저술한 《법과 언어》(1940)라는 책에서 이와 유사한 주장을 피력했다. 해석학은 종종 격식格式을 중시하는 경향이 있다.

여기서 이들은 그네들의 입장을 철저히 정당화하는데, 19세기에 그것이 지닌 자명함으로 인해 지금은 곤경에 처해있는 역사적인 정신과학적 방법론에 근거한다. 왜냐하면, 이 방법론은 당시 비약적으로 발전해온 자연과학의 수학적 엄밀성 앞에 늘 봉착해 있다고 보았기 때문이다.

그 창시자가 빌헬름 딜타이Wilhelm Dilthey인데, 칸트는 《순수이성비판》에서 순수한 학문이 어떻게 가능한지의 물음에 답했다. 즉 수학을 통해서이다. 그런데 이것은 딜타이가 생각하듯이 단지 자연과학에만 적용될 따름이다. 그래서 딜타이는 다른 길을 모색해야 했다. 역사적인 정신과학이 어떻게 가능할 수 있겠는가? 그의 대답은 경험, 즉 고유한 역사적 경험을 통해서였다.

이 지점에서 에른스트 포르스트호프Ernst Forsthoff가 함께 합류한다. 그는 프리드리히 카를 폰 사비니Friedrich Carl von Savigny가 주창한 역사학파의 프로그램까지 거슬러 올라간다. 지난 19세기에 사비니는 법이라는 게 일종의 논리적 구성물이 아니라 역사적으로 성장해온 산물이라는 이론을 전개해왔다. 포르스트호프도 이제는 법률가도 역사적으로 사고해야 한다고 말한다. 그리고서야 법률가가 법률을 올바로 이해할 수 있다고 본다. 즉 법률가는 과거에 불거졌던 법적인 문제들의 그 이후 전개 상황을 인식하고 있어야 한다고 주장한다. 예컨대 앞에서 다뤘던 민법전 제1570조의 '공동의'라는 문구로 다시 돌아가 보자. 그것이 이전에는 어땠었고, 그 이후로는 어때 왔는지? 그리고서야 우리는 현시점에서 이 문제를 올바르게 해결할 수 있다. 역사학파가 저지른 실수는 단지 철학적으로 그리고 고리타분하게 사고한 데에 있는데, 입법자가 지녔던 본래의 의사에 더욱더 많은 관심을 기울여야 한다고 주장한다. 입법자가 지녔던 주관적인 상념을 지향하기 때문에 이를 두고서 법률의 **주관적 해석**이라고 부른다. 그런데 포르스트호프는 이에 반대하면서 단지 **객관적 해석**만이 올바르다고 주장하면서, 이것을 "**법학적 방법론**"으로 명명한다. 즉 오늘날의 관점에서 전적으로 의미 있는 적용을 뜻한다. 그러나 사비니에게는 원칙적으로 프로그램이 올바른 것이었다. 그것의 발전과정과 더불어서만 이해할 수 있는 법은 그 안에서 특정의 법문法文이 본래의 의미 내용상으로 현재의 의미에 이르기까지의 역사적 변화를 겪어왔다고 본다.

따라서 법률가의 언어는 역사적인 발현으로서 이해되어야 한다. "언어로 대체 무얼 할 수 있겠는지?"라는 물음에 답해야 한다. "친애하는 교수님, 논리로써 말입니다!" 여기서는 많은 것들이 진실이다. 물론 포르스트호프에게는 엘리트적이고 권위주의적인 상념이 함께 결부되어있었다. 그는 자신의 해석학, 그리스의 헤르메네우스hermeneus, 즉 해명하는 자에 대해서 다음과 같이 서술한다.

"이러한 연관성 속에서는 아래의 사실이 중요한데, 즉 고대 그리스에서 헤르메네우스hermeneus가 특히 공포하는 자, 전령으로서 해석자이고 해명하는 자이며, 그 자체로 불가침의 특권을 향유했다는 점이다. 그는 대중들의 가까이에서 법률가들의 언어로 이해를 도모하는 것이 아니라, 단지 법의 대중 적합성을 드러냈을 뿐이다."

즉 고대인의 웃옷을 걸치고 있는 나치의 지도자원리가 그러했다. 식탁 위에 올라오는 것들을 죄다 게걸스럽게 먹어치운다. 이 글이 1940년에 쓰였는데, 이는 결코 우연이 아니다.

논리학자와 해석학자들 사이에서 법언어의 이 같은 불분명함을 어떻게 해소할지에 관한 무수히 많은 방법론적인 숙고가 행해져 왔다. 물론 방법론에 관심을 가진 법률가들이라는 좁은 인적 범주에 국한되지만 말이다. 그리고 이 문제는 오늘날까지도 여전히 해결되지 못한 채로 남아있다. 아마도 대다수 법률가, 특히 대학에 재직하고 있는 많은 법학교수들조차도 이 문제에 관심을 두지 않는 게 그 이유의 하나일 것이다. 이들 교수도 수업 중에 사례를 들면서 마리 또는 야콥, 누구에게 권리가 있는지 그리고 민법전 제1570조의 '부부 공동의'라는 문구가 단지 혼인 중의 자식을 뜻하는지, 아니면 이혼 후에 잉태된 자식까지도 포함하는지를 해석하고 결정을 내려야 하는데도 말이다. 또한, 이들은 자신의 결정을 정당화해야 한다. 그런데 이를 위해서는 단지 몇 개의 법문法文만으로 충분하다. 해답은 둘 중에 하나다. 즉 제1570조가 법률에서 이혼에 관한 규정들에 직접 연결되고 있는 까닭에 해당 혼인에서 비롯하는 자식들만을 뜻한다고 답할 수 있다. 그리고 또는 제1570조에 따르면 부양 청구의 근거가 될 수 있는 여러 논거, 예컨대 제1573조의 이혼 후에 부부 일방의 실업 상태와 같이 혼인하고서 비로소 생겨나는 이유에 포함될 수 있다고 주장할 수도 있다. 더는 언급할 필요가 없다. 이로써 법률은 해석되고, 사안은 결정되었다. 법은 단지 언어일 뿐만 아니라, 언어를 두고서 무엇이 올바르고 그른지를 권위 있게 결정짓는 일종의 기교나 기예이기도 하다. 달리 말하자면, 법은 해석일 뿐만 아니라 해석을 통한 지배이다. 그 배후에는 많은 젊은이의 지지와 반대에 맞서서 경찰 측의 다양한 진압수단들이 동원되곤 하는 국가의 폭력 독점이 자리하고 있다.

법언어의 불분명함 문제의 해결: 통설의 형성

다른 한편으로 위 사례에서 양단간에 어느 하나로 결정한다고 해서, 이로써 이 문제가 종국적으로 결정되는 것은 아니다. (1심급에 해당하는) 구법원區法院(Amtsgericht)이 이렇게 판결을 내렸더라도, 같은 사안을 두고서 다른 법원은 달리 판결할 수도 있다. 법적인 의견형성을 위한 오랜 과정에서 비로소 대체로 하나의 통일된 견해가 형성되곤 한다. 나는 이를 통설通說 형성의 과정이라고 부른다. 이 통설(hM)은 법률가들이 자주 사용하는 약어인데, 지배적인 견해herrschende Meinung를 뜻한다. 새로운 문제에 대해서 내린 판결의 자의성은 법적으로 그리고 때로는 사회 내 정치적인 공론장에서 토론되는 등으로 보다 큰 과정을 거치면서 다시 균형점을 되찾는다. 이 같은 과정의 끝자락에서야 모든 사안에 적용되는 통설이 형성된다.

그리고서 또다시 새로운 법적인 문제가 불거진다. 몇몇 하급법원들이 이에 관해 결정을 내린다. 이 판결들은 법률잡지에 공개된다. 그리고 이 판결들을 다루는 여러 논문이 작성되고, 때로는 단행본의 책이 출간되기도 한다. 여러 개별 법률에 관한 주석서와 다수의 교과서에서도 이를 언급하면서 다룬다. 그러는 동안에 지방법원, 고등법원과 같은 상급법원이 판결을 내린다. 그리고 끝내는 최상급의 연방법원인 연방통상법원BGH,* 연방노동법원BAG 또는 심지어 연방헌법재판소BVerfG에서 관련 사건에 대해 판결을 내린다. 이로써 이 과정이 대부분 종료된다. 이제 통설이 형성되었다.

언뜻 보면 다수의사의 형성과 같이 일종의 민주적인 과정으로 비친다. 그러나 여기서 결정된 다수결은 상반되는 의견들의 폭幅이 아니라 높이를 뜻한다. 법의 세계에서 장삼이사張三李四들은 말할 게 별로 없다. 법률가들 사이에서도 이들의 명성名聲이 제각각이다. 사법司法에서도 하급법원과 상급법원이 존재한다. 결국, 이런저런 의견을 대표하는 이가 누구인지가 매우 중요하다. 심지어 어느 법률잡지에 글을 쓰는지 또는 기고가 허용되는지도 중요하다. 여기서 어떤 이는 다른 이들보다도 비중이 더 크기도 하다. "높이 오를수록, 더 멀리 바라보는 법이다". 높은 곳의 공기는 조금 더 옅고, 학계와 법원의 판결 성향 또한 늘 대체로 더 보수적이기 마련이다. 어쨌든 이 같은 통설 형성의 과정에서 방법론적인 문제가 아무런 역할을 행하지 못하고 있다. 오히려 법률을 해석하는 데에 있어서 의식적 또는 무의식적인 정치적 이해관계가 더욱더 중요해진다. 그러므로 보통의 법률가들은 이론적인 이해도가 부족하고, 때로는 거의 없다시피 하다. 왜냐하면, 통설

---

* 독일의 사법시스템 안에서 최고법원은 연방헌법재판소BVerfG이다. 국내 일각에서는 이 BGH(Bundesgerichtshof)를 두고서 "연방대법원"으로 칭하는데, 전문법원 시스템을 취하고 있는 독일에는 상고심급의 연방법원으로서 BGH와 동급인 다른 여러 전문법원이 존재한다. 따라서 위 표현은 다른 전문법원들과의 관계에 있어서 오해의 소지가 크다. BGH는 일반적이고 통상적인 사건, 즉 민·형사 및 상사사건의 상고심을 담당하는 연방법원인 까닭에 연방일반법원이나 연방통상법원이라고 표기하는 게 더 타당하다. 따라서 이 책에서는 "연방통상법원"으로 옮기기로 한다.

을 알고 있고, 권위를 존중하고, 훌륭한 본성을 갖춘 것만으로 대체로 충분한 까닭이다. 이로써 우리는 이제 마지막 문제로 접어든다. 즉 법률가의 언어는 이데올로기적이다.

3. 법에서의 이데올로기

"이데올로기적"이라는 단어가 나온 지가 이제 3백 년이 훌쩍 넘는데, 늘 거듭해서 또 다른 의미로 사용되고 있다. 따라서 내 자신은 이를 어떤 의미로 생각하는지를 우선 설명해야 할 것 같다. 나에게 이데올로기란 객관적인 진실로 이해되지만 그 이면에는 사실상 정치적 결정이 깔려 있는 의견을 말하는데, 이러한 의견을 갖고 있거나 떠들고 다니는 사람들조차도 이러한 사실을 반드시 인식하고 있는 것은 아니다. 법과 관련해서는 다음과 같이 말할 수 있다.

법언어는 법적인 결정이라는 것이 마치 거의 수학적으로 정확하게 예측 가능한 논리적인 과정이라는 인상을 불러일으킨다. 즉 어떤 한 판결이 내려지는 게 오직 단 하나의 해법이 존재하는 이성적인 과정이라는 것이다. 많은 법률가 스스로 이 같은 상념을 가지고 있다. 그런데 사실은 그렇지가 않기 때문에 이들은 본래 더 잘 알고 있어야 했다. 실제로는 거의 모든 법적인 문제들에서 두 가지 가능성이 존재하고, 우리는 이렇게든 아니면 저렇게든 결정할 수가 있다. 앞서 마리와 야콥의 사례가 그렇듯이 말이다. 여기서는 의식하든지 또는 그렇지 않든지 간에 개별 집단들이 갖는 이해관계의 배후에 놓여있는 일종의 윤리적, 종교적, 생태학적 그리고 정치적인 이유가 결정적이다. 심지어 그토록 논리적으로 파악된다고 하는 법구조의 이면에서조차도 이들 집단의 이기적인 이해관계가 놓여있다. 나는 오래된 존경할만한 사례 하나를 들어서 이 대목을 밝혀보고자 한다.

흔히들 로마의 법률가들이 이룩해낸 위대한 성과들 가운데 하나가 소유所有와 점유占有의 개념적 구별이라고 말한다. 고대의 그리스인들이 철학적인 민족이듯, 로마인들은 법의 민족이었다. 로마인들은 분명하게 정돈되고 예측 가능한 법과 관련해서 전 세계적인 모범을 만들어냈고, 이는 오늘날 우리네 전체 법질서의 토대를 형성하고 있다. 로마법이 바로 그러하다. 고대 그리스의 법과는 달리 로마에서는, 오늘날 우리가 그리하듯이, 예컨대 소유와 점유가 따로 구별되었다. 달리 말하자면, 로마의 법률가들은 그리스의 법률가들보다도 법적으로 더욱더 정확하게 사고할 수가 있었다. 그리고 오늘날의 우리 또한 마찬가지다. 우리는 한 사물이 법적으로 귀속되는 사람을 소유자라고 부른다. 점유자는 한 사물을 단지 사실상 손에 쥐고 있는 사람이다. 만약에 내가 나의 책을 친구에게 빌려주더라도, 나는 여전히 소유자로 남아있다. 친구가 점유자이다. 그 책이 돌아와서 다시 내 책장에 꽂히면, 나는 소유자이자 동시에 점유자가 된다. 또 다른 사례를 들어보자면, 어느 주택의 임대인은 소유자이다. 임차인은 그 주택을 점유하고 있다. 이런 식으로 대학의 법학부에서 오랫동안 가르쳐왔다. 널리 읽히고 있는 프리츠 바우어Fritz Baur 교수가 쓴《물권법 교과서》에는 이에 대해서 다음과 같이 설명되고 있다.

"일상의 언어 관행에서 소유와 점유가 서로 잘 구별되지 않는다. 법은 이 두 개념을 날카롭게 분리한다. 소유所有는 사물에 관한 완전한 권리이고, 점유占有는 법적인 타이틀과는 무관하게 한 사물을 사실상 그리고 의도적으로 가지고 있는 것이다. 그래서 타인의 물건을 훔친 도둑도 점유자가 된다!"

우리네 법률가들은 일상을 살아가는 여느 사람들보다도 더 정확하게 사고한다. 그리고 로마의 법률가들은 그리스의 법률가들보다도 더 정확하게 사고할 수 있었다. 무엇이 이런 특징을 구별 지었을까? 왜냐하면, 그리스인들은 그네들의 철학과 더불어서 오늘날까지도 모범적인 서구西歐의 전형적인 논리학체계를 구성해냈기 때문이다. 그렇다면 이건 아마도 언어적인 정확성과는 좀 다른 문제여야 마땅하지 않겠는가?

그리스의 법 또는 이 같은 날카로운 구별이 존재하지 않는 다른 법규정들, 예컨대 중세의 독일법을 좀 더 면밀하게 살펴보면, 갑자기 환하게 깨닫게 된다. 즉 이들에게는 우리가 오늘날 재산권의 사회기속성이라고 부르는 것이 훨씬 더 강력했었다. 고대의 그리스와 로마 그리고 중세유럽에도 오늘날처럼 예컨대 임차인과 임대인, 소작인과 지주가 있었다. 그리스와 중세유럽처럼 소유와 점유의 구별이 존재하지 않는다면, 임차인과 임대인 그리고 소작인과 지주의 지위가 거의 똑같이 강하기 마련이다. 이것들이 따로 구별되면 그 지위 또한 달라지는데, 소유자는 점차 더욱 강해지고, 임차인과 소작인의 지위는 점점 더 열악해진다. 과거의 로마인들과 현재의 우리가 그렇듯이 말이다.

개별 문제에서뿐만 아니라 전체에서 일반적으로 법언어의 이데올로기적인 구조가 존재하고 있다. 이게 바로 베를린 대학의 정치학자 볼프-디터 나르Wolf-Dieter Narr 교수가 직설법 화법話法의 지배라고 이름 붙인 바로 그것이다. 이에 따르면 다음과 같다.

마리와 야콥 간의 두 번째 사례가 실제로 벌어졌다고 가정해보자. 즉 젊은 부부가 함께 살다가 헤어지고 나서 아이가 생겨났고, 지금 아이의 엄마를 위한 생활부양 여부를 두고서 다툼이 불거져있다. 이 사안이 먼저 구법원區法院에서 다뤄지고 있고, 법관이 판결을 내려야 하는데, 1998년까지도 이에 대해 연방통상법원이 아직 판결하지 않았다고 가정한다면 말이다. 지금 이렇게든 아니면 저렇게든 판결을 내려야 하는 딜레마에 처해있다. 두 선택지 모두가 법리적으로 가능하다. 법관은 결정을 내려야 하고, 판결문에서 자신의 결정을 정당화해야 한다. 그는 어떻게 해야 하는가? 그는 한쪽의 가능성을 지지하는 논거를 그리고 이어서 다른 쪽의 가능성을 지지하는 논거를 제시하고는, 엄격하게 논리적인 논거 속에서 이 둘 중에서 어느 하나가 유일하게 올바른 것이라고 선언한다. 그런데 실제로는 논리가 아니라, 여기서 해당 법관의 윤리적, 종교적, 정치적 또는 다른 기본적인 신념이 결정적이다. 달리 어쩔 도리가 없다. 그는 달리 결정할 수도 있다. 그런데 이건 논리적으로 다소 부족할 수 있겠다. 이 사례에 대해서 보수적인 법률가라면 가족에게 더 많은 의미를 부여하는 해법을 선택할 법하다. 따라서 그는 아이가 혼인관계가 해소된 이후에 잉태된 경우라면 아이의 모母가 부양을 요구할 수 없다고 볼 터이다. 그러나 이혼이라는 게 어느 정도 당연시되고, 남성의 책임을 앞세우는 자유주의적인 법률가라면 이와는 달리 결정하게 된다. 그는 아이의 모母가 제기하는 부양 청구권을 인정하는 판결을 내릴 것이다. 달리 말하자면, 법률 자체가 그 어떤 해결책을 제시하지 않는데도, 법률가는 자신이 지닌 선이해先理解 속에서 해법을 찾는 경우가 흔하다. 대부분 심지어는 무의식적으로 말이다. 법률과 결부되는 논리적인 논거 제시가 강제되지만, 결국에는 이조차도 결정적이지는 않다. 논거라는 것이 마치 "이현령비현령耳懸鈴鼻懸鈴"식으로 다음에 추가되고, 법률가 자신도 종종 그렇게 믿고 있듯이 외부적으로는 그것이 해당 법률의 유일하게 가능한 적용례로 비치곤 한다. "그건 이렇습니다"라고 법관이 말하는데, 이 사안에서 법률, 즉 민법전 제1570조가 그렇게 의도하고 있다는 말이다. 모든 게 직설법의 화법으로 표현된다. "그건 이렇습니다"라고 법관이 말한다. "그럴 수도 있다könnte", "달랐을 수도 있다wäre", "달리 해야 했다sollte"와 같은 접속법 문장들이 전적으로 배제된 채로, 그 대신에 "할 수 있다kann", "그러하다ist"와 "그래야 한다soll"가 사용된다. 즉 동기動機를 은폐하는 직설법의 화법이 지배하고 있다.

정치에 대해서는 잘 거론하지 않는다. 여기서 정치는 점잖지 못한 상스러운 것으로 간주된다. 법관은 단지 법률에만 기속되기 때문이다. 자신의 고유한 생각이라는 것과는 아예 손을 씻었다. 이 대목을 하이델베르크 대학의 법철학자인 구스타프 라드브루흐Gustav Radbruch보다 더 멋지게 묘사하는 이가 세상 어디에도 없는데, 바이마르 공화국의 마지막 해인 1932년에 출간된 《법철학 교과서》에서 다음과 같이 서술하고 있다.

"자신의 고유한 법 감정을 법의 권위적인 명령 앞에서 희생시키면서, 법률에 담겨있는 적용 의지를 유효하게 적용하는 게 법관에게는 직업상의 의무이다. 그는 단지 "무엇이 올바른지"만을 질문할 따름이고, "저것도 올바를 수 있지 않겠는지"하는 물음은 절대로 꺼내지 않는다. 그런데 법이 늘 그 내용상으로 얼마나 부정의하게 형성되곤 하는가? 법은 이미 그 존재 자체가 자기 목적적이고, 법적 안정성이라는 목적을 충족하고 있다고들 말한다. 우리는 자신의 신념과는 어긋나는 내용을 설교하는 사제司祭를 경멸하면서도, 자신의 법 감정에 반하는데도 그저 법률에 충실한 가운데 이리저리 현혹당하지 않는 법관을 칭송한다."

그러나 유감스럽게도 실제로는 그렇지가 않다. 라드브루흐 역시도 히틀러의 제3제국을 겪고 나서는 자신의 입장을 바꿨다. 다만 법률가들의 보편적 인식이라는 게 그때와 마찬가지로 지금도 존재할 따름이다. 법률의 논리적 적용, 즉 직설법의 화법은 무언가를 감추려는 보호방패에 불과하다. 또 다른 사례를 들어보자. 프랑크푸르트에서, 과거 히틀러의 제3제국 시절에 행한 자신의 행적으로 인해 당시 현직 연방대통령인 하인리히 뤼브케Heinrich Lübke에 대한 비난이 행해졌다. 이에 대해 루돌프 비트횔터Rudolf Wiethölter 교수는 1968년에 출간된 《법학》이라는 제목의 책에서 다음과 같이 밝히고 있다. 참고로 이 법학개론서는 당시에 법학부 학생들에게 널리 읽혔다.

1967년 프랑크푸르트 국제도서전시회 기간에 1965년 동독의 국영출판사에서 출간된《서독의 전범 및 나치범》에 관한 책이 전시되었는데, 이 책은 동독의 국가참사원에서 펴낸 이른바 "갈색책Braunbuch"이다. 이 책은 특히나 연방대통령에 대한 비난을 담고 있었다. 이미 1965~1966년에 함부르크와 뤼네부르크 법원은 해당 책을 국가에 위협적인 출판물로 간주하여 몰수를 결정했었다. 프랑크푸르트의 검찰 당국은 국제도서전시회에서 해당 책을 그대로 두도록 했다. 도서전시회 기간의 마지막 날에 프랑크푸르트 구법원이 해당 책에 대한 압수 결정을 내렸고, 문제시된 책은 몰수되었다. 이는 세 가지 결과를 낳았다. 우선 동독에서 온 모든 출판관계자가 도서전시회에서 즉각 철수했다. 그 다음으로 프랑크푸르트 지방법원이 다음 날에 도서 압수조치를 다시 취소시켰다. 마지막으로 법률가들과 비법률가인 일반시민들을 두 진영으로 갈라놓았다. 한쪽 진영에서는 구법원의 담당 법관이 자신의 행위가 정치적 암시를 내포하고 있다는 사실을 전혀 눈치채지 못하고 있으며, 오히려 이로써 동·서독 간의 접촉을 위한 싹을 아예 잘라버렸다고 주장한다. 반면에 다른 진영은 구법원의 법관이 정치적으로 행동해서는 아니 되고 법을 선고만 하면 되었는데, 그래서 그렇게 했다고 말했다.

이 사례에는 몇몇 법적인 문제점이 놓여있다. 이 문제들 역시도 다시 이렇게든 아니면 저렇게든 결정될 수가 있었다. 압수조치는 범죄행위에 대한 소추의 범주에 속한다. 여기서는 연방대통령에 대한 비방誹謗이 문제시되고 있다. 이 형사범죄에 대한 소추는 연방대통령이 형사소추를 위한 권한을 위임할 것을 전제한다. 그런데 연방대통령은 그렇게 하지 않았다. 둘째, 이것은 본래 검찰의 소관사항이다. 검찰은 형사소추를 위해 마련되어있는 중요한 국가기관이다. 검찰 당국이 책의 압수를 위한 청구를 제기해야 했는데, 그러나 의도적으로 그렇게 하지 않았다. 형사소송법상의 한 규정에서는 "위험이 급박한 경우"에는 검찰의 영장청구 없이도 법관이 필요한 조치를 취할 수 있다고 정하고 있다. 검찰이 사안을 인지하고서도 필요한 조치를 취하지 않는데도, 위험이 급박한 경우에 갖는 구법원 법관의 긴급권한 행사가 과연 타당한지 아닌지에 관한 법적인 물음이 제기된다. 프랑크푸르트의 구법원은 이 부분을 긍정하는 반면에, 지방법원은 이를 부정했다. 앞서 언급했듯이, 이렇게든 아니면 저렇게든 결정될 수 있는 문제들에는 결국 정치적인 선이해先理解가 결정적으로 작용한다. 당시《슈피겔》Der Spiegel 잡지는 구법원의 해당 법관을 보수적인 법률가 집안에서 자라난 독실한 가톨릭 신자로 묘사했다. 언제나 그렇듯이 이 물음들에 대한 대답은 이것 아니면 저것으로 매우 중요한 정치적 파급효과를 가질 것이 불을 보듯 뻔하다. 이로써 동·서독 간의 관계에서 자라나는 싹을 싹둑 자르거나 또는 그렇게 하지 않는 것이다. 동독과의 관계를 정상화하려는 서독 정부의 노력이 여기서 민감하게 손상될 수 있고, 극단적으로는 물거품이 될 수도 있었다. 또는 그렇지 않을 수도 있겠다. 양단간에 그 어느 결정도 법적으로 그리고 기술적으로 가능한데, 아마도 어느 한 결정이 다른 결정보다도 덜 강제적이기는 하다. 그런데 의심할 여지없이 두 결정 모두가 가능했었다.

이를 두고서 독일 사회의 공론장에서도 논란이 크게 불거졌다. 서독의 언론들은 공개적인 해명을 포기하는 입장을 취했다. 프랑크푸르트시의 검사장은 다음과 같이 말했다.

"국가 내부의 비상사태인 경우에 우리에게 모든 조치가 가능하다고들 지금 생각할 수 있다."

프랑크푸르트의 증권업협회는 "어리석음에는 한계가 없다"라는 입장을 밝혔다. 구법원의 법관도 이에 대해서 말을 덧붙였는데, 그는 "범죄적인 공격과 결탁하거나, 이를 그냥 인내하거나 이에 맞서서 싸우기를 정당화하는 수많은 현학적인 논거들이 있을 수 있다. 이 많은 논거 중에서 어느 하나도 법관인 내게는 중요치가 않다. 나는 그 어떤 좋거나 나쁜 정치가 아니라, 법률에 따를 거라고 서약해왔다."

구법원의 법관이 실제로 그리 의도했는지, 아니면 그저 법률의 뒤에 숨으려고 했는지 여부는 아무도 모를 일이다. 결코, 정확하게 알 수가 없다. 때로 사람들은 진지하게 모든 걸 의도하지만, 정작 무엇을 행하고 있는지를 잘 알지 못한다. 중요한 것은 사법司法이 비정치적인 것으로 이해되고, 일반 대중들에게도 그렇게 이해되고 있다는 사실이다. 사법은 정치적 파급력이 큰 결정을 내리면서도 중립적이고, 단지 법률에만 복종해야 한다.

이제 다시 논의의 출발점으로 되돌아가 보자. 사법司法은 국가권력이고, 의회와 행정부처럼 전적으로 정상적인 국가권력이다. 더 낮거나 더 못하지가 않다. 사법 역시도 기본법 제20조에서 밝히고 있는 민주주의 원리 아래에 놓여있다. 즉 "모든 국가권력은 국민으로부터 나온다." 이 세 번째의 권력은 법관이 독립적이고, 파면 또는 해임당하지 않으면서 정년까지 임기가 보장된다는 점에서 다른 두 권력과는 구별된다. 물론 여느 나라들에서는 이와는 다르다는 나름 훌륭한 논거들이 있기는 하다. 이런 까닭에 어쨌든 이들 법관이 대단한 후광後光을 지닌 그런 존재가 아니다. 이들은 국민에게서 나온 국가권력의 담지자이고, 기본법상의 민주주의 원리에 복종해야 하는 존재이다. 민주주의가 이들 법관의 선출과 해임을 뜻하지는 않지만, 여론의 형성, 즉 알 권리, 비판과 토론이 중요하다. 이는 다른 두 국가권력들에게서는 오래전부터 자명한 일이다. 의회와 행정부가 대체 무얼 하고 있고, 무엇을 그냥 내버려 두고 있는지를 제공되는 여러 정보를 통해서 모두가 경험하고, 이해할 수 있다. 그런데 이 세 번째의 권력에 있어서는 전혀 다르다. 여기서는 공개성에 관한 민주적 원칙들이 여전히 백지상태로 남아있다.

이 지점에서 기본법의 지배 아래에서 살아가고 있지 않은 민주주의 이전의 시공간으로 되돌아가 보자. 우리를 합헌적인 공개성과 분리하는 것은 언어의 바리게이트이고, 법언어라는 높은 장벽이다. 그러니 이 장벽을 없애야 한다. 물론 법언어가 더는 명확하기가 어렵기는 하다. 이는 지난 백 년 동안 해결되지 못한 숙제다. 그러나 법언어는 보다 더 이해가 가능하게끔 구사되어야 한다. 이 점은 역사가 그대로 웅변하고 있다. 법과 관련해서도 모든 사람이 이해하게끔 그렇게 표현할 수가 있다. 이밖에도 법언어에 대한 이해도가 더 높아지면, 이데올로기적 구조 또한 없앨 수가 있다. 이것이 실로 오랜 시간이 걸리는 대장정大長征이 될 터이지만, 결코 희망을 포기해서는 아니 된다.

[참고문헌]

Jacob Grimm, Von der Poesie im Recht, in: Zeitschrift für geschicht-liche Rechtswissenschaft, 2. Band (1816), S. 2599; Ernst Forsthoff, Recht und Sprache, 1940; Wolfgang Däubler, Die Sprache der Bundesgerichte - ein Herrschaftsinstrument?, in: Archiv für Rechts- und Sozialphilosophie, Beiheft Neue Folge 9 (1977), S. 107 bis 120; Wolf-Dieter Narr, Sprache und Recht am Beispiel des Stammheimer Urteils, in: Kassandra (Zeitschrift des Allgemeinen Studentenausschusses der TU Berlin) Nr. 4, 1985, S. 7 bis 12; Paul Kirchhof, Deutsche Sprache, in: Josef Isensee/Paul Kirchhof (Herausg.), Handbuch des Staatsrechts der Bundesrepublik Deutschland, Band II, 3. Auflage 2004, S. 209 bis 260; Fritjof Haft, Recht und Sprache, in: Arthur Kaufmann, Winfried Hassemer (Hg.), Einführung in Rechts-philosophie und Rechtstheorie der Gegenwart, 6. Auflage 1994, S. 269 bis 291; zu hM: U.W, Aufklärungen über Recht, 5.Auflage 1991, S. 14 bis 40.

Verfassungsrecht, Staatsrecht

제2장
헌법, 국가법

헌법과 국가법이 같은 게 아닌가? 같지가 않다. 모든 헌법이 국가법이 기는 하다. 헌법, 즉 기본법GG에서 규정되고 있는 모든 것은 국가법이다. 그런데 거꾸로는 그렇지가 않다. 예컨대 연방선거법, 정당법 또는 연방헌법재판소법과 같은 모든 국가법이 헌법은 아니다. 이것들은 연방의회Bundestag가 단순다수결로써 의결하고, 또한 마찬가지로 다시 개정될 수도 있는 일반법률인 반면에, 헌법Verfassungsrecht은 헌법제정자에 의해서 복잡한 절차를 통해 성립되고, 대부분 이와 같은 절차로 다시 개정될 수 있는 헌법전Verfassung의 내용에 해당한다. 그런데 독일의 헌법인 기본법Grundgesetz: GG은 후술하는 바와 같이 이와는 그 결이 다소 다르다.

그래서 국가법이 상위개념이고, 헌법 및 앞서 언급한 여러 일반법률과 함께 전체 국가영역을 규율한다. 반면에 헌법은 하위개념이고, 더 협소하지만 가장 중요한 영역들을 규율한다.

그런데도 어째서 단지 헌법만을 다루고 있는 교과서와 강좌들에서 국가법으로 이름 붙이고 있는 건가? 교과서와 해당 강좌들이 기본법의 내용대로 Ⅰ.기본권, Ⅱ.국가조직법으로 명명되고 있다. 물론 그 이면에는 작가 토마스 만Thomas Mann이 한때 "General Dr. vom Staat"이라고 불렀듯이 국가라는 게 즉자적卽自的인 존재, 보다 고양된 본질을 지닌 선험적인 존재로 나름대로 무장武裝을 갖추고 있고, 고도로 잘 훈련되어서 가장 높은 곳에 자리하고 있다는 낡은 상념이 여전히 미몽迷夢의 상태로 놓여있다. 오늘날 다수의 보수적인 법학교수들의 머릿속에도 여전히 이와 같은 미몽이 자리하고 있다.

국가와 사회

L'état c'est moi, 즉 "짐朕이 바로 국가다." 1655년 4월 13일에 루이 14세가 프랑스 의회에서 이렇게 말했다고 한다. 당시 의회 의장이 국가적인 대사大事를 앞두고서 루이 14세를 의회로 불러온 자리였다. 이 유명한 문장이 그곳에서 실제로 언급되었는지가 확실치는 않지만, 이 문장은 국가법적으로는 전적으로 맞는 말이었다. 왜냐하면, 17~18세기의 절대주의 국가에서는 군주가 단독으로 사실상 영토 내의 모든 것을 지배하는 존재였기 때문이다. 독일에서는 심지어 19세기까지도 여전히 이랬었다. 이걸 두고서 입헌적 군주제라고 부르는데, 비록 헌법과 의회가 있기는 하지만 이 둘은 스스로가 갖는 압박감은 물론이고 당시 자신의 권한 행사에 아무런 제한이 없었던 군주의 호의와 관대함에 의존하고 있음을 뜻한다. 물론 여기에 하나가 더 덧붙여진다. 즉 "사회Gesellschaft", 19세기의 시민사회가 바로 그것이다.

"사회"라는 단어는 아리스토텔레스가 고안한 것인데, 매우 오래되었다. 아리스토텔레스는 《코이노니아 정치학》koinonia politike에서 이 단어를 사용했다. 로마인들도 *societas civilis*라고 말했다. 오늘날 우리는 대개 시민사회로 번역하고 있는데, 아리스토텔레스의 당대부터 18세기까지는 사회가 국가와 동일시되었기 때문에 이 같은 번역이 다소 뜨악하기는 하다. 따라서 국가공동체가 올바른 번역이라고 생각된다. 절대주의의 끝자락에서야 비로소 이 같은 동일성이 파괴되는데, 예킨대 미국 헌법과 프랑스 혁명 이후에 공포된 인권선언과 함께였다. 이제는 국가에 맞서는 자신의 권리에 있어서 자유롭고 평등한 시민들이 존재한다. 이제는 국가공동체가 아니라 시민사회로 자리매김한다. 독일에서 절대주의는 특히 반동적인 형태로 드러났는데, 입헌적 군주제로 19세기까지 끈질기게 살아남았고, 그런 까닭에 여기서 군주제적 정부와 시민사회 간의 대립이 특히나 극명하게 드러난다. 시민사회가 경제적으로는 독립적이고 성공적이었으나, 정치적으로는 아직도 미성숙한 상태였다. 그 이후로 우리는 국가와 사회를 구별하고 있는데, 우리가 바로 사회다.

그렇다면 국가는 무엇인가? 그것은 행정부, 의회 및 사법에서 통치자들의 지배를 뜻한다. 오늘날에는 당연히 위와 같이 말하지 않고, "통치 질서"라고 말한다. 이 통치 질서와 더불어서 인민들이 공동의 이해관계와 가치들을 지켜가고자 서로 결합해 있다. 흔히들 이른바 "3요소설"로 국가를 개념정의 하는데, 즉 국가는 영토, 인민 그리고 국가권력을 전제하고 있다는 주장이다. 마운츠Maunz와 뒤리히Dürig가 공동으로 펴낸《기본법 주석서》를 읽어 내려가면, 민주적인 헌법은 "언제나 치자와 피치자가 존재한다. […]"는 사실을 전제한다고 적혀 있다. 최근의 개정판에는 이 대목이 삭제되어 있는데, 아마도 지나치게 단정적인 표현으로 여긴 까닭으로 짐작된다.

국가는 매우 오래되었고, 아리스토텔레스의 국가공동체보다도 훨씬 더 오래되었다. 이것은 인류의 초기 역사에서 흐릿한 안개 속에서 생겨났는데, 중동지역에서는 BC 4천 년 이래로, 인디아 지방과 황하 주변의 중국에서는 BC 3천 년 이래로 그리고 중남미 아메리카에서는 비로소 BC 1천 년 무렵에 동질적인 씨족공동체에 터 잡아서 국가가 생겨났다. 여기서는 정치질서라는 게 단지 친족들 간의 질서로만 형성되었는데, 국가나 부족장 그리고 법원도 없는 가운데 다양한 혼인관계로 서로 얽혀있는 비교적 큰 친족집단들이 서로 병립하면서 사회적 균형이 자율적으로 확보되었다. 이런 상태가 수천 년 동안 지속하다가, 이 같은 친족적인 구조가 급격하게 바뀌고, 인간에 대한 인간의 지배가 생겨나면서 국가가 본격적으로 등장하게 된다. 토머스 홉스Thomas Hobbes가 말하는 사회계약이 아니라 그저 권력의지에 근거했고, 이후에 서서히 그리고 오늘날에도 그렇듯이 당연히 언제나 공통의 보편적인 이해관계 속에 놓여있었다.

국가Staat, State라는 단어는 비교적 새로운 것인데, 그 이전에는 *polis, civitas, senatus populusque Romanus* 또는 독일민족의 신성로마제국으로 일컬어졌다. 통치 질서를 위한 추상적인 개념으로서의 국가라는 단어는 비로소 17세기 이래로 존재한다. 이것은 결코 우연한 일이 아니다. 당시에 절대주의적인 국가가 생겨났는데, 이 국가가 오늘날에도 여전히 많은 국가법학자에게는 올바른 국가의 전형典型, Prototyp이다. 이는 라틴어에서 차용한 단어인데, *Status*는 본래 상태 또는 현재의 상태를 뜻했다. 14세기 이래로 영주가 거주하는 궁전 또는 궁전 그 자체의 상태라는 의미로 다가왔다.

17세기에서야 비로소 이 단어가 군주의 통치를 위한 표현으로 사용되기 시작했는데, 그러나 종종 부정적인 반향을 불러왔다. 왜냐하면, 국가이성, 즉 *ragione di stato*가 독일인들이 별로 좋아하지 않는 니콜로 마키아벨리Niccolo Machiavelli의 이론과 결부되어있었기 때문이다. 18~19세기의 철학자들은, 특히 게오르크 프리드리히 빌헬름 헤겔Georg Friedrich Wilhelm Hegel이 이로부터 일종의 상부구조의 추상체를 만들어냈는데, 그들에게는 이게 특히 중요했다. 그 이후로는 이 국가 개념이 더는 불쾌하거나 거슬리게 여겨지지는 않았다.

또한, 독일 땅에서도 민주정이 시작되었을 당시에 국가와 사회를 구별하는 낡은 사고가 도대체 여전히 의미 있는지를 두고서 많은 이들이 논쟁했었다. 지금은 인민들이 국가 자체이고, 인민들이 지배한다. 민주주의는 설령 그것이 난지 다른 권력을 통해서 행사되더라도 인민의 지배를 뜻한다. 인민들은 선거를 통해서 의회를 구성하고, 의회 또한 선거와 투표로 행정부를 구성한다.

기본법 제20조 제2항은 "모든 국가권력은 국민으로부터 나온다"라고 밝히고 있다.

여기에 19세기처럼 국가와 사회 간의 구별이 여전히 존재하는가? 즉 한편으로는 신의 은총을 듬뿍 받은 군주 그리고 다른 한편으로는 이에 복종하는 신민臣民들이 존재하는가? 몇몇 이들은 그런 시대는 이미 지나갔다고 생각한다. 이들은 근본적으로 착각하고 있다. 독일의 국가법학은 다른 생각을 갖고 있다. 더는 19세기에서와 같지 않다는 사실은 분명하다. 그러나 여러 다양한 기능들이 여전히 늘 존재한다. 설령 그들이 국민들에게서 선출되었다 하더라도, 몇몇 기능들은 앞으로 어떻게 처신해야 옳은지를 사람들에게 알려줘야 할 과업을 갖는다. 학문적 언어로는 이렇게 표현되었다(Josef Isensee, 《보충성원칙과 헌법》(제2차 개정판), 2001, 154쪽).

"오늘날 국가와 사회는 더 이상 각기 자족적이고 독립적인 질서가 아니라, 변증법적인 통일체이다. 다양성과 동질성을 포괄하는 이 같은 변증법적인 귀속 안에서 국가는 사회에 대한 안티테제와 통일성을 촉진하는 포괄적인 진테제를 구성한다."

철학적으로 볼 때 이는 엄청난 작품이다. 안티테제와 진테제가 함께라니. 하지만 그 이상이다. 토머스 홉스의 절대주의 국가를 바라보는 시선 만이 문제가 아니다. 결국, 기본법 제20조 제1항은 아래와 같이 밝히고 있다.

독일연방공화국은 민주적이고 사회적인 연방국가다.

이 규정이 내포하고 있는 기본법상의 민주주의 요청은 또한 사회에 대해서도 적용되는데, 사회를 국가와 함께하는 통일체 속에서 바라본다면 말이다. 그렇다면 예컨대 경제와 같이 민주화가 불가능한 모든 것들이 가급적 민주화되어야 하겠는지? 따라서 미래에도 여전히 국가와 사회는 구별되어야 한다. 의회, 행정부와 사법은 국가이고, 헌법적으로 구성될 수 있는 존재인 우리가 바로 사회다(Klaus Stern,《독일연방공화국의 국가법》제1권(제2차 개정판), 1984, 633쪽).

"국가와 사회의 헌법적 분리는 자유에 기초하고 있는 헌법의 전제조건이다."

그렇지만 여느 다른 국가법학자들의 머릿속에는 이 같은 구별의 이면에 다른 상념이 자리하고 있는데, 이 상념은 옛날 옛적의 동화童話에 불과하다. 즉 이들은 국가는 정치를 행하고 사회는 경제를 도모하며, 우리네 국가가 위에 자리하고 너희들 사회는 아래에 놓여있다고들 생각한다. 즉 우리 국가법학자들은 이 같은 상·하위의 지향성이 옳다는 사실을 존중하고 있고, 너희들은 그저 일용할 양식을 염려할 뿐이라고 생각한다.

헌법

국가법은 무엇보다도 먼저 헌법이다. 앞서 언급한 바와 같이, 국가법의 곁에는 또한 국가의 질서를 규율하는 다른 법규정들이 존재한다. 따라서 다른 예를 들자면, 연방총회를 통한 연방대통령 선출에 관한 법률은 국가법에 속한다. 이 법률은 하위의 규범 서열을 갖는데, 상위 규범인 헌법에 합치해야 한다. 민법전BGB이 사법私法의 기초인 것과 마찬가지로 헌법은 국가의 근본적인 법질서이다. 1776년과 1791년에 미국과 프랑스에서 최초의 근대헌법이 생겨났다. 그 이후로 헌법이라면 모름지기 특정한 내용을 포함하고 있어야만 하는 까닭에 우리는 "근대적"이라고 부른다. 즉 국민주권주의, 국가작용의 법률적합성, 권력분립원리 및 인권의 승인, 무엇보다도 자유와 평등이 그 내용이다. 이게 이른바 "실질적" 헌법 개념이다. 헌법은 아리스토텔레스가 시대의 흐름에 따라서 서로 교체될 수 있는 군주정, 귀족정, 민주정으로 묘사한 것과 같이 그 어떤 국가형태를 규율하는 것으로 형식적으로만 이해되지는 않는다. 그게 아니라, 이제 헌법은 미국과 프랑스의 시민들이 확립했었던 그런 실질적인 전제조건들을 갖고 있다고들 말한다. 권력분립과 인권은 가장 중요한 헌법상의 원칙으로 승인된다.

헌법의 위에서 근대국가가 사회계약을 통해 성립되는 게 아니다. 지금껏 사람들은 토머스 홉스에 기대어서 질서를 주관하고 보장하는 군주와 함께 사회계약을 체결했다고 여겨왔다. 그런데 군주와 이런 계약을 체결할 수 있는 인민은 이 세상 어디에도 없다. 군주는 전적으로 혼자서 행위 한다. 만약에 모든 국가권력이 인민에게서 나온다면, 인민은 질서를 만들고 스스로 주권적으로 실존한다. 적어도 이론적으로는 그렇다는 말이다. 헌법 초안을 의결하고서 인민에게서 재차 확인받기 위해 헌법제정을 위한 총회가 구성되면서 이러한 질서가 마련된다. 무엇보다도 중요한 점은 헌법이 문서화된다는 것인데, 이로써 헌법전憲法典이 존재하게 된다. 오늘날 전 세계 거의 모든 나라에서 이와 같다. 이 같은 서구적인 헌법 유형이 그간 전 세계 곳곳에서 관철되어왔다. 물론 그 내용이 그저 종이에만 적혀 있는 것이 흔한 경우이기도 하다. 현실은 전혀 달리 비친다. 그런데 영국에서는 이와 반대다. 그곳에서는 헌법이 문서로 작성되지 않았는데도 실제로 지켜지고 있다. 이스라엘에서도 이와 유사하다.

근대헌법의 유형은 물론 영국적 모델과는 흔히 구별된다. 영국에서는 의회가 입법에 있어서 마치 18세기의 절대군주처럼 아무런 제한 없이 행위를 할 수 있다. 이는 토머스 홉스의 《리바이어던》Leviathan에서 비롯하는 사고에 터 잡고 있다. 홉스는 위의 책 제26장에서 *"auctoritas non veritas facit legem"* 이라고 썼다. 즉 "이성이나 진리가 아니라 권위가 무엇이 법이 되는지를 결정한다"라는 말이다. 따라서 법은 그 내용에 있어서 아무런 제한이 없는 명령이다. 입법자는 그가 원하는 바를 행할 수도 그리고 행하지 않을 수도 있다. 그러나 미국인들과 프랑스인들의 생각은 이와는 달랐다. 즉 그들은 행정부뿐만 아니라 의회도 헌법과 인권에 기속된다고 보았다. 법률도 헌법에 위반되어서는 아니 된다. 1789년 프랑스인권선언문 제16조는 다음과 같이 밝히고 있다.

> 인권이 보장되지 않고, 권력의 분립이 규정되지 않는 사회는 헌법을 갖고 있지 아니하다.

이로부터 몇몇 결론이 도출된다. 즉 헌법이 입법자에게도 적용된다면, 입법자도 통제되어야 마땅하다. 이것이 1803년 2월 24일에 미국연방대법원이 내린 한 판결이 세간의 시선을 크게 끌었던 참신함이다. 이 판결은 당시 존 마샬John Marshall 대법원장이 이끌던 연방대법원의 마버리 vs. 매디슨 사건Marbury vs. Madison에서 행해졌다. 연방대법원의 법관들이 법률이 헌법과 합치하는지를 심사할 수 있는 권한을 갖는다고 존 마샬 대법원장이 밝혔다. 그렇지 않으면 헌법이 아무런 의미가 없다는 것이다. 이것이 하나의 원칙이 되었지만, 예컨대 영국에서 그렇듯이 전 세계 어디서나 관철되지는 못했다.

국가법은 모든 것들을 감싸고 있는 거대한 테두리이기도 한데, 즉 국가뿐만 아니라 또한 사회에 대해서도 그러하다. 여기서는 어디로 여행을 떠날 건지, 정치적, 경제적, 사회적 및 생태학적 관점에서 민법, 형법 및 행정법에서 중요한 의미가 있는 판결이 지닌 취약점이 어떠한지, 대학이 어떠한 지향성으로 나아가야 할지, 문학 작품들과 예술이 얼마나 자유로우며, 신문 지면에 어떤 것들이 실리고 또는 실려서는 아니 되는지가 결정된다. 따라서 모든 게 빈틈없이 헌법, 법원 및 학설이라는 삼각 구도에서 비롯한다. 독일의 기본법GG이 바로 헌법이다. 기본법을 어떻게 이해해야 할지는 종국적으로 연방헌법재판소가 말한다. 그리고 이 법원은 머리부터 발끝까지 빈틈없이 여러 학설, 국가법학자협회*로 대변되는 국가법학과의 집중적인 대화 속에 놓여있다. 때로 학설이 압도적으로 의미하는 바나 법원이 종국적으로 결정하는 바에는 정치적 신념 또한 영향을 미치는데, 헌법은 바로 구체화되고 응고된 그리고 크리스탈화된 정치이기 때문이다. 그리고 정치는 단지 헌법의 테두리 안에서만 가능하다. 이를 변증법적인 관계로 말하곤 하는데, 말년의 프리드리히 헤겔이 이를 두고서 교차효과Wechselwirkung라고 언급한 바가 있다.

본Bonn 기본법

독일의 국가적 분단은 1948년 6월 냉전 국면에서 서쪽 점령지역에서의 통화개혁과 함께 시작되었다. 이에 소비에트 측은 나흘 후에 베를린 봉쇄로 응답했다. 일주일이 지난 1948년 7월 1일, 미국, 영국 및 프랑스 점령지역의 군정 당국은 서쪽 란트(연방주)들의 란트총리들에게 독일 서쪽의 분단국가 건설을 위한 제헌총회를 소집할 것을 요구했다. 그러나 란트총리들은 독일의 국가적 통일성을 위태롭게 하는 걸 원치 않았던 까닭에 다소 주저하면서 단지 의회평의회Parlamentarischer Rat를 소집해서는 고유한 독자적인 국가를 위해서가 아니라 서쪽 점령지역의 통일된 행정을 위한 기본법을 만들기를 의도했다. 7월 말에 기본법과 함께 독자적인 분단국가를 건설한다는 합의에 한마음을 모았다. 이 기본법은 헌법과 동일한 효력을 갖기는 하지만, 헌법처럼 전적으로 유효하거나 종국적이지는 않다고 보았다. 따라서 제대로 된

---

* Vereinigung der Deutschen Staatsrechtslehrer"(약칭해서 VDStRL)인데, 독일뿐만 아니라 스위스, 오스트리아 등 독일어권의 공법(헌법, 행정법) 교수들을 회원으로 파악하고 있는 공법학계의 유일무이한 학술단체로 1922년에 설립되었다. 히틀러 집권 중에는 이 협회가 거의 유명무실했다가, 전후인 1949년에 다시 새로이 출발하고서 매년 한 차례 도시를 번갈아 가면서 학술대회를 개최해오고 있다.

제헌총회가 아니라, 단지 의회평의회, 즉 11개 란트의 의회들에서 파견된 65명의 대표들로 구성된 위원회가 소집되었다.

이 위원회에서의 심의를 위한 사전의 준비작업 차원에서 란트총리들은 각 란트마다 1명씩의 위원으로 구성되는 소위원회를 재빨리 구성했다. "헌법기초위원회"로 불리는 이 소위원회가 8월에 2주일 동안 헤렌힘제Herren-chiemsee로 불리는 호수 안의 고성古城에서 개최되었고, 기본법 초안을 결정했다. 이 기본법 초안에 이미 가장 중요한 결정들이 담겨 있었다.

군정 당국은 예컨대 광범위한 권한을 가진 란트들로 구성되는 연방주의적 구조와 같은 내용을 사전에 주문했었고, 이로써 강력하고 중앙집권적인 단일국가의 성립을 저지하고자 했다. 이밖에도 바이마르 헌법과 비교해서 두드러지는 기본법의 중요한 새로운 내용이 힘제Chiemsee 호수 안의 작은 섬에서 2주일 동안 바이마르 시대의 부정적인 경험을 공유하고 있는 소수 전문가들에 의해서 마련되었다. 맨 먼저 연방대통령의 지위가 다뤄졌는데, 연방대통령의 지위는 본질적으로 국가수반으로서 국가를 대표하는 기능으로 축소되었다. 바이마르 헌법에 따르면 제국대통령은 인민들에게서 직선으로 선출되고, 의회의 동의 없이도 수상(총리)을 임명할 수 있는 권한을 가졌다. 제국의회는 단지 불신임투표로만 수상을 해임할 수 있을 뿐이었는데, 이것이 지나치게 빈번하게 사용되었다. 따라서 다음과 같이 새로이 결정되었다. 즉 연방총리는 연방의회에서 선출되고 해임될 수 있는데, 해임은 의회가 새로운 후임자 선출에 합의한 경우에만 가능하도록 했다. 그래서 이것을 이른바 "건설적 불신임제"라고 부른다. 바이마르 시대에 의회를 배제하면서 재앙적인 통치를 불러왔던 대통령의 국가긴급권도 삭제되었다. 게다가 포괄적인 권한을 가진 연방헌법재판소의 설치도 제안되었다. 바이마르 공화국에서는 제국과 란트들 간의 분쟁을 해결하기 위해서는 단지 제국법원Staatsgerichtshof만 존재할 따름이었다.

헌법기초위원회에서 기본법 초안을 결정하고서 며칠이 지난 1948년

9월 초부터 의회평의회가 본Bonn에서 이 초안의 심의를 시작했다. 이 과정에서 기본법에 대한 승인 권한을 갖고 있던 군정 당국과도 지속해서 접촉했다. 여러 어려움이 있었는데, 예컨대 연방의 권한 범위로 인한 것이 그러했다. 란트들에게 유리하게끔 연방의 권한을 축소하려고 해서 논란이 불거졌는데, 사민당SPD이 강경하게 이를 고집해서 그대로 수용되었다. 심의에는 8개월이 걸렸고, 1948~1949년 겨울에는 베를린 봉쇄조치가 있었다. 1949년 5월 8일에 최종표결이 행해졌고, 나흘 후에 서방연합국들이 기본법을 승인했다. 베를린 봉쇄가 해제된 것도 같은 날이었다. 5월 말에 서쪽의 11개 란트의 란트의회들에서 표결이 행해졌다. 이는 국민투표를 회피하기 위하여 합의된 절차였다. 만약에 국민투표가 실시된다면, 기본법에 완전한 효력이 있는 헌법으로서의 성격이 부여될 것을 염려한 까닭이었다. 바이에른Bayern을 포함해서 모든 란트들이 이에 찬성했다. 이로써 기본법이 유효하게 의결되었다. 5월 23일에 의회평의회가 기본법을 공포했고, 1949년 5월 24일 자로 발효되었다.

그런데 기본법의 아버지들이 본래 예상했던 바와는 달리 추후에 일이 달리 전개되었다. 1955년에 서방연합국들이 점령 권한의 상당 부분을 포기하면서 연방공화국(서독)이 주권국가가 되고, 이로써 기본법은 완전하게 효력 있는 헌법이 되었다. 왜냐하면, 시간이 흘러가면서 국민투표가 없었어도 사실상의 동의와 선거에의 참여를 통해서 서독 국민들이 기본법을 수용한 까닭이다.

제146조와 함께 줄곧 예견해온 바대로 독일민족에 의한 새로운 헌법을 제정하지 않고서, 결국 기본법은 전체 독일의 헌법이 되었다. 분단 당시와 마찬가지로 통일 또한 동독이 서독의 마르크화를 도입한 1990년 7월 통화개혁과 함께 시작되었다. 이후의 상황은 1948~1949년보다도 훨씬 빠르게 진행되었다. 동독의 인민의회는 연방공화국(서독)에로의 편입을 결정했고, 이 결정은 1990년 10월 3일 자로 그 효력이 발생하였다.

그런데 동독지역의 란트들은 중앙집권적인 강력한 국가를 만들기 위하여 1952년에 이미 해체되었던 까닭에 인민의회는 편입 결정 직전에 따로 이들 란트의 구축과 실존을 의결했었다. 그 이후로 기본법은 동독의 란트들에도 적용되고 있다. 연방공화국의 초기 당시와 마찬가지로 다시금 동일한 절차가 동독에서도 행해졌다. 헌법이 국민투표가 아니라 단지 의회를 통해서 거듭 확인된 셈이다. 물론 인민의회는 1990년 3월에 실시된 동독주민들의 자유로운 선거에서 이에 대해 전적으로 분명하게 수임받기는 했다. 그리고 이러한 한에서 동독지역에서도 기본법에 대한 주민들의 사실상 동의가 있었고, 그것도 사후가 아닌 사전적 동의였다. 기본법의 전개 과정을 전체적으로 살펴보면, 이미 주목할 만한 지그재그식의 굴곡이 있었다. 처음에는 독일의 서쪽만을 위한 잠정적 헌법Provisorium이었고, 향후의 독일 재통일에 열려있었다. 이후 서독주민들에게서 받아들여지면서 점차 완전하게 효력 있는 헌법이 되었고, 동독지역의 주민들도 또한 이에 사실상 동의하면서, 마침내 뜻한 바를 이뤄냈다.

인권과 기본권

기본법은 여러 기본권과 함께 시작하는데, 제1조부터 제19조까지 이어진다. 학계의 통설에 따르면 기본권은 헌법에서 보장되고 있는 인권인데, 국제연합UN에서 1948년 12월 10일에 공포되고 매우 상세하게 규정되고 있는 보편적인 인권선언과는 다소 다르다. 기본법 제1조 제3항에 따르면 기본권은 직접적으로 적용되는 권리로서 보장된다. 기본권이 이 헌법의 제1장에 등장하고, 그 뒤를 이어서 제20조부터 제2장의 끝까지 "국가조직법"이 자리하고 있다. 이는 새로운 시도였다. 파울교회 헌법과 바이마르 헌법에는 기본권 목록이 뒷부분에 자리했었고, 비스마르크 헌법에서는 아예 언급조차 없었다. 이는 히틀러의 제3제국이 저지른 범죄행위에 대한 대응이었다, 당시에는 "너는 아무것도 아니다. 너의 민족이 전부다"라는 슬로건이 횡행했었다. 지금은 자신에게 보장되는 여러 권리를 갖춘 개인이 먼저이고, 제20조부터 국가가 등장한다. 제1조는 아래와 같은 두 개의 문장들로 시작한다.

> 인간의 존엄성은 불가침적이다. 이를 존중하고 보호하는 것은 모든 국가권력의 책무다.

인간의 존엄성은 최상의 헌법원칙인데, 이로부터 제2항의 결론이 이끌어진다.

> 독일 민족은 전 세계에서 모든 인간 공동체, 평화와 정의의 토대인 불가침적이고 양도할 수 없는 인권을 승인한다.

그리고서 제2조와 제3조에서는 가장 중요한 두 기본권, 즉 주된 자유권과 주된 평등권이 잇따른다. 이 기본권은 신앙의 자유, 의사 표현의 자유, 가족 보호에 관한 권리, 학교제도, 집회 및 결사의 자유, 서신의 비밀과 거주이전의 자유, 직업선택의 자유, 주거의 불가침성, 재산권 및 그 밖의 개별적인 특별한 기본권과 연결된다. 그리고 귄터 뒤리히Günter Dürig교수의 표현을 빌리자면, 마지막 제19조 제4항에서 "절차상의 주된 기본권이 안성맞춤으로 짜 맞춰져 있다."

> 공권력에 의해서 자신의 권리가 침해된 자에게는 권리구제의 길이 열려있다.

기본법 제93조는 이를 보완하면서 더욱 상세하게 규정하고 있는데, 연방헌법재판소는 다음과 같은 결정을 내릴 권한이 있다고 말한다. 즉 "공권력에 의해서 자신의 권리가 침해되었다고 주장하는 이가 제기하는 헌법소원에 대해서" 말이다.

독일에서 지금껏 존재해온 그 어느 헌법도 기본법처럼 이렇듯 간결하고 포괄적으로 그리고 정확하게 인권보호를 보장하지 못했다. 그리고 1949년 기본법 제정 당시에 생각했던 것 이상으로 연방헌법재판소는 많은 개별사항에 이르기까지 자신에게 맡겨진 과업을 잘 해내 왔다.

이 같은 일이 1215년 6월 2일 윈저Windsor성 인근 템즈 강변의 러니미드Runnymede 평원에서 시작된 것은 아니다. 존John 왕이 영국의 귀족들 앞에서 서명한 마그나 카르타Magna Charta에는 그 어떤 자유민도 동료시민에 의한 재판이나 국법에 따른 판결이 없이는 체포 내지는 구금당하지 아니하고, 재산이 박탈되거나 추방되지 않는다는 내용이 적혀 있었다. 그런데 설령 그곳에서 위 내용이 보장되었다고 해서 인권의 역사가 시작된 것은 아니다. 이것은 중세 당시에 봉건영주와 그 가신들 사이에서 맺어진 전형적인 계약이었다. 이것은 그들 사이에서만 유효했고, 물론 다른 자유민 남자들에게도 부수적으로 적용되기는 했다. 인권은 개인이 국가의 과도한 권력 행사에 맞서는 보편적인 방어권인데, 절대주의와 더불어서 생겨났다.

머리에 하얀 큰 가발을 덮어쓴 어떤 이에게 처음으로 번뜩이는 생각이 스쳐 지나갔다. 그가 바로 하이델베르크 대학, 이후에는 스웨덴과 베를린 대학의 자연법 교수를 지낸 사무엘 푸펜도르프Samuel Pufendorf, 인데, 1672년에 《자연법과 국제법에 관하여》De iura naturae et gentium라는 제목의 책을 펴냈다. 여기서 법의 영역에서 처음으로 인간의 존엄성이 다소 무게 있게 등장한다. 그는 *"dignitas humanae naturae"*라고 표현했다. 존엄성, 생명, 자유, 양심 및 재산처럼 봉건영주도 또한 존중해야 할 시민들의 고유한 권리가 있다는 주장이다. 7년 후에 존 로크John Locke는 영국철학계의 우아한 언어로 이를 보다 단순하게 표현했고, 그 후로 백 년이 지나고서 성문헌법에, 즉 1776년 버지니아 헌법에 처음으로 인권이 등장하게 된다. 버지니아 남부 출신의 부농富農인 조지 메이슨George Mason이 직접 작성했는데, 다만 그는 자신의 노예들이 처해있던 상황은 대범하게 무시했었다.

"모든 인간은 천부적으로 평등하게 자유롭고 독립적이며, 생득적生得的인 여러 권리를 갖는다. 이 권리들은 그 어떤 계약으로도 후손들에게서 강탈하거나 위축시킬 수 없다. 즉 이들이 사회 안에서 자신의 지위를 받아들이면서 생명과 자유를 향유하고, 재산을 획득하고 소유하며, 행복과 안전을 요구할 가능성을 갖는다는 말이다."

3주일 후에 토머스 제퍼슨Thomas Jefferson이 미합중국 독립선언서를 작성할 적에 이 텍스트를 참고했었다. 13년이 지난 1789년 8월에 그는 당시 파리에 주재하고 있던 미국대사였는데, 라파예트Lafayette가 그에게 프랑스 인권선언문 초안을 건넸다. 그리고서 6주일 후에 바스티유의 돌풍이 불어닥쳤다.

"인간은 자신의 권리에 있어서 자유롭고 평등하게 태어났으며, 태어난 이후로도 그러하다. [⋯] 모든 정치결사체의 궁극적인 목적은 자연적이고 필요불가결한 인권의 유지에 있다. 이 권리들은 자유, 재산, 안전, 압제에 대한 저항 등등 [⋯] 이다."

이 인권선언이 유럽 전역을 관통하고, 그 사이에 많은 반동적인 사건들이 벌어졌지만 결국에는 전 세계로 확산하였다. 물론 곳곳에서 그것이 현실화되지는 못했고, 재앙과도 같았던 우리네 12년 동안의 슈퍼국가Superstaat에서는* 무참하게 쇠락을 겪기도 했다. 그러나 우리는 이제 기본법이 제정된 이래로 연방헌법재판소의 판결과 더불어서 다시 전 세계를 통틀어서 인권에 있어서 가장 집중적인 판례들을 갖게 되었다. 사람들은 이것이 주목할 만한 완벽한 작품이라고들 말한다. 기본권에 관한 가장 중요한 판결이 1958년에 행해졌다.

---

*1933~1945년에 지속된 히틀러 하의 나치 불법국가를 뜻한다.

BVerfGE 7, 98–뤼트 판결(Lüth-Urteil)

"수요일 이른 아침인 9시 30분경에 함부르크 참심법원의 법정에 설치된 세 개의 서치라이트로 하얀 불빛이 쏟아졌다. 그러자 카메라들이 윙윙 소리를 내며 돌아가기 시작했다. 이제 주인공은 자신의 인생에서 가장 큰 역할을 떠맡는다. 법정을 배경으로 하는 이 연극의 감독을 맡은 것이다. 그런데 하나는 확실하다. 그는 남성이고 용감하며, 그의 아래 발언에서 알 수 있듯이 열정으로 충만했다.""이 재판이 저를 심판할 수는 없습니다. […] 저를 심판할 수 있는 것은 제 자신의 양심 밖에 없습니다. […]" 할란Harlan의 냉정하면서도 한편 재치 있는 발언에 법정 안에서는 종종 웃음이 터져 나오기도 했다. 재판장은 규정대로 참석자들에게 주의를 주었다. 공동원고인 유대인들조차도 엄숙함을 유지하기가 쉽지 않은 순간들이 종종 있었다."

이렇게 1949년 3월 〈함부르크 아벤트블라트〉Hamburger Abendblatt 신문에서 파이트 할란Veit Harlan과 그에 대한 함부르크 참심법원의 재판을 보도했다. 이 소송에서는 제3제국 당시에 벌어졌던 홀로코스트Holocaust에서 수백만 명의 유대인 학살에 대한 방조죄가 다뤄졌었다. 파이트 할란은 사실상 이에 조력했다. 그는 당시에 가장 성공적인 영화감독으로서 1940년에 〈유대인 쥐스Jud Süß〉라는 매우 잔인하고 완벽하게 연출된 멜로드라마 장르의 영화를 제작했다. 이 영화는 유대인에 대한 혐오감을 부추겼고, 이후에 수백만 명의 유대인들이 병력이 동원되는 가운데 수용소에서 학살당하기 전에 모든 나치친위대SS 요원들에게 전달된 하인리히 힘믈러Heinrich Himmler의 명령을 먼저 끌어낸 셈이었다. 당시 할란의 종범從犯은 이 영화의 여자 주인공으로서 그의 세 번째 아내이기도 한 크리스티나 죄더바움 Kristina Söderbaum인데, 그녀는 스웨덴 출신으로 나치주의자들에게는 아리

안적인 미인의 전형이었다. 영화의 끝부분에서 그녀는 요제프 쥐스 오펜하이머Joseph Süß Oppenheimer라는* 부유한 유대인에게서 성폭행을 당하고서는 절망 끝에 스스로 물에 빠지면서 자신의 생을 마감한다. 그 이후로 그녀는 2001년에 사망할 때까지 "나치제국의 물귀신"이라며 내내 조롱받았다. 이 소송은 1949년에 결국 무죄선고로 끝이 났는데, 쾰른에 소재하는 영국 점령지역의 고등법원이 파기환송 판결을 내리고서는 함부르크 법원이 다시 이를 확인했다. 이어서 검찰 측은 더 이상 가망이 없다고 보아서 두 번째 상고를 포기했다. 왜냐하면, 그 사이에 칼스루에Karlsruhe에 소재하는 연방통상법원BGH이 해당 사건을 관할하게 되었는데, 이 연방통상법원에는 쾰른 고등법원과는 달리 과거에 나치전력을 지닌 다수의 법관이 포진해있었던 까닭이다. 이제 파이트 할란은 자유로운 몸이 되었고, 크리스티나 죄더바움과 함께 다시 성공적으로 멜로드라마 장르의 영화를 만들고 있었다. 이것이 1956년에 뤼트 판결이 있기까지의 제1막이었다.

제2막은 파이트 할란보다도 세 살이 적은 에리히 뤼트Erich Lüth와 함께 시작한다. 그는 1902년생으로 함부르크 출신의 저널리스트였다. 전쟁포로에서 풀려나고서 전후에 그는 한자Hansa 도시인 함부르크Hamburg 시의 언론 관련 기구의 책임자가 되었는데, 베를린 국제영화제의 사전주간 개막을 앞두고서 독일의 영화관 소유주들과 관객들에게 파이트 할란이 감독으로 만든 새 영화를 보이콧Boycott할 것을 촉구했다. 이 일이 1950년에 있었는데, 〈유대인 쥐스〉 영화를 만든 감독이 독일 영화의 명성을 부활시키기에 적합하지 않다고 생각한 까닭이었다. 그래서 해당 영화의 제작사는 이 용기 있는 인물을 상대로 소송을 제기했다. 뤼트는 1951년에 "이스라엘과의 평화"라는 캠페인을 조직했고, 앞으로 자신에게 어떤 일이 일어날지를

---

*요제프 쥐스 오펜하이머Joseph Süß Oppenheimer(1698~1738)는 뷔르템베르크의 카를 알렉산더Karl Alexander 영주의 재정고문관을 지낸 실존 인물인데, 그를 주인공으로 해서 다수의 소설과 영화가 제작되었다.

잘 알고 있었다. 왜냐하면, 상업제품에 대한 보이콧운동은 민법전 제826조에 따르면 오래전부터 손해로 간주해왔기 때문이다. 이 손해는 해당 행위가 말 그대로 "선량한 풍속에 반하기" 때문에, 손해배상 또는 방해배제를 위한 부작위 의무가 뒤따른다고 이해되어왔다.

 "선량한 풍속에 반한다"라는 표현은 법률가들의 언어로는 오늘날에도 여전히 "합당하고 정의롭게 생각하는 모든 이들의 예절 감각을 침해함"을 뜻한다. 그렇다면 여기서는 어떠한가? 한쪽에는 악마 같은 영화감독이 그리고 다른 쪽에는 이스라엘과의 평화를 원하는 우직한 한 남자가 놓여있는 건가? 함부르크의 법관들은 아무 일도 아니라고 판결했다. 이 유대인들의 친구에게 패소판결이 선고되었다. 이어서 해당 영화의 제작사인 돔니크 필름Domnick-Film과 배급회사인 헤르초크 필름Herzog-Film 측은 수백만 마르크에 달하는 손해를 염려하면서, 함부르크 지방법원에 파이트 할란이 만든 영화를 상대로 에리히 뤼트가 영화관 측과 관객들에게 촉구해온 보이콧운동을 금지토록 하는 가처분신청을 제기했다. 법원은 1950년에 가처분신청의 인용결정을 내렸고, 본안 사건에 대해서는 1952년에 최종 판결이 있었다. 에리히 뤼트는 이제 자신의 입을 다물어야 한다. 그렇지만 그가 입을 닫았어도 많은 이들의 지지가 있었고, 더욱이나 이제 작은 눈사태가 일어나기 시작했다.

 이 눈사태는 서독 전역에서 벌어진 첫 번째 항의운동의 하나였는데, 사회민주주의자들, 노동조합들과 유대인 공동체, 특히 대학이 소재해있는 여러 도시의 많은 학생에게서 1951~1954년에 파이트 할란이 만든 여러 영화에 대한 조직적인 방해캠페인이 전개되었다. 그러나 별 소용이 없었다. 그런데도 할란이 만든 여러 새 영화가 당시 서독시민들에게서 큰 성공을 거두었다. 이들은 할란과 자신들의 과거에 대해 더는 아무것도 알고 싶어 하지 않았다.

 에리히 뤼트는 수많은 이들로부터 지지와 격려를 받았다. 함부르크 시장인 막스 브라우어Max Brauer는 자신의 대변인으로 그를 소개했고, 많은 대학

교수와 유명 인사들이 그와의 연대를 밝히면서 뤼트의 소송비용을 위한 기부를 호소했다. 당시 사민당 측의 대표적인 법률가인 아돌프 아른트Adolf Arndt는 뤼트에게 절대 포기하지 말라는 전보를 보내면서, 수임료를 받지 않고서 기꺼이 연방헌법재판소에서의 소송대리를 떠맡겠다고 밝혔다. 그는 실제로 그리했고, 지방법원의 판결을 대상으로 헌법소원심판을 청구했다. 오랜 기다림 끝에 연방헌법재판소 제1재판부는 1958년 1월 15일에 이른바 "뤼트 판결"을 선고했다. 이는 칼스루에Karlsruhe에 소재하는 이 법원이 행한 가장 중요한 판결들 가운데 하나이고, 연방공화국(독일)의 법 역사에서 한 획을 그은 판결이기도 하다.

"함부르크 지방법원의 판결은 […] 기본법 제5조 제1항 제2문에서 보장하는 헌법소원 청구인의 권리를 침해하고, 따라서 해당 판결은 파기된다. 사건은 함부르크 지방법원으로 다시 환송된다."

기본법 제5조는 헌법소원 청구인인 에리히 뤼트에게 의사 표현의 자유를 보장한다. 그에게는 빛나는 큰 승리였다. 물론 법리적으로 여러 물음이 존재하는데, 크게는 두 가지였다. 첫째, 도대체 사인私人들 간의 분쟁을 결정하는 민사판결을 대상으로 헌법소원을 청구할 수가 있겠는가? 헌법재판소는 원칙적으로는 "아니다"라고 답하면서도, 법원의 판결에서 "기본권에 의해서 영향을 받는" 법률이 적용되는 경우에는 예외라고 밝혔다. 따라서 둘째, 민사법상의 법률들이 왜 그리고 어느 범위까지 기본권으로부터 영향을 받을 수 있겠는가 하는 물음이 제기된다. 이에 대해서는 헌법재판소가 아래와 같이 놀랍도록 분명한 문장으로 밝히고 있다.

"의심할 여지 없이 기본권은 우선적으로 공권력의 공격으로부터 개개인의 자유 영역을 보호하기 위해서 규범화된 것이다. 따라서 기본권은 국가를 상대로 맞서는 시민의 방어권이다. 이는 기본권 사상의 정신 사적인 발전과 그리고 개별 국가들의 헌법에 기본권이 도입되게 된 그간의 역사적 과정들에서 비롯한다. 기본법상의 기본권들도 마찬가 지로 이러한 의미를 갖는데, 국가권력에 맞서서 인간의 존엄성과 가치를 기본권 목록의 맨 앞에 두면서 이를 강조해왔다. 입법자가 이러한 여러 권리를 보장하기 위한 특별한 권리구제수단, 즉 단지 공권력 작용에 대항하는 헌법소원을 보장해온 것이 이에 부합한다.

　이와 마찬가지로 결코 가치중립적인 질서가 아니고자 하는 기본법은 기본권 편장에서 또한 객관적 가치질서를 구축하고서, 바로 그 속에서 기본권 효력의 원칙적인 강화를 표현하고 있다. 이 같은 가치시스템, 즉 사회공동체 안에서 자유롭게 발현되는 인간의 인격성과 가치를 중심에 두고 있는 이 가치시스템은 모든 법 영역에 있어서 헌법상의 근본 결단으로서 적용되어야 한다. 따라서 입법, 행정과 사법은 이로 부터 지침과 자극을 받아들이게 된다. 이렇듯 민사법 역시도 당연히 영향을 받는데, 그 어떤 민사법적인 규정들도 이 가치시스템에 위배되 어서는 아니 되고, 모든 민사법적인 규정들은 이 가치시스템의 정신 속 에서 해석되어야 한다."

에리히 뤼트는 두 영화제작사 측에 "선량한 풍속에 어긋나게" 손해를 끼쳤기 때문에 민법전BGB 제826조에 근거해서 패소판결을 받았다. 민법전 제826조는 예컨대 제242조와 마찬가지로 이른바 "일반조항"Generalklausel 이다.* 여기서는 "통상적인 풍속을 고려하는 가운데 신의칙信義則이 요구

---

*모든 사항을 빠짐없이 규율하기 어려운 입법기술상의 한계 때문에 추후 법원의 판결을 통한 구체화를 기대하면서, 법문法文상으로는 그 내용이 매우 일반적으로 규율되고 있는 법률조항을 뜻한다. 예컨대 "선량한 풍속 기타 사회질서에 위반한 사항을 내용으로 하는 법률행위는 무효로 한다"라고 정하고 있는 우리 민법 제103조도 마찬가지로 '일반조항'의 대표적인 사례다. 토이브너Teubner는 이 일반조항이 수용기능, 전환기능 및 위임기능이라는 세 가지 기능을 갖는다고 설명한다. 반면에 헤데만Hedemann은 "일반조항으로의 도피"라며, 이로써 법규범의

되듯이”급부를 이행할 의무가 채무자에게 있다고 규정하고 있다. 법적으로는 일반조항으로 일컬어지는 이 일반적인 규정들을 적용하는 경우에 기본권이 또 다른 고려점이 되어야만 한다고 연방헌법재판소의 재판관들이 밝히고 있다. 이는 저명한 헌법학자인 귄터 뒤리히Günther Dürig 교수가 묘사한 바처럼 “기본권이 민사법으로 틈입闖入하는 지점”인 셈이나.

함부르크 지방법원은 이 대목을 유념하지 않았다. 해당 법원은 이 사안에서 기본법 제5조가 보장하고 있는 뤼트의 기본권도 함께 고려했어야 마땅했다. “가치시스템”에 따르면 그것이 필수적이다. 왜냐하면, 한쪽에는 소송을 제기하는 영화 관련 기업들의 배후에 그들의 영화를 만든 파이트 할란 감독이 자리하는데, 특히 그는 영화〈유대인 쥐스〉와 함께 나치정권이 말하는 심각한 유대인 비방을 범했기 때문이다. 그리고 다른 한쪽에는 전후에 유대인들이 건국한 이스라엘과 독일 간의 화해를 위해서 적극적으로 활동해온 에리히 뤼트가 자리하고 있다. 이런 사실들이 서로 법익형량돼야 했었는데, 함부르크 지방법원은 그렇게 하지 않았다. 왜냐하면, 이 사안에서 에리히 뤼트가 가진 의사 표현의 자유라는 기본권이 파이트 할란을 위해서 일하는 영화제작사들이 가진 직업의 자유보다도 더 우위에 있다는 결론이 도출되기 때문이다. 따라서 함부르크 지방법원의 판결은 위헌적이었다. 이 같은 결론이 기본권의 가치시스템에서 도출된다.

사안은 이러했고, 이 기본권의 가치시스템이라는 게 기본권의 의미를 놀랍도록 강화해왔다. 그 이후로 기본권은 국가에 맞서는 시민들이 가지는 방어권일 뿐만 아니라, 판결에서 밝히듯 사법司法을 포함해서 모든 법 영역에 “파급효(방사효)”를 미친다. 이 판결은 대중들이 쉽사리 알아차리지는 못하더라도 연방공화국의 정치사政治史에 결코 작지 않은 결과를 가져왔다. 에리히 뤼트를 둘러싼 한바탕 소동이 벌어진 지 8년이 지나고서는 이미 오래전의 일처럼 까맣게 잊혀졌다. 이 판결은 이후 연방헌법재판소가 행

유약화, 불안정성 및 자의성이 높아진다며 비판한다.

해온 여러 판결의 토대가 되었고, 아래에서 열거되는 판결들과 더불어서 지대한 보편적인 영향을 가져왔다. 즉 1975년과 1993년의 "임신중절" 사건에서부터 "병사는 살인자" 사건을 거쳐서 1995년의 "십자고상 판결"에 이르는 일련의 판결들은 중간 강도의 정치적 지진을 불러왔다.

기본법 제20조상의 국가토대규범

기본법에서는 제1조부터 제19조까지의 기본권 목록에 이어서 제20조와 더불어서 국가의 구축이 시작된다. 제20조 이하부터 헌법의 끝까지에 해당하는 기본법의 제2장을 "국가조직법"으로 부른다. 의회평의회는 기본법 제2장의 첫 조항에다가 독일연방공화국의 건축과 관련되는 기본적인 원칙들을 매우 압축적으로 요약해 두었다. 특히 인상 깊은 대목은 제1항이 지닌 간결함이다. (독일어로) 아홉 개의 단어들 속에는 여섯 개의 결단이 담겨있다. 제20조 제1항은 아래와 같다.

독일연방공화국은 민주적이고 사회적인 연방국가다.

"독일연방공화국"이라는 표현과 더불어서 세 개의 근본적인 언명이 행해지고 있다. 첫째 국호國號, 둘째 공화제적 특성에 대한 결단, 셋째 독일이라는 단어와 함께 1871년에 건국된 독일제국의 계승에 관한 주장이 담겨있다. 연방국가라는 단어에서 연방주의적인 구조가 확정되고, 그 중간에 삽입된 두 개의 형용사에는 민주주의요청과 사회국가요청이 내재해있다. 제2항은 조금 더 길다.

모든 국가권력은 국민으로부터 나온다. 이 국가권력은 국민의 선거와 투표를 통해서 그리고 입법, 집행 및 사법을 담당하는 특별한 기관들을 통해서 행사된다.

두 개의 문장 속에는 세 개의 원리가, 즉 국민주권원리, 대의제 민주주의 원리와 권력분립원리가 담겨있다. 다음 조항에서 마침내 법치국가원리에 관한 중요한 언명이 이어지는데, 법치국가라는 단어 자체가 여기서 물론 명시적으로 드러나지는 않는다. 히틀러의 제3제국에서의 사법 파탄破綻을 겪고 나서는 낮은 목소리로 조용히 부르려고 한 까닭이다. 그래서 제3항은 아래와 같다.

입법은 합헌적 질서에 그리고 집행권력과 법원의 판결은 법률과 법에 기속된다.

예컨대 의회민주주의와 같은 몇몇 내용이 빠져있다손 치더라도 연방공화국이라는 국가의 성격과 관련해서는 거의 모든 게 언급되고 있다. 그래서 제20조는 국가토대규범이다. 이 규정은 다음과 같은 열 개의 근본적인 언명을 함의하고 있다.

1) 국호, 2) 국민주권원리, 3) 민주주의요청, 4) 대의제 민주주의원리,
5) 공화제적 국가형태, 6) 연방국가적 구조, 연방주의원리, 7) 권력분립원리,
8) 법치국가원리, 9) 사회국가원리, 10) 독일제국과의 동일성 주장

국호(國號). 이와 관련해서는 기본법 제정 당시에 여러 제안이 있었다. 헤렌힘제 헌법기초위원회가 마련한 초안에는 "독일 란트들의 연방Bund der deutschen Länder"이라는 표현이 제안되었다. 이것이 의회평의회 측에게는 국가연합Staatenbund과 매우 흡사하게 느껴졌다. 그렇지만 연방국가Bundesstaat여야만 했다. 그래시 기민당CDU은 "독일연방공화국Deutsche Bundesrepublik"이라는 표현을 제안했고, 테오도르 호이스Theodor Heuss는 "독일연방공화국Bundesrepublik Deutschland보다도 더 나은 다른 대안이 없다고 보아서 그렇게 관철되었다. 이로써 독일제국의 존속에 관한 주장이 더욱더 잘

표현된 셈이다. 이렇게 해서 초대 연방대통령이 새로운 국가에 이름을 붙여주게 되었다.

국민주권원리. 주권主權이라는 개념은 절대주의 국가의 역사에서 비롯한다. 이것의 주창자는 1576년에 출간된 《국가에 관한 여섯 권의 책》을 쓴 장 보댕Jean Bodin이다. 그는 주권을 *puissance absolue et perpétuelle d'une république*, 즉 "자신의 신민臣民들에 대한 군주의 무제한하고 영구적인 지배"로 정의했다. 중세의 봉건적인 중간적 기구들의 고유한 권리 주장에 맞서는 근대국가의 정치적 프로그램이었다. 따라서 주권은 국가의 내·외부로 행사되는 제한 없는 고권高權인데, 오늘날에는 여러 기본권과 행정법원들로 인해서 국가 내부적으로는 더 이상 가능하지가 않게 되었다. 시간이 흐르면서 주권이 군주라는 자연인에게서 국가라는 법인으로 옮겨갔고, 오늘날에도 명목상으로는 이와 같다. 주권이라는 단어가 인민과 결합하면서는, 군주에 대항하는 다른 정치적 프로그램이 되었다. 국민주권의 원리는 군주가 신의 은총으로 부여받은 최고의 권력이 아니라, 한때 군주와 인민, 양측에 의해서 체결되어야 마땅한 지배계약에 따라서 인민들로부터 위임받아서 보유하는 것을 뜻하는 걸로 바뀌었다. 그 결과로 군주가 계약에 위반해서 행위를 하는 경우에는 저항권이 인정된다. 오늘날의 민주주의 개념 속에서 이 주권개념은 다소 지나쳐서 불필요한 것이 되었다. 그러나 이것은 여전히 우리네 공직자들이 본래 누구에게 책무를 부담하는지를 때로 충분히 분명하게 각인시킬 수가 있다. 그리고 저항권은 여전히 현재적이다.

민주주의 요청. 오늘날에도 여전히 우리는 아리스토텔레스의 어깨 위에 서서 국가의 유형에 대해 사고하고 있다. BC 330년에 아리스토텔레스가 《정치학》을 저술했고, 세 개의 좋고, 나쁜 국가형태, 즉 군주정君主政, 귀족정貴族政, 민주정民主政과 그 남용의 산물인 참주정僭主政, 과두정寡頭政, 중우

정衆愚政으로 구별해 두었다. 민주정은 인민의 지배, 즉 모든 사람의 지배를 뜻한다. 아리스토텔레스는 당시 아테네에서 페리클레스Perikles부터 데모스테네스Demosthenes에 이르기까지 거의 백 년 가까이 지속하여온 민주정의 고전적인 시기를 경험했는데, 그에게는 도무지 마음에 들지 않았다. 그렇지만 오늘날 우리가 가진 아래와 같은 해법으로는 그가 보다 더 나은 삶을 살았을지도 모르겠다.

대의제 민주주의원리. 이게 오늘날 우리가 가지고 있는 해법이다. 그 반대는 직접 민주주의인데, 모든 시민이 참여하는 인민총회에서 법률이 결정되고, 공직자가 선거를 통해서가 아니라 추첨을 통해 결정되고, 평생토록 단 한 번만 공직을 맡을 수가 있었다. 즉 인민투표를 통한 입법 그리고 서로 번갈아 가며 공직을 맡는다는 순환원칙에 따라서 추첨절차에 의한 공직 배정이 고대 아테네의 직접 민주정인데, 이로써 정치가들의 권력독점을 저지하고, 모든 시민의 자유를 보장할 수가 있었다. 반면에 대의제 또는 간접 민주주의라는 다른 원리는 권력 지향적인 로마인들이 발전시킨 것이다. 그네들의 공직자는 추첨이 아니라 선거로 선출되고, 당시 유지有志들의 집합체로서 추후 입법권을 갖게 되는 로마의 원로원은 지금 의회의 전前 단계에 해당했다. 그런데 장 자크 루소Jean-Jacques Rousseau만큼이나 선거의 위험성을 절박하게 표현한 이가 없다. 그는《사회계약론》제3권 제15장에서 다음과 같이 지적한다.

> "인민들에게서 대표자가 존재하는 바로 그 순간부터 이들은 더 이상 자유롭지 못하다. 더 이상 자유는 없다."

기본법은 여느 서구국가들의 전통을 이어받아서 인민이 아니라 여러 상이한 정당들에 속한 최고의 정치인들 집단이 통치하는 대의제 민주주의를 결단했다. 아리스토텔레스적인 의미로는 민주정보다는 차라리 귀족정에 더 가깝다고 볼 수 있겠다.

'선거'는 기본법 제20조 제2항에서 가장 핵심적인 단어다. 선거는 늘 거듭해서 인민들에 의해서 확인되는데, 그 사이에 때로 신속하게 다수의 의사에 반하는 결정을 내리면서 철저히 권한을 행사한다. 이것이 대의제 민주주의의 중요한 특징이다. 그런데 이게 왜 정당한가? 이로써 우리는 더 많은 이성과 통제를 확보할 수가 있다. 우리 시민들 자신이 공동체의 안전에 대한 위험요소이기도 한 까닭이다. 라인홀트 치펠리우스Reinhold Zippelius는《일반 국가학》(제12판, 1994)에서 인민은 […] 하다면, 더는 인민이 아니라 군중 또는 무리에 불과하다고 말한다.

> "군중이 결정을 내려야 하는 일이 발생하면 그 책임은 […] 정치적으로 적극적이고 은밀히 유도하는 특정 인물의 결정 권력으로 돌변하기가 매우 쉽다. […] 이렇게 해서 아리스토텔레스가 이미 지적했었던 모든 위험이 현실화한다. 법률에 따라서 제한되지 않는 군중의 포괄적인 지배는 데마고그Demagogue에 의해서 조종되는 폭정으로 쉽게 타락하기 마련이다."

공화제적 국가형태. 오늘날에는 국가를 대표하는 이른바 "국가수반"國家首班이라는 공직을 어떻게 차지하느냐가 문제시된다. 만일 그가 선출된다면, 공화국共和國이라고 부른다. 반면에 국가를 대표하는 이가 세습으로 결정되면, 영국처럼 군주정이 된다. 그런데 영국은 민주적인 국가형태에 철저히 합치한다고 알려져 있다. 이 부분은 아리스토텔레스도 미처 생각하지 못했었다.

연방국가적 구조(연방주의원리). 연방국가는 권력이 연방과 란트들 사이에 분산된 구조 때문에 단인국가와 비교하면 다소 취약하다. 그래서 강력한 국가를 원했던 제3제국과 동독에서는 란트들이 해체되었다. 전후의 서방 연합국들은 바로 이런 대목을 원치 않았었고, 따라서 연방주의를 새로운 국가 건설을 위한 조건으로 제시했다. 그런데 문제가 없지는 않다. 이에 대해시는 곧 아래의 "연방과 란트들" 꼭시에서 다루고 있다.

권력분립원리. 이것은 절대군주의 권력을 제한하고자 했던 17~18세기의 숙고로부터 기인한다. 존 로크John Locke는 군주에게서 입법권한을 빼앗아서는 의회로 넘겼다. 그리고 몽테스키외Montesquieu는 군주에게서 사법권한을 빼앗아서는 행정부로 넘겼다. 그 이후로 우리는 입법, 행정, 사법이라는 3분할의 구도를 갖고 있다. 이것은 국가 안에서 연방주의와 마찬가지로 권력을 제한하는 데에 기여한다. 지금도 여전히 그러하다. 그런데 이 원리는 의회가 개별 사안들을 일일이 규율하고, 행정부가 법규명령으로 일반적인 규범을 제정하고, 법원들이 판결뿐만 아니라 또한 행정기능을 떠맡고 있는 가운데 사실상 매일 늘 어긋나고 있다.

법치국가원리. 이것은 19세기 초반에 자유주의자들이 내건 슬로건이었다. 즉 마음대로, 원하는 바대로 할 수가 없는 국가인데, 국가가 법에 기속되기 때문이다. 이는 시민들의 권리를 침해하는 군주의 행정부처에 대항하면서 형성되었는데, 독립된 법원, 즉 행정법원에 의해서 사법적으로 심사되어야 마땅하다고 여겨졌다. 그래서 군주의 위엄 곁에 법의 위엄이, 그리고 군주의 궁궐 곁에 법의 궁전이 자리하게 되었다. 그러던 동안에 모든 일이 복잡하게 얽혀갔다. 무엇이 법치국가인지를 하나의 문장으로 서술하는게 다소 어렵기는 하다. 기본법 제20조 제3항은 중요한 요소들만을 언급하고 있다. 그런데 이게 전부가 아니다. 예컨대 지난 1970년대 초반에 〈프랑크푸르트 알게마이네 차이퉁〉Franfurter Allgemeine Zeitung(약칭 FAZ) 신문이 사설에서 당시 남아프리카공화국의 인종분리정책Apartheid을 두둔했는데, 적어도 그곳에서는 모든 일이 엄격하게 법치국가에 합당하게 행해지고 있다는 주장이었다. 이로써 이 법치국가 개념이 다소 불리하게 논증되었다ad absurdum. 왜냐하면, 이것이 그저 절차가 갖추어야 하는 법 형식뿐만 아니라, 적어도 인권이 포함되어있는 내용까지도 의미하기 때문이다. 따라서 클라우스 슈테른Kluas Stern 교수는《국가법》제1권(1977, 781쪽)에서 다음과 같이 밝히고 있다.

"법치국가는 자유, 정의 및 법적 안정성의 보장을 목적으로 합헌적으로 제정된 법률에 근거해서 국가권력이 행사되는 것을 뜻한다."

사회국가원리. 법치국가가 19세기의 개념인 반면에, 사회국가는 20세기의 원리이다. 혹자는 이 두 원리가 서로 조화되지 않는다고 말한다. 왜냐하면, 법치국가는 경제정책에 있어서 국가의 퇴각을 뜻하는데, 즉 국가에 나름 한계를 짓고, 개인의 자유를 보장하고 경제가 스스로 작동하게끔 형식적 법의 유지로만 국가 역할이 제한되고 있는 가운데, 이로써 경제가 가장 최적으로 기능한다고 보기 때문이다. 그런데 이로써 또 여러 사회문제가 생겨나고, 20세기에는 다시 경제정책과 사회정책을 가동하게끔 국가를 압박했었다. 그런데 개별 사안들에서 그것이 무얼 뜻하는지를 두고서 국가법에서 여전히 매우 논란되고 있다. 그다지 놀랄 일도 아니지 않나?

독일제국과의 동일성 주장. 이것은 앞서 사회국가원리의 내용과는 달리 논란의 여지가 전혀 없고, 특히나 연방공화국과 동독 간의 통일 이후로는 더 이상 논의할 주제가 되지 못한다.

최상급의 여러 국가기관

이제 독일연방공화국이 무엇인지를 살펴보기로 하자. 먼저 하나의 국가다. 그런데 어떤 국가인가? 앞서 밝힌 바처럼 통치질서이다. 인간의 인간에 대한 그리고 치자의 피치자에 대한 통치질서이다. 이게 전부인가? 그렇지는 않다. 여기서는 군주가 더 이상 존재하지 않기 때문에 상상하기에 다소의 어려움이 있다. 국가가 법인法人이라고들 말한다. 2백 년 전에 이 법인은 여전히 국가에 적대적인 개념이었고, 자연인인 군주에게서 권한을 빼앗는 데에 기여했다. 그리고서 자연인인 군주가 사라져 버렸을 때, 모든 권한을 가진 법인만이 남게 되었고, 이제 이 개념은 상반된 기능을 하고 국가친화적이 되어 버려, 말하자면 누군가를 지배할 거라는 인상을 지울 수 있게 되었다. 기껏해야 법인인데 뭐.

법인이 단지 국가법에서만 자주 등장하는 게 아니다. 사법私法에서도 예컨대 단체, 자본회사, 유한회사 또는 주식회사와 같은 여러 법인法人이 존재하는데, 독자적인 법주체로서 등장하고, 고유한 재산을 갖고, 법원에 소송을 제기하거나 피소될 수가 있다. 그렇다면 법인이 대체 뭔가? 150년 전에 프리드리히 카를 폰 사비니Friedrich Carl von Savigny는 일종의 허구虛構라고 말했었다. 사실 이것은 전혀 실재實在하지 않는데, 마치 실재하는 것처럼 행동한다. 군대와 경찰, 법원과 교도소, 뉴스에 나오는 의전차량 등등을 고려하면 국가를 너무 무모하게 바라보는 주장일 수도 있겠다.

이런 까닭에 50년 후에 그 반대 의견으로 국가유기체설이 등장한다. 오토 폰 기에르케Otto von Gierke가 이 같은 주장을 전개했는데, 그는 프리드리히 카를 폰 사비니가 강조하는 로마법에 반대하면서 고대 독일법의 부활에 이바지한 사람이기도 하다. 로마법이 개인지향적인 성격을 지녔던 반면에, 고대의 독일법은 좀 더 집단적이었다. 따라서 오토 폰 기에르케에게 있어서 공동체는 초개인적인 의지와 함께 고유한 생명을 지닌 존재이고, 실재하는 전적인 유기체로서 자신의 눈, 입과 귀 그리고 손과 발이 되는 수많은 기관을 가진 독자적인 하나의 총합이었다. 이런 유기체적인 단체가 국가라는 주장이다. 여기서는 치자와 피치자 사이에서 구별의 어려움이 불거지는데, 구별이 거의 불가능했다.

이런 까닭에 오늘날의 국가법학은 양극단의 한 가운데 지점에서 부유浮游하고 있는데, 가급적 불분명하게 표현하면서도 법인허구설法人虛構說에 좀 더 가까이 다가서 있다. 그러나 국가가 설령 유기체가 아니더라도 실재하는 그 무엇으로 본다. 그렇다면 법인인가? 맞기는 하는데, 그 이상의 무엇이지 않겠는가? 흔히들 이 법인에게 그 무엇일지라도 자신의 이름으로 발생하는 모든 것을 "귀속시킬" 수 있다고 본다. 이 유기체설이 이미 오래전 과거의 역사라 하더라도 법인의 여러 기관에 관한 상념은 오늘날에도 여전히 남아있다. 이 상념은 본래 중도적인 입장과는 맞지 않는데, 때로 불분명한 개념이라고 비판되지만, 그런데도 기본법 제20조 제2항에는 다음과 같이 쓰여 있다.

> 모든 국가권력은 국민으로부터 나온다. 이 국가권력은 국민의 선거와 투표를 통해서 그리고 입법, 집행 및 사법을 담당하는 특별한 기관들을 통해서 행사된다.

즉 행정부, 의회 및 사법은 기관이고, 흔히 최상급의 연방기관들로 표현되고 있다. 즉 기본법 제93조에는 연방헌법재판소가 특히 결정해야 할 여러 과업이 적시되어 있다.

> 이 기본법에 근거해서 또는 최상급 연방기관의 사무규정상으로 고유한 권한을 가진 최상급 연방기관 또는 다른 이해당사자들의 권리·의무의 범위에 관한 분쟁을 계기로 해서 행해지는 기본법의 해석에 대해서

이것이 이른바 기관쟁송이다. 최상급의 연방기관들은 최상급의 국가기관이기도 하다. 어떤 기관들이 이에 해당하는지는 연방헌법재판소법 제63

조에서 밝히고 있다. 네 개의 기관들, 즉 연방대통령, 연방의회, 연방참사원 그리고 연방정부다.

지난 1950년대에 여기에다 다섯 번째로 연방헌법재판소가 추가되었다. 이는 1952년에 제출된 의견서를 통한 일종의 자가발전적인 산물이다. 당시 독일의 새무장再武裝 여부에 관한 연방헌법재판소의 결정을 앞두고서 많은 이들이 우려하는 가운데 한바탕 큰 소동이 벌어졌다. 당시 법무장관이던 토마스 델러Thomas Dehler가 연방헌법재판소가 "충격적인 방법으로 법의 정도正道에서 벗어나서", "이로써 심각한 위기가 초래될" 거라고 밝힌 것이 계기가 되었다. 칼스루에Karlsruhe에 소재하는 연방헌법재판소는 보복 조치를 염려하면서 이 의견서에다가 일종의 독립선언문을 작성한 셈인데, 독자적인 예산을 요구했다. 즉 지금까지는 법무장관이 자신 명의의 예산으로 연방헌법재판소의 재정財政을 지원해왔는데, 이로써 그가 예산을 무기로 삼는 충격적인 방법을 감히 생각할 수 없게끔 하려고 했다. 법무장관이 또한 이들 헌법재판관에게는 상관上官이기도 했다.

오늘날 헌법재판관들은 상급의 여러 연방법원의 법관들과 다르게 더 많은 것을 갖고 있지는 않다. 연방헌법재판소는 연방 예산에서 예산편성을 위한 독자적인 지위를 갖는데, 연방헌법재판소법 제1조에는 아래와 같은 내용이 포함되어있다.

> 연방헌법재판소는 다른 모든 헌법기관과의 관계에 있어서 연방 차원에서의 독자적이고 독립적인 법원이다.

헌법의 수호자

1983년에 연방헌법재판소가 「인구조사법」이 위헌이라고 밝혔을 때 누구도 이들 재판관이 의회가 제정한 법률을 무효화할 수 있는지의 물음을 더는 제기하지 않았다. 어느 한 헌법재판관이 의회보다도 위에 자리하고서, 이로써 일종의 슈퍼입법자가 되는 게 아니겠는지? 법률을 무효화하는 게 아니라 적용하는 것이 본래의 과업이지 않겠는지? 이것이 권력분립원리에 반하지는 않는지? 이는 지난 2백 년 동안 늘 꾸준히 제기되어온 물음들이다. 그 이후로는 의회 또한 헌법에 기속된다는 원칙이 존재하는데, 예컨대 인권을 침해하는 법률은 용납되지 않는다. 그 이후에는 과연 누가 이것을 심사할 것인지의 물음이 존재한다. 저명한 대법원장인 존 마샬John Marshall이 이끄는 미국 연방대법원의 한 유명한 소송, 즉 1803년 2월 24일자 Marbury vs. Madison 사건에서 이에 대한 유명한 대답이 있었다. 존 마샬 대법원장이 특유의 간결하고 설득력 있는 문체로 직접 판결문을 작성했다.

"의회의 권한은 정확하게 규정되어 있고, 또한 제한된다. 그리고 이 권한 범위를 벗어나서는 아니 되고, 헌법은 문서로 쓰여 있는 까닭에 망각될 수도 없다. 어떠한 목적으로 의회의 권한이 제한되는지, 어떠한 목적으로 이 같은 제한이 문서로 확정되는지, 이것을 없애려는 이들에 의해서 이 같은 제한이 언제라도 무용지물無用之物이 될 수도 있지 않겠는지? 모든 사람은 한 국가에서 근본적이고 압도적으로 중요한 권리이기도 한 성문의 헌법전이 무엇을 구성하고 있는지를 확실히 지켜보고 있으며, 그래서 국가 질서를 다루는 학설에서는 의회의 입법이 헌법에 위반되고, 따라서 무효라는 결론으로 이어진다. 이 학설은 성문헌법의 중요한 구성 부분이고, 따라서 본 법원에서는 우리 사회의 근본적인 원칙들의 하나로 간주하여야 한다."

당시 이를 둘러싸고서 많은 논쟁이 있었다. 의회가 헌법에 기속되는 게 맞기는 하지만, 헌법전의 그 어디서도 법관에게 이를 심사할 수 있는 과업을 위임하지 않았다는 주장이 가장 중요한 반론으로 제기되었다. 또한, 이와는 달리 만약에 법관이 헌법을 침해하는 판결을 내릴 때 그 어떤 사법심사도 행해지지 않는다고도 비판되었다. 어쨌든 존 마샬 대법원장은 이 같은 규범통제를 관철해냈다. 미국뿐만 아니라 오늘날 대부분의 서구국가에서, 게다가 사회주의블록이 무너지고서는 동유럽 국가들에서도 헌법재판제도가 존재하고 있나. 독일에서 연방헌법재판소는 여느 나라들에서보나도 더 많은 권한을 갖고서 더 많은 소송을 행하면서 헌법의 수호자가 되었다. 연방헌법재판소는 세계에서 가장 강력한 헌법재판소인 셈이다.

 “헌법의 수호자로서의 제국법원”, 이는 1929년에 카를 슈미트Carl Schmitt가 발표한 논문 제목이었다. 1920년대 독일에서는 당시의 바이마르 헌법이 미처 예견하지 못했던 헌법재판의 필요성을 두고서 논쟁이 불거졌다. 카를 슈미트는 그것이 법관들에게 과도한 부담을 지우는 정치적 문제가 될 거라는 입장이었는데, “헌법재판소는 정치의 법제화와 함께 또한 사법司法의 정치화를 뜻한다”라는 프랑스 역사가 귀욤 귀조Guillaume Guizo의 말을 인용했다. 여기서 사법司法은 모든 것을 잃고, 정치 또한 아무것도 얻을 게 없다는 주장이다. 따라서 슈미트는 헌법의 준수 여부를 심사하는 정치적 심급을 감시해야 한다고 생각했다. 제국대통령이 특히나 취임선서에서 헌법의 준수를 보장할 것을 서약했기 때문에 그 해결책을 자신의 손에 쥐고 있다. 즉 제국법원이 아니라 제국대통령이 헌법의 수호자라는 주장이다. 그러나 제국대통령은 그가 1933년에 히틀러를 수상으로 임명했을 때에 끔찍한 방법으로 실패했으며, 가장 중요한 기본권들이 정지되고, 이로써 사람들이 집단수용소로 끌려가는 문이 활짝 열리게 되었다. 전후에 제3제국의 사법적 악몽에서 깨어났을 때 향후에는 보다 나은 안전장치들이 구축되어야 한다는 사실이 분명해졌다. 이 대목에서는 헤렌힘제의 헌법기초위원회에서 모두의 의견이 일치했다. 가급적 폭넓은 권한을 가진 한 법원이 헌법의 수호자가 되어야 한다. 이 법원이 결정해야 할 가장 중요한 소송들은 다음과 같다.

　　1. 헌법소원, 2. 규범통제소송, 3. 기관쟁송,
　　4. 연방-란트 간의 분쟁, 5. 정당금지

헌법소원. 이것은 기본권 침해를 이유로 누구나가 청구할 수 있는데, 원칙적으로 다른 권리구제수단이 모두 소진消盡된 경우에만, 즉 통상적인 법원에서 모든 가능성을 다 거치고서야 청구할 수가 있다. 예컨대 인구조사법에 대한 판결처럼 법률의 합헌성이 때로 심사되기도 하지만, 대부분은 행정처분의 법적 근거나 법원의 판결이 심사된다. 소송절차는 연방헌법재판소법 제90조~제95a조에서 규정되고 있다. 또한, 법률의 합헌성 심사를 위한 특별한 절차가 마련되어있는데, 시민 누구에게나 열려있지는 않다.

규범통제소송. 이것은 연방정부, 란트정부 또는 연방의회 구성원의 1/3이 청구하거나, 기본법 제100조에 따라서 이른바 "법관의 제청"에 따라서만 개시될 수 있다. 법관이 제청하는 경우에는 당해 법원이 해당 법률을 위헌으로 판단하고 있고, 그 법률이 해당 소송에서 중요한 역할을 행하고 있으며 그리고 판결을 위해서도 중요한 의미를 갖는다는 사실이 중요하다. 이어서 해당 소송절차는 중지되고, 법률은 연방헌법재판소의 심사에 놓인다. 소송절차는 연방헌법재판소법 제76조~제82조에서 규정되고 있다.

기관쟁송. 이것은 최상급의 국가기관들 사이에서, 즉 연방대통령, 연방의회, 연방참사원 또는 연방정부 간에 그네들의 권한과 의무의 관점에서 기본법의 해석을 둘러싸고서 행해진다. 또한, 예컨대 연방의회의 개별 교섭단체처럼 이들 기관의 "부분기관"들도 이 소송을 청구할 수 있다는 사실이 중요하다. 즉 의회 다수의 의사에 반해서 전체 의회의 소수자 권리를 주장할 수가 있다. 권력분립원리가 더 이상 제대로 기능하지 않는 경우에 이에 상응해서 야당에 주어지는 일종의 소수자 보호인 셈인데, 연방헌법재판소법 제63조~제67조에서 규정되고 있다.

연방-란트 간의 분쟁. 이것은 연방과 란트들 간의 권한 범위를 두고서 서로 의견이 다른 경우에 청구될 수 있다. 연방정부와 란트정부들이 청구권을 갖는다. 이에 대해서는 연방헌법재판소법 제68조~제70조에서 규정하고 있다.

정당금지. 기본법 제21조 제2항에 근거해서 연방헌법재판소는 연방의회, 연방참사원 또는 연방정부의 청구에 기해서 자유롭고 민주적인 기본질서에 반하여 활동하는 정당을 금지할 수 있다. 이 소송은 연방헌법재판소법 제43조~제47조에서 규정되고 있다. 이 소송과 관련한 가장 중요한 판결이 아래에서 다루는 독일공산당KPD 해산 판결이다.

독일공산당(KPD) 해산 판결(BVerfGE 5, 85)

지금껏 독일연방공화국에서는 두 건의 소송이 정당금지를 목적으로 성공적으로 관철되었다. 두 건의 소송 모두가 1951년에 개시되었는데, 당시 연방정부가 11월 19일에 극우성향의 사회주의제국당SRP에 대해서 그리고 이틀 후에 독일공산당KPD을 상대로 정당금지를 청구했다. 칼스루에Karlsruhe에 소재하는 헌법재판관들이 사회주의제국당에 대해서는 꽤 신속하게 판결을 내렸는데, 동 정당은 1952년 10월에 해산되었다(BVerfGE 2, 1.) 반면에 독일공산당의 경우에는 1956년까지 상당히 오랫동안 결정이 지체되었다. 1952년에 청구된 서독의 핵무기 재무장再武裝에 관한 결정이 지연되면서 사회가 소란스러운 가운데, 이 같은 판결 지체는 당시 아데나워 정부가 연방헌법재판소에 대해 화가 났었던 두 번째 이유였다. 그래서 며칠

후에 연방의회가 연방헌법재판소의 정치적 지향성을 바꾸려고 연방헌법재판소 두 재판부의 재판관 정수定數를 각 12명에서 8명으로, 즉 1/3을 줄이는 시도로 이어졌다. 헌법재판관들이 이렇듯 결정을 지체한 이유가 아마도 이들 재판관의 일부가 히틀러의 제3제국에 맞섰던 투쟁에서 독일공산당에 대해 지녔던 연대감을 잊지 못한 데에 있었다고 짐작된다. 그 밖에 이들 헌법재판관은 독일공산당이 해산됨으로써 독일의 재통일에 위협이 될지도 모른다고 염려했다.

판결은 1956년 8월 17일에 선고되었다. 이로써 독일공산당이 해산되었는데, 해산 사유는 동 정당이 마르크스-레닌주의적인 투쟁정당으로서 프롤레타리아 독재와 함께 폭력을 동원하는 혁명으로 자유롭고 민주적인 기본질서에 위배되는 전체주의적 시스템을 구축하려는 목적을 추구했다는 것이다. 이전의 사회주의제국당SRP 해산 판결과 비교하면, 거의 네 배나 두껍게 무려 300여 쪽에 달하는 장문長文의 판결문은 아래의 기본법 제21조 제2항에 근거하고 있다.

> 그 목적상으로 또는 구성원들의 활동을 통해 자유롭고 민주적인 기본질서를 위협 내지는 폐제廢除하려고 하거나 또는 독일연방공화국의 존립을 위협하는 정당은 위헌이다.

여기서 연방헌법재판소에게는 정치적 의사표현의 자유라는 기본권이 지닌 근본적인 의미가, 즉 달리 말하자면 자유롭고 민주적인 기본질서가 과연 이와 같은 규정을 허용하는지가 문제시되었는데, 특히나 다른 서구민주주의 국가들에서 이 같은 소송은 아직도 낯설기만 했다.

> "제한하는 규정 자체가 '위헌'으로 간주되어야만 하는 감당할 수 없는 자기모순에 빠져서는 아니 된다. […]"

그러나 대답은 결국 "아니다"였다. 기본법 제21조 제2항이 헌법적으로 문제가 없고, 자유의 적敵에 대해서는 그 어떤 자유도 주어져서는 아니 된다고 밝혔다. 기본법은 과거 바이마르의 경험을 거울삼아서 관용원칙을 불가침의 근본 가치에의 승인과 결합하고자 의도했다. 투쟁적 민주주의에 대한 이러한 승인이 처용되고, 헌법개판소를 기속한다고 판단했다. 이로써 그렇다면 기본법 제21조 제2항에서 자유롭고 민주적인 기본질서로 표현되고 있는 이 근본 가치들의 불가침적인 영역이 과연 무엇인가 하는 물음이 제기된다.

이 물음은 사회주의제국당 해산 판결에서 이미 답해졌었는데, 연방헌법재판소는 그것이 변경되지 않은 채로 계속해서 남아있어야만 하는 헌법의 기초적인 핵심영역이라고 밝혔다. 이 같은 근본적인 원리들에 대해서는 아래와 같이 밝혔다.

"기본법에서 구체화한 인권의 존중, 특히 삶과 자유로운 발현을 위한 인격권, 국민주권원리, 권력분립원리, 정부의 책임성, 행정의 법률적 합성, 법원의 독립성, 복수정당제도 및 반대의견의 합헌적인 형성과 행사를 위한 권리와 더불어서 모든 정당 간에 기회균등의 존중"

자유롭고 민주적인 기본질서. 이는 우리가 흔히 접하고 있고, 또한 개정될 수 있는 많은 개별 규정들과 함께 하는 전체로서의 헌법을 뜻하지는 않는다. 자유롭고 민주적인 기본질서는 바로 핵심영역이다. 앞서 열거한 바와도 같고, 그것이 중요한 전제 사항이다. 법률가들이 말하는 것처럼 이것을 지금 단순하게 포섭해 보자면, 이 같은 핵심영역이 독일공산당의 강령과 비교해서 서로 모순된다고 말할 수도 있다. 바이마르Weimar에서 1951년에 의결된 독일공산당의 강령은 마르크스-레닌주의 그 자체이고, 여기서 제대로 된 독일 법률가들이 40여 쪽(147~188쪽)에 걸쳐서 올바로 사실관계를 요약해 두었는데, 매우 일목요연하고 이해하기에도 쉽게 서술되었다. 즉 생산양식, 생산력, 생산관계, 토대와 상부구조에 관한 마르크스, 엥겔스, 레닌 및 스탈린의 이론과 카를 마르크스가 쓴 《정치경제학 비판》의 서문 인용, 심지어 프리드리히 엥겔스가 노년에 쓴 편지에서 언급되고 있는 교차효과, 잉여가치이론, 계급투쟁, 혁명, 프롤레타리아 독재, 사회주의와 공산주의 등이 설명되고 있다. 이 판결문을 재빨리 한번 훑어보면, 전체적으로 그리 나쁘지가 않다. 예컨대 사회주의와 공산주의의 차이점이 무엇이고, 스탈린이 말한 바처럼 자본주의체제가 사회주의로 변화하는 "전적으로 역사적인 시대"가 선행하고, 그 과도기를 프롤레타리아 독재라고 부르고, 레닌이 말하는 바처럼(178쪽) 절대 없어지지 않을 직업공무원제도와 의회와 행정부 간의 권력분립을 제거하고, 유권자가 의회의원을 언제라도 소환하며, 특히 언론 및 집회의 자유와 같은 기본권의 폐지, 또한 마지막으로 그리고 중요한 내용으로 하나의 정당이 주도하는 가운데 복수정당제의 폐지와 같은 것들을 배울 수가 있다. 왜냐하면, 지금 스탈린이 "프롤레타리아 독재는 유일唯一 정당인 공산당이 여느 다른 정당들을 배제한 채로 지도해 간다면, 그러한 한에서만 완전히 달성될 수 있다"라고 거듭해서 주장하고(188쪽) 있기 때문이다.

그렇다면, 이어서 무엇이 문제인가? 앞서 밝힌 바와 같은 우리 헌법의 핵심영역과는 사실상 합치하지 않고, 따라서 위헌이다. 독일공산당 측은 해당 강령이 지금은 일상의 지침이 전혀 아니라며 구두변론에서 늘 반복해서 강조했지만, 별 도움이 되지 못했다. 자신들의 일상지침이 독일의 재통일이고, 이를 위해서 가급적 많은 정당이 참여하는 "민족의 재통일을 위한 정부"를 구성한다고는 하지만, 이로써는 아무것도 바뀌지 않는다고 연방헌법재판소가 밝힌다. 왜냐하면, 마르크스-레닌주의적인 강령이 여전히 장기목표로 남아있고, 이것만으로도 해산 사유로는 충분하다고 보았기 때문이다. 아데나워 정권에 대한 공격 그리고 재통일을 위한 투쟁과 함께 단지 자유롭고 민주적인 기본질서와 접점을 가지려고만 의도한다고 설시한다. 140~300쪽에 걸쳐서 독일공산당의 재통일정책을 두고서 논쟁한 이 대목이 판결문에서 가장 긴 편장이고, 이로써 아데나워 정부의 재통일정책이 보다 더 설득적이라고 요약하는데, 이조차도 설득력이 매우 떨어진다. 당시 아데나워 총리에게는 나토NATO와 함께 하는 서방의 결속과 서유럽의 통합이 독일의 재통일보다도 더 중요했었다.

이후에 청구된 다른 정당금지소송들은 여러 다른 이유로 인해서 성공적이지 못했다. 이제 투쟁적 민주주의는 헌법적대적인 정당들에 맞서는 투쟁에서 정당에 대한 국고보조금 지급 배제와 같이 폭넓게 사용되는 수단으로써 대응하고 있다. 기본법 제21조 제3항~제5항에서는 아래와 같이 규정하고 있다.

> (3) 그 목적이나 추종자의 행태를 기준으로 자유롭고 민주적인 기본질서를 침해 또는 부인하거나 독일연방공화국의 존립을 위태롭게 하는 정당은 국가의 재정지원에서 배제된다. 이 같은 배제가 확정된다면, 또한 기부금 등 정당에 대한 조세 혜택도 배제된다.
> (4) 제2항에 따른 위헌 여부 및 제3항에 따른 국가의 재정지원 배제 여부에 대해서는 연방헌법재판소가 판단한다.
> (5) 보다 자세한 내용은 연방법률로 정한다.

정당에 대한 재정지원에 대해 더 자세한 내용은 곧 아래에서 다루기로 한다.

의회민주주의

기본법에 따르면, 대의제 민주주의는 국민이 국민총회나 국민투표로 직접 결정하지 않고, 의회에서 선출된 대표들이 결정하는 원칙을 뜻한다. 이는 한편으로는 법률의 성립에 관한 문제이고, 다른 한편으로는 누가 행정부의 구성을 결정짓는가의 문제이기도 하다. 이 문제는 기본법상으로 의회민주주의원칙에 따라서 해결된다. 따라서 의회와 행정부 간의 관계가 문제시된다.

의회와 행정부, 이 양자는 국민에게서 선출됨으로써 전적으로 서로 독립적이고, 각각 대등한 지위에 놓여있는 미국처럼 구성될 수도 있다. 즉 의회선거와 대통령선거가 각기 따로 존재한다. 의회는 두 개의 부분의회들로 구성되는데, 전체 국민의 대표인 하원下院과 개별 주들의 대표인 상원上院이 그러하다. 이들은 국민에게서 직접 선출된다. 그밖에 대통령선거가 있는데, 직선이 아니라 간선으로 선거인들에 의해서 따로 행해진다. 즉 모든 개별 주들에서 정해진 선거인들을 뽑고, 모든 선거인이 함께 선거인단을 구성하고서는 국가수반일 뿐만 아니라 특히 행정부의 수반이기도 한 대통령을 선출한다. 미국헌법의 아버지들은 권력분립원리를 엄격하게 관철하고, 권력의 분립을 보장하기 위해서 이러한 구도를 선택했다. 의회와 행정부는 서로 독립적이다. 이것이 가능한 하나의 해법이다.

가능한 또 다른 대안으로 독일의 해법은 의회와 행정부를 서로 연결 짓는 것인데, 먼저 국민이 선거로 의회를 구성하고, 이어서 의회가 행정부를 구성한다. 이를 의회민주주의라고 부르는데, 왜냐하면 여기서 의회가 핵심적인 지위를 갖기 때문이다. 즉 의회는 법률을 제정할 뿐만 아니라 행정부를 구성하고 또한 통제한다. 기본법 제63조 제1항은 아래와 같다.

> 연방총리는 연방대통령의 제안으로 연방의회에서 따로 토론이 없는 가운데 선출된다.

연방총리가 선출되면, 그는 미국의 대통령과 마찬가지로 각 행정부처의 장관들을 결정한다. 다만, 미국에서는 부처 장관이 부분의회, 즉 상원의 승인을 득해야 하지만, 독일에서는 연방대통령이 자동적으로 임명한다. 따라서 부처 장관들의 임명에 있어서 의회의 승인을 받아야 한다고 규정한다면, 독일에서도 의회민주주의가 확대될 수 있을 것이다. 몇몇 란트들의 헌법에서도 이런 계획이 있었는데, 란트총리의 지위를 매우 취약하게 할 수 있다는 이유로 폐기되었다.

의회제도는 비교적 오래되었다. 이는 17~18세기에 영국에서 발전되었고, 18세기 말로 거슬러 올라가는 미국식의 해법은 일종의 뚜렷한 전환이었다. 이들은 식민지 모국으로부터 해방되고서, 권력의 집중을 의도적으로 피하고자 했다. 즉 의회민주주의에서는 원칙적으로 의회 안에서 가장 강력한 정당이 행정부를 선출하는데, 한 정당이 의회정책을 곧바로 정부정책으로 결정짓는 셈이다. 이로써 양자 사이의 권력분립은 정도의 차이는 있을지언정 그저 형식적인 수준에 그치는 것으로 드러났다. 미국에서는 이와는 전혀 다르다. 의회선거와 대통령선거가 부분으로 나뉘어서 시차時差를 두고서 실시되는데, 이로써 어느 정당이 의회다수를 차지하고, 다른 정당은 행정부를 차지하는 게 가능하다. 권력분립원리가 실제로 권력의 분립으로 행해지고, 미국헌법의 아버지들이 더 나은 해법으로 기대한 바와 같이 타협을 강제한다. 독일에서 흔한 경우이듯 의회다수가 일방적으로 결정하는 것과 비교하자면 그렇다는 말이다. 실제로도 미국의 정치는 독일 정치보다도 더 타협적인 특징을 나타낸다. 물론 지난 2017~2021년에 도널드 트럼프 Donald Trump로부터 비롯된 불행이 있기 전까지만 말이다.

세 국가권력들 간의 서열

의회와 행정부가 각각 따로 국민에게서 선출된다면, 대통령과 의회는 그 관계에 있어서 서로 대립해 있는 미국에서처럼 동등한 서열을 갖는다.

그런데 국민이 의회만 선출하고, 의회가 행정부를 선출하게 되면 어떻게 되는가? 달라지는 게 없어야 하나? 여하튼 의회제도의 고향인 영국에서는 "의회의 절대 우위"Supremacy of Parliament라고들 말하는데, 독일에서는 그렇지가 않다.

> "기본법은 근본적인 결정을 행함에 있어서 의회에게 포괄적인 우위를 말하고 있지 않다. 의회는 권력분립 상의 권한질서에 따라서 자신의 권한에 있어서 한계를 갖는다. 즉 정치적으로 폭넓은 영향을 미치는 결정은 다른 최상급 국가기관들의 권한에도 속한다. [⋯]"

1978년 연방헌법재판소는 칼카르Kalkar에서 초고속 증식 원자로를 운용하는 원자력발전회사를 상대로 하는 소송(BVerfGE 49, 89)에서 위와 같이 밝혔다. 왜 그런가? 독일의 국가법에서는 거의 백 년 이래로 국가라 함은 맨 먼저 행정부로 이해해왔기 때문이다. 이후에도 오랜 시간 동안 이에 대해서는 아무런 변함이 없었고, 이어서 의회가 등장했다. 독일 국가법학자들의 뇌리에는 1651년에 출간된《리바이어던》Leviathan과 더불어서 늙은 토머스 홉스Thomas Hobbes가 늘 여전히 생생하게 살아있다. 홉스는 아무런 부담감 없이 매우 분명하게 국가의 전체 권력을 자신에게는 정부로 이해되는 군주에게 귀속시켰다. 이 군주가 또한 법률을 제정할 수 있다는 데에서도 방해될 게 전혀 없었다. 이로부터 정부에 고착된 권위주의적인 국가사상이 비롯한다고들 말한다. 이 정부는 가급적 강력해야 마땅하고, 만일 정부가 국가 안에서 첫 번째 서열이 아니라면, 적어도 의회와는 동등해야 한다고 생각한다. 그러나 다른 역사적인 이유도 또한 존재하는데, 이는 프랑스에서 유래한다.

프랑스에서 몽테스키외Montesquieu로부터 처음으로 우리가 지금 실제로 적용하고 있는 권력분립이론이 나타났는데, 그는 1748년에 오늘날에도 여전히 중요한 문건으로 간주하고 있는《법의 정신》을 저술했다. 그에게는 권력들 간의 균형, 즉 힘의 대등성을 형성하는 게 중요했는데, 그에 앞서서 60년 전에 권력분립을 처음 발견한 존 로크John Locke와는 그 결이 다소 달랐다. 존 로크는 사법司法을 배제한 채로 의회와 행정부 간의 권력분립, 특히 "의회의 절대 우위"와 함께 권력분립을 주장했다. 왜냐하면, 그가 살았었던 당시의 영국에 이미 의회제도가 존재하고 있었기 때문이다. 사람들이 흔히 자신이 처한 상황을 배경으로 사고하기 마련이듯, 의회와 사법의 조력을 받으면서 이제껏 단 한 번도 자신의 권력이 제한당한 적이 없었던 강력한 국왕과 함께 살고 있던 프랑스의 몽테스키외에게도 또한 마찬가지였다. 의회제도에 대해서는 일체 말이 없었던 까닭에 세 개의 모든 권력이 동등하다고 생각했다.

수년 후에 장 자크 루소Jean-Jacques Rousseau가 등장하고, 그는《사회계약론》에서 프랑스 시민들에게 급진적인 인민주권을 공표했는데, 이 인민주권론의 곁에는 정부 자체인 국왕과 인민에 의한 입법 간의 신중하게 숙고된 권력분립이 들어설 여지가 전혀 없었다. 그가 구상하는 모델은 몽테스키외 남작의 권력분립이론과도 합치하지 못했다. 어쨌든 그는 그렇게 의도했는데, 프랑스혁명 직전에 비로소 제3신분이 등장하고서야 에마뉘엘 조제프 시에예스Emmanuel-Joseph Sieyès가 쓴《제3신분이란 무엇인가?》라는 유명한 저작물에서 위 양자가 서로 결합할 수 있었다. 이로써 시에예스가 민주적인 국가 사고와 관련하여 유럽대륙에 결정적인 영향을 미쳤다.

시에예스는 국민이 갖는 최상의 주권主權이 직접 입법자로서가 아니라, 헌법제정권자로서 발휘된다고 말한다. 즉 국민이 헌법제정을 위한 총회에서 헌법제정자pouvoir constituant로 등장한다고 본다. 몽테스키외가 주장한 바처럼 주권자인 국민이 헌법 안에다가 세 개의 권력을 심어두는데, 이제 이 권력들은 헌법제정권력에 의해서 만들어진 권력pouvoir constitués, 즉 헌법기관으로서 각기 동등한 권한을 갖는다. 국민이 직접적인 통치자의 지위로부터 떨어져 나오고, 국가업무가 이들 대표자에게로 넘겨지는데, 이에 대해서는 이미 루소가 경고한 바가 있다. 같은 해에 혁명이 일어났다. 시에 예스는 이 혁명의 영웅들 중의 한 사람이었고, 그의 이론이 실제로 적용되면서 20세기까지도 영향을 미쳐왔다.

1949년 전후에 독일에도 영국, 프랑스에서와 같은 의회제도가 도입되었을 적에 독일의 국가법학 이론은 다시 위와 같은 상념에로 되돌아갔다. 따라서 행정부가 의회의 곁에서 동등한 기관으로 나란히 자리할 수가 있었다. 그런데 1970년대에 느닷없이 뒤통수를 얻어맞는 일이 벌어졌다. 연방헌법재판소가 이른바 "본질성이론"과 함께 다른 길로 접어들었다. 그 이후로는 의회와 행정부 간의 관계에 있어서 해당 사안의 "본질"에 대해서 의회의 결정이 내려져야만 하게 되었다. 이는 다소 새로운 주장인데, 행정부가 제정하는 하위규범을 의회 아래에다 두는 일종의 전환이었다. 그러나 이는 행정부가 시민들의 기본권을 제한함에 있어서, 특히나 교도소나 학교에서와 같은 특별권력관계에 있어서, 마지막까지 남아있던 관헌국가적인 잔재를 제거하는 일이었다. 본질성이론이 적용된 마지막 중요한 판결인 1978년의 칼카르Kalkar 판결에서 연방헌법재판소는 판결문의 마지막 대목에서 국가권력들 간의 서열질서의 변화를 도모할 의도가 없다고 분명히 밝히기는 했다. 몽테스키외와 시에예스는 루소와 영국 시민들과는 반대의 입장임이 확인된다. 설령 의회만이 유일하게 국민의 선거로 구성된다손 치더라도, 이 세 개의 권력은 동등한 서열을 갖는다.

국민투표

국민이 그들의 대표자를 선출할 뿐만 아니라 다른 무엇을 투표로 결정짓는 게 과연 허용되겠는가? 때로 국민투표가 행해진다면, 그것이 의회민주주의원칙과 합치하겠는가? 독일 국가법학계의 통설에 따르면 "아니다"라고 답하는데, 즉 그것은 위헌적이다. 예컨대 클라우스 슈테른Klaus Stern 교수는 "기본법은 플레비사이트Plebiscite에 대한 반대를 천명하고 있다"라고 설명한다(《독일연방공화국의 국가법》제1권(제2판), 1984, 608쪽).

다른 한편으로 헌법전의 텍스트를 읽노라면, 제20조 제2항에서 아래와 같이 말하고 있다.

> 모든 국가권력은 국민으로부터 나온다. 이 국가권력은 국민의 선거와 투표로 그리고 입법, 집행 및 사법을 담당하는 특별한 기관들을 통해서 행사된다.

다른 한편으로 선거가 두 번째 문장의 맨 앞에서 언급되면서, 이로써 선출된 대표자인 입법부가 마땅히 우위를 지니고 있음을 표현하고 있다고 보는데, 또한 투표가 뒤이어서 언급되고 있다. 과연 반反 플레비사이트를 뜻하는가? 국민투표가 실제로 위헌인가? 학계의 통설은 "그렇다"라고 답한다. 기본법 제29조에 따른 "국민결정Volksentschide"이 단지 제20조 제2항 상의 "투표"를 뜻하고, 이는 연방을 구성하는 각 란트 영역의 새로운 조정 및 배분에 있어서 연방의회가 제정한 법률을 확인하기 위한 절차로써 필수적으로 요구되는데, 그 밖의 투표는 위헌이라고 본다. 다소 놀라운 논증이다. 왜냐하면, 첫째, 제29조에 따른 국민결정은 전래적인 의미에서의 국민투표가 전혀 아니고, 둘째, 이 국민결정만이 국민투표를 의미한다는 주장이 도대체 어디에 근거하는지가 의문이다. 물론 나름의 근거는 있다. 바이마르 헌법 제73조, 제74조 및 제76조와는 달리 기본법에서는 그 어디에도 언제 그리고 어떻게 국민투표가 실시되는지에 관한 규정이 없다. 그런데 이조차도 분명하지가 않다. 이 부분은 통상적인 법률로도 규율할 수가 있다. 그렇다면 독일의 국가법학은 국민투표가 금지된다는 것을 도대체 어디에서 인지하고 있는 건가?

이들은 기본법 초안에 대한 심의절차에서 인지하고 있었다. 헤렌힘제Herrenchiemsee와 의회평의회에서의 심의과정에서 자주 그렇게 언급되었지만, 위원회의 다수는 언제나 이에 반대했었다. 바이마르 시절의 경험에 따르면 국민투표는, 테오도르 호이스Theodor Heuss가 말한 바와 같이, "데마고그Demagogue의 특권"에 다름이 아니라는 사실을 드러냈다고도 주장된다. 테오도르 호이스는 1948년 9월 9일 자 회의록에서 심지어 다음과 같이 확인했다. "내가 말하고자 하는 것은 cave canem("개를 조심하라"), 즉 미래의 민주주의에 이런 역사의 짐을 지우지 말기를 경고한다. […] 누구나 알 수 있는 간단한 문제를 두고서, 시민적 전통이라는 이유로 마치 선심 쓰듯이 국민청원國民請願이나 국민발안國民發案을 하게 하는 것은 뜨내기들로 득실한 대중화의 시대에서 그리고 광대한 지역에서 행해지는 민주주의에는 모든 데마고그들에게 주어지는 보너스인 셈이다."

여기서 이로부터 사람들을 보호해야 할 사나운 개떼들은 데마고그들을 뜻한다. 바이마르 시절의 경험이 그랬었다. 그런데 그 경험이 정말로 나빴었나? 당시에 마지막에는 단지 두 차례의 국민투표가 실시되었는데, 첫 번째는 1926년에 공산주의자들이 주도해서 실시된 봉건영주들의 재산권 박탈에 관한 것이고, 두 번째는 1929년에 독일민족주의자들과 나치주의자들이 주도했던 영 플랜Young Plan에 대한 것이었다. 이 국민투표에서 몇몇 데마고그들이 활약했지만, 두 국민투표는 모두 부결되었다. 이런 까닭에 헤렌힘제와 의회평의회의 기억력이 썩 좋지가 않다. 국민을 더 이상 올바르게 신뢰하지 못하고 있는데, 특히 바로 이전에 12년 동안 아돌프 히틀러에게 열광했었던 국민들처럼 말이다. 혹자는 국민투표를 도입하기에는 시대가 여전히 불안정하고, 데마고그들에게 유리하다고들 말한다. 예컨대 당시 라인란트-팔츠Rheinland-Pfalz의 법무장관인 아돌프 쥐스터헨Adolf Süsterhenn이 1948년 8월 23일 자 헌법기초위원회의 심의에서 아래와 같이 발언했다.

"본인은 연합국 측의 미숙하고 비민주적인 정책 덕분에 나치즘이 다시 부흥할지도 모를 위험성을 상기시키고 싶다. 만약에 국민투표가 실시되어서 이 같은 나치즘 부흥운동에 직접 생명을 불어넣을 가능성을 우리가 제공한다면, 예상할 수 없을 만치 큰 소요의 위험을 우리 스스로 야기하는 셈이다. 합헌적으로 보장되는 직업공무원제도를 폐지하자는 매우 세련되고 선동적으로 이용되는 국민투표는 관료주의에 대해 확산한 분노에 철저히 그 기회의 문을 열어주는 셈이다. 이에 반해서 입법부가 냉정하게 숙고한다면 "건전한 직업공무원제도가 없이는 국가가 실존해갈 수 없고, 정치생활도 제대로 형성될 수가 없다"라고 말할 것이다."

당시 중앙당과 기민당 측이 제출한 다른 개정안이 있었지만, 일반적인 경향은 분명히 이에 반대했다. 따라서 수수께끼 하나가 존재하는데, 그런데도 어떻게 해서 "투표"라는 단어가 제20조 제2항에 삽입되었느냐 하는 것이다. 그런데 여하튼 이것이 현재 삽입되어있다. 국민들이 정치적으로 더욱 성숙해진 가운데, 지난 1970~1980년대에 독일 국가법학의 통설이 분열되었다. 그러던 중에 이제는 다른 지향성을 갖고서 들려오는 또 다른 목소리들이 존재하고 있다. 원칙적으로 대의제 민주주의가 당연히 여전하고, 법률들이 연방의회에서 제정된다. 그러나 이들은 국민투표가 나름 진중한 교정자로서 어느 정도 보완책이 될 수 있다고들 말한다.

예컨대 1983년 연방의회 선거에서 유권자들의 다수가 그들에게 경제적 번영을 약속하는 기민당/기사당CDU/CSU연합과 자민당FDP 간의 연립정부를 선택했을 적에, 당시 선거전에서 서독의 역내에 핵탄두가 장착된 최신 미사일의 배치, 즉 이른바 "재무장"再武裝이 큰 역할을 했었다. 연립정당 측은 이에 찬성했지만 사민당SPD은 반대했고, 유권자들의 다수 또한 반대했다. 그런데도 이들은 자신의 표를 연립정당 측에 던지면서, 퍼싱 미사일과 크루즈 미사일을 감수하기로 했다. 경제적 번영을 바랐기 때문이다. 국민투표를 통해서 미사일 배치를 저지했다면 의미 있지 않았을까? 진중한 교정자로서 말이다. 당시에 녹색당만이 유일하게 국민투표를 제안했었고, 사민당은 여전히 이에 완강하게 반대했다. 그리고서 1986년 우크라이나에서 체르노빌Chernobyl 원전참사가 벌어졌는데, 보수-자유주의적인 연립정부는 그네들의 핵에너지 정책에 있어서 변화를 가져올 준비가 전혀 되어있지 않았다. 그때야 사민당은 국민투표에 대한 기존의 반대 입장을 포기했는데, 이로써 벌써 몇몇 점들을 시사하고 있다. 즉 국가법학자들 사이에서도 기존의 통설이 분열되면서 언젠가는 독일에서 국민투표가 실시되는지 그 누가 알겠는가?

연방의 여러 란트에서는 이미 오래전부터 다소 달리 관찰되고 있다. 예컨대 바이에른Bayern과 헤센Hessen의 란트헌법에서는 국민투표가* 규정되고 있다. 그러나 이들 란트에서는 오늘날까지도 시민친화적으로 규율되고 있지는 않은데, 국민청원의 허용을 위한 청구 요건으로 높은 장벽을 세워두고 있다. 예컨대 헤센에서는 전체 유권자 1/5 이상의 동의를 필요로 하는데, 따라서 1990년 독일통일 이전까지도 이들 란트에서 국민투표가 실시된 적이 없었다.

이 같은 상황이 1990년 이후로는 서서히 달라지기 시작했다. 구舊 동독지역에 들어선 새로운 란트들의 헌법에는 죄다 매우 시민친화적인 방식으로 국민투표가 규정되어 있다. 그 이유는 "우리는 하나의 민족이다"라는 구호와 함께 시작된 라이프치히Leipzig에서의 월요일시위가 이후 동독의 여러 도시로 확산하였고, 이것이 권위적인 사회주의통합당SED의 붕괴를 가져온 원인이 되었던 까닭이다. 이와 더불어서 동유럽 사회주의블록의 붕괴와 소비

---

*독일에서 연방을 구성하는 16개 란트Land는 각기 독립된 국가인 까닭에 여기서는 주민투표가 아니라 국민투표로 번역하는 게 옳다고 본다. 그리고 이로써 지방자치 차원의 주민투표와도 구별된다.

에트의 지원이 없어진 것 또한 나름 중요한 역할을 했다. 동독의 능동적인 시민들 또한 의심할 여지 없이 동독정권을 무너트린 데에 나름의 지분을 갖고 있다. 이런 이유로 "우리는 하나의 민족이다"라는 구호의 연장선상에서 국민투표가 이들 란트의 헌법안으로 들어왔고, 또한 서쪽의 일부 란트보다도 더욱 시민친화적으로 규정되고 있다. 예컨대 브란덴부르크Brandenburg에서는 국민청원을 청구하는 데에 전체 유권자들 가운데서 8만 명의 동의만으로 충분하고, 이어서 실시되는 국민투표는 전체 유권자의 25% 이상이 투표에 참여한 가운데 투표자의 과반수 찬성으로 족하다(정족수요건). 그리고 이것이 결과적으로는 연방공화국의 기존 란트들에도 영향을 미쳤다. 동쪽에서 시작된 직접 민주주의가 이렇듯 확산해 가면서, 1998년까지 서쪽의 란트들에서도 죄다 국민투표를 도입하기에 이르렀다. 매우 다양한 형식이고, 더 이상 바이에른과 헤센처럼 높은 장벽을 세워두지도 않았다. 지난 2013년에 함부르크와 베를린에서 있었던 전력 민영화 취소 사안을 다뤄보기로 하자. 함부르크에서는 전체 유권자 5% 이상의 요건으로 국민투표가 실시되고, 여기서는 별도의 정족수요건 없이 투표자 과반수의 찬성만으로 족하다. 따라서 국민투표는 성공적이었고, 전력 민영화를 취소하고서 이전의 상태로 되돌릴 수가 있었다. 베를린에서는 이와 달랐다. 여기서는 국민투표 실시를 위한 청구에서 전체 유권자의 7% 이상의 동의가 요구되고, 전체 유권자의 25% 이상이 투표에 참여하는 가운데 과반수의 찬성으로 결정된다. 그런데 투표율이 24.1%로 25% 정족수요건을 충족하지 못했다. 베를린 시의회는 안도의 한숨을 내쉴 수가 있었다. 왜냐하면 파텐팔Vattenfall 전력회사가 사실상 독점하고 있는 전력사업을 취소시키는 데에 소요되는 엄청난 돈을 부담할 필요가 없어졌기 때문이다. 그래서 베를린에서는 고객인 시민들이 여전히 계속해서 비싼 전기요금을 지불하고 있다.

정당

　빌헬름 2세 황제가 1914년 전쟁 초기에 행해진 황제 대관식에서 "짐朕은 그 어떤 정당도 알지 못하고, 여전히 독일인들만을 알고 있을 뿐이다"고 말하면서, 당시의 보편적인 정서에 호응했다. 즉 정당은 여전히 마뜩찮은 방해요소였고, 조화가 아니라 해악을 확산시킨다고 보았다. 지난 50년이 넘도록 우리는 의회주의적인 관행의 한가운데에 놓여있지만, 대중들의 의식 속에는 여전히 정당에 대한 반감反感이 깊게 자리하고 있다. 바이마르 시대에 접어들어서야 비로소 처음으로 이곳저곳에서 정당이 긍정적인 기능을 가질 수 있다는 인식이 서서히 움트기 시작했다. 즉 통합을 위한 과정에서 서로 대립하는 이해관계들 속에서 다원주의를 가져올 수 있다고 생각되었다. 그렇지만 국가법에서는 아직은 아니었다. 국가법에서는 비스마르크 시대처럼 개별 의원들로 구성되는 의회만이 존재할 따름이고, 이들 의원은 특정 정당의 구성원이 아니라 전체 국민의 대표자로 그 인격성이 각인되었다. 따라서 이들 의원은 언제든 하고자 하는 바에 있어서 단지 자신의 양심만 지키면 되고, 그 어떤 지시나 명령에도 기속되지 않는 존재였다. 이미 1850년의 프로이센 헌법, 비스마르크 헌법과 바이마르 헌법에서도 이와 같은 상황이었다. 기껏 잘해봐야 정당에 관한 규정이 아예 없거나, 때로 헌법은 정당을 증오하면서 적대적인 규정을 두고 있었다. 그런데 기본법 제정과 더불어서 대전환이 벌어졌다. 기본법은 정당을 인지하면서 정당에 중심적인 지위와 분명한 과업을 부여하는 최초의 독일 헌법인데, 제20조~제21조 제1항의 국가토대규범의 바로 뒤에 자리하고 있다.

> 정당은 국민의 정치적 의사 형성에 영향을 미친다. 정당의 설립은 자유롭다. 정당의 내부조직은 민주적인 원칙들에 부합해야 한다. 정당은 자신의 재산과 자금의 출처 및 사용내역을 공개리에 보고해야 한다.

이어서 기본법에서 연방의회에 관한 편장으로 넘어가면, 지난 백 년 이래의 모든 독일 헌법들에서 공통으로 읽을 수 있는 내용이 적혀 있다. 기본법 제38조는 정당이 아니라 단지 독일인만을 인식하고 있을 뿐이다.

> 독일연방의회의 의원들은 보통, 직접, 자유, 평등 및 비밀 선거로 선출된다. 이들은 전체 국민의 대표자이고, 어떠한 위임이나 지시에 기속되지 않고, 단지 자신의 양심에만 복종한다.

1955년 괴팅겐Göttingen 대학의 국가법학자이자 당시 연방헌법재판소 재판관이기도 한 게르하르트 라이프홀츠Gerhard Leibholz 교수가 어느 강연에서 이러한 모순을 지적하면서, 새로운 시대정신 속에서 이 같은 모순이 해소되어야 하는데, 즉 의심스러운 경우에는 새로운 제21조가 제38조의 낡은 원칙을 무력화시켜야 한다고 주장했다. 예를 들자면, 의원이 의회에서 소속 정당을 바꾸면 의원직을 상실토록 해야 한다는 것이다. 이 주장이 있고 나서 독일 국가법학계에서 큰 소란이 불거졌다. 이 주장은 "정당국가"와 더불어서 너무 멀리 나간 셈이었다. 라이프홀츠는 3년 전 사회주의제국당SRP이 해산될 적에 소속의원들의 의원직 상실을 함께 결정한 연방헌법재판소의 입장을 그 결론으로 이끌어냈었다. 여기서 해당 의원들이 전체 국민의 대표가 아니라, 한 정당의 구성원으로서 다뤄졌다. 물론 이들 의원 역시도 선출되기는 했지만, 이들이 가진 아름다운 눈과 코 덕분은 아니라는 주장이다. 1년 후에 행해진 독일공산당KPD해산 판결에서도 이와 마찬가지였다.

라이프홀츠는 끝내 자신의 주장을 관철하지는 못했다. 사람들은 연방헌법재판소가 행한 두 건의 정당 해산 판결에서 비롯하는 결론을 받아들이려고 하지 않았다. 독일의 국가법학은 기본법 제21조와 제38조 사이에는 그 어떤 모순이 없고, 서로 합치될 수 있다는 입장을 여전히 고수했다. 의회의원이 자신을 전체 국민의 대표로 여기면서 당론黨論으로 압박하는 교섭단체 강제(정당기속)를 벗어난다면, 사람들은 때로 소속의원에 대해 해당 정당이 내리는 제재처분을 받아들일 준비가 되어있었다. 그러므로 제38조가 아니라 제21조의 의미에서 의원을 소속 정당이나 교섭단체에서 축출하는 게 허용된다고 본다. 그러나 의원 스스로가 다른 정당으로 당적을 변경하더라도 제38조에 따라서 의원직은 계속해서 유지되어야 한다.

이 배후에는 대의제 민주주의에 관한 특정한 입장이 놓여있다. 즉 늘 반복해서 강조되듯이, 대의자가 대표代表이기는 하지만, 자신에게 위임을 준 이로부터의 지시나 명령에 기속되는 민사법상 의미에서의 대리代理가 아니다. 흔히 주장되듯이 의원이 모두를 대표한다면, 그냥 대리는 더더욱 아니다. 왜냐하면, 모든 시민은 무언가 서로 다른 것을 바라고 있기 때문이다. 따라서 대의제 민주주의는 두드러지는 우월한 통치이고, 토머스 홉스의《리바이어던》에서처럼 선과 악이 무엇인지를 스스로 결정하고자 한다. 권력을 두고서 사람들은 기꺼이 혼자서만 누리려고 한다. 만약에 제21조에 따른 정당국가가 정말로 현실화되고 의원을 두고서 먼저 특정 정당의 대표자로 바라본다면, 이로써 다른 상념으로 이어지는데, 즉 단지 유권자들의 이해관계와 자신이 선거운동 때에 약속한 바에 따라서만 의원직의 행사가 허용되는 기속위임이 존재한다고 말하게 된다. 여기서 정당은 특정 유권자계층들로부터 지지되고, 이들에게 특정한 선거공약을 약속하기 마련이다. 이로써 의원들이 국민들 가까이로 다시 다가올지도 모르겠다. 독일의 국가법학이 어떤 중요한 기능을 갖는지를 분명하게 인식시켜주는 참으로 끔찍한 발상이다.

따라서 제21조로부터 도출되는 법리적인 결론은 단지 두 가지만 남는다. 하나는 정당이 연방헌법재판소가 심판하는 이른바 기관쟁송에서 소송적격이 있음을 인정하는 것이다. 기본법 제93조는 연방헌법재판소가 아래와 같은 사안에 대해 판결할 수 있다고 밝히고 있다.

정당을 두고서 결코 국가기관도 그리고 그 일부도 아니라고 말하지만, 제21조와 더불어서 사회로부터 고양된 "헌법기관"으로서의 위상을 지니고 있으며, 이로써 제93조에서 말하는 소송에 참여할 수 있는 "이해당사자"가 된다고 본다. 즉 정당 자신의 권한이 침해된다면, 행정부, 의회, 연방참사원 또는 연방대통령과 동등하게 이들에 맞서서 연방헌법재판소에 기관쟁송을 청구할 수 있는 한에서 말이다. 따라서 정당이 위치하는 자리는 중간인데, 사회 안에서는 부분적으로 아래에 놓여있고, 국가 안에서는 이미 위에 자리하고 있다. 정당은 한편으로는 여느 단체들과 마찬가지로 권리능력이 없는 단체로서 시민들로 구성된 사회적인 결사체이고, 다른 한편으로는 헌법적 위상을 갖고서 공적 과업을 수행한다.

이로써 제21조로부터 두 번째 결론이 도출되는데, 정당이 도대체 국가 또는 사회, 그 어디에서 자신의 활동에 필요한 자금을 확보할 수 있겠는지의 물음에 관한 규정이 바로 그것이다.

정당의 재정 확보

정당은 자신의 활동에 필요한 자금을 어떻게 마련하는가? 정당은 세 군데로부터 자금을 확보한다. 즉 당원들의 당비, 사적인 기부금 그리고 국가가 지급하는 보조금이 그러하다. 당원들이 내는 당비만으로는 여하튼 충분치가 않다. 시간이 흐르면서 사적인 기부금과 국가로부터의 보조금이 점차 더 중요해졌고, 이 두 가지 재원財源에 대해서는 연방헌법재판소가 꽤 일찍이 1958년과 1966년에 좁고 확고한 한계를 설정해 두었다.

그 시작은 사적인 기부금에 관한 1958년의 판결이었다(BVerfGE 8, 51). 이때까지만 해도 기부금 전액이 별도의 상한액 제한이 없는 가운데 특별지출로 보아서 세액공제 혜택을 받아왔다. 그런데 누진세제로 인해 이것이 정의롭지 못하다고 여겨졌다. 부자富者들은 자신보다 적은 소득을 가진 이들보다도 훨씬 더 많은 돈을 아낄 수가 있었다. 부자는 자신의 소득에서 50%를 세금으로 내는데, 여느 다른 이들은 소득에서 단지 20% 정도를 세금으로 낸다. 만일 누군가가 1천 마르크를 어느 정당에 기부하는 경우에, 부자는 세액공제로 사실상 500마르크를 내고, 여느 다른 이들은 800마르크를 내는 셈이 된다. 따라서 이 같은 누진세제와 함께 부자들의 정치적 의견이 더욱더 큰 프리미엄을 누린다. 이에 연방헌법재판소는 그것이 평등원칙, 즉 기본법 제3조를 침해한다고 지적한다. 더욱이나 이중적인 방식으로 차별적이다. 왜냐하면, 이로써 기업들로부터 정기적으로 고액의 기부금을 후원받는 정당들이 특히 더 많은 혜택을 누리기 때문이다. 그 이후로는 정당 기부금은 매년 600마르크까지만 특별지출로서 세액공제 혜택을 받게 되었다. 1958년부터 1983년까지는 이랬었다.

이렇듯 기부금에 빗장이 걸리자, 국가로부터의 재정지원이 더 중요해졌고, 정당들에 국가가 직접 지급하는 보조금 총액이 점점 더 많이 늘어났다. 게다가 이 보조금은 정당들이 포진해 있는 의회가 스스로 승인해왔는데, 연방헌법재판소가 1966년의 판결(BVerfGE 20, 56)로써 이에 개입할 때까지 그래왔다. 즉 지금까지의 방식으로는 보조금 지급이 금지되고, 단지 선거운동비용에 대한 보상이 허용된다고 판결했다. 그 이유로 연방헌법재판소는 정당이 헌법상의 기구이기는 하나 국가기관은 아니며, 시민들의 결사체라고 설시했다. 따라서 정당을 결성하는 시민들 스스로가 먼저 사회영역에서 정당의 재정을 충당해야 마땅하고, 그런 연후에 국가로부터는 단지 4년마다 득표율에 따라서 선거운동비용의 보상이 주어진다고 보았다.

이 판결이 행해진 당시 1966년은 돈세탁을 위한 불법적인 경로의 기부금 수수가 문제시된 이른바 "플릭Flick 스캔들"이 세간에 알려지기 시작한 시점이었다. 즉 기존의 방식만으로는 보조금 수급이 여의치가 않게 되자, 정당 측은 다시 기부금을 머릿속에 떠올렸다. 기업들이 기부에 주저했는데, 1958년 이후로는 기부금에서 더는 세액공제 혜택이 없어졌기 때문이다. 그러자 이들 기업은 몇몇 정치인들로부터 시민들의 결사체인 다른 공익단체에 돈을 이체해달라고 권유받았다. 이 공익단체가 이렇듯 기부금 세탁을 위한 목적으로 설립되는데, 이곳에서 기부금 영수증을 발급받은 기업들은 이전처럼 50%의 세액공제 혜택을 받을 수가 있었다. 그리고서 해당 공익단체가 원래 돈을 받기로 되어있는 정당의 금고金庫로 다시 돈을 넘기는 것이다. 이렇듯 조세 회피를 통한 금액이 수백만 마르크에 달했다.

수년 동안, 이 방법이 통했다. 국세청과 재무장관은 1982년에 모든 일이 알려지기까지 눈을 감아왔다. 스캔들이 불거지고 나서, 지금은 이 방법이 막혀있다. 정당재정이 다시 곤경에 빠졌다. 기업들로부터의 기부금이 지금도 여전한가? 정당기부금에 대한 100여 건의 형사소송이 있고 나서 매년 600마르크까지만 세액공제를 받을 수 있게끔 바뀌었다. 이러한 까닭에 기부금이 더 많이 모이지 않게 되었다.

그래서 1983년에 소득세법과 정당법이 개정되는데, 정당기부금이 다시 상한액 제한 없이 연간소득의 5%까지는 세액공제 혜택을 받게끔 되었다. 당연히 1958년의 연방헌법재판소 판결을 잘 알고 있었다. 그러나 정당들은 판결 선고 당시에 내세웠던 두 가지 위헌 사유 중에 어느 하나를 제거한다면, 연방헌법재판소의 판결을 무시할 수 있다고 여겼다. 즉 그 하나가 부자에게 유리하다는 것인데, 이 부분은 다시는 여전히 어쩔 도리가 없다고 보았다. 그러나 기타 정당들에 대한 차별 논거는 제거할 수 있다고 보면서, 정당법 제22조에 기회균등원칙을 도입해서는 국가가 상대적으로 차별받는 소수 정당들에 보조금을 지급하도록 했다. 이로써 1966년 판결에서 금지된 국가의 직접적인 재정지원이 다시 부활하게 되었다. 이후 그렇게 방치되어왔다.

녹색당이 당연히 연방헌법재판소에 소송을 제기했지만, 곧바로 기각당했다. 연방헌법재판소는 정당 간의 기회균등적인 측면에서 녹색당이 더는 불리하게 차별당하고 있지 않으며, 국가에 의한 재정지원이 아직은 감당할만한 액수라고 설시했다. 단지 한 납세자가 청구한 헌법소원이 부분적으로 성공을 거뒀다. 즉 정당 간의 기회균등원칙에 따라서 부자들의 기부가 여타 정당들에도 마찬가지로 재정지원의 혜택을 주는 결과를 가져오기 때문에, 부자들의 정치적 의견이 더 유리하지는 않다고 보았다. 물론 부자들에게는 누진세제로 인해 더 많은 기부와 함께 여느 다른 이들보다도 정당의 적극성에 있어서 더욱더 큰 정치적 영향력을 행사한다는 점이 수긍된다. 이 부분은 평등원칙을 침해한다고 판단했다. 따라서 연간소득액의 5%라는 상대적 한계로는 충분치가 않고, 절대적인 상한액이 존재해야 한다고 밝혔다. 따라서 모든 납세자에게 기부금액에 있어서 동일한 상한선이 적용되어야 한다고 밝혔다.

"기부금의 최고액 상한선이 독일연방의회 안에서 대표되고 있는 정당들의 관점에서 결정되는데, 이들 정당은 의회, 행정부와 야당에 포진해 있는 자신들의 대표자들을 통해서 모든 시민을 기속하는 국가의 정치적 의사 형성에 직접적으로 참여한다. 이러한 관점에서 본 재판부는 1십만 마르크까지의 기부금액에 조세감면 혜택을 주는 것이 헌법적으로는 허용되지만, 이보다 더 많은 기부금을 장려하는 것은 정치적 의사 형성에 있어서 시민들의 동등한 참여원칙과 더는 합치하지 않는다고 판단한다."

여기서는 따로 별도의 논거도 없이 다소 급하게 일찍이 아나톨 프랑스

Anatole France가 경탄했었던 법률의 장엄한 평등이 주장되고 있다. 아나톨 프랑스는 소설 《붉은 백합》에서 법률의 장엄한 평등이 부자와 가난한 이에게 똑같이 다리 밑에서 잠자고, 길거리에서 구걸하고, 빵을 훔치는 것을 금지한다고 서술했다.* 따라서 이제 우리가 모두 똑같이 매년 1십만 마르크를 정당에 기부하는 게 허용된다. 연방헌법재판소는 가히 모방할 수 없을 정도로 약삭빠르게 1958년과 1966년에 행한 이전의 두 판결을 비켜 갔다. 마치 뱀장어처럼 비비 꼬았지 않나? 위 판결에서 안절부절 어쩌지 못하는 헌법재판관들과 비교하자면, 뱀장어는 차라리 직진성直進性의 표본이기도 하다. 도대체 연방헌법재판소의 재판부 전체가 왜 그랬을까? 이들은 지금껏 매년 수백만 마르크의 기부금액을 정당자금으로 주무르는 데에 익숙해진 몇몇 정당들의 실존적 위기를 염려한 까닭으로 짐작된다.

그리고서 1988년에 이들 정당은 연방의회에서 또 한 번 선거운동비용의 추가적인 기본보조금으로 엄청난 금액을 스스로 승인했다. 녹색당이 다시 연방헌법재판소에 소송을 제기했다. 그런데 이번에는 실로 기적이 일어났다. 연방헌법재판소는 1993년의 새로운 판결에서 지난 1983년의 선례를 변경하면서 1988년의 기본보조금뿐만 아니라 부자들에 대한 조세감면과 정당 간의 기회균등이 위헌·무효라고 밝혔다. 그사이에 연방의회가 절대상한액을 도입했는데, 연방헌법재판소가 언급한 매년 1십만 마르크에서 6만 마르크로 하향 조정되었다. 이제 연방헌법재판소 재판관들은 다음과 같이 설시한다(BVerfGE 73, 40).

> "평균적인 소득생활자들에게는 조세감면 효과가 있는 6만 마르크의 기부금 상한액에 접근하기가 거의 어렵다는 사실이 명백하다."

---

*나폴레옹 황제의 집권 이후가 이 소설의 시대 배경인데, 이 유명한 문구는 소설의 등장인물인 한 방랑시인의 입을 빌려서 아나톨 프랑스가 1804년에 제정된 「나폴레옹 민법전」Code Civil이 터 잡고 있는 형식적 평등과 형식적 법치주의의 허구성을 조롱하는 표현으로 이해되고 있다.

세상에나. 이제는 보통 시민들이 접근할 수 있는 규모의 액수를 찾고, 그 외에도 전부 새로 규정하겠단다. 이를 위해서 연방의회에는 1993년 말까지 입법 개선시한이 주어졌다. 국고보조금이 한 정당의 전체 수입액의 절반을 넘어서는 아니 되고, 어떠한 경우라도 지금 수준보다도 더 많아져서는 아니 된다. 이것을 "절대적 상한선"이라고 부른다. 1994년에 새로운 규정이 정당법 제18조에 삽입되었다. 제18조 제1항~제3항의 내용은 아래와 같다.

(1) 정당은 기본법에 따라서 통상적으로 주어진 활동에 필요한 재정의 일부로 국고보조금을 지급 받는다. 유럽선거, 연방의회선거 및 란트의회 선거에서 각 정당이 달성한 성과, 일반당원들의 당비, 소속의원들의 특별당비 및 정당이 모금한 기부금의 총합이 국고보조금의 배분 기준이 된다.

(2) 모든 정당에 최대로 지급될 수 있는 국고보조금의 연간 총액은 2019년을 기준으로 확정된 1억 9천만 유로로 정한다(절대적 상한선). 절대적 상한선은 소수점 첫 자리를 반올림해서 매년 그 비율이 증액 조정되는데, 전년도를 기준으로 정당에 필요한 전형적인 지출에다가 물가지수를 고려해서 증액된다. 물가지수의 토대는 일반소비자물가지수를 70% 그리고 각 란트별로 노동자들이 매월 수령하는 기본봉급지수를 30% 합산해서 산정된다. 이와 관련해서 연방통계청장이 매년 4월 30일까지 연방의회에 전년도 대비 물가지수의 변동에 관한 보고서를 제출한다. 연방의회 의장은 매년 늦어도 5월 31일까지 소수점 없이 반올림한 유로화 액수로 절대적 상한선의 총액 상승분을 연방의회관보에 공표한다.

(3) 정당은 매년 아래의 범주 안에서 국고보조금을 지급받는다.

   1. 정당투표로 득표한 1표당 0.83 유로

   2. 일부 란트에서 정당명부가 허용되지 않는 경우에는 지역구선거에서 득표한 1표당 0.83 유로

> 3. 추가보조금으로 (일반당원들의 당비, 소속의원들의 특별당비 또는 합법적으로 모금한 기부금을 합산한 총액에서) 1유로당 0.45유로, 여기서 자연인의 경우에는 3,300유로까지만 추가보조금 산정에 반영된다.

정당들은 위 제1호와 제2호 이외에도 각 정당이 득표한 4백만 표까지는 1표당 1유로를 지급받는다. 위 제1항 제1호와 제2호에서 언급되는 총액은 2017년부터는 제2항 제2문에서 제5문까지의 규정에 따라서 증액된다.

국가예산과 재정

근대국가의 성립은 그 재정조달의 새로운 형식들과 결합하여 있었다. 그 이후로는 오늘날 가장 중요한 재원財源에 해당하는 정기적인 조세징수와 국가의 신용대출이 존재해오고 있다. 국가의 재정제도에 대해서 기본법GG은 한참이나 뒤편인 제104a조~제115조에서 규정하고 있다. 매우 중요한 사항이니만큼 경솔하게 앞세우고 싶지는 않았던 것으로 짐작된다. 더욱이 연방국가에서의 재정은 매우 복잡한 규율대상이어서, 사전에 연방과 각 란트의 권한 범주 안에서 서술되어야 한다.

먼저 무언가를 할 수 있는 자가 누구인지를 알게 되면, 어떻게 재정을 확보할지가 결정될 수 있다. 따라서 재정이 맨 끝에 자리하고 있다. 제104a조는 자신들에게 위임된 과업에 따라서 연방과 각 란트에게 원론적인 지출의무를 규정하고 있다. 란트들이 연방의 위임을 받고서 행위를 하는 경우에는 연방이 이에 소요되는 지출을 부담해야 한다. 이 같은 연방주의원칙이 최근에는 현저히 형해화되었는데, 특히 2019. 3. 28 일자 기본법 개정법률로* 인해 비롯되었다. 이로써 연방은 상당한 재정적 보조수단을 갖고서 국가 전체의 중요한 투자와 지방의 교육인프라 개선 및 사회(공공임대)주택의

---

*우리의 경우처럼 의회가 조약동의안이나 헌법개정안을 의결하는 게 아니라, 독일 의회에서는 조약동의법률안과 기본법 개정법률안을 의결하는 방식으로 해당 절차가 진행된다.

건설 영역에서 결정적인 참여권을 확보하게 되었다.

연방과 란트들 간의 예산제도 역시 분리된다. 이에 관한 원칙은 기본법 제109조 제1항에 따라서 적용된다.

> **연방과 란트들은 각자의 예산경제에 있어서 독자적이고 그리고 상호 독립적이다.**

재정수입의 배분과 관련해서는 제106조에서 규정되고 있다. 일부 수입收入은 연방에만, 다른 일부는 란트들에게만 귀속되고, 가장 중요한 수입은 배분된다. 예컨대 연방영역 안으로 들어오는 수입품에 대해 부과되는 관세수입은 연방 혼자서만 갖지만, 란트들은 자동차세를 독차지한다.

소득세와 매상세賣上稅는 연방과 란트들 간에 배분되는데, 특히 매상세는 연방의회와 연방참사원 사이에서 매번 실랑이가 벌어지는 핵심적인 사안이다. 1998. 1. 1. 이후로는 기본법 제106조 제5a항에 따라서 게마인데Gemeinde들도* 이 부가가치세의 배분에 참여할 수 있게 되었다. 이와 더불어서 연방 전체의 생활수준 균등화를 달성하게끔 재정이 취약한 란트들에게는 보상제도가 마련되어있다. 이것이 제107조에서 규정되고 있는데, 부유한 란트와 가난한 란트들 사이에서는 "수평적으로" 그리고 연방의 관점에서는 "수직적으로" 형성되어있다. 현재 규율되고 있는 바와 같이 그것이 올바른지 그리고 합헌인지를 두고서 그간 여러 차례 법적 분쟁이 불거져왔다.

국가에게는 들어오는 만큼 많은 돈을 즉자적으로 지출하는 게 허용된다. 연방의 예산에 대해서는 제110조 제1항 제2문에서 규정되고 있다.

> **예산안은 수입과 지출에 있어서 균형을 이뤄야 한다.**

이처럼 글로는 쉽게 표현되지만 현실에서는 전혀 달리 기능한다. 왜냐하면, 국가가 신용信用을 통해서 확보하는 돈도 수입에 포함되기 때문이다. 즉 부채 또한 수입으로 계산된다. 그간 국가부채가 늘 강하게 증가하는 추세에

---

*독일의 지방자치에서 가장 작은 지역 단위인데, 우리의 기초지방자치단체에 해당한다.

직면해온 까닭에, 2009년에 결단을 내리고서 예산상 규율의 유지에 관한 규정을 보다 엄격하게 만들었다. 제115조는 제2항에서 이제 아래와 같은 핵심문구로 시작한다.

> 수입과 지출은 원칙적으로 신용대출을 통한 수입을 빼고서 균형을 이뤄야 한다. 신용대출에 의한 수입이 통상 GDP 대비 100분의 0.35를 넘지 않는다면, 이 원칙에 부합한다.

정상적인 상황에서 벗어난 경기부양, 자연재해 또는 비상적인 위기상황인 경우에는 경기景氣 상황을 고려하는 가운데 보다 많은 부채가 가능하다.* 그런데 이렇듯 부드럽게 표현된 예외들로 인해서 예산상의 규율을 유지하는 공고한 댐에 다시 균열이 생겨나지는 않을지 하는 의문이 제기된다. 이에 대해서는 2020~2021년 코로나 팬데믹 동안에 유럽과 국내적 차원에서 수천억 유로를 완화된 기준으로 차용했던 까닭에 별로 희망이 없어 보인다. 혹자는 국가부채에 있어서 완화된 분위기를 거듭해서 경고하고 있다. 왜냐하면, 대출이자율이 극도로 낮아져서, 지금처럼 빚을 지기에 유리한 적이 없었던 까닭이다. 그런데 이런 상황이 과연 얼마나 오래가겠는가?

국가 내·외부의 위기상황

"위기상황에 당면해서 결단을 내리는 자가 바로 주권자다"라며 카를 슈미트 Carl Schmitt가 엄밀성과 냉소주의가 독특하게 혼합되어 있던 바이마르 시대 초기인 1922년에 제국대통령을 향해서 말했는데, 이때 바이마르 헌법은

---

*친(親)러시아 성향을 보이는 트럼프 미국 대통령이 재선되고서, 러시아로부터 실존적인 위협에 맞서서 군사 재무장을 서두르는 가운데 2025년 3월 18일에 독일 연방의회는 국방 예산과 인프라 구축 투자의 경우에 위 "부채 브레이크"가 적용되지 않는 예외 사유로 추가하는 기본법 개정을 의결했다.

제48조의 국가긴급권과 더불어서 제국대통령에게 마치 군주와도 같은 권력을 부여했지만, 제국의회 선거 결과로 제국대통령의 정치적 재량이 점점 더 협소해지는 즈음이었다. 마침내 제국대통령은 이 국가긴급권을 공산주의자들에게 넘치도록 적용할 이유를 찾아온 한 인물을* 제국수상으로 임명하는 것 말고는 달리 어쩔 도리가 없다고 깨닫는다. 제국의사당 방화사건이 있고 나서 이 제국수상은 「민족과 국가의 보호를 위한 긴급명령」과** 더불어서 전체주의국가로 나아가는 이미 반쯤 열린 문을 더욱 활짝 열어젖혔다. 이로써 가장 중요한 기본권들이 정지되고, 집단수용소 설치가 합법화되었다. 우리는 이렇듯 독일에서 국가긴급권에 대한 여러 경험을 갖고 있다. 그래서 의회평의회는 기본법GG 안에다 그 어떤 국가긴급권을 수용하기를 단호하게 거부했다.

그런데 1954년에 이른바 독일조약Deutschlandvertrag이 체결되었을 적에 이 주제가 다시 연방의회의 의사일정 목록에 올라왔다. 이 조약에서는 연방공화국(서독)이 기본법 안에다 국가긴급권 규정을 둘 때까지는 서방연합국들이 국가긴급권을 갖도록 했는데, 독일 땅에 진주進駐해있는 강자強者들이 다시 제대로 된 주권자로서 위기상황을 통제하고자 했다. 이후로 관련 논쟁이 오랫동안 지속하였다. 노동조합들부터 학생들의 저항운동에서 형성된 제도권 바깥의 급진적인 젊은 반대세력APO에 이르기까지 광범위하게 국가긴급권에 반대하는 캠페인이 대대적으로 벌어졌다. 매 3~4년마다 연방내무장관은 새로운 「국가비상사태법」 초안을 제출했고, 1968년까지도 계속해서 그래왔다. 대연정 측이*** 마침내 연방의회에서 국가비상사태법안을 통과시켰다. 이 법률은 앞부분에서는 기본권, 중간 부분에서는 국가조직 그리고 끝부분에는 새로운 편장과 헌법 바깥에 놓여있는 기타 개별 법률에 이르기까지 여러 복잡한 내용과 함께 기본법을 광범위하게 보완

---

*아돌프 히틀러를 말한다.

** 1933년에 제정된 이른바 「수권법」의 본래 명칭이다.

*** 원내 제1당과 제2당이 연립해서 정부를 구성하는 경우를 "대연정"으로 부른다.

하는 내용인데, 최초의 초안에 반대하면서 내용 일부를 완화한 일종의 타협의 산물이었다. 국가긴급권 선포에 반대하는 사람들은 이런 조치의 시행 가능성이 있으면 실제로 사용될 거라고 우려했지만, 지금까지는 이러한 우려가 참으로 다행스럽게도 근거 없는 것으로 드러났다.

위기 상황은 보통 내부적인 것과 외부적인 것으로 구분된다. 외부적인 위기상황은 전시戰時를 뜻한다. 이는 무장병력武裝兵力을 갖춘 외부의 공격을 전제하는데, 기본법에서 "방위사태"라는 새로운 절節로 마련된 제115a조~제115l조에서 중요 사항들이 규정되고 있다. 여기서는 무장병력의 집중을 통한 강력한 중앙집권적인 국가가 묘사되는데, 란트들이 가진 여러 중요한 권한이 연방으로 넘겨지고, 예컨대 근무의무가 명령되는 가운데 직업의 자유와 같은 여러 기본권이 제한될 수도 있다. 물론 정치적 자유권들, 의사표현의 자유, 언론의 자유, 집회 및 결사의 자유는 제한되는 기본권에서 제외된다. 연방의회와 연방참사원 구성원들 중에서 48명의 대표들로 구성되는 "공동위원회"로 불리는 일종의 비상의회(비상적인 입법기구)가 존재하게 되는데, 이에 대해서는 이 같은 외부적 위기상황의 종료 확정에 관한 정확한 규정을 포함해서 기본법 제53a조에서 규정하고 있다.

내부적 위기상황은 이와는 전혀 다르다. 이 부분은 분명하게 정의定意되고 있지도 않고, 그 시작과 종료에 대해서도 명확한 규정이 존재하지 않는다. 이것이 미묘한 대목인데, 소요, 폭동, 반란 및 내전內戰이 이에 해당한다. 가장 중요한 규정은 기본법 제87a조 제4항과 제91조 제1항에서 찾을 수 있는데, 각기 아래와 같이 구성되어 있다.

> 연방과 각 란트의 존립과 자유롭고 민주적인 기본질서를 위협하는 위험을 방어하기 위해서 […]

이런 경우에 연방정부는 란트들의 전체 경찰력을 집결시키고, 군사적으로 무장한 정치적 반대자들에 맞서서 연방국경수비대와 연방군대를 동원할 수가 있다. 물론 바이마르 헌법에서와는 달리 기본권을 무력無力하게 할 수는 없다. 또한, 이 경우에도 파업세력에 대한 선제적 대응은 허용되지 않는다. 이는 노동조합들의 압력으로 삽입된 기본법 제9조 제3항에서 분명하게 규정되고 있다. 일부 보수주의자들이 파업罷業을 곧바로 가장 위험한 위기상황으로 묘사했는데도 말이다. 그밖에 자연재해 또는 대규모 기술상의 사고에 대해서도 유사한 규정들이 존재한다.

전체적으로 개괄해보면, 바이마르 헌정과 비교해서 그 차이점이 늘 분명하다. 바이마르 헌법 제48조에서와 같은 일반조항이 아니라, 복잡하게 얽혀있는 개별규정들을 통해서 국내 위기와 같은 가장 난처한 상황에서도 최소한 기본권에 있어서는 어떠한 제한도 가능하지가 않고, 단지 연방정부의 권한 확대가 행해질 따름이며, 모든 통상적인 경찰력 투입과 마찬가지로 연방정부의 확대된 권한 행사도 행정법원에 의해서 그 필요성과 적절성을 통상적인 규정들에 따라서 심사된다. 여기서 물론 행정법원이 지금껏 비상적인 상황에서 권력 앞에 절대 굴하지 않는 자신의 용기를 입증할 기회가 그리 많지 않았다는 사실 또한 덧붙여야 마땅하다. 그러나 그간 알려진 몇몇 사례들만으로는 이에 대해 크게 낙관할 계기가 결코 되지 못한다.

즉 그런 경우가 몇몇 있기는 했다. 연방공화국의 정부 부처들이 비상적인 상황에서 법원에 의해서 충분히 다뤄지지 않는 가운데 이미 위법하게 기본권을 침해해왔다. 모든 사안에서 정부는 기본법상으로 규정되지 않고, 단지 형법전 제34조에 근거하는 국가긴급권을 주장해왔다. 형법전 제34조는 아래와 같이 규정하고 있다.

> 생명, 신체, 자유, 명예, 재산 또는 기타의 법익에 있어서 다른 방법으로는 피할 수 없는 현재의 위난에서 자기 또는 타인을 그 위험으로부터 구하려고 행위를 한 자는 대립하는 이익, 특히 당해 법익 및 이에 대한 절박한 위험의

정도를 교량하여 보호되는 이익이 침해되는 이익보다도 현저하게 우월한 경우에는 위법하게 행위를 한 것이 아니다. 다만 그 행위가 위험을 피하는 데에 적절한 수단인 경우에 한한다.

슈탐하임Stammheim의 교도소에 수감 중인 변호사이자 피고인인 클라우스 트라우베Klaus Traube에 대한 전화 감청과 함께 한스 마르틴 슐라이어Hans Martin Schleyer가* 납치되고서 여러 교도소에 분산 수감 중이던 적군파RAF 구성원들에게 별도의 법률적인 근거 없이 3주일간의 접촉금지 조치가 행해졌다. 이 모든 조치가 테러리스트들의 폭력행위에 대한 일반 대중의 격앙을 배경으로 해서 이뤄졌다. 이는 국가 내부의 위기상황에서 1968년에 기본법 안에다가 관련 규정을 두려는 의도와는 달리 여전히 기본권 침해를 우려해야 하고 이러한 침해에 맞서서 행정법원을 통한 충분한 보호가 존재하지 않는다는 사실을 그대로 보여준다. 형법전 제34조와 결부해있는 이런 조치들의 정당성에 대해서는 따로 깊이 고민하지도 않고서 말이다. 이에 대한 법률가들의 입장은 상당히 엇갈린다.

저항과 시민불복종

결국에는 시민들에게로 향하는 국가의 특별한 전권全權이 국가긴급권에서 비롯한다. 저항권과 시민불복종은 이에 대한 반대의 지향성이다. 이것들은 예외(비상)상태에서 시민들이 국가에 맞서는 특별한 권리를 정당화한다. 시민불복종은 법리적으로 매우 문제가 있는 반면에, 저항권은 그렇

---

*그는 독일사용자연합의 회장을 역임했는데, 적군파RAF에 의해서 아침 출근길에 납치된 1999년 9월 5일 당시에는 우리의 전국경제인연합에 해당하는 독일연방산업연합BDI의 의장직을 맡고 있었다. 인질로 삼아서 그를 납치한 적군파는 서독 정부 측에 수감 중인 적군파 동료들의 석방을 요구했으나, 정부가 이 요구에 끝내 응하지 않았고, 1977년 10월 19일에 슐라이어는 총살당한 시신으로 발견되었다.

지가 않다.

저항권은 심지어 기본법에서 규정되고 있기도 하다. 1968년 국가긴급권에 대한 의회심의가 다시 난항에 부딪혔을 적에, 사민당SPD 측에서 국가에 주어지는 특별한 권한에 대한 보상책으로 시민들을 위한 예외적인 권리를 동시에 헌법에 규정함으로써 의회의 동의 확보를 더욱 쉽게끔 하자는 아이디어가 나왔다. 반대자들의 주장에 따르면 국가긴급권이 쉽사리 위로부터의 쿠데타로 남용될 수 있기 때문이다. 이러한 연유로 해서 오늘날 저항권이 국가조직규범인 기본법 제20조의 맨 마지막, 즉 제4항에서 규정되고 있다.

> 이 질서를 폐제廢除하려고 시도하는 모든 이들을 상대로 모든 독일인은 다른 수단이 여의치가 않다면, 저항권을 갖는다.

이것은 근본적인 국가원칙의 폐제를 꾀하는 국가기관들에 맞서는 시민들의 폭력적인 행동을 정당화하는 기본권이다. 이는 법리적으로는 아무런 문제가 없지만, 실무적으로는 그것이 무엇인지에 관한 물음이 제기되어야 한다. 만일 저항이 성공한다면, 뒤이어서 따로 이것을 정당화할 필요가 없다. 저항이 실패하는 경우에야 정당화가 비로소 중요하다. 그런데 그사이에 다른 이들이 법치국가를 이미 제거한 까닭에 정당화가 별 소용이 없다. 그간의 역사에서 몇몇 사례들이 존재한다. "집안에 불을 끄는 소화기를 두면, 화재가 더 크게 번지지는 않는다"라는 말은 오래전에 널리 알려진 소화기 광고 문구다. 현실주의자들은 "사람이 집에 없으면, 소화기는 그저 큰 쓰레기에 불과할 뿐이다"는 대구對句로 화답했다. 저항에 따르는 법적인 리스크가 매우 작지만, 실제적인 리스크는 매우 크다.

시민불복종에서는 이와는 반대다. 이것은 일종의 작은 저항인데, 권력의 한가운데를 겨냥하거나 합법적인 형식에서 멀리 벗어나 있는 국가의 실존을 문제 삼는 게 아니라, 개별정책을 바꾸도록 국가를 강요하기 위하여 단지 국가의 주변부를 공격한다. 근본적인 헌법원칙들이 아니라, 예컨대 평화와 같은 다른 높은 가치들 또는 삶의 당연한 토대들을 문제 삼는다. 그래서 기본법 제20조 제4항 또한 정당화가 따로 문제 되지는 않는다.

시민불복종에 관한 법적 논쟁은 1983~1984년에 정점에 달했다. 당시 나토NATO의 재무장 결정에 반대하는 항의시위와 더불어서 평화운동이 전개되었는데, 새로이 배치된 미사일 부대 앞에서 연좌시위가 벌어졌다. 그전에 이들은 원자력 발전에 반대하면서 전기요금 납부 보이콧운동을 벌이기도 했다.

시민불복종은 원칙적으로 불법의 영역에서 활동한다. 이것은 언제나 법률에 대한 침해와 결합하여 있고, 이로써 저항과는 구별된다. 따라서 폭력이 행사되어서는 아니 된다. 즉 시민불복종에는 폭력이 없다. 이는 역사적으로 데이비드 헨리 소로David Henry Thoreau라는 한 미국인의 납세 보이콧운동에서 시작되었다. 매사추세츠의 콩코드Concord 시에서 살고 있던 그는 당시 정부의 노예정책을 혐오하면서 인두세人頭稅를 내지 않았고, 그 때문에 1846년 밤에 투옥되었다. 그리고서 그는 1849년에 에세이 하나를 펴냈는데, 이 에세이는 그가 죽은 후에 《시민불복종》Civil Disobedience이라는 제목으로 알려졌다. 마하트마 간디Mahatma Gandhi가 남아프리카공화국과 인도에서 자신의 비폭력 저항정치에서 이 개념을 받아들였다. 1950년대 이후로 이 개념은 미국에서 인종분리에 반대하는 민권운동에도 또한 각인되었고, 1970년대 말 이후로는 환경파괴와 군사력의 중무장重武裝에 반대하는 항의행동과 함께 또한 연방공화국(서독)에도 알려지게 되었다.

그런데 시민불복종을 위한 권리가 존재하는가? 법리적인 대답은 당연히 "아니다"이다. 항의 시위하는 이들 대부분이 그렇게 원하는 바처럼 이것은 법률에 대한 침해다. 그렇지 않으면 이들의 항의가 의도하는 대중의 주목을 끌지 못하기 때문이다. 어쨌든 법률에 대한 침해인 건 분명하다. 시민불복종에 대한 일반적인 정당화 사유는 존재하지 않는데, 그러나 그 대신에 여러 상이한 방법으로 나름의 해결책을 모색하려는 법률가들의 많은 숙고가 있었다. 이 가운데 가장 최고의 저작은 토마스 레이커Thomas Laker가 1986년에 펴낸 책《시민불복종》이다.

시민불복종은 기본법 제5조의 의미에서의 의사표현의 자유라는 기본권을 행사하는 것이다. 기본법 제5조는 제1항에서 이 기본권의 형식을 일반적으로 서술하고 있고, 이어서 제2항에서 아래와 같이 그 내용을 보충하고 있다.

> 이 권리들은 일반법률상의 규정들, 청소년 보호를 위한 법률규정들 및 개인의 명예권 속에 그 한계가 놓여있다.

이를 두고서 "법률유보"라고 부른다. 즉 기본권은 여러 일반법률의 유보 아래 놓여있다. 이 법률들은 항의 시위하는 이들이 침해하는 바로 그 법률들이다. 그러한 한에서 이들은 자신들의 기본권을 그대로 행사할 수는 없다. 그러나 이 법률들이 기본권과는 교차효과 속에 놓여있다는 게 획기적으로 중요한 상념이다. 한편으로는 이 법률들이 기본권을 제한하지만, 다른 한편으로는 이 법률들이 적용된 결과물이 또한 바로 기본권이기도 하다. 이 법률들은 기본권의 정신 속에서 해석되어야 한다. 그래서 시민불복종을 위한 활동에 있어서 일반법률이 적용되지 않는 예외적인 경우도 있을 수 있다는 형량에까지 이른다. 여기서 저울의 한쪽에는 법률의 준수 및 법치국가적 질서와 같은 국가 측의 이익을 그리고 다른 한쪽에는 국가가 범하는 심각한 잘못에 항의하는 시민들의 이익을 올려다 놓는다. 그러고 나서 항의가 법치국가적 질서보다도 더 무겁다면, 시민불복종이 정당화된다고 본다.

우리 법원은 흔히 그래왔듯이 사안을 그리 면밀하게 살펴보지 않는다. 그래서 국가질서가 늘 중요하다. 따라서 이러한 항의 형식을 발견한 데이

비드 헨리 소로가 1949년에 쓴 자신의 에세이에서 서술한 대목이 여전히 타당하다.

"누군가가 부당하게 감방 안으로 내던져지는 그런 정부에서는 이 감방이 정의로운 이들에게는 올바른 장소가 된다."

친구인 랄프 왈도 에머슨Ralph Waldo Emerson이 그다음 날에 감방으로 면회하러 가서는 그에게 "헨리, 자네는 왜 여기에 있나?"라며 물었다. 그러자 "왈도, 자네는 왜 여기에 있지 않나?"라는 게 돌아오는 대답이었다.

연방과 각 란트들

연방의 각 란트들이 개별적으로 고유한 독자적인 영역으로서 온갖 다양성 속에서 다채롭게 살아가고 있지는 않다. 서방연합국 세 나라에 의해서 많든 적든지 간에 우연히 새로이 탄생한 통일 이전 서독의 란트들도 마찬가지다. 단지 바이에른Bayern, 브레멘Bremen과 함부르크Hamburg만이 예외였고, 통일 이후 지금은 튀링겐Thüringen 작센Sachsen 그리고 메클렌부르크Mecklenburg 역시 예외에 해당한다. 상당히 많은 부분에서 이전의 전통이 파괴되었다.

예컨대 프로이센Preußen은 완전히 사라져버렸다. 다른 한편으로 하나의 란트는 연방정부의 통치지역이 아니라 그 자체로 온전한 국가이고, 심지어 예외적인 경우에는 외국과 국제법상의 조약을 체결할 수도 있는데, 원칙적으로는 전체국가의 곁에서 동등한 지위를 갖는다. 전체국가는 단지 보다 큰 규모와 다른 과업을 지니고 있을 따름이다.

전체국가와 마찬가지로 연방의 각 란트들에는 헌법, 세 개의 국가권력,

즉 의회, 행정부 및 사법이 존재한다. 이 세 개 국가권력의 권한을 연방의 그것들과 비교해보면 란트들의 연방에 대한 관계가 가장 잘 드러난다. 기본법은 모든 걸 규정해 두고 있다. 원칙적으로 란트들이 모든 것에서 우위를 점해야 한다. 기본법 제30조는 아래와 같이 규정하고 있다.

> 이 기본법에서 달리 정하거나 허용하지 않는 한에서 국가적 권한의 행사와 국가적 과업의 수행은 각 란트들의 소관사항이다.

의회평의회는 애당초 서방연합국들이 바랬던 그 이상으로 연방을 더 강력하게 만들고자 했었다. 그러나 제30조에 규율된 바와 같이 각 란트들에게 더 큰 무게중심을 두는 게 또한 그들의 생각이었다. 그런데 오늘날의 헌법현실은 이와는 전적으로 다르게 비친다. 모든 것들이 연방에 유리하게끔 떠넘겨졌다. 그럼 개별적인 사항들을 살펴보기로 하자.

입법영역에 있어서 기본법 제70조는 대부분의 사항이 란트의회에서 규율되도록 맡기고 있다.

> 이 기본법에서 연방에 입법권한을 부여하고 있지 않은 한에서 각 란트들은 입법권을 갖는다.

이 같은 원칙과 예외의 관계가 실제로는 전혀 정반대이다. 오늘날 연방의회는 사실상 거의 모든 사항을 혼자서 규율한다. 란트의회에게는 단지 그 나머지만이 남아있을 뿐이다. 그 이유가 대체 무얼까? 어느 큰 란트의 경우에는 생활수준의 통일성 확보가 경제, 교통 및 기술의 신속성과 효율성 확보를 위한 중요한 조건이고, 이것은 또한 복지의 조건이기도 하다. 이러한 통일성은 단일한 입법으로써만 성취되는데, 바로 연방의회를 통해서이다. 법리적으로는 제70조에 잇따르는 다른 규정들을 폭넓게 해석함으로써 가능한데, 연방헌법재판소도 이를 인정하고 있다. 예컨대 경찰법, 건축법과 같이 각 란트에게 남겨진 나머지 입법영역에서는 란트들이 표준 법률초안을 함께 심의하고서 이에 합의하고, 이후 각 란트의회가 법률로 통과시키는 방법으로 통일성에 접근해왔다.

그러나 행정영역만큼은 각 란트가 더 큰 무게를 갖는 것으로 남아있다. 연방은 법률을 제정하고, 각 란트가 이 법률을 집행한다. 즉 란트들은 법률을 그네들의 행정을 통해서 집행하는데, 이와 관련해서 기본법은 고유한 행정과 위임행정을 구별하고 있다. 만일 그것이 위임행정이라면, 연방의 주무부처가 란트행정에 대해 지시·명령권한을 갖는다. 그런데 연방에 고유한 행정으로 존재하는 극히 적은 예외사항들도 언제나 란트의 행정청이 떠맡고 있다. 이렇듯 각 란트에게 마지막으로 남아있는 영역, 즉 행정조차도 연방의 점증하는 영향력과 함께 온전히 남아있지가 않다. 여기서 다시금 예외가 원칙이 되었다. 기본법 제84조 제1항과 제85조 제1항에 따르면, 연방의회 Bundestag는 자신이 제정하는 법률에서 이 법률을 집행하는 란트행정청의 설치 유형과 방식에 관한 규정을 둘 수가 있다. 지금껏 대부분의 일이 이렇게 진행되고 있다. 물론 연방헌법재판소의 판례에 따르면 다음과 같은 결론을 갖는다. 즉 법률은 연방참사원Bundesrat이 동의해야만 비로소 그 전체 내용이 효력을 갖는데, 연방의 전속적인 입법사항인 경우에도 마찬가지다. 여기서 연방참사원은 본래 재의결을 할 수가 있다. 이로써 연방입법사항에 대한 연방참사원의 영향력이 본래 기본법이 예정했던 것 이상으로 매우 크게 강화되었다. 이는 각 란트가 자신의 입법권한에 있어서 감내해야 하는 상실에 대한 일종의 보상인 셈이다.

그런데 이게 결코 좋은 해결책만은 아니었다. 이는 즉 연방공화국의 정치에 대한 자기봉쇄를 의미하게 되었는데, 설명하자면 다음과 같다. 즉 연방의회가 법률을 혼자서는 제정하지 못하고, 연방참사원이 함께 참여해야만 한다. 법률의 유형에 따라서 두 가지 가능성이 존재하는데, 즉 **동의법률** Zustimmungsgestz과 **이의제기법률**Einspruchsgesetz로 구별된다. 이의제기법률의 경우에는 연방참사원이 이의를 제기하더라도, 효력을 발생한다. 연방의회는 해당 법률을 다시 한 번 더 의결해야 하고, 이로써 재의결할 수가 있다. 동의법률의 경우에는 이와 다르다. 연방참사원이 동의하지 않으면, 법률이 효력을 발생하지 못한다. 기본법이 원래 구상한 바에 따르면 연방의회에 그다지 위협적이지 않은 이의제기법률이 원칙이고, 동의법률이 예외였다. 이 같은 관계가 연방참사원의 지위가 지속해서 강화되면서 그사이에 뒤바뀌었다. 지금은 모든 법률의 약 60%가 동의법률이고, 이의제기법률은 예외에 해당한다. 그래서 늘 연방의회가 의결하는 더 많은 법률이 이렇듯 저지될 수가 있었다. 비논리적이고 해로운 전개 상황인 셈이다.

이는 개별 란트에게 따로 준 것은 없이 빼앗아 가기만 했기 때문에 앞뒤가 맞지 않았다. 연방참사원이 란트들을 대표하기는 하지만 연방기관으로서 중앙의 기관이고, 개별 란트들의 권리가 아니기 때문이다. 그리고 연방참사원에 의해서 연방의 입법이 오랫동안 더 이상 감내할 수 없을 정도로 저지되어왔던 까닭에 또한 해악을 끼쳐왔다. 빌리 브란트Willy Brandt와 헬무트 슈미트Helmut Schmidt가 이끌던 사민당/자민당 연립정부에서 기민당/기사당연합이 장악한 란트들이 연방참사원의 다수를 차지했을 당시에, 헬무트 콜Helmut Kohl이 총리였던 시절에 사민당이 장악한 란트들이 연방참사원의 다수를 차지했을 적에 그리고 게르하르트 슈뢰더Gerhard Schröder 총리 하의 사민당/녹색당 연립정부에 맞서서 기민당이 장악한 란트들이 연방참사원의 다수를 형성하면서 일이 그렇게 흘러갔다. 이로써 대중들에게는 그다지 인기가 없지만 나름 시급하게 필요한 여러 개혁 작업이 저지되었기 때문에 감당하기가 어려웠다. 이렇듯 악순환의 고리가 형성되었다. 기민당/기사당연합과 사민당, 어느 정당이 되었든 간에 연방의회에서 새로운 다수가 형성되어서 새로운 행정부가 선출되고, 새 행정부가 대중들에게 별로 인기 없는 해결책을 결정하면, 이에 시민들이 분개하면서 다음번 란트의회선거에서 연방정부의 정책에 반대하는 정당, 즉 연방의회의 야당에 투표한다. 이렇게 해서 란트정부가 구성되면, 이 란트정부들은 연방참사원에서 곧바로 연방의회의 다수를 저지한다. 각 란트가 갖는 이해관계의 대표라는 게 연방의회에서 야당에 주어진 권력수단으로 왜곡되었다. 사민당/녹색당 연립정부 시절에 이 같은 자기봉쇄의 개혁을 위한 위원회가 소집되었지만, 결국 합의에는 이르지 못했다. 새로운 대연정에서는 이제는 두 거대정당이 함께 행정부에 속하기 때문에 합의에 성공했다. 2006년에 통과된 연방주의개혁에서 연방의회의 입법권한을 다소 희생시키면서 란트의 입법권을 다시 강화하고, 이에 상응해서 연방참사원의 권한을 약화하면서 수레바퀴를 다시 거꾸로 돌려놓았는데, 충분하지는 않지만 그래도 이 정도가 어딘가. 현재는 승인이 필요한 법률의 비율이 약 40%수준으로 떨어진 것으로 알려져 있다.

어쨌든 각 란트의 맹주盟主(Landesfürsten)들이* 행하는 이 같은 봉쇄정책이 대연정 국면에서도 계속해서 연방참사원을 통해서 위협해왔다. 왜냐하면, 이들은 이제 자신들도 조세인상 또는 외국인정책에 공동의 책임이 있고, 다음번 란트의회선거에서 그 대가를 치르는 게 두렵기 때문이었다. 이게 부분적으로는 성공했고, 부분적으로는 그렇지 못했다.

이는 과거 독일제국에서 황제와 영주들 간에 벌어졌던 천 년에 걸친 권력투쟁의 연장과 다르지가 않다. 과거에 이들은 실제로 영주Fürsten였으나, 오늘날은 선출된 란트총리인데도 그리 불리곤 한다. 국왕이 이들 대공大公의 권력을 없애고서 중앙집권국가를 구축하는 데에 성공한 프랑스나 영국과는 달리, 독일에서는 우리네 역사가들이 늘 논쟁해온 여러 이유로 인해서 그것이 좌절되었다. 독일 역사에서 단지 두 번, 즉 히틀러의 독재 시기와 동독에서 연방주의를 없애는 데에 성공했었다. 이 두 번의 시공간에서 란트들이 폐지되었다. 이렇듯 부정적인 사례들이 있고 난 이후로 연방주의는 독일에서 본질적인 보호 아래 놓여있는데, 즉 이것은 독일 정치의 본질에 속하며, 기본법은 그 존속을 보장하고 있다. 기본법 제79조 제3항에 따르면 다음 문

---

*각 란트의 총리들을 뜻한다. 독일에서도 란트별로 특정 정당의 강세현상이 뚜렷하기 때문에 한번 란트총리가 되면 대부분 장기집권을 한다. 이런 까닭에 저자가 란트의 영주Fürsten라는 표현을 쓰고 있다.

구의 헌법개정, 즉 "란트들로 구성되는 연방을 통해서", "입법에 있어서 란트들의 원칙적인 협력"을 건드리는 것이 허용되지 않는다." 그런데 왜 이래야만 할까?

전후에 서방연합국들은 1945년 이후로 자신들의 점령지역에서 맨 먼저 란트들을 재구축했다. 1949년에 연방공화국(서독)이 성립되었을 때에 서방연합국들은 기본법에서 연방주의가 보장된 채로 남아있어야 한다는 걸 조건으로 내걸었다. 따라서 제79조와 같은 규정이 마련되었다. 연방주의는 언제나 권력분립원리의 강화를 뜻하기 때문이다. 이로써 중앙정부가 약화하였다. 이에 덧붙여서 1748년에 몽테스키외 남작이 고안해둔 일반적인 권력분립원리에 따라서 최상부의 권력이 제한된다. 이는 행정, 입법, 사법이 어느 한 사람의 수중에 장악되어서는 아니 됨을 뜻한다. 반半자치적인 란트들의 구성 또한 이에 상응하는 권력분립과 더불어서 아래로부터 위로의 추가적인 권력 제한을 뜻한다. 연방을 구성하는 란트들이 없는 중앙집권적인 국가는 더욱 강력하다. 아돌프 히틀러와 동독에서처럼 중앙정부가 더 많은 권력을 갖는다. 지난 80년 동안 독일이 세 차례나, 즉 1870~1871년, 1914~1918년, 1939~1945년에 이웃 나라들을 위험에 처하게 했던 까닭에 서방연합국들은 바로 이 부분을 저지하고자 했다. 충분히 수긍할 수 있는 계기라고 이해된다. 그런데 연방공화국이 건설되던 1949년에는 그것이 나름 이성적인 판단이었겠지만, 과연 오늘날에도 여전히 그러한가?

오늘날 연방공화국(독일)은 50년이 넘도록 민주주의를 안정적으로 유지해오고 있고, 통일된 큰 유럽에 강하게 결속되어있다. 유럽통합을 통해서 독일에 의한 인접 국가들의 전쟁위험이 재차 불거지는 것을 저지하려는 바로 그 이유와 더불어서 통합된 유럽이 성립되었다. 즉 1951년의 몬탄유니온(유럽 석탄 및 철광연합), 1957년의 유럽경제공동체 그리고 독일의 재통일 이후인 1992년에는 심지어 단일한 통화공동체를 도모하는 유럽공동체가 탄생했고, 부분적으로는 이미 그리되었다. 이로써 기본법 제79조에 따른 존속 보장을 계속해야 할 이유가 사라진 셈이다. 법률가들은 이를 두고서 일종의 "사업기반의 소멸"이라고들 말한다. 그런데 이뿐만이 아니다. 유럽통합이 바로 연방주의에 반대하는 추가적인 논거이다. 즉 연방주의가 흔히 일컬어지듯이 더는 유럽에 적합하지가 않다.

우리네 일상의 생활, 특히 경제가 점점 더 많이 유럽연합의 법률에 따라서 규율되고 있다. 이 법률들은 모든 회원국들에 직접 적용되는데, 규정Ver-ordnung으로 부른다. 또는 간접적이지만 결국에는 마찬가지로 강제력을 지니는 윤곽(테두리)법률Rahmengesetz들이 있는데, 이른바 지침Richtlinie으로도 불린다. 회원국들의 입법자는 이 지침을 어느 정도의 재량을 갖고서 자국의 국내법으로 전환해야 한다. 이 지침은 현재 27개 회원국의 해당 주무장관들로 구성되는 각료이사회를 통해서 유럽연합집행위원회의 제안으로 브뤼셀에서 제정된다. 이에 대해서는 유럽연합 의회가 동의해야 하는 경우도 더러 있다. 이렇듯 마구 뒤엉킨 가운데서도 독일이 여하튼 홀가분한 처지는 결코 아니다. 독일은 연방주의로 인해서 추가로 약화하는데, 즉 관련 협상에서 란트들의 권한과 저촉되는 경우에 또한 그러하다. 각 란트는 학교제도, 문화, 학문 및 TV와 라디오와 같은 사안들에서는 연방정부와 함께 각료이사회에의 참여권을 갖는다. 이로써 연방과 란트들 간에 번거로운 투표 문제가 야기되는데, 그래서 독일은 관련 표결에서 빈번하게 기권해야 했고, 이런 독일의 투표행태를 두고서 브뤼셀에서는 진즉부터 조롱하듯이 "German Vote"로 부르기도 한다. 각료이사회에서 의견이 일치하지 않는 경우에 독일은 이처럼 이러지도 저러지도 못한 채로 내려진 결정을 그대로 받아들일 수밖에 없었다. 게다가 해당 지침을 국내법으로 전환함에 있어서도 그 기괴함이 참으로 기가 막힌다. 케이블카법을 예로 들자면, 케이블카의 안전에 관한 유럽연합의 지침을 독일의 국내법으로 전환하는 경우에 슐레스비히-홀슈타인 또는 메클렌부르크-포어폼메른과 같은 란트들이 스스로 케이블카법을 제정해야 한다. 왜냐하면, 이에 대해서 연방은 입법권한이 없고, 전체 독일에서 해당 지침이 이행되어야 하기 때문이다.

그렇다면 결론은 무엇인가? 연방주의는 폐지되어야 마땅하다. 그런데 이게 기본법 제79조에 저촉되지 않는가? 이 점이 지금 문제로 주어져 있지만, 어쨌든 가능하기는 하다. 기본법 제146조는 독일 민족이 통일된 이후에 새로운 헌법을 제정한다고 밝히고 있다. 언젠가는 말이다. 1990년의 통일조약에서는 의도적으로 기본법을 바꾸지 않았다. 방법은 간단하다. 제헌총회 선거에 관한 법률을 제정해서는 새로운 헌법을 만들고, 이 헌법에서 연방주의를 삭제하면 된다. 독일 시민들은 이 새로운 헌법을 두 번째 투표에서 확인해야 한다. 2년 내로 이 일을 끝낼 수가 있다. 물론 제헌총회 소집을 위한 법률은 동의법률이다. 연방참사원이 이에 동의해야 하고, 그러니까 어쨌든 스스로를 폐지해야 하는 셈이다. 그런데 자기봉쇄가 마침내 전적으로 감당하기가 어려워지면, 아마도 이러한 징조가 나타나고 기적이 일어날지도 모를 일이다. 그리되면 16개의 란트의회에 소요되는 비용이 절약되고, 란트정부들은 다수의 소규모 자치행정단위로 바뀌게 될 것이다,

다른 한편으로는 2020년 이후 코로나 팬데믹 동안에 행해진 여러 조치와 함께 연방주의의 장점을 경험하기도 했다. 연방정부와 각 란트의 총리들이 정기적으로 합의하기는 했지만 락다운Lockdown과 락업Lockup에 대해 대부분 이성적인 합의가 있었다. 만일 여기서 연방이 일방적으로 조치를 취했더라면, 상황이 결코 녹록지가 않았을 법하다. 란트들이 나름 유용한 브레이크 기능을 지니고 있음이 확인되었다.

국가와의 결별?

지난 17~18세기에 사회와 날카롭게 경계를 짓는 가운데 근대국가가 생겨

났는데, 이후 시간이 흘렀는데도 거의 바뀌지 않고 있다. 일부 보수적인 비판가들은 국가가 더는 존재하지 않는다고 생각한다. 즉 국가는 더 이상 그곳에 없고, 우리는 다른 세상에서 살고 있다고 말이다. 예컨대 에른스트 포르스트호프Ernst Forsthoff가 1971년에 〈산업사회의 국가〉라는 제목의 논문을 발표했다.

현대의 기술발전과 더불어서 국가가 다시 경제와 뒤섞여야 할 필요성이 생겨난다고 주장된다. 이 같은 논의는 제1차 세계대전에서 전쟁을 치르는 데에 중요한 천연자원의 합리적 이용과 배분에서부터 시작되었다. 국가의 곁에는 독자적인 권력수단이 되고서는 국가의 통치에 함께 참여하려는 수많은 조직이 구성되었다. 포르스트호프는 이것들을 "독자적인 의지주체"라고 이름 붙였다. 여기에는 란트와 게마인데 뿐만 아니라 사회보험조직, 철도 및 우편, 연방은행 그리고 특히 위험한 조직으로서 경제단체, 기업가 단체, 노동조합들이 포함된다. 이로써 국가와 사회 간의 대립이 전적으로 지양된 것은 아니며, 지금은 국가와 사회가 서로 정교하게 잘 짜 맞춰져 있는 까닭에 국가가 혼자서만 힘을 가졌던 그 옛날의 아름답던 이원주의가 더 이상은 아니다. 마치 다채롭게 뒤섞여있던 중세시절로 거의 다시 되돌아간 듯하다. 포르스트호프에게는 여기에 다른 것들이 덧붙여진다. 먼저 "생존배려"Daseinsvorsorge라고 부르는 것이 그러하다. 오늘날의 행정법에서도 일반적으로 통용되고 있는 이 단어는 1938년에 출간된 국가행정에 관한 책에 담긴 그의 창작품이다. 생존배려는 예컨대 수도, 가스, 전기, 대중교통수단, 건강보험과 같이 오늘날 인간들의 기술적인 기본수요를 충족하기 위한 국가의 경제적 활동을 뜻한다. 이로써 국가는 과거에는 단지 사회에만 허용되었던 것들을 넘겨받았다. 즉 국가가 관련 기업들을 만들고, 경제활동을 전개한다. 국가가 운용하는 사회보험제도, 포르스트호프가 말하는 사회적 재분배, 사회부조 및 학생들을 위한 교육지원도 마찬가지다. 또한, 여기서 과기에는 단지 사회 안에서만, 즉 가족, 진인적 또는 기업들의 범주 내에서 행해지거나, 아니면 전혀 벌어지지 않았던 일들이 다시 국가에 의해서 행해지고 있다. 따라서 국가와 사회가 서로 더 밀접하게 맞붙어있는 형국이다. 포르스트호프는 이 같은 새로운 과업이 점점 더 중요해지면서, 옛날의 존중할만한 과업들을 뒷전으로 밀쳐내고 있다고 생각한다. 사람들은 모든 게 걸려있는 경제상의 주요 자료들에만 거의 골몰하면서, 본래 의미의 정치에는 더 이상 관심이 없다. 그는 이것이 "기술적 구조"라고 주장한다(《산업사회의 국가》, 78쪽 이하, 81쪽).

"생존배려는 수요의 충족이다. 그 필요성은 생존해 나가는 일이 기술적인 예방조치들과 결합해 있는 정도에 상응해서 증대해간다. 수년 전 뉴욕에서 벌어진 대규모 정전停電 참사가 이를 매우 인상 깊게 드러낸다. 헌법은 주권자인 국민들이 정치적 활동에 대해서 자격을 부여하는 한 형식이다. 정치적 활동은 여러 위험으로부터 결코 자유로울 수가 없다. 정치적 활동은 이 같은 위험 앞에 맞설 능력이 있고, 또한 그럴 준비를 하는 이들에게서만 가능하다. 생존배려는 발생 가능한 여러 정치적 위험의 여지를 극적으로 좁히는데, 그것이 기술적 진보에 더 많이 묶여있을수록 더욱 지속가능하게 된다. 생존배려는 정치적으로 이해되는 헌법과는 모순된다. 그것은 탈정치적으로 영향을 미친다. […]
재분배의 척도인 국민총생산과 생존배려의 필요성에 구속되어 연방공화국(당시의 바이마르 공화국)은 국가의 내부 주권을 훼손하는 사항강제로 스스로를 내몰았다."

달리 말하자면, 언제나 더 많은 국가과업이 존재하고, 국가예산은 점점 더 몸집을 키워간다. 그러나 이로써 국가가 더욱 강력해지는 것을 뜻하지는 않는다. 오히려 이와는 반대로 국가가 점점 더 약해져 왔는데, 이제 더는 날씬하고 근육질로 단단한 싸움닭이 아니라 살찌고 기력이 다한 마치 거세당한 수탉과도 같다. 에른스트 포르스트호프에게는 우상偶像이고, 20세기와 히틀러 시대에 가장 저명한 국가법학자인 카를 슈미트Carl Schmitt가 1963년에 지난 1928년에 출간된《정치적인 것의 개념》책의 개정판을 새로이 펴내면서 서문에서 아래와 같이 밝혔다.

"인류의 일부분인 유럽은 불과 얼마 전까지만 해도 법리적인 개념들이 전적으로 국가에 의해서 형성되고, 국가를 정치적인 통일체의 모델로 전제하는 시대에서 살아왔다. 국가성의 시대는 이제 종말로 치닫는다. 이는 더 말할 필요가 없이 자명한 사실이다."

더 말할 나위가 없다. 지금 우리는 기술적 구조를 갖추고 있다. 에른스트 포르스트호프는 다른 한편으로 이것이 나름의 장점을 갖고 있다고 바라보는데, 예컨대 극도로 안정적이라고 주장한다. 즉 오늘날 인간들의 실존적인 이해관계가 생존배려와 사회적 재분배를 통해서 이전보다도 더 밀접하게 국가에 결속되어있는 정상적인 시대에 더욱 그러하다는 주장이다. 그런데 위기의 시대에는 과연 어떠냐며 그가 되묻는다. 환경보호와 같은 일반적인 과업들과 더불어서 말이다. 그는 기술적 구조 안에는 단체, 노동조합, 기업가, 농부와 정당들의 이익을 관철해가는 거의 개별적인 이해관계들만 존재한다고 말한다. 그리고 이 이해관계들은 내부에서 그들끼리 그리고 국가와도 뒤섞여있다. 전부이면서 하나이고 또한 하나이면서 전부인 전체이익을 대변할 수 있는 강력한 국가가 더는 존재하지 않는다고 본다. 이어서 그는 1960년에 〈메르쿠어〉Merkur 라는 잡지에다 "독일연방공화국"에 관한 기고문을 남겼다.

"여러 이익 중에는 너무 보편적이어서 사회적 후원자를 찾을 수 없을 뿐만 아니라, 반대하는 일부 이익의 사회적 후원자조차도 그들을 대적하게 만드는 경우가 있다. 이에 대한 현실적인 예시는 공장들에 의해서 오염된 물과 공기의 정화淨化라는 보편적인 이익일 것이다. 이 이익을 현실화하는 기회가 국가에서 일반적으로 인정되는 급박성과는 아무런 관계가 없다는 사실은 연방공화국이라는 국가의 구조 속에서 찾을 수 있다. 사회적, 정치적 힘을 가진 여론 정도만 이를 위한 후원자가 될 수 있다. 그러나 독일에서 여론이라는 요소는, 미국에서와는 달리, 이것을 정치적인 힘으로까지 끌어올리기에는 충분하지가 않다. 이로부터 아래와 같은 사실이 도출된다. 즉 사회적 후원의 한계를 넘어서는 일반적인 이익이 실현될 가능성은 제한된 이익이 후원자를 찾을 가능성보다 더 작아진다."

그렇다면 해결책은 무엇이겠는가? 포르스트호프의 견해에 따르자면, 오늘날의 세상은 지금 매우 빠른 속도로 변화하고 있는데, 이렇듯 급변하는 세상을 지적으로 파악하면서 극복해가는 절차가 더 이상 시간을 따라잡지 못하고 있다. 그는 사회에서 현실화한 이후에는 이제 기술적인 현실화의 범주들을 발전시키는 것이 필수적이라고 본다(161쪽 이하). 국가와 산업사회 간의 결합은 이제 해체할 수가 없고, 그것의 단단한 핵심은 완전고용과 사회총생산의 증가에 있다. 그리고 이러한 결합이 독일을 약화하지는 않는데, 아마도 이것이 지속적으로 제공되고 있는 유일한 자원인 까닭이다. 온 세상을 전례 없이 뒤바꾸고 있는 기술적 절차가 점차 안정화되면서 영향을 미치게 된다고 주장한다.

그리고서 포르스트호프는 국가가 존속하기 위해서는 내부의 적들에 맞서서 무장武裝해야 한다는 사고를 전개하다가 결국은 체념한다.

"이러한 상황에서는 확신은 포기한 채 정상상태의 조건이 유지된다는 무조건적인 신뢰가 보다 더 설득력 있는 논증이다."(167쪽)

그는 단지 지역적으로 광역廣域의 단위를 통해서만 나름의 해결책을 모색하는데, 전 지구적으로 통용되는 기준으로는 전혀 가능하지가 않고, 그 예시로 오대양 육대주라는 단위를 지칭한다. 그러는 사이에 어느덧 그가 미처 인식하지 못했던 디지털로 네트워크화된 세상이 겹쳐져 왔다. 그의 희망은 이제 기술적 진보의 계속적인 진행을 인간성을 지켜내는 효과적인 수호자로 삼아서 기꺼이 함께하려는 새로운 국제조직의 탄생을 지향한다.

에른스트 포르스트호프는 1974년에 작고했다. 그는 여러 시민운동 그리고 심지어 1983년에 처음으로 연방의회에 진출하기도 한 친환경 성향의 새로운 정당과* 같이 사회 안에서 친환경운동이 폭넓게 전개되는 모습을 더는 경험하지 못했다. 그리고 그는 이제 빌리 브란트Willy Brandt에서 프란츠 요제프 슈트라우스Franz Josef Strauß에 이르기까지 모든 거대정당이 환경보호를 미래의 과업으로 맹세하기 시작하는 모습도 더는 경험하지 못했다. 그는 이런 일을 일으킨 것이 국가가 아니라 시민들 자신, 즉 사회라는 사실에 매우 놀랐을 법하다. 그러니까 우리네 기술적 구조는 포르스트호프 스스로가 예견했던 것보다 더 높은 생존력을 지닌 것으로 보인다. 우리는 그것, 즉 강력한 국가를 필요로 하지 않는다. 그가 조금만 더 사회 쪽으로 다가섰더라면 좋았을 텐데 말이다.

---

*독일 녹색당을 지칭한다.

[참고문헌]

국가법과 헌법의 구별에 관하여는 : Klaus Stern, Das Staatsrecht der Bundesrepublik Deutschland, Bd. I., 2. Auflage 1984,S. 10 f. Das Zitat von Thomas Mann, Gesammelte Werke, Bd. 12, Betrachtungen eines Unpolitischen, 1983, S. 247 (1.Auflage 1918). Ein gutes Lehrbuch ist immer noch: Konrad Hesse, Grundzüge des Verfassungsrechts der Bundesrepublik Deutschland, 20.Auflage 1999. Heute am besten: Wilhelm Hufen, Staatsrecht II- Grundrechte, 6. Aufl. 2017; Bodo Pieroth / Bernhard Schlink u.a., Grundrechte, 33. Aufl. 2017; Hartmut Maurer, Staatsrecht I (= Staatsorganisationsrecht, U.W.), 7. Aufl. 2018. Menschenrechte und Grundrechte: sehr ausführlich Klaus Stern, Das Staatsrecht der Bundesrepublik Deutschland, Bd. III.1, Allgemeine Lehren des Grundrechts, 1988, S. 39ff.; die allgemeine Menschenrechtserklärung der UNO von 1948 bei: Wolfgang Heidelmeyer (Hg.), Die Menschenrechte, 4. Aufl. 1997, S. 209ff. Der wichtigste Kommentar: Maunz/Dürig, Grundgesetz, Kommentar, 7 Bände, 2020. Das wichtigste Handbuch: Josef Isensee/Paul Kirchhof(Hg.), Handbuch des Staatsrechts, 13 Bde. 3. Auflage 2003/2014, darin im ersten Band sehr anschaulich zur Entstehung des Grundgesetzes Reinhard Mußgnug, 3. Aufl. 2003, S. 315 ff., und der gesamte 8. Band zur Entwicklung und den Grundlagen der deutschen Einheit. Sehr gut: Michael Feldkamp, Der Parlamentarische Rat 1948-1949. Die Entstehung des Grundgesetzes, überarbeitete Neuausgabe 2008. Zum »Hüter der Verfassung«: Gerhard Robbers, Die historische Entwicklung der Verfassungsgerichtsbarkeit, in: Juristische Schulung, 1990, S. 257ff. Lüth-Urteil: Christoph Fiedler, BVerfGE 7,198 - Lüth, in: Menzel/Müller-Terpitz, Verfassungsrechtsprechung, 3. Auflage 2017, S. 113 ff. U.W., Der Gang nach Karlsruhe, 2004, S. 131 ff.; das Zitat des Hamburger Abendblatts: Thomas Harlan, Veit, 2011, S. 141 f. Volksabstimmungen: Claus-Henning Obst, Chancen direkter Demokratie in der Bundesrepublik Deutschland, 1986; in den neuen Bundesländern: Otmar Jung, Jüngste plebiszitäre Entwicklungen in Deutschland auf Landesebene, in: Jahrbuch des öffentlichen Rechts, 1993, S. 29ff. Über die Erfahrungen in Weimar: Otmar Jung, Volksgesetzgebung, 2 Bde. 1990; Über die neuere Entwicklung allgemein: Markus Freitag/Uwe Wagschal (Hg.), Direkte Demokratie, 2007; Johannes Rux, Direkte Demokratie in Deutschland, 2008; Peter Neumann, Sachunmittelbare Demokratie, 2009; Christine Eder, Direkte Demokratie auf subnationaler Ebene, 2010. Der Text der Länderverfassungen: Christian Pestalozza (Hg.), Verfassungen der deutschen Bundesländer, 10. Aufl. 2014. Der Vortrag von Gerhard Leibholz, 1955, über den Widerspruch zwischen Art. 21 und Art. 38 des Grundgesetzes und die Rolle der Parteien in: Gerhard Leibholz, Das Wesen der Repräsentation und der Gestaltwandel der Demokratie im 20.Jahrhundert, 3.Aufl. 1966, S. 211-248. Zur Föderalismusreform: Jörn Ipsen, Die Kompetenzverteilung zwischen Bund und Ländern nach der Föderalismusnovelle, in: Neue Juristische Wochenschrift 2006, S. 2801 ff.; Peter Selmer, Die Föderalismusreform - Eine Modernisierung der bundesstaatlichen Ordnung? JuS 2006, S. 1052 ff. Das Zitat von Forsthoff im Merkur 1960 in: Ernst Forsthoff, Rechtsstaat im Wandel, Verfassungsrechtliche Abhandlungen 1954-1973, 2. Aufl.1976, S. 6f.

Europarecht

제3장
유럽법

유럽통합은 세계에서 유일무이하게 전개되고 있는 국제법적인 과정이다. 이를 위해 체결되는 여러 조약과 더불어서 회원국들은 그들의 고권高權 일부를* 자신들의 헌법을 보장해 주는 공동체로 이양했다. 예컨대 입법권한은 1951년의 몬탄유니온(유럽 석탄 및 철광연합)조약 이후로 그리고 통화고권은 1992년의 유럽연합조약 이후로 이양되었다. 그러나 모든 회원국이 이 조약을 비준하지는 않았다. 이 같은 일이 독일의 경우에는 1949년 이후로 기본법 제24조에 따라서 가능했었다(오늘날은 기본법 제23조 및 제24조).

연방은 법률을 통해서 여러 고권을 국가 간의 기구에 이양할 수 있다.

이는 패배했던 세계대전 이후로 유럽 내에 평화와 안전을 보장하기 위하여, 또한 이후의 여러 조약과 함께 세계에서 유럽의 지위를 확고히 하고자 벌어진 일이다.

공동체는 자신에게 이양된 권한과 더불어서 헌법적으로는 회원국들보다도 더 높은 서열에 자리한다. 이런 점에서 이 세 번째 장章이 연방공화국(독일)의 헌법을 다루는 장章보다 앞에 배치할 수도 있겠다 싶다. 그러나 연방헌법재판소의 판결에 따르면 각 회원국이 "여러 조약의 주인主人"으로 여전히 남아있고, 이론적으로는 조약을 해기할 수도 그리고 공동체에서 탈퇴할 수도 있다. 이는 실제로 지난 2016년의 브렉시트Brexit, 즉 유럽연합으로부터의 탈퇴를 선언한 영국의 사례에서 드러났다. 따라서 유럽법을 독일의 헌법에 바로 뒤이어서 다루는 것이 타당하다.

---

*여기서는 사실상 주권主權과 같은 말이다.

유럽통합의 역사

유럽? 이것은 이제 지난 두 차례 세계대전의 참상을 겪고 나서 마침내 올바른 해결책으로 자리 잡았다. 이전에도 재임했었고(1940~1945년) 당시에 다시 새로이 영국총리가 된 윈스턴 처칠Winston Churchill 경은 1946년 9월 19일 취리히에서 이에 대해 연설한 최초의 위대한 정치가이다. 그는 유럽에서 일종의 국가연합체가 결성되어야 하고, 이를 위한 첫 번째 행보가 바로 독일과 프랑스의 동행同行이라고 강조했다. 이렇게 해서 1949년 슈트라스부르크에서 서유럽국가들의 지속적인 결합체로서 유럽평의회Europarat가 결성되었다. 독일은 1950년에 회원국이 되었다. 유럽평의회는 1950년에 유럽인권협약을 의결했고, 같은 시기에 슈트라스부르크에 설립된 유럽인권재판소(EGMR, 영어 약어는 ECHR)가 그 준수 여부의 감독을 자신의 과업으로 삼았다. 유럽인권재판소는 공동체의 한 기구인데, 자주 유럽연합EU에 속한 유럽사법재판소(EuGH, 영어 약어는 ECJ)와 혼동되기도 한다. 이렇게 해서 초국가적인 유럽기구가 생겨났다. 회원국들의 개별 시민은 어려운 소송절차 중에 이 재판소에다 자신의 인권보호를 청구할 수가 있다. 동구권 블록이 붕괴되고서는 동유럽의 국가들이 회원국으로 가입한 오늘날에는 대부분의 사건이 이들 국가의 시민들로부터 접수되는데, 특히 가장 다수를 차지하고 있는 국가가 러시아이다. 그곳에서는 절치부심切齒腐心하며 재판소의 판결을 따르기는 하지만 내내 침묵을 이어가고 있다.

이를 이은 보다 더 중요한 통합의 시작은 한 영국인의 연설이 아니라 스위스의 알프스 위를 날아간 한 프랑스인의 비행飛行이었다. 그는 장 모네Jean Monnet(1888~1979)인데, 그가 대체 뭘 했단 말인가? 여기에 답하기가 쉽지 않다. 그는 먼저 전 세계에 코냑을 유통해온 큰 기업가이고, 가문의 성씨姓氏가 그대로 도시명이 된 곳에서 오래된 상인 집안의 후손으로 태어났다. 이밖에도 그는 이미 제1차 세계대전 중에는 프랑스의 경제자문가로, 전후에는 국제연맹의 사무부총장으로 활동했고, 1940~1943년에는 영국정부의 부탁으로 양국兩國의 전시戰時 및 전후戰後 경제의 과도기를 준비하기 위하여 미국에서 거주했다. 그리고 1946~1950년에 그는 프랑스 경제기획청의 책임자 자리를 맡았었다. 그래서 그가 대체 뭐란 말인가? 사람들은 흔히 그를 두고서 독자적인 경제정책가라고 말한다. 스위스의 장엄한 산악들 위를 날아가면서 1946년에 윈스턴 처칠이 이미 말했던 바를 곰곰이 생각하던 중에, 그에게 문득 아이디어 하나가 떠올랐다. 하나의 조직 내부에 마련된 공동의 최고 권위 아래에서 프랑스와 독일의 전체 석탄과 철광을 생산하고, 여기에 또한 다른 나라들도 참여할 수 있도록 하자는 발상이다. 독일 측에서 보자면, 이렇게 해서 새로이 구축되는 독일의 군수경제軍需經濟를 공동으로 통제할 수 있었다.

그는 이 아이디어를 로베르 슈망Robert Schmann 프랑스 외무장관과 먼저 상의하고서는, 곧바로 콘라드 아데나워Konrad Adenauer 서독총리에게로 날아갔다. 이 둘은 이 구상에 감동했고, 베네룩스Benelux의 세 나라가 추가로 그리고 알치드 데 가스페리Alcide De Gasperi 총리와 함께 이탈리아 또한 이 구상에 가담했다. 마침내 로베르 슈망이 전쟁이 끝난 5년 후인 1950년 5월 9일에 정부성명으로 관련 계획을 발표했다. 지금은 슈망계획Schmann-Plan으로 불리는 이 제안은 프랑스인들의 경제적, 안보정책적인 이해관계를 결속시키는 것이었다. 프랑스인들은 그네들의 철강 생산에 시급하게 필요로 하는 독일의 석탄 수송을 위한 통로를 열고, 다른 네 나라가 독일의 철강 생산을 통제함으로써 독일의 군수산업에 대한 감독을 확보하고, 이로써 통합된 유럽에서 평화를 보장할 수 있다는 구상이다. 독일과 그간 세 차례의 전쟁을 겪고 난 이후, 즉 1870~1871년, 제1차 및 제2차 세계대전 이후에 프랑스와 독일 양측 모두에게 납득할만한 소망이기도 했다. 그리고 아데나워로서는 서독을 위해서 국제적으로 통용되는 훌륭한 명함을 손에 쥐게 된 셈이기도 했다. 1951년 파리에서 이들 여섯 나라가 모여서 "유럽 석탄 및 철광 공동체” 조약을 체결하는데, 이 조약 전체를 흔히들 간단히 “몬탄유니온Montanunion”으로 부른다. 1952년에 이 조약이 발효되었다. 이 공동체의 여러 기구는 그 주소를 말 그대로 한 가운데인 룩셈부르크에 두었다. 이들 기구는 “최상급의 행정청”으로서 오늘날 브뤼셀에 소재하는 유럽연합집행위원회의 전신前身이고, 각료이사회와 공동총회는 오늘날 유럽의회의 전신이며, 여전히 룩셈부르크에 주소를 두고 있는 재판소는 이제 유럽사법재판소EuGH로 불리고 있다. 이것이 이들 여섯 나라가 함께 한 유럽통합의 시작이었다. 이후 1957년 일련의 로마조약들과 1992년 마스트리히트Maastricht조약과 더불어서 유럽경제공동체(EWG, 영어로는 ECC)와 유럽원자력프로그램Euratom이 발족하고, 이제는 유럽연합EU이 성립되었다. 유럽연합은 2013년에 크로아티아가 가입하고서는 회원국이 현재 스물여덟 국가인데, 영국을 제외하고도 도합 스물일곱의 회원국에 약 4억5천만 명의 인구를 갖고 있다. 참고로 미국의 인구는 3억2천8백만 명이다.

독일의 존재는 처음부터 유럽통합의 원동력이었을 뿐만 아니라, 1949～1992년까지 이후 43년 동안 내내 그래왔다. 공교롭게도 독일 역사에서 1949년 서독 정부 출범, 1955년 주권 회복, 1990년 동독과의 통일과 같은 중요한 역사적 사건들이 있고 나서 매 2년 후에 유럽통합이 더욱 강화되어오고 있다.

- 1949년 독일연방공화국(서독) 수립
- 1951년 몬탄유니온(파리조약)
- 1955년 서독의 주권 회복
- 1957년 유럽경제공동체EWG와 유럽원자력프로그램Euratom
  (일련의 로마조약들)
- 1990년 동 · 서독 통일
- 1992년 유럽연합EU 성립 (마스트리히트조약)

결국, 프랑스는 언제나 뒷전에 놓여있었다. 동쪽에 자리한 큰 이웃 나라가 더욱 강해지고, 심지어 영토가 점점 더 커지고 있는 데에 매번 불안해하는 게 넉넉히 이해가 간다. 마스트리흐트에서는 두 가지의 중요한 변화가 결정되었다. 하나는 경제 및 통화동맹이고, 다른 하나는 유럽연합이다.

경제 및 통화동맹은 유로Euro화를 회원국들에서 공동의 통화로 도입하고, 각 회원국의 자국 통화를 세 단계에 걸쳐서 폐지하는 것을 뜻한다. 그 마지막 단계로 2002년 1월 1일 자로 유로화가 현금으로 유통되기 시작했다. 이것이 마스트리흐트조약의 핵심이다. 헬무트 콜Helmut Kohl 독일 총리는 동·서독 통일의 대가로 자랑스러운 마르크Mark화를 포기했다. 이로써 프랑수아 미테랑François Mitterand 프랑스 대통령도 동·서독 간의 통일에 동의할 마음의 준비를 다지고 있었다. 유로화는 이것을 신청하고, 특정한 안정화 조건을 충족하는 회원국들에 도입되었다. 이는 브뤼셀에 소재하는 집행위원회를 통한 각 회원국의 예산정책에 대한 심사와 결부되어 있었다. 따라서 유럽경제공동체는 유럽공동체 안에서 EWG(영어로는 ECC)로 달리 불리고 있다.

유럽경제공동체 위에 유럽의 정치적 통합을 위한 첫 단계로 유럽연합, 즉 EU가 성립되었고, 이것은 그 아래에 놓여있는 세 개의 경제적 하부조직들과 두 개의 정치적 하부조직들에는 마치 지붕과도 같은 조직이다. 유럽경제공동체, 몬탄유니온(유럽 석탄 및 철광 연합)과 유럽원자력프로그램이 경제적 하부조직에 속하고, 새로운 정치적 하부조직으로는 군사방어적인 의미에서 안보정책을 파악하는 대외정책 및 안보정책, 즉 GASP와 사법 및 내무정책 영역에서의 공동협력을 위한 ZBJI가 마련되어있다. 이 전체가 종종 사원寺院 모델Tempelmodell 또는 세 기둥 모델로 묘사되는데, 그 최상부에는 모든 회원국의 정부 수반들이 모인 유럽연합 정상회의가 자리하고 있다.

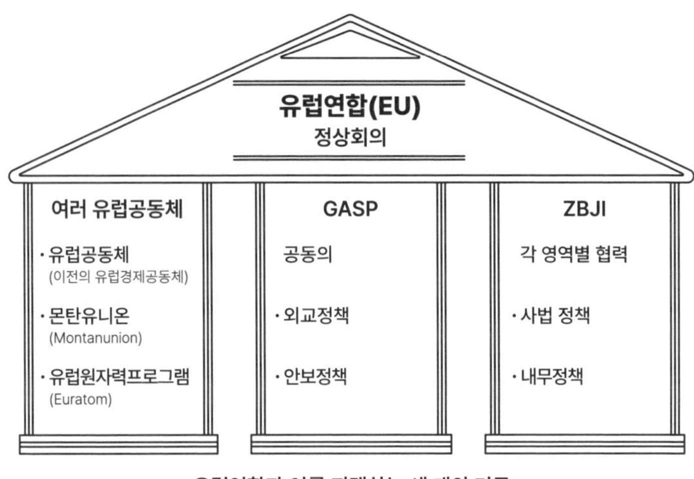

유럽연합과 이를 지탱하는 세 개의 기둥

게다가 마스트리히트는 또 다른 관점에서도 중요한 전환점이었다. 그 이후로는 독일이 더는 유럽통합의 추동력이 아니게 되었다. 이미 그 이전에 독일이 추동하는 기능이 없이도 중요한 변화가 생겨났는데, 셍겐Schengen 조약이 그러하다.

셍겐은 룩셈부르크의 남쪽 모퉁이 모젤Mosel 강변에 자리하고 있는 작은 마을인데, 이곳에서 프랑스와 독일이 만나서는 국경을 점차적으로 해체하는 것에 합의하는 셍겐 I 조약(1985)과 셍겐 II 조약(1990)을 체결했다. 더 정확하게는 국경 통제를 없애는 것이다. 아마도 이 대목에서 게오르크 엘리네크 Georg Jellinek(1851~1911)와 국민, 영토 및 국가권력, 이 세 가지 요소를 갖춘 그의 국가개념을 떠올릴 법하다. 유럽통합은 처음부터 회원국들의 국가권력 해체와 그네들의 주권 일부를 공동체로 이양하는 것을 뜻했다. 몬탄유니온과 유럽경제공동체와 더불어서 먼저 입법권한의 일부가 공동체로 이양되었다. 마스트리히트조약과 더불어서 또한 통화고권이 전적으로 유럽연합으로 넘겨졌고, 독일에서는 마르크화 대신에 유로화가 통용되기 시작했다. 그리고 이와 동시에 게오르크 엘리네크가 언급한 "국민"은 EU시민권과 더불어서 보완되었다. 셍겐은 영토, 즉 사람들이 오가는 국경 통제를 건드렸다.

솅겐 I 조약에서는 독일과 프랑스 그리고 베네룩스, 이들 나라 간의 국경에 관한 사항이 결정되었다. 이것이 1995년에는 7개 국가로 그 효력 범위가 넓혀지고, 2020년에는 28개 국가로 확대되었다. 이 가운데에는 EU의 회원국이 아닌 네 나라, 즉 노르웨이, 아이슬란드, 리히텐슈타인 및 스위스도 포함되었다. 영국은 이미 당시에두 아일랜드와 함께 열외의 상태였다.

솅겐은 유로화 및 마스트리흐트와 더불어서 해당 국가들의 모든 개별 시민들에게 뚜렷하게 느껴질 정도로 삶의 질적인 개선을 가져왔다. 이제는 국경통제 없이, 즉 여권이나 신분증 없이도 그리고 환전하지 않고서도 한 나라에서 다른 나라로 오갈 수가 있게 되었다. 이는 사람들에게 기저基底에서부터 유럽연합에의 귀속감을 강화했다. 몬탄유니온과 유럽경제공동체와 같은 기존의 여러 조약에서는 사람들에 관한 사항은 별로 다루지 않은 채로 국가가 상대적으로 크게 부각되었던 까닭이다.

솅겐은 유럽연합에서 ZBJI의 구축을 위한 계기이기도 했다. 솅겐 국가들 간의 내부 국경 통제가 없어지면서 EU 전체의 외부 국경의 안전이 더욱 중요해지고, 범죄자들을 추적하는 게 더욱 어려워졌다. 따라서 EU 차원에서 공동의 이민정책과 난민정책, 단일한 비자정책, 경찰조치의 초국경적인 차원의 협력 및 유럽경찰, 즉 유로폴Europol에 합의했다.

GASP가 출범하게 된 기폭제가 1989년에 시작된 유고슬라비아의 붕괴와 1991~1992년 그곳에서의 내전 발발이었는데, UN과 NATO의 범주 안에서 EU국가들이 여기에 군사적으로 개입했다. 1997년 이후로는 이를 위해 "유럽연합의 대외정책 및 안보정책 담당 고위 대표", 즉 이른바 EU외무장관 자리가 따로 마련되었다.

1997년 암스테르담조약에서는 EU의 동쪽으로의 확장을 위한 사전준비가 행해졌는데, 특히 지금껏 입법사항에 있어서 만장일치로 행해져야 하는 각료이사회의 표결 관점에서 그러했다. 공동체의 "행정부"에 해당하는 EU 집행위원회의 구성원 정수定數는 그 행위능력을 온전히 유지하기 위해서라도 더 늘어나서는 아니 되는 게 옳았다. 그래서 암스테르담조약은 실패작이었다. 사람들은 이에 합의할 수가 없었다.

2000년 프랑스의 니스에서 개최된 15개 국가들의 정부 수반들이 모인 유럽연합 정상회의에서도 공동의 해결책에 합의하지 못했는데, 이것은 일종의 참사慘事였다.

1년 후인 2001년 벨기에 브뤼셀 인근의 라에켄Laeken에서 합의된 조약에서 나름의 돌파구를 찾았다. 여기서는 유럽헌법 심의를 위한 위원회가 소집되고, 유럽헌법에서 가능한 모든 사항을 규율하고, 다른 나머지 것들은 그냥 숨겨두기로 했다. 이 유럽헌법이 2003년에 유럽총회에서* 의결되는데, 각료이사회와 집행위원회가 보다 더 행위능력을 갖추도록 하는 해결책이 함께 포함되어 있었다.

이어서 2004년에 EU의 동진東進이 행해졌다. 원칙적인 입장에서 10개 국가를 새로이 회원국으로 받아들인 것이 또 다른 참사慘事였다. 1950년 이래로 EU는 반백 년이 넘는 동안에 처음의 6개 회원국에서 15개 회원국이 되었는데, 이제 9개 회원국이 추가되어 몸집이 더욱 커졌다. 게다가 지금 한 나라가 더 추가되어 무려 10개국이 새로 늘었다. 내 생각으로는 많아도 너무 많다. 그러나 소비에트가 붕괴하고, 러시아가 여전히 불안정한 가운데 동쪽에 자리한 이 중부유럽의 국가들은 지속적으로 발전하기 위해서라도 그네들의 경제시스템과 가치시스템에다가 강력한 권위주의적인 성향을 결합하려고 시도해왔다. 유럽헌법 초안을 만들면서 모든 사전작업을 마쳤다. 그해 말에 정부 수반들은 로마조약으로 유럽헌법을 최종적으로 승인했다. 그리고서 그 이듬해에 프랑스 대통령과 네덜란드 총리는 자국의 국민들에게 유럽헌법을 두고서 투표하게끔 했다. 그런데 프랑스와 네덜란드의

---

*근본적인 개혁이나 EU조약의 확장과 같은 중요 사안을 논의하기 위해 소집되는 총회인데, EU 관련 기구들과 회원국들의 대표들이 참여한다. 지금껏 단지 두 차례, 즉 1999~2000년에 기본권헌장 제정을 위해서 기본권총회 그리고 2002~2003년에 헌법조약을 준비하기 위해서 유럽총회가 소집되었다.

시민들은 이 유럽헌법을 거부했다. 이로써 유럽헌법이 좌절되고, 모든 게 다시 암스테르담과 니스의 상태로 되돌아갔다. 이어서 2007년에는 루마니아와 불가리아가, 2013년에는 크로아티아가 회원국으로 새로이 가입했고, 18개국에서 통용되던 유로화가 2014년 현재 EU 내에서 도합 24개국에서 통용되고 있다.

2009년에서야 비로소 유럽연합 정상회의는 리스본조약에서 각료이사회와 집행위원회를 더욱 행위능력 있게끔 만드는 해결책을 마련할 수가 있었다. 그런데 지금은 설상가상雪上加霜으로 더욱더 위기국면에 놓여있다. 즉 2010년에 전적으로 혼란스러운 그리스의 경제로 인해 유로화 위기가 발생했다. 2015년에는 빅토르 오르반Victor Orban 헝가리 총리가 독일의 메르켈 총리를 기만하면서 난민 위기가 더욱 크게 불거졌는데, 독일에만 약 50만 명의 난민들이 쏟아져 들어왔고, 그런데도 앙겔라 메르켈Angela Merkel 총리는 씩씩하게 도전적으로 "우리가 감당해낼 수 있다"라고 말했다. 정녕 그럴 수 있을지도 모른다. 결국, 2017년 이후로 마스트리흐트에서 체결된 EU조약 제2조 상의 법치국가요청이 침해되고, 우익 포퓰리즘과 극우주의 성향이 더욱 격심해지는 가운데 EU와 폴란드, 슬로바키아, 체코 및 헝가리 간의 갈등이 증폭되었다. 2017년에는 법관의 독립성을 제거하는 사법개혁을 시도한 폴란드를 상대로 유럽헌법 제7조에 근거해서 유럽연합 정상회의가 주도하는 소송이 있었다. 2015년 9월에 EU의 내무장관들이 다 함께 모여서 결의한 바대로 난민들을 받아들이기를 폴란드가 거부했기 때문에 같은 해에 EU집행위원회는 조약위반을 이유로 폴란드 측을 유럽사법재판소에다 제소했다. 이어서 2016년에는 영국이 EU 탈퇴를 선언했고, 고통스러울만치 지난한 협상 끝에 2021년에서야 비로소 탈퇴가 완료되었다. 그리고 마침내 2020년에는 집행위원회가 회원국들을 위한 예방백신을 불충분하게 구매하면서 빚어진 코로나 위기가 불거졌다. "그리고 그는 딸인

이시스에게 말한다, 아가, 우리가 지금 위기에 처해있구나."*

<table>
<tr><td colspan="2" align="center">유럽통합 관련 주요 일지</td></tr>
<tr><td>1951</td><td>몬탄유니온(베네룩스, 서독, 프랑스, 이탈리아)</td></tr>
<tr><td>1957</td><td>로마조약들: 유럽경제공동체EWG 및 유럽원자력프로그램Euratom
(몬탄유니온 국가들)</td></tr>
<tr><td>1958</td><td>유럽사법재판소(룩셈부르크)와 유럽의회총회(1962년 이후로는 유럽
의회)(소재지가 처음에는 슈트라스부르크였다가 이후 브뤼셀로 변경)</td></tr>
<tr><td>1965</td><td>브뤼셀에 소재한 세 개의 공동체(유럽공동체) 간의 공동의 기구
-평의회와 집행위원회</td></tr>
<tr><td>1973</td><td>덴마크, 영국, 아일랜드 가입</td></tr>
<tr><td>1979</td><td>직접선거에 의한 유럽의회 구성</td></tr>
<tr><td>1980</td><td>독자적인 수입원(관세, 부가세 일부 등)을 통한 유럽공동체의
재정고권 확보</td></tr>
<tr><td>1981</td><td>그리스 가입</td></tr>
<tr><td>1985</td><td>솅겐 I</td></tr>
<tr><td>1986</td><td>포르투갈, 스페인 가입</td></tr>
<tr><td>1990</td><td>솅겐 II</td></tr>
<tr><td>1992</td><td>마스트리흐트조약-경제 및 통화공동체, 유럽연합</td></tr>
<tr><td rowspan="2">1995</td><td>핀란드, 오스트리아, 스웨덴 가입 (현재 15개 회원국)</td></tr>
<tr><td>솅겐조약 발효(베네룩스, 독일, 프랑스, 포르투갈, 스페인에서)</td></tr>
<tr><td>1997</td><td>암스테르담 조약(GASP를 위한 고위 대표와 동진(東進)을 위한
사전준비)</td></tr>
<tr><td>1998</td><td>유럽중앙은행 설립(독일 프랑크푸르트)</td></tr>
<tr><td rowspan="2">2000</td><td>그리스에도 솅겐조약 발효</td></tr>
<tr><td>니스 조약-동진東進을 위한 사전준비로 각료이사회에서의 중구난방
으로 흠결적인 규율</td></tr>
<tr><td>2001</td><td>라에켄조약-유럽헌법 심의를 위한 총회 소집</td></tr>
<tr><td>2002</td><td>EU 역내 12개 국가에서 유로화를 유일한 법정 통화수단으로 도입</td></tr>
</table>

---

*이집트의 왕 람세스는 나일 강변에 피라미드를 짓는 데에 너무 많은 비용을 들인 까닭에 돈
이 매우 궁했다. 그러자 그는 딸 이시스에게 지금 심각한 위기 상황이라며, 이제는 성전聖殿을
정리해서 유곽으로 만들자고 말한다.

2003	유럽총회에서 유럽헌법 의결
2004	10개 국가 가입- 에스토니아, 라트비아, 리투아니아, 폴란드, 체코, 슬로바키아, 헝가리, 슬로베니아, 말타, 사이프러스(그리스령)
	유럽헌법에 관한 로마조약
2005	프랑스와 네덜란드에서 실시된 국민투표에서 유럽헌법 부결
2007	루마니아, 불가리아 가입
2009	리스본조약 발효
2010	유로화 위기(그리스)
2013	크로아티아 가입 (이로써 현재 28개 회원국)
2014	18개 국가에서 유로화 도입
2015	19개 국가에서 유로화 통용, 난민 위기
2016	영국의 EU 탈퇴 선언, 2021년 탈퇴 완료
2020~	코로나 위기

유럽연합(EU)의 여러 기관

EU의 여러 기관의 과업과 권한은 앞에서 이미 서술한 유럽통합을 위한 여러 조약, 즉 1951년(몬탄유니온의 설립을 위한 파리조약)부터 2007년 (리스본조약)까지 체결되고, 정부 수반들에 의해서 의결되고, 회원국들의 의회에서 비준된 조약들에서 규율되고 있다. 이 조약들은 전체적으로 두 개의 부분으로 요약될 수 있겠는데, 하나는 유럽연합에 관한 조약EUV이고, 다른 하나는 유럽연합의 작동방식에 관한 조약AEUV이다. EUV는 그 토대가 1992년의 마스트리흐트조약이고, AEUV는 그 토대가 유럽경제공동체EWG에 관한 1957년의 로마조약이다.

위 양자는 상호 보완적인데, 즉 EUV는 리스본조약에 의해서 보완되고 있다. 그 이후로 경제적인 측면에서 유럽공동체는 GASP와 ZBJI라는 정치 영역의 곁에서 이제는 더 이상 독자적인 국제법상의 법인격이 아니라, 이 세 개 모두가 EU로서 단일한 국제법상의 법인격을 갖는다. 그리고 유럽연 합 정상회의는 위 세 기구의 상부, 즉 "지붕에" 자리하면서는 더 이상 허공 에 붕 떠 있지 않으며, EUV 제13조에 따라서 EU 내부에서 독자적인 기

관으로 존재한다. 이외에도 EUV 제15조 제5항 및 제6항에 따라 유럽연합 정
상회의는 더욱더 잘 협력하기 위해 매 2년 반마다 의장을 교체해오고 있
다. GASP는 따로 "대외정책 및 안보정책 담당 고위 대표"를 두고 있는데,
EUV 제18조에 따라서 유럽연합 정상회의에서 임명된다. 경제와 정치가
통합되면서는 이 같은 집약모델Kompaktmodell로 인해 기존의 세 기둥모델
Drei-Säulen-Modell이 점차 해체되어가고 있다. 그리고 아래 그림에서와같이
Euratom유럽원자력프로그램이 독자적인 법인격을 갖고서 외부에 남아있기는
하지만, 여전히 주변부에서 EU와 밀접하게 연결되어있다.

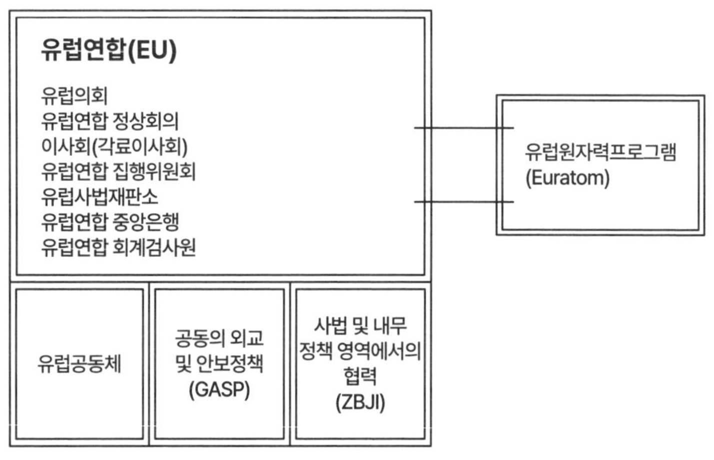

리스본 조약 이후의 유럽연합(EU)

　두 번째 부분의 조약에 해당하는 AEUV 역시도 그 본문에 있어서 이미
리스본조약에 앞서서 1985년과 1990년에 각각 체결된 두 개의 솅겐조약과
함께 보완되고 있는데, 이어서 제5장에 해당하는 제67조~제100조에서 평화,
안전 및 법 영역을 규율하는 리스본조약을 통해서 ZBJI의 내무정책과도 결합
하여 있다. 유럽경제공동체에 대해서도 1957년 이후로 수정 · 증보되면서
불과 55개의 조항을 가진 EUV보다도 훨씬 더 규율범위가 넓고, 조항수도
많다. 반면에 AEUV는 358개의 조항을 갖고 있다.

EUV 제13조에서 열거하는 순서대로 이제 처음으로 유럽연합은 7개의 기구를 갖추고 있다. 즉 의회, 정상회의, 이사회, 집행위원회, 재판소, 중앙은행, 회계검사원이 그러하다. 아래에서는 이들 기구를 하나씩 살펴보기로 한다.

유럽의회는 751명의 의원을 갖고 있는데, 이들 의원은 5년마다 각 회원국 시민들의 직접선거로 선출된다. 회의는 슈트라스부르크와 브뤼셀에서 개최되는데, 이게 별로 좋지가 않다. 집행위원회뿐만 아니라 정상회의와 이사회가 개최되는 브뤼셀로만 단수單數로 정하는 게 훨씬 더 나을 법했다. 그런데 프랑스가 자국의 영토 내에 EU 기구를 두고 있는 유일한 장소를 절대 포기하지 않았다. 그동안 의회의 권한이 지속적으로 확대해왔다. 의회는 정상회의의 제안으로 집행위원장을 선출하고, 이 집행위원장이 지명하는 위원Commissioner을 인준하는 권한을 갖는데, 이들을 언제라도 다시 해임할 수 있고, 집단해임으로 이어지는 집행위원회 불신임을 결정할 수도 있다. 뭐니해도 의회의 가장 중요한 권한은 집행위원회 및 정상회의와 동등하게 공동으로 참여하는 입법에 놓여있다. 이 입법은 지침Richtlinie과 규정Verordnung의 형식으로 행해진다. 집행위원회는 이 규범들에 대해 단독으로 제출권한을 갖는다. AEUV 제294에 따른 복잡한 입법절차에서 의회와 정상회의는 동의에 합의하거나, 또는 그러지 않을 수 있다. 후자는 부결을 뜻한다.

유럽연합 정상회의는 회원국들의 국가수반 내지는 정부수반들의 결사체인데, 매 2년 반마다 그 구성원 중에서 의장을 새로 선출한다. EUV 제15조에 따라서 의장은 "유럽연합의 발전을 위해서 필요한 자극을 제공하고, 이를 위한 보편적인 정치적 목표설정과 우선성을 확고히 한다." 정상회의는 입법자로서는 활동할 수 없고, 반년마다 두 번씩 회의를 개최하고, 만장일치로 의결한다.

이사회(이전의 "각료이사회")는 각 입법영역마다 회원국들의 주무장관들이 모인 집합체이다(EUV 제16조). 예컨대 농업에 관련되는 법률이라면, 농업부장관이 해당한다. 리스본조약에 따르면 이사회는 모든 회원국의 55% 그리고 EU시민들의 65% 가중다수결로 의결한다. 이전에는 만장일치가 요구되었다.

유럽연합 집행위원회는 EU 내에서 가장 큰 기구인데, 일종의 행정부에 해당한다. 때로 커미셔너로도 불리는 위원들의 수는 리스본조약에 따라서 그 행위능력을 고려하는 가운데 제한된다. 즉 위원 정수定數는 교대원칙이 적용되는 가운데 전체 회원국 정수의 2/3를 초과해서는 아니 된다. 따라서 영국이 탈퇴한(2020년 브렉시트) 현시점에서는 27개 회원국의 2/3, 즉 최대 18명(제17조 제5항)을 초과해서는 아니 된다. 그런데도 2021년 현재 늘 그래왔듯이 여전히 27명이다. 군소의 회원국들이 항의한 이후로 유럽연합 정상회의는 처음부터 이 규정의 적용에 있어서 예외를 허용해왔다. 개별 커미셔너들은 회원국인 자국 정부가 지명하는데, 유럽의회에서의 매우 엄격한 청문 과정을 거쳐서 임명되거나 거부된다.

각 커미셔너는 예컨대 사법, 통상, 환경보호, 정보보호, 디지털화와 같은 고유한 업무영역을 갖는다. 이들의 업무영역은 의장단에서 결정된다. 의장단의 주도하에 위원회가 소집되고, 다수결로 결정한다. 이 유럽연합 집행위원회를 위해서 약 3만2천 명의 직원들이 일하고 있다. 집행위원회의 가장 중요한 과업은 입법의 사전준비다. 그러나 집행위원회는 특히 회원국들이 EU법률을 준수하고, EUV 제2조에 따른 EU의 근본적인 가치, 즉 인간의 존엄성, 자유, 민주주의, 법치국가성 및 인간성의 보존을 유지하고 있는지를 감독해야 할 책무 또한 지니고 있다. 이 원칙들이 침해되는 경우에 유럽연합 정상회의는 EUV 제7조에 따라서 이에 개입할 수가 있다.

유럽사법재판소EuGH도 마찬가지로 EU 내에서 규모가 비교적 큰 기구인데, 룩셈부르크에 소재하고 있다. 모든 회원국은 6년의 임기로 각기 재판관 1명씩을 임명한다. 재판소는 3단계로 나눠서 판결을 내린다. 중요한 사안을 다루는 판결은 1심급과 최종심급에서 행해진다. 소송사건의 과부하로 인해서 1989년 이후로는 대개 유럽사법재판소가 유럽재판소EuG로서 바로 1심급이 된다. 2001년 이후로 특별한 전문분야에서 재판소 안에 따로 지정재판부를 둘 수 있는 가능성이 존재한다. 지금껏 이를 위해서는 2005년에 공직 분야 전문재판부GöD가 설치되었다. 이에 대한 세부적인 사항은 AEUV 제251조～제281조에서 규율되고 있다. 유럽사법재판소에는 도합 1천 명이 넘는 직원들이 근무하고 있는데, 이들의 대다수는 통역사나 번역사들이다. 각 재판관은 법률 지식을 갖춘 보조 인력들과 함께 별도의 재판관실을 갖고 있다.

유럽연합 중앙은행은 독일 프랑크푸르트에 소재하는데, 그 과업과 권한은 AEUV 제127조 이하에서 규정되고 있다. 이 기구의 최우선적인 목표는 제127조가 규정하는 바대로 "물가안정을 보장하는"데에 있다. **유럽연합 회계검사원**도 이와 유사하게 제285조 이하에서 규정되고 있다. 회계검사원은 제287조에서 규정하는 바와 같이 유럽연합의 모든 수입과 지출에 대한 회계를 검사한다.

일차적 그리고 부차적 유럽법

유럽법은 일차적 그리고 부차적 유럽법으로 구분된다. 일차적 법은 몬탄 유니온에 관한 1951년의 파리조약부터 2007년에 비준되고 2009년 1월 1일 자로 발효된 리스본조약에 이르기까지 회원국들에 의해서 체결된 일련의 조약들을 말한다. 그 이후로 서로 동등한 서열에 놓여있는 유럽연합조약EUV 및 유럽연합의 작동방식에 관한 조약AEUV이 일차적 법원法源으로서 마치 거룩한 삼위일체三位一體에 속한다(EUV 제1조 제3항에서는 단지 '조약'만을 뜻한다). 여기에 세 번째로 유럽연합 기본권헌장GRCh이 추가된다. 이 기본권헌장 역시 EUV 제6조 제1항에서 아래에 규정하는 바와 같이 동등한 서열을 갖는다.

> 연합은 여러 권리와 자유 그리고 2000년 12월 7일에 제정되고, 2007년 12월 12일에 슈트라스부르크에서 개정된 유럽연합 기본권헌장 상의 제 원칙들을 존중한다. 기본권헌장과 여러 조약은 법적으로 동등한 서열을 갖는다.

앞서 이미 언급한 바와 같이 유럽헌법이 2005년에 프랑스와 네덜란드에서 실시된 국민투표로 인해 좌절되고 나서, 적어도 그것의 기본권 목록만큼은 발효되었다. 다만 유보권을 주장했던 폴란드는 여기서 제외된다. 이와 동시에 유럽연합은 전체로서 유럽인권협약에 가입했고(EUV 제6조 제2항), 이로써 EU시민들에게는 다층적인 기본권 및 인권 보호 장치가 마련되어있다.

유럽기본권헌장은 그사이에 어느 정도로는 그 효력을 전개해가고 있는데, 기본권과 관련되는 유럽사법재판소의 모든 소송에서 적용되고 있기 때문이다. 이 기본권헌장은 기본권의 현대적인 재구성 측면에서도 또한 흥미롭다. 여기서는 안전권(GRCh 제6조), 개인정보보호(GRCh 제8조), 모든 회원국에서 일할 권리 및 일자리를 찾을 권리(GRCh 제15조), 망명권(GRCh 제18조) 및 아동과 노인에 대한 특별한 보호(GRCh 제24조 이하) 등이 규정되고 있다.

집행위원회, 의회 및 정상회의에서 제정된 법규정들은 이차적 유럽법이다. 유럽사법재판소에서 선고된 판결들도 또한 이에 포함된다고 본다. 이 법규정들은 지침Richtlinie 또는 규정Verordnung에 해당한다. 지침은, 어느 정도의 재량이 주어지기는 하지만, 회원국들에게 관련 국내법 규정의 제정을 의무 짓는다. 그래서 이것은 일종의 윤곽(테두리)규범이다. 규정은 모든 회원국에 직접 적용되는 법인데, 그 입법에 있어서 아무런 재량의 여지가 없다. 유명한 사례가 1988년의 「오이규정」인데, 동 규정에 따르면 오이가 유통등급으로 "Extra"최상급를 받으려면 10cm에서 최대 10mm의 굴곡만이 허용된다. 이와 같은 굽은 오이규정이 세간의 공분을 자아냈고, 그 이후에 폐지되었다.

또한, 독일에도 크게 영향을 미친 지침이 1999년 5월 25일에 제정된 유럽공동체의 「소비제품구매지침」RL1999/44/EG이다. 이는 오랫동안 준비해오다가 지난 2000년에 행해진 민법전BGB의 채권법 개혁을 위한 계기가 되기도 했는데, 이로써 독일의 물품판매 관련법이 대폭 개정되었다. 지금까지 판매제품의 하자에 대해서는 민법전BGB 제459조가 적용되어왔다. 구매자는 판매자를 상대로 제품의 변질 또는 가치감소에 관한 권리를 주장하는데, 독일어로는 구매 취소 또는 구매 가격의 하락을 뜻한다. 유럽사법재판소의 판결로 여기에다가 사후개선청구권이 추가되었다. 그런데 민법전 제477조에 따라서 모든 제품에는 6개월의 시효가 적용되는데, 구매자는 해당 제품에 수령 시점부터 하자가 있었다는 사실을 입증해야만 했다. 이제 시효가 2년으로 연장되고, 6개월 이내에 하자가 발견되는 경우에는 입증책임이 전환되었다. 즉 민법전 제434조, 제438조 제1항 제3호 및 제477조에 따라서 판매자가 이 기간에 제품에 하자가 없었다는 사실을 입증해야 한다.

브뤼셀에서의 입법이 독일법을 얼마나 크게 바꾸었냐 하는 것은 규정Verordnung과 관련해서는 2017년의 「정보보호를 위한 기본규정」에서 여실히 드러나는데, 이 대목은 뒤에 나오는 제8장에서 설명하기로 한다.

여기서는 이제 유럽사법재판소의 판결이 이차적 법원法源이 되는 사례를 다뤄보기로 하자.

유럽사법재판소의 망골트 판결(EuGH, NJW 2005, 3695)

2003년 6월 뮌헨에서 당시 56세의 망골트Mangold 씨가 자신을 고용한 변호사 하임Heim 씨와 근로계약을 체결했다. 계약 기간은 2003년 7월 1일부터 2004년 2월 28일까지로 정해졌다. 위 둘은 여기서 단지 「단기근로 및 기간제 근로계약에 관한 법률」TzBfG 제14조 제3항에 근거하여 계약을 체결했다. 그런데 같은 법 제14조 제1항에 따른 근로기간의 제한을 정당화하는 사유가 이 둘에게는 존재하지 않았다. 따라서 민법전 제14조 제3항만이 정당화 사유로 남는데, 이에 따르면 근로기간 제한이 망골트 씨가 52세 이상이 아닌 경우에만 허용되도록 정하고 있었다. 그런데 그는 56세였다. 근로계약에 합의한 두 사람은 이 사실을 알고는 있었지만, 2000년에 개정된 민법전 제14조 제3항이 2000년 11월 27일 자 유럽공동체 지침Richtlinie 2000/78 EG에 반한다며 무효라고 주장했다. 해당 지침 제6조 제1항은 근로계약상의 기간 제한을 해당 국가의 국내법에서 "적절하고 필요에 맞게끔", 즉 비례에 맞게끔 정해야 한다고 규정하고 있었다. 즉 기간 제한의 연령 상한이 2000년 12월 21일 자 TzBfG에서는 하르츠Ⅳ 입법의 범주 내에서 본래 58세에서 52세로 하향되었다. 이것이 근로 생활에 있어서 연령에 근거한 부당한 차별이라고 주장되었다.

그래서 망골트 씨는 미리 하임 씨와 합의하고서는 TzBfG 제14조 제3항에서 정하고 있는 새로운 기간 제한의 연령 상한 규정이 무효라고 주장하면서 하임 씨를 상대로 뮌헨의 노동법원에다 제소했다. 뮌헨의 노동법원도 같은 의견이라서, 유럽사법재판소에 규범통제를 신청하면서 룩셈부르크의 재판관들이 이에 대해서 어떻게 생각하는지를 질의했다. 유럽사법재판소는 지침이 회원국들에 자국의 국내법상으로 어느 정도의 재량을 허용하기는 하지만, 고용 상한 연령을 58세에서 52세로 낮추는 것은 해당 지침 Richtlinie 2000/78 EG 제6조 제1항의 의미에서 더는 비례적이지 않다며 무효라고 판결했다. 따라서 하임 씨가 망골트 씨와 체결한 근로계약은 새로운 TzBfG 제14조 제3항에도 불구하고 적법하게 성립되었다.

유럽연합의 법적 성격과 법인격

끝으로 지난 수십 년 동안 공동체 안에서 논쟁 되어온 두 가지 문제를 다루어야 마땅하다. 그 하나는 유럽연합EU의 법적 성격에 관한 국제법적인 물음이고, 다른 하나는 유럽 내부의, 즉 칼스루에Karlsruhe에 소재하는 독일연방헌법재판소와 룩셈부르크에 소재하는 유럽사법재판소간의 관계 문제이다. 위 양자 중에 어느 누가 더 높은 권한을 갖는지, 특히 기본법상의 기본권과 비록 전체적으로는 좌절되기는 했으나 리스본조약에서 그 기본권이 승인된 유럽헌법상의 인권에 관한 판결에 있어서 말이다. 유럽평의회가 주도했던 1950년의 유럽인권협약은 유럽연합이 리스본조약을 거쳐서 이 협약에 가입한 까닭에 이제는 마찬가지로 EU법이 되었다. 달리 표현하자면, 독일연방헌법재판소가 언제 유럽사법재판소의 판결을 기본법상의 기본권 침해로 취소시킬 수 있겠느냐는 물음이다.

따라서 먼저 EU의 법적 성격을 살펴봐야 한다. 몬탄유니온(유럽 석탄 및 철광연합)과 더불어서 유럽통합이 시작된 1951년 당시에는 장차 성립될 유럽적인 연방체, 즉, 각 란트Land의 상부에 존재하는 독일과 오스트리아, 50개 연방주state의 상부에 존재하는 미국, 그리고 여러 칸톤Kanton의 상부에 존재하는 스위스와 같이 회원국들의 상부에 성립될 연방국가에 대한 상념에 여전히 합의하는 이들이 존재했었다. 그런데 시간이 흐르면서 이 구상이 허상으로 드러났고, 또한 유럽 내의 언어적 다양성이 특히 큰 문제로 불거졌다. 그러나 다른 한편으로는 그 이후로 EU가 독일, 오스트리아, 스위스 또는 미국처럼 단일한 국제법상의 주체가 되면서, 주권을 가진 다수 영주領主의 결합체로서 그 곁에 옛날의 한자Hansa동맹에 속했던 도시인 브레멘, 함부르크 및 뤼벡이 동등하게 자리했던 1815년의 독일동맹처럼 느슨한 국가연합은 더는 아니게 되었다.

그렇다면 지금은 무엇인가? 유럽연합은 국제법적으로는 연방국가도 국가연합도 아니다. 그것은 연방국가Bundesstaat와 국가연합Staatenbund의 한 가운데에 새로이 생겨난 국제법적인 산물이다. 독일연방헌법재판소는 이에 대해서 "보다 더 강하게 결속된 국가연합Staatenverbund"이라는 새로운 개념을 고안해냈다(BVerfGE 89, 155, 마스트리흐트조약 판결). 이 개념은 학계 다수의 지지를 얻고 있다.

독일 연방헌법재판소와 유럽사법재판소 간의 관계

여기서는 먼저 인권과 기본권의 가장 중요한 영역에 있어서 단지 위 양자의 관계를 짧게 서술해본다. 이 영역들은 "(그러한) 한에서(Solange) I"과 "(그러한) 한에서(Solange) II"라는 연방헌법재판소의 판결 약칭으로 표현할 수 있겠는데, 마스트리흐트조약 판결에서 설시하는 "협력적 관계"를 의미한다. Solange I 판결(BVerfGE 37, 271)에서 연방헌법재판소는 1971년에 다음과 같은 입장을 밝혔다. 즉 "공동체의 통합과정이 여전히 공동체의 그 어떤 기본권 목록도 포함하고 있지 않은 한에서, 기본법상의 기본권에 따라서 판결을 내릴 수가 있다는 것인데, 달리 말하자면 유럽사법재판소의 모든 판결이 이러한 방법으로 심사될 수 있다는 입장이다. Solange II 판결

(BVerfGE 73, 339)에서는 칼스루에의 헌법재판관들이 유럽사법재판소와의 관계에 있어서 보다 더 친화적으로 되면서, 1986년에 다음과 같이 밝혔다. 즉 유럽사법재판소의 판결이 기본법상의 기본권 보호와 "본질적으로 동일할 정도로" 기본권의 효율적인 보호를 보장하는 한에서, 연방헌법재판소 재판관들은 자제하면서 뒤로 물러날 수 있다고 본다. 그리고서 연방헌법재판소 재판관들은 마스트리흐트조약 판결(BVefGE 89, 115)에서 다시 다소 강경해지면서, 1993년에 협력적 관계를 언급했다. 즉 유럽사법재판소가 유럽법상의 권한을 사실상 지속해서 확장해왔기 때문에 어쨌든 양자는 동등한 권한을 갖고 있다는 입장을 피력했다. 결국에는 2010년 당시에 재판장이었고, 이후에 연방헌법재판소 소장이 된 안드레아스 포스쿨레Andreas Voßkuhle가 이끌던 제2재판부의 망골트/허니웰Mangold/Honeywell판결 (BVerfGE 126, 286)에서 작은 센세이션이 벌어졌다. 즉 유럽사법재판소의 판결이 기본법상 규정되고 있는 사고를 더는 납득할 만큼 존중하고 있지 않다는 사실이 드러난다면, 이는 명백히 더 이상 참을 수가 없다고 보았다. 이로써 연방헌법재판소가 유럽친화적인 관점에서 룩셈부르크에 있는 법원에 주목할 만한 우위를 인정한 셈인데, 단지 기본권적인 관점에서만 그렇다.

그런데도 큰 사달이 또 벌어졌다. 유럽연합 중앙은행의 공공부문채권구매Public Sector Purchase Programme, (PSPP) 사업에 따른 국채매입을 대상으로 하는 다수의 소송이 독일연방헌법재판소에 제기되었다. 이 국채매입 총액이 2015년 이래로 상상도 못 할 금액인 2조 유로를 훌쩍 넘었다. 2000년 5월 5일에 여전히 제2재판부의 재판장으로 있던 포스쿨레는 임기 만료 직전에 직접 판결을 선고했다. 즉 연방헌법재판소가 이 사안들에 대한 중간판결을 위해서 유럽사법재판소 측에 그간 수차례 관련 질문을 제기했는데도 불구하고, 유럽사법재판소가 더 이상 실행 가능하지 않게끔, 따라서 객관적인 관점에서 볼 때 자의적으로 판결했다고 설시했다. 헌법소원 청구인들은 유럽연합 중앙은행의 조치에 대해서 비례성심사를 재촉했다. 즉 유럽연합 중앙은행이 2% 인플레이션 비율에 도달하기에 적합한 조치를 취하는 데에 충분하지 않았다는 주장이다. 오히려 모든 조치에서 그 나름의 장단점들이 서로 형량되어야 하는데, 이 같은 법익형량, 즉 가치를 평가하는 전체적인 관점에서 유럽사법재판소가 소홀했다고 보았다.

그러나 연방헌법재판소는 유럽사법재판소와 유럽연합 중앙은행으로 들어서는 문을 아예 닫아버리지는 않았다. 연방헌법재판소는 상대적으로 무해無害하게 접근할 수 있는 우회로를 제안했다. 즉 유럽중앙은행이 추후에 법익형량을 공시하는 것으로 충분하다고 제안했고, 이는 그후 실제로도 다양한 방식으로 시행되었다.

[참고문헌]

일반적인 문헌으로는: Thomas Oppermann/Claus Dieter Classen/Martin Nettesheim, Europarecht. Ein Studienbuch, 7.Auflage 2018; Matthias Herdegen, Europarecht, 22. Auflage 2020. Geschichte: Gerhard Brunn, Die Europäische Einigung von 1945 bis heute, 4. Auflage 2017; Wilfried Loth, Europas Einigung. Eine unvollendete Geschichte, 2014 (매우 상세함).

Privatrecht

제4장
민법

　민법民法, 민사법民事法, 사법私法. 이 모두는 결국 같은 걸 의미하는데, 즉 시민들 사이에서 적용되는 법, 계약, 재산 및 손해배상에 관한 법, 가족법과 상속법을 말한다. 이것들은 시민들 사이에서 적용되는 법일 뿐만 아니라 또한 우리네 전체 경제의 근간이기도 하다. 이 같은 민법의 토대는 1900년부터 시행되어온 민법전, 즉 BGB(Bürgliches Gesetzbuch)이다. 통례적으로 사람들은 아마도 언론 보도에 근거해서 헌법과 형법이 우리 법원들이 주로 다루는 대상 법률일 거라고 생각하지만, 이는 그릇된 상념이다. 한참이나 잘못된 생각이다. 이것은 사인私人들 사이의 분쟁이고, 여기서 사인은 개인이거나 여러 사람일 수도 또는 법인격을 지닌 법인法人으로 우리가 인정하는 단체일 수도 있다. 그런데 바로 이 영역에서 일상의 많은 분쟁사례가 벌어지고 있다. 무언가를 구매하고서 제품에 결함이 발견되면, 판매자나 제조회사에 따진다. 주택을 임차하거나 주택소유자로서 소유자공동체의 일원일 수도 있고, 땅을 농사짓게끔 임대하거나 이혼하거나 생활부양비를 청구하기도 한다. 누군가가 죽고 나서 유산 상속 때문에 다투기도 하고, 어떤 회사의 직원이거나 그냥 집안일을 돕기도 하고, 임금이나 휴가 때문에 사용자와 갈등이 벌어지기도 하고, 단체를 만들거나, 그 단체의 정관을 둘러싸고서 서로 다투다가 갈라서기도 한다. 합명회사OHG, 유한책임회사GmbH, 주식회사AG와 같은 다양한 형태를 규정하고 있는 상법과 회사법의 중요한 부분과 근로계약법의 전체 영역 또한 민사법에 속한다. 법조계에 속하는 대다수 법률가는 자신들의 일용할 양식을 이로부터 얻는다.

　법관은 여기서 형사소송에서와는 달리 사적인 분쟁을 두고서 판결한다.

형사소송에서는 국가가 법과 질서의 수호자인 검사를 통해서 피고인을 기소하고, 법관은 예컨대 벌금형 또는 자유형과 같은 국가적인 제재를 선언한다. 따라서 형법은 행정법, 조세법 및 사회법과 같이 공법에 속한다.

민법전BGB과 그 시스템

1871년 독일제국Deutsches Reich이 건국되었을 당시에 독일은 개별 란트들마다 상이한 법률을 가진 연방국가였다. 다만 1871년에 발효된 단일한 제국형법전과 더불어서 형법만 즉시 독일 전역에 적용되었다. 민사법에서는 이렇게 하기가 더욱 어려웠다. 보수주의자들은 더 성장해온 다양성을 전개하기를 원했고, 중앙당은 민사혼民事婚(Zivilehe)이* 보편화할 것을 우려했다. 단지 자유주의자들만이 상거래와 기업의 이익을 위해서뿐만 아니라, 예컨대 결사제도와 같이 시민들의 더 많은 자유를 위해서 단일한 민사법 제정을 촉구했다. 이들은 오랜 사전준비작업과 다수의 위원회를 개최하고 많은 갈등과 망설임 끝에 25년 후에 마침내 이 일을 성취해냈다. 1896년에 민법전BGB이 제국의회에서 사회민주주의자들이 반대하는 가운데 통과되었다. 사회민주주의자들은 특별한 근로계약법상의 요구뿐만 아니라 가족법에서 여성들의 지위 향상을 원했다. 1900년 1월 1일 자로 이 민법전이 발효되는데, 이것은 19세기의 전형적인 산물로서 남성들의 법이고, 기술적으로 완벽하고 비非사회적인데, 더 고상하게 표현해서 틸로 Thilo Ramm에 따르자면 "자유주의자들의 후기작품"인 셈이다.

이 법률이 지닌 기술적인 완벽함과 비사회적인 성격은 중세 후반 이래로 독일에서 대학의 강좌, 법률문헌들 그리고 법원의 판결에서 고대의 로마법을

---

*교회가 아니라 국가에 의해서 승인되는 결혼을 뜻하는데, 이로써 종교적인 규정에 구속되지 않는다.

더욱 가다듬으면서 법으로 수용해온 발전에 근거한다. 이는 독일의 법률가들이 이미 12~13세기에 그곳에서 공부해온 북부이탈리아에서 건너온 것이다. 이 놀라운 과정을 "로마법의 계수繼受"라고 말한다. 혹자는 이걸 두고서 독일의 법 생활의 학문화에 있어서 순수하게 정신적인 과정으로 설명하기도 하고(Franz Wieacker), 그 원인을 단지 고대 로마법의 학문적 숙고에서 찾는다. 다른 이는 이에 대해 경제적인 원인에서 그 책임을 묻는다. 즉 예컨대 프리드리히 엥겔스Friedrich Engels는 1884년 6월 26일에 카를 카우츠키Karl Kautsky에게 보낸 편지에서 다음과 같이 적고 있다.

> "로마법은 단순한 물건 생산에 있어서, 즉 자본주의 이전 단계에서는 나름 완결적인 법이다. 또한, 자본주의 시대의 법적 관계들도 대부분 포함하고 있다. 우리네 도시민들이 번영에 필요로 하고, 토착적인 관습법에서 찾지 못했던 바로 그것이다."

그의 말이 타당하다. 이러한 발전은 19세기에 이른바 "판덱텐법"Pandekten-recht에서 그 정점을 찍었다. 로마법은 「시민법대전」Corpus Iuris Civilis과 그것의 중요한 일부로서 로마 법률가들의 여러 저작에서 발췌해서 모아놓은 《학설휘찬》Digesten에 담겼다. *Digesten*의 그리스어가 바로 Pandekten이다. 그래서 19세기에 로마법 교과서를 그렇게 불렀었는데, 예컨대 베른하르트 빈트샤이트Bernhard Windscheid의 가장 성공적인 저작이 판덱텐법 교과서였다.

당시 개별 란트마다 법률이 있었지만, 이 법률들은 판덱텐법에 의해서 강하게 지배되고 있었다. 그러한 한에서 지난 5백 년 동안 어느 정도로는 법의 통일성이 존재했었다. 로마법은 이전에는 공통법Gemeines Recht, 즉 특정 지역이 아니라 어디서든 적용되는 보편적인 법으로 불렸다.

이들 판덱텐법 교과서에서 19세기 이후로 다른 일반적인 그 무엇이 또한 관철되기 시작했다. 즉 총론總論이다.* 이 총론에서 강의를 위해서 모든 법에 적용되는 일반적인 개념들과 이른바 괄호 앞으로 끌어낼 수 있는** 일반적인 규칙들로 구성되는 구조물이 처음으로 구축되었다. 자연인과 법인, 권리능력과 행위능력, 법률행위와 법률관계, 의사표시와 의사표시의 무효 등이 그러하다. 그리고서 구체적인 부분들로 네 개의 편장이 자리했다. 즉 처음에는 재산과 그것의 분리를 다루는 물권법 그리고 계약과 불법행위를 다루는 채권법, 마지막에는 가족법과 상속법이 그러하다. 이것이 이른바 판덱텐 시스템이고, 그 특징이 바로 총론을 앞에 두는, 즉 괄호 앞으로 끌어내서 괄호 안에다 네 개의 다른 부분들을 갖다 두는 것이다(Arnold Heise) (1807). 민법전은 이 판덱텐 시스템을 아주 조금만 변형해서 채택했다. 민법전은 이것을 이른바 다섯 개의 분책分冊들로 구분했다. 첫 번째는 총칙, 이어서 순서대로 물권법, 채권법, 가족법 그리고 상속법이 그러하다.

더 분명하게 설명하자면, 여기에 지금 민사법의 다섯 개 요소가 있다. 권리주체, 재산, 계약, 불법행위 및 가족이 그것이다. 권리주체는 먼저 모든 인간이 권리와 의무를 가질 수 있음을 뜻한다. 그리고 또한 다른 권리주체, 즉 예컨대 등록단체 또는 주식회사와 같은 법인法人도 존재한다. 불법행위는 계약 이외에서 비롯하는 손해배상을 묘사한다. 민법전은 이를 허용되지 않는 행위라고 부른다.

이 다섯 개의 요소를 민법전의 다섯 권 분책分冊에다 옮겨놓으면 다음과

---

*민법, 형법 등에서 해당 법 전체에 공통으로 적용되는 주요 내용을 강학상으로는 '총론'이라고 부르고, 이 '총론'이 실제의 법전에는 '총칙' 내지는 '총강'으로 자리하고 있다. 이 '총칙'은 해당 법률이 모든 사람에게 공통되게 적용된다는 사실을 전제하기 때문에 근대의 평등사상과 수학적 사고의 반영으로도 설명된다. 그래서 여전히 불평등한 신분제 사회여서 '총칙'이 없이 모든 신분마다 제각각 따로 적용되는 법규정을 가졌던 '프로이센 일반란트법'(1794)의 경우에 법조문 수가 무려 19,000개에 달했다. 따라서 이렇듯 총칙의 형성이 또한 법률의 대중화를 의미한다. 다른 한편으로는 이 총칙의 규정들이 지니는 고도의 추상성으로 인해 일반인들이 새로운 법률을 이해하기가 더욱 어렵게 되었다고도 지적된다.

**"괄호 앞으로 끌어내다"(vor die Klammer Ziehen)라는 말은 일반적으로 적용되는 규정들을 여러 특별규정의 앞에 위치시키는 입법방식을 뜻한다. 이로써 흔히 법률의 편제상으로 맨 앞의 제1장에 뒤이은 다른 장들에서 공통으로 적용되는 내용들이 '총칙'으로 자리하고 있다.

같다. 총칙은 권리주체와 재산 및 계약에 관한 매우 일반적인 규정들을 포함하고 있다. 채권법의 주제는 계약과 불법행위이다. 물권법은 재산과 이에 부수하는 권리들을 규율한다. 가족법은 민법전에서 해당 주제를 분명하게 지칭하고 있는 유일한 책이다. 그리고 상속법은 가족과 사망한 피상속인의 법적인 상속권과는 다른 의사(유언), 즉 가족과 재산을 결합하고 있다.

계약법의 내용은 2001년 연방의회가 제정하고, 2002년 1월 1일 자로 발효된 「채권법의 현대화를 위한 법률」에서 상당 부분 변경되었다. 그 계기는 중고물품의 구매에 관한 유럽연합의 지침이었다. 구매자의 권리가 매우 강하게 끔 되었고, 시효가 변경되고, 민법전의 많은 법률규정이 특별규정의 제정 등으로 새로이 재구성되었다. 예컨대 1976년의 「일반거래약관법」과 1990년의 「소비신용법」이 그러하다. 이는 민법전이 제정된 이래로 가장 중요한 개정이었다.

문제는 일반적인 개념들로 구성되는 총칙에 놓여있다. 이 총칙은 법적인 추상화의 극대치를 그 결과물로 지니고 있는데, 여러 이유에서 문제가 많다. 먼저 총칙에 담겨있는 여러 개념이 일반인들이 이해하기에 절대 쉽지가 않다. 그런데 모든 언어 권력은 국민으로부터 나온다고 하지 않았는가? 이는 또한 정의正義의 문제이기도 하다.

법적인 추상화는 그 나름의 여러 이유에 기인하고 있다. 때로 이것은 법의 예측가능성을 높인다. 그밖에도 이것은 평등원칙에도 근거한다. 평등과 자유는 인류가 이룩해온 위대한 성취이고, 하나는 다른 하나가 없이는 도저히 생각할 수가 없다. 그런데 모든 것을 극한으로 몰아붙이고서는, 이로써 불합리함을 논증하려고 한다. 이는 법적인 추상화와 결부된 평등원칙에 반한다. 즉 모든 특별함을 도외시하고서 모든 이들에게 똑같이 적용되는 규칙을 만든다면, 아마도 전혀 사소하지 않은 차이점들이 무시되어버리는 위험에 절대적으로 빠져들고 만다. 유명한 영화배우 게리 쿠퍼Gary Cooper가 파라마운트 영화사와 2년간의 전속계약을 체결하는 경우나 직원 을乙이 사용자

갑甲과 자유롭게 근로계약을 체결하는지에 있어서는 분명히 큰 차이가 존재한다. 실질적인 불평등이 존재하는데도 형식적 평등을 앞세우는 것은 최악의 불평등을 뜻하고, 이는 또한 최악의 부정의不正義를 의미한다.

판덱텐 법에서는 총칙에 포함된 추상적 개념들의 정치精緻함에 있어서 몹시 자부했는데, 이는 오늘날에도 여전하다. 그런데 그것 때문에 종종 난관에 봉착하기도 한다. 그렇다면 정말로 밀리미터mm 단위까지 정확한가? 자연과학과 공학에서는 그것이 가능할지 몰라도, 법에서는 그렇지가 않다. 법률가들에게는 미세함이 아니라 신중함이 미덕이어야 한다. 아마도 냉철한 논리가 때로 깊은 인상을 주기도 하지만, 자주 난센스 내지는 무의미하거나 위 둘 모두를 불러오기도 한다. KL23403이라는 허가번호가 붙여진 열기구熱氣球의 역사가 그러했다. 이 열기구의 운행자가 그만 항로를 착각하고서는 결국에는 도착예정지로부터 아주 멀리 떨어진 어느 너른 들판에 착륙했는데, 이 열기구에 손님으로 함께 탑승해있는 어느 법원장이 "제발 우리가 지금 어디에 있는지 말해주세요"라며 다급하게 묻는다. 그러자 그에게 "항로를 벗어난 KL23403 열기구의 바구니 안"이라는 정확한 대답이 들려왔다.

재산(소유권)

"재산이 인간들을 불평등하게 만든 게 아니라, 인간들의 영원한 불평등으로부터 재산이 생겨났다."

이는 1893년 11월 27일에 개최된 독일법률가대회의 연설에서 자유보수주의자인 어느 법률가가 행한 발언이다. 당시 프로이센의 재무장관인 요하네스 폰 미쿠엘Johannes von Miquel은 위와 같은 표현과 더불어서 오늘날에도 여전히 자유주의적 또는 보수주의적인 법률가들이 말했을 법한 내용에 대략 부합하는 바를 구현해냈다. 즉 1754년 장 자크 루소Jean-Jacques Rousseau가 《인간 불평등 기원론》에서 언급한 선동적인 경고와 관련한 문제점에 대응해서 말이다.

"첫 번째 사람이 땅에다 울타리를 치고서는 다른 이들을 내쫓으면서 '여기는 내 땅이다'라고 말한다. 어리석은 이들은 그가 문명사회의 진정한 건설자라고 믿기 마련이다. 인류가 그간의 수많은 범죄, 전쟁, 살인, 고통 및 두려움에서 벗어나려면, 울타리를 없애거나 구덩이를 메우고서 다음과 같이 외쳤어야 했다. '이 사기꾼의 말에 귀 기울이지 마세요. 만일 나무에 달린 과일들은 모두의 것이지만, 땅은 그 누구의 것도 아니라는 사실을 잊어버린다면, 여러분들은 싸움에서 패한 것입니다!'"

이 표현은 역사적으로 그리고 정치적으로도 많은 이들에게 흥미롭다. 그런데 법률가들은 그다지 중요하게 여기지 않는다. 법률가들에게 재산권 (소유권)은 인권이고, 인간의 본질에서 비롯하는 자연법인데, 기본법 제14조에서 아래와 같이 일부 제한과 함께 헌법적으로 보장되고 있다.

> ① 재산권과 상속권은 보장된다. 그 내용과 한계는 법률로 정한다.
> ② 재산권은 의무를 갖는다. 재산권의 행사는 동시에 공공복리에 기여해야 마땅하다.

즉 이미 임마누엘 칸트가 구성해낸 바와 같이 재산권은 시민적 자유의 보장이다. 연방헌법재판소의 언어로는 다음과 같다(BVerfGE 24, S. 389).

"재산권은 그 내부관계에서 개개인의 자유 보장과 함께 놓여있는 기초적인 기본권이다. 재산권에는 기본권의 전체 구도 안에서 나름의 과업이 주어지는데, 즉 기본권 주체에게 재산법적인 영역이라는 자유로

운 공간을 보장하고, 이로써 그에게 자신의 책임 아래에서 삶의 형성
을 가능케 한다."

민법전에 재산권에 관한 규정들이 숨겨져 있다. 이 규정들은 재산을
어떻게 취득하고 양도하며, 보호되는지 그리고 자신의 부동산에다가,
예컨대 주위통행권과 같이 예외적으로 이웃에게 특정한 권리가 인정
되어야 하는지를 다루고 있다. 민법전 제903조는 단지 재산권자가 갖는
여러 권리만을 규정하고 있다.

> 한 물건의 소유자는, 법률 또는 제삼자의 권리에 반하지 않는 한, 임의로
> 물건을 처분하고 타인의 방해를 배제할 수 있다.

민법전은 재산권에 대해서 아무런 개념정의도 행하고 있지 않고, 그것의
법적인 본질에 대해서도 아무런 언급이 없다. 이에 대해서는 지배권Herr-
schaftsrecht과 귀속Zuordnung이라는 두 가지 입장이 존재한다. 지난 수백 년 동안
지배권이론이 주장되어 오다가, 오늘날에는 재산권의 본질이 그 소유자에
대한 해당 물건의 포괄적인 귀속이라고 여기고 있다. 재산권에서는 사람
과 물건의 관계가 아니라, 물건의 관점에서 타인과의 관계가 더욱더 중시된
다. 지배권이론은 특히 Martin Wolff/Ludwig Raiser가 공저한《물권법 교과
서》(제10판, 1975, 173쪽)에서, 그리고 귀속이론은 특히 Harry Westermann
이 쓴《물권법 교과서》(제1판, 1951, 100쪽 이하)에서 확인된다.

지배권이론은 고대 로마법에서 유래하는데, 소유권(재산권)은 라틴어
*dominus*에서 비롯한 *dominium*, 즉 주인Herr이라고 불렀다.

재산권에 대한 최초의 개념정의는 중세 이탈리아의 로마법 법률가인 바르
톨루스Bartolus,(1313~1357)에게서 발견된다. 그에 따르면, 재산권은 *"ius de re
corporali perfecte disponendi"*, 즉 "유체물에 대한 포괄적인 처분권"이다.
이 입장은 민법전BGB의 토대가 된 19세기의 로마법에서 그리고 앞서

언급된 1957년에 출간된 Wolff/Raiser의 교과서에서도 유지되어왔다.

이러한 입장은 기본법 제14조 제2항에서 규정하고 있는 재산권의 사회적 기속성의 영향을 받아서 바뀌게 된다. 즉 "재산권은 의무를 갖는다. 재산권의 행사는 동시에 공공복리에 기여해야 마땅하다."

그래서 1951년에 해리 베스터만Harry Werstermann은 재산권을 포괄적인 귀속으로 규정하는데, 우선적으로 해당 물건은 그것의 전적인 사용이 보장되는 소유자에게 속하지만, 소유자는 법공동체에서 해당 물건에 대한 책임을 부담한다고 본다.

그밖에 이 모든 것 그리고 민법전 제903조가 법적으로는 거의 중요하지가 않다. 법실무에 있어서는 다른 규정들, 즉 예컨대 재산권의 보호를 위한 기술적인 규정들이 더욱더 중요하다.

타인의 재산권을 어떻게 침해할 수 있는가? 물건을 소유자에게서 빼앗거나, 소유자를 방해하는 무언가를 물건에다 행하게 되면, 해당 물건은 손상된다. 따라서 손상에 뒤따르는 배상규정과 물건의 반환 및 방해의 중단이 민법전 제823조, 제985조 및 제1004조에서 규정되고 있다.

물건의 반환은 이미 앞서 제1장에서 서술한 바가 있는 소유와 점유의 구별에서 중요한 역할을 떠맡는다. 소유자는 법적으로 해당 물건이 귀속되는 사람이고, 점유자는 해당 물건을 실제로 자신의 수중手中에 갖고 있는 사람이다. 그래서 민법전 제985조는 아래와 같이 법적 그리고 사실적인 소지所持를 말하고 있다.

> **소유자는 점유자에게 물건의 반환을 요구할 수 있다.**

당연히 늘 그런 것은 아니다. 소유자가 자신의 집을 타인에게 임대하는 경우에, 임차인은 비록 점유자라 하더라도 임대차계약이 존속하는 한 소유자에게 반환하지 않아도 된다. 민법전 제986조는 아래와 같이 규정하고 있다.

> 점유자는 소유자를 상대로 점유에 정당한 권리를 갖고 있다면, 물건의 반환을 거부할 수 있다.

반환청구권 외에도 방해의 배제 또는 부작위 청구권이 있다. 이에 대해서 민법전 제1004조는 아래와 같이 규정하고 있다.

> 재산이 점유로 인한 박탈 또는 유치와 같이 기타의 방법으로 침해되고 있는 경우에 소유자는 방해자에게 방해의 배제를 요구할 수 있다. 기타의 방해가 염려되는 경우에 소유자는 부작위를 청구할 수 있다.

예컨대 누군가가 소유자의 의사에 반하는 가운데 소유자의 토지 위로 마구 뛰어다닌다면, 소유자는 소송을 제기할 수 있다. 재산권 보호를 위한 마지막 규정은 또한 동시에 다른 손해를 대상으로 한다. 민법전 제823조 제1항은 아래와 같다.

> 고의 또는 과실로 타인의 생명, 신체, 건강, 자유, 재산 또는 기타의 권리를 불법적으로 침해한 자는 그 타인에게 이로부터 발생하는 손해를 배상할 책임이 있다.

이로써 재산권에 대한 보호가 나름 완벽해졌다. 그런데 악마는 디테일 속에 숨어 있는 법이다. 위 세 개의 법조항들 모두에서 무수히 많은 개별 문제점들이 존재한다. 팔란트Palandt가*펴낸《민법전 주석서》는 단지 제1004조에 대한 설명에만 빽빽하게 다섯 쪽을 할애하고 있는데, 여기에는 관련되는 수많은 법률문헌과 법원 판례들이 온갖 약어略語들로 가득 차 있다. 그런데도 해당 출판사는 이걸 "짧은 주석서"라고 이름을 붙이고 있다. 이보다 더 상세하게 적어둔 주석서들도 여럿 있다.

---

*법률가인 Otto Palandt(1877~1951)는 나치 집권기인 1934~1943년에 제국사법시험청의 장(長)을 지냈다. 1938년부터 사망 시점까지 자신의 이름을 붙여서 발간되어온 유명한《민법전 주석서》를 펴냈다. 이 책이 독일에서는 지금도 여전히 "팔란트 주석서"로 불린다. 즉 독일 민법전의 대표적인 주석서가 과거의 나치전력을 지닌 저자와 내내 함께 하고 있는 셈이다.

민법전 제985조가 적용되는 간단한 사례 하나를 살펴보기로 하자. 이로써 우리는 이른바 소유자-점유자 관계를 접하는데, 법학부의 학생들이 늘 특히나 어렵다고 여기면서 두려워하는 영역이기도 하다. 종종 이것이 세 사람이 관계하는 법적인 문제로 불거진다.

자동차의 소유자인 甲이 자신의 친구 乙에게 자동차를 빌려줬는데, 이 자동차가 손상되어서 乙이 카센터를 운영하는 丙에게 수리를 맡겼다. 그런데 乙이 丙에게 수리비용을 지급하지 않았다. 甲은 乙이 알지 못하는 채로 해당 수리비용을 지급하지 않고도 민법전 제985조에 따라서 丙에게 자동차의 반환을 요구할 수 있겠는가?

셋 또는 그 이상의 다수 사람이 관련되는 사안에서 대다수 법률가는 각각의 관계를 짧게 적어두면서 아래와 같은 그림을 스케치하곤 한다.

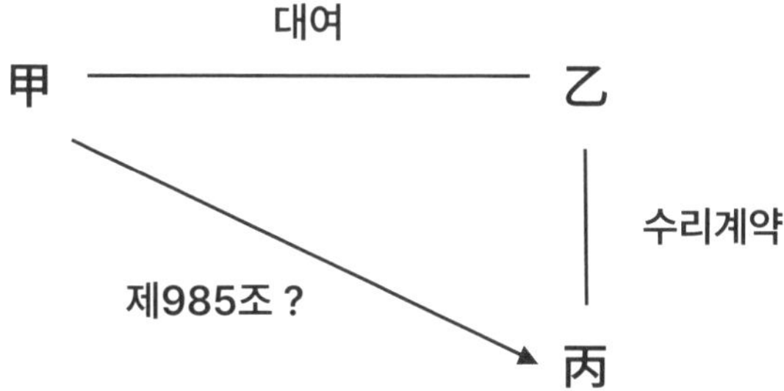

甲은 자동차의 소유자이고, 丙은 자동차의 점유자이다. 따라서 丙이 甲을 상대로 제986조에 따른 정당한 점유권한이 없다면, 甲은 제985조에 근거해서 丙에게 반환을 요구할 수 있다. 정당한 점유권한은 어떠한 경우라도 자동차 수리계약에서 비롯한다. 그런데 이 수리계약은 단지 乙과 丙 사이에서만 체결되었다. 자동차의 손상 전후前後 시점에 해당 수리계약이 甲에게서 전혀 언급되지 않았기 때문에, 甲은 이 수리계약에 구속되지 않는다. 따라서 甲은 제986조와는 무관하게 제985조에 따라서 丙에게 자동차의 반환을 요구할 수 있다. 乙과 丙 사이에 체결된 수리계약이 그와는 무관하다. 그런데도 甲은 수리

계약상의 의무를 부담하기 때문이 아니라, 소유자–점유자 관계에 적용되는 비용보상 규정에 따라서 수리비용을 지급해야 한다. 민법전 제994조는 아래와 같이 규정하고 있다.

> 점유자는 자신이 물건에 들인 필요한 비용과 관련하여 소유자에게 그 보상을 요구할 수 있다.

이 규정은 마찬가지로 점유자를 보호하는 두 번째 법조항을 통해서 보완되는데, 민법전 제1000조는 아래와 같다.

> 점유자는 보상받아야 할 비용이 변제될 때까지 반환을 거부할 수 있다.

고래古來의 개념인 비용Verwendung에 발목 잡히지 않는 한, 분명한 규정들과 함께 모색되는 간단한 해결책인 셈이다. 이 비용이 오늘날의 지출, 즉 물건에 직접적으로 유익한 재산상의 지출과도 다르지가 않다. 그런데 이것이 재산권에 있어서 무조건 전형적이지는 않다. 또한, 매우 복잡한 규정들이 존재하는데, 민법전 제929조에서 그 정점을 찍는다.

> 동산動産 재산의 양도에 있어서는 소유자가 물건을 양수인에게 넘겨주고 위 양자兩者가 재산이 양도되어야 한다는 데에 의사의 일치가 요구된다.

이것이 전적으로 단순해 보이지만, 이 세상에 존재하는 가장 복잡한 규정인데, 말하자면 법적인 추상화에 있어서 가히 세계신기록에 해당한다. 우리가 갖고 있는 유명한 무인성無因性 원칙 말이다. 독일 법학이 성취해놓은 바를 제대로 이해하려면 이 무인성 원칙을 반드시 알아야만 한다.

위 제929조의 텍스트를 좀 더 면밀하게 읽노라면, 무언가가 빠져있다는 사실이 드러난다. 즉 소유권 취득을 위한 근거에 대해서 아무런 언급이 없다. 소유권이 그냥 재미로 타인에게 넘어가지는 않는다. 언제나 취득 사유가 존재한다. 대부분은 매매賣買인데, 때로 증여, 교환 기타 이와 유사한 것들도 있다.

통상적인 사례는 매매계약이다. 예컨대 내가 누군가와 그림 한 점을 5천 유로에 파는 데에 합의한다. 그러면 그가 언젠가 돈을 갖고 오고, 나는 그에게 그림을 내준다. 이로써 사안은 종결된다. 그런데 우리가 그림의 매매계약에서 잘못을 범한 경우에는 어떻게 되는가? 이는 자주 벌어지는 일이기도 하다. 두 계약당사자 중에서 누군가가 착각하고, 그래서 제대로 된 합의가 아니거나, 어떤 법 규정을 위반한 까닭에 해당 계약이 무효가 될 수도 있다. 그렇다면 누가 이 그림의 소유자가 되는가? 구매자가 맞다. 매매계약이 무효인데도 말이다. 참으로 대단하지 아니한가? 우리는 민법전 제929조에 따라서 구매자가 소유자가 되어야 마땅하다는 데에 의견이 일치되었다. 그렇다고 법률에 적혀 있다. 우리가 여기서 매매계약을 염두에 둔다는 사실은 해당 법률 어디에도 적혀 있지 않다. 매매계약이나 다른 취득 사유가 해당 법률에서 의도적으로 언급되고 있지 않다. 물건의 양도는 취득 사유가 없어도 또한 유효하다. 양도가 매매계약으로부터 떨어져 나온 것이다. "떨어져 나옴"loslösen은 라틴어로 *abstrahere*를 뜻하는데, "무인無因적"abstrakt이라는 단어는 이렇듯 무언가로부터 떨어져 나옴을 의미한다. 우리의 양도는 무인無因적이고, 즉 매매계약의 효력과는 무관하다.

당연히 구매자는 그림을 돌려줘야 한다. 그래서 이에 대해서는 특별한 규정이 따로 마련되어있는데, 이른바 "부당이득반환청구권"이다. 그러나 일단은 매우 언짢을 수도 있는데, 1998년 말까지만 해도 Konkurs로 불렸던 파산Insolvenz 사례가 발생하는 경우라 하더라도 구매자가 소유자가 된다. 파산破産은 재산권이 다뤄지는 문제들에 있어서 일종의 시금석과도 같다. 파산이 성립되면, 나의 권리는 이른바 파산배당비율로만 제한되고, 대개는 해당 가치의 10%에도 미치지 못하는 돈을 받는 것으로 그친다. 반면에 내가 소유자로 여전히 남아있다면, 거의 모든 다른 법 규정들에서 그렇듯이 해당 그림을 내 것으로 가질 수가 있다.

이것이 우리가 확인하고 있는 무인성 원칙이고, 법적인 기교의 가장 높은 정점에 해당한다. 이게 어떻게 해서 생겨났을까? 짧게 말하자면, 이는 지난 19세기에 이미 언급한 바가 있는 프리드리히 카를 폰 사비니Friedrich Carl von Savigny에 의해서 고안되었다. 그런데 당시에는 나름의 정당한 이유가 있었지만, 그 이후로는 시대에 뒤떨어진 낡은 것이 되어버렸다.

당시에는 구매자는 판매자에게 속하지 않는 물건의 소유자가 될 수 없었다. 즉 선의善意의* 취득이라는 게 존재하지 않았다. 선의취득善意取得은 물건의 거래를 용이하게끔 1900년 1월 1일 자로 발효된 민법전에 처음으로 도입되었다. 민법전 제932조는 아래와 같이 규정하고 있다.

> 설령 물건이 양도인에게 속하지 않는다고 하더라도, […] 취득자가 선의라면 제929조에 따른 양도에 의해서도 그는 소유자가 된다.

이때까지만 해도 로마법상의 매우 오래된 규정이 적용되어왔다. 즉 "누구도 그 자신이 가진 것 이상으로 더 많은 권리를 양도할 수 없다." 이는 마찬가지로 로마법에 속하면서 당시에 적용되고 있던 "유인성有因性 원칙"과 결합한 것으로서 이후로 점증하는 수많은 물건의 거래에 있어서 여러 어려움을 가져왔는데, 다음과 같은 이유 때문이었다.

예컨대 어느 공장주와 도매상 간에 체결된 매매계약이 무효가 되면, 도매상은 자신에게 넘겨진 물건의 소유자가 되지 못한다. 왜냐하면, 유인성 원칙은 유효한 계약에 의해서만 소유권을 취득한다는 것을 뜻하기 때문이다. 매매계약과 소유권 취득이 인과론적으로 서로 결부되어 있다. 따라서 도매상에게서 계속해서 물건을 넘겨받는 개별 소매상들이 위험에 노출된다. 즉 도매상이 물건의 소유자가 아니므로 소매상 역시 물건의 소유자가 되지 못한다. 즉 "누구도 그 자신이 가진 것 이상으

---

*여기서 선의善意는 그저 "좋은 뜻"이 아니라, "해당 사실을 알지 못함"을 뜻한다. 그리고 법률용어로서의 악의惡意 또한 그저 "나쁜 뜻"이 아니라 "해당 사실을 알고 있음"을 의미한다.

로 더 많은 권리를 양도할 수 없겠기" 때문이다. 이론적으로는 공장주가 소유자로서 이들 소매상에게 물건의 반환을 요구할 수 있고, 도매상이 소매상들에게 물건 대금을 돌려주지 않으면 소매상들의 돈은 그냥 사라지고 만다. 따라서 이것을 확실하게 하려면 소매상들은 공장주와 도매상 간에 체결된 계약의 효력 여부에 대해서 늘 정확한 정보를 갖고 있어야만 한다. 그러면 단지 도매상 자신만이 소유권을 취득하고서, 소매상들에게 물건을 넘겨주게 된다. 그런데 이런 저간의 사정을 추후에 탐문하는 것이 어렵고, 또한 시간도 많이 소요된다. 이런 점에서 사비니에 의해서 고안된 무인성 원칙이 나름의 의미가 있다. 이제 도매상의 소유권 취득은 공장주와의 매매계약과는 무관하다. 즉 무인無因적인 관계에 놓여있다. 이제 개별 소매상들은 도매상에게서 안심하고서 시간 손실 없이도 물건을 구매할 수가 있게 된다.

그러나 민법전 제정과 더불어서 제932조에 선의취득이 도입되었을 적에 "누구도 그 자신이 가진 것 이상으로 더 많은 권리를 양도할 수 없다"라는 낡은 법원칙이 더는 적용되지 못하게 되고, 무인성 원칙이 지나치게 과잉적이게 되었다. 이제는 개별 소매상들도 그들이 선의善意라면, 도매상에게 속하지 않는 물건의 소유권을 취득할 수 있게 되었다. 그런데도 이 선의취득은 민법전 제923조에 거의 방부처리 되다시피 영원토록 남아서는 오늘날까지도 적용되고 있다. 아마도 그것이 아름다운 만큼이나 복잡하기 때문이라고 짐작된다.

점유

소유와 점유의 구별 그리고 고대 로마의 법률가들이 이룩해낸 성취에 대해서는 앞서 제1장에서 이미 부분적으로 밝힌 바가 있다. 이제 좀 더 보충해서 설명해보자. 로마법에서 소유자에 대한 임차인과 소작인의 지위는 오늘날보다도 훨씬 더 열악했었다. 이들은 즉 단 한 번도 점유권을 갖지 못했고, 따라서 법적인 점유보호를 누리지 못했다. 소유자는 그저 언제든지 힘센 장정들 여럿을 데리고 와서는 집 밖으로 그리고 경작지에서 이들을 내쫓을 수가 있었다. 그저 후다닥 이들은 바깥으로 내쳐졌다. 당시나 지금(요즘은 드물기는 하지만)이나 오랫동안 걸리는 점유권 소송이 존재하지 않았고, 임차인 보호에 관해서도 아무런 언급이 없었다. 즉 로마법은 단지 소유자의 자기점유自己占有만을 알고 있었을 뿐이다. 점유자는 그의 수중手中에 놓여있는 물건을 자신이 소유하는 재산으로 갖고 있어야만 했다.

중세를 거쳐서 19세기에 이르기까지의 오랜 발전 끝에서야 비로소 처음으로 임차인과 소작인이(그리고 그 밖의 사람들도) 이렇듯 점유자의 지위를 얻게 되는데, 달리 표현하자면 다음과 같다. 즉 점유가 자기점유뿐만 아니라 그밖에 또한 타인점유他人占有로까지 발전하면, 즉 그가 소유자가 아니며 소유자에게 종속됨을 알고 있는 경우라 할지라도, 소유자를 상대로 또한 점유보호를 누리고, 더는 즉각 쫓겨나는 걸 두려워하지 않아도 된다. 왜냐하면, 이미 로마법에서도 점유자의 중요한 과업은 처음부터 그를 위한 보호기능이고, (예컨대 힘센 장정들 여럿을 데리고서 행사하는) 자력구제自力救濟의 금지에 있었기 때문이다.

그리고서 이후의 발전은 어떠했는가? 처음의 일반적인 규정들은 또한 점유의 경우를 포함해서 그 일부가 여전히 남아있다. 기본원칙과 더불어서 개별사례들을 다룬 무수히 많은 판례가 쌓여왔다. 기본원칙은《학설휘찬》(AD 530년경의 「시민법대전」에서도)에서 파울루스Paulus(AD 200년경)가 쓴 제41권 제2장 제3절 제1항(Paulus Digesten 41.2.3. I)에 아래와 같이 적혀있다.

"Et apiscimur possessionem corpore et animo, neque per se animo aut per se corpore" (즉 우리는 단지 양자택일적으로, 즉 *animus* 또는 *corpus*에 의해서가 아니라, *corpus*와 그리고 *animus*에 의해서 점유를 취득한다.)

*animus*를 좀 더 쉽게 번역하자면, 이 라틴어 단어는 여러 가지 의미를 갖는다. 물건을 점유하려는 영혼, 정신, 감정, 분위기, 의식, 소망 및 의지, 즉 점유의사를 뜻한다.

*corpus*는 무엇인가? 이 단어는 먼저 신체를 뜻하는데, 사람, 실체, 전체, 전체 작품, 다수의 개별 작업의 집합, 신체적인 행동, 신체에 대한 장악 또는 결합을 뜻한다. 로마의 법률가들은 점유취득에 있어서 물건에 영향을 미치는 게 가능하게끔 물건과 신체가 결합될 것을 요구했다. 이는 오늘날에도 여전한데, 민법전 제854조 제1항은 아래와 같이 규정하고 있다.

물건에 대한 점유는 물건에 대한 사실상의 권한을 획득함으로써 취득된다.

점유의사에 관하여는 법률에서 일언반구一言半句 언급이 없다. 그런데 통설(제1장 참조)은 점유취득에 있어서 또한 점유의사가 필수적이라는 입장이다. 그런데 "일반적인" 의사만으로도 족하다. 우편함 사례를 들어보자. 편지가 우편함의 구멍 안으로 던져지면, 그 즉시 점유권을 취득한다. 이밖에도 거래를 체결하려는 의사가 아닌 사실상의 의사가 있다. 예컨대 행위능력이 없는(민법전 제104조, 제105조) 다섯 살짜리 아이가 누군가가 잊어버리고서 공원 벤치에 두고 간 책 한 권을 갖고 있다. 이 아이도 또한 점유자이다.

그리고 "사실상의 지배권"은 또 무엇인가? 또는 흔히 말하듯이 "물건의 사실상 지배"는 무엇을 뜻하나? 이것은 한 물건에 대한 공간적 관계가 존재해야 한다는 공식으로 달리 설명된다. 즉 생활 관념과 거래통념상으로 물건에 영향을 미치는 게 가능해야 한다는 것이다. 우편함 속으로 던져진 편지에서 이미 그러하다. 다른 사례를 들어보자. 가솔린 기름통 10개를 가진 누군가가 타인에게 기름을 가져가게끔 기름통 꼭지를 딸 수 있는 열쇠를 건네준다. 그런데 다른 제삼자가 이미 열쇠를 갖고서 민법전 제854조 제1항에 따른 기름통의 점유자가 되어있다. 타인이 소유자로부터 재산권을 취득한다는 사실에 의견이 일치한다면, 그 타인은 열쇠를 갖고서 여전히 기름통의 소유자가 된다. 취득 사유가 무엇인지의 물음과는 무관하다. 즉 무인無因적이다. 민법전 제929조 제1문상의 요건이 충족되었기 때문이다. 앞에서 살펴본 바와 같이 점유에 따른 취득은 물건의 양도이다.

이와는 반대로 (명시적인) 점유의사의 포기나 사실상의 지배권을 손에서 놓게 되면 점유가 상실된다. 민법전 제856조 제1항은 아래와 같이 규정하고 있다.

> 점유자가 사실상의 지배권을 포기하거나 기타의 방법으로 이를 상실하는 경우에 점유는 끝난다.

또한, 예컨대 절도竊盜 및 자의든 또는 타의든 모든 경우에 해당한다. 민법전 제856조 제2항의 규정에 따른 문제는 좀 더 어렵다. 해당 조항은 아래와 같이 규정하고 있다.

> 그 본질상으로 지배권의 잠정적인 행사에 의해서는 점유가 끝나지 않는다.

아주 케케묵은 사례를 들어보자면, 기온이 떨어지자 소들을 축사 안에 집어넣기 위해 목축업자가 소들을 데리고서 여름철 목초지(오늘날의 고지대 목장)를 떠나는 것이 그러하고(Paulus, D.41.2.3. I I), 오늘날의 사례라면 누군가가 장기 여행 때문에 집을 떠나는 경우를 들 수 있겠다. 결국에는 민법전 제857조가 적용된다. (피상속인의 사망과 함께) "점유는 상속인에게 양도된다."

매매

존중할만한 오래된 계약의 원형原型은 언제나 여전히 인간의 삶을 규정하고 있다. 매매는 늘 그렇듯이 모든 다른 계약들의 전형典型으로서 하루에도 수백만 건씩이나 벌어지고 있는데, 다른 모든 계약을 합친 것보다도 그 건수가 훨씬 더 많다. AD 200년경에 유명한 로마법 법률가인 율리우스 파울루스Julius Paulus가 《학설휘찬》Digesten 제18권 제1장 제1절에다 다음과 같이 적어두었다.

"매매賣買는 그 기원起源이 교환交換에 있다. 왜냐하면, 이전에는 오늘날처럼 동전을 건네면서 물건과 다른 대가를 언급하지는 않았고, 각자는 그가 지금 당장 필요로 하지 않는 것을 지금 당장 필요한 것과 교환했었기 때문이다. 대부분 그렇듯이 다른 이들에게는 부족한 것이 어떤 이에게는 너무도 많다. 그런데 내가 필요로 하는 것을 당신이 갖고 있다면, 당신이 원하는 것을 내가 가지고 있는 것이 늘 딱 맞아떨어지기가 쉽지만은 않다. 그래서 모든 사람이 항상 가치 있다고 여기는 물질을 선택하여 일정량이 항상 적당한 등가 가치를 나타내도록 보장함으로써 이러한 교환의 어려움을 제거했다. 적시適時에 현재적이게끔 해서 이 물질은 국가가 발행하는 동전銅錢으로 만들어졌고, 소유권과 유용성은 동전의 소재 성분이 아니라 거기에 표시된 숫자에 상응하는 가액에 따라 결정된다. 그래서 이제는 교환되는 물건의 이름 두 가지를 말하는 대신에 물건의 가격을 말하면 된다."

파울루스가 서술한 위 내용이 전적으로 타당하지는 않다. 최초의 돈은 BC 700년경 소아시아에서, 추측건대 리디아Lydia왕국의 부유한 왕인 크로이소스Kroisos(또는 크뢰수스, Krösus)에 의해서 제작되었기 때문이다. 그러나 매매는 이보다 훨씬 더 오래되었다. 이미 BC 3천 년경에 메소포타미아의 수메르 지역에서 사용되었던 동전이 발견되고, 또한 이집트에서도 그 당시에 이미 동전이 존재했었다. 이들이 찾아낸 소재는 금 또는 은이었다. 당시에는 이것으로 동전을 만들지는 못했고, 그저 무게를 달았었다. 이로부터 2천 년 동안 단지 현금거래만 존재해왔다. 그리스인들은 이미 격지隔地매매를 알고 있었고, 로마인들은 동의거래(합의매매)를 고안해냈다. 이로써 오늘날의 전형이 생겨났다.

현금거래에서는 계약과 그 이행이 시간상으로 거의 동시적同時的이다. 사람들은 물건과 가격에 서로 합의하고서, 물건을 넘겨주고 대금을 지급한다. 오늘날 일상생활에서의 거래처럼 모든 게 그 즉시 종결된다. 격지매매의 경우에는 이와 다르다. 여기서는 사람들이 먼저 물건과 가격에 합의하고 그리고서 일정 시간이 흐르고 나서야 마침내 거래가 이행된다. 즉 물건이 배달되고 그리고서 대금이 지급된다. 매매계약과 그것의 이행 사이에 시간적 격차가 존재한다. 그래서 격지(시차)매매라고 부른다. 그리스에서는 물론 *arrha*라고 부르는 대금이 지급되어야만 이 격지매매가 유효하게 되었다. 로마인들은 비로소 BC 100년경에 사람들이 단지 서로 합의하기만 하면, 구매자에게 물건의 배송을 요구하는 소송을 허용했었다. 이러한 합의가 문서로 작성될 필요는 없고, 합의는 단지 동의만으로도 충분했다. 따라서 동의계약同意契約이라고 부른다. 이로써 법의 역사에서 처음으로 계약에 관한 법적인 개념이 생겨났다. 계약은 양 당사자 간에 의사의 일치이다. 한 입으로 두 말을 하면 안 된다.

만약에 계약과 그것의 이행이 시간상으로 동떨어지게 되면, 이 두 단계에 개념적으로 차이가 발생할 가능성이 생겨난다. 그래서 오늘날에는 의무거래와 이행거래를 구별한다. 매매계약은 의무거래인데, 이는 양 당사자에게 약속한 바를 이행하도록 의무 짓는다. 구매자는 매매대금을 지급해야 하고, 판매자는 물건을 넘겨줘야 한다. 민법전 제433조는 아래와 같이 규정하고 있다.

> 매매계약을 통해서 판매자는 구매자에게 물건을 양도하여 물건에 대한
> 소유권을 취득하게 할 채무가 있고, […] 구매자는 판매자에게 합의된 매매
> 대금을 지급하고서 구매한 물건을 수령할 채무가 있다.

채무를 로마법에서는 *obligatio*라고 불렀다. 그래서 오늘날에도 여전히 의무적인 거래 또는 Obligation이라고 부른다. 이에 반대되는 것이 이행거래이고, 이는 매매물건과 돈을 양도하는(넘겨주는) 것을 뜻한다. 이 양자는 앞서 합의와 양도를 통한 소유에서 설명한 바와 같이 민법전 제929조에 근거해서 발생한다. 아래와 같이 무인성無因性 원칙에 따라서 말이다.

> 동산動産인 재산의 양도를 위해서는 소유권자가 물건을 양수인에게 넘겨
> 주고, 이 양자가 소유권의 양도에 합의할 것이 요구된다.

프리드리히 카를 폰 사비니Friedrich Karl von Savigny의 말대로 매매자들의 의사가 다시 한 번 일치해야 한다. 우선, 앞서 제433조에 대해서 서술한 바와 같이, 매매계약에서 의사가 일치해야 한다. 구매자는 대금을 지급할 의무를, 판매자는 물건을 넘겨줄 의무를 갖는다. 이것이 의무거래이고, 의무계약이다. 계약이 이행되면, 또 한 번 의사가 일치해야 한다. 즉 또 하나의 계약이 더 필요하다. 제929조에 따른 계약이다. 이 계약과 함께 물건의 소유권이 넘겨지기 때문에 이것을 물적 계약이라고 부른다. 이 물적 계약은 판매자가 대부분 묵시적으로 구매자에게 "당신이 여기에 있는 물건을 가지세요"라는 것을 그 내용으로 한다. 이제 이것은 당신의 재산입니다. 그리고 구매자는 마찬가지로 묵시적으로 이제 이 물건이 내 것이라는 데에 동의한다고 말한다. 그리고서 물건이 넘겨지고, 민법전 제929조에 근거해서 이제 구매자는 소유권자가 된다. 이 전체를 법적으로 완성하려면, 여전히 두 개가 더 추가되어야 한다. 그 하나로 소유권에서 무인성 원칙은 앞서 설명

한 바가 있다. 민법전 제929조에 따른 양도는 매매계약이 유효해야만 비로소 그 효력이 발생한다. 달리 말하자면, 물적 계약은 의무 계약의 효력과는 무관하다. 그리고 둘째로 매매에 있어서 물적 계약이 유일한 하나의 계약은 아니다. 이는 두 개의 계약, 즉 하나는 매매물건의 양도에 관한 것이고, 다른 하나는 돈의 양도에 관한 것이다. 이렇듯 독일 법학의 이해에 따르자면, 매매에서는 전체적으로 세 개의 계약이 행해지는데, 이것이 민법전 제433조에 따른 의무적 계약이다. 그리고서 민법전 제929조에 따른 두 개의 물적 계약이 행해진다. 만일 내가 월요일 아침에 신문가판대로 가서 슈피겔Der Spiegel잡지 대금으로 5.5유로를, 즉 1유로 동전 다섯 개와 50센트 동전 하나를 지급하는 경우에 정확하게는 심지어 여덟 개의 계약이 거의 동시에 행해지는 셈이다. 즉 매매계약은 의무적이다. 그리고 물적인 일곱 개의 양도계약, 즉 슈피겔 잡지 한 권에 1유로짜리 동전 다섯 개와 50센트짜리 동전 하나가 각각 건네진다. 물적 계약은 당연히 모두가 무인적無因的이다. 이제 혹자는 법학이 말로써 행하는 기교이고, 각자가 알고 있는 바를 말하지만 아무도 이해하지 못한다고 생각하면서 여전히 반박할 법도 하다. 그래서 로마의 양도는 유인적有因的이어서, 매매계약이 무효이면 양도 역시 무효로 되었다. 다시 한 번 로마의 저명한 법률가 율리우스 파울루스Julius Paulus의 말(D.41.1.31 pr)을 상기해보자.

> "그저 단순한 양도로는 소유권이 이전되지 않고, 매매 또는 기타 정당한 사유iusta causa가 존재하는 경우에만, 이로써 양도가 성공적이게 된다."

지금쯤이면 아마도 오늘날의 법 공부가 왜 이전보다도 더 어렵다고 간주되는지 이해할 법도 하다. 강의실에서 매매와 관련하여 세 개의 계약과 무인성 원칙 같은 걸 설명하면, 이는 월요일 아침에 슈피겔 잡지 구매사례에서처럼 로마법의 독일법학에 대한 관계와도 같다. 한 번만으로는 부족하고, 여덟 번이어야 비로소 충분하다. 또는 발터 벤야민Walter Benjamin의 말을 인용하자면, 학문은 소와 같다. 소가 "음메"라며 소리 내는데, 나는 강의실에 앉아서 그저 그 소리를 듣고만 있다.

이외에도 매매에는 또한 현실적인 문제점들이 존재한다. 가장 중요한 문제점은 세 개다. 위험부담, 법적인 하자 및 물건의 하자가 그것이다.

위험부담에서는, 계약 체결과 그것의 이행 사이에 놓여있는 시간 동안에 물건이 손상되거나 분실되는 경우에 구매자나 판매자의 책임이 없더라도 구매자가 대금을 지급해야 하는지 여부의 문제가 다뤄진다. 이것을 법적으로 재구성하자면, 물건의 망실亡失에 대해서 누가 책임을 부담하는가의 물음이다. 그리고 대답은 원칙적으로는 판매자에게 있다. 판매자가 물건을 넘겨줄 수 없으면, 그는 한 푼의 돈도 받지 못한다. 민법전 제446조에 따라서 구매자는 돈을 지급할 필요가 없다. 만일 내가 월요일에 자동차를 사고서는 수요일에 대금을 지급하고서 가져가려고 하는데, 화요일에 제삼자가 몰래 자동차를 몰고 나가서는 사고가 나서 차가 완전파손 되었다면, 계약은 말 그대로 물 건너갔다. 나는 자동차를 가지지 못하고, 내 돈은 그대로 갖는다. 손해는 판매자가 부담한다. 자동차가 사라졌고, 판매자는 내게서 아무것도 요구할 수가 없다. 그가 "위험"을 부담한다. 그런데 가장 중요한 예외가 있는데, 물건을 다른 곳으로 배달하는 배송판매가 그러하다. 물건이 중도中途에서 분실되거나, 운송 중에 손상되거나 파괴되는 경우에는 물건을 받지 못했다 하더라도 제447조에 따라서 구매자는 대금을 지급해야 한다. 민법전에서는 구매자가 판매자의 가게로 가서 그곳에서 물건을 가져온다는 다소 고루한 입장이 여전히 고수되고 있는 까닭에 물건의 운송시점부터는 구매자가 위험을 부담한다. 구매자가 물건을 직접 들고 가는 수고를 판매자가 덜어준다면, 구매자의 부담이 되어야 마땅하다고 보는 것이다. 물론 판매자가 우체국, 택배회사 또는 보험회사를 상대로 보상청구권을 갖는다면, 그는 구매자에게 해당 청구권을 양도해야 한다. 통신판매의 경우에는 다소 논란적이다. 통신판매 물품목록이 적혀 있는 책자를 보고서나 인터넷으로 물건을 주문하는 경우에 물건이 도착하지 않으면, 대개는 대금을 지급하지 않아야 한다고 간주한다.

법적인 하자(결함)는 오늘날 더는 중요하지 않다. 예술품 거래와 관련해서 훔친 그림을 구매하고서는 다시 원래의 소유자에게 되돌려줬다는 언론보도를 때로 접한다. 구매자는 이런 법적 하자를 야기한 판매자를 상대로, 설령 그가 자신의 책임이 없이 거래했다 하더라도, 보상청구권을 갖는다. 제삼자의 물건이 판매되는 수많은 경우에서, 이전의 소유자가 언제라도 한 번 임의로 물건을 내쳤다면, 즉 예컨대 빌려주고서 다시 돌려받지 못했다 하더라도, 그런데도 구매자가 소유권을 취득한다. 독일의 일부 지역들에서 1900년까지 적용되었던 로마법과는 달리, 그 이후로는 민법전에서 앞서 언급한 선의취득이 존재하고 있다. 제932조는 아래와 같이 규정하고 있다.

> 물건이 양도인에게 속하지 않는 경우라도 양수인은 제929조에 따라서 행해지는 양도 때문에 소유자가 된다. 다만 그가 이 규정에 따라서 소유권을 취득하는 시점에 선의가 아니라면 그러하지 아니하다. […] 물건이 양도인에게 속하지 않는다는 사실을 알고 있거나 중대한 과실로 인해 알지 못하는 경우에는 양수인은 선의취득을 하지 못한다.

여기서 중대한 과실은 매우 심각한 경솔을 뜻한다. 그러나 그렇지 않은 경우에는, 즉 제대로 주의를 다하지 않고, 따라서 단지 태만하게 다루는 가운데 도난당한 타인의 물건이라고 하더라도, 이를 취득한 자의 해당 물건에 대한 소유권이 인정된다. 이렇듯 법리적으로 몇몇 논리적인 문제점이 제기되는 기존의 낡은 법적 하자책임론이 설 자리는 별로 남아있지 않는데, 그러나 그것이 적용되는 경우라 하더라도 결과적으로는 손실보상 청구 또는 단순히 구매금액의 반환으로 이끌어진다.

그래서 물건의 하자책임이 보다 더 큰 의미를 갖는다. 물건이 정상적이지 않은 경우에 구매자는 어떤 권리를 갖는가? LP레코더가 제대로 작동하지 않고, 새 자동차의 클러치에서 변속 시에 덜커덩거리는 소리가 나서 운전자를 성가시게 만들고, 새 구두창이 사흘 만에 망가지고, 사과가 겉으로는 멀쩡한데 속은 썩어있다면 말이다. 고대의 독일법에서는 "눈을 크게 부릅 뜨라. 어쨌든 거래는 거래다"라고 말했었다. 달리 어쩔 도리가 없다. 매매는 유효하다. 반면에 민법전은 로마법의 규정을 수용했는데, 이 로마법도 2천 년이 훌쩍 넘는 낡은 것이었다. 2000년 1월 1일 이후로 적용되는 새로운 원칙은 제433조 제1항 제2문에서 아래와 같이 규정되고 있다.

판매자는 물건의 하자와 법적 하자 없이 물건을 구매자에게 넘겨줘야 한다.

그렇다면 구매자는 판매자에게 하자가 없는 물건을 추후에 공급하거나 하자를 제거해 달라고 요구해야 한다. 이 두 가지 가능성 중에서 어느 하나를 구매자가 선택적으로 결정할 수가 있다. 거듭해서 하자가 발생하거나, 하자의 제거가 더 이상 가능하지 않은 경우에 구매자는 계약에서 벗어나거나 구매금액을 감액시킬 수 있다. 계약에서 벗어난다는 건 매매계약의 해제를 뜻한다. 이전에는 이걸 두고서 매매계약의 취소Wandlung라고 불렀다. 구매자는 물건을 돌려주고, 판매자는 그에게 돈을 돌려줘야 한다. 어음으로는 충분하지가 않다. 감액의 경우에 구매자는 물건을 그대로 가진 채로 매매대금의 일부 반환, 즉 가치감소를 요구할 수가 있다. 계약으로부터 벗어나거나 감액 중에서 구매자가 자유로이 결정할 수 있다. 이 양자는 판매자의 귀책 여부와는 전적으로 무관한데, 법률이 모든 매매계약에 대해 명령하고 있는 일종의 보증책임이다. 이 보증책임은 유럽연합의 지침에 근거해서 현재 2년의 시효기간을 갖고 있다. 그런데 2001년 말까지만 해도 이 보증기간이 단지 6개월에 불과했었다. 판매자에게 책임이 있는 경우에는 이밖에 또한 손해배상청구권이 존재한다.「일반거래약관」이나 개별 계약에서 따로 특별규정에 합의할 수도 있다. 「일반거래약관」이 구매자에게 불리한 경우에 구매자는 이걸 무효로 할 수도 있다. 이는 현재 민법전 제305조~제310조에서 규정되고 있다. 그리고 결국에는 고대의 로마인들이 미처 알지 못했던 부분인데, 또한 오늘날에는 심지어 판매자가 아니라 매매계약의 바깥에 놓여있는 제조업체를 상대로도 손해배상청구권이 인정된다. 이것이 이른바 하자 있는 생산품으로 인한 손해를 따지는 제조자책임인데, 제조업체를 상대로 책임을 증명할 필요가 없다. 이에 대해서 보다 자세한 내용은 뒤에서 다루는 불법행위Delikt에서 살펴보기로 하자.

계약

우리네 정치적, 경제적 그리고 법적인 질서는 그 토대를 사유재산에 두고 있는데, 이 사유재산은 계약과 더불어서 보완되고 완전해진다. 재산은 정적靜的인 토대이고, 계약은 재산과 결합한 지렛대로서 이것의 작동을 통해서 우리네 일상생활을 조직해가고 있다. 우리가 자연수명을 다할 때까지 얼마나 많은 계약을 체결하는지는 지금껏 누구도 추산해내지 못한다. 신문이나 꽃을 사거나, 슈퍼마켓이나 빵집에서나, 수리기사를 부르거나, 의사나 변호사를 찾아가거나 택시나 버스를 타거나 하는 이 모든 경우가 죄다 계약이다. 근로관계, 주택, 보험에서와같이 장기간의 합의도 적어도 마찬가지로 중요하고, 흔히는 매우 오랫동안 지속하는 혼인관계 또한 그러하다. 이것들도 계약이다. 이 모두를 다 취합하면, 평생토록 이미 수십만 건의 계약이 행해지고 있는 셈이다.

심지어는 이 대목이 인간을 원숭이와 구별 짓는 거라고도 말할 수 있겠는데, 계약은 사회를 지탱해가는 인간들 간의 원칙이다. 이것은 계몽시대의 철학자들이 의도했던 그런 사회계약이 아니라, 일종의 교환이다. 프랑스의 인류학자 마르셀 모스Marcel Mauss는 계약을 기본적인 현상으로 발견하고서는 그것의 상호적 관계를 호혜성互惠性이라고 불렀다. 1924년에 출간된 《Essai sur le don》선물에 관한 에세이에서 그는 포괄적인 민속학적 자료들에 근거해서, 예컨대 부족공동체에서의 재능교환이 친족관계와 더불어서 가장 중요한 조직원리로 작동한다고 기술했다. 이로써 인간들이 서로 관계를 맺고, 국가 없이도 매일 새로워지는 사회계약의 형식으로 사회가 구축되어 간다. 물론 민사법상의 계약과는 다른 몇몇 중요한 차이점들이 존재한다. 그곳에서 사람들은 서로의 재능을 교환하고, 거저 주기도 하고, 어려울 때 생필품으로 돕고 언제가 될지는 모르지만, 나중에 조금이라도 다시 돌려받는다. 이는 사용가치의 교환인데, 어떤 것이 다른 무엇만큼이나 실제로 가치가 크다는 사실이 존중되어야 한다. 반면에 계약은 우리에게 있어서는 매우 형식적인 수단이다. 계약에서는 사람들이 무언가에 의사가 일치했는지 여부만이 중요하다. 그 내용이 뭐라도 상관이 없다. 그 어떤 법원도 계약상의 급부와 반대급부가 정의로운 대가로 균형을 유지하고 있는지를 심사해서는 아니 된다. 단순한 구두약속으로도 족하다. 그곳에서는 실질적인 등가성 원칙이 지배하고 있고, 여기서는 형식적인 합의 원칙이 지배한다. 그런데도 호혜성은 우리네 계약의 모델이다. 우리가 우리네 조상들과 더불어서 많은 것들을 공동으로 갖고 있듯이 계약 또한 호혜성과 더불어서 그러하다. 예컨대 의사의 일치(합치)가 그러하다. 이것은 처음부터 그곳에 있었는데, 오늘날처럼 딱딱하거나 형식적이지는 않고, 오히려 더 조용하고 보다 더 유연한 것이었다. 그러나 그곳에도 계약이 있었다. 오늘날과 마찬가지로 당시에도 서로 관계를 맺고 있는 이들이 같은 것을 원함으로써 계약이 성립한다. 결정적인 것은 의사의 일치다.

계약은 따라서 법적으로는 의사의 변화를 뜻한다. 한 사람의 의사가 다른 사람의 의사와 더불어서 공동의 의사로 합치하면, 계약이 행해진다. 이는 이중적인 근거에서 비롯하는데, 그 하나는 사람들의 의견이 일치한다는 것이고, 혼자만으로는 족하지가 않다. 다른 하나는 이 같은 의사의 일치에다가 법에 의거해서 법적인 효력이 부여되고, 그것이 법적 효력의 성립을 위한 근거로 인정되기 때문이다. 왜 이 같은 인정이 주어지는가? 인간의 의사는 그 자신의 천국일 뿐만 아니라 자신이 가진 자유의 표현이기도 한 까닭이다. 기본법 제2조 제1항은 아래와 같이 규정하고 있다.

> 누구라도 타인의 권리를 해치지 않고, 합헌적인 질서 또는 도덕률을 위반하지 않는 한, 자신의 인격을 자유롭게 펼칠 권리를 갖는다.

모든 게 순조롭게 진행된다면, 우리는 계약을 통해서 우리의 삶을 자유롭게 형성할 수 있는 가능성을 갖는다. 그것이 크든 작든지 간에 전통이나 친족, 사회적 출신에 따른 모든 강제로부터 벗어나서 우리가 원하는 바대로 말이다.*

계약과 함께 사람은 그가 원하는 바를, 어떻게 누구와 함께 그리고 언제 그리할 것인지를 스스로 형성한다. 모든 게 순조롭게 진행된다면 말이다. 왜냐하면, 아담 스미스Adam Smith와 임마누엘 칸트Immanuel Kant그리고 다른 자유주의자들이 봉건제의 잔재와 18~19세기의 절대주의 구조에 맞서서 염두에 두고 있던 자유롭고 평등한 사람들의 사회라는 이상적인 모델이 지금껏 제대로 작동된 적이 없었기 때문이다. 그렇다면 어떻게 해야 할까? 마침내는 모든 인간이 법적인 특수성에서 자유롭고, 법률 앞에 평등해지긴 했지만, 그러나 자유롭고 평등하지가 않다. 이게 바로 문제이고, 오늘날까지도 그리 만족스럽게 해결되지 못한 채로 남아있다. 법적으로뿐만 아니라 순수히 공식적으로 서로 계약에 합의하려는 이들의 실질적, 사회적 및 경제적 자유와 평등이 계약의 자유에 속한다. 한 사람은 잘 나가는 공장 주이고, 다른 이는 얼마를 받든지 간에 상관없이 일자리를 찾고 있는 딱한

---

*이러한 맥락에서 헨리 메인은 자신의 저서 《고대법》Ancient Law에서 "신분에서 계약으로"라는 유명한 문구로써 인류사회의 그간 진화과정을 묘사했다. 헨리 섬너 메인(김도현 옮김). 《고대법》(박영사, 2023) 참조.

처지에 놓여있는 사람이라면, 그리고 노동법도, 단체협약도 그리고 완전 고용도 존재하지 않는다면, 이들 사이에 체결되는 계약이 과연 어떤 결과를 가져오겠는가? 이것은 그저 일방적인 명령이지, 서로의 의사가 합치된 모습이 결코 아니다.

게다가 법적으로는 의사 하나만으로는 아니 된다. 19세기에 표시表示가 추가되었는데, 따라서 계약은 오늘날 의사의 일치뿐만 아니라, 일치된 의사의 표시를 통해서 성립된다. 이로써 의사와 표시가 합쳐져서는 의사표시意思表示가 된다. 의사는 내부적 요소이고, 표시는 외부적 요소이다. 다른 사람과 거래를 하는 경우에 내심의 의사가 다양한 방식으로 외부로 드러난다. 즉 언어나 문자, 목을 끄덕이거나 기타의 동작으로 그리고 심지어는 침묵으로도 말이다. 의사의 이 같은 외부적 현출現出이 바로 표시다. 그런데 표시가 늘 의사에 부합하지는 않는다. 이는 착오錯誤로 이끌어지곤 한다. 서로 약속하고서 문서를 작성하지만, 잘못 표현되기도 한다. 그러면 어찌 되는가? 의사에 따라야 하나, 아니면 표시에 따라야 하는가? 아래 사례를 살펴보자.

"누군가가 기계를 구매하려고 전화로 거래를 한다. 판매자가 그에게 5만 유로를 제안하는데, 제대로 듣지 못하고서 1만5천 유로로 이해한다.* 그는 좋은 가격의 제안이라고 생각해서 '예. 그 가격에 구매하지요'라고 말했다. 기계가 배달되고, 대금청구서가 함께 날라 온다. 청구서에는 가격이 5만 유로로 적혀 있다."

계약의 효력을 단지 의사에만 종속시키면, 여기서는 그 어떤 계약도 성립하지 못한다. 왜냐하면, 판매자는 5만 유로를 갖기를 원하고, 구매자는 단지 1만5천 유로를 지급하려고 의도하기 때문이다. 따라서 의사의 일치가 존재

---

*독일어로 숫자 50,000은 "fünzigtausend", 15,000은 "fünfzehntausend"로 발음이 비슷해서 착각하기가 쉽다.

하지 않고, 이로써 유효한 계약도 존재하지 않는다. 그래서 기계를 인수하거나 대금을 지급할 필요가 없다. 물건이 오고 간 것은 판매자의 부담이 된다.

이와는 달리, 표시에 따르기로 한다면 다음과 같다. 한사람이 5만 유로를 불렀고, 다른 이는 "예"라고 답했다. 이로써 의사가 일치되어서 계약이 이미 성립한다고 보는 입장이라면, 위 양자는 이 사례에서 5만 유로의 가격으로 매매계약을 체결한 셈이다. 따라서 구매자는 대금을 지급해야 한다.

지난 19세기에 민법전BGB 제정 심의 당시에 두 개의 진영이 대립했었다. 한쪽 진영은 첫 번째 해결책을 그리고 다른 진영은 두 번째 해결책이 옳다는 입장을 견지했다. 이것이 바로 의사이론과 표시이론 간의 다툼이다. 민법전에서는 타협책이 발견되는데, 즉 먼저는 "표시이론"에 따라서 표시에 따르기로 했다. 일치된 의사표시가 전제된다면, 계약은 유효하다는 것이다. 그런데 결국에는 계약의 토대인 의사, 즉 "의사이론"이 적용된다. 그래서 착오에 빠진 이는 이른바 취소를 통해서, 다시 계약에서 벗어날 수가 있다. 즉 그는 그가 표시한 바가 그의 의사와는 일치하지 않는다고 이의제기할 수 있다. 앞서와 같은 가장 중요한 사례에서는 여하튼 말이다. 이로써 계약은 물 건너가게 된다. 그러나 그는 타인에게 자신의 말로 인해서 생겨난 손해를 배상해야 한다. 이를 신뢰손해라고 부른다. 그는 위 사례에서 물건이 오고 간 운송비용을 부담하게 된다. 민법전 제119조 제1항 및 제122조 제1항은 아래와 같이 규정하고 있다.

> 제119조 제1항 – "의사표시를 함에 있어서 내용에 관하여 착오가 있었거나, 그러한 내용의 의사표시 자체를 할 의사가 없었던 자는, 그가 그 사실을 알고서 사정을 합리적으로 판단하였더라면 의사표시를 하지 아니하였으리라고 인정되는 때에는, 의사표시를 취소할 수 있다."
>
> 제122조 제1항 – "의사표시가 [···] 제119조 및 제120조에 따라서 취소된 때에는, 표의자는 [···] 타인이 의사표시의 유효성을 신뢰하고서 입은 손해를 배상해야 한다."

따라서 이것이 위 사례의 해결책이다. 매매계약이 성립되었고, 그러나 구매자는 착오로 인해 해당 계약을 취소할 수 있다. 그는 민법전 제121조에서 규정하듯이 "지체 없이" 빨리 취소해야 한다. 만일 그가 그리한다면, 해당 계약은 더 이상 효력이 없다. 구매자는 대금을 지급하지 않아도 되지만, 물론 판매자에게 기타 경비를 배상해야 한다.

그런데 왜 이런 우회적인 방법이 필요한가? 그 배후에는 한편으로는 의사가 계약의 실체를 형성한다는 상념이 놓여있는데, 여기서는 자유가 강조된다. 그러나 다른 한편으로는 내심의 의사와는 다르게 말하거나 글로 적어둔 것에서 벗어날 수도 있어야 마땅하다. 이로 인해 빚어지는 지나친 손해는 감경되어야 마땅한데, 즉 여기서는 물건 거래의 안전이 강조된다. 19세기에야 비로소 근대 대중사회가 성립되는데, 당시에는 상거래에 있어서 누구와 거래해야 하는지를 정확하게 알지 못했고, 이전의 작은 마을공동체나 소도시에서처럼 다른 사람이 실제로 무엇을 의도하는지를 제대로 판단할 수가 없었다. 상거래가 지나치게 신중한 조치들이나 문의들로 인해 부담되지 않게 하려면, "거래의 보호"를 위한 해결책을 궁리해야 했었다. 그래서 의사표시, 이의제기와 신뢰손해의 보호를 위한 의무가 매출액을 빨리 늘리려는 이해관계 속에서 생겨났다.

법률가들이 의사표시의 하자瑕疵(또는 결함)로 부르는 것들이 너무도 많다. 착오뿐만이 아니다. 그리고 단지 취소가 유일무이한 해결책이 아니다. 더러는 표시가 처음부터 무효이기도 하다. 예컨대 어린아이나 정신이 온전치 못한 이들의 경우가 그러하다. 이 경우에는 말하거나 의도하는 바가 그대로 유효하지가 않다. 이들의 의사는 처음부터 인정되지 않는데, 이들이 올바르게 의도할 수 없기 때문이다. 이것이 이른바 행위능력의 문제이다.

그리고서 시간이 흐르면서 그사이에 사람들이 의도하는 대로 그 의도가 허용되지 않는 꽤 큰 영역이 존재하고 있다. 즉 당사자들 간에 사실상의 평등이 존재하지 않고, 어떤 이가 타인에 대한 경제적 우위가 너무도 압도적이어서 그가 조건들을 일방적으로 명령할 수 있는 곳에서 말이다. 따라서 이런 경우에는 합의가 계약을 매듭짓는 게 아니라, 아무런 도움도 받을 수 없는 어려운 처지에 빠지게 만드는 셈이다. 이게 바로 계약의 자유가 가진 문제점이다.

"무제한적인 계약의 자유는 자신을 스스로 파멸시킨다. 강자强者의 손에는 섬뜩한 무기가 그리고 약자弱者의 손에는 무딘 연장이 쥐어지는데, 그것이 한 사람이 다른 사람을 억압하는 수단이 되고서는 정신적 그리고 경제적으로 우세를 차지하고서 무자비한 착취를 일삼는다. 법은 무자비한 형식주의로 합법적 거래라는 자유로운 움직임을 통해 의도되거나 또는 의도되었다고 볼 수 있는 결과가 발생하도록 허용하며, 평화적 질서라는 미명 하에 합법적으로 "만인의 만인에 대한 투쟁*bellum omnium contra omnes*"을 초래한다. 그래서 오늘날의 사법私法은 강자에 맞서서 약자를, 개개인의 이기심에 맞서서 전체의 복리를 보호하기 위한 소명을 이전보다도 더 많이 부여받고 있다."

누구도 이렇듯 1889년에 오토 폰 기에르케Otto von Gierke가 〈사법私法의 사회적 과업〉을 주제로 행한 연설 이상으로 위 상황을 더 잘 표현하지는 못한다. 그러나 유감스럽게도 이후에 제정된 민법전BGB은 그의 것이 아니었다. 11년 후에 민법전이 발효되었을 적에, 민법전은 이제 아무것도 거칠 게 없는 계약의 자유가 깊게 각인된 규약으로서 미꾸라지처럼 약삭빠르고 얼음장처럼 차갑기만 한 것이었다. 이에 대해서는 외형적으로는 지금껏 매우 적은 부분만이 변경되어왔다. 민법전은 여전히 제정 당시와 거의 똑같아 보인다. 그런데 이게 큰 착각이다. 새로운 법률과 기타의 법률들에 의해서 외부에서부터 민법전을 변화시켜왔다.

이런 변화가 심지어 꽤나 빠르기도 했다. 이미 제1차 세계대전 당시에 임대차법에서 최초의 균열이 생겨났다. 당시 주택신축에 소홀했던 탓에 거주할 주택이 부족해졌다. 이 때문에 이미 그 당시뿐만 아니라 지금도 여전히 중요한 역할을 떠맡고 있는 세 개의 수단이 발전되었다. 즉 주택관리, 임대료 규제 그리고 임대차계약의 해지보호가 그것이다. 여기에 바이마르 시대에 노동법이 추가되었다. 우리네 전체 노동법은 민법전 제611조~제630조에서 규정하고 있는 이른바 용역(서비스)계약의 영역에서 계약의 자유를 제한하는 거대한 도구에 불과하다. 제2차 세계대전 이후에 독일은 미국으로부터 카르텔규제입법을 받아들였다. 당시까지만 해도 독일은 독점, 카르텔 및 트러스트의 엘도라도Eldorado와도 같았다. 이제는 기업들이 그들이 원하는 대로 "자유롭게" 합병하는 게 더는 허용되지 않고, 시장에서의 담합도 금지된다. 그래서 루드비히 에르하르트Ludwig Erhard(1897~1977)는* 자신의 시장경제를 "사회적"이라고 불렀는데, 1957년에 제정된 「경쟁제한방지법」 때문이었고, 이로써 당시 서방점령당국이 갖고 있던 권한이 해체되었다. 이제는 생필품 가격 또한 더 이상 몇몇 대기업들의 수중에 장악되지는 못하는 시장을 통해서 서민들도 감당할만한 수준으로 머물러야 마땅하다고 여겨졌다. 마지막으로는 「일반거래약관」에 대한 공격이 행해졌다. 이것은 한스 그로스만 되르트Hans Großmann Doerth가 1933년에 펴낸 책에서 지적하듯이 "경제계가 스스로 만든 법"이다. 일반약관이 적용되는 것은, 말하자면 고객들과의 모든 개별 계약의 내용에 대해 기업들이 자유롭게 합의하여 만들어졌기 때문이며, 비록 도식적이지만 고객들이 이에 따르고, 따라서 합의는 유효하다. 먼저 법원이 여기에 더욱 깊숙이 개입해서는 해당 개별 조항들을 무효로 선언해왔는데, 1976년에는 일반거래약관 전체가 법률로 새로이 규율되게 되었다. 즉 「일반거래약관에 관한 법률」이 개정되고서 2002년 1월 1일 자로 발효된 민법전 제305~제310조가 그러하다.

---

*그는 독일 기민당(CDU) 소속의 정치인이자 경제학자인데, 경제장관과 연방총리를 역임했다. 전후에 "라인강의 기적"으로 일컬어지는 서독 경제의 부흥에 있어서 일등공신으로 평가되는데, 독일 특유의 이른바 "사회적 시장경제"를 성공적으로 일궈낸 장본인이기도 하다.

재산권과 더불어서 계약은 부르주아적인 자유의 핵심요소에 속한다. 개인의 의사와 계약의 자유! *Hoc volo, sic iubeo, sit pro ratione voluntas.* 이는 유베날리스Juvenalis가* 쓴《풍자시집》제6권에 담겨있는 문구인데, "그게 내가 원하는 바이고, 그건 나의 명령이다. 즉 이성적인 근거 대신에 나의 의사가 유효하다"라는 뜻이다. 확실히 그사이에 많은 것들이 완화되었다. 민법전상의 계약의 자유도 상당히 제한되었다. 그렇지만 평균적으로는 어떠한가? 사람들은 "악이 뿌리 깊이 박혀있다"는 진실을 말하지 않는다. 그래서 로저 가로디Roger Garaudy가 1955년에 펴낸 자유에 관한 책에서 오토 폰 기에르케Otto von Gierke보다도 더 짧게 요약한 표현이 여전히 유효하다. 즉 "우리가 가진 자유는 자유로운 닭장 안에서 자유롭게 활개 치는 여우가 가진 자유와도 같다." 문제 상황은 오히려 점점 더 커져 왔다. 지금은 전혀 다른 의미에서 여우와 닭들이 문제시된다. 사회적으로도 많은 문제가 여전히 해결되지 못하고 있는 가운데 지금 생태론적인 문제들까지 우리를 엄습해오고 있다. 부르주아적인 자유의 핵심요소들이 여전히 다른 핵심요소를 재생산해내고 있는데, 사유재산에서, 그리고 볼프스부르크Wolfsburg에 소재하는 폭스바겐 공장에서와 마찬가지로 Nukem과 Alkem, RWE와 Simens,** Hoffmann La Roche, Hoechst와 Bayer,*** Seveso와 Bhopal에서의**** 계약의 자유에서 그러하다. 그래서 여전히 *Sit pro ratione voluntas*나의 의사가 유효하다.

---

* Decimus Junius Juvenalis는 1세기 후반부터 2세기 초반에 활동한 로마의 시인인데, 당시의 사회상을 통렬하게 비판하는 풍자시로 유명했다고 한다.

**Nukem과 Alkem은 독일 중부 헤센Hessen주의 Hanau 지역에서 운용 중인 경수로원자로를 말하고, RWE와 Simensm는 이들 원자로를 운용하는 원전회사들이다.

***Hoffmann La Roche, Hoechst와 Bayer는 각각 스위스와 독일에 본사를 두고 있는 세계적인 제약회사들이다.

****이탈리아 Seveso에서 1976년 7월 10일에 그리고 인도 Bohpal에서도 1984년 12월 3일에 화학공장 폭발사고로 인해서 인체에 유해한 심각한 가스 유출사고가 벌어졌다.

불법행위

여기서 우리는 법에 있어서 가장 오래된 영역과 마주하고 있다. 이것은 침해나 손상으로 인한 손해배상을 다룬다. 이미 오래전부터 계약이 존재해 왔고, 특히 국가의 성립 이전에도 신체 손상, 절도, 물건의 손괴, 모욕 및 혼인 파탄을 둘러싸고서 분쟁이 존재했었다. 폭력이 동원되는 복수를 행하거나 -매우 빈번하게- 보상을 협상했는데, 친족집단이나 마을공동체가 대부분 이를 주관했었다. 보상은 재물, 가축이나 곡물, 옷이나 무기, 훗날에는 귀금속이나 금을 지급하는 것으로 행해졌다. 이는 일종의 보속補贖인데, 그 가액은 대개 저지른 손해보다도 더 많아져 갔고, 따라서 범죄자는 보속과 동시에 추념의 글을 남기거나 다친 이가 만족하게끔 배상해야 했다. 왜냐하면, 국가가 생겨나기 이전에는 따로 형법이 존재하지 않았기 때문이다. 이것은 사적私的인 형법이었고, 이후에 한편으로는 국가의 형법 그리고 다른 한편으로는 사적인 불법행위법으로 분리되고, 이제는 증액된 보속에 갈음해서 순수한 손해배상이 행해지게 되었다. 예컨대 오늘날 누군가가 신체손상이나 절도를 저지르면, 그는 두 개의 소송절차와 맞닥뜨리는 걸 염두에 둬야 한다. 먼저 그는 형사법정에 서야 하고, 그곳에서는 벌금형이나 감방이 그를 기다리고 있다. 다른 한편으로 다친 이나 물건을 도난당한 이는 민사법정에서 그에게 손해배상을 청구할 수가 있고, 아주 드문 예외적인 경우에는 심지어 보속이 행해지기도 하는데, 예컨대 신체 손상의 경우에 위자료 지급이 그러하다(민법전 제253조 제2항).

가장 중요한 법 규정은 이미 소유권에서 언급한 바가 있는 민법전 제823조 제1항이다.

> 고의 또는 과실로 타인의 생명, 신체, 건강, 자유, 재산 또는 기타의 권리를 위법하게 침해한 자는 그 타인에게 이로 인해 발생하는 손해를 배상할 의무를 진다.

　우리가 가진 오늘날의 법이 얼마나 추상적인지는, 우리가 재산의 침해라고 말하는 데서도 목도된다. 구체적으로 대개는 재물의 손괴가 다뤄진다. 즉 자동차의 흙받기가 찌그러지거나, 옷이 찢어지거나, 유리잔이 바닥에 떨어지거나 하는 경우가 그러하다. 재물의 손괴는 재산(권)에 대한 침해다. 이는 원칙적으로 순전히 형식성만을 갖추고 있다. 그런데 구체적인 손해는 관련 법규정을 적용하기 전에 민법전의 추상적인 언어로부터 먼저 번역되어야 한다. 이들 법익에서는 늘 그렇듯이 매우 분명한데, 생명, 신체, 건강 및 자유다. 그런데 기타의 권리는 무엇인가? 이것은 재산 다음으로 맨 나중에 언급되는데, 재산과 유사한 권리들이다. 즉 법률은 예컨대 특허법이나 저작권법상의 지적재산권을 의도하고 있다. 또한, 타인이 권한 없이 도용盜用해서 침해되는 성명姓名도 여기에 포함된다.

　제823조 제1항 이외에도 다른 많은 법조항이 존재한다. 민법전에서 "허용되지 않는 행위"를 다루는 이 대목은 30개의 법조항을 갖고 있다. 개별적인 내용은 그다지 중요하지 않지만, 이것들에 공통되는 원칙만큼은 중요하다. 이미 제823조 제1항에서 밝히고 있듯이 고의나 과실의 유책의 행위로 저지른 손해에 대해서만 책임을 진다. 고의故意는 의도적이라는 뜻과 같다. 누군가가 물건을 손괴하면, 그는 또한 그걸 의도하는 것이다. 과실過失의 경우는 이와 다르다. 그 일을 의도하지는 않았지만, 조심하지 않고서 다소 경솔하고 부주의하고 신중하지 못한 것이다. 민법전의 언어로는 제276조 제2항에서 아래와 같이 밝히고 있다.

> **사회생활상으로 요구되는 주의를 게을리 한 자는 과실로 행위하는 것이다.**

　만약에 내가 슈퍼마켓의 비좁은 진열대 사이를 조심스럽게 걷다가 진열대 바깥쪽에 놓여있는 유리병을 잠시 스쳤는데 그만 유리병이 바닥에 떨어졌다면, 나는 이 일에 대해서는 아무것도 할 게 없다. 즉 과실도 없고, 손해배상도 없다. 그러나 유리병이 진열대 가운데에 제대로 놓여있고, 내가

와인병 하나를 집어 든 채로 너무 성급하게 그 뒤에 있는 걸 집으려다가 그만 아래로 떨어트렸다면, 이는 과실이고, 해당 가액을 배상해야 한다.

민법전의 이 원칙에 대해서는 중요한 예외가 있는데, 예컨대 제833조 제1문의 이른바 동물사육책임의 경우가 그러하다.

> 동물로 인해 사람이 죽거나, 신체 또는 건강이 침해되거나 물건이 손괴된 경우에는 해당 동물을 보호하는 자가 피해자에게 이로 인하여 발생하는 손해를 배상할 의무를 진다.

여기서 책임에 관하여는 아무런 언급이 없다. 동물의 사육자는 전적으로 올바르게 처신했을 수도 있다. 단지 그가 오랫동안 해당 동물을 자신의 곁에 두고 있다는 사실만으로 충분하다. 그가 한 번이라도 소유자일 필요도 없다. 손해가 발생하면, 그는 해당 손해를 배상해야 한다. 왜 그런가? 여기서는 책임주의원리와는 반대되는 위험책임이 다뤄진다. 즉 위험을 야기했기 때문에 책임이 있다는 말이다. 동물은 -적어도 때로는- 예측불가능하기 때문에 위험하다고 간주된다. 이 또한 오래된 규칙이다. 이미 고대에, 즉 그리스, 로마 그리고 게르만의 법에서 이런 규칙이 존재했었다. 본래 이것은 아주 오래된 규칙이다. 고대에 그리고 국가가 성립하기 이전의 사회에서도 책임이 없더라도 발생한 모든 손해에 대해서 대체로 책임이 인정되어왔다. 그 이유를 말하자면, 삶이 더욱 위험한 것으로 드러날수록 손해에 대한 책임규정이 보다 더 날카로워지는데, 부족공동체에서도 자주 불안함에 관한 보편적인 감정이 발견된다. 비로소 점차적으로 불법행위법에서 책임주의원리가 관철되어왔다. 그리고 오늘날에도 다시 대부분의 손해배상청구는 책임이 없이도 성립된다. 이것이 제833조에만 머물러 있지는 않다.

불법행위법은 최근 사법私法에서 가장 큰 변화를 겪은 분야 중 하나로, 사회적인 이유로 계약의 자유가 제한되면서 변화해온 계약법 분야, 즉 노동법과 임대차법, 그리고 혼인법의 끊임없는 변화와 함께 바뀌어왔다. 불법행위법의 이 같은 변화에는 또한 현대의 기술이 위험을 안고서 발전하는 데에도 그 이유가 놓여있다. 민법전이 발효된 그 당시에도 이미 이 같은 유형의 최초 법률이 30년이 넘도록 존재했었다. 즉 1871년에 철도 운용을 위해서 제정된「제국배상책임법」이 그러했다. 철도는 특히 위험하다고 간주되어온 최초의 기술적 설비이다. 그러므로 철도기업은 책임이 없이 발생한 손해에도 책임을 져야 했다. 이는 제국법원의 판례집 제1권에 수록된 유명한 개념을 이끌어냈는데, 들판을 달리는 협궤철로가 제국배상책임법 제1조의 의미에서의 철로에 해당하는지의 해명이 있었다(RGZ 1 252, 제1장). 그이후에 다른 법률들이 추가되는데, 그다음에 제정된 법률이 1909년의「자동차법」이었다. 오늘날에는「도로교통법」으로 불리는데, 제7조의 규정은 바뀌지 않은 채로 여전히 그대로다.

> 자동차의 운행 중에 […] 사람이 죽거나, 신체나 건강이 손상되거나 물건이 손괴되면, 차량 운행자는 다친 이에게 이로부터 발생하는 손해를 배상할 의무를 진다.

이것을 민법전 제833조상의 텍스트와 비교해보면, 모든 것을 거의 단어 그대로 차용했음이 확인된다. 단지 "동물의 보호자"가 "차량 운행자"로 바뀌었을 뿐이다. 이후 도입된 차량 운전자를 위한 책임보험과 결합해서 이는 차량으로 인한 손해의 사회화를 뜻한다. 이는 보험료를 매개로 해서 오늘날까지도 모든 운전자에게 균등하게 책임이 배분된다. 이에 대해서는 자동차회사들뿐만 아니라, 여기서 자유와 책임의 원칙이 배반당했다고 여기는 자유주의자들도 격렬하게 반대하고 있다.

그 이후로 많은 다른 법률이 잇따랐는데, 오늘날 여객기, 가스발전소, 전기발전소와 원자력발전소, 방사능 물질의 보관, 의약품의 부작용 및 산업계에 의한 수질오염에 대해서도 위험책임이 존재하고 있다.

이러한 특별법 외에도 법원이 주도하는 가운데 끊임없이 새로운 판결이 행해지면서 추진되고 있는 또 다른 발전이 있다. 이는 흔하게 목도된다. 입법자가 아무런 일도 하지 않으면, 법원이 나서서 이에 대응해야 하는데, 낡은 법률을 적용하는 방식이라도 바꾸어야 한다. 여기에서도 문제는 위험이었다. 즉, 결함이 있는 산업 제품으로 인해 소비자에게 발생할 수 있는 위험, 예를 들어 자동차의 설계 결함이나 가장 최근 사례로는 청량음료병 폭발 사고가 그러하다. 지난 1960년대 초반에 불거진 Contergan-스캔들에서 문제 상황이 특히나 심각했었다. 즉 임신 기간중의 수면제 복용으로 인해서 기형을 지닌 신생아들이 출산하게 된 스캔들이다. 그 이후로 이른바 제조자책임의 문제에 대해서 더욱 집중적으로 골몰하게 되었다. 해당 의약품회사를 상대로 책임을 묻는 형사소송과 함께 대규모 소송이 진행되었다. 법원 바깥에서 피해를 본 아이들에 대한 보상금 지급에 합의하고서는 소송절차가 중단되었다. 법적으로 깨끗한 해결책은 당연히 아니다. 1976년에는 의약품들이 「의약물품법」 제84조에서 정하고 있는 위험책임에 포함되었다. 그런데 다른 사례들에서는 어떠한가?

첫 번째 사례는 이미 1912년에 벌어졌다. 당시에 한 여성이 약국에서 천일염이 들어있는 병 하나를 구매했는데, 이 병은 "Salzburger Ober-brunnen" 회사의 로고가 찍혀있는 오리지널 포장 그대로였다. 그런데 이 소금에 미세한 유릿가루가 섞여 있었다. 이 때문에 그녀는 오랫동안 건강이 악화되고 몸 안의 장기臟器가 손상되면서 고통을 겪어왔고, 또한 몇 년 전에 일어났던 청량음료병이 폭발해서 깨진 유리 파편으로 인해 완전 실명失明을 겪게 된 한 어린아이의 사례와도 유사했다.

여기서 법률가들은 이중二重의 문제에 직면한다. 첫 번째는 이 같은 손해배상청구에 대한 근거를 찾는 것이 한편 문제인데, 그 원인이 민법전을 만든 당시의 입법자들에게는 아직 알려지지 않았었기 때문이다. 그리고 두 번째로 피해자에게는 책임이 누구에게서 입증되어야 하는지의 어려움이 존재한다. 민법전의 여러 규정에 따르면 입증이 대부분 필수적이지만 소비자가 대규모 공장의 생산과정을 두루 살펴보는 게 드문 일이어서 실무에서는 거의 가능하지가 않다.

먼저 이 같은 청구권의 법적 근거 문제를 살펴보자. 이미 AD 2세기 중반에 로마의 법률가 가이우스Gaius는 초심자용 교과서로 널리 보급된《법학제요》Institution 제3권 §88에서 아래와 같이 표현했다.

> *"Omnis enim obligato vel ex contractur vel ex delicto."* ("모든 책임은 계약 또는 불법행위로부터 나온다.")

오늘날에도 여전히 이 같은 손해배상 사례에서 이와 같이 대처하고 있다. 먼저 계약에서 비롯하는 청구권이 존재하는지를 검토한다. 그리고서 불법행위에 따른 청구권을 검토한다. 계약에서 비롯하는 청구권이 보다 더 유리한데, 여기서는 관련되는 이들에 대한 책임 추궁이 피해자에게 보다 더 유리하기 때문이다.

Salzburger Oberbrunnen 회사에서 만든 천일염을 구매한 여성의 사례를 생각해보자. 그녀는 해당 제품을 판매한 약사하고만 계약을 체결했다. 따라서 그녀는 단지 약사를 상대로만 계약상의 청구권을 갖는다. 이것은 천일염이 들어있는 이 병의 구매에 관한 매매계약이다. 이로부터 만일 약사에게 책임이 있다면, 손해배상청구권이 성립한다. 그런데 누구도 약사를 비난할 수가 없다. 해당 약사는 고의나 과실을 범하지 않았고, 제조회사들로부터 배달되는 이런 약병의 병마개를 열고서 그 내용물에 어떤 이상이 없는지를 그가 모두 조사하는 게 불가능하기 때문이다. 이는 "거래통념상으로 요구되는 주의注意"에 속하지 않는다. 정녕 책임이 있는 자는 공장 안에 자리하고 있다. 그런데 소금 병을 구매한 여성이 그와는 아무런 계약을 맺은 바가 없다. 그녀는 어쨌든 약사하고만 계약을 맺었을 뿐인데, 즉 약사가 도매상을 거치지 않고서 곧바로 해당 회사로부터 소금이 든 병을 직접 구매했다면 말이다. 일반적으로 말하자면, 소비자와 제조회사 간에 계약의 징표가 원칙적으로는 존재하지 않는다. 여기서 종종 법리적으로 많은 예리한 의미들을 갖다 대면서 이것들을 연결하는 인위적인 다리를 놓으려는 시도가 행해지는데, 그저 헛수고에 불과하다. 지금은 이 같은 노력을 거의 하지 않는다. 그녀는 제조회사를 상대로는 계약상의 손해배상청구권을 갖지 못한다.

다시 불법행위법으로 돌아가 보자. 1912년 당시에 소금이 든 병을 구매한 그녀는 그래도 운이 좋았다. 잘츠부르크Salzburg에 소재하는 해당 공장이 비교적 소규모여서 전체 제조공정製造工程을 한눈에 파악할 수가 있었고, 직원들도 몇 되지가 않았다. 게다가 공장주는 자신의 책임을 덜어줄 증거를 찾아내지 못했다. 따라서 공장주는 손해배상 금액을 지급해야 했다. 이는 직원들의 잘못으로 인한 책임을 규정하고 있는 복잡하고, 전적으로 흠결이 있는 특별규정 때문인데, 이 민법전 제831조는 단지 매우 드문 사례에서만 성공적으로 적용된다. 공장주는, 만약에 그가 모든 공장 직원들더러 소금이 담겨지는 병을 조심스럽게 선별하고 잘 살펴보라고 지시한 사실을 입증해 낸다면, 책임에서 벗어나고, 손해배상액을 지급할 필요가 없다. 이런 입증이 대부분 성공하는데, 아이러니하게도 대기업들의 경우가 바로 그러하다. 즉 이들 대기업은 이른바 "분산된 무죄증거"만 제공하면 된다. 이는 기업주가 단지 관리자들의 인선人選과 감독에만, 예컨대 인사책임자와 간부급 엔지니어들에 대해서만 책임을 진다는 것을 뜻한다. 그동안 법원들은 80년이 넘도록 기업주들에게 이 이상의 것을 더 요구하지는 않아 왔다. 이에 대해서는 민법전 제831조 자체에서도 아무런 언급이 없는데도 말이다. 그래서 최근에는 법원의 이 같은 판례 관행이 이들 대기업에 부당하게 유리한 것은 아닌지에 대해서 다시 심사숙고하게 되는데, 그런데도 예컨대 기업주가 만든 그릇된 조직에 대해서도 또한 책임을 지게끔 법원의 판례를 다시 바

꾸려고 하지는 않았다. 공장 전체의 시설로 보자면, 제831조는 단지 소규
모의 수공업공장에만 딱 들어맞는다. 이 제831조는 현대의 산업사회에는
더는 적합하지 못한 비더마이어Biedermeier 시대의* 낡은 법조항에 불과하다.
당시에 소금이 든 병을 구매한 여성은 그나마 운이 좋았던 셈이고, 그 이
후에 이 규정이 적용되는 유사 사례들은 더 이상 그렇게는 해결될 수가 없
었다. 그리고 유사 사례들이 많이 축적되면서는, 이제 다른 해결책을 모색
해야만 하게 되었다. 이는 1968년에 선고된 닭 페스트 사건에서 불거졌다.

닭 페스트 사건(BGHZ 51, 91)

  과거 독일에 어느 닭 농장이 있었다. 이곳에 수의사가 방문해서는 닭 페
스트 예방백신을 접종했다. 그런데도 며칠 후에 4천 마리의 닭들에게서 닭
페스트가 발병했다. 이 병에 걸리면 "모든 닭이 빨리 달걀 하나를 낳고서는
곧 죽게 된다." 이 예방백신이 재앙을 초래했는데, 살균처리가 제대로 되지
않았던 탓이다. 대체 왜 이런 일이 일어났는가? 그리고 누구의 잘못인가?
이 문제는 끝내 밝혀지지 않았다. 해당 예방백신은 국가가 운영하는 연구
소에서 인증되었고, 제조회사는 거래에 사용되는 통상적인 용기에다가 그
것을 담았다. 그런데 수작업으로 진행되었다. 이 과정에서 실수가 빚어
졌을 수가 있는데, 사람들은 이 부분을 정확하게 잘 알지 못했다. 기계적인
밀봉작업이 더 확실했을 수도 있다. 그러나 또한 다른 방식도 나름대로 전적
으로 충분했다.

---

*나폴레옹 전쟁(1797~1815)의 전후 처리를 위해 개최된 빈회의(1814~1815) 이후로 30년
동안 유지된 유럽의 정치체제를 이른바 "빈체제"라고 부르는데, 이는 왕정복고와 정치적 반동
주의에 불과하다. 이 시기를 독일 문학사와 미술사에서는 "비더마이어 시대"로 부르는데, 이는
어느 문학작품에서 당대의 속물적인 소시민의 전형으로 묘사되는 "고틀립 비더마이어Gottlieb
Biedermeier"라는 가상 인물의 이름에서 비롯한다.

이 닭들의 소유자는 예방백신 제조회사를 상대로 손해배상을 청구했고, 해당 제조회사 측은 소송에서 바이러스 부문의 책임자와 그곳에서 일하는 모든 직원에 대한 면책의 증거들을 제출했다. 따라서 민법전 제831조에 따라서 유책하다는 판결이 가능하지가 않았다. 연방통상법원BGH은 제조회사가 그런데도 손해배상액을 지급해야 한다고 판결했다. 판결의 근거가 된 법조항은 제823조 제1항인데, 이 사건 이후로 제조자책임을 묻는 법적인 근거로 인정되었다.

> 고의 또는 과실로 타인의 생명, 신체, 건강, 자유 및 재산 또는 기타의 권리를 위법하게 침해한 자는 그 타인에게 이로 인해 발생하는 손해를 배상할 의무를 진다.

이로써 제823조 제1항이 이제는 불법행위법의 주된 조항이 되었다. 언뜻 보면 이것은 다소 어이가 없다. 제조회사가 비록 손해를 야기하기는 했으나, 법률에는 고의 또는 과실이라는 유책의 조건이 전제되어 있는데, 제조회사가 그랬다고 입증할 수가 없다. 사안은 해명되지 못한 채로 남았다. 그런데 법률가들은 해결책을 찾고자 한다면, 이들은 또한 그럴 능력이 있다. 때가 되면 좋은 수가 생기고 해결책이 나오는 법이다. 민법전 제823조 제1항에서는 제조자책임을 다루는 수많은 사례에 대해 이른바 "입증책임의 전환"을 도입해서 이를 해결했다.

통상적으로는 해당 법률조항의 적용에 있어서 유리한 위치에 있는 자가 언제나 모든 걸 입증해야 한다. 즉 손해배상을 요구하는 자가 타인이 자신에게 손해를 끼쳤고, 그것이 고의 또는 과실이었음을 입증해야 한다. 이게 해당 법률조항 어디서도 언급되지는 않지만, 일반적으로 인정되고 있는 증거법상의 일반원칙이다. 이에 대해서는 몇몇 예외가 있기는 하다. 민법전은 때로 여러 개별조항에서 자신이 유책의 행위를 범하지 않았다는 사실을 해당 타인이 입증해야 한다고 말해왔다. 이는 다소 멀리 떨어진 곳에서 일이 벌어졌던 과정들을 피해자가 해명하기가 경험칙상으로 대단히 어려운 사례들에 해당한다. 연방통상법원은 이 사안이 바로 그런 경우라고 밝혔다. 해당 판결의 주된 대목은 아래와 같다.

> "누구라도 공장에서 생산되는 제품을 규정에 맞게끔 사용함에 있어서 민법전 제823조 제1항에 따른 보호법익이 다음과 같이 침해되는 경우에는, 즉 해당 제품이 애당초 하자를 갖고서 생산되었고, 그것이 하자를 야기한 과정을 밝혀야 하는 제조자의 물건이라면, 이 점에 있어서 제조자는 아무런 유책이 없음을 입증해야 한다."

법원은 개별적으로 세세히 해명될 수 없는 여러 제조공정에 대한 원인이 제조자의 영역에 놓여있는 문제라고 지적하고 있다. 따라서 해명할 수 있지가 않다면, 제조자가 위험을 부담하는 게 옳고, 또한 무리가 없다는 판단이다.

제823조 제1항을 단어 뜻 그대로 연방통상법원의 판결 결과와 비교해보더라도 아무런 문제가 없다. 누군가의 잘못을 밝혀내야 하는데, 대개는 제조자의 영역 안에서 누군가가 과실을 범한 까닭이다. 다만 이제는 더 이상 입증하지 않아도 된다. 법문法文은 바뀌지도 않았다. 그렇다면 결국 어떻게 되었을까? 결국에는 그 이후로 공장제품의 제조자가 유책의 행위가 없어도 책임을 지는 것으로 결론이 났다. 왜냐하면, 이들이 반박증거를 내놓기가 거의 불가능하기 때문이다. 이렇듯 해당 법규정으로부터 원래와는 반대되는 결과를 만들어냈다. 이것이 근본적으로 불법행위법에서 채무자의 책임을 다루는 주된 법조항이다. 이는 공산품들에 대해서 그 후로 유책의 책임이 없이도 위험책임을 지게 되는 법적 근거를 형성하고 있다. 그 배후에는 우리네 삶이 공산품들의 대량적 생산으로 인해 심각하게 위협되고 있다는 사고가 깔려있다. 따라서 무언가 일이 벌어지면, 산업계가 그

대가를 치르는 게 마땅하다. 이것이 바로 법률가들의 기교技巧이다. 법률에는 분명히 "고의 또는 과실로"라고 적혀 있는데도, 법률가들은 이로부터 위험에 대한 책임을 만들어낼 수 있다. 이 대목에서 요한 볼프강 괴테Johann Wolfgang Goethe가 쓴 시詩 한 수가 생각난다.

"잘 궁리하고, 지혜롭게 고민하고서,

아름답게 다듬고, 섬세하게 완성하니,

예로부터 예술의 나라에서 권력은 예술가들의 것"

일반적 인격권

불법행위법의 발전에 대해 좀 더 살펴보기로 하자. 새로운 권리를 발견하게 되는데, 법률가들에게서 자주 일어나는 일은 아니다. 이것은 일반적 인격권인데, 기본법 제2조에서 보장되는 주된 자유권과 밀접하게 연결되어 있다. 기본법 제2조는 아래와 같이 규정하고 있다.

모든 사람은, 타인의 권리를 침해하지 않고, 합헌적 질서와 도덕률에 반하지 않는 한, 자신의 인격을 자유롭게 펼칠 권리를 갖는다.

이 기본법 제2조는 "너는 아무것도 아니다. 너의 민족이 전부다"라는 슬로건을 강조해온 전체주의국가인 제3제국의 경험에 대한 대응으로 성립되었다. 법의 역사가 늘 그래왔듯이, 이는 1954년에 지난 히틀러 제국의 최고위급 위정자들 중의 한 사람을 위해서 고안되었다. 즉 알마르 샤흐트 Hjalmar Schacht 박사의 일반적 인격권에 대한 문제였는데, 그는 당시 자유주의 성향의 신문인 벨트 암 존탁Welt am Sonntag을 상대로 행해진 소송에서 승소했다. 연방통상법원BGH이 민법전 제823조 제1항에서 또한 일반적 인격권을 도출할 수가 있다는 결론에 도달했기 때문이다. 이 일반적 인격권은 바로 직전에 연방공화국(서독)의 저명한 법률가인 한스 카를 니퍼다이 Hans Carl Nieperdey가 발견해냈다. 과거 나치의 경제장관인 샤흐트 박사와 저명한 법률가인 니퍼다이가 연방통상법원 판결집 제13권 334쪽을 확장시켰고, 이로부터 전적으로 의미 있는 법제도인 일반적 인격권이 생겨났다.

이 사건의 이전 히스토리를 짧게 설명해보기로 하자. 얄마르 샤흐트는 뉘른베르크 전범재판에서 무죄로 석방되고 나서도 전후에 진행된 몇몇 나치청산 관련 소송으로 인해 또 다른 어려움을 견뎌내야 했는데, 그는 1951년에 함부르크에서 은행을 개업했다. 이를 두고서 한 신문에 "얄마르 샤흐트 박사와 그 회사, 새로운 은행 설립을 계기로 이제 정치적 자문에 나서는가?"라는 굵은 활자의 제목과 함께 비판적인 기사가 게재되었다. 이 은행가는 해당 신문사에 편지를 보내서 자기 생각으로는 잘못된 보도 내용에 대한 반론을 요구했다. 신문사 편집국은 이 반론 요구를 짧게 요약하고서는, 독자 편지로 게재했다. 은행가는 이에 분개했다. 그는 평생토록 독자 편지라는 걸 써본 적이 없고, 앞으로도 그럴 일이 없었다. 왜냐하면, 글의 게재 부탁은 반론에 관한 법적인 청구권을 주장하는 것, 즉 명령과는 원칙적으로 다소 다르기 때문이다. 독자 편지로 게재할지는 편집국의 자유지만, 반론은 법적인 청구권에 근거하고 있고, 이로써 해당 신문사가 실수 또는 그보다 더 나쁜 짓을 범했다는 사실을 분명히 하는 것이기도 하다. 게다가 편집국이 왜곡되게 요약했다는 사실도 추가되었다. 그래서 샤흐트 박사는 벨트 암 존탁 Welt am Sonntag 측이 자신이 해당 내용으로 독자편지를 썼다는 주장을 철회해야 한다며, 이로 인해 발생한 손해배상 소송을 제기했다.

이 같은 손해배상 청구는 원고 자신이 주장의 정당화 근거를 제시하지 못한다는 데에 법적인 문제점이 놓여있었다. 샤흐트 박사의 생명, 자유, 신체, 건강 및 재산, 그 어느 것도 침해되지 않았고, 여기서 다른 법

규정들도 고려되지 않는다. 민법전 제823조 제2항은 아래와 같이 규정하고 있다.

> 타인의 보호를 목적으로 하는 법률을 침해하는 자에게도 (손해의 배상을 위한) 동일한 의무가 적용된다.

즉 보호법률의 침해가 문제다. 이른바 보호법률은 예컨대 형법에서 확인된다. 두 가지 점이 여기서 문제시된다. 형법 제185조와 제186조에서 규정하고 있는 모욕侮辱과 악의적인 비방誹謗이 그러하다. 누군가에게서 모욕당하고, 이로써 경제적 손해까지 추가로 입게 되면, 그 누군가는 형사소추뿐만 아니라 손해배상 때문에 민사법정에도 나가야 한다. 법리적으로는 민법전 제823조 제2항이 형법 제183조와 결합한다고 일컬어진다. 그런데 모욕과 악의적인 비방은 명예훼손과도 다소 유사하다. 그런데 벨트 암 존탁 측은 설령 샤흐트 박사가 독자 편지를 썼다는 인상을 공개리에 불러왔다손 치더라도, 이것이 명예훼손은 아니라고 주장한다. 명령 대신에 부탁이 문제인데, 그와 같이 우월적인 지위에 있는 신사들에게는* 감당하기가 버거웠을 법도 했다. 그러나 당시의 본Bonn 공화국(서독)은 라인적-우호적으로** 바뀌었고, 독자 편지가 더 이상 명예훼손은 아니라고 여겨졌다. 또한, 편지의 요약본도 마찬가지다.

따라서 다른 길을 모색해야 했고, 일반적 인격권을 발견해냈다. 이미 세기 전환기 무렵에 몇몇 법률가들이 이런 권리가 존재한다고 생각했었다. 그러나 학계의 다수와 법원은 일관되게 다른 입장이었다. 한스 카를 니퍼

---

* "우월적인 지위에 있는 신사"Herrenmensch라는 단어는 새로운 귀족주의적인 주인도덕의 대변자인 고상한 인간 유형으로 프리드리히 니체에게서 칭송되었는데, 특히 나치즘의 이데올로기에서는 지배민족에 속하는 자를 뜻했다.

** 여기서 "라인적"이라는 표현은 과거 독일제국과 바이마르 헌정 그리고 나치 불법국가에서 그 중심이었던 독일 동쪽의 베를린과 프로이센이 아니라, 라인 강이 흘러가는 독일의 서쪽 중심으로 바뀐 정치 및 사회 분위기를 뜻한다. 특히 여기서는 개인의 자유권을 존중하고 보장하는 쪽으로 바뀐 사회적 분위기를 묘사하고 있다.

다이는 1952년 출간된 그의《민법 총론 교과서》Enneccerus/Nieperdey에서 이 일반적 인격권과 함께하는 새로운 시대가 도래한다고 생각했다(앞의 책 제1권. 293쪽 이하).

"법적 상황이 이전과는 다르게 바뀐 까닭에 이러한 견해가 더는 유지될 수가 없다. 기본법은 인간의 존엄성이 불가침적이라고 밝히고 있다. […] 기본법 제2조에 따르면 누구나 자신의 인격을 자유로이 펼칠 권리를 갖는다. […] 이 규정은 국가권력뿐만 아니라 또한 법공동체를 기속한다."

과거의 민족공동체에서 이제는 법공동체로 바뀌었고, 이 법공동체는 새로운 권리를 갖는다. 연방통상법원도 같은 의견이었고, 민법전 제823조 제1항에 "재산 또는 기타의 권리"라고 적혀 있어서 법원으로서는 간단한 문제였다. 따라서 누군가가 이 기타의 권리를 침해한다면, 손해를 배상할 의무를 진다.

이 일반적 인격권이 본래 무엇인지를 정확하게 서술하는 게 그다지 어렵지는 않다. 이는 일반적으로 한 인간의 사생활영역이 존중받을 권리라고 말할 수 있겠는데, 자신을 둘러싸고 있는 주변에서 인식하고 있는 한 인간의 체면 또한 이 같은 사생활영역에 속한다. 그리고 형법상의 모욕과 악의적인 비방의 경우와는 달리 제823조 제1항과 함께 민법전 안에 삽입된 이 일반적 인격권은 과실로 이 사생활영역 안으로 침입한 것만으로도 이미 충분하다. 고의가 요구되지도 않는다. 왜냐하면, 우리는 민법전 제823조 제2항의 범주 내에서 움직이는데, 여기서는 "고의 또는 과실로"라고 언급하고 있기 때문이다.

이 권리가 침해되는 개별사례들을 언급하는 건 전혀 어렵지 않다. 예컨대 얄마르 샤흐트 박사의 경우가 그렇듯이 말이다. 당시 연방통상법원BGH은 타인의 편지나 기타 사적인 스케치가 자신의 동의 없이 공개된다면, 이것은 일반적 인격권의 침해라고 지적했다. 이는 공개용의 개인 문서지만 출판되지 않은 경우에도 마찬가지다. 그러므로 벨트 암 존탁 측은 샤흐트 박사가 요약된 내용으로 편집된 독자편지를 작성했다는 주장을 철회해야만 했다. 이게 일반적 인격권에 관한 첫 번째 판결이다. 그 이후로 무수히 많은 다른 판결들이 잇따랐다.

이 새로운 권리가 비로소 존재하는 게 한스 카를 니퍼다이와 연방통상법원이 생각하는 것처럼 연방공화국의 헌법에서 부활한 여러 자유권 덕분이 아니라, 오히려 매스미디어에 의해서 이 자유를 위협하고 있는 현대의 기술발전 덕분이다. 일반적 인격권을 다루는 대부분의 판결이 여기에 해당한다. 즉 대다수가 자신의 사적인 영역에 대한 보도에 맞서서 방어하려는 이들이다. 이들이 소송에서 이기게 되면, 샤흐트 박사의 사례처럼 해당 보도를 취소시킬 권리만을 갖는 게 아니다. 수년 뒤에 연방통상법원은 센세이셔널한 판결과 함께 한 걸음 더 앞으로 나아갔다. 이제 위자료 청구가 가능해진 것이다. 이는 1954년의 은행가 사건의* 연장선상에 놓여있는데, 1958년에 선고된 이른바 "남성 승마인 사건"에서 벌어졌다(연방통상법원 민사재판부 판례집 제26권, 349쪽 이하). 그런데 우월적인 지위에 있는 신사에 이어서 이제는 남성 승마인이라니 다소 뜨악하다.

이번에도 쾰른Köln에 소재하는 맥주공장의 공동소유자인 한 자산가가 등장하는데, 그는 사람들이 그에게 숨겨진 다른 재산이 더 있다며 험담했다는 이유로 독일의 법 역사에서 한 획을 긋는 사건의 주인공이 되었다. 그는 직업적으로는 맥주 생산에만 전념할 뿐만 아니라, 개인적으로는 승마를 즐겨왔는데, 심지어 승마대회에 참가하기도 했다. 그러는 동안에 그가 말과 함께 힘차게 들판의 장애물을 뛰어넘는 모습이

---

*앞서 다뤄진 얄마르 샤흐트 박사사건을 말한다.

아마도 한 번 이상 사진으로 찍혔다. 그런데 성 기능 강화제를 제조하는 것으로 유명한 오카사Okasa라는 회사가 이 사진을 사용했다. 오카사 측은 해당 사진을 대형 광고판과 현수막 및 삽화로도 만들어서 홍보하면서도, 정작 당사자에게 사전에 문의하지 않았다. 그는 이미 주변의 지인들로부터 몇몇 사실을 어렴풋하게 전해 듣기는 했으나, 그것이 진지한 전언傳言인지를 모르는 채로 아마도 칭찬쯤으로 여기고 그냥 넘겨버렸다. 여하튼 이후에 그는 오카사 회사를 상대로 손해배상을 청구했고, 소송에서 이겼다.

무단으로 사용된 사진은 당연히 그의 일반적 인격권에 대한 침해이다. 이 점은 지금 더 이상 의문의 여지가 없다. 다만 문제는 그가 입은 손해가 대체 어디에 놓여 있느냐 하는 것이다. 민법전 제823조 제1항의 의미에서의 손해는 순전히 경제적인 개념이다. 경제적으로는 그에게 그 어떤 손해도 발생하지 않았다. 유명해진 덕분에 오히려 그가 만드는 맥주가 이전보다 더 잘 팔려나갔을 법도 하다. 법적으로 말하자면, 그의 손해는 무형無形적이다. 사람들이 사진 속 그의 모습을 보고서 웃었기에, 그는 기분이 좋지 않은데다가 심지어 화나기도 했다. 그가 이후에 승마대회에 다시 참가할 때만이 아니다. 이런 사례들에는 명시적인 규정이 존재하는데, 민법전 제253조는 아래와 같이 규정하고 있다.

> 재산상 손해가 아닌 손해는 법률로 정한 경우에만 금전배상을 요구할 수 있다.

이와 관련해서는 당시 민법전상으로 두 가지 경우만 존재했는데, 오늘날에는 여기에다 두 가지 경우가 더 추가되었다. 즉 여행 계약에 있어서 망쳐버린 휴가시간에 대해서 그리고 「일반적 동등대우법」 제21조에 따른 차별금지 위반의 경우가 그러하다. 민법전 제1300조에 따른 파혼위자료사건이 유명한데, 이 파혼위자료는 1998년에 폐지되었다. 즉 한 여성이 품행이 단정했는데도 약혼남에게 동침同寢을 허락했고, 그 후에 약혼남이 일방적으로 파혼한 사건에서 그녀는 파혼위자료를 요구할 수 있었다. 법학부 학생들은 다음과 같이 유념하면 된다. 즉 "신성한 정신이 심하게 상처를 입었으니, 마리아는 1천3백 마르크의 손해배상을 청구한다." 파혼위자료는 의문의 여지가 없고, 당시 민법전 제847조에 따른 별도의 위자료 청구 또한 별 문제가 없었다.

> 자유 박탈의 경우와 마찬가지로 신체 또는 건강이 침해된 경우에 피해자는 재산상 손해가 아닌 손해에 대해서도 적절한 금전배상을 요구할 수 있다.

1958년에 연방통상법원은 승마인의 손을 들어주었다. 그는 이 규정에 따라서 위자료를 청구할 수 있었고, 오카사 회사는 1천3백 마르크와 소송 비용을 지급해야 했다. 이 판결이 정당하기는 하지만, 제847조의 문언상으로는 문제가 절대 없지는 않다. 여기서는 신체 훼손이 없었고, 그가 감금당하지도 않았다. 오늘날에는 민법전 제823조 제1항과 기본법 제1조 및 제2조를 통해서 이것을 정당화하고 있다.

여기서 법원은 유추Analogie를 통해서 감금의 경우를 준용하고 있다. 비록 문언상 딱 들어맞지는 않더라도 그 의미에 따라서, 즉 그리스어로 *logos*로써 관련 법률을 유추 적용할 수가 있다. 유추는 그리스어 *analogos*(의미에 맞게끔)에서 유래한 단어인데, 의미에 합당한 적용을 뜻한다. 즉 만약에 입법자가 미리 이런 사례들을 생각했더라면, 입법자가 바로 이와 같은 규정을 만들었을 거라고 흔히들 말한다. 1958년에 연방통상법원은 제847조에 대해서 또한 다음과 같이 밝혔다. "오카사 회사가 자신이 찍힌 사진의 공개 여부에 관한 남성 승마인의 자기결정의 자유를 침해한 경우에, 이는 당사자의 신체적인 행동의 자유가 침해된 것과 마찬가지라고 평가된다." 즉 그는 사실상 감금된 것과도 같다. 왜냐하면, 일반적 인격권은 자유권이기 때문이다.

이후로 법률문헌들에서 회사 측의 자유를 주장하면서 해당 판결을 반박하는 의견들이 더러 제기되었는데, 지금은 이 같은 목소리가 다소 잦아들었다. 연방통상법원은 그 후로도 이 같은 판결을 계속해서 관철해갔다. 지난 30년 사이의 화폐가치 평가절하로 인해 오늘날에는 배상가액이 더욱 증액되었다. 오늘날 인격권이 침해되는 유사 사건들에서 위자료 액수가 2~3만 유로에 달하는데, 문제가 되는 개별 사안의 상황마다 제각각 다르다. 대단히 심각한 침해이거나 당사자가 저명인사인 경우에는 금액이 더욱 커진다.

위자료와 관련해서 당시에는 그저 관련 규정에 불과했던 민법전 제847조가 2002년의 대대적인 채권법개혁과 함께 그 효력을 상실했다. 지금은 해당 사안이 제253조 제2항에서 규정되고 있다. 여기서 "billig"는 "적절한"을 뜻한다.

> 신체, 건강, 자유 또는 성적인 자기결정의 침해를 이유로 손해배상이 행해지는 경우에는 재산상 손해가 아닌 손해에 대해서도 적절한billig 금전배상을 요구할 수 있다.

부당이득법

법률가들은 이 단어를 두고서 그다지 깊이 생각하지 않고 있고, 이 단어와 관련해서 사회 한가운데에서 불거져있는 아이러니에도 귀 기울이지 않고 있다. 어떻게 말해야 할지 다소 주저되지만, 여하튼 부당이득법이 양측 모두에게서 마치 술자리의 안줏거리인 셈인데, 이것은 순수하게 기술적인 개념이다. 이는 민법전 제812조~제822조에서 규정되고 있다. 이 규정들에는 보다 더 정확하게 그리고 평균적인 상식에 비추어 봐도 그다지 오해의 여지가 없게끔 "부당한 이득"이라는 제목이 붙여져 있다. 가장 중요한 조항인 제812조 제1항 제1문은 아래와 같다.

타인의 급부에 의해서나 또는 기타의 방법으로 타인의 비용으로 법적인 근거가 없이 무언가를 취득한 자는 타인에게 그것을 반환할 의무를 진다.

법적인 근거가 없다는 사실에 주목하라. 이것은 먼저 부당이득법이 하자 있는 계약을 무효화하는 법적인 메커니즘이라는 사실을 말하고 있다. 예컨대 앞에서 다룬 계약법에 관한 사례와 마찬가지다. 계약이라는 주제어와 함께 아래 문장을 다시 떠올려보자.

"누군가가 기계를 구매하려고 전화로 거래를 한다. 판매자가 그에게 5만 유로를 제안하는데, 제대로 듣지 못하고서 1만5천 유로로 이해한다.* 그는 좋은 가격의 제안이라고 생각해서 '예. 그 가격에 구매하지요'라고 말했다. 기계가 배달되고, 대금청구서가 함께 날라 온다. 이 청구서에는 가격이 5만 유로로 적혀있다."

기계는 어찌 되는가? 이 기계가 이제 누구의 것인가? 구매자의 것이다. 기계는 배달되고, 양도되었으며, 구매자가 기계의 소유자가 된다는 사실에 서로의 의사가 일치했다.

그런데 구매자가 자신이 착오에 빠졌다는 사실을 뒤늦게 깨닫고서는, 계약을 문제 삼는다. 앞서 언급했듯이 민법전 제119조에 따라서 그는 그렇게 할 수가 있다.

그래서 매매계약은 효력이 없다(민법전 제142조). 그렇다면 이제 기계는 어찌 되는가? 이제 기계는 누구의 것인가? 언제나 여전히 구매자의 것이다. 하자는 매매계약에 놓여있지만, 의사의 일치는 매매계약과는 구별되어야 한다. 의사의 일치는 무인無因적인 관계에 놓여있다. 민법전 제929조는 의사의 일치에 대한 이유를 언급하고 있지 않다.

---

*독일어로 숫자 50,000은 "fünzigtausend", 15,000은 "fünfzehntausend"로 발음이 비슷해서 착각하기가 쉽다.

동산 재산의 소유권 양도에는 소유자가 양수인에게 물건을 인도하고
재산이 양도되어야마땅하다는 사실에 쌍방의 의사가 일치할 것을 요한다.

구매자는 기계를 가질 수 있겠는가? 아니다. 구매자는 기계를 돌려줘야
한다. 무인성 원칙의 주목할 만한 결과는 부당이득법과 함께 다시 형평을
되찾는 데에 있다. 즉 부당이득법은 이른바 무인성 원칙에 대응하는 기술
적인 형평책衡平策인 셈이다. 왜냐하면, 매매계약이 효력이 없는 곳에서는
기계의 취득에 "법적인 근거"가 결여되어 있기 때문이다. 따라서 판매자는
민법전 제812조 제1항 제1문에 따라서 기계의 반환을 요구할 수 있는 청
구권을 갖는다.

이상의 내용을 한번 이해하고서 다시 까먹지만 않는다면, 사안은 비교
적 간단하다. 세 사람이 관련되는 경우에는 비로소 사안이 더 어려워진다.
예컨대 甲이 乙더러, 乙이 제삼자인 丙에게 무언가를 넘겨줘야 한다고 말
한다. 일종의 명령 내지는 지시다. 乙 또한 이에 응하면서 그리한다. 왜냐
하면, 乙은 자신이 甲에게 채무가 있다고 생각한 까닭이다. 그리고서는 무
언가 일이 잘못되었다는 사실을 알아차리게 된다. 즉 乙이 甲에 대해서 채
무가 없거나 甲이 제삼자인 丙에 대해서 채무가 없는 경우가 그러하다. 이
경우에 누가 누구에게 무엇을 요구할 수 있겠는가? 이런 문제를 접한다면
법학부 학생이 아니더라도 온몸에 전율이 흐를 법하다. 삼각관계에서의 급
부반환청구권은 흥미로운 주제라고들 말한다. 이에 대해서는 바로 아래의
전기레인지 사례에서 더 자세히 다루기로 한다.

흥미롭게도 여기 부당이득법에서는 무언가 전혀 다른 것이 목도되는데,
즉 잘못된 계약들에서 뿐만 아니라, 전혀 다른 사례들에서의 형평이 또한
문제시된다. 다음과 같은 경우는 흔한 사례이다.

M이라는 어느 임차인이 그의 이웃인 N의 지하석탄 창고에서 잠시
착각하고서는, N에게 이 석탄이 본래 자기 거라고 주장하면서 석탄 두

바구니를 갖고 가서는 자기 집의 오븐을 뜨겁게 달구었다.

여기서 M과 N 사이에는 그 어떤 계약도 없다. 그런데도 N은 M에게 민법전 제812조 제1항 제1문에 근거해서 석탄의 가치를 주장할 수 있다. 왜냐하면, M이 타인의 비용으로 법적인 근거 없이 석탄을 취득했기 때문이다. 이를 침해에 따른 반환청구권이라고 부른다. 급부반환청구권과는 상반되는데, 여기서 반환청구는 단지 부당이득청구에 대한 또 다른 표현이다.* 급부반환청구권은 잘못된 계약을 취소시키는 청구권이고, 따라서 배달된 기계의 역逆양도에 관한 판매자의 청구권이다. 기계의 구매자는 그리했고, 이는 그가 판매자에게 기계를 의도적으로 되돌려주는 것을 뜻한다. 그런데 석탄의 경우는 이와 다르다. M은 N에게서 석탄의 반환급부에 의해서 석탄을 갖는 게 아니라, 자신의 침해행위에 따라서 석탄을 갖고 있다. 이는 제812조 제1항 제1문에서 "기타의 방법으로"라는 단어로 우회적으로 적혀있다.

석탄을 실수로 갖고 가거나, 사용한 것은 N의 재산에 대한 침해이다. 이는 급부반환청구권과는 전적으로 다르다고 여기고 있다. 이는 계약법에 속하는 사안이다. 침해에 따르는 반환청구권은 타인의 권리를 침해한 것에 뒤따르는 책임이다. 법적인 공식에 따르면 타인의 물건이나 권리의 사용과 소비라고들 말하고 있다. 이는 불법행위법에 속한다. 여기서는 위험책임과 마찬가지로 유책하지 않는데도 책임이 다뤄지고 있다. 그러나 이 책임은 손상된 재산에 대한 손해배상으로까지 확장되지는 않고, 단지 피해자의 재산으로 여전히 남아있는 물건의 양도에 그친다. M은 두 바구니의 석탄 가액을 절약한 셈이고, 이 가치는 여전히 자신의 재산이다. 그는 이것을 돌려줘야 한다.

여전히 주목할 만한 대목이 남아있다. 왜 전적으로 다른 두 개의 사안, 즉

---

* 우리 학계와 법원에서는 따로 급부부당이득 그리고 침해부당이득으로 표현하고 있다.

급부반환청구권과 침해에 따른 반환청구권, 계약법과 불법행위법이 민법
전의 유일한 조항에서 이렇듯 함께 규율되고 있을까? 그리고 게다가 유일
무이한 하나의 문장에서 말이다. 이에 대한 해명은 간단하다.

19세기에 민법전이 제정되던 그 당시에는 이것들의 구별이 그리 분명하
지가 않았었다. 호메로스Homeros도 때로 졸기도 한다.* 뒤늦게 지난 1930
년대 이후에서야 비로소 발터 빌부르크Walter Bilburg와 에른스트 폰 캠머러
Ernst von Caemmerer에 의해서 보다 잘 이해되는 가운데 그 차이점이 분명해
졌는데, 이 두 학자는 20세기의 독일 사법私法에서 가장 중요한 법률가로
손꼽히는 에른스트 라벨Ernst Rabel의 제자이기도 하다. 1963년에 연방통상
법원BGH도 이 견해를 받아들였고, 이로써 학계에서도 통설이 되었다. 바로
아래에서 소개하는 전기레인지 사건에서 이 쟁점이 다뤄졌다.

전기레인지 사건(BGHZ 40, 272)

여기서는 19개의 전기레인지와 20개의 온수溫水저장장치가 다뤄지고
있다. 어느 날, 이 물건들이 대형도매회사로부터 건설현장에 배달된다. 해
당 회사는 부동산 소유자에게 대금 지급을 요구하고, 부동산 소유자가 이
를 거부하면서 소송이 제기되었는데, 피고인 부동산 소유자가 소송에서 이
겼다. 여기서도 다른 제삼자인 전기설치회사가 관여되어 있다.

이는 따라서 앞서 언급한 바와 같이 우려스러운 삼각관계에 해당한다.
대형도매회사를 G, 부동산 소유자를 E 그리고 전기설비회사를 F로 약칭하
기로 하자. 전체 상황은 개별적으로 다음과 같이 진행되었다. 먼저 E가 F에

---

*여기서 호메로스는 기원전 8세기경에 《일리아스》와 《오디세이아》를 쓴 시인을 말한다. 이
유럽 속담은 "원숭이도 때로 나무에서 떨어진다"라는 우리 속담과도 유사하다.

게 자신이 짓고 있는 새 건물에다 전기배선작업과 함께 전등, 19개의 전기 레인지 및 20개의 온수저장장치의 설치를 위탁했다. 흔히들 이를 도급공급계약Werklieferungsvertrag으로* 부른다. 이 계약은 E와 F 사이에서 체결되었다. 그래서 F는 G에게로 가서는 그곳에서 관련 전기제품들을 구매하려고 했다. G 또한 원칙적으로 물건을 공급할 준비가 되어있는데, 특별한 조건을 내걸었다. F는 당시 재정적인 어려움을 겪고 있었고, G 또한 이 사실을 알고 있었다. 그래서 이들은 매매계약의 당사자가 그들이 아니라, G와 돈을 가지고 있는 E가 직접 체결할 것에 합의했다. F는 단지 중간에서 커미션만 받게 된다. 따라서 G는 E에게 이에 관한 "위임확인서"를 발송했다.

그런데 E는 이것이 자신과는 무관하다며, 위임확인서를 G에게로 다시 반송시켰다. E는 자신이 F와 계약을 체결했기에, G와는 아무런 관계도 아니라고 말한다. 그런데도 G는 19개의 전기레인지와 20개의 온수저장장치를 건설현장에 공급했다. 그곳에서 이 물건들은 시공회사인 F에 의해서 인수되고, F는 공급확인서에 서명했다. F는 제품들을 부착하여 설치하고 연결까지 완료했다. 그후 도매회사 G가 예견했던 불길한 일이 벌어졌다. 전기설비회사인 F가 파산했다. 그러자 G는 공급한 물건 대금인 1만 마르크의 지급을 E에게 요구했다. 전기레인지 사건의 사실관계는 이상과 같다.

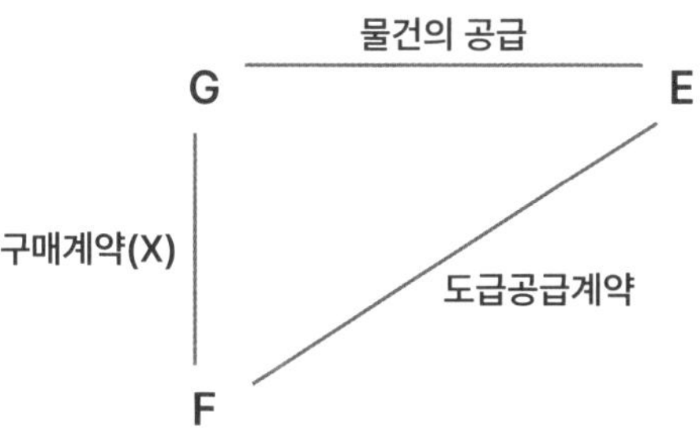

---

*여기서 도급공급계약은 물건의 도급에 관한 계약Werkvertrag과 제품의 공급에 관한 구매계약Kaufvertrag의 혼합계약을 뜻한다. 민법전BGB 제650조에 따르면 이런 계약에는 매매에 관련한 규정이 적용된다.

법적인 여러 문제점에 대해 미리 고려해야 할 점들이 몇 있다. 이들 삼자三者 간의 계약관계는 어떠한 것인가? 꽤 단순하다. E와 F 사이에는 도급공급계약이 존재하고, 해당 계약에 따라서 F는 E에게 전기레인지를 조달해서 설치해야 할 의무를 진다. E와 G 사이에는 아무런 계약이 체결되지 않은 까닭에 E는 명시적으로 대금 지급을 거부했다. 또한, G가 거부한 까닭에 G와 F 사이에도 아무런 계약이 존재하지 않는다. 그렇다면 물건들의 소유관계는 어떻게 되는가? 민법전 제929조에 따른 고려가 여기서는 행해지지 않는다. 물건들은 이와는 다른 방법으로 E의 소유가 된다. 즉 민법전 제946조에 따르면 아래와 같다.

> 동산動産의 물건이 부동산不動産에 부착하여 부동산의 본질적 구성 부분이 된 경우에는, 부동산의 소유권이 이 동산의 물건에도 미친다.

무엇이 본질적인 구성 부분인지는 민법전 제94조로부터 도출된다.

> 토지의 정착물, 특히 건물과 토지에 부착된 토지의 산출물은 토지의 본질적 구성 부분에 속한다. [⋯] 건물의 건축을 위하여 부가된 물건은 건물의 본질적 구성 부분에 속한다.

모든 게 다소 복잡하기는 하지만, 나름 분명하다. 주거건물은 오늘날 전기레인지와 온수가 없이는 불완전하기 때문에 이들 기기는 "건축을 위하여 부가된" 것이고, 따라서 이러한 방법으로 E의 소유가 되었다. 게다가 미리 고려해야 할 점이 또 있다. 이것은 본래의 법적인 문제점이다.

G는 E에 대해서는 기기들의 대금 지급을 위한 어떠한 계약상의 청구권이 없다. 민법전 제433조 제2항에 따르면 매매계약에서 아래와 같이 확인된다.

> 구매자는 판매자에게 합의한 가액을 지급해야 할 의무가 있다.

그런데 위 양자 사이에는 계약이 체결되지 않았다. 제812조 제1항 제1

문에 따른 부당이득반환청구권만이 남아있다.

> 타인의 급부에 의해서나 또는 기타의 방법으로 타인의 비용으로 법적인 근거가 없이 무언가를 취득한 자는 타인에게 그것을 반환할 의무를 진다.

그렇다면 급부반환청구권이 존재하는가? G는 기기들을 E의 건축현장에 공급했다. 양자 간에는 구매계약이 존재하지 않기 때문에 법적인 근거가 없다. 따라서 급부반환청구권과 관련해서는 더 이상 의문의 여지가 없다. 그런데 연방통상법원BGH은 "아니다"라고 말한다. 즉 G가 E를 상대로는 급부반환청구권이 없다는 말이다. 왜 없는가? 여기서는 이해관계의 상황에 대한 철저히 이성적인 숙고에서 비롯하는 지극히 형식화된 논거가 제시된다.

먼저 형식화된 논거를 살펴보자. G는 E에게 기기들을 "공급하지" 않았다. 제812조 제1항 제1문의 의미에서의 급부는 두 개의 전제조건을 갖고 있다. 첫째, 타인에게 무언가를 주거나, 지급하거나 기타의 무언가를 타인을 위해서 행해야 한다. 이는 위 사례에 해당한다. 둘째, 계약의 이행 목적으로 법률관계가 발생해야 한다. 연방통상법원은 "이는 위 사례에 해당하지 않는다"라고 말한다. 그런데 G는 기기들을 공급하면서 E와 계약을 맺었다는 생각에 명백히 근거했기 때문에 이러한 목적을 추구하고자 했다. 그러나 E에게는 사안이 전혀 달랐다. E에게는 F와 체결한 계약이 존재하고, 이 계약은 자신을 위해서 이행되어야 마땅하고, 특히나 F에 의해서 말이다. E의 입장에서는 G가 자신을 상대로는 어떤 고유한 목적을 이행하지 않는 그저 조력자로서만 행위 한다고 본다. 그리고 이렇듯 G와 E가 각기 다른 생각을 하는 착오錯誤의 사례에서는 수령인의 관점이 결정적이다. 이것이 이른바 "수령인의 지평선이론"이다. E로서는 그들 사이에서 체결될 수도 있는 계약을 이행하기 위해 G가 자신에게 기기들을 공급했다는 사실을 가정할 수가 없었다. E는 이 점을 명시적으로 부인했다. 따라서 이것은 E에 대한 G의 급부가 아니었다.

이제는 그 배후에 놓여있는 이성적인 여러 고려사항을 살펴보자. 잘못은 G에게서 비롯되었다. 대형도매상인 G는 F와 함께 통례적인 계약에서 벗어났고, 그런데도 E의 항의편지를 한 번도 제대로 인지하지 않았다. 따라서 G는 F가 파산하고서 그 리스크를 부담해야 마땅하다. 왜냐하면, 이게 바로 문제이기 때문이다. 즉 만약에 E가 F에게 기기들의 대금을 지급했더라면, E는 지금 두 번째 대금을 또 지급해야 하고, F에게서 자신의 돈을 다시 돌려받을 기회가 없게 된다. 기껏해야 파산배당비율대로 매우 적은 금액만이 환수가 가능했을 법하다.

좀 더 깊게 다루는 게 좋겠다. G에게는 여전히 두 번째 가능성이 남아있다. 즉 침해에 따른 반환청구권이다. 자신의 물건이 타인의 토지에 부착되어 제946조에 근거해서 자신의 소유인 재산을 상실하게 되면, 이는 이들 물건에 대한 기존의 소유권을 토지소유자가 침해하는 것이다. 이런 까닭에 제951조는 아래와 같이 규정하고 있다.

> 제946조 내지 제950조에 의하여 권리를 상실한 사람은 권리변동으로 이익을 얻은 자에게 부당이득의 반환에 관한 규정들에 따라서 금전보상을 청구할 수 있다.

그렇다면 위 규정에 따라서 G에게는 E를 상대로 제812조 제1항 제1문에서와같이 "기타의 방법"으로 인한 침해반환청구권이 있을 수 있지 않은가? 이에 대해서 연방통상법원은 "아니다"라고 말한다. 동일한 이성적 숙고에 따른 판단이다. 형식화된 논거로는 이렇다. 즉 이미 완료된 급부에 대해서는 침해반환청구권이 가능하지가 않다. 여기서 전기기기들의 공급은 F가 행한 급부로 간주된다. 이것은 유효한 계약의 범주 내에서 행해진 급부이기 때문에, 급부, 즉 부착된 물건이 다시 분리되는 것은 허용되지 않는다.

그래서 제삼자가 침해반환청구권을 갖는 것이 허용되지 않는다. 미안하지만 G는 F에게로 가야 한다. 그는 F를 상대로는 배상청구권을 갖는다. 개별적인 사항들은 지금으로서는 그다지 중요하지가 않다. 왜냐하면, 이 배상청구권도 여하튼 단지 파산배당비율의 가액으로만 존재하기 때문이다.

이게 그 유명한 전기레인지 사건인데, 좀 복잡한 건 사실이다. 그런데 이런 일이 언젠가는 반드시 또 벌어지기 마련이다. 이 사건은 법적인 논증이라는 것이 마치 아찔한 고공비행高空飛行과도 같다는 인상을 깊게 각인시키는데, 일부 법률가들조차도 제대로 이해하기가 쉽지 않다. 더욱이나 이 판결은 최근에 다시 비판되고 있는데, 특히 수령인의 지평선이론과 완료된 급부에 대해서는 침해반환청구권이 가능하지 않다는 대목이 그러하다. 즉 해당 판결은 E가 실제로 F에게 기기들의 대금을 이미 지급했다는 사실을 미리 전제하는 경우에만 비로소 타당하다. 그런데 이런 경우에는 보다 더 쉬운 해결책이 존재한다. 즉 E를 상대로 G의 급부반환청구권이 존재한다고 말할 수가 있다. 왜냐하면, G는 이로써 계약을 이행하고자 했으며, 또한 물건의 공급을 급부로 하는 목적을 추구했기 때문이다. 그리고 E가 F에게 대금을 이미 지급했다면, E는 더 이상 부당이득이 아니어서 또한 더는 반환할 필요가 없다. 이에 대해서는 부당이득법에서 절대 사소하지 않은 규정인 민법전 제818조 제3항에서 규정되고 있다.

> **수령자가 더는 이익을 취하지 아니하는 한에서 반환 또는 가액상환의 의무가 배제된다.**

늘 그렇듯이, 머리가 아프기만 한 부당이득법에 대한 설명은 이걸로 끝내기로 하자.

임대차, 근로계약, 도급계약

돈이 관련되는 급부가 늘 문제이기 마련이다. 그러한 한에서 아래 세 유형의 계약 모두가 단지 매매계약의 변형에 해당한다. 임대차를 예로 들어보자. 만일 내가 어떤 집을 임차한다면, 이에 대한 보상액을 지급하고, 이 같은 합의가 존재하는 동안에는 그 집에서 내내 머문다. 이를 법적으로는 "한시적인 사용양도"라고 부른다. 매매의 경우라면 어떻게 되는가? 계약이 제대로 이행된다면, 그 집은 나의 소유로 넘어온다. 내가 그 집과 함께 하는 한, 앞으로도 영원토록 말이다. 그럼 임대차는 어떤가? 한시적인 구매와 절대 다르지가 않다. 그렇다면 임대차를 법적으로 이렇게 구성할 수도 있겠지만 한시적인 소유라는 게 허용되지 않기 때문에 그렇게 하지는 않는다. 말도 안 돼! 그 대신에 우리는 계약이 지속하는 동안에 임대인의 소유권에 더 큰 가치를 두고 있다. 이미 고대의 로마인들에게도 이게 중요했었고, 그러한 한에서 지금껏 매우 근소하게만 바뀌어왔다. 고도로 현대적인 리스계약 자체도 본래의 임대차와 별반 다르지가 않다. 그런데 이로써 자신의 세금을 줄이려는 이들에게는 여러 장점이 부각될지는 몰라도, 불리한 조건들도 많다.

위 세 가지 유형의 계약은 민법전에서 채권법을 다루는 제2편 제8장에서 규율되고 있다. 임대차의 경우에는 누군가가 특정 물건을 사용하기 위해서 양도하고, 그 대가로 금전을 지급받는다. 근로계약에서는 일에 대한 보상이 다뤄지는데, 시간에 따라서 시간당 임금 또는 월급으로 지급된다. 도급계약에서도 다소 다르기는 하지만, 대체로 이와 유사하다. 여기서는 누군가가 타인을 위해서 무언가를 행하는데, 예컨대 집을 짓거나, 양복을 세탁하거나 자동차를 수리한다. 그런데 이것은 단지 이 같은 "도급"에 관한 계약이다. 이를 위해서 얼마의 시간이 필요한지는 그의 일이다. 중요한 건 다만 합의된 기일 내에 무언가를 끝마쳐야 한다는 사실이다. 즉 집이 지어지고, 양복이 깨끗이 세탁되고, 자동차가 수리되어야 한다. 법적으로는 다음과 같이 표현된다. 근로계약에서는 시간상으로 측정된 일에 대해서 그리고 도급계약에서는 완성된 일에 대해서 채무를 부담한다.

민법전에서 계약의 자유를 보장하는데, 근로계약과 임대차계약처럼 사회적으로 위험한 것은 이 세상 어디에도 없다. 그 어디에도 여기만큼이나 위험성이 큰 곳이 없는데, 경제적 강자가 약자에게 어러 조건을 일방적으로 명령하고, 약자의 생활조건을 생존의 최저치로 축소한다. 노동자들이 겪어온 끝없는 궁핍 및 시련과 함께했던 지난 19세기가 바로 그러했었고, 민법전이 발효된 1900년경에도 이에 맞서서 아무것도 도모되지 않았다. 한참이나 지나고서야 비로소 무언가를 바꾸어야만 한다고 깨닫게 되었다. 이 같은 사회적인 측면 때문에 나는 특별 채권법의 두 영역을 따로 분리해서 이 책의 제5장에서 다루고자 한다.

도급계약의 경우에는 그 전개 양상이 통상적인 궤도로 진행된다. 여기서는 임대차나 근로계약에 있어서 사회법상의 원칙이 개입하는 것처럼 민법에 속하지 않는 원칙을 통한 큰 틈입闖入이 생겨나지 않는다. 그러나 마찬가지로 사회적인 측면을 갖는 더 많은 소비자 보호의 추세가 늘 형성되어왔다. 그래서 이미 널리 알려져 있고, 계속해서 더욱 세련되게 다듬어져 가는 새로운 유형의 도급계약들이 발전되어왔다. 도급계약에 관한 일반적인 규정들(제631조~제650조)에 따르면 이제는 아래와 같이 부분적으로 사인私人들끼리 체결하는 건축법상의 계약에 대해서도 매우 상세한 규정들이 존재한다.

- 건축계약(제650a조~제650h조), 이는 건축물이나 옥외 시설에 관한 계약이다.
- 소비자건축계약(제650i조~제650n조), 이는 단지 소비자와 건물에만 해당한다.
- 설계계약과 감리계약(제650p~제650t조)

- 주택분양계약(제650u~제650v조), 이는 토지취득과 주택신축이 결합한 계약인데, 통례적으로는 기업인 주택분양자가 토지를 취득하여 집이나 주택을 신축하고서 이것을 개인들에게 배분된 토지와 함께 판매한다.

민법전상의 도급계약법에는 또한 패키지여행도 상세하게 규율되고 있다. 이렇듯 다수인이 관여하는 거래에서는 포괄적인 소비자 보호가 존재한다(제651a~제651y조).

소비대차, 보증 및 담보

자신의 은행 계좌가 플러스(+)이든 마이너스(−)든지 간에 법적으로는 똑같다. 즉 두 경우 모두가 소비대차Darlehen인데, 은행이 고객에게 돈을 빌려주든지 아니면 그 반대의 경우에 해당한다. 그 기간과 이자 및 부대비용과 함께 개별사항들이 세세하게 규율되면서 대출이 승인되는 이 같은 다수의 계약을 살펴보노라면, 이렇듯 법적으로는 별로 복잡하지 않은 계약이 실제로는 대단히 중요한 역할을 행하고 있다는 사실이 분명해진다. 이 소비대차는 매우 오래전부터 있던 것인데, 시간적으로 유예되는 효과를 지닌 거래로서는 가장 오래된 것으로 매매가 있기 전부터 행해졌었다. 이미 BC 3천 년 전의 수메르 문서들에서도 그 흔적이 확인되고 있고, 오늘날에도 민법전 제488조~제505e조에서 평균적인 소비자들을 위해서 많은 개별규정이 마련되어있다. 가장 중요한 규정이 또한 맨 앞에 자리한 제138조 제1항에서 아래와 같이 규정되고 있다.

선량한 사회풍속에 반하는 계약은 무효로 한다.

이자利子가 오늘날의 소비대차에서 특별한 역할을 떠맡고 있는데, 대부분은 이른바 대부금융회사들에 의해서 행해진다. 이들 대부금융회사가 신용도가 낮은 고객들에게 돈을 빌려주는데, 그 리스크를 보다 더 비싸게 지급하도록 한다. 때로는 지나치게 비싸다. 그래서 계약이 무효가 되곤 하는데, 돈을 빌린 고객의 입장에서는 그나마 불행 중 다행인 셈이다. 그는 이자를 지급할 필요는 없지만, 합의된 기간 내에 대출금을 갚아야 한다.

이자에 대해서는 같은 제138조의 제2항에서 특별한 규정이 존재한다. 그런데 이 규정이 적용되는 경우가 극히 드문데, 입증하기가 어려운 고의적인 "착취"를 전제하고 있기 때문이다. 따라서 오늘날에는 이 문제를 일반적인 사회풍속 위반으로서 제1항에 따라서 해결하고, 이를 위해 합당하고 정의롭게 사고하는 모든 사람의 예절 감각에 반한다면, 사회풍속 위반이라고 보는 통례의 공식을 적용해오고 있다. 그리고 특정 조건으로서의 장기할부대출계약도 이 같은 예절 감각에 반한다고들 말한다. 그렇다면 언제 이자 제한의 상한선에 도달하는가? 이에 대해서는 아주 많은 판례가 있고, 제138조(방주번호 27번)를 설명하고 있는《Palandt 주석서》에서 확인할 수 있다. 업무처리에 필요한 각종 수수료 및 중개수수료와 같은 부대비용을 포함해서 시장에서 통용되는 이자율의 두 배를 넘는 약정은 허용되지 않는다는 게 통상적인 규칙이다. 그런데 거래의 안전과 다른 채무 사이에서 갈팡질팡하는 전체 모습이 법적으로는 복잡하기만 하다. 고래古來로부터 두 개의 기본공식이 존재하고 있다. 즉 보증保證과 질권質權이다. 하나는 타인을 통한 안전성의 확보이고, 다른 하나는 물건과 결부된 안전성의 확보이다.

보증保證이 보다 더 위험하다. 왜냐하면, 보증인은 나중에 그 자신이 실제로 돈을 지급해야만 한다는 사실을 진지하게 고려하지 않고서 종종 단지 개인적인 연민으로 인해, "보증을 서겠다"라는 말을 건네고, 심지어는 지나가는 말처럼 내뱉기도 한다. "보증, 그곳에 이미 재앙이 닥쳐

있다"라는 말은 고대 그리스의 속담인데, 아마도 일곱 현자의 한 사람인 밀레Milet의 탈레스Thales가 행한 표현으로 짐작된다. 그러므로 민법전은 서면 형식을 요구하고 있고, 이로써 의도의 진지함을 보다 더 잘 알아차리게 된다. 제766조는 아래와 같이 규정하고 있다.

> 보증계약이 유효하기 위해서는 보증의 의사표시가 서면으로 행해질 것을 요한다.

질권質權은 이와는 다르다. 물건은 어쨌든 이미 내 손에서 떠났다. 즉 물건이 채권자에게로 넘어갔다. 제1205조는 아래와 같이 규정하고 있다.

> 질권의 설정에는 소유자가 채권자에게 물건을 인도하고 또한 쌍방이 채권자가 질권을 갖는 데에 합의를 요한다.

질권은 점유하고 있는 물건을 추후에 처분하고서 그 수익에서 채무자가 자신에게 갚지 않고 있는 몫을 갖게끔 하는 권리를 채권자에게 부여한다. 따라서 민법전은 단지 이른바 점유질권만을 인식하고 있다. 그러나 법률가들의 지혜가 새로운 길을 만들어냈다. 오늘날에는 서면 형식이 없는 보증과 물건의 양도가 없는 질권이 존재한다. 어떻게 그럴 수가 있는가? 매우 간단하다. 단지 새로운 단어 하나만 찾아내면 된다. 그래서 법은 언어다.

서면 형식이 없는 보증, 예컨대 **채무가담**Schuldbeitritt의 경우가 그러하다. 일부에서는 이것을 "**공동채무인수**"Schuldmitübernahme라고도 부른다. 민법전에서 이 단어를 찾으려는 건 헛된 수고일 뿐이다. 이것은 일반적으로 승인되고 있는 새로운 구성인데, 예컨대 甲이 은행 측에다 이렇게 말한다. "예, 좋습니다. 내가 乙의 채무를 갚지요." 이게 보증인으로서 채무를 부담하는 전형적인 사례다. 甲이 서면이 아니라 단지 말로써만 행한다면, 제766조에 따르자면 효력이 없다. 그렇지만 이것이 채무가담으로 받아들여져서 은행 측을 돕게 된다. 이를 위해서는 서면 형식이 필수적이지 않다고들 말한다. 즉 甲이 내뱉은 말은 다른 방식으로 乙의 곁에서 함께 채무에 책임을 지고자 하며, 정확하게는 이런 방식으로 보증인이 아니라 채무자가 되고자 한다고 이해하는 것이 가능하다. 아주 사소한 차이가 존재할 따름이다.

이론적으로는 채무자가 먼저 채무를 부담하고, 보증인은 그다음으로 단지 보조적으로 채무를 부담한다. 그런데 실무상으로는 대부분의 경우에 보증인에게 채무의 변제를 동시에 요구할 수가 있다. 거의 늘 그렇게 요구되듯이 보증인은 마치 "자기채무인 것처럼" 의무를 진다. 달리 말하자면, 채무가담은 제766조라는 장애물이 없는 자기채무적인 보증과도 같다. 따라서 서면 형식이 필수적이지 않고, 채무자와 보증인에 갈음해서 은행의 입장에서는 이제 간단하게 두 명의 채무자를 갖게 되는 셈이다. 제766조를 우회하고 있는 까닭에 여기서는 물론 법률가들의 나쁜 양심이 드러난다. 그래서 채무가담은 원칙적으로 甲과 사업적인 이해관계를 갖는 경우에만 가능하다고들 말한다. 보증의 경우와 같이 순전히 개인적인 이해관계로는 족하지가 않다. 예컨대 만약에 甲이 乙이 소유하고 있는 집의 임차인이고, 지금 사는 집이 은행 측에 의해서 강제경매 되는 걸 저지하고자 한다면, 甲은 乙이 가진 채무의 청산에 있어서 고유한 경제적 이해관계를 갖고 있으며, 그의 의사표시는 유효하다. 은행 측은 甲에게 변제를 요구할 수 있다.

채무가담으로 보증에 관한 규칙을 편법으로 우회했듯이, 질권에서도 **보증소유권**Sicherungseigentum을 통한 우회가 또한 가능하다. 만약에 내가 나의 값비싼 그림에다가 채권자를 위하여 질권을 설정하려고 한다. 그런데 민법전 제1205조에 따라서 그림을 넘겨주지 않고서 내 곁에 그대로 집의 벽에다 걸어두고자 한다면, 나는 그림을 채권자에게 단지 보증으로 양도하면 된다. 여기서는 제929조에 따라서 일응 양도를 위한 인도引渡가 필수적이기는 하지만, 질권의 경우와는 달리 두 가지 가능성이 존재한다. 제930조에 따르면 이른바 "**점유개정**"Besitzkonstitut이라는 게 있다.

> 소유자가 물건을 점유하고 있는 경우에는 그와 양수인 간에 양수인이
> 간접점유를 취득하게 하는 법률관계에 합의함으로써 인도引渡에 갈음
> 할 수 있다.

이렇게 법적으로 표현되고 있지만, 이해하기가 그리 어렵지는 않다. 내가
그림의 소유자이다. 채권자가 나의 재산을 취득하고자 한다. 그러면 나로
서는 그가 마땅히 그림을 가져가야 하지만, 그가 내게 그림을 빌려주고서
내 집에서 그대로 내 곁에 두는 데에만 채권자와 합의하면 된다. 그림의 대
여는 법률관계이고, 이 법률관계에서 그림을 취득한 자는 간접점유를 획
득한다. 이게 바로 점유개정이다. 이는 계속해서 그림을 내 곁에 두고서 나의
직접적인 점유로 갖는다는 것만을 뜻한다. 그러나 나는 지금 채권자의 대
리인 자격으로 그림을 가지고 있는 것이고, 채권자는 이런 방식으로 간접
적으로 그림을 취득하여 이를 통해 소유자가 되었지만, 이는 즉 담보권자
(보증소유자)가 된 것으로 채무가 변제되는 경우에는 내게 다시 소유권을 넘
겨줘야 한다는 것을 뜻한다.

또한, 이와는 반대의 경우도 있다. 예컨대 매매에 있어서 구매자가 대금을
지급하지 않은 채로 물건을 가지려고 하는 경우가 있다. 판매자는 어떻게
하면 이를 보증할 수 있을까? 그는 물건을 넘겨주면서, 그 물건을 자신의
소유로 유보한다고 말하기만 하면 된다. 이것이 **소유권유보**Eigentumsvorbehalt
이고, 민법전 제449조 제1항에서 아래와 같이 규정하고 있다.

> 동산의 매도인이 대금이 지급될 때까지 소유권을 유보하는 경우에, 의
> 심스러울 때는, 소유권은 대금의 완납을 정지조건으로 해서 이전한다
> ("소유권유보").

여기서도 판매자가 비록 물건을 더는 자신의 수중手中에 갖고 있지 않더

라도 채권자로서 소유권을 통해서 보증되고 있다. 민법전 제1205조가 실무상의 법생활에서 거의 아무런 역할을 하지 못하고 있다는 사실이 목도된다. 은행에서 대출을 받지 못하고서 대부금융회사를 찾아가는 경우를 제외하고는 말이다. 그곳에서는 법률이 명령하는 바와 같이 질권이 사실상 물건의 양도를 통해서 정당화된다. 법원집행관에 의한 압류의 경우도 이와 유사하다. 이는 점유질권의 가장 흔한 형식이기도 하다. 법원집행관은 물건을 가져가거나, 물건에다가 질권 딱지를 갖다 붙인다. 이는 민사소송법 제808조에서 규율하고 있다. 이로써 **"압류질권"**이 생겨난다. 그런데 이것의 법적 성격이 뜨겁게 논란되는데, 민법전 규정에서의 여느 사법私法상의 질권과 같다는 견해와 그리고 국가의 처분이라는 견해가 서로 대립하고 있다. 대다수 학자는 이 사안에서 진리는 그것이 빈번하게 목도되는 바로 그곳, 즉 중간에 놓여있다고 생각한다.

대출을 업으로 하는 대규모의 금융기관들을 위해 부동산에다 설정하는 보증이 존재한다. 이것이 이른바 토지질권Grundpfandrecht, 저당권Hypothek 또는 토지채무Grundschuld이다.* 많은 사람이 썩 내키지 않은 채로 발을 들여놓는 구역이기도 하다. 이것들은 다소 어렵게 적용된다. 민법전은 저당권과 토지채무 간의 차이와 관련해서 저당권은 보증되어야 할 채무와 더욱 밀접한 관련이 있다고 말한다. 토지채무는 그렇지가 않다. 원칙적으로 모든 담보는 해당 채무의 존재에 좌우되는데, 이를 부종성附從性이라고 말한다. 즉 채권이 없으면 질권이 성립하지 않는다. 채무가 해소되면, 질권도 더는 존재하지 않는다. 토지채무는 채무가 없어도 계속해서 존속한다. 법률에 그렇게 적혀있다. 그런데 이게 결국 그저 눈속임에 지나지 않는다. 이 토지채무도 당연히 대개는 보증으로 설정된다. 단지 처음에 딱 한 번만 그것의 법적인 실존이 채무와는 무관하다는 말이다. 여기서는 결국에는 입증 책임이 문제가 된다. 만약에 분쟁이 발생하면, 채권자는 토지채무의 경우에 채무가

---

*여기서 언급되는 토지질권과 토지채무는 우리 민법에는 낯선 제도이다.

여전히 변제되지 않았다는 사실을 입증할 필요가 없다. 저당권의 경우와는 다르다. 이게 전부다. 그밖에 두 질권 모두 점유를 포함하지 않는다. 그것이 등기부에 등록되어 있다는 사실이 결정적으로 중요하다. 그리고 많은 사람들이 이 넓은 구역 안에 기꺼이 발을 내딛지 않으려는 이유 중의 하나는 규정들이 복잡하게 서로 얽혀있기 때문이다.

등기부

이 등기부는 예컨대 주민센터에서의 주소지 등록과 같지는 않다. 주민센터에 등록되지 않아도 별 문제 없이 잘 지낼 수 있다. 등기부에는 규칙이 적용된다. *quod non est in actis, non est in mundo.* 즉 "문서에 적혀있지 않은 것은 문서의 바깥에도 존재하지 않는다"라는 말이다. 심지어 한 걸음 더 나아가서, 그 옛날에 아래와 같이 요약해둔 게오르크 크리스토프 리히텐베르크Georg Christoph Lichtenberg의 말을 인용할 수도 있겠다.

"다소 까칠한 철학자, 아마도 덴마크의 왕자 햄릿이었던 것 같은데, 그는 이렇게 말했다. '하늘과 땅에는 우리 책에 없는 것들이 많이 있습니다.'* 만약 그 단순하고 제정신이 아닌 것으로 악명 높았던 사람이 우리의 물리학 백과사전을 비웃는다면, 우리는 자신 있게 이렇게 대답할 수 있을 거다. '글쎄요, 하지만 우리의 물리학 백과사전에는 하늘이나 땅에 존재하지 않는 것들이 많이 있지 않습니까.'"

즉 등기부가 부정확할 수도 있다. 예컨대 누군가가 어느 부동산의 소유

---

*셰익스피어가 쓴 《햄릿》에 "하늘과 땅엔 당신이 꿈꿔온 철학보다 더 많은 것이 존재한다"라는 문장이 적혀있다.

자로 기재되어있지만, 실제로는 아닌 경우가 그러하다. 이 경우에 이를 물리학에서처럼 이해해서는 안 되고 차라리 종교적으로 이해해야 한다. 등기부를 믿는 건 허용된다. 등기부에 대해서는 공신력公信力이라는 게 존재한다. 그릇된 등기를 옳다고 신뢰하고서 등기부상에 부동산과 토지의 소유자로 등록된 누군가와 거래를 한 사람은 보호된다. 예컨대 그가 선의善意로 소유권, 저당권 또는 토지채무를 취득할 수가 있고, 진짜 소유자가 할 수 있는 게 별로 없다. 그전에 미리 잘못된 등기를 바로잡았더라면 얼마나 좋았을까.

따라서 등기부는 매우 중요한 제도이다. 이는 모든 구법원Amtsgericht에서* 제각기 수행된다. 등기 내용을 바로잡을 이해관계가 있는 사람들에게는 열람이 허용된다. 이곳처럼 아주 정확하게 일하고 있는 행정관청이 그리 많지는 않다. 그리고 비교하자면 이렇듯 세련되게 규율되고 있는 법 영역도 거의 없다. 이를 위하여 마련된 법률이 1897년에 제정된 「등기부법」이다. 여기서는 세상이 여전히 정상적이다. 수십 년 동안 거의 바뀐 게 없다. 그래서 종이 위에다 여러 색깔의 잉크로 수기手記해둔 메모들과 함께 마치 노아의 대홍수 이전에 작성된 아주 오래된 고문서古文書 같다. 그래서 2009년에 등기절차에서 전자문서를 도입했고, 2003년에는 등기부 데이터 뱅크를 구축했다. 수기手記문서 또는 전자문서인지 아닌지와는 무관하게 원칙은 민법전 제873조 제1항에서 단순하게 표현되고 있다.

> 부동산의 소유권을 양도하거나 부동산에다 권리를 설정하거나 그 권리를 양도하거나 그 권리에 부담을 설정하기 위해서는, 법률에서 달리 정하지 않는 한, 권리변동에 관한 권리자와 상대방의 합의 및 부동산등기부에의 권리변동 등기를 요한다.

---

* 토지관할과 사물관할에 따라서 독일에서 민·형사 및 상사사건을 담당하는 1심급의 법원인데, 현재 독일 전역에 640개의 구법원이 설치되어있다. 각 란트에는 상급법원으로 지방법원Landgericht(LG)과 고등법원Oberlandesgericht(OLG)이 그리고 연방차원에서는 연방통상법원Bundesgerichtshof(BGH)이 설치되어있다.

이것이 응당 법률가라면 마치 슬로건처럼 늘 머릿속에 갖고 있어야 할 "합의와 등기"라는 원칙이다. 동산에 대해서는 양도를 규정하고 있는 제929조와 대칭된다. 여기서는 "합의와 양도"라고 부르고 있다. 따라서 동산의 경우에는 합의하고서 물건을 양도해야 한다. 그러면 다른 사람이 해당 물건의 소유자가 된다. 부동산의 경우에는 합의하고서, 그것의 전체가 등기되게끔 해야 한다. 그 전면에는 따라서 합의, 사적 자치, 당사자들 간의 자유로운 의사, 자유가 곳곳에 깔려있다. 그리고서 통상적인 동산 재산에서는 외부적인 행위로 양도가 그리고 부동산에 있어서는 등기부에의 등기가 뒤따른다. 이게 전부다. 그리고 모든 게 무인無因적이고, 이는 여전히 나름 역할을 하는 매매계약이나 다른 계약들의 효력 여부와는 무관하게 독립적이다. 이게 프리드리히 카를 폰 사비니Friedrich Karl von Savigny에 따른 엄격한 입장이다.

독일의 법 역사에서 이 위대한 인물은 등기부登記簿라는 걸 여전히 알지 못했었다. 그는 1861년에 작고했는데, 그가 살아갔고 심지어 장관을 역임하기도 했던 프로이센Preußen에서는 비로소 1872년에서야 등기부시스템으로 넘어갔다. 오랫동안 그곳에서는 부동산과 동산의 양도에 관한 차이점을 전혀 인식하지 못하던 로마법이 적용되고 있었다. 로마법에서는 이 둘 다 양도되어야만 했다. 부동산의 경우에 이전 소유자가 새로운 소유자와 함께 해당 땅으로 가서는, 새로운 소유자더러 "여기 땅은 이제 당신이 갖는다"라고 말했다. 이로써 점유와 소유가 양도되었다.

여기서 로마인들이 심지어 이미 그 당시에 최초로 등기부라는 걸 고안해내기는 했지만, 단지 부동산과 토지에 대해 사유재산이 도입되어있던 이집트에서의 속주屬州 행정을 위해서였다. 부동산에 대한 모든 문건을 한곳에다 모아두었는데, 등기는 지금의 우리와는 달리 소유권 취득을 위한 전제조건이 아니었다. 아마도 그 전부가 단지 통제기능을 가졌을 뿐이라고 짐작된다. AD 4세기에 이 등기부시스템이 다시 사라져버렸다. 중세의 독일 도시들에서도 비로소 이와 유사한 제도가 존재했었는데, 특히 12세기에 쾰른Köln에서 가장 먼저 도입되었다. 이 제도가 점차 확산해가다가 로마법이 독일땅 안으로 밀어닥치면서, 즉 14~15세기에 로마법이 계수繼受되면서는 중단되었다. 그러나 개별 란트법의 근저에는 여러 상이한 시스템과 함께 등기부를 관장하는 행정관청들이 여전히 존속하고 있었고, 1872년 프로이센에서 새로운 등기 관련 규정들이 도입될 때까지 나름 완벽하고 정확하게 존속하고 있었다. 그리고서 독일제국에서 민법전과 새로운 등기부법이 도입되었다. 그 이후로 독일에서 부동산제도는 전적으로 정상적으로 작동해오고 있으며, 형식면에서나 실용적인 면에서 나름 훌륭하다.

디트만-트레일러 사건(BGHZ 20, 88)

디트만-트레일러가 도대체 뭔지를 제대로 말해줄 수 있는 법률가가 과연 있을까 모르겠다. 1956년에 선고된 연방통상법원BGH의 유명한 판결과 함께 디트만Dittmann이라는 이름이 널리 알려졌는데, 1952년에 생산된 두 개의 차축車軸을 가진 트레일러와 차대번호를 여전히 알고들 있다. 더는 잘 알지 못하는데, 이는 흔한 일이다. 훌륭한 법률가라면 모름지기 그가 전혀 잘 알지 못하는 일들에 대해서도 늘 옳은 결정을 내린다는 사실을 통해서 더욱 두드러진다. 네 바퀴를 가진 큰 트레일러가 있는데, 그동안에 더는 운행되지 않고 있는 상태였다. 그런데 이 트레일러가 법 역사에서 한 획을 그었고, 특히 새로운 법이 만들어지는 계기가 되었다.

이것은 4막으로 구성된, 민사사건을 다룬 한 편의 드라마이기도 했다. 먼저 1952년에 해당 차량이 판매자 甲에게서 구매자인 乙에게 팔려나갔다. 매매대금은 할부로 지급되고, 트레일러는 민법전 제449조에서 예견하는 바와 같이 소유권유보하에 양도되었다. 乙이 상인이기는 하지만 그리 크게 성공하지는 못했는데, 많은 부채를 떠안고 있었다. 그의 채권자 중의 한

명이 丙인데, 丙은 불안감에 휩싸였다. 그래서 1953년에 乙은 丙과 더불어서 제2막, 즉 민법전 제930조에 따른 점유개정에 합의했다.

"1952년에 丙으로부터 건네받은 현금 5천 마르크에 대한 보상으로, 본인乙은 오늘 상기上記의 자에게 1952년에 생산된 차대번호 2624인 본인 소유의 디트만-차축 2개짜리 트레일러를 양도합니다. 트레일러와 관련해서는 매매대금의 나머지 금액을 지급해야 한다는 사실을 丙 또한 인지하고 있습니다. 이런 까닭에 소유권은 우선적으로 나머지 대금의 지급과 함께 丙에게 전적으로 유효합니다. 임시적으로 본인의 점유로 트레일러가 업무상의 목적으로 본인에 의해서 계속해서 사용되는 데에 합의가 이뤄졌습니다."

이상과 같이 이들은 합의서에 서명했다. 할부금이 여전히 다 지급되지 않았고, 이제 두 번째 채권자인 丁이 등장한다. 丁은 乙을 상대로 대금 지급을 요구하는 소송을 제기하여 승소했는데, 법원집행관을 보내서는 트레일러를 압류하도록 했다. 제3막은 1954년에 벌어졌다. 이제는 민사소송법 제808조에 따른 압류질권이 관련된다. 그리고서 같은 해에 제4막, 즉 마지막 피날레가 전개되는데, 丙이 甲에게 마지막 할부금을 지급하면서 丁을 상대로 민사소송법ZPO 제771조에 따라서 압류 해제를 요구하는 소송을 제기했다. 해당 규정은 아래와 같다.

> 제삼자가 강제집행의 대상 물건에 대해 경매처분을 저지하는 권리가 자신에게 있다고 주장하는 경우에 강제집행에 대항하는 이의제기는 강제집행을 관할하는 법원에서 소송의 방법으로 주장해야 한다.

이것을 "제삼자 이의의 소"라고 부른다. 압류에는 먼저 乙과 丁만이 관여해 있기 때문에 丙이 제삼자로 묘사된다. 이제 그는 제삼자로서 자신에게 경매처분을 저지할 권리가, 즉 해당 차량에 대한 소유권이 있다고 주장한다. 마지막 할부금이 지급되었기에 甲의 소유권유보는 해소되었고, 이제 1952년에 생산된 차대번호 2624인 차축 2개짜리 디트만 트레일러는 자신의 것이라고 주장하고 있다. 이런 사례는 흔한 경우에 속한다. 누군가가 채무자에게서 물건을 압류조치 한다. 그러면 제삼자가 등장해서는 그 물건이 자기 것이라고 말하곤 한다. 만약에 그 말이 옳다면, 해당 압류조치는 취소되어야 한다.

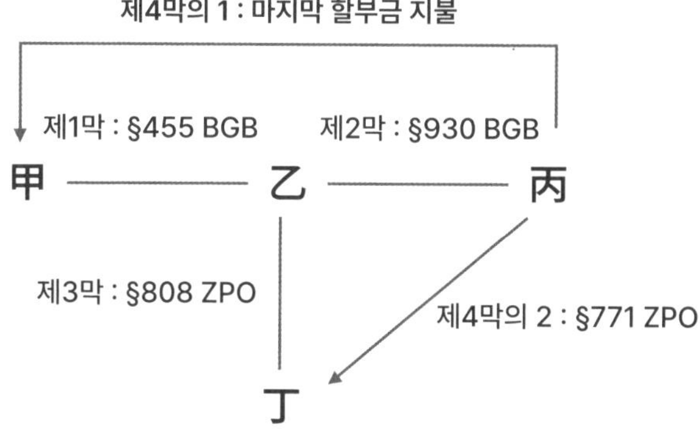

만일 그게 옳다면 말이다. 여기서는 두 가지의 대답이 가능할 수 있는 법적인 문제점이 존재한다. 먼저 그 하나는 중요한 제2막에서 乙이 丙과 점유개정에 합의하는 시점에서 물건의 양도를 위한 권리가 전혀 없었다고 말할 수도 있다. 해당 시점에 소유자는 여전히 甲이지 乙이 아니었다. 乙의 권리는 마지막으로 할부금이 지급된 시점인 제4막의 2에서야 비로소 성립한다. 즉 이 시점에서야 양도행위가 유효할 수가 있다. 그런데 이제 여기서 법률가들이 매우 즐겨하는 주장이 제기된다. 즉 논리적인 초단위秒單位라는 건데, 이는 그 정교함이 무척이나 아름답게 비친다. 여기 마지막 장면에서 이게 등장하는데, 그것이 출현할 때면 언제나 그렇듯이 법원이 갈팡질팡 길을 헤매는 법이 거의 없다. 즉 丙은 甲에게서 소유권을 바로 취득하지 않고, 乙을 경유해서만 취득하게 되는데, 여기서 乙이 丙에게 양도할 수 있으려면 논리적인 초단위로 소유권자가 되어야만 한다고들 말한다. 그리고 지금 丁이 그사이에 압류를 행한 사안이 덥석 끼어들었다. 이렇듯 논리적인 초단위에 말이다. 이제는 乙이 소유권자가 되고, 자신의 소유권을 丙에게 양도했으나 너무 늦어졌고, 곧이어 압류질권의 부담이 뒤따르는 까닭에 丁의 압류질권이 성립되었다고들 말한다. 즉 논리적인 초단위로도 너무 늦어졌다. 그러므로 丁이 제기하는 제삼자 이의의 소는 기각되어야 마땅하다. 압류질권이 성립되었을 시점에는 乙이 소유권자였다. 첫 번째 대답의 한 변형으로, 만약에 甲이 여기서 함께 관여하는 가운데, 즉 이미 압류라는 것에 얽혀있는 乙을 우회하면서 이 논리적인 초단위에 자신의 소유권을 곧바로 丙에게 넘겨줄 마음이 없었다면 말이다. 그런데 甲이 이런 전체 상황을 전혀 알지 못하고 있는 경우라면, 판단하기가 어렵다. 따라서 이같이 변형된 경우라 하더라도 대부분 丙에게는 별 소득이 없다. 이렇듯 옛날의 제국법원Reichsgericht이 늘 판결해왔고, 지난 1940년까지만 해도 그래왔다.

연방통상법원BGH은 1956년에 이 사안을 달리 바라봤는데, 甲에 대한 할부금 지급과 함께 乙이 이미 어느 정도로 재산적 가치를 형성한다고 간주한 때문이다. 이 부분을 인정해야만 한다고 강조했는데, 1950년대의 전형적인 판결에 해당한다. 당시는 장삼이사張三李四들에 대한 신용대출이 경제기적을 지속하게 하는 토대이기도 했다. 이 같은 재산적 가치가 다시 발 빠르게 새로운 신용대출로 활용될 수 있어야 마땅했다. 그 이후로는 소유권과 똑같이 취급되는 새로운 권리로 **기대권**이라는 게 존재해오고 있다. 법률가들은 이것이 "본질적으로 똑같은 마이너스(−)"라고들 말하는데, 즉 마찬가지로 양도되는 소유권과 거의 동일하지만, 판매자의 소유권유보가 여전히 유효한 한에서는 전혀 동일하지는 않다고 한다. 이것을 공간적으로 살펴보면 아래 그림과 같다. 즉 구매자가 물건 대금에서 잔액을 더 많이 지급할수록, 자신이 갖는 기대권의 범위 또한 더욱 커진다.

이것은 빌헬름 부쉬Wilhelm Busch가* 가상의 쿠노 클렉셀Kuno Klecksel이라는 화가를 삽화의 주인공으로 삼아서 그린 첫 번째 그림 중에 한 점과도 흡사하다(아래 그림 참조).

이제 丙은 트레일러에 대해 민법전 제930조에 따른 기대권을 갖고서 소유권과 "본질적으로 동일한" 권리를 취득하는데, 그는 마지막 할부금을 지급하기만 하면 된다. 그러면 乙의 논리적인 초단위가 없는 가운데 소유권이 전적으로 자기에게로 넘어온다. 이 같은 해결이 훌륭하고 정의로우며, 그리고 오늘날에도 이렇게 행해지고 있다. 그러므로 민사소송법ZPO 제771조에 따라서 丙이 丁을 상대로 제기하는 소송은 자신에게는 압류를 저지하는 권리, 즉 자신이 전적인 소유권을 가지고 있기 때문에 성공적이게 된다.

"여기 한 사람이 떡하니 자리에 앉아서는,
예컨대 오트밀을 먹고 있다고 치자.
숟가락으로 오트밀을 입으로 가져가서는,
목구멍 안으로 부드럽게 흘러 넘기는데,

---

*빌헬름 부쉬(1832~1908)는 《막스와 모리츠》 삽화 책으로 유명한 휴머니즘적인 시인이자 화가인데, 이 책에서 소개되고 있는 부분은 그의 삽화 책 《화가 클렉셀》에 나오는 한 대목이다.

이 일이 계속해서 되풀이되는 가운데,

작은 배가 점점 더 크게 불러오는 게 눈에 띈다.

−이렇듯 비록 드물게나마, 분명하게 목도된다.

 자연의 내적인 진행 과정이 말이다.”

혼인과 가족, 남자와 여자

민법에서 네 개의 핵심요소들, 즉 권리주체, 소유권, 계약, 불법행위는 이미 다뤘다. 이제 여기서 마지막 다섯 번째 요소는 가족이다. 가족은 자식들과 함께 하는 한 여자와 한 남자의 생활공동체이다.

프리드리히 엥겔스Friedrich Engels가 1884년에 그의 책《가족, 사유재산과 국가의 기원》에서 가축 떼와 남성의 사유재산, 일부일처제와 가부장제에 관해 퍼뜨린 학설과 고대에 사람들이 점차 정착생활을 하게 되면서 어떻게 하나가 다른 하나로 이어졌는지를 설명했는데, 오늘날까지도 이러한

하설은 식자識者들의 머릿속에 여전히 살아 있다. 때로 학문은 일반적인 교양보다 좀 더 앞서 나간다. 이게 바로 그런 경우에 해당한다. 오래전부터 민속학 연구에서 가족이 관찰되고 묘사되어왔다. 또한, 사유재산과 국가가 없는 사회도 연구에 포함되었다. 가족은 사유재산과 국가보다도 훨씬 더 오래됐고, 만약에 사유재산과 국가가 어느 날부터 더는 존재하지 않게 되더라도, 가족제도는 확실히 끝까지 살아남아 있을 법하다. 우선 가족은 당연히 민법전의 기초적인 구성 부분이어서, 약 6백여 개의 법조문들로 규율되고 있고, 1900년 1월 1일 자로 발효된 이래로 그 내용도 물론 큰 변화를 겪어왔다. 이것은 남자와 여자의 관계가 어찌 되는가 하는 아주 오래된 문제와도 밀접하게 연관되어있다. 이들 남자와 여자는 가족이라는 틀 안에 갇혀있었는데, 특히 여자들의 경우에는 민법전상의 아버지父로부터도 그랬다. 심지어 대부분은 오늘날에도 여전히 마찬가지다. 이러한 가운데 연방통상법원BGH이 지난 1953년에 가히 기념비적인 판결을 선고했는데, 연방통상법원 판례집 제11권 부록 65쪽에서 아래와 같이 밝히고 있다.

"인간의 존엄성 및 인격적 가치에 있어서 남자와 여자는 전적으로 같다. 그리고 이것이 모든 법에서 엄격하게 표현되어야 한다. 그러나 여자는 고유한 생물학적–성별性別적인 측면에서뿐만 아니라, 그 존재와 창조에 합당하게 짜 맞춰져 있는 질서 속에서 서로 엄격하게 구별되고, 신의 가호를 받는 가족질서 안에서 자식들과도 구별된다. 따라서 인간인 입법자에 의해서 깨지지 않는다. 이러한 창조질서에 따라서, 가족은 엄격하게 자신의 고유한 질서를 따르는 하나의 단일체이다. 즉 남편과 아내는 하나의 '육신'이다. (혼인의 영역 밖에서) 이러한 원초적 사실에 사회적 성격의 법형식을 적용하려는 시도는 터무니가 없다. 가족이라는 엄격한 단일체 안에서 남편과 아내의 지위와 과업은 전혀 다르다. 남편은 자식의 씨를 뿌리고, 아내는 이를 받아들여서 아이를 낳고 키우며, 미성년의 자식을 양육한다. 먼저 남편은 주로 외부를 지향하면서 가족의 존립, 발전과 미래를 보장한다. 즉 남편은 외부에 대해 가족을 대표하고, 이런 의미에서 그는 '가부장'家父長이다. 반면에 아내는 주로 내부를 향하여 가족 내부의 질서와 조직에 헌신한다. 가족질서에 있어서 성별性別 간의 동등성에 설령 의문이 제기되더라도, 법은 이 같은 기본적인 차이를 원리원칙이라며 회피할 수는 없다.”

우리는 이와는 조금 멀리 떨어져 있다. 1976년 이후로는 여자와 남자의 동등성에 좀 더 진지하게 접근해있는 가족법이 자리하고 있다. 이것은 오랜 여정旅程의 산물이다. 이러기까지 얼마나 오래 걸렸는지는, 예컨대 1957년에 제정된 「동등대우법」에 의해서 비로소 무효가 된 민법전 제1354조(구법 조항)에서도 확인된다.

> 부부공동체의 생활에 관련되는 모든 사항에서 결정권은 남편에게 속한다. 남편은 특히 집과 거주지를 결정한다.

그리고 1957년까지도 민법전 제1358조에서 아래와 같이 규정하고 있었다.

> 아내가 제3자에게 자신이 직접 영향력을 행사할 수 있는 급부를 제공하기로 약속한 경우, 남편은 후견법원에 신청하여 위임을 득해서 해당 법률관계를 해제할 수 있다. 후견법원은 아내가 부부간의 이해관계를 침해하는 것이 드러나면, 해당 위임을 교부해야 한다.

여기서 부부간의 이해관계는 전적으로 남편의 이해관계이다. 달리 말하자면, 남편이 허락하지 않으면 아내의 모든 직업적 활동이 금지된다. 이 같은 그리고 이와 유사한 규정들에 대해서 당시에도 이미 여성단체들이 거세게 공격했었다. 그러나 이는 제국의회에 자리하고 있던 남편들에게 잠시 유쾌하게 흥을 돋운 계기일 뿐이었다. 남편들은 그저 파안대소破顏大笑했다. 여성참정권이 1918년에서야 비로소 도입된 까닭에, 당시 의회는 여성유권자들이 전혀 안중에 없었다. 1919년의 바이마르 헌법 제109조에 아래와 같이 규정되고 있었는데도 말이다.

남자와 여자는 원칙적으로 동등한 시민적 권리와 의무를 갖는다.

그런데 "원칙적으로"라는 말이 법률가들에게는 언제나 예외가 가능하다는 것을 뜻한다. 따라서 이 규정으로부터 도출되는 게 아무것도 없다. 여성단체들이 제안한 여러 개혁안이 있기는 했으나, 곧이어 나치가 득세했고, 나치의 여성정책은 여전히 황제 시절 때보다도 더 보수적이었다. 1949년에 기본법GG은 마침내 제3조 제2항과 같은 단순하고 분명한 문구를 가져왔다.

남자와 여자는 동등하다.

사회민주주의자로서 기본법 제정을 위한 의회평의회의 평의원이었던 엘리자벳 젤베르트Elisabeth Selbert는 보수적인 남성들의 저항에도 불구하고 위와 같이 문구를 작성했다. 사실 이제는 더 이상 빠져나갈 구멍이 없었다. 가족법은 다시 재구성되어야만 했고, 기본법은 이를 위해 1953년까지로 입법개선을 위한 시한을 제시했는데도, 이 시한이 지켜지지 않았다. 1957년에서야 비로소 「동등대우법」이 제정되었다. 게다가 그 내용은 여전히 전적으로 불충분했다. 동등대우법상의 한 규정이 2년 후에 연방헌법재판소에 의해서 무효로 되었다. 그것이 기본법 제3조 제2항과 합치하지 않는다는 이유에서였다. 이 판결에서는 민법전 제1628조가 규정하고 있는 자녀의 양육에 있어서 부父가 갖는 최종결정권이 문제시되었다.

부모 사이에 의견이 일치하지 않으면, 부父가 결정한다. 부는 모母의 의견을 참작해야 한다.

의회 바깥에 있는 비제도권의 반대운동APO과 새로운 여성운동이 시작되고, 그리고서 사민당SPD/자민당FDP 연립정부에서 마침내 기본법에 부합하는 가족법이 제정되기까지 또 한 번 20년이 더 걸렸다. 1976년에 「혼인 및 가족법 개혁 법률」이 제정되었다.

그리고 이제 우리는 서로가 동반자(파트너)의 관계로 함께 살아가고 있다. 가부장家父長은 죽었지만, 남성우월주의자들은 여전히 살아있다. 법적으로는 원래 모든 게 괜찮다. 여전히 가족 안에는 공통되는 성씨姓氏가 존재한다. 이 성씨는 남편이나 아내의 성씨 중에서 선택할 수도 있다. 다른 이들은 자신이 태어났던 당시의 성씨를 그대로 앞에 내세워도 된다. 물론 아직도 민법전 제1355조 제2항 제2문에 음험한 규정이 남아있기는 하다.

> 부부가 결정을 내리지 못하면, 남편의 출생 성씨姓氏를 부부의 성씨로 한다.

이 규정도 1991년에 비로소 위헌으로 선고되었다. 구법 조항인 제1354조는 이미 오래전부터 더는 존재하지 않고, 이에 갈음해서 지금은 제1356조에서 아래와 같이 규정하고 있다.

> 부부는 상호 합의하여 집안의 대소사大小事를 결정한다.

모든 게 가능하다. 남편이 요리하거나 세탁하고, 자녀들을 돌보고 부부가 이것들을 함께 할 수도 있다. 부모의 친권親權은 더는 친권이 아니라 아이들을 돌보는 부모의 양육권養育權으로 불리게 되고, 지금은 양육에 있어서 또한 자녀들을 배려해야 마땅하게끔 바뀌었다. 제1626조 제2항은 아래와 같이 규정하고 있다.

> 돌봄과 양육에 있어서 부모는 자녀가 독자적인 책임의식을 갖고서 행동하게끔 자녀의 성장 능력과 필요성을 고려한다. 부모는 자녀의 성숙 수준에 따라서 부모의 돌봄 문제를 자녀와 대화하고, 이해를 구하려고 노력한다.

아주 놀라운 변화가 이혼법과 생활부양법에서 벌어졌다. 이 두 영역은 모두 일방의 잘못이나 책임과는 분리되었고, 이는 여성 평등을 위한 노정路程에 있어서 중요한 진전이었다. 당연히 위 두 영역은 서로 결합해 있다. 이혼과 함께 흔히 여성에게는 앞으로 어떻게 먹고살 건지의 문제가 생겨난다. 전前 남편이 돈을 벌고 있었던 경우가 자주 그렇다. 남편이 떠나고자 하면, 그는 언제든 그리할 수가 있다. 그런데 아내는? 생계가 잘못이나 책임문제와 결합하여 있다면, 아내는 여하튼 그리할 수가 없다. 잘못이나 책임을 개별 행동들로 고정하고자 하는 게 결국 무의미하다는 사실은 전적으로 도외시하고서도 말이다. 남편이 다른 여자를 또는 아내가 새 남자를 찾게 되는 경우에, 언제나 부부공동의 생활이 문제이지, 일방 당사자에게만 그 원인이 있는 경우는 드물다.

따라서 1976년 이후로는 혼인관계가 파탄 나면 이혼하게끔 되었다. 즉 유책주의에 갈음해서 파탄주의가 적용된다. 민법전 제1565조 제1항에서 아래와 같이 규정하고 있다.

> 혼인관계가 파탄 나면 이혼할 수 있다. 부부간의 생활공동체가 더는 존속할 수 없고, 부부가 이를 다시 회복하기를 기대할 수 없는 경우에 혼인관계는 파탄 난다.

이를 위해 제1566조에 법률상의 추정推定이 존재한다. 즉 1년 동안 별거하면서 부부 쌍방이 이혼을 원한다면 말이다. 또는 3년 이상 별거하고 있다면, 부부 일방이 이혼에 반대하더라도 그러하다. 이로써 부부간의 "별거"別居가 본래 무엇을 뜻하는지의 물음이 제기된다. 예컨대 같은 집에 살면서도 부부가 이미 따로 지낸다면, 이건 별거가 아닌 건가? 또는 아내가 여전히 남편의 빨랫감을 세탁하고 있다면, 별거가 아닌가?《팔란트Palandt 주석서》에서 깨알 같은 글씨로 빽빽하게 덧붙인 제1567조에 대한 상세한 주해와 함께, 여기서도 또한 사회적 약자들이 법적으로 절대적인 보호를 받고 있지 못하다는 사실을 배울 수가 있다.

또한, 놀라운 점은 결국 별거 시와 이혼 후의 생계에 관한 규정이다. 부부의 어느 일방이 아이를 돌보기에 너무 늙거나, 아프거나 직업교육 중이거나 실직한 상태라면, 책임과는 무관하게 생계비를 요구할 수 있다. 이미 언급한 바와 같이 이것은 더 이상 정의와 형평의 문제가 아니다. 그런데 남성 법관들이 대부분인 고등법원의 재판부가 별 어려움 없이 여기에 타협한 것은 차마 믿기지 않는 일이었다. 이들 법관이 바로 같은 그 자리에 앉아 있었는데, 이들은 제1579조에서 빠져나갈 구멍을 찾아냈다. 여하튼 가장 재빠른 이들은 함부르크의 법관들이었다.

제1579조는 예외의 경우를 규정하고 있다. 즉 혼인관계가 짧거나 부부의 일방이 타방에 대해 범죄를 저질렀거나, 자신이 필요한 바를 위해 제멋대로 하거나 당시의 표현으로는 "제1호부터 제3호까지에 적시된 사유들과 같은 심각하게 중요한 다른 사유들이 놓여있다면", 청구되는 생활부양비가 감액되거나, 아예 없을 수도 있다. "나의 주인이신 람세스 대왕이시여, 감히 저 함족 놈들이."* 함부르크 고등법원은 법률이 제정되고서 1년 후인 1977년에 아래와 같이 판결했다(〈가족법잡지〉 1978, 118쪽 이하 참조).

"부부의 일방이 제멋대로 –평균적으로 진행되어온– 혼인관계를 깨트리고서 다른 파트너와 혼인 외의 관계로 살고 있으면서 떠나온 배우자에게 생활부양비를 요구한다면, 다른 세 개의 사유들만큼이나 심각하게 중대한 권리상실 사유에 해당한다. 특히 기존의 배우자는 헤어진 (또는 헤어져서 생활하는) 상대방의 새로운 공동체를 위하여 재정을 지원할 의무가 없다."

---

* "Da hamses, Herr Ramses"가 원문이다. 자신의 아내가 부정을 저지르고서 포티팔(Poltifar)이 람세스 대왕을 찾아가서 하소연하는 대목을 패러디한 독일의 유명한 시 제목이다.

당연히 여기서도 한 여성이 다뤄지고 있다. 물론 그 여성은 한 푼의 돈도 받지 못한다. 당연히 다른 모든 법원도 이 판결을 뒤따랐고, 이렇게 해서 해당 판결은 '통설'이 되었다. 이후 1986년에 기민당/자민당 연립정부가 조심스럽게 이러한 맥락으로 법률을 개정했다. 2008년 1월 1일 자로 발효된 제1579조의 마지막 개정에 따르면, 만약에 생활부양비를 요구할 자격이 있는 자가 확고한 생활공동체 안에서 살고 있거나 제7호에 따라서 생활부양비 지급의무자에 대해 자신에게 귀속되는 잘못된 행동이 전제되어서 명백하고 중대하게 그 불이익을 지게 된다면, 무례한 언행 또한 제2호에 따라서 적용된다. 이렇듯 유책주의는 아직도 생활부양법 안에 다시 자리하고 있다. 이게 또한 그럴 법하다고 여겨지기는 한다.

동등하냐 또는 그렇지 않으냐 하는 것은 또한 혼인 중에 형성된 재화財貨에 관한 권리들에서도 문제시된다. 1900년에 발효된 민법전의 제1363조 원문에는 아래와 같이 규정하고 있었다.

> **아내의 재산은 혼인과 더불어서 남편의 관리와 수익에 예속된다.**

1957년에 「동등대우법」이 제정된 후로는 아래와 같이 규정되고 있다.

> **만약에 혼인계약에서 달리 합의하지 않은 경우라면, 부부는 혼인 중에 증식된 재산을 관리하는 공동체 속에서 생활한다.**

위 표현은 다소 기만적이다. 여기서 혼인 중에 증식된 재산을 관리하는 수익공동체는 재산을 공유하는 공동체가 아니라, 결혼 생활의 종료 시나 이혼이나 사망 시에 그간 축적된 수익의 조정과 함께 체결되는 재산의 분리를 의미한다. 재화의 분리는 남성과 여성 간의 평등에 가장 최상으로 상응하는 규정이다. 그러나 여성은 그녀가 가사家事 일을 돌보고 있는 경우라면, 경제적으로 불리한 상태에 놓여있다. 따라서 가사와 집 바깥에서의 경제소득활동이 똑같이 평가될 수 있기 때문에 혼인 중에 증식된 재산은 배분되어야 하고, 최종적으로 정산되어야 한다. 이것이 공정한 규정인데, 규율되지 않은 나머지 사항들이 여전히 남아있다. 즉 노후보장이다. 아내가 가정주부이고, 남편이 경제소득활동을 하던 중에 두 사람이 이혼하게 되면, 남편은 자신의 부양청구권에 있어서 전혀 아무런 변화가 없지만, 아내는 이혼한 후에 양육비청구권을 갖는다고 하더라도 추후에 단지 연금만을 받을 뿐이다. 1976년의 개혁조치 이후로 이러한 흠결이 메꿔졌다. 지금은 또한 연금의 경우에도 타협, 즉 제1587조에서 정하는 생활부양금액의 조정이 존재한다. 즉 이혼 판결문에서는 연금도 배분되는데, 이로써 연금보험기구와 행정관청에서 명의변경절차가 개시된다.

혼외자

이때가 보수적인 가족법학자들에게는 그다지 좋은 한 해가 아니었다. 여하튼 1969년 당시는 의회 바깥에 있는 비제도권의 반대운동APO이 가장 기승을 부렸던 정점頂點이어서 충분히 힘든 시기였다. 기본법 제6조 제5항에서 정하고 있는 위임에 반대하는 완고한 저항이 20년 가까이나 지속하였다.

> 혼인 외의 자녀는 신체적, 정신적 발달과 사회적 지위에 있어서 혼인 중의 자녀와 마찬가지로 똑같은 여건이 입법으로 형성되어야 한다.

이는 문언상으로는 바이마르 헌법 제121조를 거의 그대로 다시 재현해 둔 것이기도 한데, 당시에도 마찬가지로 아무 일도 일어나지 않은 채로 15년의 세월이 훌쩍 흘러갔다. 그리고 아돌프 히틀러Adolf Hitler도 사생아, 후레자식 또는 미혼모의 자식과 같은 사회적 경멸과 무시로부터 혼인외의 출생자들을 해방함으로써 신성가족神聖家族에게* 무언가 애정을 보일 하등의 이유가 당연히 없었다. 확실히 자유주의 성향의 일부 법률가들이 1950~1960년대에 서서히 동요하기 시작했다. 그러나 보수적인 다수의 법률가는 제6조 제5항이 입법자를 전혀 구속하지 못하는 프로그램 규정이라고 그저 냉담하게 선언했다. 맨 앞에 나선 이가 본Bonn 대학의 법학교수인 프리드리히 빌헬름 보쉬Friedrich Wilhelm Bosch였는데, 그는 성 그레고리오 교단이 쾰른 대주교 직속 교구 지부의 자격으로 수여하는 별모양 훈장인 십자상을 받기도 했다. 1986년에는 연방대십자훈장까지도 수상했다. 그리고 여기서는 여성과 남성의 동등대우와는 달리 기본법이 아무런 입법개선 시한을 언급하지 않고 있는 것이 또한 이례적으로 큰 도움이 되었다.

1969년 1월이 되자 그간의 평온은 끝났다. 연방헌법재판소BVerfG의 입장이 달라졌기 때문이다. 연방헌법재판소는 제25권 167쪽 이하에서 공개된 판결문(BVerfGE 25, 167 ff.)에서 이들 혼인 외의 관계에서 출생한 아이들을 위해서 끝내 아무런 일도 행해지지 않고 있다면, 기본법 제6조 제5항은 직접 적용되는 권리라고 밝혔다. 지난 20년만으로도 이미 충분하고, 이제 연방헌법재판소가 이 사안을 직접 다뤄야 마땅하다면서, 입법기가 종료되는 그해 10월 19일까지로 입법개선 시한을 밝혔다. 1969년 8월 19일에 연방의회는「혼인 외의 관계에서 출생한 자녀들의 법적 지위에 관한 법률」을 제정했다.

여기서 차이점이 주목된다. 이전의 "혼인외의"unehelich라는 표현이 이때 이미 "비혼의"nichtehelich로 그 표현이 바뀌었다. 가장 중요한 대목은 비로소 처음으로 미혼모들에 대한 차별이 제거된 데에 있다. 이들 미혼모 스스로가 이제는 마침내 부모로서의 친권을 갖게 되고, 그녀가 낳은 자녀의 후

---

* 1254년부터 도이칠란트 땅에서 "신성로마제국"이라는 명칭이 사용되어오다가, 1512년부터 그 명칭이 "독일 민족의 신성로마제국"으로 바뀌고 난 이후의 "독일 민족"을 뜻하는 표현이다. 이런 맥락에서 1845년에 마르크스/엥겔스가 공저로《신성가족》이라는 제목의 책을 펴냈다.

견인으로서 아동보호청을 자동적으로 떠받들지 않게끔 되었다. 물론 예외가 있다. 아이의 출생과 더불어서 생부生父의 확정과 생활비 청구권의 주장은 언제나 자동적으로 강제적인 후견자의 자격을 가진 아동보호청의 소관사항이 된다. 다만 이때부터 아이는 여전히 모母뿐만 아니라, 부父와의 관계에서도 친족親族이게끔 되었다. 아이들은 심지어 완전한 상속권을 갖는데, 물론 또다시 예외가 있기는 하다. 즉 생부가 다른 이와 혼인한 경우에 그러하다. 이런 경우에 생부가 사망한 후에 이들이 하나의 상속공동체로 살아가는 것까지는 기대할 수 없기 때문이었다. 혼인 외의 자녀는 일종의 유산에 해당하는 상속대체청구로 보상받았는데, 금전적으로는 상속권과 동일한 가액이었다. 이것이 기본법의 입법위임이 있고서 20년이 지난 1969년에서야 내딛게 된 첫 번째 발걸음이다.

그리고서 1998년에 두 번째 발걸음을 내딛기까지 또다시 20년의 세월이 흘렀다. 이제는 아동에 관한 권리가 전적으로 새로이 규정되면서 기본법상의 위임이 마침내 완전하게 이행되었다. 이제 민법전은 심지어 혼인 중과 혼인 외의 자녀들에 대해서 더 이상 아무런 언급도 하고 있지 않다. 지금은 단지 자녀로만 인식되고 있는데, 몇몇 군데에서 이들의 부모가 서로 결혼하지 않고 있다고만 언급될 뿐이다. 이제는 또한 강제보호제도와 상속에 갈음하는 청구권도 폐지되었다. 자녀들은 언제나 완전한 상속권을 갖게 되었다. 게다가 이들 보수적인 가족법학자들이 더 못마땅해 한 점은 생활비 상한액에서의 차별도 더는 존재하지 않고, 2001년 이후로는 기존의 혼인과 매우 유사하게 법적으로 규정된 "생활동반자 등록제도"가 생겨났는데, 해당 법 제1조에서 밝히고 있듯이 동성同性의 두 사람, 즉 두 명의 남자 또는 두 명의 여자들 사이에서 흔히들 말하는 동성혼同性婚이 사실상 인정되게 되었다. 이 모든 것이 이제 가족법에 속하는 사항들이다. 보수적인 가족법학의 태두泰斗인 본Bonn 대학의 프리드리히 빌헬름 보쉬 교수는 생활동반자제도를 더는 경험할 필요가 없었다. 그는 이미 2000년에 세상을 떠났다. 법적으로 혼인하지 않은 부모들이 갖는 공동의 친권은, 비록 이들이 혼인하지 않았더라도 함께 사는 경우라면, 연방헌법재판소가 이미 1991년에 인정한 바가 있었다. 이로써 보수적인 가족법학자들이 느꼈을 두 번째의 불쾌감이 넉넉히 짐작이 간다. 그리고 그 이후로 비혼非婚의 결합이 점점 더 증가하고 있다.

그런데 먼저 두 가지 부수적인 사항들이 주목된다. 앞서 언급한 기본법 제6조 제5항에서는 사실상 오늘날까지도 여전히 "혼외의 자녀"로 지칭되고 있다. 1979년 7월 18일에 제정된 「부모의 친권에 관한 법 개정 법률」은 모든 법률에서 기존의 "혼외의"unehelich라는 단어를 "비혼의"nichtehelich라는 개념으로 대체하게끔 했다.* 그러나 이 법률은 그보다 상위의 법규범인 기본법을 개정할 수는 없었다. 그 후로 무려 40년이 흘렀고, 그사이에 기본법이 30회가 넘게 개정되었는데도, 기본법 제6조의 이 문구를 위 법률에 맞게끔 바꿀 기회가 단 한 번도 없었다는 게 도대체 말이 되나.

그리고 이 "생활동반자"는 2017년에는 모든 사람을 위한 혼인으로 대체되었다. 이제 "혼인"은 같은 성별性別인 두 사람의 결합에도 또한 적용되는 개념으로 바뀌었다.

혼인하지 않은 생활공동체**

1972년 당시 서독에는 혼인하지 않은 채로 함께 살아가고 있는 남녀가 대략 30만 명이었다. 10년 후인 1982년에는 이미 이 숫자가 1백만 명을 훌쩍 넘어섰다. 왜 이들은 결혼하지 않는 걸까? 혹자는 이것이 사랑을 통한 혼인의 점차적인 해체라고도 생각한다. 아마도 이 생각이 맞을 수도 있겠

---

*예컨대 "사생아"라는 표현을 "혼인외자"로 바꾸는 경우쯤으로 이해하면 되겠다.
**사실혼 관계를 뜻한다.

다. 서유럽의 곳곳에서 이 같은 야생野生적인 혼인, 즉 사실혼事實婚 관계가 급격하게 증가하는 현상이 목도되고 있다. 이게 윤리가 타락했다는 징표는 결코 아니다. 오히려 함께 살아가는 데에 있어서 이제는 사랑이 더욱 중요해졌고, 더 이상 사랑하지 않으면 서로가 빨리 갈라설 기회를 가지려고 한다는 게 더 나은 설명인 듯싶다. 게다가 여성들이 더욱더 자유로워졌고, 이전에는 종종 그녀들에게 생계를 위한 유일한 가능성이었던 한 남자를 가급적 빨리 구할 필요가 없게 된 까닭이기도 하다.

지난 제2차 세계대전 후에 전쟁미망인들 사이에서 "나이든 남자와 함께 지내는 사실혼관계"Onkelehe가 횡행했었는데, 이들 과부寡婦가 법적으로 재혼하게 되면 유족연금을 상실하기 때문이었다. 이 같은 유행이 1970년대까지도 지속하였다. 풍속風俗죄에 있어서 형법의 전반적인 자유주의화 경향 속에서 1974년에는 또한 매음 알선 처벌조항이 삭제되었다. 그 이후로는 임대인과 호텔업 종사자들이 혼인하지 않은 이들에게 방이나 집을 빌려줬다는 이유로 법정法廷에 서게 될 위험이 더는 없게 되었다. 이는 사실혼관계의 여성은 유언에 의해서만 상속인으로 지정될 수 있다는 법원의 확고한 판례와 마찬가지로 이제는 아득히 먼 과거의 일이 되고 말았다.

이 같은 전환이 있게 된 계기가 바로 1970년에 선고된 연방통상법원BGH의 한 판결이었다(판례집 제53권, 아래의 글 참조). 1980년 이후로 혼인하지 않은 생활공동체, 즉 사실혼 문제를 다루는 법률문헌들이 급증했다. 대부분 문제는 헤어질 때 생겨나는 법이다. 즉 누가 그 집에 계속해서 남게 되나? 이후의 생계 그리고 함께 장만해둔 물건들은 어찌 되는가? 아이의 생부는 어떤 권리를 갖는가? 보수적인 법률가들은 전적으로 형식적으로만 처신한다. 이들은 이 같은 공동체를 전혀 받아들이지 않은 채로, 그저 두 사람을 아무런 공통성이 없이 우연히 만난 관계로 바라보면서 전체 문제를 일반적인 규정들로써 해결하려고 한다. 예컨대 대표적으로 본Bonn 대학의 보쉬Bosch 교수가 그런 인물이었다. 다른 이들은 혼인에 관한 규정을 유추해서 적용해야 한다고 주장했다. 그리고 대다수 법률가는 그저 중도적인 입장에서 방법론적으로는 이른바 "안개 속에서 막대기로 땅을 파듯이"Stange im Nebel와도 같은 전략적 모호성을 취하고 있었다. 또한, 법원의 판례들에서도 여전히 큰 혼란이 빚어지고 있었다. 단지 행정 당국들만이 그들이 무얼 해야만 하는지를 알고 있었다. 몇몇 행정관청은 이미 2004년 말까지 유효했던 「연방사회부조법」(이후 사회법전 제12권, SGB XII) 또는 「근로장려법」(이후 1997년에 사회법전 제2권 및 제3권으로 대체됨, SGB II und III)을 적용해왔다. 즉 소득이 있는 한 남성과 함께 사는 여성이 사회부조나 실업급여를 신청하는 경우에 이 같은 혼인하지 않은 생활공동체를 혼인과 똑같이 취급했다. 남성의 소득은 혼인한 여성과 마찬가지로 그녀에게 산정算定되게끔 했다. 대신 해당 남성은 혼인한 배우자처럼 세금이 부과되지는 않고 배우자공제는 받지 못하지만, 생활동반자인 여성을 위해 지급하는 생활비를 특별지출로 보아서 세금이 감면되었다. 뮌헨에 소재하는 연방재정법원BFG이 이렇게 판결했다(NJW 1994, 2911쪽 이하 참조). 이밖에도 혼인하지 않은 생활공동체가 어느 정도로 확고하고 공정한 규정들을 지닌 법적 내용으로 발전해가면서 그 밖의 문제들이 해결되기까지는 여전히 오랜 시간이 걸렸다. 무엇보다 사랑을 위해서라면 이 방식도 꽤나 괜찮았던 것 같다. 이와 관련해서는 1970년에 선고된 내연녀內緣女 유언장 판결이 자주 회자되고 있다.

내연녀 유언장 사건(BGHZ 53, 369)

한 남성이 결혼하고서 죽을 때까지 법적인 혼인관계를 유지했었다. 어느 날 그는 자신의 아내에게서 떠났는데, 이혼하지는 않았다. 아마도 당시에 적용되던 유책주의로 인해 이혼할 수가 없었던 까닭으로 짐작된다. 즉 그가 유책한 배우자이고, 아내가 이혼에 반대했었기 때문이다. 그는 이 때문에 재혼하지 못한 채로 죽을 때까지 약 20년 동안 다른 여성과 함께 살았다. 가족법상의 여러 사유에 따른 혼인하지 않은 생활공동체의 문제다. 당시에는 이게 흔한 일이었다. 해당 남성의 생활동반자인 여성은 법률문헌들에서 내연녀로 지칭될 뿐만 아니라, 심지어는 정부情婦로도 표현된다.

1948년에 이 남성이 자신의 내연녀를 단독 상속인으로 지정해 놓은 유언장을 미리 작성해두었다. 그가 사망한 후에 법률상의 아내가 이 유언장을 두고서 다투기 시작했다. 만약에 해당 남성이 유언장 없이 사망했더라면, 그녀는 그의 상속재산에서 3/4을 그리고 나머지 1/4은 그의 두 형제자매가 갖게 될 터였다. 이들에게는 해당 유언장이 마치 눈에 박힌 가시와도 같은 것임이 넉넉히 이해가 간다. 물론 유언장의 내용이 법적인 규정과 다른 경우에는 가까운 가족구성원들을 위한 어느 정도의 보장책, 즉 이른바 "유류분"遺留分이 존재한다. 민법전 제2303조에 따르면, 이들은 언제라도 법정 상속분의 절반을 갖게 된다. 여기서 말하는 가까운 가족구성원은 망자亡者의 자녀, 배우자와 부모가 해당하고, 그의 형제자매는 아니다. 이로써 유언장의 내용에도 불구하고 법상의 아내가 보호된다. 즉 그녀는 남편의 내연녀에게서 상속분의 3/8을 요구할 수가 있었다. 그런데 그녀는 이걸로는 만족하지 못했다. 그녀는 3/4을, 그리고 두 형제자매는 그 나머지를 요구했다. 따라서 이들은 법원으로 가서는 민법전 제138조 제1항에 따라서 해당 유언장이 무효라고 주장했다.

선량한 사회풍속에 반하는 법률행위는 무효로 한다.

이들은 여기서 연방통상법원BGH이 행해온 그간의 일관된 판례를 주장할 수가 있었다. 연방통상법원은 이 같은 "사실혼"에 대해서 강한 거부감을 갖고 있었고, 혼인하지 않은 이들 간의 성관계를 비윤리적인 것으로 간주해야 한다고 자주 그리고 나름 충분히 밝혀왔었다. 따라서 이런 계기로 인해서 내연녀가 피상속인으로 지정된 해당 유언장은, 단지 그 같은 성관계의 대가이거나 또는 아무것도 아니라고 판단해왔다. 즉 길거리의 매춘부에게 지급하는 화대花代와 하등 다를 바가 없다는 판단이다. 연방통상법원의 이런 입장에 반대하는 법률문헌들도 많다. 판결에서 드러나는 사랑에 대한 순수한 감정은 물론이고, 성관계와 유언장 간의 관계에 관한 논리와 그밖에 아무것도 아니라는 판단도 다투어질 수가 있었다. 그런데 연방통상법원은 여전히 이 같은 입장을 고수해왔다. 이러한 가운데 법상의 아내와 두 형제자매가 유언장을 공격할 뿐만 아니라, 그들의 자녀와 형제자매, 심지어 종형제와 조카들까지도 몰려왔다. 그리하면 사망한 남성의 내연녀에게는 결국 아무것도 남지 않을 판국이었다. 먼저 친족관계에서부터 시작할 게 아니라, 오히려 이 문제 상황을 둘러싸고 있는 전체 풍경을 잘 살펴봐야 한다. 연방통상법원이 어느 날 이와 유사한 다른 사건에서 기존의 판례를 포기할 때까지 말이다. 그때가 바로 1970년이었고, 해당 남성에 의해서 1948년에 작성된 유언장을 둘러싼 사건을 다룬 판결에서였다.

판결의 결론부터 먼저 말하자면 다음과 같다. 법적인 아내는 상속재산의 3/4을 받았는데, 두 형제자매는 소송에서 졌다. 상속재산의 1/4은 해당 남성의 내연녀가 갖게끔 되었다. 이는 종전의 판례에 비하자면, 가히 센세이셔널한 성공이었다.

연방통상법원은 자신의 기존 원칙을 바꾸지 않은 듯한 입장을 취했다. 법원은 섬세한 감정을 그대로 유지했고, 논리 또한 전혀 바꾸지 않았다. 단지 입증 책임이 문제였다. 오늘날까지도 여전히 "혼인하지 않은 이들 간의 성관계는 비윤리적인 것으로 간주된다." 누군가에게 성관계의 대가로 자신의 재산을 은밀히 건네준다면, 민법전 제138조 제1항에 따라서 해당 유언장은 효력이 없다. 그런데 다른 새로운 쟁점이 놓여있는데, 그것이 단지 성관계 때문만은 아닐 수도 있다는 점이다. 판결문에서 사랑에 대한 언급은 없다. 즉 연방통상법원은 이제는 적어도 "이 같은 관계가 20년이라는 오랜 시간 동안 전적으로 성적인 부분에 의해서만 지배되지는 않았다"고 보는 게 가능하다고 판단한다. 그래서 "유언장을 작성할 때 주목할만한 다른 동기가 부각되어 있었다"라고 보았다. 이건 날벼락인 셈이다. 만약 그러하다면 유언장은 유효한데, 다만 여기에는 또 다시 한 가지 제한, 즉 사망자와 가까운 가족 관계였던 사람, 즉 아내와 자녀가 후순위로 밀려나지 않는 경우에 한한다. 이들에게 자신들 몫의 유류분遺留分을 줘야 한다고 말할 수도 있겠다. 이에 대해서는 제2303조의 규정이 존재한다. 그러나 연방통상법원의 생각은 이와 달랐다. 설령 혼인하지 않은 생활공동체가 "전적으로 성적인 부분에 의해서만 지배되지는 않았더라도" 유언장은 효력이 없다는 입장이다. 법원은 이 같은 행위가 오늘날에도 여전히 정의롭고 공정하게 생각하는 모든 이들의 예절감정을 훼손한다고 본다. 이렇듯 법률가들은 선량한 풍속이 무엇이며 그리고 무엇이 이를 침해하는 비윤리적인지를 정의定義한다. 이제 법상의 아내에게 유리하게끔 일이 좋게 진행되었다. 입증 책임의 전환이 없이도 말이다.

그런데 어쨌든 해당 남성의 반려자인 내연녀는 재산의 1/4을 갖게끔 허락되었다. 따라서 해당 유언장은 효력이 있었다. 이 대목이 망자의 두 형제자매에게는 불리하게 작용했다. 혼인, 가족과 친족이라는 지평 위에서 두 형제자매는 법상의 아내보다는 어느 정도 멀리 떨어져 있는데, 그러므로 유언장에서의 상속지정이 이 비윤리적인 커플의 일방에게는 성관계의 반대급부로 주어진 대가이고, 다른 존중할만한 가치가 있는 사유가 적용되지 않아서 성관계가 유일무이한 사유라는 사실을 입증해야만 소송에서 이길 수가 있었다. 예컨대 그저 단순히 해당 여성에 대한 망자의 애정 때문이었을 수도 있다. 이는 입증 책임의 전환이라는 본원적으로 새로운 쟁점이다. 지금까지는 생활동반자인 여성 측이 이 같은 사악한 추측이 사실과 맞지 않으며, 그것이 거의 가능하지가 않다는 사실을 입증해야만 했다. 지금은 반대로 바뀌었다. 다른 이들, 즉 망자의 형제자매는 이들이 단지 비윤리적인 커플이라는 사실을 입증해야만 하는데, 이게 더욱 어려운 일이고, 그래서 여기서 이들에게는 성공적이지 못했다. 이것이 혼인하지 않은 생활공동체가 끝나고서 내연녀가 상속인이 되어서 망자의 친족들에 맞서서 상속분의 1/4을 관철해낸 최초의 판결이다.

실제의 법 생활에서 입증 책임에 관한 규정이 얼마나 중요한지를 여기서 다시 한 번 목도할 수가 있다. 또한, 혼인과 가족이 법적으로 어떤 의미를 지니며, 어떤 일들이 얼마나 빨리 비윤리적으로 되는지(그런데 언제라도 전체 상속재산의 1/4을 갖는다) 그리고 보수적인 가족법학자가 대체 무얼 하고서 훈장을 받는지를 배울 수가 있다. 그런데도 혼인하지 않은 생활공동체의 명예가 아직도 근소하게만 회복되었을 뿐이다. 이제 연방통상법원 자체도 전적으로 성적인 부분에 의해서만 지배되고 있지는 않은 관계로 규정하고 있다. 그리고 그사이에 이 혼인하지 않은 생활공동체에 대한 많은 개별적인 사례들이 법원의 판결을 통해서 규율되어왔다. 예컨대 자신의 집에 타인을 입주시키는 문제(현행 민법전 제553조), 계약당사자인 반려자의 사망 후에 임대차계약에 있어서 남겨진 반려자의 출입 문제(민법전 제563조), 공동의 자녀에 대한 친권문제와 사회부조 및 조세법상의 문제 등이 그러하다. 이렇듯 법률로 규정된 민법전의 곁에서 새로이 자유로운 혼인형식이 생겨났다.

그런데 2001년이 보수적인 가족법학자들에게는 더욱 끔찍한 한 해가 되었다. 이들의 좌장격인 본Bonn 대학의 보쉬Bosch 교수에게는 특히 그랬을 법한데, 다행히도 그는 더 이상 생존해 있지 않았다. 그는 바로 전년도에 세상을 떠났다.

생활동반자 등록제도

"동성同性 간의 생활동반자제도 도입에 반대하는 근본적인 우려
에도 불구하고 지금껏 세상은 –어쨌든 그러한 이유로는– 몰락하지
않았다."(Dagmar Coester-Waltjen)

이 일의 시작은 빌리 브란트Willy Brandt 총리가 이끄는 사민당SPD/자민당FDP
연립정부가 구성된 첫해인 1969년에 있었는데, 성인 남성들 간의 동성애
처벌조항의 삭제와 함께였다. 그리고서 후속 조치가 있기까지 다시 30년이
넘게 걸렸다. 그 선구자가 덴마크인데, 1989년에 동성 커플 간의 확고한
결속을 위하여 「동반자관계에 관한 법률」을 도입했다. 이후로 노르웨이,
스웨덴, 아이슬란드가 그 뒤를 이었고, 2002년에는 핀란드도 해당 법률을
제정했다. 독일에서도 2001년에 게르하르트 슈뢰더Gerhard Schröder 총리가
이끄는 사민당/녹색당 연립정부가 연방의회에서 「생활동반자 등록에 관
한 법률」을 통과시켰다. 이 법률 제1조에서 밝히듯이 "동성同性의 두 사람"
을 위한 법률이다. 종종 이는 동성혼同性婚으로도 불리고 있다.

이것은 하르츠HartzⅣ로도 불리는 노동시장 개혁을 위한 2010 아젠다와
도 그리 다르지 않은 전형적으로 슈뢰더적인 작품이다. 이 작품은 이후 점
차 개선되어가면서 처음으로 세상에 모습을 드러냈다. 생활동반자에 관한
법률에서 필요한 모든 사항을 다 규율하는 건 처음부터 불가능했다. 왜냐
하면, 보수성향의 기민당CDU/기사당CSU 연합 측이 곧바로 이것이 "그릇된
에티켓의 혼인"이라며 강력하게 반발하는 가운데, 기본법 제6조에 근거해
서 보호되고 있는 민법상의 혼인이 이로써 위협받고 있고, 따라서 위헌이
라고 주장했기 때문이다. 당시에는 기독교 성향인 두 보수 정당이 연방참
사원Bundesrat의 다수를 차지하고 있었다. 그런 까닭에 이 법률에서 순수히
사법私法적인 성격을 넘어서는 다른 모든 부분에서 이 두 정당이 저지할

수 있다는 사실이 분명했다. 왜냐하면, 민사법 규정들의 제·개정에 있어서는 연방의회Bundestag의 단순 다수만으로도 충분하기 때문이다. 민사법의 성격을 넘어서는 부분은 기본법에 따르면 단지 이의제기법률에 해당하고, 연방참사원이 해당 법률의 제·개정을 저지할 수가 없다. 만약에 연방참사원이 법률안에 대해 이의를 제기하면, 해당 법률안이 연방의회로 다시 돌아갈 수는 있지만, 해당 법률은 여하튼 효력을 발생하게 된다. 생활동반자와 결부되어야 하는 다른 모든 사항, 예컨대 조세법과 공무원법상의 사항들이 대개는 단지 동의법률에서 규율될 수가 있는데, 이 부분에서는 연방참사원이 저지할 수가 있고, 또한 이 사안에서 실제로 그리되기도 했다. 이렇듯 민법전의 사법私法적인 전형典型에 따라서 구성된 생활동반자제도를 규율하는 법률이 일종의 토르소Torso가 되고 말았다. 사민당/녹색당 연립정부의 희망은 이제 이 법률이 지닌 대부분의 흠결을 메꿔줄 연방헌법재판소에 놓여있었다. 이 모든 일은 2017년에 동성 간 또는 이성 간을 불문하고서 모든 이들을 위한 혼인 개념의 도입과 함께 종료되었다. 그래서 이 새로운 생활동반자제도는 그 이후로는 더 이상 적용되지 않고, 이제는 단지 혼인만이 남아있다. 여기에는 이와 동시에 다른 것들이 더 작용했다. 많은 작은 발걸음들이 함께 이런 결과를 이끌어냈는데, 그 가운데 이러한 발전을 알아보기 쉽게끔 추적할 수 있는 몇 가지를 살펴보자.

먼저 사법私法상의 생활동반자법의 합헌성 여부를 둘러싸고서 사민당/녹색당과 기민당/기사당 간에 논쟁이 불거졌다. 이 법은 여성과 남성 간의 혼인에 대한 민법전상의 규정을 광범위하고 신중하게 수용했는데, 예컨대 생활동반자관계의 성립, 성씨姓氏에 관한 권리, 상속권, 이후에 헤어진 경우의 생계문제, 동반자관계의 해소(민법전상의 이혼) 기타 등등 말이다. 이에 반대하면서 기사당과 기민당이 통치하는 란트인 바이에른, 작센, 튀링겐은 이것이 기본법 제6조에서 보장되고 있는 혼인과 가족 보호에 위배되고, 그 실존을 위협하고 있으며, 이런 까닭에 위헌이라며 연방헌법재판소에 위헌법률심판을 청구했다.* 이로써 2002년에 바로 전년도에 제정된 법률을 심판대상으로 하는 연방헌법재판소의 아래 판결이 행해지게 된다.

생활동반자법 판결(BVerfGE 105, 313)

연방헌법재판소는 세 란트들이 함께 청구한 규범통제(위헌법률심판) 신청을 기각하는 판결을 내렸다. 즉 혼인 적격인 모든 이들의 혼인할 자유가 여전히 열려 있기 때문에 생활동반자법은 합헌이고, 기본법 제6조를 침해하지 않는다고 보았다. 왜냐하면, 민법전상의 혼인이 단지 이성異性의 커플에게만 제한되어 있고, 동성同性 커플은 여전히 제외되고 있기 때문이다. 또한, 해당 법률은 기본법상으로 천명되고, 제6조에서 보호되고 있는 혼인의 실존에 대한 보장을 침해하지도 않는다. 왜냐하면, 생활동반자는 법적인 혼인과의 관계에서 경쟁관계에 있지도 않고, 그리되려고 하지도 않기 때문이다. 그것은 국가에 의해서 보장되고 있는 혼인의 장려를 위협하지 않으며, 단지 혼인에서 벗어나 있는 다른 생활형식, 즉 법적으로는 일종의 무언가 다른 것aliud에 지나지 않는다. 기본법 제6조상의 혼인의 장려가 다른 생활형식들에 비해 혼인에 더 많은 혜택을 주는 걸 허용하기는 하지만, 그렇다고 해서 다른 생활형식들에 있어서 혼인과 유사하거나 이에 근접하는 권리와 의무를 형성하는 것을 금지하지는 않는다. 혼인의 특별한 보호로부터 입법자에게는 다른 생활형식에 대해 더 적은 권리를 부여할 의무가 생겨나지는 않는다(즉 "격차를 둘 것을 요청하지 않는다.").

위 판결에 고무되어서 사민당/녹색당 연립정부는 2004년에 「생활동반

---

*독일의 위헌법률심판에서는 우리와는 달리 심판대상 법률의 구체적인 재판에서의 전제성을 요구하지 않는 추상적인 규범통제가 허용된다. 그런데 이를 제한 없이 허용하면 민중소송의 위험성이 있기 때문에, 청구 자격이 제한된다. 이 같은 추상적 규범통제는 사실상 의회 다수에 맞서는 의회 소수 내지 야당 보호를 위한 제도로도 이해된다.

자법 보충법률」을 제정했고, 생활동반자들의 다수가 연방헌법재판소에 청구한 헌법소원을 통해서 민법전에서 규정되고 있는 상속권에 상응하는 수준의 조정이 이뤄졌으며, 다른 법 영역들에서도 단지 동의법률의 형식으로만 통과될 수가 있는 여러 법 규정들을 관철해냈다.

이밖에도 연방헌법재판소는 처음에는 다소 주저하다가 개별 생활동반자들이 청구한 헌법소원심판을 계기로 다른 세부 사항들에서도 기본법 제3조상의 평등원칙을 관철해냈다. 예를 들자면, 공무원법에서 질병으로 인해 아픈 경우에 곁에서 돌보는 이에 대한 추가수당 지급 또는 조세법상으로 소득세에 있어서 혼인한 부부의 분리과세* 등이 그러하다. 이것은 아마도 생활동반자관계에서도 아이들이 적지 않다는, 특히나 생활동반자인 여성들의 이전 혼인관계에서 태어난 아이들이 있다는 관점에서 비롯되었다고 짐작된다. 왜냐하면, 연방헌법재판소의 재판관들은 이들 자녀의 생활조건과 미래의 전망을 민법전상의 혼인관계에서 태어난 아이들의 그것과 동등하게 만들고자 의도했기 때문이다. 보수적인 가족법학자들이 느꼈을 좌절감이 가장 정점을 찍은 해가 2013년이었는데, 기민당/기사당과 자민당 간의 연립정부가 끝나기 직전에 통과된 두 개의 법률과 함께였다. 이 두 법률의 제정은 슈트라스부르크에 소재하는 유럽인권재판소와 독일 연방헌법재판소의 판결로 인해서 강제되었다.

미혼부의 권리 강화

첫 번째로 2013년 4월 16일에 「미혼 부모의 양육권 개혁을 위한 법률」이 제정되었다. 이 법률에 따라서 이제는 미혼부未婚父들도 단독으로 자녀에

---

* 이와 마찬가지로 우리 헌법재판소도 혼인한 부부(夫婦)의 자산소득을 합산 과세하는 소득세법 규정이 헌법 제36조 제1항 상의 혼인 및 가족제도와 평등권을 침해한다며 위헌으로 판단한 바가 있다. 헌재 2002. 8. 29. 2001헌바82 참조.

대한 양육권을 가질 수 있게 되었다.

이 규정이 있기까지에는 1900년에 민법전이 발효된 이래로 실로 긴 여정旅程이 있었다. 1900년에 발효된 민법전에서는 "혼인 외의 관계에서 출생한 아이"의 모母만이 사실상 자녀를 돌볼 권리와 의무를 갖도록 규정하고 있었다. 그 밖의 경우에는 후견법원에 의해서 미성년후견인이 지명되고, 그가 단독으로 해당 아동을 법적으로 대표하는 권리를 가졌다. 1922년까지도 이 같은 법적 상황이 지속하였다. 당시에는 관청에 의한 미성년후견제도가 도입되었다. 즉 비혼인 관계에서 출생한 모든 아이는 자동으로 아동보호청의 후견을 받게끔 되었다. 다만 모母가 후견인을 지정하는 경우에는 예외로 했다. 1998년에 비로소 이 같은 관청 미성년후견제도가 폐지되고, 이제는 미혼모 스스로가 즉각 양육권을 갖게끔 되었다. 그밖에도 모母와 생부生父 둘 다가 원한다면, 둘 다 공동으로 양육권을 가질 수 있게 되었다. 이는 결론적으로는, 모母 혼자서만 양육권을 가질지 또는 미혼부도 양육권 행사에 함께 참여시킬지를 모母가 단독으로 자유롭게 결정할 수 있음을 뜻한다. 이 같은 법적 상황이 먼저 2009년에 슈트라스부르크Straßburg에 소재하는 유럽인권재판소 판결(NJW 2010, 501)에서 성별性別에 따른 차별을 금지하고, 사적 영역을 존중받을 권리를 보장하고 있는 유럽인권협약 제8조와 결부되는 제14조를 침해한다고 지적되었다. 이어서 2010년에 연방헌법재판소의 판결이 뒤따랐다. 연방헌법재판소는 미혼부의 양육권에 관한 이 규정이 기본법 제6조 제2항을 침해하고 있고, 따라서 위헌이라고 판결했다(NJW 2010, 3008). 그래서 오늘날에는 민법전 제1671조 제2항에 따라서, 만약에 모母가 동의하거나 공동의 양육권이 문제 되지 않는 가운데 생부에게만 단독으로 양육권을 넘기는 게 아이의 복리를 위해서 최선이라고 판단되는 경우에는, 미혼부가 자신에게 단독으로 아이를 위한 양육권을 달라고 가정법원에 신청할 수가 있다. 큰 진전인 셈이다. 다만 두 번째 법률은 상황이 다르다. 좀 문제가 있다.

두 번째의 「법적인 부父가 아닌 생부生父의 권리 강화를 위한 법률」은 2013년 7월 4일에 제정되었는데, 생부가 자신의 자녀와 관계를 맺는 데에서 비롯하는 매우 드문 사례들을 규율하는 복잡한 규정들이 있었다. 이 문제를 보다 분명하게 하려고, 이를 다루는 유럽인권재판소의 마지막 판결이 2010년에 선고되었다(NJW 2011, 3565).

이것은 1967년에 출생한 프랭크 아나요Frank Anayo라는 한 나이지리아 국적자가 제기한 소원사건에 대한 판결이다. 2003년에 독일에 도착한 그는 망명신청을 했으나 2006년에 거부당했고, 그동안 바덴-뷔르템베르크의 한 작은 도시에서 지내다가 2008년에 스페인으로 넘어갔다. 2003년 6월부터 2005년 8월까지 그는 甲이라는 어느 기혼여성과 관계를 맺고 있었다. 그녀가 2005년 12월에 쌍둥이를 출산했는데, 프랭크 아나요가 이 아이들의 생부生父였다. 그렇지만 아이들의 법적인 부父는 그녀의 남편인 乙이었다. 아나요는 甲과 乙을 상대로 출생한 아이들과의 면접교섭을 요청했는데, 이들 부부는 거부했다. 그리고서 이후 여러 심급의 소송에서도 아나요의 청구가 기각되었고, 마지막으로 연방헌법재판소에서도 기각되었다. 연방헌법재판소는 칼스루에 Karlsruhe 고등법원이 행한 판결을 대상으로 하는 아나요의 헌법소원 청구를 받아들이기를 거부했다. 칼스루에 고등법원은 결정적으로 민법전 제1684조를 주장했는데, 이 규정에 따르면 생부生父가 아니라 법적인 부父만이 아이들과 면접교섭을 갖도록 정하고 있었다.

슈트라스부르크에 소재하는 유럽인권재판소는 이로써 유럽인권협약 제8조가 침해되고 있다고 판결했다. 동 규정에 따르면 모든 사람은 자신의 사적 생활을 존중받을 권리가 있고, 이 권리는 "민주적인 사회에서 필요한 경우에만" 제한될 수가 있다. 자신의 아이들에 대해 생부가 갖는 관계성은 그의 사적 생활에 속한다. 유럽인권재판소는 칼스루에 고등법원의 판결이 아이들과 생부 간의 관계보다도 아이들과 모 그리고 법적인 부 간의 가족 관계를 더 중시하는 입법자의 의사에 철저히 부합한다는 점을 익히 알고 있었다. 왜냐하면, 이들의 관계가 나름 보호가치가 있기 때문이다. 그러나 "민주적인 사회에서 필요한 경우"라는 단서에 따르면, 모든 당사자의 이해관계가 서로 형량 되어야만 한다. 칼스루에 고등법원이 이 원칙을 침해했다고 판단했다. 즉 묘사되고 있는 상황에서 생부와의 면접교섭이 아이들의 복리에 기여할지 여부에 관한 어떠한 숙고도 없었다고 보았다. 그래서 칼스루에 고등법원의 판결은 "민주적인 사회에서 필요한 경우"라는 요건과 부합하지 않으며, 이로써 유럽인권협약 제8조를 침해한다고 판단했다.

그 이후에도 유사 사례에서 유사한 판결이 또다시 행해졌고(EGMR NJW 2012, 2781), 마침내 2013년에 두 번째 법률, 즉「법적인 부父가 아닌 생부生父의 권리 강화를 위한 법률」이 제정되었다. 동 법률에 따르면 생부는 아래의 세 가지 조건 속에서 자신의 자녀들과의 면접교섭권을 갖는다.

1. 남편인 법적인 부父의 자격이 유지되어야 한다(그렇지 않은 경우에 생부生父가 법적인 부의 자격을 청구할 수 있다).
2. 생부는 자녀에 대한 진지한 이해관계를 가져야 한다.
3. 면접교섭이 자녀의 복리에 기여해야 한다.

이제는 우리 독일의 법원들이 어떻게 "진지한 이해관계"와 "자녀의 복리"에 대해 판결할 것인지가 문제시된다. 여기에는 매우 예민한 감수성이 요구된다. 왜냐하면, 두 아빠 간의, 즉 부모로서의 의무를 갖는 법적인 부와 마찬가지로 자녀와 면접교섭을 하는 생부 간의 병립적 관계에 있어서 자녀를 위해서 뿐만 아니라 자녀와 함께 사는 혼인부부의 실존을 위해서도 전혀 아무런 문제가 없을 수는 없겠기 때문이다. 그리고서 마침내 2017년에 가족법 영역에서 결정적인 카운터 펀치가 있었다.

모든 이들을 위한 혼인

메르켈Merkel/가브리엘Gabriel 간의 대연정大聯政이* 끝나기 직전인 2017년 6월 30일에 「동성同性 간의 혼인에 관한 권리를 도입하는 법률」이 제정되었다. "혼인은 죽을 때까지 맺어진다"라고 정해왔던 민법전 제1353조 제1항 제1문이 이제는 더 이상 적용되지 않고, "혼인은 이성異性간 또는 동성同性 간의 두 사람에 의해서 죽을 때까지 맺어진다"라는 문장으로 바뀌었다.

그 이후로 "혼인"이라는 단어의 의미가 다소 달라졌다. 이전에는 두 파트너가 서로 다른 성별性別일 것이 그 전제조건이었다. 이것이 법률에 적혀있지는 않지만, 개념상 그 자체로 자명했다. 지금은 이와는 다르다. 이제 "혼인"은 달리 개념정의 되는데, 더 넓은 인적 범주를 포괄하고 있다.

메르켈 총리는 다소 태연하게 이 같은 해결책을 발표하면서 그것이 전당대회 의결사항이거나 다른 두드러진 중요 사안으로 보기는 어렵다는 입장이었다. 자신은 소속의원들 각자가 양심에 따라 결정하는 방향으로 행하기를 원한다고 말했다. 달리 말하자면, 해당 입법절차에서 기민당/기사당 연합에 속하는 연방의회 의원들에게 정해진 당론에 따라서 투표하게끔 정당 강제가 행해져서는 안 된다는 말이었다. 이런 상황이 사민당에게는 대연정 내부에서 곧바로 이 같은 법률 개정을 요구하는 계기가 되었다. 그리고 기민당/기사당도 이에 반대하지 않았다. 연방의회에서 기민당/기사당 연합에 속하는 의원들의 다수도 이 같은 개정 법률안에 찬성했고, 또한 연방참사원도 찬성했다. 이렇게 해서 해당 법률이 제정되었는데, 헌법적으

---

*의원내각제(의회정부제) 정부 형태에서 총선 이후에 원내 제1당과 기타 군소정당이 연합해서 과반 의석을 확보하여 연립정부를 구성하는 통례적인 경우와는 달리, 원내 제1당과 제2당이 연합해서 구성하는 정부를 대연정(Große Koalition)으로 부른다.

로는 다소의 의문이 있다. 기본법과는 아무런 관계가 없는 일반법률이 기본법상으로 보호되는 개념을 달리 개념정의할 수가 있는 건가? 그런데 이 문제를 두고서 연방헌법재판소가 소환되지는 않았다. 그리고 2016년에 이미 유럽연합에 속하는 27개 회원국들 중에서 10개 나라에서 이에 상응하는 법률 규정이 존재하고 있으며, 유럽연합의 바깥에 놓여있는 10개 나라에서도 이와 마찬가지였다.

 이는 민법전에 근거하는 부르주아적인 가족제도의 종말을 뜻했다. 혼인과 가족이라는 이름이 그대로 남아있기는 하지만, 그 자리에 무언가 새로운 것이 등장했다. 혼인과 가족의 여러 세부적인 사항들이 오래전부터 국가의 강력한 영향 아래에서 강하게 법제화되어왔는데, 이전처럼 그렇게 안정적이지는 않다. 법원의 판결을 통한 이혼이라는 브레이크가 여전히 남아있기는 하지만, 지금은 거의 형식적인 것이 되어버렸다. 왜냐하면, 이제 혼인은 사회적 변천에 따라서 일종의 기질로서 애정, 사랑과 같은 정서적인 요소를 갖고 있기 때문이다.

> "사랑은 마치 자장가와도 같다네.
> 이 노래로 당신을 사랑스레 잠재우려는데,
> 그런데도 당신은 여전히 잠을 이루지 못하네.
> 이렇듯 노래가 멈추고,
> 그리고서 당신은 혼자서 커가네." -Theodor Strom-

 현재까지도 상황은 이러하다. 그런데도 혼인과 가족이라는 법적인 제도는 아주 오래된 유산遺産이고, 그렇게 여전히 살아남아 왔다. 그리고 여전히 기본법 제6조 제1항의 보호 아래 놓여있다.

상속법

민사법의 다섯 개 요소들에 대해서는 앞에서 이미 서술한 바가 있다. 즉 권리주체, 재산, 계약, 불법행위 및 가족이다. 그리고 혼인과 혼인하지 않은 생활동반자관계가 가족의 요소에 속한다. 앞서 내연녀 유언장 사례에서 이미 살펴봤듯이, 상속법은 즉 유언과 함께 사망 이후에 처분할 수 있는 재산권과 자유의 영역을 다룬다. 그런데 이 자유의 둘레에 울타리가 쳐져 있는데, 일종의 긴급제동장치인 유류분遺留分이 바로 그것이다. 자유는 가족 그리고 가까운 이들을 위해서 제한된다. 달리 말하자면, 상속법은 재산과 가족이라는 두 개의 요소가 결합한 것에 불과하다. 상속법은 그것이 민법전 제5장에서 약 440개 조문으로 거의 정확하고 상세하게 규율되고 있다손 치더라도, 제4장에서 490개 조문을 가진 가족법과 마찬가지로 독자적인 법 영역은 결코 아니다.

이제 다른 부분을 살펴보자. 상속법에서는 유언과 법률상의 상속권 간의 병존과 대립이 자유와 재산권의 기속이라는 대립에 서로 상응해 있다. 유언은 자유의 표현이고, 유류분과 함께 보완되고 있는 법률상의 상속권은 재산권의 기속성을 대변하고 있다. 법의 역사에서 이와 관련해서 얼마나 다양한 사회적 질서가 형성되어있는지를 관찰해보면 몹시 흥미롭다. 우리는 원칙적으로 이미 한눈에 전체 사회질서가 어떻게 형성되어있는지를 목도할 수가 있다. 상속법에 관한 관점과 더불어서 말이다. 어떤 사회가 유언이라는 걸 인지하고 있는지 아닌지 말이다. 만일 인지하고 있다면, 그곳에서는 분명히 사유재산이 중요한 역할을 수행하고 있다. 그렇다면 그곳은 유언이 존재하지 않고, 그 대신에 단지 법률상의 상속권만이 있는 다른 곳보다도 사회적으로 덜 조직화되어 있다는 추측이 타당하다. 예컨대 고대의 그리스와 로마가 그랬었다. 그리스에서는 유언이라는 게 없었다. 사유재산의 사도使徒이기도 했던 로마인들은 당연히 유언을 알고 있었는데,

이미 일찍이 BC 5세기의 12표법 제5판 제3절에 아래와 같이 적혀있었다.

"Uti legassit super pecunia tutelave suae rei, ita ius esto."
(유언장에서 자신의 재산과 사람들에 대해 결정한 것은, 따라서 마
땅히 법이 되어야 한다.)

민법전BGB은 로마인들의 편에 섰다. 다만 흥미롭게도 민법전은 법률상
의 상속권과 함께 먼저 시작한다. 이것은 가족법과 친족들의 권리이다.

법률상의 상속권과 관련해서 민법전에는 통례적인 경우에 적절하고 공
정한 최선의 해결책을 담고 있는 규정이 존재한다. 이 규정은 두 가지 기
능을 갖는다. 먼저 유언이 없는 경우에 언제나 이 규정이 적용된다. 그밖에
유언이 법률상의 상속권에서 지나치게 벗어나는 경우에 유류분에 관한 권
리와 함께 이를 교정하면서 개입한다.

법률상의 규정은 먼저 망자亡者의 자녀들이 상속해야 마땅하게끔 비친
다. 이들 자녀가 더 이상 생존해 있지 않은 경우에는 망자의 손주와 증손
주가 상속한다.(대습상속) 민법전 제1924조 제1항은 아래와 같이 규정하고
있다.

> 제1순위의 법률상의 상속자는 피상속인의 직계비속들이다.

피상속인Erblasser이라는 단어는 그가 시신屍身으로 마치 유산처럼 남겨
졌기 때문이 아니라, 자신의 유산Erbe을 남겨뒀다는 것을 뜻한다. 법률은
다양한 상속순위를 언급하고 있다. 제1순위에서 상속인이 존재하지 않으면,
제2순위로 유산이 넘어간다. 민법전 제1925조 제1항은 다음과 같이 정
하고 있다.

> 제2순위의 법률상의 상속인은 피상속인의 부모와 이들의 직계비속
> 들이다.

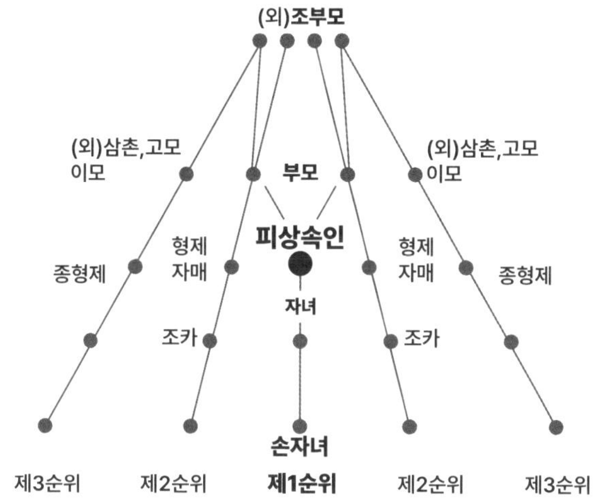

법정상속에서의 최초 세 순위들

그리고 이외에도 제3, 제4 등의 상속순위가 먼 친족에 이르기까지 계속 되는데, 매번 보다 가까운 상속순위가 다른 상속순위를 배제하고 같은 상 속순위 안에서도 가장 가까운 순서대로 상속인이 되는 방식으로 행해진다 (민법전 제1930조). 예컨대 자녀들에서 손주는 배제된다.

이와 더불어서 배우자의 상속권도 존재하는데, 이는 민법전 제1931조에 서 규정하고 있다. 배우자는 피상속인의 자녀와 더불어 상속재산의 1/4을 그리고 망자의 부모, 조부모 또는 형제자매와 함께 하는 경우에는 절반을 갖는다. 그리고 제3순위의 상속인들만 있는 경우에는 배우자가 전체 상속 재산을 모두 갖는다. 이외에도 수익공동체의 범주 내에서 증가분이 있는 데, 혼인관계가 배우자의 사망으로 끝난 경우에 총액 단위의 기여분이 존 재한다. 민법전 제1371조에 따르면 이는 상속재산의 1/4이다. 따라서 내 연녀 유언장 사건에서 전체 상속재산의 3/4이 법상의 아내에게로 귀속된 다(BGHZ 53, 369). 즉 민법전 제1931조에 따라서 사망한 남편의 형제자매 들과 함께 하는 경우에는 그녀에게 먼저 상속재산의 절반이 귀속되고, 이어서 민법전 제1371조에 따른 수익공동체인 관계에서 또한 1/4의 기여분이 덧붙여진다.

이에 대립해서 재산의 자유로운 처분에 해당하는 유언장이 존재한다. 유언장은 자필自筆로 오늘 이 자리에서 작성된다는 사실을 밝히면서, 장소와 시간, 날짜 및 성씨와 이름이 모두 포함된 자신의 서명이 있어야 한다(민법전 제2247조). 자신이 누구를 상속인으로 원하는지를 지정할 수 있는데, 이 상속인 지정이 실무적으로는 다시 전체 또는 그 일부가 취소될 수도 있다. 즉 차순위 상속인이 지정되거나, 유증遺贈을 명하거나 유언집행인이 임명되는 경우가 그러하다.

가장 경미하게는 대부분 추가로 상속인 지정이 행해지는 경우가 그러하다(민법전 제2100조 이하). 이는 상속인이 사망한 경우에 마땅히 그 유산을 갖게 되는 이들의 대습상속代襲相續이 그러하다. 상속인이 이제는 이전의 선순위 상속인Vorerbe으로 불리는데, 그에게는 증여와 부동산 매각이 허용되지 않는다. 또한, 그는 자신의 재산에서 이 부분에 대해서는 더 이상 독자적인 유언을 할 수가 없다.

유증과 함께 상속인은 다른 개별 물건들을 넘겨주거나 금전을 지급할 의무를 갖는다(민법전 제2147조 이하). 예컨대 내가 2십만 유로에 달하는 재산의 단독 상속인이 되는데, 그렇지만 유증에 따라서 나의 세 형제에게 각각 5만 유로씩을 내줘야 하고, 내 아들에게는 1만 유로를 그리고 값어치가 있는 그림을 시립미술관에 넘겨줘야 하는 경우가 그러하다. 그러면 내게는 도대체 뭐가 남는가?

다수의 상속인이 존재하는 경우에 상속재산의 분할을 위하여 때로 유언집행인(BGB 제2197조 이하)이 임명되곤 한다. 그런데 대부분은 그는 상속인들을 대신해서 유산을 관리하는데, 그 보수가 절대 적지가 않다. 유언집행이 30년씩이나 걸릴 수도 있고, 때로는 이 기간에 상속인이 아무것도 받지 못한다는 사실을 뜻하기도 한다.

유언이 이와 같거나 이와 유사하게 과도한 데에 맞서서 유류분을 가질 권리가 보장되고 있다. 일종의 긴급제동장치인 셈이다. 그러나 법률상의 모든 상속인을 보호하는 게 아니라, 유언장을 작성한 이의 자녀와 그 자녀의 자녀, 부모와 배우자만을 보호한다. 민법전 제2303조에 따라서 이 유류분은 법정法定 상속분의 절반이다. 이 절반의 상속분은 여하튼 이들에게서 전적으로 자유로이 처분되어야 하는데, 추가 상속인 지정, 유증 또는 유언 집행인이 없이 상속인이 되더라도 마찬가지다. 여기에는 재산 처분의 자유가 먼저인지 가족으로서의 결속이 먼저인지가 서로 맞서고 있다.

자연인과 법인

주식회사도 상속을 받을 수 있을까? 법전을 한번 들춰보면, 이로써 법에 대한 이해도가 훌쩍 높아진다. 즉 민법전 제1923조 제1항과 더불어서 상속법에 관한 규정이 시작한다.

상속인은 상속 개시 시점 동안에 살아있는 자만이 될 수가 있다.

이러면 대답은 어떻겠는가? 이제 대답은 "그렇다, 주식회사도 상속받을 수 있다"가 되겠다. 주식회사는 사람처럼 살아있지는 않지만, 모든 인간과 마찬가지로 똑같은 법인法人이다. 이에 대해서는 민법전 제1조에 관련되는 문구가 자리하고 있다.

사람의 권리능력은 출생의 완성과 함께 시작한다.

법학부의 학생들은 권리능력權利能力이 권리와 의무의 주체가 될 수 있는 능력이라고 배운다. 모든 사람은 재산을 가질 수가 있고, 타인을 상대로 채권자가 되고, 이로써 청구권자가 되거나 이와는 반대로 채무를 부담하고, 이로써 그를 상대로 금전 지급을 요구하는 타인에 대해 채무관계에 놓일 수도 있다. 이 모든 것이 그의 권리능력에 속하는데, 은행 계좌를 개설하고 언젠가는 무언가를 상속받을 가능성도 그러하다. 이와 똑같은 게 바로 주식회사다.

주식회사 또한 권리능력이 있고, 흔히 심지어는 다수의 은행에서 다수의 계좌를 갖고 있기도 하다. 주식회사는 사람과 마찬가지로 똑같은 법인이다. 사람은 자연인이고, 주식회사는 법인이다.

민법전 제1923조는 그 문구상으로는 단지 "살아있는" 자연인만을 염두에 두고 있었다. 그렇다고 해서 상속법에 관한 다른 규정들에서 드러나는 바와 같이 법인이 배제되지는 않는다. 도시都市 또한 하나의 법인이다. 도시가 상속인으로 지정될 수도 있고 또는 예컨대 시립도서관에 증여된 그림처럼 도시에 증여할 수도 있다. 주식회사도 이와 마찬가지다.

일반적인 개념들

의사표현, 자연인과 법인, 권리능력 및 행위능력과 같은 몇몇 개념들은 앞에서 이미 설명한 바가 있다. 또한, 중요한 개념이 민법전 제194조의 청구권Anspruch이다.

> 타인에게 작위 또는 부작위를 요구할 권리(청구권)에는 소멸시효가 적용된다.

이와 같은 이른바 법적인 개념정의, 즉 어느 하나의 법률 안에서 행해지는 특정 개념의 정의定義인데, 자주 있는 일은 아니다. 이에 따르면 청구권이라는 것은 타인에게 작위 또는 부작위를 요구할 수 있는 권리이다. 누군가가 내게서 100유로를 빌려 갔다면, 나는 빌려준 돈의 반환을 요구할 수 있는 청구권을 갖는다. 누군가가 나의 고양이를 해친다면, 나는 불법행위에 기인하는 손해배상청구권을 갖는다. 누군가가 내 고양이를 가져가면, 나는 소유권에 기해서 반환을 요구하는 청구권을 갖는다. 오늘날 법적인 사고는 여기서 그 출구를 발견한다. 갈등이 불거지면, 누가 누구를 상대로 무엇을 그리고 왜 요구할 수가 있는 건가? 그가 청구권을 갖고 있는가?

이 개념은 비교적 새로운 것이다. 19세기의 위대한 법학자 중에 한 명인 베른하르트 빈트샤이트Bernhard Windscheid(1817~1892)가 1856년에 펴낸 《로마에서의 소송》이라는 책에서 이 개념을 발견해냈다. *actio*는 소송을 뜻한다. 이 당시까지만 해도 도대체 어떤 소송으로 한사람이 타인을 상대로 법적인 조치를 취할 수 있겠는지가 늘 의문이었다. 이게 국가에 속하는 법원에서의 소송절차로 그 상념이 이어졌다. 이걸 두고서 "소송법적 사고"라고들 말한다. 오늘날 우리는 보다 더 평화로운데, 굳이 법원을 머릿속에 떠올리지 않은 채로 민사법을 이해하려고 시도한다. 즉 국가가 주관하는 소송절차가 없는 가운데 순수하게 사회적인 소송절차인 셈이다. 민법전BGB이 그 하나이고, 민사소송법ZPO이 또 다른 하나인데, 소송법적인 상념 속에는 이 둘이 하나로 합쳐져 있다.

따라서 청구권은 사람들 간의 관계에서 법원의 바깥에 실존하는 그 무엇이다. 생계부양, 유류분 지급 또는 증여 등에 관한 청구권이 존재하는 가족법과 상속법을 한번 살펴보면, 여기서 머릿속에 두 개의 분할이 존재한다. 즉 단지 특정한 사람들만을 대상으로 하는 또는 특정한 채무자를 대상으로 하는 청구권과 누구라도 가능한 타인을 대상으로 하는 청구권이 존재한다. 나의 고양이를 가져간 사람은 내게 다시 돌려줘야만 한다. 그러나 100유로의 금전대출은 나와 내게서 그 돈을 빌려간 사람 간의 매우 개인적인 사안이다. 그래서 물권적 청구권과 채권적 청구권이 따로 구별된다. 고양이는 물권적이고, 금전대출은 채권적이다. 사물에 대한 소유권에서 기인하는 청구권이기 때문에 물권적이다. 채권적이라는 표현은 라틴어 *obligatio*에서 비롯하는데, 이는 채무를 뜻하는 고대 로마의 단어이다.

예컨대 소멸시효가 이 둘 간의 차이점을 잘 드러낸다. 민법전 제197조에 따르면 물권적 청구권은 대부분 30년의 소멸시효를 갖는다. 가져간 나의 고양이가 여전히 살아있다면 말이다. 민법전 제195조에 따르면 채권적 청구권은 소멸시효가 더 빨리 진행되는데, 대개는 3년이다. 2001년 말까지만 해도 채권적 청구권의 소멸시효도 마찬가지로 30년이었다. 3년으로 단축된 것이 2002년 1월 1일 자로 발효된 민법전 전면개정 법률에서 중요한 변경사항 중의 하나였다.

따라서 청구권은 분쟁 사안을 심사하면서 일종의 기본적인 구도를 드러내기 때문에 법적인 작업에 있어서 매우 중요하다. 어떤 이가 타인을 상대로 갖는 어떠한 다양한 청구권들이 다뤄지고 있는지 그리고 타인은 그 어떤 이를 상대로 어떠한 청구권을 갖는지가 먼저 정리되어야 한다. 그리고서 개개의 청구권들에 있어서 그 전제조건이 충족되고 있는지를 심사한다. *actio*가 여전히 인용되고 있는 아주 오래된 법 격언이 있다. *"Quae sit actio? An sit actio fundadat?"* 즉 "어떠한 청구권이 문제인가? 그리고 그 청구권은 근거가 있는가?"

다른 개념들의 중요성에 대해서는 논란이 있다. 법률행위는 원칙적으로 계약 또는 의사표현과 다르지가 않다. 법률관계는 사람들 간의 법적인 관계와도 다르지가 않다. 또는 객관적인 법과 주관적인 권리의 구별 여부도 마찬가지다. 이것은 누구나 알고 있는 것을 말하지만, 그 누구도 이해하지 못하는 단어들이 사용되고 있는 일종의 기교技巧 내지는 기예技藝를 연상시킨다. Recht라는 단어에는 다양한 의미가 있을 수 있다.* 객관적 법 Objektives Recht은 흔히들 법질서라고 말하는 모든 법규범의 총합이다. 즉

---

* 독일어에서 Recht라는 한 단어가 법과 권리를 동시에 뜻하듯이, 프랑스어Droit, 이탈리아어 Diritto, 스페인어Derecho 등 다른 유럽언어에서도 이와 같다.

법률, 법규명령, 관습법, 법관법 등이 그러하다. 주관적 권리Subjektives Recht는 한 개인이 갖는 정당한 자격이다. 고양이에 대해서 갖는 나의 소유권 또는 100유로의 변제를 요구하는 청구권과 같이 이것은 나의 권리이다. 에네체루스Enneccerus와 니퍼다이Nipperdey가 공저한 오래된 모범적인 교과서에서는 전문가답게 아래와 같이 표현되고 있다(《민법총론,》 제14판, 1952, §72 참조).

"우리는 자격을 뜻하는 주관적 권리를 법질서로서의 객관적 법에 대립시켜 둔다. 주관적 권리는 개념적으로는 법질서에 의하여 개개인에게 부여되고 있는 법적인 힘인데, 그 목적에 따라서 인간들 간의 이해관계를 만족시키는 수단이다."

[참고문헌]

사법私法에 대해 더 자세히 알고 싶다면 독일 민법전BGB 주석서를 참고하거나 각 부분에 대한 교재를 참고하기 바란다. 가장 널리 사용되는 해설서는 팔란트Palandt 주석서로 매년 새로이 발간된다(80.Aufl. 2021). Ein gutes und kurzes Lehrbuch zum Allgemeinen Teil: Astrid Stadler, Allgemeiner Teil des BGB, 20. Aufl. 2020. Das beste zum Schuldrecht: Dieter Medicus/Stephan Lorenz, Schuldrecht I. Allgemeiner Teil, 22.Aufl. 2021; Schuldrecht II. Besonderer Teil, 18. Aufl. 2018. Sehr fundiert und übersichtlich, mit Grundbuchrecht: Fritz Baur/Rolf Stürner/ Astrid Stadler, Lehrbuch des Sachenrechts, 19. Aufl. 2021. Schließlich: Nina Dethloff, Familienrecht, 32. Aufl. 2018. Zur Stärkung von Rechten nichtehelicher Väter: Dieter Schwab, Familienrecht, 28.Aufl. 2020. Anne Röthel, Erbrecht, 18.Aufl. 2020.

Arbeitsrecht und soziales Mietrecht

제5장

노동법과 사회적인 임대차법

노동법과 임대차법 그리고 계약의 자유

수백만 명의 사람들이 독일에서 사적인 근로계약과 함께 고용된 근로자로 그리고 사적인 임대차계약과 더불어서 임차인으로 살아가고들 있다. 이걸 1900년에 발효된 민법전의 규정들로 규율하고자 한다면, 이들은 로저 가로디Roger Garaudy가 1956년에 펴낸 책《정글의 법률》에서 언급한 자유, 즉 "자유로운 닭장 안에서 자유롭게 활개 치는 여우"의 자유 속에서 살아가고들 있다. "근로계약"으로 민법전 제611조~제630조에서 규정되고 있는 내용들이 근로자들에게는 그간 거의 아무것도 변한 게 없다. 그런데도 이들의 상황은 민법전의 바깥에서 성립된 현대적인 노동법에 기대어서 그럭저럭 견딜 수 있을 정도가 되었다. 임차인에 대해서는 그 반대다. 사회적인 임대차법의 의미에서 민법전BGB에 새로운 규정들이 추가되기는 했지만, 그런데도 당사자들의 상황은 자주 여전히 감당해내기가 어렵다. 특히 대도시들에서 그러하다. 그 차이점이 쉽게 설명이 된다. 근로자들의 배후에는 노동법과 함께 강력한 노동조합이 있어서, 긴급한 경우에는 파업을 행할 수도 있다. 임차인들을 위해서도 관련 단체가 있기는 하지만, 매우 허약하다. 아마도 임차 파업은 불가능하다. 노동법과 사회적인 임대차법은 하나의 공통성을 갖는데, 즉 이 둘은 민법전상의 계약의 자유를 제한해둔 결과물이다. 단지 그 차이가 크고 작을 따름이다.

노동법은 이제 나름 거대한 법 분야가 되었고, 이에 관한 전문적인 교수들과 더불어서 독자적인 강좌가 개설되고, 관련 교과서들이 저술되고 있다. 심지어는 이를 위해서 특별한 노동법원이 설치되어 있는데, 1심급인 노동법원, 항소법원으로는 란트노동법원 그리고 상고법원으로는 에어푸르트Erfurt에 소재하는 연방노동법원이 그러하다. 이 모든 게 사회적인 임대차법에는 결여되어 있다. 사회적인 임대차법은 민법전에 관한 일반적인 강좌의 범주 안에서도 단지 드물게만 다뤄지고 있을 뿐이다. 변호사들과 일반법원의 법관들 중에서 이에 관한 전문가들이 있을 뿐이다. 따라서 먼저 거대한 법 분야인 노동법을 그리고 이어서 사회적인 임대차법을 다루기로 하자.

노동법이라는 쓸모 있는 도구는 본질적으로 네 개의 메커니즘들로 구성되어 있다. 개별적인 계약의 자유는 첫째로는 법률과 법관법에 의해서, 둘째로는 단체협약에서 집단적인 합의를 통해서, 셋째로는 종업원평의회의 참견권을 통해서 그리고 네 번째로는 대기업들의 감사위원회에서 근로자들이 참여하는 공동결정으로 제한된다.

정치적으로 가장 논란되어온 게 바로 법관법法官法이다. 그사이에 노동법 영역에서 많은 법률이 제정되어있지만, 상당수의 부분은 여전히 입법자에 의해 규율되지 못한 채로 법원에 의해서 규율되고 있는데, 즉 법률이 없는 가운데 법원의 자유로운 법 발견 속에 놓여있다. 예컨대 기본법상으로 언제나 보장되고 있는(제9조 제3항) 총파업이 그러하다. 왜냐하면, 의회 내 정당들이 기업과 노동조합 간의 싸움에 얽히는 데에 두려움을 갖기 때문이라는 게 간단한 대답이다. 이게 실제로 얼마나 위험한지는 1986년에 제정된 「노동장려법」 제116조(현재는 삭제됨)를 둘러싸고서 벌어졌던 한바탕 소동이 잘 보여주는데, 주당 35시간 노동제 도입을 위한 IG Metall(금속노련)의 중점파업이 그랬었다.* 따라서 지난 수십 년 이래로 노동법의 상

---

*각 사업장 별로 노조 시스템인 우리와는 달리, 독일은 산별노조 시스템이다. 즉 산별노조가 해당 사용자단체와 함께 단체협약을 체결한다.

당 부분이 의회보다는 상황이 어렵지 않은 법원에 떠맡겨졌다. 왜냐하면, 법관들은 선거에서 패하지도 않고, 게다가 명목상으로는 법의 중립성이라는 우산 아래에서 결정하기 때문이다.

단체협약

19세기 중반에 제정된 몇 안 되는 노동자보호법률들을 살펴보면, 단체협약이 민법전BGB상의 계약의 자유를 제한하는 가장 오래된 도구임이 확인된다. 파업과 직장폐쇄로 심각한 다툼이 벌어졌던 1873년에 처음으로 출판인쇄공들을 위한 단체협약이 전체 독일제국에서 통일적으로 적용되었다. 이미 당시에 단체협약에서 임금뿐만 아니라 또한 다른 근로조건들, 예컨대 노동시간으로 하루 10시간이 확정되었다. 당시에는 이게 나름 큰 진보였다.

계약을 통한 계약의 자유의 제한인 셈이다. 어떻게 이게 가능할 수가 있는가? 이제 단체협약은 개별적인 계약의 자유의 범주 안에서 계약당사자인 두 사람 사이에서만 적용되는 통상적인 합의가 아니다. 이것은 집단적인 성격을 갖는 단체 간의 협약이고, 그 구성원들이 체결하는 모든 개별적인 근로계약에 적용되는 합의이다. 즉 노동조합의 구성원들과 관련 단체에 속하는 기업들 간에 체결되는 모든 근로계약에 적용된다. 개별적인 근로계약의 내용은 집단적인 단체협약에 의해서 변경되고 확정된다. 따라서 집단적인 계약과 함께 개별적인 계약의 자유에 대한 제한이 행해지고 있다. 이 같은 집단적인 성격에는 처음에 정치적인 어려움뿐만 아니라 당연히 법적인 어려움도 또한 내재되어 있었다. 원래는 법적인 어려움이 없었다. 독일 민사법의 근본구조상으로 집단적 합의가 다른 개별적인 근로계약의 내용을 확정하는 것이 원래는 불가능했었다. 왜냐하면, 독일 민사법의 토대는 집단의 의사가 아니라 개인들의 의사이기 때문이다. 민법전BGB에는 이를 뒷받침하는 어떠한 지렛대도 없다. 그러므로 1900년 무렵에 대다수 법원과 법률가들은 단체협약에는 전혀 구속력이 없다는 입장이었다. 이에 대한 올바른 법적인 해결책이 「단체협약에 관한 법규명령」이 제정된 1918년 12월에 비로소 생겨났다. 이 법규명령이 인민대의원 총회에서 제정되고, 사회민주주의자인 프리드리히 에버트Friedrich Ebert와 후고 하제Hugo Haase에 의해서 서명되었다.

그 이후로 단체협약은 이렇듯 법률과 같은 효력을 갖는다. 그 이후로 노동자는 사용자를 상대로 근로계약이라는 토대 위에서 단체협약상의 임금을 요구할 수 있게 되었다. 아마도 근로계약서에는 전혀 다른 내용이 적혀있었을지도 모르겠다. 단체협상의 당사자는 단체협약법TVG에 따라 입법자인 연방의회로부터 구속력 있는 법적 조항을 제정할 권한을 부여받는다. 입법자는 자신이 가진 입법권한을 다른 이에게 넘기는 게 또한 허용되는데, 이를 학문적으로는 "위임한다"라고 표현한다. 이것이 이른바 "위임이론"이다. 이로써 노동조합과 사용자들에게 단체협약 자치권이 생겨난다. 즉 단체협약이 법규범이 되고, 이제 더 이상 집단적인 그 무엇이 아니다. 이로써 개별적 의사라는 건전한 세상이 구원받은 셈이다. 왜냐하면, 개별 의사가 법률로써 제한될 수 있다는 것이 고래古來의 원칙이기 때문이다. 더 정확하게는 단체협약법 제1조 제1항에서 강조되듯이 단체협약은 이중적인 성격을 갖는다.

> 단체협약은 협약 당사자들의 권리와 의무를 규율하고, 사업장의 운영과 조직상의 문제뿐만 아니라 근로관계의 체결 및 종료와 같은 내용을 명령할 수 있는 법규범도 함께 포함한다.

단체협약의 당사자들 간에서 권리와 의무가 합의되는 한에서 "계약"이라는 표현이 올바르다. 이것은 채권법적인 부분이다. 그리고 이게 노동자들의 근로관계를 규율하는 한에서는 규범적인 부분에도 속한다. 특히 단체협약법 제4조 제1항에서 이 점을 분명하게 밝히고 있다.

> 근로관계의 체결과 종료를 규율하는 내용을 갖는 단체협약상의 법
> 규범들은 협약의 적용범위에 해당하여서 이에 기속되는 양 당사자
> 들 사이에서 직접 그리고 강제적으로 적용된다.

이 규범들은 본래 단지 단체의 구성원들에게만 적용되는데, 따라서 근로자들의 경우에는 노동조합원들에게만 적용된다. 왜냐하면, 단체협약법 제3조 제1항에서 규정하고 있듯이 이들만이 협약에 기속되기 때문이다.

> 단체협약 당사자의 구성원들과 그 자신이 단체협약의 당사자인 사
> 용자는 협약에 기속된다.

그런데 당연히 기업주들은 모든 종업원에게 협약상의 임금을 지급하게 되는데, 왜냐하면 그렇게 하지 않으면 다른 종업원들을 노조에 가입하도록 유도하여 노조의 파업기금이 늘어날 것이기 때문이다. 법적으로 말하자면, 근로계약상으로 비非노동조합원들에게도 협약상의 동일한 임금 지급이 원칙인 것으로 묵시적으로 합의되어있다. 얼마나 발 빠른가. 이제 법적으로는 모든 일이 개별 고용계약서에 따른 개별 합의를 통해서 매우 신속하게 진행된다. 이 역시도 명시적이 아니라 단지 묵시적으로만 합의되어있다. 그런데 노동조합도 마찬가지로 이에 대해서는 침묵하고 있다. 왜냐하면, 이것은 노동조합 자신의 문제가 아니기 때문이다. 노동조합의 문제는 오히려 그 반대다. 즉 사용자가 본래 노동조합원들에 대해서만 합의한 모든 것을 비노조원들에게는 지급하지 않으려면, 어떻게 하면 그 뜻을 이룰 수가 있겠는가? 노동조합은 이에 대해 나름의 큰 이해관계를 갖고 있다. 만약에 노동조합원들에게만 합의한 임금이 지급되면, 즉 많은 이들이 노동조합에 가입하게끔 유인할 수가 있을 것이다. 이를 차별화조항이 갖는 문제라고들 말한다.

그런데 당연히 그렇게 되지는 않는다. 단체협약상으로 노동조합원들에게만 비非노조원들보다도 더 많은 임금을 지급하도록 사용자에게 의무를 지울 수는 없다. 이는 너무 멀리 나갔다. 입법자도 이를 의도하지는 않았다. 실제로 1965년에 섬유 및 의류 노동조합 측이 휴가비 지급과 관련해서 그렇게 시도한 적이 있었다. 연방노동법원은 이것이 위헌이라고 판결했는데, 이는 노동조합에 가입하지 않는 이들의 기본권, 즉 노동조합에 가입하지 않을 소극적인 자유가 문제 되기 때문이다. 만일 단체협약에서 이들 비노조원에 관한 사항들을 규율한다면, 이로써 또한 이들 비노조원의 기본권이 침해될 수가 있다. 이게 논리적으로는 매우 의심스럽지만, 법리적으로는 오늘날까지도 매우 끈질기게 저항이 심하다.

다른 경우들에서는 이른바 일반적 구속력선언의 도움으로 단체협약상의 규범을 비노조원들에게도 확대하는 게 전적으로 가능하다. 단체협약법 제5조에 따르면 연방노동/사회부가 사용자 측 및 근로자 측 간의 합의 내용이 비노조원들에게도 적용되어야 마땅하다고 명령할 수가 있다. 예컨대 건설업계에서 이런 일이 자주 발생하는데, 이 분야에서는 사용자단체에 가입하지 않고서, 단체협약에서 정하고 있는 것보다도 낮은 임금을 지급하는 군소 회사들이 많기 때문이다. 그래서 건설업 분야에서는 일이 그렇게 진행되지만, 위헌도 아니고, 소극적 결사의 자유라는 기본권 침해도 아니라고 본다. 사용자들이 갖는 소극적 결사의 자유 또한 마찬가지다.

단체협약법 제1조 제1항에 대해서는 이미 언급한 바가 있다. 이는 사용자단체와 노동조합, 두 단체에 상호 대립적인 의무를 지우는 계약적인 부분도 포함하고 있는데, 그래서 규범적인 부분과는 달리 채권·채무적인 부분이라고들 부른다. 언제나 그렇듯이 가장 중요한 게 평화유지의무(쟁의금지의무)일 것이다. 노동조합에는 협약이 유지되는 기간에 파업이 허용되지 않는데, 그렇지 않으면 손해배상액을 지급해야 한다. 이는 심지어 노동조합원들에게도 영향을 미치는데, 허용되는 모든 수단을 동원해서 이들이 협약이 유지되는 기간에 노동평화를 깨트리고자 한다면 말이다. 그렇지 않으면 마찬가지로 손해를 배상해야 한다. 흔히들 평화유지의무는 사용자 측이 이 기간에 약속한 대가를 지급하겠다고 이미 밝힌 것에 상응하는 반대급부라고 말한다. 설령 단체협약에 이 부분이 명시적으로 적혀있지 않더라도 이는 언제라도 묵시적인 합의이며, 또한 심지어 이 부분이 서면으로는 합의될 수가 없다는 사실이 중요하고, 아마도 이 부분을 포기하고자 하지도 않을 법하다. 통설은 그것이 불가능하다는 입장이다. 왜 그런가? 평화유지의무가 단체협약의 본질에 속하기 때문이다. 평화유지의무는 반대급부이고, 이른바 핵심 중의 핵심인 셈이다. 다른 나라들에서는 이게 가능하다고 본다는 사실이 또한 주목된다. 예컨대 프랑스에서는 평화유지의무가 명시적으로 합의되어야만 하고, 그렇지 않으면 평화유지의무는 없다고 본다. 그리고 영국에서는 단체협약 당사자들이 평화유지의무를 포기한다고 전적으로 합의할 수가 있다. 우리는 노동법에서 전적으로 특별한 그 무엇을 목도하고 있고, 이 같은 독일적인 특성이 언젠가는 이 세상을 치유하기를 기대해 본다.

파업과 직장폐쇄

오늘날 우리가 알고 있는 노동법은 1918년의 실패한 혁명에 그 뿌리를 두고 있다. 이 실패한 혁명이 비록 관계의 전복顚覆을 가져오지는 못했지만, 그래도 노동법을 안겨다 줬는데, 하루 8시간 노동, 단체협약의 법적 승인, 사업장에 종업원평의회의 설치와 개별 근로계약에 관한 권리의 개선과 함께 노동자들의 삶을 그나마 그럭저럭 견뎌낼 수는 있게끔 만들어왔다. 즉 예컨대 해고보호제도가 처음 시작되고, 휴식을 위한 휴가제도가 도입되었다. 당시 바이마르 공화국에서 노동법이 점차 독자적인 법 영역으로 발전해갔는데, 노동법원과 같은 독자적인 법원이 설치되고, 노동법에 관한 많은 문헌이 쌓이고, 대학들에서 관련 강좌가 개설되었다. 나치즘하에서는 이렇게 해서 성취된 일부, 즉 집단노동법이 다시 제거되었다. 파업권이 폐지되고, 노동조합과 종업원평의회가 해체되었다. 노동자들과 사용자들은 「사업장에서의 민족적 노동질서를 위한 새로운 법률」의 규정에 따라서 "독일노동전선"이라는 조직에 함께 묶였는데, 물론 "지도자원리"에 따라서였고, 사업장에서의 지도자는 기업주였다. 개별 노동법 영역에서는 모성보호, 휴가권 및 5월 1일을 법정 공휴일로 정하는 등 약간의 개선이 있기도 했다.

제2차 세계대전이 끝나고서는 노동법의 본질적인 내용이 바이마르 시대로 다시 연결되었다. 노동조합이 다시 허용되고, 종업원평의회가 다시 설치되고, 광산업분야에서 공동결정제도가 도입되었다. 개별 노동법에서는 지속적인 개선작업이 행해졌지만, 집단 노동법에서는 바이마르 시대에 비하자면 상당한 퇴행이 있었다. 특히 파업권과 관련해서 그러했다.

> "더 유리한 임금조건과 근로조건을 요구하기 위하여 사업장에서 근로자들이 노동조합을 결성하는 것은 허용되는 행위에 속하는데, 노동조합이 이러한 목적을 달성하기 위해서나 또는 파업에 가담하는 근로자들의 편에 서는 노동조합의 입장에서 파악 가능한 여러 조치는 이로써 기존의 고유한 사업장 경영이 피해를 본다손 치더라도 절대 위법하지가 않다. 따라서 작업장에서 동원되는 조치가 사용자와 근로자들 간의 임금투쟁 및 계급투쟁에 있어서 적법하다고 간주하는 그 이상으로 정도를 넘어서는지 아닌지가 단지 문제시될 따름이다."

위 내용은 1906년에 제국법원이 행한 판결인데, 〈제국법원 판례집〉 제64권 56쪽 이하에 수록되어있다. 이에 따르면 파업이나 보이콧Boycott이

회사를 경제적으로 무력화하려는 목적이거나 또는 전적으로 비례에 맞지 않게 진행되는 경우에만 사용자 측의 손해배상 요구가 정당하다고 본다. 그래서 민법전 제826조에서 규정하고 있는 선량한 풍속에 반하는 손해로 다뤄진다.

> 선량한 풍속에 위반하여 타인에게 고의로 손해를 끼친 자는 그 타인에게 손해를 배상할 의무를 진다.

따라서 파업은 원칙적으로 적법하고, 단지 예외적인 경우에만 금지된다. 1933년까지는 이랬었다. 그리고 전쟁이 끝나고서 노동조합 측은 서독에서 이전의 상태로 다시 되돌아가야 한다고 생각했다. 그런데 1952년에 종업원평의회법 개정을 위한 연방정부의 법률안에 반대하는 신문인쇄 파업이 벌어졌는데, 해당 법률안은 종업원평의회의 지위를 바이마르 시대의 구舊 규정에 비해 더욱 열악하게 규율하고 있었다. 파업은 성공하지 못했고, 해당 법률안이 통과되었다. 하지만 이뿐만 아니라, 이제는 파업권조차도 어렵사리 행사되게끔 되었다.

그래서 여러 신문사의 발행인들이 IG Druck(인쇄출판노련)을 상대로 손해배상을 청구했다. 이전의 바이마르 시대까지만 해도 이 같은 파업이 신문 발행을 경제적으로 무력화하지는 않고, 또한 그것이 비례에 맞지 않게 과도하지는 않기 때문에 손해배상 청구가 성공할 전망이 없었다. 파업은 불과 이틀만 행해졌을 뿐이다. 그런데 이제 본Bonn은 더 이상 바이마르Weimar가 아니어서,* 다른 길이 모색되었다. 이 길로 이끈 이가 한스 카를 니퍼다이Hans Carl Niepperdey인데, 그는 이미 바이마르 공화국에서 주도적인 노동법학

---

*"본은 바이마르가 아니다"Bonn ist nicht Weimar는 표현은 원래 1956년 스위스의 언론인 프리츠 르네 알레망Fritz René Allemann이 쓴 책 제목에서 유래한다. 이로써 과거 바이마르 공화국의 불행한 전철을 다시는 답습하지 않으려고 서독 기본법의 아버지들과 정치인들이 골몰해온 강조점을 그대로 드러낸다. 1990년 동·서독 통일 이후로 수도가 본에서 베를린으로 옮겨가고서 지금은 "베를린은 본도, 바이마르도 아니다"Berlin ist nicht Bonn, ist nicht Weimar라는 표현으로 바뀌어 인용되고 있다.

자였고, 히틀러의 제3제국에서도 그랬었고, 1954년부터는 카셀Kassel(1999년 이후로는 구동독지역의 Erfurt로 이전함)에 새로이 설치된 연방노동법원의 법원장이기도 했다. 신문사 발행인들은 그에게 법적인 자문의견을 구했다. 자문의견료도 상당한 액수였다. 그는 기교적인 법기술을 동원했고, 노동법원은 오늘날까지도 그의 입장을 따르고 있다. 연방노동법원도 니퍼다이의 수중에 넘어가서 구축되었고, 지금까지도 그리 형성되어있다.

그의 기교적인 법기술은 민사법에서 비롯한 옛날의 개념과 형사법에서 연유하는 새로운 개념의 조합으로 구성되었다. 마치 마법과도 같은 두 단어가 바로 "설치되어서 작동하고 있는 사업장에 관한 권리"와 "사회적 적정성"이었다. 짧게는 "경영권"으로 불리는 첫 번째 단어는 민법전이 발효된 이래로 기업들이 서로 경쟁하는 가운데 비롯하는 손해배상의 청구를 근거 짓기 위해서, 즉 부당한 경쟁이 아직 존재하지 않았던 시절의 특별법으로서 제국법원에 의해서 전개된 것이었다. 당시에는 먼저 신체 손상과 재물에 대한 피해가 예상되는 경우에는 민법전 제823조상의 일반적인 규정을 적용해야만 했다. 제823조 제1항은 아래와 같이 규정하고 있다,

> 고의 또는 과실로 타인의 생명, 신체, 건강, 자유, 재산 또는 기타의 권리를 위법하게 침해한 자는 그 타인에게 이로 인해 발생하는 손해를 배상할 의무를 진다.

예나 지금이나 경영권이 민법전 제823조 제1항의 의미에서의 기타의 권리라고들 말한다. 이로써 경영상의 활동이 하나의 사물로 취급되면서 물화物化되고, 심지어 침해될 수도 있다고 보았다. 니퍼다이는 보고서에서 모든 파업이 경영권 침해라고 보았으며, 이러한 침해가 존재한다는 것은 자동으로 파업이 불법이라는 추정으로 이어지고, 따라서 손해배상 청구가 발생한다고 보았다. 이 상황에서 다시 균형을 되찾기 위해 그는 "사회적 적정성"이라는 개념을 사용한다. 즉 파업은 그것이 사회적으로 적정

하다면, 위법하지 않다는 주장이다. 달리 표현하자면, 사회적으로 적절하다면 말이다. 그리고 이를 위해 니퍼다이와 연방노동법원은 중요한 세 가지 요구가 담긴 일련의 목록을 제시했다. 첫째, 파업이 노동조합을 통해서 행해진다면, 이는 사회적으로 적절하다. 둘째, 단체협약을 체결할 목적으로 그리고 셋째, 평화유지의무가 준수되는 가운데 파업이 행해진다는 조건이 그러하다. 신문인쇄 파업의 경우에 두 번째 쟁점이 문제시되었다. 즉 파업이 노동조합과 사용자 사이에서 협상할 수 있는 임금인상 요구나 다른 근로조건들을 위한 단체협약의 체결을 목적으로 행해지지 않았다. 해당 파업은 연방의회의 입법을 둘러싸고서 벌어졌었다. 따라서 이는 "정치적 파업"이고, 지금은 금지된다는 의견이다.

그다음의 실험적인 시도는 1956~1957년 슐레스비히-홀슈타인Schleswig-Holstein에서 벌어진 금속노동자들의 파업이었다. 노동조합은 중재합의에 반대하면서 예정보다도 며칠 일찍 파업 여부의 찬반 투표 실시를 결정했는데, 사회적 적정성(타당성) 목록에서 세 번째 부분인 평화유지의무를 깨트리는 것이었다. 파업이 1956년 10월부터 1957년 2월까지 매우 오랫동안 지속한 까닭에 손실액이 무려 4천만 마르크에 달했다. IG Metall(금속노련) 측이 소송에서 패했다. IG Metall 측은 파업이 뒤늦게야 비로소 시작되었고, 설령 평화유지의무를 위반하지 않았더라도 파업이 마찬가지로 그만큼 길었을 법하고, 따라서 동일한 손실이 발생했을 거라며 항변했는데도 불구하고 말이다. 그런데 민법전 제249조는 아래와 같이 규정하고 있다.

> 손해배상의 의무를 지는 자는 만약에 배상의무를 발생시키는 사정이 없었더라면 그대로 있을 법한 상태로 다시 회복시켜야 한다.

배상의무를 발생시키는 사정은 평화유지의무의 위반이다. 이 같은 사정이 없었더라도 같은 상황이 벌어졌을 법하고, 마찬가지로 4천만 마르크의 손해가 발생했을 수 있다. 따라서 혹자는 여기서 배상할 게 아무것도 없다고 생각할 수도 있겠다. 1958년에 연방노동법원은 "배상할 게 있다"라고 판결했다. 평화유지의무를 위반하지 않았더라면 파업투쟁을 피할 수 있었을 것이다. 여기서 법원은 논리적으로 허용되지 않는 것이 무엇인지가 드러난다는 예리한 결론을 도출했다. 여하튼 평화유지의무가 이번 기회를 통해서 확고히 확립되었다.

목록의 첫 번째 부분에 대한 테스트가 마지막으로 행해졌다. 파업이 노동조합에 의해서 주도되어야 한다는 것으로, 그렇지 않은 경우에는 와일드 스트라이크로 간주되어서 따로 배상이 필요하다. 살쾡이파업wildcat strike으로도 불리는데,* 이에 대한 연방노동법원의 판결이 1963년에 있었다. 어느 신발공장의 사장이 63명의 노동자를 상대로 소송을 제기했는데, 이들은 노동조합의 참여 없이 공장책임자의 해고를 요구하면서 나흘 동안 파업을 벌였다. 이들은 곧바로 해고되고, 손해배상도 부담하게 되었다. 법원은 "파업이라는 수단"은 "날카로운 무기"라고 설시하면서, 이는 파업권이 단지 허용되는 범주 내에서만 사용된다는 보장을 제공하지 못하는 사람들이나 집단에게 맡겨지는 것을 금지한다고 밝혔다. 즉흥적인 파업을 친절하게 "불법wild"이라고 칭하면서 금지한다고 해서 과연 노동조합의 지위가 강화되겠는가? 여기서는 사업장에서 벌어지는 여러 폐해에 대항하는 행동들이 대부분 문제시된다. 이에 대해 노동조합은 어느 정도 거리를 둬야만 한다. 근로자들이 노동조합으로 인해 곤경에 빠졌다고 느끼기 때문에 노동조합 또한 어려움을 겪으면서, 상호 간에 불화가 싹트기 시작한다. 그밖에 이 같은 파업은 연방노동법원이 그리 명명命名했기 때문에 단지 불법wild이다. 꽤나 질서있게 진행되는 데도 말이다.

다른 나라들과의 비교가 또한 유익하다. 예컨대 "와일드 파업"이 영국,

---

* 노동조합의 개입 없이 근로자들의 일부가 비공인 파업을 행하는 것이다

프랑스 및 이탈리아에서는 허용된다. 이 나라들에서는 또한 정치파업이 금지되지 않는데, 네덜란드와 벨기에서도 마찬가지다. 이들 나라에서는 우리 독일의 노동쟁의법에서 대단히 중요한 것이 아무런 역할도 하지 못한다. 즉 노동쟁의법은 당사자들 간의 쟁의 대등성對等性이라는 사고에 입각해 있는데, 각 측은 한쪽에는 파업 그리고 다른 쪽에는 직장폐쇄라는 쟁의수단을 갖고 있다.

여기서도 이와 마찬가지다. 한쪽에는 강력한 노동조합이 그리고 다른 쪽에는 강력한 사용자단체가 자리하고 있다. 단체협약을 변경하려면, 파업을 하거나 직장폐쇄를 할 수가 있다. 예컨대 임금이 다소 높다고 생각하면, 사용자는 단체협약을 해지하고서 모든 노동자가 사업장에 들어오지 못하게끔 막고 힘겨운 협상에서 마침내 적절한 임금 목표를 달성해낼 수가 있다. 이걸 두고서 공격적인 직장폐쇄라고들 부른다. 그런데 이게 독일에서는 아무런 역할도 하지 못한다. 1931년에 마지막 공격적인 직장폐쇄가 행해졌다. 이것의 허용성 여부가 상급심에서 불분명했고, 노동법학자들 사이에서도 크게 논란되었다.

1978년에 인쇄산업계에서 행해진 직장폐쇄에 대해서 1980년 연방노동법원은 장문長文의 판결문에서 아래와 같이 밝혔다(NJW 1980, 1642쪽, 1645쪽, 1652쪽).

"파업에 대해서 언급된 내용이 직장폐쇄에도 쉽사리 그리고 무조건적으로 적용되지는 않는다. 사용자와 사용자단체는 자신들의 이익과 요구를 관철함에 있어서 노동조합보다는 쟁의수단에 훨씬 덜 의존적이다."

이 논쟁에서는 컴퓨터로 자동화된 식자植字기계가 도입된 이후에 작업장의 계속적인 유지 여부가 문제였다. 사용자들은 부분파업에 대해 연방 전역의 직장폐쇄로 대응했다. 연방노동법원은 이것이 다소 지나치다고 판단했다. 직장폐쇄는 비례에 맞지 않고, 따라서 위법하다고 보았다. 그 이유를 아래와 같이 밝히고 있다.

"파업 결정과 더불어서 단체협약이 적용되는 전체 지역의 1/4 미만 작업장에서 손에서 일을 놓을 것이 요구되는 경우에 협의의 부분파업에 해당하며, 이 경우 앞서 설명한 사용자들의 연대성에 부담을 주고, 이로써 힘의 균형관계에 변화가 있다고 가정할 수 있다. 여기서 사용자 측은 쟁의범위를 확대할 수 있어야 하며, 이때 해당 노동자들의 25% 정도로 확대하는 것이 비례에 어긋나 보이지는 않는다. 더 이상의 대응은 보통 비례에 어긋나게 될 것이다. 단체협약이 적용되는 지역에서 전체의 1/4이 넘는 노동자들이 파업에 참여하도록 촉구받는 경우에 고용주가 투쟁범위를 확대할 필요성은 그만큼 낮아진다. 전체적으로 본 재판부가 느끼는 인상에 따르면, 단체협약이 적용되는 지역에서 약 절반 이상의 근로자들에게 파업이 촉구되거나 이들이 직장폐쇄 결정에 따른 영향을 받는다면, 쟁의 대등성의 침해를 더는 우려하지 않아도 무방하다는 데에 재판부의 다수가 지지하고 있다."

영역이론과 노동쟁의 리스크

파업 및 직장폐쇄가 단지 노동조합과 기업들의 관계에 있어서만 문제를 야기하는 데에 그치지 않는다. 이는 또한 여기에 직·간접적으로 관계하는 이들에게도 매우 개별적인 결과를 야기한다. 스스로 적극적으로 파업하는 이들은 그 누구도 임금을 받지 못한다는 사실이 자명하다. 그 대신에 이들은 노동조합으로부터 파업수당을 지급받는다. 그런데 파업에 참여하지 않는 다른 근로자들은 어떻게 되는가? 즉 일하려고 하지만 파업 때문에 일을 할 수 없게 된 다른 근로자들은 어찌 되는가? 그리고 파업지역의 바깥에 소재하면서 파업 중인 사업장으로부터의 물품 배송에 의존하고 있거나 파업 중인 사업장이 더는 필요로 하지 않는 부품을 생산하고 있는 까닭에 제품생산을 중단해야만 하는 하청업체는 어찌 되는가? 우리는 여기서 본래의 파업권보다도 훨씬 더 중요하고, 집단노동법과 개별노동법이 복잡하게 얽혀있는 영역에 발을 내디딘다. 이 문제는 정치적으로도 큰 파괴력을 지니고 있다. 왜냐하면, 수천 명의 근로자가 임금도 그리고 파업수당도 받지 못하고, 노동청 산하의 일자리센터로부터도 돈을 받지 못하면, 이후의 진행 과정이나 노동쟁의의 성공 또는 실패에 있어서 매우 중요한 의미가 있을 수 있는 상황이 생겨나기 때문이다.

이 문제에 대한 독일 노동법의 가장 흥미로운 해결책이 이른바 "영역이론"이다. 이 이론은 1920년대 초반 제국법원의 판결에서 비롯하는데, 당시에는 제국법원이 노동사건을 관할하고 있었다. 제국노동법원이 1927년에서야 별도로 설치되었기 때문이다. 1920년에 키일Kiel의 도시철도회사에서 파업이 벌어졌는데, 해당 사업장의 전기설비 분야에 종사하는 근로자들이 파업의 주체였다. 파업으로 인해 트램(노면전차)이 운행될 수가 없었는데, 그렇지만 차량운전수와 차장들은 근무할 준비태세를 갖추고 있었다. 이들은 일하고자 했으나, 회사 측은 고맙다는 말과 함께 이들의 제안을 거절했다. 회사는 이들에게 임금을 지급해야 하는가? 답은 "그렇다"이다. 민법전 제615조에는 분명히 아래와 같이 적혀있다.

> 해당 노무의 사용자가 노무의 수령을 지체한 때에는 노무제공의 의무가 있는 자는 그 지체로 인해 이행하지 못한 노무에 대해 약정된 보수를 추후에 따로 급부를 제공할 의무를 부담하지 않고서도 청구할 수 있다.

여기서는 제615조가 적용되지 않는다고 주장하는 다른 견해들도 물론 존재한다. 즉 차량운전수와 차장들의 근무가 전혀 불가능했고, 그러므로 도시철도회사는 급부의무로부터 면제되어야 한다는 입장이다. 당시에 민법전 제323조는 아래와 같이 규정하고 있었다.

> 쌍무계약에 기하여 당사자 일방에게 의무로 주어져 있는 급부의 제공이 당사자 모두에게 책임이 없는 정황으로 인해 불가능한 경우에, 급부 제공의 의무자는 반대급부에 대한 청구권을 상실한다.

"네가 급부를 제공할 수 없다면, 나 역시 급부를 제공하지 않으련다." 제국법원은 이 쟁점에 관한 학술적인 토론을 주도적으로 과감하게 정리해주었다. 제국법원은 아래와 같이 설시했다(〈민사재판부 판례집〉, 제106권, 275쪽 이하(약어로는 RGZ 106, 275 f.) 참조).

"분쟁을 만족스럽게 해결하기 위해서는 민법전의 규정에만 전적으로 얽매일 필요는 없고, 오히려 민법전이 제정된 이후로 그동안 사회적 관계가 어떻게 발전해왔으며, 새로운 시대의 입법에 있어서 어떤 분명한 인식점들을 발견해야 하는지를 염두에 둬야 한다. 민법전에는 사회 내의 여러 사정이 많이 고려되고 있으며, 이는 근로계약에 따른 법적인 관계에도 해당한다. […] 그런데 여기에는 언제나 모든 개별 근로의무자들의 사용자에 대한 법률관계만이 고찰되고 있다. 즉 민법전은 제정 당시의 상황에 맞게끔 개인주의적인 관점을 취하고 있다. 그러나 그사이에 사회적인 노동공동체와 기업공동체라는 개념이 널리 받아들여졌고, 적어도 이 사건에 해당하는 유형의 대기업에서는 이러한 생각이 고용주와 종업원 간의 관계를 지배하고 있다. 이 같은 사고와 사실상의 사회적 관계성으로부터 원고 측(도시철도회사 등등)이 제시하는 해결책이 도출된다. 여기서는 더 이상 사용자에 대한 개별 근로자들의 관계가 아니라, 사회 내의 두 집단, 즉 기업과 근로자들 간의 규율이 문제가 된다. […] 즉 개별 근로자는 근로자와 기업가 사이에 존재하는 노동력 및 노동공동체의 구성원이며 이것이 기업의 기반을 형성하고 있는데, 근로자들의 행동으로 인해 사업이 중단되고 사업 수입이 줄어들었다고 해서 고용주에게 다른 수단으로 임금 지급을 보장하라고 요구할 수 없다는 것은 자명한 사실이다. 이러한 점은 이 사건, 즉 노동공동체의 파업이 단지 근로자들의 일부에 의해서만 행해지고 있고, 반면에 사업장의 다른 근로자들은 일할 준비와 태세를 갖추고 있는 경우에도 적용된다. 여기서는 이미 항소법원이 결론적으로 적절하게 기각한 바와 같이 파업 중인 근로자들에 대한 일할 의사가 있는 이들의 책임이 아니라, 근로자들의 일부에 의해서 촉발된 사업장의 운영 중단이 사업장에서의 임금 지급의 근거에서 전적으로 일반적으로 배제되어야 하는지가 문제시된다. 이 같은 임금 지급이 배제된 결과는 또한 파업에 가담하지 않은 다른 근로자들에게도 적용되어야만 한다. 만약에 이와는 달리 판결한다면, 불가능한 상태가 생겨날 법도 하다. 즉 근로자들 중에서 사업장의 지속적인 운영에 필요불가결한 극히 일부만이 파업을 하고, 이로써 전체 사업장의 운영이 중단되는 경우에 기업주가 다른 모든 근로자에게 임금을 지급해야만 하는 그런 경우가 있을 수도 있다. 이들 다른 모든 근로자가 자신의 동료가 일하지 않기 때문에 일할 수가 없는데도 말이다. 이는 사업장의 근간을 형성하는 노동공동체라는 사고와는 합치하지 아니한다.”

참으로 놀랍지 아니한가? 저 높은 곳에 자리한 제국법원이 애써 집단적인 것에 대한 자신의 애정을 찾아냈으니 말이다. 그런데 이로써 근로자들에게는 치명적인 결과만이 남아있을 따름이다. 노동운동에서 통용되는 “집단적인”이라는 단어를 그저 간단하게 전체 사업장으로 약간 확장하고서는 어떻게 전혀 다른 결론을 가져오는지 그리고 노동자들의 연대성이 연대책임으로 그 뜻이 바뀌는 게 몹시도 흥미롭지 아니한가? 제국노동법원은 제국법원의 이 같은 견해를 그대로 넘겨받았고, 1928년에 선고된 아래 판결(〈제국노동법원 및 고등노동법원 판례집〉 제3권, 121쪽 이하 참조)에서 이를 더욱 분명히 했다.

"이렇듯 확장된 권리들이 있다면, 그 반대편에는 당연히 확장된 의무, 즉 사업장에 대한 일정한 책임성의 공동부담이 존재한다. 그런데 사업장에 대해 공동책임을 져야만 하는 자는 당연히 사업장에서 비롯하는 불이익에 대해서도 또한 공동책임을 져야 한다. 근로자집단이 바로 그러한데, 개별 근로자는 자신이 노동력을 제공하려 했고 일할 준비가 되어있었다는 사실만을 갖고서 사업장의 운영 중단과 그 위험에 따른 결과를 간단히 부인할 수는 없다. 사업장의 운영에 함께 영향을 끼침으로써 곧바로 그 같은 위험의 공동부담에 협력하는 셈이다. 근로자가 사업장의 재산과 수익에 있어서 원칙적으로 그 어떤 직접적인 지분도 갖고 있지 않다는 사실로는 이를 반박하지 못한다. 이러한 정황은 위험의 범주가 근로자 자신에게 제한적이라는 사실에만 영향을 미칠 수가 있다."

이렇게 해서 이후 서독에서도 연방노동법원이 거의 30년 동안이나 고수해온 영역이론이 성립되었다. 이제는 사업장 영역과 근로자 영역이 구분되는데, 사업장에서의 원인이 사용자에게 있어서 근로자가 일할 수가 없었다면, 사용자는 임금을 계속해서 지급해야 하지만, 그 원인이 근로자 영역에 속한다면, 사용자는 임금을 지급하지 않아도 된다. 이런 사업장 영역에는 기술적 흠결과 매출 상의 어려움 또는 자재 조달의 어려움 등이 열거된다. 근로자 영역에는 노동쟁의가 해당하는데, 이들 구분은 단지 이를 위해서만 애써 모색된 셈이고, 1923년에 제국법원에 의해서 확정된 것보다 훨씬 더 광범위하게 파업의 영향이 무한정으로 확장되었다. 이는 협의의 사업장에서의 파업에만 속할 뿐만 아니라 다른 단체협약이 적용되는 지역이나 업종에도 해당된다. 따라서 함부르크의 항만노동자들이 파업한 까닭에 하노버에 있는 자동차 타이어공장에서 일할 수가 없다면, 이는 근로자 영역에 해당하고, 근로자의 책임으로 전가된다. 그런데 직장폐쇄의 경우에는 그렇지가 않다. 이것은 사용자의 사업장 영역에 속한다. 사용자는 사업장에서 조업할 수 있겠는지 여부를 결정한다. 그래서 다른 곳에서 파업이 벌어지면 계속 일하는 게 불가능해지지만, 반대로 직장폐쇄의 경우에는 대부분 계속해서 조업이 가능한 상황이 되는 거다. 바이마르 시대의 연구에 따르면, 이 같은 관계가 10대1로 확인되었다. 이러하니 노동조합들이 지난 수십 년 동안 노동법원의 위 판례에 맞서서 항의해오면서 이런 식의 조업 중단을 "인정머리 없는 직장폐쇄"로 묘사해온 게 그리 놀랄 일은 아니다.

그래서 연방노동법원은 1980년에 그간의 판례를 약간 변경했는데, 기존의 영역이론을 포기하고서 새로운 이론으로 대체했다. 이제는 그간 단지 눈속임 전술에 불과했던 사업장 리스크 개념을 내치고서 고유한 문제에 더욱 집중하는데, 거리낌 없이 솔직하게 말하는 가운데 노동쟁의에 따른 리스크를 언급하면서 사용자에게 책임을 지울 준비가 되어있었다. 물론 해당 사건의 판결에서는 그렇지 않았다.

그 당시에 메르세데스-벤츠 자동차회사에 납품하는 플라스틱 부품을 생산하는 노르트라인-베스트팔렌Nordrhein-Westfalen의 한 사업장이 사건으로 다뤄졌는데, 바덴-뷔르템베르크Baden-Württemberg에 소재하는 금속산업 분야에서 파업이 벌어졌을 때 해당 사업장도 당연히 계속해서 조업할 수가 없었다. 이번에는 해당 사업장이 금속산업 분야의 사용자단체에 속한다는 사실이 결정적으로 중요했다. 해당 사업장이 비록 지역적으로는 달랐지만, 연방차원에서는 메르세데스-벤츠 회사와 동일한 사용자단체에 조직되어있었다. 마법의 주문처럼 여기서도 다시 대등성對等性이라는 개념이 등장한다. 연방노동법원은 아래와 같이 밝히고 있다(NJW 1981, 938쪽 참조).

> "단체협약의 자치에 뿌리를 두고 있는 쟁의 대등성의 원칙이 결정적
> 으로 중요한데, 이 원칙은 쟁의수단을 직접 형성하는 것뿐만 아니라,
> 또한 급부장애에 관한 권리에도 영향을 미친다."

바덴-뷔르템베르크에 소재하는 노동조합이 자신의 파업으로 인해 다른 지역에 소재하는 같은 업종의 사업장들을 마비시키는 데에 성공한다면, 특히나 이 사업장들이 여전히 계속해서 임금을 지급해야만 한다면, 전체 노동조합 내부에서 바덴-뷔르템베르크에 있는 동료 근로자들에게 추가적인 압력이 행사되고, 이들 근로자가 마침내 노동조합의 요구들을 받아들일 거라고 가정한다면, 여기서 쟁의 대등성은 즉 조작된 허위인 셈이다. 노동조합은 쟁의 대등성을 제거할 수 있는 추가적인 내부압력을 이끌어낼 수도 있다. 왜냐하면, 한쪽에는 사용자가 그리고 다른 한쪽에는 노동조합들이 자리하고 있기 때문에 일은 늘 그렇게끔 흘러간다. 그리고 조합원들이 내는 회비를 확보한 노동조합들은 당연히 사업장의 자산을 가지고 있는 사용자만큼이나 강력하다. 자본과 노동 간에 대등성이 지배하고 있으며, 일종의 예정된 균형인 셈이다. 이 균형이 추가적인 압력으로 외부로부터 인위적으로 조작된다면, 이제는 대등성 개념이 등장해야 한다. 이 같은 "내부압력이론"이 이미 그 이전부터 독일의 노동법학계에서 이에 대한 날카로운 비판과 함께 전개되어왔다. 따라서 이 사안에서는 노동자들이 그 어떤 임금도 받지 못함으로써 대등성을 다시 회복시켜야 한다고 주장된다. 학문적으로 말하자면, 쟁의 대등성에 근거해서 근로자들이 노동쟁의에 따르는 리스크를 부담해야 한다는 주장이다. 여기서도 역시 동일한 하나의 연방협회가 활동하고 있었기 때문에, 이를 통해 노조에 대한 내부 압력이 가중될 것이지만, 그럼에도 이는 중요하지 않다는 말이다. 왜냐

하면 이 경우에 순임금의 약 65%에 해당하는 실업수당이나 단기조업수당이 지급될 것이고, 이것만으로 나름 살만은 하겠기 때문이라는 게 1980년 법원의 판단이었다. 물론 이게 서로 전혀 관련은 없다고 조심스럽게 덧붙이기는 했지만 말이다.

결국, 결정적인 것은 전체 금속산업 분야에서의 내부압력이라는 건데, 이는 내쳐져야만 했다. 아마도 1984년에 무슨 일이 생겨날지 그리고 연방의회가 1986년에 무엇을 결정할지를 사람들이 미리 예감하고 있었던 듯싶다.

1984년 바덴-뷔르템베르크에서 주당 35시간 노동을 쟁점으로 삼아서 IG Metall(금속노련)의 부분파업이 벌어졌고, 이와 관련해서 뉘른베르크에 소재하는 연방노동청의 장長의 이름을 딴 유명한 "프랑케 명령Franke-Erlass"이 있었다. 고등사회법원이 이 명령을 취소하기는 했으나, 연방의회는 2년 후인 1986년에 관련 법률을 개정했다. 즉 직급서열이 낮은 프랑케 씨가 명령으로는 어찌할 수 없었던 것을 최고 서열의 연방의회가 규율한 셈인데, 즉 예컨대 메르세데스-벤츠 회사에 플라스틱 부품을 납품하는 기업의 경우에 근로자들이 임금뿐만 아니라 실업수당 및 단기조업수당도 받을 수 없도록 하는 내용이었다. 이는 중립성을 통해서 대등성을 보완하려는 시도였다. 대등성이 깨질 수 있으므로 임금이 지급되지 않고 국가의 중립성의무가 침해될 수 있어서 단기조업수당도 지급되지 않는다. 근로장려법 제116조는 아래와 같이 규정하고 있다(지금은 사회법전SGB에서 이를 규정하고 있다).

실업수당의 보장을 통해서 노동쟁의에 개입해서는 아니 된다.

대등성과 마찬가지로 이것도 그저 말장난일 뿐이다. 왜냐하면, 국가가 무얼 하든지 간에 국가는 언제나 개입하고 있다. 즉 만일 여기서 국가가 실업수당을 지급한다면 노동조합을 돕는 셈이고 그리고 실업수당을 지급하지 않는다면 사용자에게 유리하게끔 개입하는 셈이다. 그런데 이로써 간접적으로는 새로운 조합원들을 노동조합에 가입하도록 유인하는 셈이기도 하다. 따라서 정치적인 악마는 늘 법적인 디테일 속에 숨어있다. 임금 계속지급의무의 경우와 유사하게 자신은 파업하지 않지만 동일한 업종의 다른 사업장에서 파업이 진행되고 있는 관계로 결국에는 자신의 사업장이 조업을 하지 못하는 경우에도 노동청은 실업수당을 지급하지 않는다. 이로써 다른 지역에서의 파업으로 인해 임금도 그리고 노동청이 지급하는 수당도 받지 못하는 수천 명의 근로자가 생겨난다. 따라서 여기서 노동조합이 전적으로 무능력한 존재가 아니고자 한다면, 적어도 자발적으로 파업수당이라도 지급해야 한다.

다시 연방노동법원과 이 법원이 설시하는 노동쟁의 리스크 개념으로 되돌아가 보자. 현재는 실제로 조업이 중단된 상태에서도 고용주가 임금을 계속 지급해야 하는 사례가 있는데, 이는 과거의 영역이론에 따르면 그럴 필요가 없었던 일로서, 즉 다른 산업분야의 파업으로 인해 어려움이 발생했을 경우에 해당한다. 연방노동법원은 이 경우에 쟁의의 대등성이 훼손되지 않는다고 판결했는데, 예를 들어서 함부르크의 항만 노동자 파업과 하노버의 고무공장 파업이 그랬었다.

새로운 기동성 (BAGE 46, 322)

1981년 봄에 바덴-뷔르템베르크에서 금속산업 분야의 단체협약 체결을 위한 협상이 평소처럼 시작되었다. 1월 중순께 우라흐Urach에서 협상 관계자들이 만났다. 그런데 협상에 진척이 없었고, 이 상태가 4월까지 이어졌다. 노동조합 측은 압력 행사를 시도하면서, 이를 위해 마치 군사작전과도 같은 계획을 수립했다. 이 계획의 명칭이 "새로운 기동성"이었다. 4월 3일부터 시작되었는데, 우라흐에서 협상이 진행되던 3주일 동안 매일 경고파업이 벌어졌다. 즉 따로 사전통지 없이 수십만 명의 근로자들이 바덴-뷔르템베르크 전 지역의 거의 모든 사업장에서 한 번은 여기서, 또 한 번은 다른 곳에서, 시간적으로 그리고 공간적으로 옮겨가면서 한 번은 짧게 15분 동안, 또 한 번은 길게 5시간 반 동안 경고파업이 벌어지다가, 결국에는 4월 22일에 IG Metall(금속노련) 측이 연방 전체의 모든 노동자에게 1시간 동안 손에서 일을 내려놓도록 했다. 금속산업 분야의 전체 3백5십만 노동자들 중에서 약 1/3에 해당하는 1백만 명이 넘는 노동자들이 이 경고파업에 동참했고, 결국 4월 30일에 4.9% 임금 인상안이 합의되었다. 노동조합 측으로서는 나름 좋은 결과였다. 사용자는 이 같은 경고파업이 위법이라는 사실을 확정하기 위하여 법원에 소송을 제기했다. 연방노동법원의 최종 판결은 1984년 10월 12일에 선고되었다.

경고파업은 지난 1960년대 이래로 존재해왔는데, 대부분은 개별 사업장에서 자발적인 불만 표출의 일환으로 노동조합의 개입이 없는 가운데 행해져 왔다. 심지어는 때로 투쟁의지가 약한 노동조합에 대한 항의의 일환으로 행해지기도 했다. 이렇듯 경고파업이 인정되어왔다. 이것이 1963년 이후로는 위법이게 된 노동조합이 참여하지 않는 와일드 파업이거나 아니면 협상이 여전히 진행되는 동안에는 여하튼 그 성격상 위법에의 의심이 있다는 사실을 인지하고 있음에도 불구하고 노동법학자들은 이를 애써 무시해왔다. 1976년 연방노동법원에서 이에 대한 최초의 판결이 선고되었다. IG Metall(금속노련)이 조직한 자발적인 시위에 참여하기 위하여 한 근로자가 3시간가량 작업장을 벗어났는데, 그에게 해고통지서가 날라 들었다.

1976년은 경고파업에 있어서 결코 불리한 시기가 아니었다. 즉 1970년대에 접어들어서는 연방노동법원의 태도가 바뀌었다. 대부분 노동조합에 불리한 결정만 내려지곤 했던 50년대와 60년대의 황금기가 끝난 것으로, 아예 틀린 말은 아니지만 자주 인용되는 1955년 판결문의 내용은 이랬다. (《연방노동법원 판례집》 제1권, 300쪽 이하 참조).

"노동쟁의는 […] 그것이 국민경제를 해치고, 전체의 이익 속에 놓여 있는 사회적 평화를 훼손하는 까닭에 일반적으로는 바람직하지가 않다."

1970년대에 사민당SPD 측에 의해서 임명된 여러 법관이 카셀Kassel에 소재하는 이 상급법원(연방노동법원)에 자리 잡고 있었다. 당시에 연방법관을 임명하는 법관선출위원회에서 지난 아데나워 시절과는 무언가 다른 모습이 목도되었다. 법관선출위원회는 각 란트의 법무부장관들과 이와 동수同數의 연방의회 의원들로 구성되는데, 여기서 자민당FDP과 함께 사민당SPD이 다수를 차지하고 있었다. 이 같은 약간의 변화에 따른 결과가 바로 1976년에 행해진 판결이다. 연방노동법원은 경고파업이 원칙적으로 허용된다고 설시했는데, 즉 첫째 그것이 노동조합에 의해서 조직되고, 둘째 짧은 시간 동안에만 행해지고, 셋째 단체협약을 체결하기 위한 협상 기간에 대부분 도과된 평화유지의무 기간 이후에 행해진다면 말이다. 1976년에 연방노동법원은 해당 근로자에 대한 해고조치가 따라서 정당하지 않다고 판결했다.

그런데 1981년의 "새로운 기동성"은 질적으로는 이미 또 다른 것이었다. 여기서는 두세 시간 동안에 행해지는 개별적이고 자발적인 파업이 아니라, 2~3주일에 걸쳐서 행해지는 의도적이고 조직적인 행위가 문제시되고 있다. 여러 천조각을 엮으면 큰 카페트가 완성된다. 이는 철저히 그 나름의 이유가 있고, 또한 매우 정교하게 계산된 것이었다. 노동조합 측은 직장폐쇄를 금지하는 법원의 판결을 오랫동안 학수고대해왔기 때문이다. 직장폐쇄가 행해지면 노동조합 측으로서는 해당 노조원들에게 지급해야 하는 큰 액수의 파업수당이 부담스럽게 된다. 1970년대의 이 같은 약간의 변화와 함께 직장폐쇄 금지가 가능하게 되었다. 연방노동법원의 이 판결이 1980년에 있었는데, 그러나 직장폐쇄 금지가 아니라 단지 제한하는 데에만 그쳤다. 사용자 측이 가진 날카로운 칼인 직장폐쇄라는 도구가 여전히 그들의 수중에 놓여있기 때문에 뭔가 좋은 아이디어를 생각해 내야 했다. 그 결과로 새로운 기동성, 즉 일종의 따개가 부착된 통조림이 생겨났고, 칼은 이 앞에서 아무런 도움이 되지 못했다. 이렇듯 경고파업을 자주 그리고 소규모로 행하는 경우에 직장폐쇄를 하는 게 거의 불가능했기 때문이다. 그렇다. 이제는 바늘 값과도 같은 사소한 비용, 즉 두세 시간 동안의 파업수당도 지급할 필요가 없다. 사용자 측이 이에 대해 임금을 삭감하려면 오히려 이를 처리하는 행정비용이 더 많이 소요되기에 임금이 삭감될 염려도 없었기 때문이다. 연방노동법원은 이에 대해 뭐라고 말했을까?

　법원은 그것이 허용된다고 설시했다. 놀랍게 들릴지는 모르지만, 그것은 *ultima ratio* 원칙의 범주 안에 놓여있는 경고파업일 따름이라고 보았다. 마법의 단어와도 같은 *ultima ratio* 말이다. 이건 이미 파업이 일반적으로는 바람직하지 않다고 밝혔던 1955년의 관련 판결에서 비롯하는 단어인데, 경고파업에 대해 최초로 판단한 1976년의 판결에서도 또한 언급되었다. *ultima ratio*는 "최후의 가능성"을 뜻한다. 18세기에 프랑스의 모든 대포大砲에는 *ultima ratio regum*이라는 문장이 각인되어 있었는데, 외교적인 수단이 끝난 시점에 국왕에게 남아있는 마지막 수단이라는 뜻이다. 단체협약을 체결하기 위한 협상이 적절한 결과를 갖고 오지 못하는 경우에 파업은 마지막으로 남아있는 가능성이다. 이미 1976년에 연방노동법원은 경고파업을 두고서 *ultima ratio* 중에서도 *ultima ratio*라고 표현한 바가 있다. 집중포화를 막기 위한 마지막 엄중 경고인 것이다. 이는 사용자에게 또 다른 측면에서의 쟁의 준비를 하게끔 하는데, 아마도 입장을 바꾸게끔 강제할 수도 있겠다. 사용자는 이로써 국민경제에 큰 위해危害를 가져오는 까닭에 절대 바람직하지 않은 대규모의 파업사태를 막을 수가 있다. 1981년의 상황이 그랬고, 일주일 후에 4.9% 임금인상에 합의했다. 연방노동법원은 "그것 봐라"라고 생각했을 법하다. 이런 방법으로 대규모의 파업이 저지되었다. 따라서 경고파업은 *ultima ratio*로써 허용된다. 해당 판결문의 일부는 아래와 같다.

"기간이 정해져 있는 파업과 비교해보자면 1981년 봄에 IG Metall(금속노련)의 파업 액션으로 인해 초래된 손해가 그다지 중대하지는 않아서, 이로써 협상의 대등성을 해친 것은 아니다. 결국, 단기적인 조업 중단은 집중적인 파업의 경우처럼 기업 간의 경쟁을 심화시킬 가능성이 작다. 다른 한편으로는 이러한 쟁의전략에 관련되는 노동조합의 이익이 고려되어야 한다. 협상과정에서 동반되는 파업은 사용자 측을 신속한 협상으로 이끌고, 타협할 태세를 보다 진지하게 준비시키는 계기가 된다. 단체협약을 체결하는 협상과정에서 동반되는 단기간의 파업은 종종 협상과정에서 변화의 움직임을 가져오는 유일한 압력수단이 된다."

노동조합들은 환호하고, 사용자들에게는 쓰라린 순간이었다. 1985년에 다시 한 번 비슷한 일이 시도되었다. 그러나 경고파업과 관련한 법원의 세 번째 판결도 이전과 다르지 않았다. 연방노동법원의 법관들은 "우리는 여전히 이전의 입장을 유지한다"라고 밝혔다.

"사용자들에게 *ultima ratio*, 즉 최후의 가능성은 칼스루에Karlsruhe로 가는 것이다."[*] 그들은 여러 관련 전문가들이 작성해둔 방대한 법적 자문의견서를 첨부하여 헌법소원을 제기했다. 이 헌법소원은 2004년에 기각되었다.

노동쟁의와 관련한 법은 상당 부분이 아직도 법률로 규율되지 못하고 있는데,[**] 사용자와 사용자단체 그리고 노동자와 노동조합의 적대적 세력들이 원칙적으로 쟁의태세이고, 자신들이 가진 가능성을 확대하고자 하는

---

[*] 칼스루에Karlsruhe에 소재하는 연방헌법재판소에 소송을 청구한다는 말이다. 1951년에 연방헌법재판소가 설치된 이후로 "칼스루에로 간다"라는 표현이 독일사회에서 일종의 관용구가 되었다. 이에 대해 보다 자세한 내용은 미하엘 슈톨라이스(이종수 옮김), 《독일 공법의 역사》, 푸른역사(2022), 214쪽 이하 참조.

[**] 그래서 어느 독일 노동법학자는 "노동법에서 판례법은 우리의 숙명宿命이다"라고 토로한다.

까닭에 끝내는 연방노동법원 앞에 이르게 된다. 과연 우리가 이런 상태로 십수 년이 넘도록 잘못된 길을 걸어왔는가? 혹자는 여기서 또한 긍정적인 측면도 찾아낸다. 우리는 지금 영국과 미국의 판례법과 유사한 상황을 겪고 있다. 이것이 우리에게 낯설기는 하지만, 결과론적으로는 이 같은 법적 상태가 적대세력들을 상당히 길들이면서, 우리에게 파업 건수와 조업중단 일수 그리고 이로 인한 경영상 및 국민경제적인 손실을 나름 감당할만한 상태로 형성해왔다. 최근 우리 사회의 기능화에 있어서 특히 중요하고 광범위한 경제적 영향을 미치는 소규모 집단(기관사, 항공 관제사 등)의 파업이 새로운 논의를 불러일으켰다. 그러나 이 분야를 규제하는 주요 법안이 나오기까지는 아마도 매우 오랜 시간이 걸릴 법하다.

노사공동결정제도

함께하는 자본과 노동, 이는 독일의 노동운동이 자본주의를 타파打破하기를 포기한 이래로 그간 채택해온 강령이다. 기업주와 종업원들이 서로 결속해있는 가운데 결정이 내려져야 마땅하다. 바이마르 헌법에서는 사업장노동자평의회, 지역노동자평의회, 제국노동자평의회와 함께 하는 이른바 평의회시스템이 규정되어 있었다. 이들 평의회는 바이마르 헌법 제165조에 따르면 "전체 경제의 과업을 수행하고, 사회화를 위한 법률의 시행에 참여하기 위하여 기업주들 및 기타 관련 지역의 대표들과 더불어서 지역경제평의회와 제국경제평의회에 함께 참여하게끔" 되어있었다. 그런데 1920년에는 「종업원평의회법」만 제정되었을 뿐인데, 동 법률은 오늘날에도 여전히 존재하고 있는 **공동결정**Mitbestimmung을 이미 규정하고 있었다. 즉 두 개의 차원에서, 하나는 자본의 투입이나 대외적인 사안과 같은 중요한 결정이 행해지는 기업의 상부 차원에서 그리고 다른 하나는 사업장으로 불리는 아래의 차원에서 기업주의 지시·명령권이 단지 내부에서만 종업원들에게 행사된다. 즉 기업의 차원에서는 대표들이 **감사위원회**에 자리하고, 사업장의 차원에서는 **종업원평의회의 참견권**Mitspracherecht이 인정된다. 먼저 기업에서의 공동결정에 대해 살펴보려고 하는데, 이는 단지 대규모의 자본회사들에만 해당한다.

석탄, 철광 및 철강 산업 분야의 기업들(광산업)이 제2차 세계대전 이후에 연합국들에 의해서 압수되고, 또한 루르Ruhr 지역에서는 일부가 해체되기도 했다. 이들 기업은 국유화되거나 다수의 군소 사업장들로 쪼개질, 즉 "기업분할"될 판국이었다. 이를 막기 위해 1951년에 아데나워 총리가 주도하는 가운데 전승국들, 이웃하는 유럽국가들, 독일의 경제계 및 노동자들과 노동조합 모두를 만족시키는 해결방안이 강구되었다. 즉 그것이 한편으로는 "유럽 석탄 및 철광공동체"(EGKS, 또한 흔히 Montanunion으로도 불림)의 설립이었는데, 이는 유럽의 여러 공동체 중에서 처음으로 만들어진 것이었다(이에 대해 더 자세한 내용은 앞의 제3장 참조). 다른 한편으로 기업주들은 감사위원회에 자본과 노동을 대표하는 이들이 대등하게 안배되는 데에 노동조합 측과 합의했다, 이 합의는 1951년에 발효된 「석탄, 철광 및 철강 산업 분야 기업들의 감사위원회 및 경영이사회에서의 노동자들의 공동결정에 관한 법률」과 함께 법적으로 보장되었다. 이 법률이 대개는 약칭해서 「몬탄(광업 및 철강)공동결정법」으로 표현되는데, 종업원이 1천 명 이상인 자본회사에만 적용된다. 이들 회사에서는 주주와 근로자들이 감사위원회에 동일한 강도로(즉 대등하게) 대표된다. 지금은 심지어 여성 쿼터까지도 적용되고 있다.

이어서 1976년 사민당/자민당 연립정부에서 「근로자들의 공동결정에 관한 법률」(약칭해서 "공동결정법")이 제정되었다. 이는 2천 명 이상의 종업원을 가진 대규모의 자본회사에 적용된다. 본래 사회민주주의자들과 노동조합은 몬탄공동결정법에서와 같은 대등성을 갖추기를 원했다. 그러나 단지 대등성에 접근하는 데에만 그쳤다. 감사위원회Aufsichtsrat는 회사의 지분을 가지고 있는 소유주들이 모인 주주총회와 회사의 경영을 이끄는 경영이사회Vorstand 사이에서 그 중심에 자리하고 있다. 감사위원회는 경영이사회를 선출하고 이들의 업무수행을 감독한다. 회사의 규모에 따라서 12~20명의 대표들로 구성되는데, 그 절반인 6~10명은 종업원과 주주, 양측에서 각각 선출된다. 그러나 완전한 대등성이 지배하지는 않는다. 왜냐하면, 의견 차이가 있을 경우 결정적인 역할을 하는 감사위원회 의장이 궁극적으로는 소유주들에 의해 선출되기 때문이다. 또한 일반적으로 다양한 이해관계를 대표하는 소위 고위 관리자 1인이 대표직원으로* 배정된다.

당시 야당인 기민당/기사당 연합은 물론이고 또한 연립정부를 함께하는 자민당의 반대를 도외시하더라도 완전한 대등성에 반대하는 법적인 논거들이 존재하고 있었다. 즉 1969년에 나온 학문적 성과인데, "반대세력으로부터의 독립성"이 그러하다. 이는 그 자체로는 기본법에 합치한다. 노동쟁의가 위협되는 경우에 사용자는 두 세력으로부터 포위되는데, 즉 외부적으로는 파업을 통해서 그리고 내부적으로는 자신의 회사 안에서 공동결정으로 위협받고 있다. 이런 상황에서 경영이사회는 지금 더 이상 종업원들로부터 독립해서 직장폐쇄를 결정하거나 다른 결정을 내리기도 어렵다. 경영이사회는 반대세력에 종속적이고, 이로써 기본법 제9조 제3항에서 보장되고 있는 노동쟁의에서의 대등성 원칙이 침해된다는 주장이다.

> 누구에게나 그리고 모든 직업에 있어서 근로조건과 경제적 조건들의 유지 및 향상을 위해 단체를 결성할 권리가 보장된다.

이렇듯 약화된 대등성조차도 사용자 측에게는 그 한계를 넘어섰다고 여겨졌다. 이들 사용자는 칼스루에Karlsruhe에 소재하는 연방헌법재판소에

---

* 종업원평의회법 제5조 제3항에 따라서 노동자의 채용 및 해고와 관련해서 독자적인 결정을 내리는 권한을 가진 직원인데, 공동결정법 제15조에 따라서 이 대표직원에게는 감사위원회에 동석할 수 있는 권리가 주어진다.

헌법소원을 제기했지만, 별 성과가 없었다.

게르하르트 슈뢰더Gerhard Schröder와 요쉬카 피셔Joschka Fischer가 이끄는 사민당/녹색당 연립정부가 들어서고, 다시 무언가를 가능하게끔 해야만 했다. 그래서 2004년에 「감사위원회에서 근로자들의 1/3 참여에 관한 법률」(약칭 "1/3 참여법")이 제정되었다. 즉 종업원이 500~2,000명인 자본회사에서 감사위원회의 1/3은 근로자대표들로 구성되어야 한다. 다만, 이른바 "경향기업"들은 여기서 예외인데, 예컨대 정치적, 종교적, 학문적 또는 출판 영역에서 활동하는 기업들이 그러하다. 이로써 이제는 종업원 수가 500명 이상인 자본회사에만 근로자들의 공동결정이 존재한다.

그리고 이제 사업장에서의 공동결정에 대해 살펴보기로 하자. 1952년에 제정된 「사업장조직법」은 1920년에 제정된 종업원평의회법의 전통과 여전히 강하게 연결되어있다. 1968년의 변혁운동과 함께 사회 내 모든 영역에서 공동결정이 주된 이슈가 되었을 당시에, 빌리 브란트Willy Brandt 총리가 이끄는 최초의 사민당 정부 또한 이 공동결정을 화두로 삼았다. 1969년에 있었던 최초의 정부성명에서 빌리 브란트 총리는 "더 많은 민주주의를" 요구했다. 노동법의 영역에 대해서도 집중적인 토론이 있고 나서 1972년에 공동결정권이 확대된 새로운 「사업장조직법」이 마련되었다. 공무원 관계에서도 이에 상응하는 전개 양상이 있었는데, 2년 후인 1974년에 연방 전체의 공무원과 사무직 공공종사자들을 대상으로 하는 「연방직장협의회법」이 제정되었다. 연방의 각 란트들은 따로 독자적인 직장협의회법을 제정했는데, 이에 대해서는 연방은 입법권한이 없기 때문이다.

근로자들의 사업장 내부적인 관계와 기업주의 지시권한이 서로 더욱 대립하는 만큼 사업장에서의 공동결정이 더 넓게 확대되었다. 자본투입의 문제를 두고서 논쟁이 불거지면, 공동결정은 언제나 거부하는 쪽이었다. 이것이 종업원평의회의 법률이다. 종업원평의회는 대기업들에서뿐만 아니라 적어도 5명 이상의 종업원을 두고 있는 모든 사업장에서 존재한다. 잠깐만, 이게 아니다! 적어도 5명 이상의 종업원을 두고 있는 모든 사업장에서 존재할 수 있다가 맞겠다. 이들이 언제나 모여서 함께 회의를 열고, 한 사람을 선출한다면 말이다. 그런데 이렇게 하지 않는 경우가 흔하다.

> 사용자와 종업원평의회는 유효한 단체협약을 존중하면서 신의 성실하게 그리고 사업장에서 대표되는 노동조합과 사용자단체와 공동으로 노동자들의 복지와 사업장의 번영을 위해 서로 협력한다.

위 문장은 사업장조직법 제2조 제1항의 규정이다. 이는 조화와 통합을 위해 설계된 것이지 갈등을 위해 설계된 것이 아니지만, 노동과 자본의 이익이 너무 크게 벌어질 때에는 갈등이 불거질 때가 종종 있다. 어쨌든 이로써 기업주의 입장에서는 "종업원평의회는 잘 모르겠지만 노동조합과는 아무런 상관이 없어"라는 자세로 노조를 사업장에서 떼어놓고 싶겠지만, 노조가 발언권이 있다는 건 인정해야 한다. 이제 노동조합은 심지어 조합원 중 단 한 명만 해당 직장에 근무하더라도 종업원평의회의 구성을 주도할 권리를 갖게 되었다.

이 종업원평의회가 기업의 구조를 크게 바꿔놓았다. 종업원평의회가 가진 여러 참견권과 함께 사용자의 지시권이 제한되는 가운데, 또한 사업장의 민주화를 가져왔다. 다소 거칠게 말하자면, 사업장의 운영에 있어서 종업원평의회와 의견이 일치해야만 하는 것으로 이끌어가는 참견권이 존재한다. 종업원평의회가 없이는 특정 결정이 내려질 수가 없기 때문인데, 설령 추후에 종업원평의회가 반대하는 결정이 내려지더라도 종업원평의회는 적어도 관련 정보를 제공받고, 청문절차를 거쳐야만 하는 폭넓은 참견권參見權을 갖는다. 예컨대 사업장 외부의 규율에 있어서도 공동결정권이 존재하는데, 사업장의 출입통제, 출입카드, 주차장, 전화사용, 복장문제, 음주와 흡연 금지, 업무시간의 개시와 종료, 심지어 임시적인 단축조업에 관한 규정과 휴가계획의 수립 및 동료들의 개별적인 휴가에 관한 사항에서도 종업원평의회가 공동으로 결정한다. 이 모든 것들은 "사업장에서 공동결정의 정점頂點"으로 표현되는 사업장조직법 제87조에 적혀있다. 예컨대 새로운 공장의 건설, 새로운 기술적 설비의 도입 또는 작업장의 설계와 같은 경영상의 문제와 관련해서도 참견권이 존재한다(사업장조직법 제90조).

종업원평의회는 채용, 이동배치, 다른 그룹에로의 전환배치 및 해고와 같은 근로자들의 여러 개인적인 사안에서도 중요한 역할을 담당한다. 대기업에서는 사실상 종업원평의회가 없이는 아무것도 결정되지 않는 방향으로 흘러가고 있다. 대기업들의 종업원평의회는 평의원이 여느 통상적인 작업에서 면제된 채로 종업원평의회의 과업을 전임으로 수행하면서 임금 전액을 지급받는다. 현재 종업원평의회의 평의원 수는 종업원 200명당 1명이고, 500명부터는 2명, 900명부터는 3명, 기타 등등이다.

개별 근로계약

통상적으로 집단 노동법과 개별 노동법으로 구분하면서, 한쪽에는 단체협약, 파업, 직장폐쇄와 공동결정의 문제와 더불어서 노동조합 및 사용자단체와 같은 단체들의 권리가 놓여있고, 다른 한쪽에서는 휴가, 모성보호, 질병 시 임금의 계속지급, 해고 기타 등등의 문제와 더불어서 특정 근로자와 사용자 간의 개별적인 근로관계에 관한 권리가 다뤄진다. 그런데 예컨대 도대체 무엇이 본래의 개별적 근로관계인가, 이게 어떻게 성립하는가? 그리고 이것의 법적 성격은 무엇인가 하는 물음에서와같이 이 두 영역이 자주 서로 중첩된다.

이에 대한 민법전BGB의 대답은 분명하다. 이것은 계약이고, 더 정확하게는 고용계약Dienstvertrag인데, 청약請約과 승낙承諾을 통해서 성립한다. 민법전 제611조 제1항은 아래와 같이 규정하고 있다.

> 고용계약에 기하여, 노무를 약속한 자는 약정한 노무를 제공할 의무를 지고, 상대방은 약정한 보수를 공여할 의무를 진다.

이밖에도 이는 민법전에서 상품이나 집에 대해서 금전을 지급하는 매매계약 또는 임대차계약의 경우와 마찬가지로 노동과 돈이 상호 대립하는 계약으로서 교환관계로 간주한다는 사실 또한 분명하다.

이에 대해서는 과거에 알프레트 후에크Alfred Hueck와 다수 학자가 지지하는 "계약이론"과 아르투어 니키쉬Arthur Nikisch가 주장하는 "편입이론"이 서로 대립해온 학문적 논쟁이 있었다. 니키쉬는 근로관계가 계약이 아니라 근로자의 사업장에의 편입에 근거하고 있다고 말한다. 이는 함께 일하는 노동자들의 고용에 있어서 무엇이 가장 결정적인가에 관한 학문적인 논쟁만이 아니라, 또한 전체적으로 노동자들의 지위에 대한 정치적 평가가 다뤄지는 것이기도 했다. 근로자들이 사업장에서 어떠한 자리를 차지하는가? 이들은 단지 기계적인 도구인가 아니면 공동체의 살아있는 구성원인가? 그리고 이들 근로자는 개별적인가 아니면 집단 속에 놓여있는가? 후에크의 견해는 민법전이 전제하고 있던 맨체스터적인 상념에* 부합하는 바였고, 니키쉬의 견해는 사회민주적인 사고에 보다 더 가까웠다. 이 관계성 속에서 생겨나는 유일한 구체적인 문제를 결정함에 있어서는 물론 위 양자의 결론이 동일했다. 오늘날의 통설에서도 이와 같다. 누군가가 어느 사업장에서 한동안 일을 하고 난 후에야 근로계약이 효력 없는 것으로 밝혀진다면 어떨까? 예컨대 이 일이 구매계약의 경우와 같이 통상적인 매매계약에서 발생한다면 부당이득법에 따라서 모든 급부는 다시 반환되어야

---

*19세기 영국에서 산업혁명의 요람이었던 대표적인 공업도시가 바로 맨체스터Manchester였고, 이곳에서 비롯된 현대의 자본주의 정신, 특히 근로관계에서 계약의 자유와 기업가 정신을 강조하는 사고 등을 지칭하는 표현이다.

한다. 즉 판매자는 판매된 물건을 다시 돌려받고, 구매자는 자신의 돈을 다시 돌려받듯이 말이다. 그렇다면 고용계약의 경우는 어찌 되는가? 설령 그것이 다소 어려울지언정, 변제되어야 할 노동의 가치를 계량화하는 것이 여기서 전혀 불가능하지는 않다. 부가가치세를 포함하는지 또는 빼야 하는지도 문제다. 그러므로 이런 해결책이 맞지 않는데, 여기에는 또한 다른 많은 이유가 놓여있다. 그래서 고용관계는 일반 직원의 모든 권리와 의무를 포함하여 계약이 무효로 판결될 때까지 유효하다고 말한다. 실제 근로관계에서 말이다. 아르투어 니키쉬는 이 부분을 근로자가 사업장에 편입되어 있기 때문이라며 매우 간단한 근거를 제시한다. 오늘날 대다수 학자는 부당이득법에 따른 소급효가 노동법상의 보호의무를 침해한다고 주장한다. 이런 방법으로 근로자는 과거에 자신이 행한 급부에 대해서 휴가청구권 및 부당이득법에 따른 소급효에 있어서 가능하지 않은 기타의 것들을 주장할 수가 있다.

이밖에도 근로관계의 성격에 관한 논쟁이 여전히 늘 불거져 있다. 이것이 계약인 것은 분명한데, 사업장에의 편입만으로는 충분하지가 않다. 이 점에서는 지금껏 의견이 일치한다.

그러면 도대체 어떤 계약인 건가? 혹자는 인법人法적인 공동체관계라고 말하고, 다른 이들은 더 정확하게 그 안에 담겨있는 회사법적인 요소들에 주목한다. 그리고 대다수 학자는 물품의 구매에서와 같은 전적으로 통상적인 교환계약이라고 주장한다. 이미 카를 마르크스Karl Marx가 그리 간파했듯이 노동력의 구매라는 주장이다. 아마도 이 주장이 전혀 그릇되지만은 않을 법하다.

물론 그사이에 계약의 자유가 상당 부분 제한되어왔다. 개별 근로계약에서 달리 정하고 있지 않은 휴가, 모성보호, 질병 시 임금의 계속지급과 해고에 관한 법률상의 규정들이 마련되어있는데, 여하튼 노동자들에게 유리하게끔 되어있다. 임금, 수당, 근로시간은 단체협약에서 정한다. 사용자가 갖는 지시권의 관점에서 프로세스 과정의 여러 조건이 부분적으로는 기업주와 종업원평의회 간에 체결되는 **사업장협약**에서 비롯하는데, 이 사업장협약은 단체협약 및 법률과 마찬가지로 규범적인 성격을 갖는다. 이는 카를 마르크스가 살았던 시절과는 더 이상 같지가 않다. 그리고 근로계약의 법적 성격에 대한 다툼은 어찌 되는가? 쓸데없이 참견이 잦으면, 밑천이 곧 드러나는 법이다.

해고 보호

이 부분은 개별 노동법에서도 가장 까다롭고 중요한 대목인데, 제목 자체가 다소 기만적이다. 왜냐하면, 해고에 대한 완전한 보호가 존재하지 않기 때문이다. 차라리 임대차법상의 임차인 보호가 이보다는 더 낫겠다 싶다. 사용자가 종업원을 실제로 해고하고자 하면, 그는 그렇게 할 수가 있다.

해고는 계약의 자유에 속하는 일이다. 이들 서로가 근로계약을 체결할지 말지가 전적으로 자유로운 것과 마찬가지로 사용자와 근로자는 원래부터 해고를 통해서 근로계약을 다시 해지하는 데에 방해받지 않는다. 쌍방에 의해서 단 한 번만 이행되는 매매계약과는 달리 근로계약은 임대차와 같이 이른바 "계속적인 채무관계"에 해당하기 때문이다. 그리고 계약의 자유에는 계약의 체결뿐만 아니라 해고통지기간이 포함된 계약해지도 포함되는데, 이는 기본적으로 양 당사자에게 동일하며 여전히 대부분 오래된 민법전(제621조~제622조)에 의해서 규정된다.

이것이 노동자들에게는 생존의 문제와도 결부될 수가 있다. 따라서 노동자에 대한 보호가 도모되고 있다. 두 가지 방법으로 그러하다. 한편으로는 해고에 맞서는 형식적인 장애물을 만들거나 종업원평의회를 개입시키고, 다른 한편으로는 사용자에게 해고를 정당화하는 근거를 요구하는 것이다. 이제 사용자는 해고에 있어서 더 이상 전적으로 자유롭지는 않다.

종업원평의회의 개입에 대해서 살펴보자. 종업원평의회는 종업원의 해고와 관련해서 사전에 통지받게끔 되어있는데, 그 사유를 듣고서는 불운한 까마귀에게 나쁜 소식을 처음으로 전해주는 실로 고마운 과제를 떠맡는다. 또한, 종업원평의회는 사업장조직법에서 몇몇 사유들이 예정되어있듯이 해고에 반대할 수도 있다(제102조 제3항). 작업장에서 일자리의 감축이 있는 경우에 종업원평의회는 예컨대 다음과 같이 말할 수도 있다. "안됩니다. 이 사람이 아니라, 차라리 해고로 인해 덜 심각한 처지에 놓일 다른 직원을 해고하세요." 참으로 고마운 과업이지 아니한가. 또는 해고당하는 직원을 해당 기업의 다른 곳에서 일하게 할 수는 없겠는지 라고 말할 수도 있다. 법적으로는 이게 별 도움이 되지 않는다. 이는 단지 참견권Mitspracherecht일 뿐이지 공동결정권이 아니다. 그런데도 해고는 유효하고, 해고된 노동자는 노동법원을 찾아가야 한다. 그곳에서 노동자는 약간의 기회를 얻는데, 여기서는 이제 해고의 정당화 사유가 다뤄지기 때문이다.

그렇다. 정당화 사유들 말이다. 여기서는 해고가 "사회적으로 정당해야" 하고, 그렇지 않으면 효력이 없다고 늘 말하고 있다. 심지어 이에 대해서는 1951년에 제정된 「해고보호법」이라는 특별법이 존재한다. 비록 이 법률이 예컨대 10명 미만의 종업원을 두고 있는 군소 사업장에는 적용되지 않지만, 바이마르 시대에 비하자면 나름 엄청난 진보인 셈이다. "해고가 부당한 난관unbillige Härte"으로 간주되어서 무효인 경우에도 해당 직원은 해고되었다. 그에게는 단지 약간의 보상이 주어졌을 뿐이다. 오늘날에도 대부분은 여전히 이와 같지만, 때로는 해고조치에도 불구하고 계속해서 사업장에서 일할 수가 있다. 이것이 진보다. 그러나 앞서 언급한 바와 같이 단지 때로만 그러하다. 해고보호법 제1조 제1항은 아래와 같이 규정하고 있다.

> 동일한 사업장이나 기업에서 근로관계가 중단 없이 6개월 이상 지속하고 있는 근로자에 대한 근로관계의 해지는 사회적으로 정당하지 않으면 효력이 없다.

그렇다면 무엇이 사회적으로 정당한가? 어느 정도로 합리적인 모든 사유가 일의 미숙함, 장기 또는 단기의 질병과 같이 해고된 근로자에게 있을 수가 있고 또는 사업장의 조직 안에 놓여있을 수도 있다. 법에서는 "급박한 경영상의 필요"(제1조 제2항)라고 적혀있기는 하지만, 일자리를 없애는 조치들이 결국 법원에서 그 필요성과 합목적성이 심사되지는 않는다. 왜냐하면, 1960년에 연방노동법원이 밝힌 바와 같이 "기업주가 갖는 결정의 자유가 전면에서 고려되어야만" 하기 때문이다. 따라서 자신의 사업장을 어느 정도 유연하게 재조직할 수 있는 기업주는 이로써 종업원을 내쫓는 데에 언제든지 "사회적으로 정당한 사유"를 갖는다. 물론 2004년 이후로는 근로자에게 보상청구권이 주어져 있다(해고보호법 제1a조).

대부분 소송이 설령 성공한다손 치더라도 보상으로 끝난다. 사용자는 고작 몇 달 치 봉급을 지급하게 되는데, 적어도 이로써 그가 내치고자 했던 근로자를 정리할 수가 있다. 조정에 합의하든지 또는 사회적으로 정당하지 못한 해고인 경우에 법원의 판결로 보상이 명령된다. 해고보호법 제9조는 아래와 같이 규정하고 있다.

> 사용자와 근로자 간에 경영상의 목적에 기여하는 계속적인 협력이 기대되지 않는 그러한 사유들이 전제된다.

"기여하는 협력"에는 여전히 "사회적 정당성"이라는 장애물이 놓여있다. 이로써 재빨리 불협화음을 자극할 수가 있다. 그런데도 해고보호소송은 성공할 가망이 전혀 없지는 않다. 종업원평의회, 법원과 변호사가 함께하면서 피할 수 없는 무용한 논쟁, 변호사 수임료 및 법원에서의 소송비용이 나름 이성적인 사용자로 하여금 조정에 응할 분위기를 조성한다. 또한, 때로는 이미 이전부터 더 많은 보상금이 배려되어야 한다는 논의가 있었다. 심지어 가끔은 소송이 끝나고도 사업장에 여전히 남아있는 경우도 더러 있다. 소송에서는 기한의 준수가 큰 역할을 한다. 소송을 청구할 수 있는 기한은 해고 시점부터 3주일 이내로 계산된다. 이와 관련해서는 연방노동법원이 다룬 이른바 **"휴가 중의 해고사건"**(NJW 1989, 606)이 유명하다.

　전화와 관련된 일을 하는 어느 근로자가 23년 동안 전화국에서 근무하면서 통신장애가 발생하는 경우에 기기를 교체하는 작업에 종사해 왔다. 그런데 불운한 일이 생겼다. 특정 고객을 위해 보관하고 있던 값비싼 전화기가 사라져 버린 사실을 누군가가 발견했다. 해당 근로자의 집에 가택수색이 있었으나, 별 성과가 없었다. 그리고서 그는 이탈리아로 2주일간 휴가를 떠났다. 그가 휴가에서 돌아왔을 때 집의 우편함에 해고통지서가 놓여있었다. 그날이 1986년 9월 28일이었다. 그는 곧바로 변호사를 찾아갔고, 대략 2주일 후인 10월 10일에 노동법원에 관련 소송을 제기했다. 전화국 측은 "당신은 해고보호법 제4조에서 정하고 있는 3주일의 청구기간을 준수하지 않았습니다, 우리는 9월 17일에 해고통지서를 당신 집의 우편함에다 넣어두었습니다"라며 너무 늦었다고 답했다. 그러자 전화국의 직원은 그게 아니라면서 너무 늦지 않았다고 반박했다. 이미 1980년에 연방노동법원은 해당 근로자가 휴가에서 돌아오면, 그때부터 비로소 기산起算된다고 밝혔기 때문인데, 왜냐하면 휴가 중인 해당 근로자가 사전에 아무것도 할 수 없다는 사실을 사용자가 익히 알고 있었기 때문이라는 판단이다(〈연방노동법원 판례집〉 제34권 305쪽 이하 참조). 따라서 근로자 본인은 제때 소송을 제기했다고 주장한다.

　노동법원은 해당 근로자의 승소를 판결했다. 이에 전화국 측이 항소했고, 뒤셀도르프Düsseldorf에 소재하는 고등노동법원에서 승소했다. 고등노동법원은 너무 늦었다며, 휴가기간이 함께 계산된다고 설시하면서, 원심을 파기했다. 이제 전화국 직원은 카셀Kassel에 소재하는 연방노동법원에 상고했고, 연방노동법원은 1988년 3월 16일에 판결을 선고했다. 흔히 있었듯이 동 법원은 자신의 그간 판례를 변경하면서, 전화국 측의 손을 들어주었다. 소송청구의 종국적인 기각인 셈이다. 누군가가 직원을 휴가 중에 해고하고, 그가 집에 없다는 사실을 정확하게 알고 있다 하더라도, 청구기간은 계산되기 시작한다는 판단이다.

연방노동법원은 왜 자신의 견해를 바꾸었을까? 연방의회의 법관선출위원회와 법무부장관에 의해서 선출된 새로운 연방법관들이 들어왔기 때문이다. 1980년 이후로 연방의회의 정치적 다수가 다시 바뀌었고, 늘 그렇듯이 다소 주저하다가 1982년에 카셀에 소재하는 연방노동법원의 변혁이 이뤄졌다.

여기서 법적으로는 민법전을 해석하면서 고도로 복잡한 뉘앙스가 문제시되는데, 그래서 어떤 판결은 옳고, 다른 판결은 틀리다고 말할 수는 없다. 오래전의 최초 판례는 간단하게 말하자면 다소 인간적이었는데, 이제는 다시 시대가 바뀌었다.

법적으로는 '송달'送達이 문제시된다. 해고보호법 제4조는 아래와 같이 규정하고 있다.

> 근로자가 자신에 대한 해고가 사회적으로 정의롭지 않다고 […] 주장하려면, 그는 문서로 된 해고통지가 도달하고서 3주일 이내에 노동법원에 해고를 통해서 근로관계가 해소되지 않았다는 사실의 확인을 구하는 소송을 청구해야 한다.

원칙적으로 이것은 민법전BGB 총칙상의 문제이다. 해고는 문서의 형식을 필요로 하는 이른바 의사표시에 해당한다(민법전 제623조). 이 사안에서와같이 다른 사람이 집에 없고, 문서가 자신의 손에 쥐어지지 않고 있는 경우에는 언제 해고가 효력을 발생하는가? 또한, 이렇듯 해고통지서를 우편으로 보내는 경우에는 어찌 되는가? 여기에는 여러 가능성이 있다. 이미 편지가 작성되었을 때? 또는 편지를 우편함에 던져 넣었을 때? 우편배달부가 편지를 수신인의 우편함에다 집어넣을 때? 또는 비로소 편지를 읽게 되는 때? 또는 전자메일(E-mail)로도 해고통지가 충분한가? 민법전은 송달送達에 대해서 합리적이고 중도적인 해결책을 결단했다. 제130조 제1항은 아래와 같이 규정하고 있다.

> 타인에 대해 행해지는 의사표시를 격지자隔地者에게 행하는 때에는 그것이 상대방에게 도달하는 때에 효력을 발생한다.

여기서 민법전을 만든 입법자들은 일반적으로는 편지가 수신인이 사는 집의 우편함에 놓인 것으로 충분하다는 상념을 가졌었다. 입법자들은 여기에 여러 다양한 뉘앙스가 있고, 전적으로 의도해서 남겨둔 개별 문제들이 존재하는 사실 또한 알고 있었다. 이 부분은 추후에 학계와 법원이 응당 해결해야 할 몫이다.

예컨대 발신인이 직접 늦은 저녁에 편지를 수신인의 집 우편함에다 넣어둔다면 어찌 되는가? 이 경우에 수신 날짜가 그날 저녁이 되는가 아니면 그다음 날 아침이 되는가? 오늘날의 대답은 다음 날 아침이 맞다. 왜냐하면, 흔히 표현되듯이, 송달送達은 통례적인 정황 속에서의 인지 가능성이기 때문이다. 그리고 통례상으로 누구도 늦은 저녁에 자기 집의 우편함을 들여다보지는 않는다. 수신인이 여행을 떠난 경우에는 어찌 되는가? 이건 미처 생각하지 못했다. 통례적인 정황에서는 타인이 집에 있고, 편지의 도달到達을 인지할 수가 있다. 발신인은 이를 기대해도 좋다. 그런데 타인이 여행을 떠났다는 사실을 발신인이 알고 있다면 어찌 되는가? 예컨대 종업원이 자주 휴가를 떠난다는 사실을 미리 알고서, 사용자가 해당 종업원에게 휴가를 준다면 어찌 되는가? 물론 이 경우는 의심할만하다. 이 경우에는 타인이 인지하리라는 사실을 더는 고려할 수가 없다. 그래서 1980년에 연방노동법원은 지금 이 상황은 달리 보아야 한다고 판결했다. 법원은 아마도 해당 직원이 물론 그 이전에 여행지에서 돌아올 수도 있었다고 말한다. 날씨가 좋지 않거나, 호텔방이 마음에 들지 않아서 말이다. 이런 사실들을 결코 정확히 알 수는 없다. 그럴 가능성이 있다면 그것만으로 족하다. 즉 "객관적인" 가능성이면 된다.

여기에도 나타나는 여러 다양한 뉘앙스에 대해서도 이미 많이 보고되었다. 직원이 여행을 떠났다는 사실을 사용자가 정확하게 알고 있었는지 또는 사용자가 이를 일반적으로 고려해야만 하는지? 사용자가 여행지의 주소를 알고 있는지? 편지를 직원에게 건네줄 의무가 있는지? 직원의 여행지로 편지를 보내는 게 기대 가능한지? 편지의 도달에는 시간이 오래 걸릴 터이고, 아마도 그동안에 직원은 더 이상 그곳에 없을 것이다. 기타 등등 […]. 결국에는 휴가기간에는 해고해서는 아니 된다는 데에 찬반의 의견이 존재한다. 이는 휴가의 목적을 훼손하기 때문이다. 1980년에 선고된 연방노동법원 판결의 배후 어딘가에 놓여있는 합리적인 사고는 이와 같았다. 이로써 이제 해당 사안은 종결되었다. 즉 법률가의 언어로는 다음과 같다.

"연방노동법원은 이 판결로써 지금껏 휴가여행이 놀라울 만큼 건강에 이로울 수 있다는 고정관념으로 과대평가되어서 특별대우를 받아온 그간의 상황을 종식시킨다. 또한, 여기에는 고전적인 송달送達 개념으로 되돌아가게 하는 법적 안정성의 요청이 놓여있는데, 그렇지 않고서는 집에서 휴가를 보내겠다는 직원을 보호받지 못하게 할 방법이나 입원 치료를 받는 직원이 마음 편하게 회복할 권리를 거부할 근거가 없을 것이기 때문이다."

위 문장은 보훔Bochum 대학의 헤르만 딜헤르Hermann Dilcher 교수가 어느 논문에서 밝힌 내용이다(〈Juristenzeitung〉 1989, 298쪽 이하). 삶이 비록 힘들지만, 그렇지만 또한 정의롭다. 그리고 전화국 직원의 사례처럼 그다지 힘들지 않을 수도 있다. 즉 해고보호법 제5조에 따르면 자신의 유책사유 없이 해당 기한을 준수하지 못한 경우에는 3주일의 기한을 더 연장해 줄 것을 법원에 따로 신청할 가능성이 존재한다. 휴가의 경우에는 이 신청이 통례적으로 승인된다. 그런데 자신의 변호사가 이걸 그만 잊어버렸다. 이게 또한 인생이다. 힘들고 그리고 또한 정의롭지가 못하다. 그래서 해당 직원은 이제 변호사를 상대로 손해배상을 위한 청구권을 갖는다.

계속고용을 위한 청구권

또 다른 문제가 있다. 소송절차가 대개는 오래 걸린다. 만약에 근로자가 1심에서 승소하더라도, 사용자 측이 항소하기 마련이다. 사용자는 빈번히 연방노동법원에 상고하면서 3심급까지도 간다. 해당 근로자가 노동조합에 속해 있거나 따로 법률보험에 가입해있다면, 그는 상응하는 보호를 받게 된다. 근로자가 법적인 효력을 갖는 승소 판결을 받으면, 그는 다시 고용되어야 한다. 그런데 이러기까지에는 많은 시간이 소요된다. 몇 달 또는 몇 년이 걸릴 수도 있다. 아마도 그사이에 해당 근로자로서는 새로운 일자리를 구했을 수도 있다. 근로자가 실제로 다시 이전의 고용 관계로 되돌아가는 사례는 드물다. 그래서 소송 진행 중에 근로자가 계속고용을 위한 청구권을 관철해낼 수 있는지, 더 정확하게는 그가 이런 상황에서 이 같은 청구권을 갖는지 여부가 다투어진다. 만일 근로자가 청구권을 갖는다고 본다면, 그는 이 청구권을 주장하면서 자신의 이전 일자리로 복귀할 수가 있다. 반면에 근로자에게 청구권이 없다면, 그는 소송절차가 종국적으로 끝날 때까지, 즉 언제일지도 모를 시간을 오랫동안 기다려야만 한다.

해고된 근로자의 계속고용 문제에 있어서 일반적으로는 다음과 같이 구별된다. 즉 통상적인 해고의 경우에는 종업원평의회가 사업장조직법 제102조 제3항에 따라서 이의를 제기하고 이어서 소송이 제기되는데, 같은 법 제102조 제5항은 "원칙적으로는 해고 기간이 도과했으나, 근로자의 요구에 기해서 해고를 둘러싼 분쟁이 법적 효력을 갖고서 종결될 때까지는 변경되지 않는 근로조건에서 계속고용 되어야 한다"라고 규정하고 있다. 이것을 사업장조직법상의 계속고용청구권이라고 부른다.

1985년에 선고된 연방노동법원 대재판부의 판결에 따르면, 근로자가 해고를 다투는 소송절차에서 1심에서 승소한 경우에는 법적 효력이 있는 종국판결이 행해지는 기간에 일반적으로 계속고용청구권이 존재한다. 이는 해고기간이 도과된 통상적인 해고에도 적용되고, 심지어는 사용자 측의 압도적으로 보호가치 있는 이익에 반하지 않는 한에서 특별 해고(BGB 제626조)의 경우에도 해고 통지시점부터 적용된다.

노동법에서 비롯하는 앞의 여러 사례는 오늘날 강자와 약자, 기업주와 근로자 간의 관계에 있어서 어느 정도로는 균형이 확보되고 있다는 인상을 불러일으킨다. 민법전상의 계약의 자유가 여기서는 사회적인 관점에서 폭넓게 제거되었고, 이는 특히 강력한 사용자단체와 노동조합의 구성을 통해서 이뤄낸 성과이기도 하다.

사회적인 임대차법

민법전BGB에는 임차인을 위한 사회적인 규정이 제정 당시부터 존재했었다. 즉 제566조가 그러하다. 이 규정에 따르면 주거공간의 임대차에 있어서 새로운 소유권자는 이전 소유권자의 권리와 의무를 승계하게끔 되어

있다. 이걸 두고서 "매매는 임대차를 깨트리지 못한다"라고들 말한다. 이전에 있었던 19세기의 판덱텐 법에서는 이와는 전혀 달랐다. 당시에는 주거건물의 임대인이 건물을 매도하는 경우에 새로운 소유권자가 임차인을 내쫓을 수가 있었다. 1900년 이후로는 더 이상 그렇게 되지는 않는다. 그러나 리모델링을 하고서 그 비용 조로 임대료를 매년 최대 8%씩 올리면서(민법전 제559조), 임차인의 삶을 어렵게 만드는 게 가능하다.

제1차 세계대전 이후로는 독일의 노동자들이 주거와 관련해서 겪어야 했던 파국적인 폐해가 상당 부분 제거되었다. 이전의 파국적인 폐해는 프리드리히 엥겔스Friedrich Engels가 자신의 저서《영국에서 노동계급의 상황》(1845)에서 묘사한 것과도 흡사했다. 사회적인 임대차법은 제1차 세계대전 중에 군사적인 이유에서 생겨났다. 그사이에 집들이 적게 지어졌고, 주거난이 더욱 극심해졌다. 임대료가 증가하고, 최전선의 병사들이 동요하기 시작했다. 왜냐하면, 이들 병사의 가족들이 급등한 임대료를 더는 지급할 수가 없어서 임대차계약이 해지될 처지에 놓였기 때문이다. 이런 이유로 1917년에 「임차인보호법」이 제정되는데, 해당 법에 따르면 주거공간의 경제성, 임대료 동결 및 임대차계약의 해지 보호에 대해서 주택 관련 행정청이 자유롭게 결정할 수가 있었다. 전후에도 주거난住居難이 여전했고, 따라서 바이마르 시대에 임대료를 묶고, 임대차계약의 해지 보호를 위해 「제국임대차법」이 제정되었는데, 임대인에 의한 해지는 오늘날과 유사하게 단지 특정한 경우에만 허용되었다. 이는 나치즘하에서도 유대인 등의 공민권 박탈의 경우를 제외하고는 여전히 그대로 적용되었다.

이어서 패배한 제2차 세계대전의 시기가 도래했다. 엄청난 양의 폭탄들이 퍼부어진 전쟁에서 많은 도시가 파괴되고 동유럽지역에서 1천만 명이 넘는 추방자들과 난민들이 몰려오면서 전혀 겪지 못했던 주거난이 초래되었다. 주거공간은 지역의 주거관리청이 강제적으로 관리하고 있었다. 이런 상황은 1953년에 제정된 「주거공간관리법」과 그 이전에 이미 연합국 통제

위원회법률 제18호에 따라서 규율되고 있었다.

아데나워 총리가 1960년에 「주거공간관리의 폐지와 사회적인 임대차 및 주거권에 관한 법률」을 제정하고서야, 비로소 각 란트에게 마을과 도시의 개별적인 상황에 따라서 늦어도 1965년 말까지 강제관리를 끝낼 수 있는 재량이 부여되었다. 그런데 이 기한이 지켜지지 못한 채로 1968년 말까지도 강제관리가 지속하였다. 그런데 그렇다면 어느 임대차법이 적용되어야 하는가? 이른바 백색지역에서는 계약의 자유가 부활했고, 주거난이 여전히 심각한 흑색지역에서는 이후 한참이나 늦게야 다시 계약의 자유가 부활했다.* 이를 위해 규정되었던 기한이 늘 반복해서 늦춰졌다. "사회적인" 임대차법은 아직도 제정되지 못했다.

그리고서 빌리 브란트Willy Brandt가 총리였던 시절인 1971년에 기적이 일어났다. 빌리 브란트 총리가 이끄는 사민당/자민당 연립정부가 임대인의 해지권을 거의 없애버렸다. 단지 세 개의 예외만이 존재한다. 즉 임차인의 중대한 계약위반, 부동산의 새로운 신축과 (주택소유자의) 자기필요가 그러하다. 오늘날에도 이는 여전하고, 민법전 제573조에서 그대로 규정되고 있다. 이렇듯 폭넓은 임차인보호 규정들이 1900년 이래로 효력을 발생해 온 민법전의 가장 중요한 사회적인 개정 내용을 구성하고 있다.

개별 규정들이 1982년에 헬무트 콜Helmut Kohl 총리가 이끄는 보수/자유 연립정부에서 다소 완화되었으나, 게르하르트 슈뢰더Gerhard Schröder 총리가 이끄는 사민당/녹색당 연립정부에서 다시 강화되고, 메르켈 총리가 이끄는 보수/자유 연립정부와 대연정에서도 압도적으로 임차인에게 유리하게끔 임대차법이 개정되었다. 이것이 특히 민법전에서 가장 자주 개정되는 영역인 가족법과 결합하여 있는 임대료 인상 및 해지에 관한 규정들을

---

*여기서 흑색지역과 백색지역은 1871년 독일 통일 직후에 빌헬름 1세 황제가 과거 북독일동맹 시절의 흑백적 삼색기를 제국의 상징 깃발로 채택한데서 유래하는데, 흑색지역은 프로이센, 백색지역은 그 이외의 영토를 뜻한다.

지니고 있는 임대차법인데, 아마도 당분간은 그대로 유지될 것으로 짐작된다. 비로소 2002년 이래로 최고심급인 연방통상법원BGH이 임대차법 분쟁사건을 떠맡고 있는데, 이로써 해당 규정의 통일적인 적용에 기여해 왔다. 그 이전에는 각 란트들에 소재하는 여러 고등법원의 판결들이 일관되지 못한 채로 자주 엇갈렸었다. 연방통상법원은 그동안에 하자 수리, 해지, 보증금 또는 부대비용과 같은 임대차와 관련한 많은 불확실한 문제들을 결정해왔다. 이 가운데 일부는 기본권 침해를 이유로 여전히 연방헌법재판소 주변을 떠돌고 있다. 예컨대 연방헌법재판소는 2014년에 집주인 측의 자기필요에 따른 두 번째 주택의 임대차 해지가 소유자가 해당 주택을 자신 또는 가까운 가족을 위해서 필요로 하는지 여부와는 원칙적으로 무관하게 허용된다고 판결했다(BVerfGE 71, 299).

상업용 공간의 임대차

우리네 현행 임대차법의 성립과정을 반추해보면, 오늘날은 과연 어떤 모습으로 비치고 있겠는지? 먼저 우리는 지금까지 단지 주택임대차법에 대해서만 언급했다는 사실을 상기해야 한다. 임차인에 대해서 그 어떤 사회적인 보호규정이 없는 상업용 공간의 임대차는 이와는 구별된다. 여기서는 계약의 자유가 폭넓게 지배하고 있다. 전체 임대차법은 민법전의 제2권 "채권법"에서, 특히 제8장 "개별 채무관계"에서 규율되고 있다. 여기서는 매매, 금전대차, 증여 등에 관한 규정에 이어서 주택임대차계약과 토지임대차계약이 규정되고 있다. 이는 제535조~제548조의 규정들로 시작하는데, 주거공간의 임대차를 포함하여 상업용 공간의 임대차에 대한 기본규정들이다. 물론 주거공간의 임대차에 대해서는 단지 제549조~제577a조가 적용되는데, 제549조는 이 규정들이 다른 별도의 규정이 없는 한 사회적인 주택임대차법의 핵심규정이라고 밝히고 있다. 사람들은 또한 자동차, 기계와 같은 동산動産, 그리고 농지나 숲 또는 공장을 임대차할 수도 있는데, 이 모두가 민법전 제578조 이하에서 규정되고 있으며, 다만 주택 임차인에 대해서와 같은 폭넓은 보호규정이 따로 마련되어 있지는 않다.

새로운 임대차와 임대료 인상 억제

주택임대차의 해지 보호와 적정한 임대료 인상을 위해 최근까지 꾸준히 개선되어온 여러 규정은 물론 이미 주거공간을 가지고 있는 이들에게만 도움이 될 따름이다. 새로운 임대차가 행해지고 있는 바깥에는 늘 그렇듯이 계약의 자유라고 하는 찬바람이 여전히 쌩쌩 불고 있다. 그곳에서는 임대인 스스로가 옳다고 여기는 그 어떤 가격이라도 요구할 수가 있다. 2015년 이후로 메르켈 총리가 이끄는 사민당과의 대연정에서 「임대료 인상 제한법」 제정과 함께 임대료 인상 억제책을 강구하려는 나름의 시도가 있었는데, 민법전 제556d조~제556g조가 그러하다. 긴장감이 나도는 주택임대차시장의 영역에서 현재 새로운 임대료는 임대료 기준표상의 동일 지역 평균임대료에 비해서 10%까지만 높게 책정되는 게 허용된다. 이 규정의 파급효가 지금까지는 경미한데, 해당 규정이 그래도 절반은 따뜻한 마음을 지닌 법인지 아니면 임대차시장의 날카로운 한 단면인지는 모를 일이다. 메르켈이 이끄는 사민당과의 두 번째 대연정에서 2019년에 개선입법이 있기는 했는데, 최근까지도 이 같은 상황을 크게 완화하지는 못하고 있다. 그러나 개정 법률과 함께 2015년에 도입된 부동산 중개인에 대한 수수료 규정이 임차인에게는 나름 이득이 되었다. 「주택임대차 중개 규율을 위한 법률」 제2조 제1a항은 아래와 같이 규정하고 있다.

> 주택임대차 중개인은 주택을 구하는 이들에게서 중개나 주택임대차계약의 체결 기회를 증명한 것으로 그 어떤 보수를 요구해서는 아니 되고, 보수를 약속받거나 수수해서도 아니 된다. 다만 중개인이 주택을 구하는 자와 독점적으로 중개계약을 체결하여 임대인 또는 다른 권리자로부터 주택을 제공하겠다는 위임을 득한 경우에는 그러하지 아니하다. […]

이로써 임차주택을 구하는 이들은 더 이상 원칙적으로는 중개인에게 수수료를 지급하지 않아도 된다. 이는 긴장된 주택임대차시장뿐만 아니라 모든 곳에서 적용된다. 연방헌법재판소는 부동산 중개인의 직업의 자유에 대한 이 같은 제한이 사회적 및 경제적 불균형을 상쇄시키기 위하여 허용된다고 판단했다(BVerfGE NJW-RR 2016, 1497).

민법전 제557조~제561조는 임대료 인상에 관한 규정들이다. a, b, c로 이어지는 추가적인 규정들과 더불어서 도합 16개의 조항이 이것을 다루고 있는데, 부분적으로 상당히 복잡하게 규율되고 있다. 기존의 임대차관계에서 임대인과 임차인이 임대료 인상에 서로 합의하지 못하는 경우에, 이를 이유로 하는 임대인의 임대차관계 해지는 허용되지 않는다. 임대인이 임대료 인상을 위한 동의를 구하려면 소송을 제기해야 한다(제558b조). 임대인의 임대료 인상은 일정 기간이 경과하고서야 비로소 허용되고, 같은 지역의 평균임대료와 비교하고서 인상이 제한될 수 있다(제558조). 이는 문서로 작성되어야 하고, 그 근거가 제시되어야 한다(제558조). 이 경우에 임대료 기준표(제558c조, 제558d조), 임대료 데이터뱅크로부터의 정보제공(제558e조), 관련 전문가의 감정의견 또는 적어도 3개의 유사한 임대주택과의 비교가 고려될 수 있다. 임대인에 의한 리모델링 조치는 제555a조~제555f조에 따라서 단지 제한적으로만 가능한데, 이에 따르면 임대료는 제559조에 따른 무수히 많은 특례와 더불어서 원칙적으로 8%까지만 인상이 허용된다.

베를린에서는 현재 "임대료 상한제"라는 새로운 시도가 행해지고 있다. 지난 10년 사이에 베를린의 임대료가 거의 두 배 가까이나 올랐다. 그래서 사민당 출신의 게르트 밀러Gerd Müller 시장이 이끄는 사민당/좌파당/녹색당 연립정부가 2019년 6월 시의회에서 2020년 초에 「임대료 상한에 관한 법률」을 제정할 것을 결정했는데, 해당 법률안은 2019년 6월로 소급해서 적용되는 내용을 포함하고 있었다. 그리고서 이 법률이 2020년 1월에 제정되었다. 기민당CDU 측은 그 즉시 위 법률이 위헌이라고 비난했는데, 베를린시에는 연방 전체에서 통일적으로 적용되게끔 민법전에서 규율하고 있는 임대차법을 변경할 수 있는 권한이 없다는 주장이 그 논거였다. 즉 이 법이 기본법 제74조에서 규율하고 있는 민사법 영역에 대한 연방의 경합적 입법권한을 침해하고 있다는 주장이다. 위 양측은 자신들의 견해를 전문가들의 의견서와 함께 더욱 보완하고서 제출했다. 연방헌법재판소는 2021년 3월 25일 자 선고판결에서 베를린시가 도입한 임대료 상한제가 위헌이라고 결정했다.*

주거결핍으로부터 벗어나는 방법

　주거문제의 해결책이 딱히 그다지 가시적이지는 않다. 그리고 임대차법만으로는 주거문제를 해결할 수가 없다. 더 많은 주택이 지어져서 제공되어야 한다. 그런데 이로써 수익이 생겨야만 주택이 지어지기 마련이다. 이전에 한때는 자가自家주택 건축에 상당히 많은 지원이 있었다. 독일은 영국, 프랑스, 이탈리아 및 그 밖의 나라들에 비해서 자가주택비율이 다소 낮은 편이다. 연방주의개혁과 함께 「주거공간의 촉진과 주거기속에 관한 법」에 따라서 2006년 9월 1일 자로 연방에서 각 란트들로 관련 권한이 이양되었다. 그래서 이제는 각 란트들이 이를 주관하고 있는데, 의욕은 있으나 대부분 여전히 충분하지가 않다. 사회(공공임대)주택의 건설이 대폭 늘어나

*이에 대해서 보다 자세한 내용은 이계수,《반란의 도시, 베를린》(스리체어스, 2023) 참조.

기는 했다. 또한, 방치되고 있는 빈집과 예컨대 밴쿠버Vancouver에서 행해진 것처럼 외국 자본가들의 주거용 부동산 취득에 대해 세금이 더욱 강화될 수도 있겠다.

집주인들의 자의에서뿐만 아니라 또한 비싼 부동산가격에서 비롯하는 높은 임대료가 독일에서 많은 이들을 가장 압박하는 사회적 문제로 불거져왔다. 유럽중앙은행의 통화정책으로 엄청나게 많은 돈이 시장에 풀리고, 이자율이 계속해서 낮아지면서 부동산가격이 폭등해 왔다. 많은 돈이 안전자산인 부동산과 주식시장으로 몰려들고, 여기서는 적은 노력으로 더 많은 이익을 얻을 수가 있었다. 그러나 높은 리스크가 늘 도사리고 있다. 이로써 생겨난 새로운 건축수요와 더불어서 낮은 이자율이 또한 건축비용을 급격하게 상승시켰다. 낮은 이자율이 지닌 이점利點이 이로써 동시에 다시 사라져버렸다. 이미 이런 상황인데도 코로나 위기 이후로 유로화 지역에서 강하게 팽창해온 국가부채가 또한 거품을 만들어내고 있지는 않은지? 만일 그렇다면, 이 거품이 언제쯤 터질 것인지? 그런데 단순하게 바라보면, 더 많은 주택의 건설이 또한 해결책은 아니다. 왜냐하면, 생태론적인 관점에서 보자면 인구밀집지역에서 땅을 파헤쳐서 콘크리트로 덮는 게 지금처럼 계속될 수는 없겠기 때문이다. 밀집된 인구 그리고 새로운 건축경제적이고 생태론적인 주거 컨셉이 문제시된다. 그런데 누가 끝내 이 모든 걸 포괄해서 다 정리할 수가 있겠는가?

[참고문헌]

 - 노동법 관련

모든 중요한 법률과 간략한 소개는 매년 발간되는 노동법(dtv No. 5006) 문고판 책에서 찾아볼 수 있다. 비전문가라면: Wolfgang Däubler, Arbeitsrecht, Ratgeber für Beruf- Praxis - Studium, 13. Aufl. 2020; Günter Schaub/Ulrich Koch, Arbeitsrecht von A-Z (dtv Nr. 51238). Für Studenten eignet sich zum Einstieg Wilhelm Dütz/Gregor Thüsing, Arbeitsrecht, 25.Aufl. 2020. Eher für Profis sind: Günter Schaub, Arbeitsrechts-Handbuch, 18.Aufl. 2019;Erfurter Kommentar zum Arbeitsrecht, 21. Aufl. 2021. Spezialdarstellungen: Fitting, Betriebsverfassungsgesetz: BetrVG, 20.Aufl. 2020; Reiner Ascheid/Ulrich Preis/Ingrid Schmidt, Kündigungsrecht, Großkommentar zum gesamten Recht der Beendigung von Arbeitsverhältnissen, 6. Aufl. 2021.

 - 사회적인 임대차법 관련

모든 중요한 법률과 간략한 소개는 임대차법 문고판(dtv Nr. 5013) 책에서 찾아볼 수 있다. 비전문가라면: Hubert Blank, Mietrecht von A-Z (dtv Nr. 50790). Bei Studenten sind mietrechtliche Lehrbücher nicht verbreitet, sie lernen das in den Studienbüchern zum Schuldrecht - Besonderer Teil. Kleiner Kommentar auch für Laien: Bernhard Gramlich, Mietrecht. Bürgerliches Gesetzbuch(§ § 535 bis 580a), Betriebskostenverordnung, Heizkostenverordnung, 15.Aufl. 2019; ausführlicher: Hubert Blank/Ulf P. Börstinghaus, Miete. Das gesamte BGB-Mietrecht, 6.Aufl. 2020. Und umfassend für Profis: Wolfgang Schmidt-Futterer, Mietrecht. Großkommentar des Wohn- und Gewerberaummietrechts, 14. Aufl.2019. Zum Entstehen des sozialen Mietrechts: U.W. Rechtsgeschichte der Bundesrepublik Deutschland, 2019.

Allgemein: Das Zitat von Roger Garaudy, La Liberté, 1955, S. 258.

Strafrecht

제6장

형법

범죄행위와 범죄구성요건

"만약에 ~하다면, […] ~하다"로 반복되는 4천 년이 훌쩍 넘는 오랜 노래가 있다. 이 노래를 듣기 싫으면, 그저 느끼기만 하면 된다. 이미 BC 1750년에 바빌론 왕국의 함무라비 법전Codex Hammurabi에서 이랬었는데, 예컨대 제22조는 아래와 같다.

> 만약에 누군가가 사람을 습격해서 무언가를 강탈한다면, 그는 죽어야 마땅하다.

우리(독일)는 그사이에 사형死刑을 폐지했다. 또한, 사람들은 오늘날 이전처럼 쉽게 이해되게끔 더 이상 분명하게 표현하지 않고 있다. 그러나 "만약에 ~하다면, […] ~하다"라는 형식은 원칙적으로 이전과 동일하다. 강도强盗죄는 오늘날 형법전StGB 제249조에서 규정하고 있는데, 제1항은 아래와 같다.

> 누구든지 타인의 동산을 자신 또는 제3자가 불법으로 영득할 의도를 갖고서 타인에게 폭력을 행사하거나 생명이나 신체에 대한 즉각적인 폭력의 위협을 가하여 이를 빼앗는다면, 1년 이상의 자유형에 처한다.

사람들은 이것을 범죄구성요건이라고 부른다. 이 범죄구성요건은 무엇이 금지되고 있는지를 말하고 있다. 그런데도 이를 범한 자는 처벌된다. 또한,

형벌의 경중輕重은 "법정형의 상·하한"으로 불린다. 강도죄의 경우는 최소 1년이다. 또한, 이 경우에 일반적인 최고형이 형법전 제38조 제2항에 따르면 15년에 이른다. 그리고 법률가들의 과업은 누가 무언가를 범했고, 이로써 법률상의 범죄구성요건이 충족되는지를 확정하는 데에 있다. 따라서 범죄행위와 범죄구성요건이 서로 일치해야 한다. 이게 언뜻 쉬워 보이지만, 때로는 그렇지가 않다.

만약에 내가 타인의 집 마당에 있는 토끼장의 문을 열어두었고, 그래서 토끼가 뛰쳐나갔다면, 형법전 제242조에서 규정하는 절도竊盜인가? 아니다. 왜냐하면, 내가 그 토끼를 내 것으로 갖지 않았기 때문이다. 그렇다면 형법전 제303조에서 규정하고 있는 재물손괴인가? 그런데 동물이 재물財物인가? 언뜻 봐도 그렇지는 않다. 이는 민법전 제90a조에서 분명히 정하고 있다. 이전에는 동물을 여전히 물건으로 간주했었다. 그러나 결과적으로는 마찬가지다. 왜냐하면, 또한, 민법전 제90a조가 동물에 대해서도 물건에 대해 적용되는 규정들을 준용하도록 명하고 있기 때문이다. 재물이라는 범죄구성요건상의 특징이 이로써 충족되지만, 손괴損壞라는 특징이 결여되어 있다. 해당 동물, 즉 토끼는 전혀 훼손되지 않은 채로 자연에서 자유롭게 뛰놀면서 전적으로 만족해하고 있다. 경우에 따라서는 형법전 제123조에서 정하고 있는 주거침입죄가 고려될 수도 있겠다. 그런데 그러려면 "평온한 점유"가 전제되어야 하는데, 따라서 마당에 울타리가 쳐져있고, 그 소유자가 형사고소를 제기해야 한다. 여하튼 간에 나는 민사법상의 손해배상에 직면할 수가 있다.

그러나 뮐러Müller 씨가 자신의 이웃을 총으로 쏴서 죽이려고 했는데, 그 이웃이 단지 가볍게 다치기만 했고, 옮겨져서 치료받고 있던 병원에 마침 화재가 발생하여 사망했다면, 어찌 되는가? 이제 이미 상황은 더욱 복잡해졌다. "사람을 살해한 자는 […]"이라며 형법전 제212조에서 고살故殺, Tot-schlag에 대해 정하고 있다. 밀러 씨는 사람을 죽였는가? 이를 두고서 형법학자들이 서로 다툰다. 몇몇은 그렇다 하고, 다른 이들은 그렇지 않다고 생각한다. 즉 몇몇은 살해殺害는 타인의 죽음을 야기한 행위라고 말한다. 따라서 밀러 씨의 발사發射 행위가 이웃이 죽은 원인이기 때문에 그가 사람을 죽였다고 본다. 다른 이들은 그렇게 말할 수는 없다고 생각한다. 결정적인 사망 원인이 어디까지나 화재인 것이고, 이 화재와 관련해서는 밀러 씨가 아무 일도 행하지 않았다고 판단한다. 병원에 화재가 발생한 것은 피격으로 인한 손상의 정상적인 리스크 범위에 속하지 않는다는 주장이다. 그러므로 여기서는 밀러 씨에게 사망의 책임이 귀속되지 않는다고 본다. 따라서 그는 사람을 죽이지 않았다. 더 웃기는 건 법적인 분쟁에서 흔한 경우이듯이 그런데도 위 양자가 같은 결론에 이른다는 사실이다. 법률가들에게는 결론보다도 더 중요하게 여겨지는 논증이 단지 문제시될 따름이다. 만일 누군가가 올바른 논증과 함께 그릇된 결론에 도달한다면, 이게 더 큰 성과로 간주된다. 그렇다면 그릇된 논증으로 올바른 결론에 도달한다면, 어찌 되는가? 이는 전혀 고려되지 않는다. 여기서는 두 개의 올바른 논증과 동일한 결론이 존재한다. 밀러 씨가 고살故殺의 기수범既遂犯으로 처벌받지는 않는다. 몇몇은 그가 사람을 죽이지는 않았다고 말한다. 다른 이들은 그가 사람을 죽이기는 했지만, 고의가 없었다고 말한다. 즉 고의故意가 포함되어 있어야 한다. 또한, 이 견해에 따르면 의도적인 고살의 기수범이 아니고, 그가 사람을 죽이지 않았다고 생각하는 이들과도 다르지 않다. 그는 단지 그 시도만 했을 따름이라고 주장한다. 밀러 씨는 단지 고살을 시도한 것 때문에 처벌될 수가 있겠는데, 이는 그 형벌이 고살의 기수보다도 가벼워질 수가 있음을 뜻한다. 그러나 반드시 그렇지만은 않다. 형법전 제23조가 문제다. 왜 고의가 없는가? 아주 쉽다. 고의로 행한다는 것은 누군가가 무슨 일이 일어날지를 알고 있고 그리고 이를 의욕意慾 한다는 말이다. 밀러 씨가 이웃을 총으로 쏴서 죽이려고는 했으나, 이웃이 불에 타서 죽을 것을 알지는 못했다. 이는 뮐러 씨가 생각했던 것과는 매우 다른 변형이다. 따라서 고의는 없었다. 뮐러 씨와 불에 타서 죽은 이웃에게 너무 많은 게 요구된다.

이 밖에도 구성요건해당성, 위법성과 책임성이 늘 언급된다. 왜냐하면, 행위가 위법하고, 또한 책임이 있어야 한다는 사실이 추가되어야 하기 때문인데, 이로써 피고인이 비로소 처벌될 수가 있다. 구성요건해당성 하나만으로는 충분치가 않다. 행위가 구성요건에 해당하면, 대개는 위법하다. 예컨대 누군가가 타인을 죽이는 경우가 그러하다. 다만 이른바 정당화 사유가 있다면, 예외적으로 위법성이 조각된다. 가장 중요한 정당화 사유가 정당방위이다. 그리고 마지막으로 행위자가 유책하게 행위를 했어야 한다.

이에 대해서 여전히 의견이 일치하지 않는다면, 이는 무엇을 의미하는가? 고의가 포함되어야 한다거나, 책임성이 행위자가 행한 바와는 전혀 무관한 비난인가? 목적적 행위론에서는 그렇게 바라보고 있다. 즉 고의와 행위가 구성요건에서 하나의 일체一體를 이루고 있다고 본다. 그래서 그렇게들 부른다. 이와 달리 인과적 행위론에서는 행위와 고의가 분리된다고 본다. 이 입장에 따르면 행위는 단지 원인일 따름이다. 본Bonn 대학의 형법학자인 한스 벨첼Hans Welzel이 이미 나치 시대에 제안했었던 목적적 행위론은 책임성의 문제에 대해 더 분명하게 숙고하고서, 이로써 단지 고의 여부만을 바라보는 것에 갈음해서 피고인에게 더욱더 정의로울 수 있다는 장점이 있다. 그런데 또 다른 단점을 갖고 있는데, 이 때문에 끝내 관철되지는 못했다. 오늘날에는 여러 형법교수들이 강조점을 달리하는 가운데 무수히 많은 행위이론이 존재하고 있다. 이와 관련하여 목적론과 인과론은 이미 서술했고, 이 둘 가운데서 가장 최선을 유지하거나 그리고 사회적 또는 기능적 측면을 더욱 발전시키려고 시도해왔다. 관련 전문가들 사이에서의 의견 대립이 여전히 현재진행형이다. 법원은 이 논쟁에 가급적 적게 개입하는 가운데 실용적으로 접근하고 있다.

인과론적, 목적론적, 사회적, 기능적 또는 그 밖의 행위론이든지 간에 결국은 전혀 중요하지가 않다. 중요한 것은 구성요건이 일반적으로 지니고 있는 정치적인 함의含意에 있다. 이 정치적인 함의는 구성요건이 한 시민을 유죄로 선고하기 위한 선제조건들을 상당히 분명하게 기술하고 있고, 이로써 법관의 자의恣意가 상당히 배제되고 있다는 데에 놓여있다. 기본법 제103조 제2항은 아래와 같이 규정하고 있다.

> 한 행위는 그것이 행해지기 전에 그 가벌성이 법률상 규정되고 있는 경우에만 처벌될 수 있다.

nulla poena sine lege, 즉 "법률이 없이는 형벌도 없다." 이것이 구성요건이 지닌 정치적 기능이다. 이와 관련해서 마지막 예시를 들어보자. 누군가가 노로 젓는 타인 소유의 작은 보트를 권한 없이 갖고서 한두 시간가량 호수를 돌아다니고서는 다시 제자리에 갖다 놓은 경우에 그는 이로써 처벌되는가? 그가 궁극적으로는 훔치려고 하지 않았기 때문에 절도죄는 아니다. 그런데 아마도 이른바 사용절도使用竊盜는 성립되지 않겠는가? 형법전 제248조 제1항은 아래와 같이 규정하고 있다.

> 권리자의 의사에 반하여 자동차나 자전거를 사용한 자는 3년 이하의 자유형 또는 벌금형에 처한다.

그런데 노로 젓는 보트는 자동차도 그리고 자전거도 아니다. 위 행위는 해당 구성요건에 부합하지 않는다. 해당 보트의 소유자에게는 이 같은 전체 상황이 자동차나 자전거의 경우와 마찬가지로 화가 날 법한데도, 그 누군가는 처벌될 수가 없다.

도그마틱과 형벌

이런 까닭에 왜 형법에서 구성요건을 이렇듯 정확하게 바라보고 있는지를 이해하게 된다. 또는 달리 표현하자면, 왜 도그마틱Dogmatik이라고 하는 개념적 도구를 세련되게 다듬어서 이렇듯 보다 날카로운 의미를 적용하려고 하는지 말이다. 결국에는 한 시민이 처벌되는지 여부가 문제시된다. *nulla poena sine lege*, 즉 "법률이 없이는 형벌도 없다." 물론 여기서는 형법전StGB이 두 개의 부분으로 구성되어있다는 사실이 늘 간과되곤 한다. 즉 구성요건뿐만 아니라 법적인 결과도 확정하고 있다. 그리고 두 번째 부분인 법적인 결과에 있어서 사람들은 놀라우리만큼 관대하다. 먼저 구성요건에 대해서는 마치 전자현미경을 들이대듯 엄밀하게 심사하고서는, 이어서 형벌에서는 그저 큰 숟가락으로 들이댄다. 예컨대 고살故殺의 법적인 결과는 5~15년의 자유형이고, 미수未遂에 그친 경우에는 심지어 2~15년이다. 그런데 뮐러 씨가 2년, 5년 또는 15년 또는 그 중간의 몇 년으로 처벌되는지를 이끌어내는 규칙이 지금 어디에 존재하는가? 구성요건 도그마틱의 문제와 관련해서는 법적으로 고도로 정밀한 날카로운 의미들이 담긴 책들이 법학도서관의 서가書架를 가득 채우고 있다. 그런데 정작 뮐러 씨에게 가장 큰 관심사는 법적인 결과다. 즉 그가 얼마나 오랫동안 교도소의 창살 뒤에 머물러 있어야 하는지 말이다.

그러나 양형量刑과 관련된 책들이 놓여있는 도서관 서가의 폭은 좁고, 그 실상 또한 참담하다. 이를 더 자세히 들여다봐도 아무것도 없다. 2년, 3년 또는 4년인지 여부에 대해서 아무런 언급이 없다. 이런 가운데 대학에서의 수업시간 중에 법학부 학생들은 추후에 서면으로 작성되는 자문의견서에는 양형에 대한 언급이 허용되지 않는다는 분명한 언질을 형법교수로부터 건네받는다. 법적인 결과가 아니라, 단지 구성요건만 문제시될 뿐이다. 학생들은 왜 뮐러 씨가 사람을 죽인 게 아니고, 단지 시도에 그쳤다는 사실을 상세하게 논증해야만 한다. 인과론, 귀속이론, 변형된 인과론에서의 고의 및 기타 등등의 이론으로 말이다. 그리고 뮐러 씨는 자신이 법적으로 무얼할 수 있겠는지, 이 모든 걸 감방 안에서 찾아서 읽을 수 있는데, 참으로 고마운 일이다. 누군가가 이 언어를 이해하게끔 곁에서 도와준다면, 그는 포괄적으로 그리고 정확하게 나름 정보를 얻을 수는 있겠다. 그러나 자신에게 얼마의 실형實刑이 떨어질지를 그가 알고자 한다면, 이에 관한 보다 정확한 정보는 아무것도 얻지 못한다. 도그마틱의 문제와 관련해서는 대충 어림잡아 계산하더라도 그 실체를 건드리기까지에는 수세대에 걸친 노력이 필요하다. 이게 세부적인 사항에서는en détail 고도의 이성이 그리고 대강大綱에서는 가장 저급한 비이성이 놀랍도록 결합하여 있는 법학과 더불어 살아가고 있는 우리네 삶의 한 모습이기도 하다.

당연히 법원에서 일하는 이들에게는 어느 정도의 양형기준이 존재한다. 그리고 법정에서 몇 년의 실형을 기대할지를 대략은 알고 있다. 이는 마치 그 어떤 확정된 규칙이 없는데도 관련 애호가들이 골동품가게에서 물건의 가격을 대략 짐작하고 있는 것과도 흡사하다. 그러나 첫째, 그것이 이성적으로 정당화되지 못하는 단지 경험적인 가치라는 점이고, 둘째로 정작 이들에게는 그 예측이 비껴가기가 일쑤이고, 셋째 어떻게 이를 더욱 정치精緻하게 다듬어야 마땅한지를 반문한다는 데에 있다. 절도, 횡령 및 사기를 살펴보자. 법률가로서는 이 개념들을 정확하게 구별해내야 한다. 때로는 초단위로 그리고 밀리미터 단위로 구별된다. 그런데 양형量刑에서는 갑자기 이 모든 게 전적으로 똑같게 된다. 절도죄(형법전 제242조)와 사기죄(형법전 제263조)의 형량이 최대 5년까지로 같지만, 횡령죄(형법전 제246조)는 최대 3년까지로 다소 약하다. 누군가가 주유소에서 돈을 내지 않고서 자기 차에다 기름을 넣고서는 두 번씩이나 도망쳤다면, 6개월 내지 7개월의 집행유예가 선고될 법하다. 그것이 절도, 횡령 또는 사기에 해당하는지와는 전혀 무관하게 처음의 범죄행위에 대해서는 벌금형으로 족하리라고 본다. 그런데 양형에서 이렇듯 그 변형의 폭이 넓다면, 보다 더 정확한 연구가 행해져야 마땅하다. 모살謀殺, Mord의 살인범(종신형) 또는 고살故殺, Totschlag의 살인범(5년 이상)으로 처벌되는지에 따라서 형량에서 상당한 차이가 존재한다. 일반절도죄는 최고 5년 그리고 특수절도죄는 최고 10년의 실형이 예상된다.

절도, 횡령 및 사기

연세가 지긋한 내 이웃이 수천 유로씩이나 매우 값나가는 오래된 아름다운 골동품 꽃병 하나를 갖고 있다. 나는 이 꽃병을 갖고 싶다. 어느 날 그 이웃이 여행을 떠나면서 자신의 꽃들에 물을 줄 것을 부탁하면서 내게 집 열쇠를 맡겼다. 그래서 내가 지금 그 꽃병을 집 밖으로 갖고 나가면, 이것은 절도竊盜인가? 형법전 제242조는 내 것으로 할 의도(영득의 의사)로 타인의 재물을 훔칠 것을 요구한다. 만약에 그가 오래전에 꽃병을 내게 빌려주고서는 그사이에 빌려준 사실을 까맣게 잊고 있는 가운데 내가 꽃병을 계속해서 가지려고 내 책장의 맨 뒤쪽에다 보이지 않게끔 놓아둔다면, 이것은 횡령橫領인가? 형법전 제246조는 횡령이 훔치지 않고서 타인의 재물을 내 것으로 갖는 행위라고 규정하고 있다. 만약에 내가 이웃에게 그 꽃병을 구매하고 싶다고 말하고서 그가 내게 꽃병의 가격을 묻는데, "아마도 100유로쯤"이라며 의도적으로 허위로 말하고 그 가격에 우리가 서로 합의하고서 이웃이 내게 꽃병을 건넨다면, 이는 사기詐欺에 해당한다. 형법전 제263조는 고의로 기망해서 타인에게 손해를 끼치는 행위라고 규정하고 있다.

이렇듯 법적으로 구별하는 그 이면에는 개념 파악의 정도와 관련해서 다양한 층위가 존재한다. 절도죄를 다루는 첫 번째 사례에서 도둑은 재물을 전적으로 혼자서 갖는다. 횡령죄를 다루는 두 번째 사례에서는 이유 여하를 불문하고 꽃병이 원래 있던 곳에 이미 더는 존재하고 있지 않다. 횡령하는 자는 꽃병을 훔치지는 않는다. 사기죄를 다루는 세 번째 사례에서는 소유권자가 꽃병을 심지어 자발적으로 넘겨준다. 그런데 지금 더는 받는 건 없고, 기망 당했기 때문에 단지 비정상적인 양도만이 남아있다.

이러한 한에서 이 같은 구분은 나름 꽤나 훌륭하다. 그런데 법에서의 악마도 디테일 안에 숨어있다. 주유소에서 돈을 지불하지 않은 주유注油 사건, 즉 누군가가 셀프주유소에서 차 기름을 넣고서는 계산대로 가서 값을 치르지 않고서 도망친 경우에 그 죄책이 무엇인지의 문제와 함께 촉발되어서 지난 1980년대 이래로 진행되어온 풍부한 논쟁을 한번 생각해보자. 절도, 횡령 또는 사기 중에서 어디에 해당하는가?

답은 먼저 해당 주유 행위를 민사법적으로 어떻게 평가하느냐에 달려 있다. 언제 차 기름에 대한 소유권을 취득하는지, 즉 주유기에서 기름이 자동차의 기름 탱크 안으로 흘러 들어가는 동안에 또는 계산대에서 대금을 치르고 나서야 비로소 차 기름의 소유권을 취득하는지가 관건이다. 만약에 주유기에서 기름이 빠져나오는 즉시 차량의 주인이 기름의 소유자가 된다고 하면, 이는 더 이상 타인의 재물이 아니라 자신의 재물이다. 자신의 재물은 훔칠 수도 그리고 횡령할 수도 없다. 그렇다면 따라서 사기죄만을 다룰 수 있을 뿐이다. 그러나 계산대에서 대금을 치르고 나서야 기름의 소유자가 되는데도 그전에 도망친다면, 이는 타인의 재물을 훔치는 것이다. 따라서 절도죄나 횡령죄가 문제 될 수가 있다.

이에 대해서는 법학계의 의견이 엇갈린다. 민법전BGB의 통상적인 규정에 따르면 주유 즉시 차 기름에 대한 소유권을 취득하는 것이지, 비로소 계산을 치르고 나서는 아니라고 본래 말해야 한다. 이것이 민법전 제929조에서 규정되고 있는 신성한 무인성無因性 원칙이다. 소유권의 취득은 매매계약의 유효성이나 대금 지급과는 무관하다. 따라서 사기죄가 다뤄진다.

그런데 사기죄는 처음부터 주유소로 차를 몰고 가서는 그곳에서 기름을 넣고서 대금을 치르지 않으려고 의도하는 경우에만 성립한다. 이는 마치 무전취식無錢取食의 경우와도 같다. 한 손님이 식당에 들러서 음식을 주문하고서는 나중에 돈을 낼 수 없다거나 또는 내지 않으려고 한다. 식당 주인은 주문을 받고서 손님이 원하는 음식을 가져다준다. 손님은 음식값을 지급할 것처럼 행동했기 때문에 식당 주인을 속인 것이다. 만일 그러지 않았다면, 식당 주인은 아무것도 가져다주지 않았을 것이다. 이는 기망欺罔이고, 이로써 식당 주인은 손해를 입었다. 따라서 이건 사기다. 이와는 달리 손님이 식사하던 중에 식당 안이 몹시 붐볐던 까닭에 돈을 치르지 않은 채로 감쪽같이 사라져버릴 수도 있겠다고 비로소 생각했다면, 이는 사기가 아니고, 처벌되지도 않는다. 결정적인 것은 주문 시점에 놓여있다. 위 사례에서 해당 주문 시점에는 누구도 기망당하지 않았다. 주유소에서도 이와 마찬가지다. 주유소 직원은 대개는 손님들이 기름값을 지급할 준비가 되어있다고 믿는 까닭에 흔쾌히 주유기를 제공한다. 그렇지 않으면 주유소 직원은 당장 주유를 멈추라며 개입할 것이다. 손님이 주유소로 차를 몰고 와서는 처음부터 기름값을 지불하지 않을 의도였다면, 이것은 사기인 까닭에 처벌된다. 그러나 기름을 차에 주유하고 나서 비로소 나중에 그냥 차를 몰고서 갈 생각이었다면, 사기의 의도 없이 물건을 구매하여 갖고 가서는 이후에 값을 치르지 않으려는 모든 다른 사례들과 마찬가지다. 자신의 채무를 지급할 것을 거부하더라도 이로써 형사처벌되지는 않는다. 따라서 이런 대다수 사례가 처벌될 수 없을 법한데, 다음과 같은 형사법학자들의 끔찍한 상상은 더욱 심각하다. 즉 이들이 나중에 법정法廷에서 주유한 이후에서야 비로소 그럴 의도였다고 주장하고, 이 주장을 반박하는 다른 입증을 할 수가 없으면, 아마도 이 모든 경우에 형사처벌을 하지 못하는 경우가 그러하다.

이 대목이 바로 몇몇 형사법 교수들과 일부 법원들이 민사법적인 다른 길을 걸어갔던 이유이다. 이들은 민법전 제929조상의 무인성 원칙을 우회해서는, 모든 주유소 직원들이 손님에게 기름을 양도하면서 그 값을 치러야 한다는 조건을 묵시적으로 제시하고 있다고 가정한다. 따라서 모든 주유소에는 "이 물건은 완전한 지불이 있기 전까지는 우리의 소유입니다"라는 눈에 보이지 않는 안내판이 붙여져 있다는 것이다. 구체적인 사안에 따라서 절도죄나 횡령죄가 성립될 수가 있겠다. 처음부터 값을 치르지 않을 의도였다면, 이는 훔친 것이고, 절도다. 나중에서야 비로소 결심했다면, 주유소의 기름 탱크 안에 있는 타인의 기름을 횡령한 것이다. 이는 훔친 게 아니라, 이른바 횡령의 포괄적인 범죄구성요건에 해당한다.

따라서 이 모든 게 재산의 취득을 민사법적으로 어떻게 구성하느냐에 달려있다. 민법전BGB의 통상적인 규칙에 따르자면, 많은 이들이 유죄로 처벌될 수가 없게 된다. 묵시적인 조건을 채택한다면, 이는 절도 내지는 횡령에 해당한다. 연방통상법원BGH은 이 문제에 대해서 결정했고(NJW 2012, 1092), 얼마 후에 다시 한 번 더 확인했다(NJW 2016, 1109). 즉 행위자의 시도가 처음부터 셀프주유소에서 값을 치르지 않고서 기름을 가질 것을 지향했다면, 그는 원칙적으로 절도나 횡령이 아니라 사기로 보아서 유죄이다. 사기가 기수旣遂인지, 아니면 미수未遂인지의 여부는 행위자가 주유소 직원에게서 감시될 수 있었는지 여부에 달려있다. 행위자가 단지 기망적인 행동을 범할 상황에서만 그러하다. 기름값을 치를 준비가 되어 있다는 시그널을 주는 행동에서 기망적인 행위가 존재한다. 주유소에 아무도 없고, 행위자가 전혀 아무도 모르게 행동했다면, 그는 그 누구도 기망할 수가 없다.

어려움은 위 세 개의 범죄구성요건 간의 외적인 경계획정에만 있는 게 아니다. 내적인 논리를 포기하면, 비로소 일이 제대로 돌아간다. 절도죄만 다뤄보기로 하사. 앞에서 예시했듯이, 만약에 내가 연세 지긋한 내 이웃이 집을 비운 사이에 아름다운 골동품 꽃병이 아니라, 예금통장을 훔쳐서는 재빨리 수백 유로를 인출하고서 곧바로 다시 제자리에 갖다 둔다면, 어찌 되는가? 재물을 끝내 훔쳤다면, 이는 마땅히 처벌되어야 할 절도다. 훔친 재물을 다시 가져다 둔다면, 이는 대개는 단지 처벌되지 않는 사용절도일 뿐이다. 그러면 어찌 되는가? 예금통장은 다시 원래대로 제자리에 놓여있다. 물론 가장 중요한 것, 즉 수백 유로의 예금액이 빠져나갔다. 따라서 법률가들은 이른바 "재물가치이론"을 발전시켜왔다. 예금통장의 실체는 종이와 그것의 묶음인데, 내가 그것을 내 걸로 하지 않고서 다시 제자리에다 돌려놓았다. 그러나 재물의 가치, 즉 예금통장에 체화된 예금은 다시 되돌려놓지 않았다. 이로써 충분하다. 여기서는 처벌되어야 할 절도가 다뤄진다.

이제 시간이 다소 흘렀다. 이웃집 노인이 또다시 여행을 떠났고, 그 사이에 은행과 신용금고에는 현금자동지급기가 설치되었다. 따라서 나는 노인의 예금통장이 아니라 직불카드를 훔쳤는데, 이 노인분이 당연히 나름 충분히 신중한 사람이어서 카드 옆에다가 비밀번호를 적어두고서 갖고 있었다. 나는 그 카드로 두세 번 400유로를 인출하고서는 다시 제자리에다 갖다 놓았다. 이게 절도인가? 또는 달리 묻자면, 직불카드를 통해서 체화되는 사물의 가치는 무엇인가? 그때마다의 계좌상태인가? 아니다. 그렇지는 않다. 은행카드로 현금자동지급기에서 곧바로 돈을 인출할 수 있는 까닭에 계좌상태는 문제가 되지 않는다. 따라서 직불카드의 절도가 아니라 단지 불법사용에 해당한다. 이 부분은 그 법적 공백을 메우기 위해서 1986년에 재빠르게 관련 입법이 있었던 까닭에 형법전 제263a조에 따라서 컴퓨터 사기죄로 예외적으로 다시 처벌된다. 즉 5년 이하의 자유형 또는 벌금형으로 처벌된다.

게다가 컴퓨터 사기죄는 절도죄 및 통상적인 사기죄와 법정형의 상·하한이 같은데, 이렇듯 모든 범죄에 대해 동일한 형벌이 존재한다면, 법학도서관의 서가를 가득 채울 정도로 많은 문헌에서 왜 이들 개념의 복잡한 경계 구분을 두고서 논쟁하고 있는지를 당연히 되묻게 된다. 대답은 이렇다. 형법전 제263조의 구성요건에 따르면 컴퓨터 조작의 경우에는 기망, 착오 및 재산의 처분과 같은 개인적인 요소들이 결여되어 있기 때문에 대부분 처벌할 수가 없게 된다. 고대 로마인들은 이것을 *furtum*, 즉 절도라고 불렀는데, 횡령과 사기도 여기에 포함되었다. 모든 게 하나로 동일했었다. 중세 당시의 법에서도 이와 마찬가지로 그냥 절도였다. 각기 몇몇 조항들과 함께 행해진 개념적 구별이 비로소 19세기의 새로운 형법전StGB에서부터 시작되는데, 그 무렵부터 이전보다 더욱 정확하게 법률적인 전제조건들을 구성해서 시민들을 처벌하려고 독일 전역에서 형법전이 제정되었다. 이어서 법치국가원리와 *nulla poena sine lege*라는 새로운 원칙이 적용되었다. 즉 "(정확한) 법률이 없이는 형벌도 없다." 그래서 또한 이렇듯 정확한 개념이 필요하다. 일단은 훌륭하고 나름대로 의미 있는 원칙이다. 그러나 이후의 양형에서는 대충 어림잡아서 넘어가면, 당연히 상당히 무용無用한 것으로만 남게 된다.

범죄의 미수, 중지미수 및 회호

도대체 왜 범죄행위에 있어서 미수未遂가 처벌되는가? 실제의 범죄가 전혀 발생하지 않았는데도 말이다. 내 이웃집 노인의 사례로 다시 돌아가 보자. 노인이 집에 없는 동안에 서랍장으로 다가가서 수백 유로를 인출하려고 그의 예금통장을 훔치고서는, 계좌에 돈이 없다는 사실을 알고서는 곧바로 전혀 평온하게 다시 서랍장 안에다 예금통장을 돌려두더라도, 나는 이미 처벌받아야 하는가? 절도의 미수는 5년 이하의 자유형 또는 벌금형에 처한다. 왜 그런가?

그렇다며 석학들이 말하는데, 나쁜 의사가 있었기 때문이라고 한다. 이것이 "주관론"이다. 다른 이들은 그게 아니라며, 처벌이 불가능하다고들 말한다. 생각 자체는 언제나 자유롭다. 나쁜 의사는 그것만으로는 절대 처벌받지 않는다. 우리는 그 어떤 사상이나 성향을 처벌하는 형법전StGB을 갖고 있지 않다. 그러므로 다른 이들은 이것이 위험이라고 말한다. 내 이웃의 재산은 늘 끊임없이 상당한 위험에 노출되어왔다. 위험이 범죄의 미수를 처벌하는 이유인 셈이다. 이것이 "객관론"이다. 주관론을 대변하는 이들은 말도 안 된다며 반박한다. 이로써 전혀 위험하지 않은 범죄의 미수가 부적절하게 처벌되기 십상이라고 주장한다. 실제로는 임신하지 않은 어느 여성에게 인체에 해롭지 않은 두통약을 건네고서 낙태를 실행한 자는 처벌된다(《연방통상법원 형사판례집》 제34권, 217쪽 이하). 즉 위험이 없었는데도 말이다. 결국 어느 쪽의 이론도 충분한 토대를 제공하지 못한다. 그래서 주관론과 객관론을 결합한 절충이론이 등장한다. 즉 나쁜 의사가 행위를 통해서 외부로 드러나고, 보호법익에 대한 의도한 위험과 함께 정의감에 동요를 야기했기 때문에 범죄의 미수는 처벌되어야 한다는 입장이다. 형법전 제22조에서 표현되고 있는 통설은 아래와 같다.

> 자신의 의사에 따라서 구성요건의 실현을 위한 행위를 직접 착수한 자는 미수범이다.

주관론과 객관론 모두를 받아들이지 않는 가운데 두 이론을 결합하고, 이로써 한 사람을 처벌하기 위한 충분한 토대로 간주하고 있으니 가히 주목할 만한 논리다. 그런데 이 논리로 만족하는 이들에게는 가벌성에 있어서 새로운 문제점이 생겨난다. 즉 개별 사례에서 도대체 어느 시점에서 한 행위자가 위 법률에서 언급하고 있는 "범죄구성요건의 실행행위를 직접 착수着手"하는지의 물음이 제기된다. 달리 표현하자면, 처벌되지 않는 사전事前의 준비행위(예비)와 처벌되는 미수 간에 그 경계가 어디에 놓여있는가 하는 물음이다.

흔히들 범죄행위의 시간적 진행에 있어서 세 개의 상이한 과정들로 구분한다. 즉 사전의 준비(예비), 착수 및 종료가 그러하다. 누군가가 권총을 들고 가서는 주유소에서 돈을 털려고 한다고 상상해보자. 그는 총기와 실탄, 게다가 당연히 얼굴에 마스크로 뒤집어쓸 스타킹과 가짜 자동차 번호판을 준비하고서는 주유소로 차를 몰고 간다. 그는 처벌되는가? 아니다. 이 모두는 아직도 사전의 준비(예비)에 속한다. 차를 몰고 가면서 그는 더 나은 기회를 엿보려고 이곳저곳의 여러 주유소를 면밀하게 주시하고 있다. 그는 여전히 처벌되지 않는다. 그런데 이제는 진지해졌다. 날이 어두워졌고, 그는 도로변의 외진 곳에 있는 한 주유소를 발견하고서는 주유소의 계산대가 자리한 건물 쪽으로 차를 몬다. 이것을 마치 모든 개별 시퀀스마다 정지되는 영화와도 같다고 생각하고서, 개별 시퀀스마다 어느 시점에서야 비로소 처벌되는 범죄행위의 착수에 해당하는지의 물음에 답해 보자. 그리고서 그는 차를 멈추고는 차에서 내린다. 그가 이제는 강도죄의 구성요건 실현을 위하여 직접 착수했는가? 형사법학자들은 여전히 아니라고 말한다. 그는 자신의 바지 주머니에서 권총을 빼내고는 총의 안전장치를 푼다. 그리고 자신의 얼굴에다 스타킹을 마스크처럼 덮어씌운다. 이제는 처벌되는가? 아직도 아니라고 말한다. 그는 차 문을 열고 내리고서는, 손에 권총을 거머쥔 채로 계산대가 있는 건물의 입구 쪽으로 걸어간다. 이제는 이미 처벌되는 착수가 행해지지 않았는가? 아마도 그렇다고 말할 수 있을지도 모르겠다. 그는 막 문을 열고, 초인종을 누르고서 계산대가 놓여있는 공간으로 들어서는데, 그 시간에 주유소 직원은 뒷방에서 TV 앞에 앉아있다. 지금 막 경찰 순찰차가 도로를 지나가다가 그를 봤고, 그가 현장에서 곧바로 체포된다면, 그는 강도 미수로 인해 처벌받을 짓을 한 건가? 또한, 이 점에 대해서도 논란이 불거질 수가 있겠다.

이에 대해서는 형법전 제22조의 문언보다도 좀 더 정확성을 기하려고 의도하는 여러 공식이 존재한다. 1900년 무렵에 뮌헨 대학의 라인하르트 프랑크Reinhard Frank 교수는 범죄의 착수는 "범죄행위와의 필연적인 연관성으로 인해 자연적인 관점에서 볼 때 그 구성요건의 일부로 보이게 하는" 행위들로부터 시작한다고 서술했다. 이른바 "프랑크의 공식"이다. 따라서 주유소 직원이 없는 사이에 권총을 들고 마스크를 쓰고서 계산대가 있는 공간 안으로 들어선 행위는 이미 계획된 강도행위의 일부, 즉 계산대의 돈을 폭력을 행사하여 절취하는 게 아니겠는지? 특별히 다른 공식, 즉 연방통상법원BGH이 적용하고 있는 공식을 채택한다면 이제는 넉넉히 그렇다고 말해야 한다. 이에 따르면 누군가가 "자신의 범행계획에 따라서 구성요건적 특징의 충족이 직접 전제되고 있고, 구성요건적 행위 속에 직접 합류하는" 행위를 실행한 자는 처벌되는 착수행위를 범했다고 본다. 이것이 이른바 "시공간적 연관성이론"인데, 오늘날에는 그것의 적용범위가 너무 좁다고 이해된다. 가장 단순한 것은 최고법원인 연방통상법원이 또한 얼마 전부터 적용해온 표현일 법하다. 즉 행위자가 "이제부터 시작이야"라는 의사를 가져야 하는데, 그렇다면 처벌되는 범죄행위의 착수에 해당한다. 그런데 행위자가 이미 늦지 않은 시점에서 그만두겠다고 말하면, 어찌 되는가? 또한, 다른 모든 경우와 마찬가지로 주유소 직원이 있는 데서 행위자가 권총을 그에게 들이대면서 "손들어!"라고 말하면서 계산대의 돈을 집는 순간에, 이미 범죄의 실행에 착수했다. 이제는 단지 형법전 제24조 제1항 제1문이 도움이 될 뿐이다.

> 자발적으로 범죄의 계속적 실행을 포기하거나 범죄의 완성을 방지한 자는 미수범으로 처벌되지 아니한다.

따라서 행위자가 자신의 등 뒤에 와있는 경찰 순찰차를 아직 보지 못했다면, 지금 여전히 더 나은 걸 생각할 수가 있고, 권총을 주머니 속에 다시 집어넣으면서 주유소 직원더러 "죄송합니다. 제가 착각했네요. 편안한 저녁이 되시기 바랍니다"라고 말하고서는, 몸을 돌려서 그 공간을 벗어나다가 경찰과 딱 마주치는 경우라면, 그는 강도죄의 미수범으로 처벌될 수가 없다. 이는 범죄 실행행위로부터의 퇴각(중지)에 해당한다. 그가 이것을 자발적으로 행한다면, 법률은 눈감아준다(중지미수). 그런데 어느 시점에서 자발적이게 되는가? 이를 위해서도 또한 프랑크의 공식이 존재하는데, 이 공식은 법학부 학생들에게서 "프랑크의 봄 공식"으로 불린다. 즉 행위자는 스스로에게 다음과 같이 말해야 한다. "내가 능히 할 수 있지만, 그리하기를 원치 않아"라고 말이다. 그러나 "내가 그리 하고 싶지만, 그렇게 할 수가 없어"라고 말하는 건 허용되지 않는다.

그리고 심지어는 범죄행위가 착수했을 뿐만 아니라 이미 종료했는데도 법률이 눈감아주는 몇몇 경우들도 있다. 예컨대 형법전 제306e조에서 규정하는 방화죄가 그러한데, 이는 "회호回護"tätige Reue로* 일컬어진다

> 법원은 […] 심각한 손해가 발생하기 전에 행위자가 자발적으로 불을 끈 경우에는 재량껏 형벌을 감경하거나 면제할 수 있다.

다시 한 번 미수로 돌아가서, 왜 이것을 처벌하는지의 문제를 생각해보자. 결국 아무런 일이 벌어지지 않았고, "주관론-객관론이 혼합된 절충이론"은 사실상 매우 의심스러운 논리이다. 물론 주유소 강도가 계산대가 있는 공간에서 권총을 손에 들고서 주유소 직원의 면전에서 "손들어!"라고 외치고, 이때 마침 경찰이 구원자로 도착하는 사례를 생각해보면, 여전히 돈이 계산대 안에 놓여있다는 이유만으로 그냥 도망치도록 그를 내버려둬야 마땅한가? 늘 선호되고 있는 다른 주장이 또한 존재한다. 즉 지금껏 늘 그래왔는데 뭐! 라는 주장이다. 이런 경우에 1532년 카를 5세 황제가 제

---

* 우리의 현행 형법에는 없는 개념이다. 회호(回護)를 국어사전에는 "남의 허물을 덮어서 숨겨 줌"으로 뜻풀이하고 있다

정한 형사법 규정으로서 19세기까지 적용되어온 독일 형법의 바이블인「
카롤리나 형법전」Constitutio Criminalis Carolina 제178조는 아래와 같이 미수
에 대한 처벌에 대해 기술하고 있다.

> 누군가가 범죄에 기여할 수 있는 행동을 하려 했고, 다만 자신의 의지와는
> 다르게 다른 방법으로 인해 그 행위를 완수하는 데에 방해를 받아서 완수
> 하지 못했다면, 이러한 악한 의도만을 두고서 처벌하는 것은 좀 난처하다.

살인, 모살과 고살

1976년 알러 강변에 있는 페르덴Verden an der Aller이라는 도시에 소재하
는 지방법원의 한 참심재판부가 모살謀殺(Mord)을 다루는 소송절차를 중지
하고서는, 기본법 제100조 제1항에 따라서 칼스루에Karlsruhe에 있는 연방
헌법재판소에다 위헌법률심판을 제청했다.

> 법원이 판결함에 있어서 그 효력이 문제시되는 법률을 위헌이라고 여긴
> 다면, 소송절차를 중지하고서 […] 연방헌법재판소의 결정을 구해야 한다.

법원은 형법전의 모살죄 조항이 위헌이라고 여겼는데, 크게는 두 가지
이유에서였다. 즉 한편으로는 규정되고 있는 종신형終身刑이 수형자의 인
간성을 파괴하고, 인격을 변화시키며, 그를 하나의 수단으로 격하시키는
데, 이로써 기본법 제1조에서 보호되고 있는 그의 존엄성을 침해한다고 판
단했다. 다른 한편으로는 제211조의 모살죄 규정과 단순한 고살故殺을 규
정하고 있는 제212조가 나란히 병립해있는 것이 더는 참을 수가 없다고
보았다. 위 양자는 종종 매우 어렵사리 구별이 가능할 따름이다. 즉 모살謀
殺의 경우에는 인간성이 파괴되는 종신형이 선고되어야 하고, 고살故殺의
경우에는 법원이 범행의 정도에 따라서 5~15년 사이에서 형량을 차등화

할 수가 있다. 따라서 매우 유사하거나 거의 동일하게 주어진 사건들에서 전혀 다른 판결이 내려질 수가 있다. 이는 기본법 제3조에서 규정되고 있는 평등원칙에 대한 위반이기도 하다는 주장이다.

독일의 형법은 본래 그 시작점이 중세中世에 놓여있다. 그 이전 게르만의 부족법에 따르면 살인이라는 게 사적私的인 권리에 대한 사적私的인 침해에 지나지 않았다. 그래서 살인은 사적인 보복이나 아니면 대부분은 사적인 손해배상, 즉 Buße, Manngeld, Wergeld, Blutgeld 등으로 불리는 금전 지급으로 이끌어졌다. 아직 국가가 없었던 사회공동체에서는 늘 이랬었다. 당시에는 법원도 없었고, 공동체 전체의 대다수가 가해자와 피해자의 친척들 사이에서 직접적인 당사자로 협상에 나섰다. 그러나 게르만 민족들에게 있어서도 물론 부족민 전체가 관련된다고 느끼는, 즉 그 친척들뿐만 아니라 전체의 이익이 침해된다고 간주하는 몇몇 사건들이 있기는 했다. 이런 경우 에는 부족민 총회가 결정을 내렸다. 예컨대 살인이 은폐되거나, 사적인 형평이 저해되는 경우가 그러했는데, 이를 경멸스럽게 여겼다. 이를 모살 謀殺이라고 불렀고, 사형으로 처벌되었다. 그래서 모살죄는 독일 형법의 처음부터 있어왔고, 오늘날까지도 그 중심에 자리하고 있다.

통상적인 고살故殺은 중세 중기까지도 친족들 간의 사적인 사안으로만 남아있었다. 모살謀殺은 점차 그 성격이 변해갔다. 이는 도시들이 생겨난 이후로 범죄가 발생하고 거지, 사기꾼, 야바위꾼, 정처 없는 방랑자와 같이 시골 지역에 해로운 작자들이 대거 출현하면서 목가적인 농촌이 파괴된 것과도 연관성이 있다. 모살은 이제 더 이상 은폐된 살인이 아니라, 간계 奸計와 음흉한 악의를 갖고서 앞서 언급된 작자들로부터 위협되는 비밀스 러운 죽음이 되었다. 중세 말기에 로마법의 영향을 받는 가운데 모살의 성 격이 또 한 번 바뀌었다. 모살은 다소 추상적으로 표현되는데, 이제 *fursetz* 로 불리면서 경솔함과 분노로 인한 갑작스러운 행동과는 달리 사전의 계획적인 고의나 음모에 의한 살인이 되었다. 그래서 1532년에 제정된 「카롤리나 형법전」은 모살과 고살을 구별해 두었다. 모살자는 수레바퀴에 묶어서 잔인하게 죽였고, 고살자는 그냥 칼로 참수시켰다. 18~19세기에 카롤리나 형법전의 *fursetz*로부터 사전의 계획 여부가 모살의 기준이 되었다. 1941년까지 형법전 제211조에는 아래와 같이 적혀있었다.

> 고의로 사람을 살해한 자는, 만일 그가 사전의 계획으로 실행했다면, 모살로 사형에 처한다.

고살에 대해서는 제212조에 따라서 5년 이상의 자유형이 주어졌다. 그간의 역사에 대해서는 많이 살펴봤으니, 이제는 정치에 대해 살펴보기로 하자.

최근 관련 논의에서 곤혹스러운 점은 오늘날까지도 여전히 그대로인 이 모살죄 규정의 문구가 히틀러의 제3제국에서 유래한다는 사실에 있다. 이 조항은 1941년에 총통의 법으로 제정되었다. 이 조항을 함께 만든 이가 가장 악명 높은 나치 법률가의 한사람으로 손꼽히는 롤란트 프라이슬러Roland Freisler인데,* 그는 이후에 마치 포효하는 괴수怪獸처럼 1944년 7월 20일에 벌어진 히틀러 암살미수사건의 관련자들에 대한 재판을 주도했다.

한편으로는 종신형의 문제와 그것의 파괴적인 영향이 문제시되어왔다. 그러나 나치주의자들에게 이 부분은 전혀 문제가 되지 않았다. 그들은 모살의 경우에 사형을 집행했고, 늘 그래야 마땅하다고 여겼다. 연방공화국(서독)은 기본법GG 제정과 더불어서 사형을 폐지하고는 종신형으로 대체시켰다. 또한, 형벌이 "평생토록"이라고 법률에는 적혀있지만, 흔히들 그리 읽어왔듯이 "죽을 때까지"lebenslänglich는 아니다. 왜냐하면, länglich라는 단어는 예컨대 길쭉한 얼굴이라는 표현처럼 시공간적인 길이, 즉

---

*그는 나치 독일에서 형사전담판사로 가장 악명이 높았는데, 1942년부터 나치정권의 최고법원인 인민재판소의 소장을 맡으면서, '백장미사건' 등에서 수천 건의 사형판결을 선고했다. 1945년 2월 3일에 행해진 연합군 측의 대대적인 베를린 폭격으로 사망했다.

무언가 좁고 긴 형태라는 다소 다른 뉘앙스를 갖고 있기 때문이다. 여기서 언급되고 있는 형벌은 길고, 심지어 매우 길다. 종신형에 대한 비판은 오래되었고, 이미 1960년대에 크게 불거졌었는데, 페르덴 지방법원의 위헌법률심판 제청에서 정점을 찍었다. 연방헌법재판소는 1년 후인 1977년에 선고판결을 내렸다. 연방헌법재판소는 현재의 과학적인 인식 수준에 따를 때 종신형의 집행이 물리적, 심리적 유형의 회복 불가능한 손상을 야기한다고 확인할 수는 없다고 밝혔다. 따라서 인간의 존엄성에 대한 침해가 아니라고 보았다. 그렇지만 입법자는 적절한 기간이 지나고서 수형자가 형의 집행을 유예받고서 석방될 수 있도록 배려해야 한다고 덧붙였다. 연방의회가 이에 호응해서 관련 법률을 개정했고, 그 이후로는 15년의 형기가 적용되고 있다.

또 다른 문제가 제211조의 문언에 놓여있다. 1941년까지는 어떤 살인이 모살이 되느냐가 사전의 계획 여부에 놓여있었다. 그 이후로 롤란트 프라이슬러가 함께 구성해둔 내용이 지금껏 그대로 적용되고 있다. 다만 사형만이 바뀌었을 뿐이다.

> 모살자는 종신의 자유형으로 처벌된다. 모살자란 살해 욕구, 성욕의 만족, 탐욕 또는 기타 비열한 동기로 간악하거나 잔인하게 또는 공공에 위해가 되는 방법으로 다른 범죄를 가능하게 하거나 은폐할 목적으로 사람을 살해한 자를 말한다.

이미 오래전의 논란인 사전의 계획 여부가 이제는 바람직한 해결책이 아니게 되었고, 이는 "비열한 동기"를 보다 더 분명하게 하는 데에 있어서 그 자체로 비합리적이기도 했다. 그런데 또한 "모살자란 […] 하는 자이다"라는 법문의 새로운 표현은 이미 그 시작 문구에서부터 문제점을 갖고 있었다. 형법전의 다른 법조항들에서는 "사람을 살해한 자는", "타인의 재물을 훔친 자는" 또는 "임신중절을 한 자는"과 같이 언제나 행위가 묘사되고 있다. 그러나 여기서는 행위자인 모살자가 바로 언급되고 있다. 1941년에 제정된 같은 법률에서 사형은 다른 행위자들에게도 적용되는데, 위험한 상습범과 윤리를 해치는 사범事犯들이 그러했다. 이 법률을 제정한 이들에게는 행위에 대한 평가뿐만 아니라, 행위자가 가진 신조나 사상이 문제시되었다. 즉 행위형법行爲刑法이 아니라 행위자형법行爲者刑法이었던 셈이다. 그리고 또한 범죄론적이나 생물학적으로 특정한 범죄인의 전형典型이 존재한다는 상념이 그 배후에 깔려있었다. 모살자에 대해서는 물론 롤란트 프라이슬러에 의해서 이 점이 분명히 부인되었다. 그런데도 이 문구는 더 이상 시대에 걸맞지 않고 그리고 오해의 소지가 다분하다는 생각 또한 존재해왔다. 이 규정을 바꿔야만 했다.

　　더욱 중요한 것은 모살에 관한 개별적 징표의 구성이다. 예컨대 법원의 실무에서 가장 중요한 역할을 하는 미리 계획된 살해의 악의Heimtücke가 문제다. 이게 무얼 뜻하는가? 법적인 표현에 따르면, 이것은 "피해자의 순진함과 무방비함을 의도적으로 악용"하는 것이라고 말한다. 그런데 이는 개별 사례들에서 다시 밀리미터 단위로 구별해내야 하는 어려운 작업이다. 모살이냐 고살이냐의 여부, 그래서 형벌이 종신형 또는 그 수감기간이 제한되는지를 결정하는 일은 참으로 예민하고 섬세한 작업이다. 이를 잘 드러내는 사건이 1955년 연방통상법원BGH에서 판결이 선고된 이른바 **"아기이유식 사건"**Brei-Fall이다. 한 젊은 엄마가 태어난 지 3주일도 채 되지 않은 자신의 갓난아기를 죽였다. 그녀는 아기가 다른 남자와의 불륜 행위로 태어났다고 남편이 의심하고 있는 까닭에 자신의 결혼생활이 끝날까봐 두려웠다. 남편이 이혼을 원했기 때문이다. 그녀는 자살까지 생각했고, 결국에는 이유식에다 수면제를 타 먹여서 아기를 죽였다. 이게 모살인가 아니면 고살인가? 연방통상법원은 구체적인 상황에 따라서 다르다고 말한다. 만약에 수면제가 맛이 쓴 까닭에 쓴맛을 없애려고 이유식에다 섞었다면, "아기의 자연적인 방어본능을 차단하려" 한 것으로 이는 미리 계획된 살해의 악의여서 모살이고, 종신형에 처한다. 그런데 그러지 않았더라도 아기가 수면제를 잘 삼켰을 수도 있다. 그렇다면 미리 계획된 살해의 악의가 아니어서 고살이고, 형기刑期가 시간상으로 제한되는 자유형에 처한다. 특히 이 경우에 그녀가 처한 정신적으로 매우 열악한 정황이 감형 사유로 고려될 수가 있겠다(형법전 제213조). 그런데 제211조의 모살에서는 이 같은 정상참작이 가능하지가 않다.

이게 바로 1976년에 페르덴 지방법원이 제청한 위헌법률심판에서 생각한 바였는데, 여기서는 거의 동일하게 주어진 사안들이 전혀 다른 판결로 이끌어질 수 있다고 주장되었다. 그리고 또한 이로써 평등원칙이 침해되고 있다고 보았다. 아주 극소한 밀리미터의 차이가 종신형 또는 2~3년 수감 기간의 자유형 여부를 결정짓는다. 여러 개념이 동원되는 이런 미세한 작업이 도대체 무슨 의미가 있는가? 그래서 이미 충분히 비판되어왔다. 연방헌법재판소는 1977년에 선고한 판결에서 해당 개념들이 신중하게 적용되고, 또한 애매한 경우에는 모살이 아니라 고살로 판단하는 한에서 평등원칙이 침해되지는 않는다고 밝혔다. 법적으로 말하자면, 모살의 개념징표가 엄격하게 해석되어야 한다는 것이다. 이를 헌법합치적 법률해석이라고 말할 수 있겠다. 그러나 이후로도 모살과 고살의 구별을 아예 없애든지 아니면 보다 더 낫게 재구성할 것이 원칙적으로 입법자에게 요구되었다. 그런데 입법자는 지금껏 이 요구에 부응하지 않고 있다. 이런 가운데 1981년 연방통상법원은 아래 사건에서 다른 우회로를 찾아냈다.

튀르키예인 살인 사건(BGHSt 30, 105)

1979년 3월 튀르키예 출신의 한 피고인이 자신의 삼촌을 죽였는데,

살해된 삼촌은 사건이 있기 1년 전에 자신의 아내를 강간했었다. 이로써 피고인의 혼인관계가 파괴되었는데, 특히나 끔찍한 행위를 저지른 이가 자신의 친족이라는 사실에 아내가 남편을 원망했기 때문이다. 아내는 이혼하기를 원했고, 이후 자살을 시도하기도 했다. 1979년 3월 삼촌과 조카, 이 둘이 길거리에서 우연히 만났다. 삼촌은 조카를 조롱하고, 조카의 아내를 강간한 사실을 뽐내면서 조카 역시 나중에 따먹고서 죽이겠다며 으름장을 놨다. 조카는 곧바로 집으로 돌아가서는 권총을 집어 들고서 아내더러 지금 삼촌을 쏴 죽여서 끝장내겠다고 말하고는 삼촌이 있으리라고 짐작되는 선술집을 찾아갔다. 그곳 선술집에서 그는 다른 세 사람과 함께 테이블에서 카드게임을 하는 삼촌을 만나서 짧게 인사를 하고서는 바Bar에 자리를 잡았다. 그가 공격하리라는 걸 삼촌이 전혀 예상하지 못하고 있다는 사실을 알고서는 권총을 꺼내서 삼촌을 쏘았고, 치명상을 입은 삼촌은 그 자리에서 바로 죽었다. 뮌스터Münster의 지방법원 참심재판부는 삼촌을 죽인 피고인에게 모살죄로 종신형을 선고했다. 연방통상법원BGH은 1981년에 행해진 이 판결을 파기환송했는데, 모살이기는 하지만 보다 가벼운 형이 선고되어야 한다고 밝혔다.

원래는 이러면 안 되는 법이다. 모살죄 조항은 융통성이 별로 없는 규정인 까닭에 법정형으로는 단지 종신형만이 존재한다. 그 어떤 정황상의 작량감경도 없다. 이런 이유에서 1977년에 연방헌법재판소는 모살의 징표를 엄격하게 해석해야 하고, 양형의 여지가 있는 고살죄로 가급적 처벌해야 한다고 밝힌 바가 있다. 그런데 여기서는 그리 간단하지가 않다. 피고인이 삼촌의 무방비함을 악용했기 때문이다. 그 삼촌은 다른 이들과 함께 조용히 카드게임을 하느라 앉아있었고, 피고인이 추후에 법정에서 진술한 바와 같이 그것이 조카에게 아주 좋은 기회라는 사실을 전혀 알아채지 못했다. 따라서 피고인은 피해자의 순진함과 무방비함을 의도적으로 악용한 까닭에 제211조에 적혀있는 바와 같이 미리 계획된 살해의 악의를 갖고서 행동했다. 언제든 이렇게 정리되기 마련이다. 형사법 문헌들에서는 이같이 모호한 사례에서는, 즉 튀르키예 출신의 이 피고인처럼 자포자기 상태의 절망적인 경우에는 특히 비난가능성이 결여되어 있는 까닭에 행위자가 미리 계획된 살해의 악의를 갖고서 범행하지 않았다고 봐야 한다고 자주 제안되었다. 따라서 미리 계획된 살해의 악의가 없었기에 모살이 아니라, 단지 고살일 뿐이다. 이것을 "부정적인 유형교정"이라고 부른다. 또한, 이는 연방헌법재판소가 엄격한 해석을 염두에 두고 있는 바와도 맞아떨어졌다. 그런데도 연방통상법원은 이 길을 따르지 않았다.

이 같은 길이 연방통상법원에는 너무도 부정확하다고 여겨졌는데, "특별한 비난가능성"과 모호한 경우라는 것이 확고한 기준이 되지 못한다고 보았다. 이로써 판결이 불확실해지고 또한 들쭉날쭉해진다고 여겨졌다. 따라서 부정적인 유형교정이 아니라 "법적인 결론을 통한 해결책"을 채택했다. 즉 모살이기는 하지만, 그것의 법적인 결론으로 종신형은 허용되지 않는다는 것이다. 마치 법률에 그렇게 적혀있듯이 말이다. 이렇듯 모호한 사례에서 종신형은 비례성이라는 헌법적 원칙과도 합치되지 않는다. 연방헌법재판소 역시도 1977년에 종신형을 신중하게 다뤄야 한다고 밝힌 바가 있다. 즉 이것이 헌법상으로 요청된다. 따라서 모살죄의 형벌은 극도로 예외적인 경우에는 형법전 제49조에 따라서 작량감경酌量減輕되어야 마땅하다고 본 것이다. 튀르키예 출신의 이 피고인의 사례가 그렇게 해야만 하는 사례 중의 하나라고 보았다.

즉 형법전에는 작량감경의 가능성을 지닌 몇몇 범죄행위들이 있는데, 이에 대해서는 제49조에서 보다 더 정확한 규정이 자리하고 있다. 위 조항에서는 예컨대 종신형에 갈음해서 가장 가볍게는 3년의 자유형에 처한다고 언급되고 있다. 다만, 이는 해당 법조항들에서 명시적으로 적시되어 있어야 하는데, 입법자가 모살죄에 대해서는 전적으로 의도적으로 이를 적시하지 않았다. 그럼에도 연방통상법원은 이 부분이 전혀 문제가 되지 않는다며, 제49조가 적용될 수 있다고 보았다. 이를 일종의 유추해석Analogie이라고 부르는데, 이 같은 유추해석이 단지 아주 극단적으로 예외적인 경우에는 마땅히 가능하다는 입장이다. 판결문의 일부 내용은 아래와 같다.

"긴급 상황에 근접하고, 다른 탈출구가 없는 막다른 상황으로 인해 촉발되어서는 심각한 절망상태에서 행해지고, 깊은 동정심이나 정의로운 분노 속에서 중대한 도발에 근거해서 행해진 범죄행위는, 피해자에 의해 유발되어서는 지속해서 새로이 켜켜이 쌓이면서 사람을 지치게 하는 갈등 또는 피해자가 사람의 심성을 늘 재차 격분시켜서 행위자가 심각한 정신이상인 가운데 행해진 행위들과 마찬가지의 정황을 나타내고 있는 까닭에 나름의 정당성을 갖는다."

우리는 자신을 표현할 줄 알아야 한다. 다만 무엇을 의미하는지가 분명해야 한다. 형법학계로서는 이 판결이 도무지 이해가 되지 않았다. 그래서 강력한 항의가 뒤따랐다. 해당 판결은 *contra legem*, 즉 법률에 반한다고도 주장되었다. 법 기술적으로도 이게 과연 허용되는 건가? "객관적인 법 왜곡"이 언급되고, 이보다 더한 비난도 행해졌다. 단지 몇몇 형법학자들만이 이 판결에 수긍했는데, 지난 1977년 연방헌법재판소의 판결에서 관련 법 개정을 촉구했는데도 연방의회가 지금껏 전혀 반응하지 않았다는 것이 그 논거였다. 이러한 한에서 연방통상법원의 판결은 이미 나름대로 의미가 있다고 보았다. 종신형을 선고받았더라면 피고인은 적어도 15년은 교도소에 머물러 있어야만 하는 까닭이다.

위법성과 책임성

구성요건해당성과 위법성 그리고 책임성. 이것은 지난 100년 이래로 독일의 법률가들이 누군가가 형사처벌 받아야 하는지 여부를 심사해온 기본 틀이다. 범죄자의 행위는 형법전StGB의 구성요건에 부합해야 하고, 위법하고 유책한 행위여야 한다. 하나의 단일한 건축물을 지탱하고 있는 세 개의 구성부분인 셈인데, 이는 마치 측면에 두 개의 날개 그림을 가진 성당의 제단화祭壇畵와도* 같다. 가장 주된 구성요건은 가운데에 자리하고, 그 좌우로 위법성과 책임성이 필수적인 들러리 그림으로 자리하고 있다. 이 세 가지 모두가 다 갖춰지면, 이것들을 고이 접어서는 박스 안에다 담고 형벌이라는 노끈으로 묶는데, 이제 행위자는 이 무거운 짐을 자신의 등에 지고서 날라야 한다.

측면에 자리한 두 개의 날개 그림은 족히 100년 전에 따로 잘려나갔다. 그 이후로는 위법성과 책임성이 따로 분명하게 구별되는데, 위법성은 행위에 대한 무가치성無價値性의 판단이고, 책임성은 행위자에 대한 비난이라고들 말한다. 즉 행위에 대한 객관적인 위법성과 행위자에 대한 주관적인 책임성이다. 특정한 예외적인 사례에서 이 가운데 하나 또는 두 개가 결여되어 있고, 그래서 행위자를 처벌할 수 없다는 게 자주 문제시되어왔다. 따라서 개별 형벌규정들의 구성요건에서 이 전제조건들을 언급하지 않고서, 미리 "총칙" 부분에서 이를 적시하고 있다. 구성요건이 충족되면, 위법하고 유책하게 행위를 했다고 전제한다. 이게 원칙이다. 고살죄를 정하고 있는 형법전 제212조 제1항을 살펴보자.

> 모살謀殺이 아니면서 사람을 죽인 자는 고살故殺로 5년 이상의 자유형에 처한다.

---

*이 날개제단Flügel은 중세유럽에서 성당의 제단을 장식했던 특별한 양식인데, 측면의 두 날개그림과 가운데 그림으로 이뤄진 세 폭 제단화를 Triptychon으로 부른다. 1432년에 완성된 헨트(Ghent) 제단화가 특히 유명하다. 보다 더 자세한 내용은 가톨릭신문, [노성두의 성미술이야기](4) "에이크 형제의 헨트 제단화", 2003. 5. 11, 12쪽 참조.

타인으로부터 공격받아서 자신을 방어하기 위하여 고살을 범했다면, 이에 대해서는 형법전 제32조에서 예외적으로 정하고 있는 규정, 즉 정당방위가 존재한다.

> ① 정당방위에 의해서 범행을 저지른 자는 위법하게 행위를 한 것이 아니다.
> ② 정당방위는 자기 또는 타인에 대한 현재의 위법한 공격을 회피하기 위해 필요로 하는 방어행위이다.

이 경우에 살해 행위는 위법하지 않고, 따라서 또한 처벌되지 않는다. 이를 행위에 대한 가치판단이라고들 말한다. 타인에게서 공격당하고서 이 행위를 범했을지도 모를 그리고 이런 상황에서 사람을 죽였을지도 모를 모든 이는 적법하게 행위를 한 것이 된다. 행위는 객관적으로 적법하고, 행위자의 주관적인 인격과는 무관하다.

책임성의 경우는 이와 다르다. 누군가가 타인을 죽였는데, 늘 그렇다고 주장되듯이 그는 정신질환을 앓고 있다. 고살을 범한 다른 이들은 처벌받기 마련이다. 그런데 그는 처벌받지 않는다. 왜냐하면, 그가 주관적으로 유책하게 행위를 하지 않았기 때문이다. 형법전 제20조는 아래와 같이 규정하고 있다.

> 범행 당시에 병적인 정신장애, 심한 의식장애 또는 정신박약, 기타 중한 정신이상으로 인해서 행위의 불법성을 인식하거나 그 인식에 따라서 행위를 하는 능력이 결여된 자는 책임 없이 행위를 한 것이다.

여기서는 행위자의 가치판단, 즉 그의 개인적인 책임성이 다뤄지고 있다. 주관적인 책임성이 결여되어 있다. 따라서 그는 처벌받을 수가 없다.

이 모든 것이 이렇듯 그 자체로 간단해 보이지만, 여기서도 악마는 디테일 속에 숨어있는데, 특히 책임성의 경우가 그러하다. 그런데 책임성과 더불어서 대체 무얼 이해해야 하는지는 여태껏 단 한 번도 의견이 일치된 적이 없었다. 1900년 무렵에 뮌헨 대학의 교수로서 잘 요약된 개념공식의 대가로 일컬어지는 라인하르트 프랑크Reinhard Frank는 책임성을 "비난가능성"으로 개념정의 했는데, 이 공식이 상당히 빨리 관철되면서 정착되었다. 오늘날에는 예컨대 스위스 바젤Basel 대학의 교수인 귄터 슈트라텐베르트Günter Stratenwerth처럼 자신이 저술한《형법총론》에서 그렇듯이 이를 보다 장황하게 서술하는 경향이 있다. 이 책의 단락번호 10번에는 아래와 같이 적혀있다.

"책임성이라는 표제 아래에는 행위자가 법적으로 마땅히 요청되는 바를 인식하고서 이를 지향할 수 있는 가능성을 갖는다는 전제조건들이 함께 파악된다. 사안 전체의 단일성은 개인적인 책임성의 문제가 지적되는 사항연관성 속에 놓여있다."

결정적인 키워드는 개인적인 책임성이다. 이것과 더불어서 형법상 책임성의 의미가 프랑크 공식에서의 "비난가능성"보다도 훨씬 더 분명해진다.

원칙적으로는 세 가지 경우에서 예외적으로 책임성의 결여가 다뤄지고 있다. 즉 행위자가 책임능력이 없거나, 행위자가 금지착오에 빠지거나 또는 양해해야 할 긴급 상황인 경우가 그러하다. 책임성은 예컨대 형법전 제20조에서 규정되듯이 정신질환인 경우에는 결여된다. 그리고 형법전 제19조는 아래와 같이 규정하고 있다.

범행 당시에 아직 14세에 달하지 않은 자는 책임능력이 없다.

두 번째 경우인 금지착오禁止錯誤 역시도 법률에서 정하고 있다. "무지無知는 형벌 앞에서 보호받지 못 한다"라고 말하기는 한다. 그러나 이 속담은 이미 낡은 것이다. 형법전 제17조는 아래와 같이 규정하고 있다.

> 만약에 행위 시에 행위자에게서 불법을 행한다는 인식이 결여되었다면, 이러한 착오를 회피할 수 없었던 경우에는 행위자는 책임 없이 행위를 한 것이다. 행위자가 착오를 회피할 수 있었다면, 제49조 제1항에 따라서 그 형이 감경될 수 있다.

이는 오랫동안 논쟁 되어온 대목이기도 하다. 이전의 제국법원은 금지착오를 받아들이기를 늘 거부했었다. 제국법원은 여전한 오늘날의 속담처럼 황제정 시절, 바이마르 공화국과 제3제국에서 학계의 무게 있는 목소리에도 불구하고 이에 반해서 일관되게 그리 결정했었다. 연방공화국(서독)에 접어들고서야 비로소 다소 진보적으로 바뀌면서, 입장의 전환이 있었다. 1952년 연방통상법원BGH은 기존의 입장을 바꾸고서 달리 판결을 내렸다(〈형사재판부 판례집〉 제2권, 194쪽 이하). 법원은 형벌이 책임성을 전제로 한다면서, 이 같은 책임성에는 법과 불법에 관한 인식 또한 포함된다고 밝혔다. 모든 사람은 무엇이 허용되고, 금지되는지를 원칙적으로는 알고 있어야 마땅하다. 그런데 그 인식이 다를 수가 있는 상황이 존재한다는 입장이다. 예컨대 사회적인 격변기가 그러한데, 이때는 무엇이 법이고 불법인지가 늘 자명하지가 않다. 때로 매우 어렵사리 이를 확인할 수가 있다. 나름 충분한 노력을 기울였음에도 불구하고 누군가가 이에 대해 착오에 빠졌다면, 그는 처벌받지 아니한다. 예컨대 1989년 프랑크푸르트의 구법원區法院이 판결한 아래의 사례가 바로 이런 경우에 해당한다(NJW 1989, 1745).

기소된 한 언론인은 1988년에 〈타이타닉〉Titanic 잡지에다 "어느 연방군대 장교가 지닌 일곱 개의 부끄러운 인격성"이라는 제목의 칼럼을 기고했다. 이 장교는 심각한 교통사고로 인해 척추가 마비되어서 단지 머리와 팔만 움직일 수가 있는데, 그런데도 무조건 연방군대로 다시 돌아가서 복무하기를 원했다. 그러나 그의 바람은 거부당했다. 이런 이유로 피고인은 해당 장교의 정신 상태를 의심하면서 이를 상당히 분명하게 표현했다. 구법원은 이로써 형법전 제185조의 구성요건이 충족된다고 보았다. 칼럼의 문구가 객관적으로 해당 장교에 대한 모욕이라고 판단했다. 그러나 해당 칼럼은 잡지가 발행되기 전에 미리 자문변호사에게서 심의되었다. 변호사는 해당 내용이 모욕은 아니라면서 그대로 발간해도 무방하다는 자문의견을 전달했다.

이에 대해서는 때로 법률가로서 서로 다른 의견이 있을 수가 있다. 구법원은 피고인이 이렇듯 다른 법적인 결론이 있을 수 있다는 가능성에서 벗어났고, 그러므로 책임 없이 행위를 했다고 보았다. 왜냐하면, 자문을 해준 변호사가 그때까지는 잘못된 정보를 준 적이 없었기 때문에 변호사의 의견을 신뢰했고, 따라서 회피하기가 어려운 금지착오에 빠졌던 까닭에 무죄라고 판결했다.

마지막으로 세 번째 경우인 용서가 될 수 있는 긴급 상황에 대해 살펴보기로 하자. 형법 교과서들에서는 **"카르네아데스의 널빤지 사례"**Karneades-Fall가 매우 선호되어서 인용된다. 즉 난파된 배의 한 조난자가 자신의 생명줄로 붙잡고 있는 널빤지가 오직 한 사람의 무게만 지탱할 수 있는 까닭에 다른 한 사람을 바다로 밀쳐버린다. 이미 BC 2세기경에 그리스의 철학자 카르네아데스는 이 문제에 천착했고, 또 다른 위대한 철학자인 임마누엘 칸트Immanuel Kant 역시도 자신의 저서《윤리형이상학》(서론, 부록 Ⅱ)에서 이에 관해 서술했다.

"즉 배가 난파하고서 한 사람이 자신을 구하기 위하여 타인 또한 같은 생명의 위협을 겪는 가운데 허우적거리면서 목숨을 지탱하고 있는 널빤지로부터 그를 밀쳐낸 데에는 그 어떤 형법도 존재할 수가 없다. 왜냐하면, 법률을 통해서 위협되는 형벌은 전자前者의 사람이 생명을 잃는 것보다도 더 클 수가 없기 때문이다. 여기서 이제 이런 형법은 본래 소기하는 효과를 전혀 가질 수가 없다. 왜냐하면, 여전히 불확실한 악惡과 결부되어있는 위협(법관의 선고에 의한 사형)은 확실한 악(즉, 익사) 앞에서의 두려움을 능가하지는 않기 때문이다. 따라서 타인을 널빤지에서 밀쳐내는 폭력적인 자기보존 행위가 전혀 나무랄 데가 없는inculpabile 행위는 아닐지라도, 다만 처벌할 수 없는impunibile 행위로는 평가되어야 마땅하다. 그리고 주관적으로 죄가 되지 않는 이 행위를 법이론가들은 경이롭게 혼동하여 객관적인 것(합법성)으로 간주하고 있다.”

칸트의 위와 같은 서술은 객관적인 위법성과 주관적인 책임성의 구별이 얼마나 불확실한지를 잘 드러낸다. 칸트는 이를 관철해냈다. 오늘날의 우리네 형법 역시도 이 경우에 객관적 위법성이 아니라 주관적 책임성이 결여된다고 말한다. 형법이 이런 행위들에 대해서는 행위자의 인격과는 무관하게 모든 사람에게, 즉 객관적으로 적용되는데도 불구하고 말이다. 형법전 제35조 제1항 제1문은 아래와 같이 규정하고 있다.

> 생명, 신체 또는 자유에 대한 달리 피할 수 없는 현재적인 위험 속에서 자기, 친족 또는 기타 자기에게 밀접한 관계에 있는 자의 위험을 피하고자 위법행위를 한 자는 책임 없이 행위를 한 것이다.

그 밖에 또 다른 정당화 사유인 긴급피난이 존재하는데, “긴급 상황은 그 어떤 요청도 알지 못 한다”라는 속담을 다른 방식, 즉 위법성의 조각으로 해결하는 것이다. 형법전 제34조는 아래와 같이 규정하고 있다.

> 생명, 신체, 자유, 명예, 재산 또는 기타의 법익에 대한 달리 피할 수 없는 현재적인 위험 속에서 자기 또는 타인에 대한 위험을 피하고자 범행을 저지른 자는 충돌하는 이익, 특히 관련된 법익과 긴박한 위험의 정도를 교량하여 보호되는 이익이 침해되는 이익보다 본질적으로 우월한 경우에는 위법하게 행위를 한 것이 아니다. 다만, 피난행위가 위

예컨대 한 의사가 위급한 환자의 생명을 구하기 위하여 술에 취한 상태인데도, 자동차를 몰았다면 어찌 되는가? 법률가는 환자의 생명과 일반직인 교통사고의 위험을 비교하고서는 생명의 위험이 보다 더 중하다고 보고, 따라서 그 의사가 위법하게 행위 하지 않았다는 결론에 도달한다. 즉 음주운전에 대해 아무런 처벌이 행해지지 않는다. 형법전 제35조의 경우에는 이러한 법익의 교량이 불가능하다고들 말한다. 생명과 생명이 충돌하는 상황 때문인가? 왜냐하면, 한 생명이 다른 생명보다 더 중할 수가 없기 때문이다. 따라서 단지 책임성이 조각될 따름이다.

끝으로 왜 도대체 구성요건해당성과 위법성 말고도 형벌에 있어서 행위자의 책임성까지 요구되느냐 하는 물음을 살펴보기로 하자. 형법학계의 압도적인 다수설에 따르면 책임성에 있어서 고의故意와 과실過失이 분명하게 구별되어야 하는데, 이는 민사법에서 유책有責(Verschulden)이라고 불리는 것이기도 하다. 이는 구성요건에 속하고, 여하튼 간에 존재해야만 한다. 그렇다면 왜 주관적 책임성에 대한 추가적인 요구가 존재하는가? 이에 대한 대답은 다음번 주제에서 다루기로 하자.

형벌에 관한 여러 이론

우리는 먼저 과연 어떠한 토대 위에 서 있는지를 알고 있어야 한다. 형벌에는 도대체 어떤 목적이 놓여있나? 왜 형법이 존재하는가? 민사법과 헌법 및 행정법에서는 이런 질문에 비교적 쉽게 답할 수가 있다. 이곳저곳에서 우리의 자유와 사회적 정의, 계약의 자유와 이에 대한 국가의 제한이 문제시되는데, 여기서 국가는 모든 것을 마땅히 보장해야 하고, 다시 국가의 행정작용에 맞서서 개인이 보호되어야 한다. 왜냐하면, 국가의 행정작용으로 개인의 자유가 위협될 수도 있기 때문이다. 그런데 형법에서는 관점 여하에 따라서 다르다. 용감한 시민의 관점에서는 이로써 범죄자가 차단되기 때문에, 형벌은 자신의 자유, 신체의 온전함 및 재산의 보호에 기여한다. 그러나 범죄자의 관점에서는 정확하게 그 반대다. 형벌은 사람의 자유를 제한하는데, 그것도 아주 오랫동안, 때로는 종신형으로 말이다. 이로써 자신의 인격성이 바뀌고, 정신건강이 위협되고, 존엄성이 침해되는 조건 아래에서 살아가도록 강제된다. 우리는 이것을 어떻게 정당화할 수가 있는가? 독일에서 5만 명이 넘는 사람들이 날마다 감금시설에서 보내고 있다. 왜 그래야 하는가?

수백 년 전부터 이 물음을 두고서 철학자와 법률가들이 머리가 터지게 고민해왔다. 이른바 형벌이론이 문제시된다. 거의 모든 사람들은 범죄자들이 형무소의 담벼락과 쇠창살 뒤에 머물러 있어야 하는 게 옳다고 본다. 그러나 누구도 이에 대해서 합리적인 논거를 말할 수가 없다. 이와 관련하여 중요한 세 개의 형벌이론이 존재한다. 복수이론, 일반예방이론 그리고 특별예방이론이 그것이다.

복수이론에서는 형벌의 목적이 복수復讐에 있다고들 말한다. 그것의 핵심은 보복, 즉 앙갚음이다. 누군가가 사람을 죽이고, 훔치거나 사기를 친다면, 이에 대해서는 보복이 뒤따라야만 한다. 그러므로 그는 처벌된다. 가장 중요한 법률가들뿐만 아니라, 또한 시민사회의 가장 중요한 두 철학자, 칸트와 헤겔도 이 같은 생각을 지녔다. 이들은 물론 보복을 정당화하지는 않고, 속죄에 대해서 말했다. 19세기가 저물어가는 시기의 위대한 형법학자의 한사람인 프란츠 폰 리스트Franz von Liszt는 이와 관련해서 범죄는 가슴으로 죄를 짓는 것일 뿐만 아니라, 이성의 일탈이기도 하다고 말한 적이 있다. 21세기에도 여전히 보복이어야 하겠는가? 범죄에 관한 여러 상이한 이유를 잘 알고 있는데도 말이다. 오래된 속담에서는 "보복은 새로운 불법이다"라고 말한다. 보복감정이 확실히 인간적이기는 하다. 모든 이들은 때로 그런 감정을 갖는다. 그런데 그것이 오늘날의 자유민주주의 사회에서 매일 5만 명의 사람들이 닭장 안의 닭처럼 감금되어야 할 이유가 될 수 있겠는가? 이 질문 속에 답이 있다.

그래서 일반예방이론이 등장했다. 즉 겁주기이다. 형법 그리고 법원 및 감금시설의 존재는 사람들이 형벌에 대한 두려움으로 인하여 범죄행위의 실행으로부터 멀어지게 할 목적을 갖는다고들 말한다. 그런데 이게 얼마나 잘 기능하고 있는지는 여전히 매일 수천 건의 범죄가 행해지는 데서 잘 목도된다. 사람들이 이에 대해 어떻게 응답할지를 나는 알고 있다. 즉 형법, 법원과 감금시설이 존재하지 않는다면, 더욱 열악한 사회가 될 거라며 답할 법하다. 그러나 나는 그렇게 생각하지 않는다. 정말로 위험한 영역에서도, 폭력범죄와 성범죄 및 마약범죄에서도 그렇지가 않다. 이런 범죄행위들은 종종 형벌에 대한 두려움보다도 더 강력한 강요나 강제로 인해서 벌어진다. 그리고 재산범죄의 경우에도 이와 마찬가지다. 궁박한 상태에 처하지 않은 이들은 물건을 훔치지도, 남에게 사기를 치지도, 횡령하지도 않는다. 설령 어느 날 갑자기 형벌에 대한 두려움이 사라져버렸다 해도 말이다. 그리고 다른 이들은 형벌 때문에 불법을 저지르는 것에서 멀어지지도 않는다. 더 효과적인 다른 메커니즘이 있다. 예컨대 손해를 회복시키게끔 강제하는 것이다. 체면과 신뢰의 실추도 또한 마찬가지다. 이런 것들을 고려한다면, 일반예방이론이 전혀 증명되지 않은 미신迷信 같은 것임이 드러난다.

그래서 이제는 특별예방이론이 남아있다. 이는 프란츠 폰 리스트Franz von Liszt가 강조한 해결책이다. 그는 범죄의 사회적 배경을 직시하고서는, 형법이 이런 잘못된 경과를 다시 바로잡을 과업을 갖고 있다고 보았다. 여기서 개별 범죄자에게 긍정적으로 영향을 미치면서, 그가 향후에 거듭해서 범죄를 저지르지 않게끔 교화해야 한다고 주장한다. 리스트는 이를 위한 수단이 교도소로서 일반 대중이 아니라 특별히 개별 범죄자들에게 영향을 미쳐야 한다고 말한다. 이것이 어차피 불가능한 일반예방이론을 대신하는 특별예방이론인데, 수형자를 점차 다시 정상적인 사회생활로 편입시키기 위함이 그 목적이다.

즉 재再사회화다. 오늘날 형집행법(행형법)에는 그렇게 적혀있다. 이전의 시대와 비교하자면, 인간성에 있어서 어느 정도는 진보인 게 확실하다. 다만 유감스럽게도 이게 제대로 기능하지 않고 있다. 감금된 조건하에서의 교화는 실패하기 마련이고, 그냥 구금으로 변질되고 만다. 감방에서 교육적 성과를 달성한다는 건 애당초 불가능하다. 법률에 그렇게 적혀있다고 하더라도, 실상은 그렇지가 않다. 1976년에 「형刑집행법」이 발효된 이래로 높은 재범률에 있어서 조금도 변화가 없었다. 2014년에 연방법무부에서 수행된 "형법상 처벌 이후의 집행유예"를 주제로 다룬 어느 연구 결과에 따르면, 6년 이내에 44%가 다시 거듭해서 범죄를 저지른다고 한다. 특별예방이론도 마찬가지로 실패했다.

우리가 형벌에 대해서 충분한 근거를 갖고 있지 않다는 사실은 쓰라린 결과로 남아있다. 형법은 그 어떤 합리적인 토대를 갖고 있지 않다. 형법은 "불법이 행해지면 형벌이 뒤따라야 한다"라는 수백 년에 걸친 오래된 확신에만 근거하고 있다. 이는 오늘날 많은 형사법학자가 여러 이론을 상이한 방법으로 서로 조합해서라도 해결해보려고 시도하는 일종의 딜레마이다. 여기서 형사법학자들은 각각의 이론이 따로 저마다 공격당한다는 사실을 잘 알고 있기 때문이다. 이들은 이처럼 여러 이론을 뒤섞다 보면 무언가 제대로 된 이론이 도출될 수 있을 거라고 말하지만, 결국에는 스스로의 무능력을 덮으려는 시도에 지나지 않는다.

책임성의 문제로 다시 돌아가 보자. 왜 이게 형벌의 전제조건이 되는가? 일반예방이론을 갖고서는 형벌은 아무것도 할 수가 없다. 아무런 책임이 없이 범죄를 저지른 행위자를 형벌로 위협한다면, 또한 그에게 공포감을 안겨다 줄 수는 있다. 특별예방이론에서도 이것은 마찬가지로 별로 중요하지가 않다. 책임이 없이 범죄를 저지른 이들을 또한 교육할 수가 있다. 따라서 복수이론만이 남는다. 복수, 즉 보복은 이것을 나쁘게 받아들이는 이들에게만 가능할 따름이다. *Adventavit asinus, pulcher et fortissimus.* 즉 "더 예쁘고 힘센 당나귀가 온다." "따라서 이게 바로 푸들 개의 본질Pudels Kern이었다."* 이는 지금 우리가 갖고 있는 형법이 결국 보복 이외에 다른 아무것도 아니라는 사실을 나타낸다.

정범과 종범

하나의 범죄행위에 둘 또는 그 이상의 사람들이 관여한다면 어찌 되는가의 물음을 살펴보자. 형법전StGB은 제25조~제31조에서 이를 다루고 있다.

1940년 2월, 제2차 세계대전이 시작될 무렵에 라이프치히Leipzig에 소재하는 제국법원은 독일의 형법 역사에서 한 획을 긋는 "**영아**嬰兒**육조살해사건**"Badewanne-Fall이라는 형사사건에 대해서 판결을 선고했다(〈제국법원 형사판례집〉 제74권, 84쪽 이하).

모젤Mosel 강변의 한 마을에 농부의 젊은 두 딸이 살고 있었는데, 이 자매는 둘 다 결혼도 하지 않은 채로 아이를 가졌다. 먼저 언니의 아기가 사산死産된 채로 세상에 나왔는데, 농부인 아버지는 두 딸더러 이런 일이 이제 한 번만 더 있으면 집에서 쫓아낼 거라며 겁박했다. 그래서

---

*이 문장은 괴테가 쓴 《파우스트》에서 검은 푸들 개로 변신한 타락천사 겸 악마인 메피스토펠레스가 산책 중인 파우스트 곁에서 알랑거리며 유혹하는데, 추후에 실상을 깨닫게 된 파우스트가 놀라면서 외친 말이다. 이 문구는 한 사안의 본질 또는 핵심을 지적하는 맥락에서 자주 인용된다.

동생은 자신의 임신 사실을 숨긴 채로 언니의 도움을 받아서 다락방에서 몰래 아이를 낳았다. 그녀는 아버지에 대한 두려움이 컸고, 어찌할 바를 몰랐다. 언니가 갓 태어난 아기를 욕조에 목욕시키고 있을 때, 동생이 아기를 욕조 물에 빠트려서 죽여 달라고 요구했다. 언니가 이 요구에 응했고, 그녀는 아기가 죽을 때까지 물에 담가두었다.

당시는 형법전 제211조가 개정되기 전이었는데, 여전히 모살謀殺은 즉 "계획적인" 살해였다. 아기를 욕조 물에 빠트려서 죽인 언니는 따라서 사형으로 처벌되어야 했다. 동생에게도 같은 형벌이 위협되는데, 교사범教唆犯은 정범正犯과 똑같이 처벌되기 때문이다. 그러나 동생에게는 당시 출생 즉시 혼외자의 살해를 규정하는 제217조에 따른 감경사유가 존재했고, 그녀는 사형이 아니라 자유형에 처해질 따름이었다. 오늘날에는 이를 경한 고살Minder Schweren Fall로 부르고, 제213조에 따라서 형을 감경하고 있다. 트리어Trier에 소재하는 지방법원은 동생, 즉 친모에게는 징역형을 그리고 아기를 욕조 물에 익사시킨 언니에게는 사형을 선고했다.

사형을 선고받은 언니가 상고를 제기했고, 제국법원의 법관들은 그녀에게 연민의 감정이 들었다. 전쟁이 발발한 이 시기에는 사형이 아무 거리낌 없이 마구 집행되고 있었다. 그러나 여기, 모젤 강변의 농부의 딸에게 사형만은 피해야 마땅하다고 여겨졌다. 따라서 제국법원의 법관들은 자매의 역할을 바꾸고서는 친모가 아기를 살해한 정범正犯이고, 그 언니는 단지 그녀를 도와줬다고 보았다. 즉 종범從犯이라는 것이다. 종범에 대한 형벌이 정범보다는 가볍다. 따라서 사형 판결은 취소되고, 그녀에게는 동생과 마찬가지로 징역형이 선고되었다.

여기서 제국법원이 꺼내든 법적인 지렛대가 "주관적 가담론"이다. 법률은 한편으로는 정범正犯과 공범共犯들 간에서, 다른 한편으로는 종범從犯들

간에서 이들을 구별하고 있다. 종범은 교사범과 방조범이다. 그러나 법률은 어디에 차이점이 있는지를 정확하게 말하고 있지 않다. 실무상의 결과에서는 더 가벼운 형벌에 처해지는 방조범의 문제가 특히 중요하다. 이와 관련해서는 누군가를 정범 또는 종범으로 취급해야 하는지 아닌지에 대해서 분명하게 말할 수가 없는 수많은 까다로운 사건들이 존재한다.

영아욕조살해사건이 있기 전의 이미 오래전부터 제국법원은 이 문제를 주관적인 기준의 범주에 따라서 결정해왔는데, 즉 외부로 드러나는 사건의 객관적인 경과가 아니라 행위 시 피고인의 내심의 의사에 따라서 말이다. 이에 관한 유명한 공식에 따르면, "범죄행위를 자신의 의지로 행한 자가 정범正犯이고, 타인의 의지로 행한 자는 종범從犯이다." 이는 다시 관련자들이 사실상 지녔던 이해관계에 따라서도 결정된다. 영아욕조살해사건에서 법원은 언니가 아기의 살해를 자신의 의지로 한 게 아니라, 친모를 위해서, 즉 동생의 이익을 위해서 그리 한 것이라고 밝혔다. 언니는 해당 행위를 단지 동생의 의지대로 실행했을 따름이다. 따라서 그녀는 단지 방조범으로서 종범일 뿐이지 정범이 아니다. 또한, 이미 그 이전에도 범행이 행해진 곳에 그 누구보다도 가까이 있었는데도 불구하고 정범으로 처벌되지 않은 사례들이 더러 있었다. 그런데 이 영아욕조살해사건은 주관적 가담론의 정점頂點을 찍은 사건이었다. 이 사건은 실제로 벌어진 사건을 법적으로 거꾸로 세워둔 셈이다. 이런 이유로 이 사건은 모젤 강변의 어느 마을 출신인 농부의 딸에게서가 아니라 학계로부터 자주 비판되었다. 학계로서는 그녀가 목숨을 부지한다는 사실에 애석해한 건 확실히 아니다.

이 주관적 행위자이론이 형사법학계로부터 일반적으로 거부되면서, 이후 객관적 이론들이 주장된다. 이 이론들은 피고인이 지녔던 내심의 주관적인 의사가 아니라 외부로 드러나는 객관적인 행위 정황을 기준으로 삼는데, 대부분 행위지배설에 따른다. 즉 행위를 지배한 자가 정범이라고 말한다. 그리고 "범행의 과정을 조종하는 자"가 바로 행위를 지배하고 있다고 본다. 모젤 강변의 마을에서 당시 범행의 과정은 단어의 진정한 의미로는 친모인 동생이 아니라 언니에게서 일어났다. 행위지배설에 따르면 그녀는 종범이 아니라 모살자로 처벌되어야만 했다. 이로써 그녀를 사형으로부터 구해내야 한다는 게 그릇된다고 말할 수는 없다. 법의 세계에서는 또한 때로 그릇된 논증이 올바른 결론으로 이끌기도 한다.

전후戰後에 곧 연방통상법원BGH은 여러 유사사건에서 위 영아욕조살해 사건과는 달리 판결했다. 1956년에 동 법원의 법관은 "자신의 손으로 사람을 살해한 자"는 설령 압력을 받고서 다른 사람이 있는 자리에서 그 사람의 이익으로 범행을 저질렀다고 하더라도, 원칙적으로 정범이라고 밝혔다(《연방통상법원 형사판례집》 제8권, 393쪽 이하). 그러나 이런 태도가 그리 오래가지는 못했고, 1962년의 **스타친스키**Stachinski **판결**에서 다시 영아욕조살해 사건의 입장으로 되돌아갔다. 여기에는 정치적인 이유가 있었다.

당시 소련 KGB의 첩자였던 스타친스키가 뮌헨에서 두 명의 우크라이나 출신 망명자를 총알에 독毒이 든 총으로 이들의 등 뒤에서 살해했다. 연방통상법원은 종신형을 선고하지 않으려고 그가 종범일 뿐이라고 밝혔다. 정범正犯은 당시 KGB 총수인 알렉산더 쉘레핀Alexander Schelepin이라고 판단했다. 쉘레핀이 정범으로서의 의사를 가졌고, 스타친스키는 자신의 의지로 범행을 의욕한 게 아니라, 단지 타인의 범행의사에 마지못해 굴복했을 뿐이었다(《연방통상법원 형사판례집》 제18권, 87쪽 이하). 그런데 이 판결의 정치적 배경은 타국 정보기관의 활동에 있었다. 칼스루에Karlsruhe에 소재하는 연방통상법원의 법관들은 전혀 다른 정범을 눈앞에 두고서는 또한 분명하게 아래와 같이 밝혔다.

"독일에서와 마찬가지로 전 세계에서 정치적 살해가 일상적으로 벌어지고 있다. 최근에는 나치시절의 독일처럼 현대의 국가들에서조차도 급진적인 정치적 견해로부터 영향을 받은 정치적 살해 또는 대량의 인명살해가 계획되고, 이 같은 유혈행위의 실행이 명령되어서 벌어지고 있다. 이렇듯 단순히 명령을 떠받드는 자는 국가기관이 명령하는 범죄를 실행함에 있어서 범죄학적인 조사대상이 아니며, 여하튼 유사한 개인적인 범행 충동을 가진 자가 아니다. 오히려 이런 이들은 윤리적으로 혼란에 빠져서 다른 탈출구가 없는 딱한 처지에 놓여 지는데, 특히 비난당하는 범죄의 실행을 자신의 조국으로부터 곧바로 위임받는다. 이 국가는 대중들에 대한 세련된 선동과 함께 전혀 의심할 여지가 없는 권위로 많은 사람을 잘 보살피고 있는 것처럼 비친다. 이들은 정치적인 선동이나 권위적인 명령 또는 자신의 조국으로부터 이와 유사한 영향을 받아서 이 같은 지시와 명령에 따른다. 그리고 이들은 조국으로부터 법과 질서의 보장을 기대하는 게 정당하다고 여기고 있다. 이런 위험한 범죄 충동은 명령을 떠받드는 이들에 의해서가 아니라 이 권력을 나쁘게 남용하는 국가권력의 담지자들로부터 나온다."

영아욕조살해사건으로 회귀한다면, 나치의 국가폭력 범죄자들은 종신형을 면할 수 있었을 법하다. 사건은 영아욕조살해사건부터 독毒이 든 총알을 거쳐서 아우슈비츠의 가스실로 이어진다. 이 주제는 지금도 여전히 논란되고 있다. 이 주제는 히틀러의 친위대ss 그룹에 대한 참심재판으로 넘어갔고, 곧이어 1963년에는 프랑크푸르트에서 대규모의 아우슈비츠 재판이 열렸다. 독일의 법원들은 이미 빈번하게 이렇게 판결해왔는데, 연방통상법원도 지금껏 분명한 입장을 견지해왔다. 이제 여건이 다소 좋아졌다. 과거의 나치주의자들에게 유리한 판결을 내릴 필요 없이 소련의 KGB 판결의 뒤로 숨을 수가 있었다. 결론은 같았다. 이제 독일의 최고 형사법원도 히틀러의 제3제국에서 수백만 명의 유대인 희생자들을 고문하고 살해한 게 단지 한 사람이었다고 판결하는 게 가능할 법하다. 즉 위르겐 바우만Jürgen Baumann의 표현에 따르면 "아돌프 히틀러, 그자 혼자만 정범正犯이고, 나머지 6천만 명의 독일인은 종범從犯으로 남는다." 이에 상응해서 판결에서 가벼운 형이 선고되었다. 나치의 사형 광기로부터 농부의 딸을 구해낸 법적인 논리구조가 소련의 KGB를 우회해서는, 이제는 나치주의자들 자신에게 유리하게끔 되었다. 그들이 아닌 다른 자가 정범이 되었다.

스타친스키 판결과 관련해서는 서술한 바와 같은 정치적인 사건들을 도외시하더라도 독일의 법원 판례가 낡은 주관론과 새로운 행위지배설 사이에서 여전히 다소 정처 없이 부유浮游하고 있음이 드러난다. 결국, 사람들은 늘 결론을 곁눈질로 훔쳐본다. 누군가를 가볍게 처벌하고자 한다면, 그가 단지 종범일 뿐이라고 말하면 된다. 그렇지 않은 경우에는 왜 그가 정범인지의 논거를 찾아낸다. 즉 형벌의 목적과 더불어서 이는 정범을 찾는 데에 있어서 우리를 기교技巧적인 법의 정점으로 이끄는 아래 사례에서도 이와 유사하다.

처벌되는 자살미수(BGHSt 11, 268)

당연히 우리는 자살自殺이 처벌되지 않는다고 잘 알고 있다. 그런데도 1958년에 연방통상법원BGH은 어떤 이, 즉 피고인 P 를 자살미수로 인해 유죄를 선고한 도르트문트Dortmund 지방법원의 판결을 그대로 재차 확인했다.

피고인 P 가 다른 두 명과 함께 야밤에 어느 생필품가게를 침입했는데, 이들은 그들 중 누구라도 붙잡힐 위험이 있는 경우에 사용하기 위해서 각자 권총을 소지하고 있었다. 이들은 사무실일 거라고 짐작하고서 어느 방의 창문을 밀어제쳤다. 그런데 그곳은 사무실이 아니라 가게주인의 침실이었고, 이것이 이들에게는 첫 번째 착오錯誤였다. 가게주인은 이들 범인 셋과 마찬가지로 꽤나 놀랐는데, 흥분한 상태로 창문 쪽으로 달려가서는 큰 소리를 내질러서 이들을 쫓아냈다. 함께 기소된 M 과 T 는 각기 창문에다 총을 한발씩 쐈고, 가게주인의 아내가 심각한 부상을 입었다. 도주하던 중에 이들 중의 하나인 피고인 M 은 2~3m 뒤에서 자기를 쫓아오는 누군가를 봤고, 그에게 총을 쐈는데 총알이 팔에 맞기는 했으나, 두꺼운 재킷 소매에 박혀 큰 부상을 입지는 않았다. 두 번째의 착오인데, 따라오는 이가 추격자가 아니라, 피고인 P 였던 것이다. 이 총알은 재킷에 구멍을 냈을 뿐만 아니라, 또한 살인미수로 유죄를 이끌어냈다. 즉 자살미수로 말이다.

법적으로는 이렇게 된다. 주된 정범正犯은 피고인 M 이다. 그는 총을 쐈다. 그런데 나머지 둘도 공동정범共同正犯이다. 이들은 사전에 그렇게 작당 모의를 했고, 현장에 함께 있었고, 언제든지 소리를 내질러서 다른 동료가 총을 쏘지 않게끔 할 수 있었기 때문에 또한 행위를 지배했다. 이들은 M 과 마찬가지로 사건의 전체 과정을 조종하고 있었다. 따라서 이들은 종범從犯이 아니라 공동정범들이다. 사람을 착각한 것은 별로 중요하지가 않다. 사람이 누군가를 총으로 쏜다면, 그가 자신이 의도하는 사람이든 아니든 간에 이와는 무관하게 죽이려고 한 것이다. 법적으로 이를 *error in objecto*, 즉 "객체의 착오"라고 부른다. 착오의 대상이 동등한 가치가 있다면, 이는 형법적으로 전혀 아무런 역할을 하지 않는다. 특정인이든지 아니면 다른 사람이든지 간에 인간의 생명은 그것이 생명인 까닭에 모두 동등한 가치를 지닌다. 따라서 어떤 경우든 피고인 M 은 독일 형법전 제211조에 명시된 바와 같이 범죄를 은폐하기 위하여 누군가를 살해하고자 했기 때문에 살인 미수를 저질렀다. 범죄를 은폐한다는 것은 단순히 범죄가 발각되는 것을 막고자 노력하는 것만을 의미하지는 않는다. 가해자의 신원이 드러나는 것을 막고자 하는 것도 충분히 여기에 해당한다. 따라서 발각되지 않고 도망가기 위해서 추격자를 죽이는 것은 살인이다. 그리고 앞서 언급했듯이, 누구인지 착각했다는 것은 전혀 중요하지 않다.

이와 같은 사실은 이들과 함께 침입하려고 했던 다른 이들에게도 당연히 적용된다. 그런데 피고인 P 는 어떠한가? 그는 결국 살인 미수의 피해자였다. 그리고 제211조에 따르면 언제나 다른 사람이 죽임을 당해야만 한다. 자살은 처벌되지 않는다. 확실히 사람을 착각한 것은 별로 중요하지가 않다. 어쨌든 사람의 생명이다. 그런데 자신의 생명은? 이 전체 상황을 논리적으로 해결하고자 한다면, 위 셋이 공동으로 범행을 저질렀고, 한 사람이 죽는 것을 감수하기로 했다고 말할 수 있다. 그들 중 하나가 사람을 총으로 쐈다면, 다른 둘은 이에 대해 공동정범共同正犯으로서의 책임을 져야 한다. *error in objecto*, 즉 객체의 착오는 사안에서 아무것도 바꾸지 못한다. 도르트문트 지방법원은 이와 같이 판단했고, 이는 또한 연방통상법원의 논리이기도 했다. 이게 법의 세계에서는 종종 그러하다. 혹자는 논리적으로 이와는 달리 바라보면서, 예컨대 객체의 착오error in objecto인 경우라도 반드시 적어도 죽임을 당하는 사람은 다른 사람이어야 한다고 말할 수 있다. 또한 피고인 P 가 총에 맞았을 때 실제로 행위를 지배했는지가 매우 의문시된다며 이의를 제기할 수도 있다. 그가 공동정범들에게 자신은 생각을 바꿨으니 추격자를 향해 총을 쏘아서는 안 된다고 말할 수 있었을까? 만약에 그가 그리 말할 수 있는 상황이었더라도 그리하지 않았을 것인가? 진심으로 다른 동료가 그를 총으로 쏘는데도 그가 행위를 지배했고, 즉 사건의 전체 과정을 조종했다고 말할 수 있겠는가? 그래서 위와는 달리 판결할 수도 있지는 않겠는지를 두고서 수많은 의문부호가 뒤따른다. 도르트문트 지방법원과 연방통상법원은 P 를 다른 둘과 똑같이 처벌하려고 했다. 즉 이들은 공동의 범죄계획에 따라서 범행을 저질렀고, P 에게는 결국 아무 일도 벌어지지 않았다. P 가 이미 1950년에 주류가게에서 술을 훔치다가 적발되었을 적에 경찰에게 다섯 발의 총을 발사했던 관점에서 보아도 또한 확실하다. 만약에 그가 이번에 부상을 입었더라면, 아마도 별다른 법적인 기교 없이 그냥 더 가벼운 처벌을 받았을 수도 있다. 그러면서 부상을 입은 것만으로도 이미 충분히 벌을 받았다고 말할 수도 있겠다. 그러나 그리되지는 못했다. 법원은 피고인 M 이 벌인 일을 이렇게 마무리했다.

성범죄

한 나라의 형법전이 지닌 내용을 통해서 그 나라의 형법이 인간의 개인적 자유를 어떻게 다루고 있는지를 상당히 정확하게 읽어낼 수가 있다. 형벌이 가벼울수록, 개인의 자유는 그만큼 더 커진다. 몽테스키외Montesquieu 남작은 1748년에 출간된 자신의 저서《법의 정신》에서 이러한 사실을 이미 잘 알고 있었다. 그는 책의 제6권 제9장에서 아래와 같이 적고 있다.

"모든 유럽 국가 또는 거의 모든 유럽 국가에서 자유에 가깝거나 멀어지는 것에 비례해서 처벌이 감소하거나 증가한다는 것을 증명하는 일은 그리 어렵지 않을 법하다."

그런데 성범죄를 다루는 형법은 이와는 다소 다르다. 형법의 상황은 이와 동시에 개인적 자유의 특별한 형식에 대한 하나의 규준이 되는 것으로, 나이가 지긋했던 남작男爵은* 여기까지는 미처 관심을 두지 못했다. 여기서 나는 남자와 여자들 간의 평등을 말한다. 여전히 1973년까지 그리 불리던 대로 독일의 "윤리에 반하는 범죄와 범행"의 전개를 고찰해보면, 몇몇 대목들이 더 나은 국면으로 바뀌기는 했다.

---

*몽테스키외를 지칭한다.

1950년대의 어느 판결에서 연방통상법원은 성매매알선 혐의로 기소된 한 엄마를 유죄로 선고했는데, 그녀는 자신의 다 큰 딸이 약혼남과 함께 집에서 동침同寢하도록 허락했었다. 이것이 **약혼남과의 동침사건**으로 유명한 1954년의 판결이다. 피고인은 네 아이를 둔 엄마였는데, 그녀는 전쟁에서 남편을 잃었고, 맏딸의 앞날에 대해 걱정이 많았다. 맏딸은 1930년에 출생했는데, 1948년 이후로 나이가 아주 많은 기혼남과 깊은 관계를 맺고 있었고, 그러던 중에 임신까지 했다. 1950년에 그 기혼남이 이혼했고, 그 무렵에 맏딸은 임신 8개월째였다. 이들은 약혼했고, 이혼 후 재혼금지의 면제절차가 진행 중이었다. 당시에는 이혼한 이후에 해당 혼인관계의 파탄에 원인을 제공한 자와의 재혼이 허용되지 않았다. 그러나 지방정부가 예외적으로 이를 승인할 수가 있었다. 그래서 해당 면제가 청구되었고, 그 엄마는 그제야 다소 마음을 놓았다. 그녀는 약혼남과 딸이 방에서 함께 밤을 보내도록 허락했다. 당시 형법전 제180조 제1항은 아래와 같이 정하고 있었다.

> 상습적으로 또는 개인적인 이익에 기해서 간음의 기회를 중개, 보장하거나 알선한 자는 매음알선으로 1개월에서 5년까지의 자유형에 처한다. […]

"상습적으로 또는 개인적인 이익에 기해서"가 도대체 무얼 말하는가? 그것이 반복되었다는 이유로 그 엄마는 "상습적으로" 행위를 한 것이 되었다. 그냥 훈육인가 아니면 간음인가? 여기서는 이 점이 문제였다. 어쨌든 이들은 약혼한 상태이지 않은가. 연방통상법원BGH의 형사대재판부는 아래와 같이 판결했다(〈형사판례집〉 제6권, 53쪽 이하).

"윤리질서는, 성관계의 의미와 결과가 아이의 출산과 양육이기 때문에 성관계가 원칙적으로 단혼單婚관계에서 행해지기를 바라고 있다. 아이를 위해서 그리고 성적인 관계를 맺는 파트너의 존엄성과 책임성을 위해서라도 인간에게는 단혼이 생활양식으로 설정되어있다. 혼인과 가족공동체 안에서만 아이가 잘 자라나고 또한 인간으로서 부여받은 소명에 걸맞게끔 자신의 인격을 펼쳐 나갈 수가 있다. 단지 이러한 질서와 공동체 안에서 성적인 관계를 맺는 파트너들이 자신이 얼마만큼 책임을 지고 있는지를 진지하게 받아들이게 된다. 자연스럽게 이어지는 성관계가 이렇듯 결과가 충만하고, 이와 동시에 책임을 부담하기 때문에 성적인 관계를 맺는 이들은 단지 혼인공동체 안에서만 둘이서 서로 존중하고 평생토록 충실하게 의무를 부담하는 파트너로서 그 의미를 풍부하게 채워나갈 수가 있다. 윤리규칙이 인간에게 단혼과 가족을 구속적인 생활형식으로 설정하고 이러한 질서를 민족과 국가의 삶의 토대로 만들고 있기에, 성관계는 원칙적으로 단지 혼인관계 속에서만 행해져야 마땅하고, 이를 위반하는 건 성적인 훈육의 기본적인 요청을 침해하는 것임을 동시에 밝히는 바이다."

따라서 간음姦淫에 해당한다. 간음은 혼인관계의 바깥에서 행해지는 모든 성관계를 뜻한다. 그리고 성관계의 기회를 마련해준 엄마가 설령 현장에 함께 있었다 할지라도, 이것은 제181조에 따라서 5년 이하의 실형에 처하는 중대한 매음알선이다. 1973년까지는 이랬었다. 단지 이 엄마만이 위험에 처한 게 아니었다. 친구들, 임대인, 호텔리어와 같이 혼인하지 않은 젊은 남녀를 숙박시키는 모든 이들이 제180조의 위협 아래 놓여있었다.

복지가 증대하고, 자유주의 사고가 점증하고, 피임약이 보급되던 1960년대에 공중도덕 또한 변화하였다. 성적인 관계가 서로 간에 자유로워졌고, 법 역시도 다소 지체되기는 했으나 이에 뒤따랐다. 어디서 이런 지체가 발생하는가? 섹스할 자유는 훈육과 권위를 위협한다. 그러므로 관련 당국은 언제나 이에 반대한다. 그런데도 국가는 서서히 도덕의 감시자 역할에서 물러났다. 기민당CDU과 사민당SPD이 여전히 대연정을 꾸리고 있던 1969년에 첫 번째의 큰 진척이 있었다. 간통姦通행위 그리고 특히 성인 남성들 간의 동성애와 남색男色에 대한 처벌규정이 폐지되었다. 1973년에 사민당SPD과 자민당FDP 간의 연립정부에서 「제4차 형법개혁법률」과 함께 전체 성범죄 조항이 새로이 규율되었다. 이제는 해당 절節의 표제어가 더는 "윤리에 반하는 범죄와 범행"이 아니라, "성적인 자기결정에 반하는 범죄"로 달리 불리게 되었다. 그 이후로 매음알선은 단지 매춘의 영역과 미성년자에 대해서만 처벌하는 것으로 바뀌었다. 1954년에는 장성한 아이들의 경우라도 자신의 한발을 늘 감방 안에다 내디디고 있던 부모들이 그 이후로는 이른바 "친권"을 갖고서, 심지어는 미성년인 아이에게 성관계를 조장하더라도 대개는 처벌받지 않게 되었다. 또한, 논란되는 파트너 교환도 그 후로는 더 이상 처벌받지 않는다. 포르노그래피의 해금解禁에 반대하는 당국의 저항이 특히 격렬했었다. 형법상으로는 단지 근소하게만 바뀌었을 뿐인데도 말이다. 그러나 1960년대 이후로는 사실상 마치 댐이 붕괴하듯이 바뀌었고, 오늘날 포르노그래피는 어디서든 컴퓨터의 마우스 클릭 몇 번만으로 쉽게 접근할 수가 있고, 그 제작자들은 엄청난 돈을 벌어들이고 있다. 법원들은 경제활동의 자유, 예술의 자유 및 사회적인 통념의 변화에 맞서서 더는 반대 입장을 고수하기가 어렵게 되었다. 결정적인 것은 간음처벌조항의 삭제였다. 그 이후로 혼인하지 않은 생활공동체(동거커플)의 수가 엄청나게 증가했다. 즉 혼인하지 않거나 동성혼인 생활공동체가 1996년 이후로 약 52%나 증가해서, 2011년에는 족히 2백8십만 가구로 급증했다.

임신중절, 즉 낙태를 쉽게 하는 것을 둘러싸고서 가장 격렬한 논쟁이 벌어졌다. 낙태 금지는 중세 초기 교회의 규정에 그 기원을 두고 있다. 고대에는 그것이 여전히 잘 알려지지 않았었고, 교회법에서는 수백 년 동안 기간제 해법이 존재해왔다. 이는 《모세오경》의 제2권에 적힌 텍스트를 잘못 해석한 데에서 기인한다. 즉 임신 이후 40일 이내의 낙태와 80일 이내의 여아女兒 낙태는 처벌받지 않았다. 이게 17세기에 비로소 바뀌었다. 그 이후로는 임신 시작과 함께 낙태가 처벌되었다. 1974년에 사민당/자민당 연립정부가 12주 단위, 즉 임신 이후 84일의 기간제 해결책을 관철하고자 했을 당시에 기민당/기사당은 연방헌법재판소에다 소송을 제기했다. 연방헌법재판소는 1975년에 해당 법률조항을 위헌으로 결정했다. 즉 아직 태어나지 않은 생명이 여성의 자기결정권보다도 우위에 있다고 보았다. 1년 후에 연방의회는 다시 기민당/기사당연합의 반대에도 불구하고 새로운 법률을 통과시켰다.

이 법률에 따르면, 여성이 아이의 출생으로 인해서 신체적, 정신적 또는 사회적 위기상황에 처할 수 있는 경우에는 낙태행위가 처벌되지 않는다. 이같이 새로운 제218a조에서 정하는 임신중절요건을 통한 해법을 두고서 연방헌법재판소는 그것이 헌법적으로 가능하다고 보았다. 그다음의 전환은 1990년에 동·서독 통일과 함께 행해졌다. 구舊 동독에서는 오래전부터 기간제 해결책이 통용되어왔고, 통일 이후에 더 강화된 서독의 해당 규정을 동일하게 적용하는 것이 불가능했었다. 따라서 동독의 법이 통일 이후에도 2년의 과도기 동안에 계속해서 적용되었다. 1992년에 연방의회는 다시 기간제 해결책으로 결단을 내렸는데, 이번에는 상담의무를 추가하여 보완했다. 즉 임신한 여성이 국가로부터 인정되는 기관에서 사전에 상담을 받아야만 낙태가 허용되도록 했다. 그러나 이 또한 연방헌법재판소에 의해서 기본법과 합치하지 않는다며 위헌무효로 결정되었다. 연방의회는 1995년에 이 문제를 해결하기 위한 올바른 대안으로 적극적인 상담의무와 결합한 기간제 해결책이라는 나름 완화된 방법을 결정했다. 관련 상담에 있어서 여성이 아이의 출생을 위해서 결단을 내리게끔 적극적으로 영향을 미쳐야 한다는 것이다. 해당 여성이 이렇게 상담을 받는다면, 그녀는 자신이 하고자 하는 바를 행하는 게 허용된다. 그리고 이 해결책이 처음으로 그대로 유지되게 되었다.

성범죄에 관한 형법에서 최근에 행해진 무수히 많은 법률개정은 1973년의 「제4차 형법개혁법률」 이후로 제13절의 표제어, 즉 "성적 자기결정에 반하는 범죄"에서 분명히 드러나는 추세를 뒤따랐다. 그사이에 다수의 규정이 성性 중립적으로 재구성된다고 하더라도, 특히, 여성들, 더 나아가서 아동과 청소년들도 더욱더 잘 보호되어야 마땅하다고 보았다. 오늘날 제13절에는 제174조~제184k조에 이르기까지 28개의 조항이 마련되어 있다. 매춘행위를 법적으로 인정하는 가운데 또한 2002년 형법에서 관련 규정들의 개정이 있었다. 따라서 제180a조에서 정하는 성적인 착취에 해당하는 경우에 처벌하는 것으로 축소되었다. 2003년 이후로는 "최근에 벌어진 섬뜩한 범죄들은 중대 범죄로부터 일반 대중을 보호하기 위해서 더 나은 개선책이 필요하다는 사실을 분명히 드러내고 있다"라는 논거와 함께 다양한 방법으로 형벌을 강화하자는 의문스러운 길을 답습해가고 있다. 스캔들로 불거진 여러 사례가 발굴되고서는 이에 호응하는 언론매체의 반향과 더불어서 부분적으로 포퓰리즘적인 노선으로 접어드는 가운데 그저 날림공사식으로 대응하고 있다. 경험칙상으로는 충동적인 행위로 인한 범죄자들은 강화된 형벌로는 크게 영향을 받지 않는다. 1931년에 상영된 유명한 영화 〈M, 도시 전체가 살인자를 찾는다〉에서 살인범 배역을 맡은 페터 로레Peter Lorre는 갱단이 마련해둔 심판장의 한쪽 구석에서 "나는 (살인을) 원치 않았지만, 반드시 해야만 했다"라고 소리쳤다.*

그 밖의 형법개정법률뿐만 아니라 국제법적인 협약 및 유럽연합의 지침에서도 예컨대 가까운 가족관계나 주변으로부터 아동에 대한 성 착취 방지와 아동 보호에 관한 규정들이 있다. 취학연령의 아동들에게는 자신을 직접 돌보는 가족들뿐만 아니라 학교의 모든 교사도 신뢰적인 관계에 놓여있어서, 이제는 모든 교사에게도 특별히 강화된 형벌이 적용된다(형법전 제174

---

*영화의 원제목은 "M – Eine Stadt sucht einen Mörder"이다. 이 영화에서 Peter Lorre가 주연한 사이코 성향의 엽기적이고 충동적인 살인범이 이미 8명의 아이를 살해하고서 베를린 주민들을 공포 속에 몰아넣었다. 영화에서는 경찰이 살인범 추적에 실패하자, 베를린 지하세계의 갱단이 나서서 사건 해결을 스스로 떠맡는데, 결국에는 이들 갱단이 살인범을 붙잡는다.

조 제2항). 연방의회 의원인 에다티Edathy를 둘러싼 스캔들에* 대한 대응책으로 이제는 부자연스럽게 성性을 강조하는 신체 동작을 찍은 나체사진도 아동 포르노그래피로 간주하고서 처벌받는다(형법전 제184조 제1항 제1호 b).

1977년의 「제33차 형법개정법률」에서는 그때까지 아무런 처벌을 받지 않았던 혼인 중인 부부간의 강간强姦도 처벌하도록 규정했다. 그리고 2016년의 「제50차 형법개정법률」에서는 "No is No" 원칙이 도입되었다. 이는 형법전 제177조가 근본적으로 바뀌면서 비롯되는데, "성폭행, 성적 협박, 강간"이라는 새로운 공식적인 표제에서 그 내용이 분명히 드러난다. 탈레랑Tallyrand이 마담 드 스탈Madame de Staël더러 다음과 같이 말했을 법하다. **"No라고 말하는 여자는 내심으로는 아마도 Yes라고 말하고 싶다는 것이고, Yes라고 말하면 여자가 아니다."*** 이제 이런 시대는 확실히 지나갔다. 또한, 형법전 제184i조에서 "성적 괴롭힘"이라는 범죄구성요건이 새로이 삽입되었는데, 제184h조에 따른 성적인 행위의 문턱 아래에 있는 행위 유형으로 파악되고, 접촉만으로도 해당 구성요건이 충족될 수가 있다. 이어서 2015년 쾰른Köln에서 행해진 제야의 밤 불꽃놀이 축제 현장에서 벌어진 사건에도 제184j조가 적용되었다. 즉 적어도 세 명이 함께 있던 그룹에서

---

*Sebastian Edathy는 사민당SPD 소속의 다선 중진의원으로서 연방의회 내무위원회와 조사위원회의 위원장직을 역임하기도 했는데, 2014년 2월 10일에 하노버Hannover 시의 경찰과 검찰이 그의 사무실과 집을 수색하고서, 그가 인터넷으로 주문해서 갖고 있던 아동 포르노그래피 사진 등을 압수했다. 그는 이후 기소되고서 1심 재판에서 5,000유로의 벌금형과 함께 집행유예를 선고받았다. 이로써 그의 정치이력은 끝장이 났다

**탈레랑 공작Charles-Maurice de Talleyrand-Périgord(1754~1838)은 프랑스 혁명기부터 나폴레옹 전쟁을 거쳐서 왕정복고 시기까지 활약한 정치인이자 외교관인데, 호색한好色漢으로도 유명했다. 그리고 드 스탈 남작 부인Anne-Louise-Germaine Baronin von Staël-Holstein(1766~1817)은 저명한 평론가이자 작가였는데, 프랑스혁명에서 내내 중도적 입장을 취했던 탓에 로베스피에르의 공포정치 때에 스위스로 피신했다가 다시 돌아왔고, 이후 나폴레옹 황제로부터도 박해를 받아서 파리에서 추방당했다.

***이는 당대에 최고의 외교관으로 손꼽혔던 탈레랑이 행한 다음의 표현을 저자가 패러디한 문구로 짐작된다. "외교관이 '그렇습니다'라고 말하면, 그건 '고려해보지요'라는 의미이고 '고려해보지요'라고 말하는 건 '안 됩니다'라는 의미이다. 하지만 '안 됩니다'라고 말하는 자는 외교관이 아니다."

그중 한 명이 제177조 또는 제18네조에 해당하는 범죄를 저질렀는데, 그룹에 속하는 다른 이들도 2년 이하의 자유형 내지는 벌금형으로 처벌받았다. 즉 "함께 가서, 함께 목매달려 죽자"라는* 말이다.

성범죄에 관한 형법의 자유주의화 작업이 끝난 건 채 몇 년 되지 않는다. 합리적인 규정들 곁에 의문시되는 새로운 구성요건들과 서슬 퍼렇게 강화된 형벌이 함께 자리하고 있다. 그사이에 형법전의 제13절이 풀숲처럼 마구 무성해진 까닭에 전체적인 개혁이 필요해 보인다.

정치적 범죄

1871년에 세상에 처음 모습을 드러낸 독일의 형법전StGB은 황제정 시대의 산물이다. 당시에 국가보호를 위한 범죄와 관련해서는 국가 내부적인 내란죄와 반란죄 그리고 반역죄와 국가외부의 적을 돕는 이적죄로 구분되었다. 보호되는 법익은 오늘날과 마찬가지로 당시에도 특히 국가의 존립, 내·외부의 안전과 국가의 합헌적인 질서였다.

젊은 연방공화국(서독)은 바이마르 시대의 경험으로부터 성립되었다. 즉 바이마르 시대의 민주주의가 공산주의자들과 나치주의자들에 의해서 극도로 위협되었고, 마침내는 히틀러의 권력 장악과 더불어서 몰락했다. 인간성을 파괴했던 이 시대의 엄청난 범죄는 좌우의 극단적인 모든 시도에 대해 경각심을 일깨웠다. 미국과 소련이라는 세계 강대국 간의 냉전은 독일 땅을 관통해서 그 한 가운데에다 자신들의 권력블록의 경계선을** 그어놓았다.

서방측과 동구권은 엄청난 규모로 재래식 무기들과 원자폭탄으로 무장했다. 그리고 뒤이어서 서독의 연방군대와 동독의 인민군대가 전승국들의

---

*"Mitgegangen mitgehangen." "함께 시작한 일은 끝까지 함께 책임을 져야 한다"라는 독일 속담이다.

**동·서독의 분단과 베를린 장벽을 뜻한다

의지로 다시 재구축되었다. 그간 두 나라는 교차해서 서로 침투하고, 상대방을 약화시키려고 시도해왔다. 소련과 그 똘마니에 불과한 동독이 아무런 소득이 없이 이를 행하지는 않았다. 훗날에 금지된 KPD(독일공산당)와 그 후신정당인 DKP 그리고 그 곁가지에 해당하는 마르크시즘적인 학생단체인 스파르타쿠스Spartakus 그리고 적군파RAF 일부에 의해서 지원을 받았다. 그리고 정치적으로도 역사적인 여러 사건에 개입했는데, 1972년 당시 빌리 브란트Willy Brandt 총리에 대한 건설적 불신임투표에서 일부 매수된 연방의회의원들과 함께 라이너 바르첼Rainer Barzel의 연방총리 선출을 방해한 것 그리고 1974년에 자신의 개인적인 자문역이었던 귄터 기욤Günter Guillaume이 동독의 스파이로 발각되고서 빌리 브란트 총리가 사임한 사건 등이 그러하다. 1967년에 대학생인 벤노 오네조르크Benno Ohnesorg가 서베를린의 경찰관인 쿠라스Kurras에 의해서 피살된 사건 또한 이에 속하는지는 잘 모르겠지만, 쿠라스가 슈타지Stasi의* 급여지출 리스트에 이름이 올라가 있기 때문에 그럴 수도 있겠다고 짐작이 간다.

　가장 큰 위험은 당시에 공산주의자들에 의해서 불거졌다. 극우적인 신념을 가진 세력들 또한 증가하고 있었으나, 이들은 공산주의자들에 버금가는 조직력과 타격력에는 이르지 못했고, 외국으로부터도 이들에 비견되는 지원을 얻지 못했다. 따라서 정치적인 국가보호가 주로 공산주의자들과 극좌세력을 염두에 두고 있다는 게 전혀 놀랄 일이 아니고, 오늘날 극우세력이 연방군대와 경찰조직, 법관들, 학교의 교사와 대학의 교수사회에 침투하는 것을 저지해야 하는 것도 이와 마찬가지다. 문제는 여기에 놓여있다. 즉 기본법GG상의 표현의 자유는 극단적인 의사의 표현조차도 허용한다. 개인의 신조나 확신 및 의견에다가 형법의 잣대를 갖다 대는 것은 원칙적으로 위헌이다. 이와 관련해서는 단지 극소수의 예외적인 경우가 존재하는데,

---

*동독 주민들을 비밀리에 사찰해온 악명 높은 "국가안전부"의 약칭인데, 독일에서 2006년에 제작되고 국내에서도 상영된 영화 〈타인의 삶〉Das Leben der Anderen에서 이 기관의 비밀사찰 활동이 잘 묘사되고 있다.

예컨대 오늘날 누군가가 민족적, 인종적, 종교적인 소수 집단에 대해 혐오감을 부추기거나, 홀로코스트를 부인하거나 나치즘적인 폭력 지배와 자의적인 지배를 용인, 찬양하거나 정당화하는 경우가 그러하다(형법전 제138조).

1950년대에 행정관청들과 법원들은 선을 넘어서 권한을 행사했었다. 그래서 일부 시민들이 부당하게 차별받거나 유죄를 선고받았다. 1961년에 전환이 이뤄졌는데, 이때 연방헌법재판소가 늘 더욱 강경하게 되어가는 연방통상법원BGH의 판결을 그만 두게 했다. 연방헌법재판소의 재판관들은 정당금지 이전의 시점에 KPD(독일공산당)를 위해서 일했다는 이유로 한 사람을 유죄로 선고했던 1956년의 판결이 위헌이라고 선언했다. 한 정당이 금지되기 전까지는 당원 신분의 보유 및 유지가 허용된다고 판단했기 때문이다. 이것은 정치적인 형사사건을 다룬 판결이 패배를 겪은 최초의 일이다. 그리고 이는 두 번째 국면의 시작이기도 했다. 즉 1960년대의 자유주의화 말이다.

경제기적 덕분에 성장해온 복지와 더불어서 아데나워Adenauer 총리 시절의 정치적인 경직 상황이 점차 해체되어갔다. 1966년에 대연정이 성립되었고, 1968년에는 국가위협에 관한 규정들이 삭제되고, 일부는 완화되었다. 단지 일부 규정들만이 바뀌지 않은 채로 남게 되었다. 이제는 더 이상 국가에 대한 위협으로 부르지 않고서 민주적인 법치국가에 대한 위협으로 바뀌면서 제1절에서 내란죄와 함께 규율되고, 반역죄는 다시 제2절에서 규율되었다. 이 단계의 자유주의화는 1970년에 새로운 사민당/자민당 연립정부가 통과시킨 법률을 통해서 평화법 위반이 완화되면서 그 정점을 찍었는데, 이들은 의회 바깥의 비제도권 반대자 그룹APO이* 주도하는 시위에 참여했다는 이유로 이전의 더 엄격한 법에 따라서 범죄로 기소된 수천 명의 학생들의 사면과 이를 결합시켰다. 이는 신좌파 세력을 진정시

---

*재야의 반체제 학생운동세력을 뜻한다.

키고 통합하고자 하는 시도였다.

이 시도가 실패하고, 신좌파 세력이 더욱 강력해지면서 통합을 거부하고, 1970년대 초 이 APO가 터무니없이 조직적인 도시 게릴라 운동을 자행하는 분파인 적군파RAF로 발전해가자, 정치 형법의 규제가 다시 강화되고, 1970년대와 1980년대에는 이에 대응하는 입법 활동으로 분주해진 세 번째 국면이 시작되었다. 즉 대對테러 관련 법률이 강화되고, 표현의 자유가 제한되었으며, 시위에 관한 형법이 확대되었다. 9/11 테러 이후 미국에서도 이와 유사한 현상이 벌어졌다.

1972년 말 이후에 적군파의 수뇌들이 체포되었다. 그리고서는 앞서 성범죄에서 이미 기술한 바와 같은 일이 벌어졌다. 즉 끔찍한 일들이 계속해서 벌어졌고, 대중들은 불안해했다. 정치권은 행동주의로 이에 대응했고, 나름의 행동력을 과시하고자 했다. 그래서 1974년의 **"슈탐하임**Stammheim **소송"과*** 관련해서 피고인의 방어 가능성을 현저히 제한하는 특별법이 마련되었다. 1976년에는 형법전 제88a조와 제130a조와 더불어서 표현의 자유의 영역에서 국가보호를 전면에 배치했는데, 이는 "범죄행위의 헌법적 대적인 옹호" 및 "범죄행위에 대해 정치적으로 동기를 부여하는 유도"로 규정하면서 형사법적으로 기소되는 위협 아래에다 두었다. 같은 해에 형법전에 "테러단체의 구성"을 범죄구성요건으로 하는 제129a조가 신설되는데, 사전단계에서의 차단이라는 그것의 가장 중요한 기능이 도주나 증거 인멸의 위험이 없어도 이미 비난받고 있다는 사실만으로도 자동적으로 체포 · 구속되는 결과로 이어진다는 데에 놓여있었다. 1977년에는 「접촉차단법」이 마련되는데, 이에 따르면 국가비상사태에서는 더 이상 변호인의 조력을 받을 수 없게끔 되었다. 1978년 이후로는 형법전 제129a조 위반으로 기소된 피고인은 구치소에서 자신의 변호인과의 접견 시에 두꺼운 유

---

*제1세대 독일 적군파(RAF)들에 대한 형사소송을 뜻한다. Andreas Baader, Ulrike Meinhof, Gudrun Ensslin 및 Jan-Carl Raspe가 당시 피고인들이었다.

리창으로 분리된 채로 단지 마이크를 통해서만 서로 대화를 나눌 수 있게 끔 제한되었다. 사민당/자민당 연립정부가 끝나기 직전인 1981년에 형법전 제88a조와 제130a조가 다소 지나치다는 이유로 다시 삭제되었다. 그러나 1989년에 기민당/자민당 연립정부는 제130a조를 보다 완화된 처벌규정과 함께 다시 형법전 안에다 삽입했다. 1985년에는 치안교란죄가 1970년 이전과 유사한 규정으로 다시 삽입되는데, 물론 약간의 제한이 더해지기는 했다. 1986년에는 제129a조의 규정이 테러리스트들처럼 중범죄가 아니라 상당한 재물손괴를 도모하는 군사적인 무정부주의자들과 자치주의자들에까지 확대해서 적용되었다. 그리고 1989년에는 시위를 처벌하는 형법규정이 다시 한 번 더욱 강화되었다. 그 이후로 복면과 헬멧 그리고 최루가스에 대한 보호구 착용과 같은 이른바 "소극적 무장"도 독자적인 범죄행위가 되고, 심지어 시위현장에서뿐만 아니라 사전에 시위현장으로 가는 도중에서부터 이미 처벌받게끔 되었다. 같은 해에 기민당CDU은 연정 파트너인 자민당FDP이 마침내 "핵심증인규정"의* 도입에 반대하는 저항을 접도록 하는 데에 성공했다.

그런데 특이하게도 구금된 자들에게 유리한 규정들도 마련되었다. 이들은 단식투쟁으로 압력을 행사하면서 "자신들을 고립시키는 고문"이라고 주장하면서, 더욱 개선된 행형조건과 동료 수감자들 모두를 한곳에 모아달라고 요구했다. 이러한 요구가 부분적으로는 성공을 거두었다. 1973년에 이들은 슈투트가르트Stuttgart에 소재하는 교도소의 8층에 ―구치소는 슈탐하임Stammheim에 소재함― 함께 수용되었고, 거의 매일 한 시간 동안 서로 대화를 나눌 기회를 얻었다. 이들은 여기서 여느 다른 수감자들에게는 꿈속에서나 가능한 큰 특권을 누렸다.

이들에 대한 소송은 1975년 5월 21일에 시작해서 그사이에 192차례의

---

*이는 공범 등의 범죄 가담자들이 다른 정범의 범죄를 결정적으로 증언하는 대가로 자신의 범죄에 대해서 형의 감면 또는 면제를 약속받는 근거 규정을 뜻한다.

변론기일을 거쳐서 1977년 4월 28일에 판결 선고와 함께 끝이 났다. 앞서 언급된 강화된 여러 법률규정 말고도 변호인과의 대화를 엿듣게끔 감방 안에 설치된 7개의 감청장치 등 차마 형언하기가 어려운 물건들도 있었다. 이것들은 바덴-뷔르템베르크Baden-Württemberg의 법무부, 헌법수호청, 연방정보부BND 및 연방총리청이 서로 협력하는 가운데 설치되었다. 이들은 오늘날의 형법전 제34조의 의미에서 추가적인 테러공격을 막기 위하여 정당화되는 국가비상사태라고 주장했다. 그러자 재판장이 언론에 관련 문서들을 배포했다. 이로써 비난 여론이 폭발했고, 1977년 1월 20일에는 변호를 거부하는 청구가 제기되었다. 이번에는 나름 성공적이었다.

이 슈탐하임Stammheim 소송은 독일의 사법司法 역사에서 마치 괴물 같은 존재로 남아있다. 피고인들과 이들의 변호인들에게는 소송을 오래 끌면서 프로파간다의 목적으로 이용하면서 소송을 방해할 그 어떤 기회도 주어지지 않았다. 이들은 국가의 억압적인 성격을 입증하기 위해서 국가가 과잉 대응 하게끔 도발할 것을 의도했다. 이들 다수의 단식투쟁은 행정청에 압박을 가했다. 여기서 변호인 두 명이 테스트 차원에서 먼저 미녹스Minox 초소형 카메라를 그리고 이어서 권총과 폭탄을 감방 안으로 몰래 반입한 사건은 가히 범죄적으로 정점을 찍은 사건이었다. 이는 또한 구치소 안에서 추가 공격이 계획되고, 여전히 붙잡히지 않은 테러리스트들에게 지시가 전달되고 있다는 증좌이기도 했다. 이 해에 이들 적군파RAF는 마치 히드라Hydra와도 같았다. 머리 하나를 잘라내면, 거기서 머리 두 개가 다시 또 자라나고, 한가운데의 머리는 절대 죽지 않는다. 어떻게 하면 이 사태를 잘 해결할 수가 있겠는가? 모든 차원에서, 즉 경찰, 입법, 수사와 기소, 형벌의 집행 및 법원들에서 엄격하게 법치국가적으로 대응하는 것이다.

이것이 당시에는 여러 이유로 인해 어려웠다. 고위 관료들, 정·재계의 인사들, 미군 병사들뿐만 아니라 사법을 겨냥해서도 테러가 행해졌다.

1972년 5월 15일에 연방통상법원BGH의 수사판사인 볼프강 부덴베르크Wolfgang Buddenberg의 차량에서 그의 아내가 차의 시동을 켰을 때에 폭탄이 터졌고, 심각한 부상을 입었다. 1974년 11월 10일에 베를린 고등법원의 법원장인 귄터 폰 드렌크만Günter von Drenkmann이 살해되었다. 그리고 1977년 4월 7일에는 연방검찰총장인 지그프리트 부바크Siegfried Buback가 다른 두 명의 수행원과 함께 피살되었다. 적군파들은 계속해서 테러를 자행했다. 1980년과 1982년에 10명의 적군파 테러리스트들이 동독에 새로이 거처를 마련했는데, 이들은 1990년 동·서독 통일 이후에야 발각되었다. 마지막 피습은 1991년에 행해진 신탁청장인 카르스텐 로베더스Karsten Rowedders의 살해였고, 1993년에는 바이터슈타트Weiterstadt의 형집행시설에 폭탄이 터져서 무려 8천만 유로가 넘는 대물손해가 발생했다. 이어서 볼프강 그람스Wolfgang Grams가 도피 중이던 바트 클라이넨Bad Kleinen의 기차역에서 그를 체포하려던 경찰특공대원GSG을 사살했다. 이어서 우익 쪽에서도 암살집단이 형성되기까지 시간이 그다지 오래 걸리지 않았다. 신나치 지하조직NSU* 등이 그러했다.

강요와 폭행

정치형법政治刑法 내지 정치사법政治司法과 같은 개념은 법률가들 사이에서 논란의 여지가 없지 않다. 몇몇 법률가들은 모든 게 정치적이라고 말한다. 즉 정치적이지 않은 형법은 결코 없다고 말이다. 다른 이들은 정치사법이라는 게 전혀 존재하지 않는다고 생각한다. 즉 만약에 정치사법이 횡행한다면, 이 같은 소송에서 피고인의 범죄행위에 대해 법으로는 아무것도

---

*원래의 명칭은 "Nationalsozialistische Untergrund"이고, 약칭해서 NSU로 부른다. 1999년 무렵에 당시의 이민정책에 반대하는 반(反)인종적인 배경 하에서 결성된 신나치즘적인 테러조직인데, 그동안 이민자 살해와 폭파 등 다수의 테러를 자행해왔다.

할 수 없고, 통상적인 법위반과는 달리 취급해야 함을 뜻하기 때문이라는 것이다. 그래서 정치사법에 대해서는 전혀 거론할 가치가 없고, 여기서는 오직 법과 정의에 따라서만 판결이 내려질 수 있다고 주장된다. 그런데도 정치형법이 존재한다고 생각하는 몇몇 이들은 그 경계를 긋는 데에 어려움을 지닌다. 그렇다면 강요強要죄는 어떤가? 지난 1980년대에 평화운동의 일환으로 행해진 연좌농성과 더불어서 이에 대해 많은 논의가 있었다. 이 연좌농성이 정치적인가? 이것은 그 자체가 전적으로 통상적인 범죄구성요건에 해당한다. 독일의 형사법원의 일상에서 이해하기가 쉽지 않고, 많은 법적 문제점을 내포하는 사건들이 드물지 않게 다뤄진다. 형법전 제240조에서 처음 두 조항은 아래와 같이 규정하고 있다.

① 폭력으로 또는 민감하게 느껴지는 해악을 위협하면서 타인에게 작위, 수인 또는 부작위를 강요한 자는 3년 이하의 자유형 또는 벌금형에 처한다.
② 의도하는 목적 달성을 위해서 폭력을 사용하거나 해를 끼칠 위협을 가하는 것이 비난받아야 할 행위로 간주된다면, 이 행위는 위법하다.

강요는 강제를 뜻한다. 그리고 강제는 타인의 자유의지에 대한 침해이다. 지금, 이 순간에도 우리가 매일 따라야 하는 수많은 강제가 존재한다. 대부분의 강제가 허용되는데, 가정과 학교 및 직장에서, 정치인, 군인 또는 수형자로서 그리고 도로와 운동장에서 말이다. 이런 강제가 종종 위협과 그리고 심지어는 폭력과 결합하기도 한다. 어느 임대인이 월세를 내지 않는 세입자더러 방을 빼라고 위협할 수도 있고, 이걸로도 여의치 않으면 소송이나 강제집행을 위협할 수도 있다. 법원집행관은 판결이 내려지면, 심지어 필요한 경우에는 폭력으로 대응할 수도 있다. 업무 수행에서 문제가 많은 직원에게는 해고가 위협된다. 그리고 이밖에 다른 많은 경우에서도 그러하다.

형법전의 강요죄와 관련해서는 먼저 비난받을 만한 강제가 행해져야 한다. 그리고 법률은 제240조 제2항에서 또한 이를 어떻게 판단해야 하는지를, 즉 목적과 수단 간의 비례성 심사에 따른다고 밝히고 있다. 수단은 목적 달성에 적절해야 하는데, 이를 따지는 게 종종 매우 어렵다. 비례성이 더는 존재하지 않는다는 결론이 나면, 이로써 폭력을 행사하는 위협은 처벌 대상이 된다. 이에 대해 간단한 예시를 들어보자. 두 사람 간에 도로상에서 교통사고가 일어났고, 한사람이 다른 이에게 사고로 인해 발생한 손해를 배상하지 않으면 고소할 거라며 위협한다고 생각해보자. 사람들은 이 정도는 적절하다고들 말한다. 그러나 임대인이 자신의 세입자더러 그간 밀린 나머지 임대료를 지급하지 않으면 그가 낸 교통사고를 고발할 거라고 위협한다면, 이 둘은 서로 아무것도 한 게 없고, 따라서 이 위협은 우연히 알게 된 인식의 남용에 해당하고 목적 달성에 적절하지 않으며, 따라서 비례에 맞지 않아서 비난받을 만하고, 형사처벌의 대상이 된다. 그리고 임대인이 밀린 임대료의 지급을 강요하기 위해서 세입자의 턱을 때렸다면, 이는 곧바로 형사처벌의 대상이 된다. 왜냐하면, 자신의 목적 달성을 위한 사적인 폭력 행사는 원칙적으로 언제나 부적절하기 때문이다.

폭행은 법률가들이 한동안 골몰해온 그다음의 문제이다. 턱을 때리는 게 문제였던 게 아니다. 이것은 당연히 폭행이다. 그렇다면 다른 행위들은 어떠한가? 1900년 무렵에는 여전히 단순했었다. 당시에 가장 베스트셀러였던 형법교과서에는 다음과 같이 밝히고 있다(프란츠 폰 리스트,《독일형법 교과서》, 제19판, 1912, 353쪽 이하).

"폭행은 사실상의 저항을 이겨내기 위하여 직접적으로 또는 도구를 사용하는 상당한 힘의 행사이다. 폭력은 자신의 신체를 직접적으로 사용하거나 도구나 동물의 힘을 간접적으로 전개하기도 한다. 이것은 그

대상에게 부단히 위력적으로 영향을 미치는데, 부단한 위력의 행사는 그 자체가 의지 또는 강제에 영향을 미치는 게 아니라, 날것 그대로의 신체적인 물리력을 뜻한다.”

오늘날은 더 이상 이렇게 서술하고 있지 않다. 강요죄는 그사이에 이와는 달리 전개되어왔다. 강요죄는 19세기에 이른바 *crimen vis*, 즉 폭력범죄로부터 생겨났는데, 중세 말기에 로마법이 독일로 들어왔을 적에 위력을 행사하는 무리를 처벌하면서, 살인, 강도 또는 강간과 같은 특별한 처벌조항에 해당하지 않는 폭력행위, 즉 평화교란죄로 대충 일컬어졌다. 19세기에 부르주아적 법치국가를 지향하면서 개별 형벌규정들을 보다 더 정확하게 파악하려고 노력해오던 중에 강요죄는 그 성격이 바뀌었다. 그래서 지금의 제240조는 한 시민이 타인에게 행하는 강제를 처벌하기 위해서 성립되었다. 이에 대해서는 카를 빈딩Karl Binding이 1986년에 출간된 자신의 형법교과서에서 아래와 같이 서술했다(제1권, 21-22단락).

“이렇듯 자유를 침해하는 새로운 범죄 집단들이 생겨나고 있다. 강요죄는 자신의 의지에 따른 활동의 자유를 저해하는 모든 범죄의 기본적인 불법행위를 형성한다.”

처벌조항을 비로소 처음으로 이렇듯 정확하고 더 좁게 규정하고 난 이후로 21세기에 다시 점차 넓게 규정되면서, 심지어 폭행 개념도 다소 바뀌었다. 처음에는 “날 것 그대로의 신체적 물리력”으로만 이해되었고, 그 반대는 의지, 또는 영혼에만 영향을 미치는 강압으로 여겼다. 순전히 심리적인 강압 효과는, 예를 들어 마취제를 사용한 경우에도 폭력으로 간주되지 않았다. 바이마르 시대에 제국법원의 한 판결에서 이를 다뤘었다. 누군가가 지갑을 훔치려고 타인의 와인잔에다 몰핀 몇 방울을 몰래 떨어트렸고,

그리고서 그 타인이 잠이 들었다. 이게 강도인가 아니면 절도인가? 강도는 즉 폭력을 사용하는 절취행위다. 그런데 제국법원은 여기서는 그 어떤 폭행도 없었기 때문에 강도가 아니라 단지 절도라고 밝혔다. 폭행은 어디까지나 신체의 사용이지, 마취제 사용은 폭행이 아니라는 판단이다. 이 판결이 1921년에 행해졌다.

30년이 지나서 해당 판례가 바뀌었는데, 그사이에 전쟁과 전후 시기가 놓여있었고, 제국법원이 더 이상 라이프치히Leipzig에서 판결을 내리지 않고, 칼스루에Karlsruhe에 소재하는 연방통상법원으로 바뀌었다. 곧바로 연방통상법원BGH은 판례집 제1권에 수록된 1951년의 한 판결에서 정확하게 이전의 제국법원과는 반대되는 자신의 입장을 밝혔다. 또다시 마취제가 문제였는데, 누군가가 클로로포름으로 타인을 의식이 없게끔 만들고서 그의 돈을 훔쳤다. 연방통상법원은 이것이 폭력을 사용한 절취, 즉 강도라고 판단했다. 여기서는 타인의 신체에 직접 영향을 끼쳤다고 보았다. 더 이상 신체의 힘을 사용하는 영향 행사가 아니라, 신체에 영향을 끼치는 것만으로도 충분히 폭력의 행사라고 본 것이다.

1964년의 판결은 여기서 한 걸음 더 나아갔다. 당시에 어느 자동차 운전자가 아우토반에서 다른 운전자를 위험하게 몰아붙였다는 이유로 연방통상법원에서 강요죄로 처벌받았다. 즉 자기 차 앞에서 시속 100km가 넘는 속도로 달리는 한 폭스바겐 자동차가 좌측의 추월차선으로 주행하면서 비키지 않았는데, 왜냐하면 그 앞에서 같은 속도로 달리는 다른 많은 자동차가 계속해서 오른쪽의 주행 차량을 추월하고 있었던 까닭이다. 피고인은 자신의 차량인 메르세데스 벤츠로 이 폭스바겐에 아주 가깝게 갖다 대고서는 수 킬로미터를 달리는 동안에 비키라며 계속해서 경적을 울리고 상향등을 깜빡거렸다. 법원은 이것이 사람의 신체를 신경질적으로 불안하게끔 몰아붙여서 영향을 끼치는 폭행이라고 설시했다. 확실히 올바른 판결이다. 그리고서 5년 후에는 이와는 전혀 다르게 선고된 유명한 래플레

Laepple 판결이 행해졌다.

래플레 판결(BGHSt, 23, 46)

1966년 10월 쾰른Köln 시에서 대중교통요금이 인상되고서, 이에 항의하는 많은 대학생이 도로를 봉쇄했는데, 이들은 트램(노면전차)의 선로 위에도 앉아 있었다. 두 명의 대학생이 강요죄로 기소되고, 쾰른 지방법원은 이들이 무죄라고 판결했다. 1969년에 연방통상법원은 이 사안을 유죄의 취지로 다시 심리하라며 쾰른 지방법원으로 파기환송 하는 판결을 선고했다. 연방통상법원은 강요죄의 구성요건이 충족된다고 밝혔다. 즉 이것은 폭력의 행사이고 또한 비난받을 만하다는 것이다. 이 사건은 두 명의 대학생 중 한 명, 즉 쾰른 대학 학생회 대표였던 래플레Laepple의 이름을 따서 래플레 판결로 불린다.

오늘날까지도 이 판결이 여전히 논란되고 있다. 형사법 문헌들에서 다수의 학자는 이 판결이 옳다는 입장이다. 그러나 이보다 더 많은 학자는 이 판결이 그릇되었다고 생각하고 있다. 이 사안은 1980년대에 다시 특별하게 다뤄졌는데, 연방공화국(서독) 내에 핵미사일 배치를 반대하는 평화운동의 지지자들이 미군기지 앞에서 연좌농성 시위를 벌인 탓에 이들에게 강요죄 혐의로 유죄판결이 선고되었고, 이들 중 일부가 법원의 유죄판결을 대상으로 헌법소원심판을 청구했다. 이에 대해서 연방헌법재판소가 대체 무슨 말을 할지가 몹시 긴장되는 순간이었다. 1986년에 판결이 내려졌는데, 본질적으로는 연방통상법원의 판결을 그대로 확인하는 내용이었다.

결정적인 물음은 쾰른의 대학생들이 폭력을 행사해서 트램 운전수의 운행을 방해했는지 여부에 놓여있었다. 도로상에서의 연좌농성이 폭력의 행사인가? 마취제나 아우토반에서의 추월행위와 같이 그것이 정말로 지금은 신체에 영향을 미치는 행위라고는 더 이상 말할 수가 없었다. 굳이 말하자면 시위참가자들의 신체가 위험해지기는 했다. 그런데도 연방헌법재판소는 이것이 폭력의 행사라고 밝혔다.

> "이러한 판단은 대학생들이 신체의 물리력을 직접 사용해서 트램을 멈추려고 한 게 아니라, 단지 약간의 신체적 힘을 사용해서 심리적으로 결정되는 과정을 촉발시켰다고 보아도 무리가 없다. 여기서 결정적인 점은 이들이 끼친 심리적 영향이 어느 정도의 무게로 다가왔느냐 하는 것이다. 한 사람이 선로 위에서 맞서고 있다면, 여기에 트램 운전수에게는 심지어 반항하기가 어려운 강제의 행사가 놓여있는 셈인데, 왜냐하면 그는 트램을 멈춰 세워야만 하는데, 그리하지 않으면 그가 고살죄를 범하는 게 되기 때문이다."

얼핏 보면 이 같은 "반항하기가 어려운 강제"라는 논리가 그럴 법은 한데, 법전을 좀 더 살펴보면 전혀 달라진다. 법전을 읽는 게 법에 대한 이해를 한층 드높인다.

형법전 제240조는 "폭력이나 위협으로 […] 강요한 자는 […]"이라고 말하고 있다. 강요죄는 타인을 강제하는 것이다. 따라서 강제 하나만으로는 충분치가 않고, 즉 폭력이나 위협이 덧붙여져야 한다. 연방통상법원은 영향을 미치는 강제라는 개념을 여기에 갖다 두면서, "폭력으로"라는 단어를 삭제하고서 그 대신에 "반항하기가 어려운"이라는 단어를 갖다 놓는다. 그러나 "폭력으로"라고 언급하고 있지, "반항하기가 어렵게끔 강요한 자는"이라고 말하는 법률은 전혀 존재하지 않는다. 래플레는 존재하지 않는 법률에 근거해서 유죄판결을 받은 셈이다. 독일 헌법GG 제103조 제2항은 *nulla poena sine lege*, 즉 "법률이 없으면 형벌도 없다"라고 밝히고 있는데도 말이다.

연방헌법재판소의 판단은 이와는 달랐다. 동 법원은 1986년에 폭력은 또한 특별히 기본적인 과정의 징표라고 판단했다. 이에 반항하기가 어렵다면, 폭력적인 언사言辭로도 물론 가능하다고 본다. 그러한 한에서 폭력적인 언사는 반항하기가 어려운 강요이고, 그래서 폭력적이라는 판단이다. 이로써 폭력적이라는 것이 폭력을 행사하는 것과 혼동되고 있다.

두 번째 물음은 비난가능성이다. 래플레 판결에서 연방통상법원은 이를 매우 간단하게 다뤘다. 위협이 문제시되는 모든 개별 사례에서 그것이 추구하는 목적에 여전히 적절한지 여부가 늘 거듭해서 심사되어야 마땅하다. 이는 폭행의 경우와는 다르게 때로는 형량하기가 어렵다. 폭행의 경우에는 그것의 행사가 언제나 부적절하다는 규칙이 적용된다. 어떤 목적이 추구되는지와 관련해서도 똑같이 적용된다. 폭력의 행사는 원칙적으로 비난받아야 마땅하다. 폭력에는 위법성이 본래부터 드러나 있다고들 말한다. 따라서 쾰른에서의 연좌농성은 형법전 제240조 제2항의 의미에서 또한 비난받아야 마땅했다.

이런 자동주의적인 이해는 철저히 그 나름의 정당성을 갖는다. 사적인 폭력이 허용되어서는 아니 된다. 그러나 실제로 그 어디에도 존재하지 않는 이 같은 사법司法의 권력을 직시한다면, 당연히 이 같은 자동주의적인 이해는 그 정당성을 상실한다. 그래서 "반항하기가 어려운 강제"에 대해서도 위협에 있어서와 동일하게 적용되어야 하는데, 즉 수단과 목적은 서로 비교되어야 하고, 수단의 사용이 비례에 맞지 않는지 여부가 분명해야 한다. 즉 이 연좌농성이 핵미사일 배치에 저항한다는 목적 달성을 위한 적절한 수단인지 아닌지의 물음이 중요하다. 연방통상법원은 연방헌법재판소의 결정이 내려지기 직전에 행한 판결에서 이미 이를 지적한 바 있었고, 연방헌법재판소는 이러한 폭력에 있어서 불법이 자동적으로 적용되는 것은 아니라는 점을 이때뿐만 아니라 그 이후에도 더욱 분명히 밝히고 있다.

이 래플레 판결은 독일에서 올바르게 판결하지 않은 정치사법의 증좌로서 단지 수년 동안만 유지되었다. 즉 법관 역시도 법률의 테두리 안에서 움직여야 마땅한데도 말이다. 당시에 특정 인물이 해당 판결을 선고한 연방통상법원 제2형사재판부의 재판장이었던 사실이 결코 우연한 일은 아니다. 1968년의 학생운동으로 인해 격앙된 사회 분위기 속에서 많은 사람은 이제는 좌익의 위협에 다시 힘차게 맞서야 한다고 생각했다. 이 사람, 즉 파울하인츠 발두스Paulheinz Baldus 판사도 확실히 그렇게 확신하고 있었다. 이보다 3년 전에 프랑크푸르트에서 벌어진 아우슈비츠 재판에 기소된 주된 피고인들 중 한 사람이 바로 나치 친위대SS의 하급장교였던 오스발트 카두크Oswald Kaduk였는데, 재판에서 그는 당시 제국수상인 아돌프 히틀러로부터 직접 명령을 받았고, 현재 연방통상법원의 재판장인 발두스Baldus로부터도 명령을 받았었다고 주장했다. 발두스 판사의 권위주의적인 정신 상태가 이 같은 삶의 경로와 결부된 것으로 보인다. 표현의 자유, 집회 및 시위의 자유라는 기본권에 대해 더 많은 이해를 지닌 자유주의 성향의 법관이라면 이와는 다른 판결을 내렸을 법도 한데, 그러나 당시 연방통상법원의 재판장은 그렇지가 않았다.

곧 1995년이 다가왔고, 여하튼 시대가 바뀌었다. 직전에 연방헌법재판소는 소량의 대마초 소지가 처벌되어서는 아니 되고, "군인은 살인자다"라는 문구도 처벌되지 않는다고 밝혔다. 그 해에 과거 동베를린에서 연방공화국(서독)을 상대로 스파이 활동을 벌여온 마르쿠스 볼프Markus Wolf에* 대한 판결이 취소되었다. 또한 마침내 바이에른Bayern의 학급 교실에 걸린 십자고상Kruzfix을 대상으로 하는 십자고상 판결이 행해졌다. 그리고서 연방

---

*Markus Wolf(1923~2006)는 동독에서 대외정보국의 책임자를 지냈다. 독일 통일 전후 시점에 도피해서 여러 나라에 망명을 신청했으나 거부당했고, 이후 독일로 다시 돌아와서는 반역죄와 뇌물수수죄 혐의로 기소되어서 재판을 받았다. 재판에서 그에게 6년의 자유형이 선고되었지만, 2년 후에 연방헌법재판소가 동독의 대외정보기관 종사자들이 생업차원에서 한 일이었다고 밝히면서 더 이상 형사소추를 하지 않도록 하는 이른바 "원칙 판결"을 내리면서 함께 풀려났다. 그러나 이후로도 그에게 여러 소송이 잇따라서 제기되었다

헌법재판소의 재판관들이 같은 해의 시작과 함께 연좌농성에 대한 기존 입장을 바꾼 일에는 전혀 주목하지 않았다. 형법전 제240조에 따른 유죄판결은 기본법 제103조 제2항을 침해하며, 따라서 위헌이라고 밝혔다. 연좌농성은 폭행이 아니다. *nulla poena sine lege.*

감시와 처벌

당신이 매우 좁은 감방 안에 갇혀있다고 생각해 보라. 이곳의 시설은 매우 열악하다. 안을 들여다볼 수 있는 작은 구멍이 달린 육중한 철문만이 그나마 값비싼 것인데, 다른 설비들보다도 더 값이 나간다. 이곳의 가장 단순한 삶에서 당신이 매일 필요로 하는 것들은 이미 주어져 있다. 즉 식사, 작은 세면대와 변기 하나가 고작이다. 이곳에서 심지어 당신은 일을 갖는데, 그 일은 단조롭고 최저임금에도 미치지 못한다. 일하거나 쉬는 동안에 당신은 다른 수형자들과 접촉할 수가 있는데, 물론 단지 동성同性하고만 가능하고, 사람을 고를 수도 없다. 다른 수형자들도 당신과의 관계에서 또한 마찬가지다. 하루에 한 번씩 1시간의 자유시간이 허용된다. 가족과의 면회 기회가 한 달에 한 번만 주어지는데, 물론 짧게만 그리고 자유로운 관계가 전혀 불가능한 분위기 속에서 말이다. 이곳에서 당신은 제대로 된 자신의 삶을 전혀 갖지를 못한다. 당신은 철저히 혼자인데, 사적인 내밀 영역도 존재하지 않는다. 마치 토끼장 속의 토끼처럼 당신은 문에 달린 구멍을 통해서 언제라도 관찰될 수 있기 때문이다. 그리고 당신은 갑자기 다른 교도소로 이감되어서 다시 많은 수형자 전체 집단에서 특정 숫자로만 불리는데, 복도를 거쳐서 운동장으로 나갈 때나 사용한 침구를 세탁실에서 새 걸로 교환할 때 그리고 동시에 공동샤워장에 머물 때도 그러하다. 모든 게 중앙에서 통제되고 전적으로 조직되어있다. 모든 수형자에게 동일하게 낮과 밤을 구분하려고 중앙에서 개별 감방 전체를 소등하는 것에 이르기까지 말이다. 다른 한편으로는 상상할 수도 없는 관료주의에 직면해서 당신은 늘 수동적으로 기다려야만 하는 유죄선고를 받기도 한 셈이다. 모든 일에는 시간이 필요하고, 당신이 스스로 할 수 있는 일은 아무것도 없다. 가장 최선은 당신이 아무것도 묻지 않고, 아무것도 알려고 하지 않고, 그저 인내하면서 기다리고, 다른 이들이 하려는 일이 벌어지도록 그냥 수수방관하는 것이다. 당신이 이곳에서 수개월 또는 몇 년을 살아야 한다고 상상해 보라. 과연 어떤 심정이겠는지를? 당신은 심각한 내상을 입지 않고서 과연 이곳을 견뎌낼 수가 있겠는가?

수형자의 인격성이 이 같은 전체적인 조직화로 인해 근본적으로 침해되는데, 모든 독자성과 자존감이 말살되고, 자기결정과 자아실현이 불가능하다. 사람들이 좋다고 하는 사랑, 다정다감함과 같은 인간과의 친밀성 또한 결핍된다. 저녁의 감방 소등消燈과 같이 모든 게 대량적으로 방해되고 차단된다. 한 인간은 더 이상 독자적인 하나의 주체가 아니라 단지 관리되는 대상에 지나지 않는다. 이 세상 어디에도 이곳보다 더 자살률이 높은 데가 없다. 내상을 입지 않고서 힘차게 견뎌내는 본성을 지닌 극히 소수의 사람이 더러 있기는 하다. 그렇지만 많은 이들은 절망의 나락으로 빠져들고 만다. 이들 대다수는 자신을 억제하지 못한다. 추후에 풀려나서도 정상적인 삶을 영위하는 게 거의 불가능하다. 다수의 연구조사에 따르면 재범률이 40~80%에 이른다고 한다.

마찬가지로 형벌에 처하는 사람이 감금되는 감옥監獄이 비로소 16세기 후반부 이래로 존재해왔는데, 중세에 특히 여러 도시에서 몇몇 그 전신前身들이 있었다. 이밖에도 엄청난 고문拷問과 함께 사지절단四肢切斷이나 참수斬首가 적용되는 중세적인 형벌이 존재했다. 비로소 1600년 무렵에 영국과 네덜란드에서 강제노동이 수반되는 근대적인 감옥이 생겨났다. 왜 이

때였는지에 대해서는 여러 이론이 존재한다. 아마도 이것이 사실상 보다 더 인본주의적이고 인간적이며 그리고 덜 잔혹하게 여겨졌으리라고 짐작된다. 여기서 프랑스의 철학자 미셸 푸코Michel Foucault는 물론 다른 생각이었다. 그는 이로써 이전의 형벌이 곧바로 폐지된 게 아니라, 단지 그 외양만 바꾸면서 근대 국가의 전체적인 조직과 행정을 위하여 새로운 시대의 전개에 순응한 거라고 지적했다. 또 다른 이들은 감옥이 경제적인 이유로 발견되었다고 여긴다. 왜냐하면, 처음부터 감금이 노동과 결부되었기 때문이라고 주장한다. 이 감옥은 1600년 이후로 점점 더 중요해지고, 이곳의 노동력이 더욱 가치 있게 되었다. 이러한 이유로 감옥은 노동교화소 또는 징역소로도 불렸다. 여기서 사람들은 노동으로 더 나은 인간으로 훈육될 수 있다는 상념을 지녔다.

법률가들 대다수가 1764년에 출간된 유명한 책《범죄와 형벌》을 저술한 밀라노의 젊은이 체사레 베카리아Cesare Beccaria와 마찬가지로 생각했다. 베카리아는 사형 폐지를 요구한 최초의 인물인데, 이로써 전 유럽에서 크게 주목받았다. 이런 까닭에 그에게는 감옥이 이상적인 형벌이었다. 이곳 감옥에서 범죄자가 어느 정도는 자신의 신체로 죗값을 치르기 때문인데, 즉 첫째로는 잔인한 태형笞刑이나 사형死刑과는 달리 단지 일정 기간에만 그리고 둘째로는 기간의 장단長短과 함께 책임의 무게에 상응해서 정확하게 적절한 형벌을 선고할 수 있다고 보았다. 이 같은 수학적인 고찰은 계몽시기의 시대정신에도 전적으로 부합하는 바이기도 했다. 여하튼 감옥은 엄청나게 성공적인 발명품인데, 그사이에 전 세계로 확산되고, 거의 모든 이들이 이게 당연하다고들 생각하고 있으니 말이다. 심지어는 감옥 안에서 지내야만 하는 이들조차도 그렇게들 여기고 있다.

그런데 비록 감옥의 바깥에 있더라도 그곳 감옥이 전적으로 불가능한 곳이라는 것을 누구보다도 더 잘 알고서, 언제나 이에 대한 논쟁을 제기하면서 보다 나은 개선을 또는 심지어는 전체 시스템의 폐지를 요구하는 그런

인류애를 가진 이들이 더러 있다. 또한, 이 같은 전체 시스템이 이미 2백 년 전부터 여기에 속해왔는데, 여전히 생명력을 유지하고 있다. 때로 사실상 무언가 바뀌기는 했는데, 부분적으로는 단지 피상적으로만 그리고 부분적으로는 몇몇 중요한 개선과 함께 그리고 또한 때로는 개악改惡과도 더불어서 말이다. 가장 최근의 논쟁은 개혁지향적이던 1960~1970년대에 벌어졌다. 당시에 「형刑집행법」이라는 대단히 포괄적인 법률이 제정되었는데, 1976년 같은 해에 독일에서 미셸 푸코가 저술한《감시와 처벌》이 번역 출간되었다. 이 책은 한동안 많은 이들을 흥분시켰다.

현재 독일에는 약 5만 명이 감금시설에 수용되어 있다. 2018년에 712,300명이 유죄판결을 받았고, 그밖에 유죄판결을 받지 않은 156,800명이 형사법정에 섰는데, 이들 대다수에게는 무죄나 소송절차의 중지에 따른 공소기각이 선고되었다. 모든 유죄판결의 77.3%에서 벌금형이 선고되었다. 노르트라인-베스트팔렌Nordrhein-Westfalen의 통계에 따르면 이 란트에서만 형刑의 집행에 소요되는 전체 비용이 2017년에 8억4천만 유로에 달했고, 수입은 대략 5천8백만 유로인 것으로 확인되는데, 이 수입에는 아마도 수형자들의 노동이 숨겨져 있다고 짐작된다. 수형자 한 사람에게 하루 평균 약 136유로의 관리비용이 소요된다.

감방에다 사람을 가두는 형벌은 인간의 삶에서 가장 심각한 공격 양태의 하나이다. 따라서 이에 대한 강제적인 이유와 분명한 척도가 있는 경우에만 국가에게 그것이 허용된다. 그런데 앞서 언급한 바와 같이 그간의 여러 형벌이론이 실패했고, 이 같은 형벌을 충분히 정당화하는 논거가 존재하지 않는다. 그리고 양형이 비합리적이고, 경험칙상으로는 법관들도 저마다 제각각이다. 동일한 범죄행위에 대해 5년 또는 10년의 자유형이 전적으로 가능하다. 동일한 행위인데도 어떤 범죄행위는 약하게 그리고 다른 범죄행위는 더 강하게 처벌된다. 누가 법률이 정한 자신의 법관이 되는지 여부에 한 인간의 운명이 달려있다. 정의에 따른 최고의 요청이 평등이어야 마땅한데도, 이렇듯 정의의 이름으로 극단적인 차이가 존재하고 있다. 대단히 불합리하고 황당한 시스템이다.

법률가들도 이런 사실을 잘 알고 있다. 높은 재범률도 또한 잘 알려져 있다. 그래서 감방에 가두는 형벌을 다른 해결책으로 대체하려는 시도가 늘 행해져 왔는데, 예컨대 벌금형, 집행유예 및 청소년에 대한 훈육처분 등이 그러하다. 여러 사소한 경범죄가 형법전에서 일반적으로 삭제되고, 질서위반행위로 파악되면서 행정당국에 의해서 범칙금으로 경고된다. 그런데도 공식적으로는 행형시설로 불리는 감옥이 존재하게끔 여전히 내버려 두고 있다. 아무것도 도움이 되지 못했는데도 말이다.

그렇다면 결론은 무엇인가? 사람을 가두는 것은 그 자체로 고문拷問이고, 인간의 존엄성에 대한 침해이다. 충분히 정당한 사유 없이 한 인간을 단순한 수단이나 객체로 격하시키는 것이어서 위헌이기 때문이다. 감옥은 폐지되어야 마땅하고, 어떻게 하면 범죄에 보다 더 잘 대응할 수 있겠는지를 우리 스스로가 더욱 숙고해야 한다. 사회가 폭력범죄로부터 보호되어야 한다는 사실은 그 자체로 자명하다. 이는 자유를 제한하지 않고서는 거의 불가능하다. 그러나 독일의 구금시설에서 적어도 전체 수형자들의 1/3이 자유가 제한 당해야 할 그런 범죄로 유죄판결을 받지는 않았다. 이들 대부분은 예컨대 피해자에 대한 회복적 사법 및 손해배상과 같이 새로운 해결책이 적용될 수 있는 다른 범죄행위들로 인해 그곳에서 계속해서 머무르고 있다.

보안처분

자유형과 병행해서 보안처분이 형법전상의 개념으로 놓여있는데(제66조

이하), 일반적인 언어관용상으로는 또한 보호감호로도 불린다. 그런데 여기에는 많은 문제가 놓여있는데, 이미 그것의 발생사에서부터 문제점을 드러낸다. 19세기 말에 논쟁이 시작되었는데, 이 보안처분의 옹호자들 중 한 사람이 베를린 대학의 저명한 형법교수인 프란츠 폰 리스트Franz von Liszt 였다. 그는 자신의 학문 분야에서 위대한 성취를 이뤄냈지만, 또한 그릇된 생각들도 갖고 있었다. 대단한 권위를 지녔음에도 불구하고 그는 황제정의 말기에 그리고 바이마르 공화국에서도 자신의 생각을 끝내 관철할 수가 없었다. 여기에는 다른 많은 고려점이 놓여있었다. 먼저 「수권법」을 근거로 해서 히틀러 정부가 1933년에 「위험한 상습범에 맞서는 보안 및 개선 조치에 관한 법률」과 함께 보안처분제도를 도입했다. 이것은 나치의 권위주의적인 형법의 첫 단추에 해당하는 법조항이었다. 이에 따라서 보안처분은 또한 종신終身으로도 명령될 수가 있었다. 연합군 측은 전후에 이 규정이 계속해서 존속하게끔 그냥 내버려 뒀는데, 1970년 제1차 형법개혁 때도 그랬었다. 제1차 형법개혁에서는 단지 "상습범常習犯" 개념이 "우범자虞犯者"라는 표현으로 바뀌었을 뿐이다. 비로소 제2차 형법개혁과 함께 1975년에 보호감호의 최장기간이 10년으로 줄어들었다. 그 이후로는 다음과 같이 적용되고 있다.

보호감호는 아래의 경우에 자유형과 병과해서 명령될 수 있다.

1. 범죄자가 고의로 행한 범죄의 유죄판결에 앞서서 이미 두 차례나 적어도 1년의 자유형을 선고받은 경우

2. 범죄자가 이 같은 범죄행위로 인해 적어도 2년의 자유형 형기를 마친 경우

3. 범죄자의 인격과 행위 전체를 평가하여 그가 중대한 범죄를 저지를 성향이 있어서 공중公衆에게 위험하다고 판단되는 경우

이에 따라서 범죄자는 먼저 자신의 자유형으로 죗값을 치르고서 그 이후에도 첫 번째인 경우에는 최장 10년의 보호감호 아래에 놓이게 된다. 이에 대해서는 이미 오래전부터 비판이 제기되어왔다. 이렇게 보안처분이 실시된 지 사반세기가 지나고서, 즉 정확히는 1988년 이후로 입법자가 결국에는 문제가 많은 이 제도를 부단히 확대해왔는데, 헬무트 콜Helmut Kohl 총리의 임기 말부터 게르하르트 슈뢰더Gerhard Schröder 총리 시절을 거쳐서 메르켈Merkel 총리의 임기 초반까지도 그래왔다. 그 계기는 상습적인 강간과 소녀 살해로 인해 처벌된 범죄자들이 지닌 각각의 중대한 범죄성향에 놓여있었다. 통계적으로는 이런 범죄들이 줄어들고 있었는데도, 격앙된 여론의 불안과 분노는 더욱 커져갔다. 사람들을 진정시키기 위해 정치가 이에 뒤따랐다. 이와 관련해서 가장 널리 알려진 사건은 게르하르트 슈뢰더 총리가 2001년에 〈빌트〉Bild 신문과 행한 인터뷰였다. 여기서 그는 어린 소녀들을 상대로 범죄를 저지르는 성인 남성은 더는 치료가 불가능한 까닭에 "단 하나의 해결책이 남아있는데, 즉 영구적으로 내쫓는 것"이 자기 생각이라고 밝혔다. 이렇게 해서 보호감호는 10년 사이에 다섯 차례나 확대되었다.

1998년 – 성범죄에 맞서는 법률 […] (적용범위가 확대됨)

2002년 – 보호감호 유예제도 (판결 등으로) 도입을 위한 법률

2003년 – 성적 자기결정권을 침해하는 범죄의 처벌조항에 관한 개정법률(보안처분의 적용범위가 확대됨)

2004년 – 사후적인 보호감호제도의 도입을 위한 법률 (직전 판결에서의 유보 없이도 적용됨)

2008년 – 소년형법에서 사후적인 보호감호제도의 도입을 위한 법률

그러고서 2009년에 슈트라스부르크Straßburg에 소재하는 유럽인권재판

소로부터 첫 번째 날벼락이 떨어졌다(EGMR, NJW 2010, 2495). 두 번째 날벼락
은 2011년에(NJW 2011, 3423) 그리고 세 번째 날벼락은 연방헌법재판소로부
터 떨어졌다(NJW 2011, 1931). 이로써 보호감호가 처음으로 거의 완전히 제
거되기에 이르렀다.

유럽연합EU이 아니라 유럽평의회에 속한 기구로서 슈트라스부르크에
소재하는 인권재판소는 독일도 승인한 바가 있는 유럽인권협약에 근거해
서 판결을 선고하는데, 첫 번째 사건에서는 협약 제7조의 소급효금지원칙
에 따라서, 두 번째 사건에서는 누구에게라도 안전권과 자유권을 보장하
고 있는 협약 제5조에 따라서 판결을 선고했다. 2009년에 선고된 슈트라
스부르크 쪽의 판결과 함께 촉발되어서는, 2011년 연방헌법재판소는 보안
처분과 관련되는 전체 법이 기본법 제2조 제2항에 따른 자유권과 제20조
제3항에 따른 법치국가요청을 침해하기 때문에 위헌이라고 밝혔다. 기존
의 법 규정들은 2013년 5월 31일까지만 계속해서 적용될 수 있다고 덧붙
였다. 그렇지만 입법자는 시간상으로 2013년 6월 1일부터는 보호감호의
여러 개별사항과 그 집행을 연방헌법재판소가 "자유 및 치료지향적인 집
행"을 위하여 사전에 정해준 가이드라인에 따라서 새로이 규율해야만 했
다. 이는 2012년 12월 5일에 「보안처분에 관한 법과 거리를 두는 연방법상
의 전환을 위한 법률」의 제정을 이끌어냈다. 이미 그 이전에 독일의 입법
자는 2009년의 슈트라스부르크 쪽의 판결에 대한 대응조치로 2009년 12
월에 「심리장애의 상태에 있는 폭력범죄자의 치료 및 수용을 위한 법률」
을 제정했었다. 그런데 이것은 일종의 속임수에 불과했다. 독일의 입법자
는 해당자들을 자유롭게 놓아주기를 저지해야 마땅하다고 생각하면서, 이
들에게 소급적용해서 보호감호를 명령하거나 10년의 최장기간을 연장하
려고 했다. 대상자들은 대략 100명 남짓이었다. 슈트라스부르크 쪽의 판결
과 관련해서 여러 법원의 의견이 둘로 나뉘면서 이미 약 20명의 보호감호
대상자들이 자유롭게끔 풀려났고, 이로써 언론과 시민사회에서 큰 격앙이

일어났다. 성향Hang이라는 문구를 "심리적 장애"로 바꾸는 게 일종의 속임수였는데, 법적으로는 일종의 난센스다. 심리적 장애인 경우라면 범죄자에게는 보호감호의 전제조건에 해당하는 자유형의 선고가 아예 허용되지 않기 때문이다. 연방헌법재판소의 명령에 따라서 제정되고, 2013년 6월 1일 자로 발효된「보안처분에 관한 법과 거리를 두는 연방법상의 전환을 위한 법률」에서는 치료수용이 포함되었는데, 이 법률도 혼란스럽기는 위와 마찬가지다. 해당 규정을 법률가들이 해석하는 게 몹시 어려워서, 따라서 여기서는 그냥 묻어두기로 하자. 연방헌법재판소가 요구한 개혁은 여하튼 실패했고, 우리는 슈트라스부르크의 재판소가 행한 사법심사에서 살아남지 못한 영역을 좀 더 다뤄보기로 하자.

확실한 건 세 가지뿐이다. 즉 첫째, 공중公衆이 여전히 위험한 범죄자들로부터 보호되어야 한다. 둘째, 이들 범죄자의 수용과 치료는 이들에게 유리하게끔 여느 통상적인 수형자들에게 적용되는 흔한 방식들과는 근본적으로 구별되어야 한다("거리두기요청"). 셋째, 이들에 대한 관련 전문가와 법관들에 의한 기존의 위험성 평가가 전적으로 만족스럽지가 못하다. 늘 그래왔듯이 너무도 많은 (보호감호가 마땅하다는) "그릇된 긍정적인" 평가가 내려져서는, 자신의 형기를 다 마쳤는데도 불구하고 부당하게 위험하다고 평가되고서는 충분한 근거도 없이 위법하게 보호감호 하에 다시 붙잡혀 있는 경우가 허다하다. 내 생각으로는 이에 대한 가장 중요한 두 개의 조사연구가 나와 있는데, 외르크 킨치히Jörg Kinzig와 귄터 톤도르프Günter Tondorf/바베테 톤도르프Babette Tondorf 부부의 조사연구가 그러하다. 이 조사연구는 이 장章의 끝 단락에 기재된 참고문헌 목록에서 언급해두고 있다. 즉 법정法廷에서 정신과 의사, 심리학자 또는 범죄학자 중에서 대체 누구를 법원이 형법전 제66조에 따른 "전문가"로 지정해야 마땅한지를 우리는 전혀 알지 못한다(《킨치히 연구보고서》, 136쪽).

이에 대해서는 내 개인적으로 주목할 점이 두 개 있다. 법관이 대부분 따르게 되는 전문가 감정의견서에 대한 매우 높은 수치의 불만족은 또한 구조적인 원인에 기인한다. 이 점과 관련해서는 "확고한 규칙"이 필요한데, 일반적으로 인정되는 규칙은 여전히 존재하지 않는다(킨치히, 톤도르프). 이 뿐만 아니라 또한 많은 경험이 필요하다. 그런데 전문가가 고작 1년에 한두 번만 자신의 의견을 개진하고 있다면, 경험이 결여되는 셈이다. 전체 시스템이 중앙으로 집중되어야 하고, 전문가 각자가 매년 적어도 10번 또는 그 이상의 감정의견서를 제출해야 한다. 이를 위해서 독일에는 다수의 직원이 일하는 하나 또는 두 개의 관련 기구가 필요하다.

이에 대해서는 또 다른 심리학적인 고려점이 문제로 제기된다. 만약에 어느 전문가가 피고인이 "범죄성향"을 지니고 있다는 결론에 이르더라도, 보호감호를 받는 동안에는 아무런 일도 벌어질 수가 없다. 그러나 전문가가 해당 대상자가 범죄성향을 갖고 있지 않다고 말한다면, 그래서 형기를 다 마친 후에 보호감호가 없는 가운데 재범을 저지른다면, 그 전문가는 체면을 구길 뿐만 아니라, 또한 간접적으로 이에 대한 책임을 져야 한다. 또한, 이 대목이 무의식적으로 많은 "그릇된 긍정적인" 평가로 이끈다. 따라서 언제나 적어도 두 명의 전문가가 지정되어야 하고, 이로써 법관이 나름대로 확신을 하고서 독자적인 판결을 선고할 수가 있게 된다. 이를 위해 소요되는 비용은 각 란트가 감당해낼 수 있다고 본다. 2020년 통계보고서에 따르면 2019년 3월 31일 현재까지 독일 전역에서 불과 551건의 보호감호 처분이 행해졌다고 한다.

형사재판에서 세 개의 구역들

형벌은 법원에서 판결로 선고된다. 이를 위해서는 두 가지 전제조건이 있다. 첫째, 피고인이 법률상의 범죄구성요건을 충족하는 행위를 범해야 한다. *nulla poena sine lege*. 즉 "법률이 없으면 형벌도 없다." 그리고 둘째, 재판에서 공정한 재판을 보장하는 특정의 형식들이 준수되어야 한다. 위 첫째 조건은 실체적인 형법에서 규율하고 있고, 가장 중요한 규정은 형법전StGB이다. 둘째 조건은 형식적인 소송절차법에서 규율하고 있는데, 이는 형사소송법StPO으로 불린다.

그 자체로 보면 실체적인 형법이 더 중요하다고 생각할 수도 있을 법하다. 왜냐하면, 바로 여기서 누군가가 과연 처벌되는지 여부를 결정짓기 때문이다. 소송법은 단지 이것을 어떻게 확정 짓는지의 문제만을 규율할 뿐이다. 과연 범죄에 해당하는지의 문제는 사법적 심사를 어떻게 진행하는지의 문제보다도 원래부터 훨씬 더 심각한 영역을 건드린다. 그런데 이게 거꾸로 되어버렸다. 범죄 역사의 일상에서는 언제나 거듭 반복해서 실체적인 형법의 문제들이 큰 역할을 하지 않는다는 사실을 드러내고 있다. 어떻게 해당 범죄행위를 입증해낼 수 있을까 하는 게 대부분의 문제이다. 여기서 피고인에게는 소송법상의 형식적인 장애물들이 훨씬 더 중요한 의미를 갖는다. 여기서 경찰, 검찰 그리고 법원이 실체법상의 문제에서보다도 더 쉽게 실패할 수가 있다. 추후에 판결의 취소를 이끌어낼 수 있는 대부분의 실수는 여기서 발생한다. 달리 말하자면, 훌륭한 형사변호인이라면 먼저 형사소송법에 정통해야 한다. 그렇다면 경찰, 검찰 및 법원에는 무엇이 허용되는가? 그리고 이들에게는 증거를 제시하면서 무엇이 허용되지 않는가? 국가가 행하는 형사소추라고 하는 기울어진 저울에 맞서는 약자에게는 절차법이 가장 강력한 지렛대인 셈이다.

이 같은 형사소추는 특정한 궤도 위에서만 움직여야 한다. 이를 위한 커다란 틀 안에는 판결의 선고가 허용되기 전에 모두 거쳐야만 하는 세 개의 구역이 존재한다. 흔히 사람들이 비난하는 것들은 이 속에서 각기 다른 이름으로 불리고 있다. 첫 번째 구역에서 그는 피의자被疑者로 불리는데, 즉 경찰과 검찰의 기소절차에 해당한다. 여기서는 충분한 범죄 혐의가 존재하는지의 여부, 따라서 개연성 있는 증거들과 함께 그가 법정에서 유죄로 선고될지가 심사된다. 이것들이 갖춰져 있다고 판단되면, 검찰은 법원에 그를 기소한다. 그렇지 않으면 검찰은 절차를 중지시킨다.

기소와 함께 두 번째 구역을 밟기 시작하는데, 이는 중간절차이다. 기소에 맞서는 이들을 이제는 준準피고인Angeschuldigter으로* 칭한다. 중간절차에서 법원은 검찰 측의 기소가 정당한지 여부를 심사한다. 법원 역시도 마찬가지로 범죄 혐의가 충분하다는 결론에 이르면, 세 번째 구역에 해당하는 본격적인 재판이 개시된다. 이로써 이제는 준準피고인에서 피고인被告人으로 바뀐다. 드문 경우이기는 하지만, 만일 법원이 다른 견해를 갖는다면 본격적인 재판의 개시를 거부하기도 한다.

첫 번째 구역에서는 무게중심이 경찰과 검찰에 놓여있는데, 원래부터 압도적으로 검찰 측에 놓여있다. 검찰은 형사소송법에 따르면 "기소절차의 주관자"로서 경찰에 대해 지시 · 명령권한을 갖는데, 그러나 대부분은 경찰 측이 단독으로 여러 단서를 좇아서 범죄를 수사하고, 증인들을 찾아내고, 신문절차를 진행하고, 마지막에는 그간의 수사서류들을 검찰 측의 책상 위에 올려둔다. 이제부터는 비로소 검찰이라는 관청의 시간이 본격적으로 시작되는데, 20세기 초반에 베를린의 부장검사였던 이젠비엘Isenbiel은 검찰이 "이 세상에서 가장 객관적인 관청"이라고 말한 바가 있다. 이제는 검찰이 기소 여부를 결정한다. 본격적인 재판절차의 개시와 함께 세 번째 구역에서는 법원이 무시무시한 무대 위에 등장하는데, "무기대등의 원칙"과 더불어서 소송에 있어서 찬반의 의견을 각각 대변하는 검사와 변호인의 사이 그 한가운데에서 새로운 주인공이 된다. 이 무기대등의 원칙이 형사소송법 교과서들에서도 빠짐없이 적혀있다. 여기서 또한 실제의 현실

---

*우리의 형사소송절차에는 등장하지 않는 용어인데, 옮긴이가 임의로 번역한 것임을 밝혀둔다.

은 대부분 전혀 다르게 비친다. 대부분은 검찰과 법원이 공동으로 피고인의 이익을 혼자서 대변하는 변호인에 맞서서 형벌 주장을 관철해낸다. 연방헌법재판소의 판결에 따라서 요구되는 "무기대등의 원칙"은 그저 소송법 교과서의 종이 위에만 적혀있을 따름이다.

인명구조를 위한 고문?

1976년에 갑자기 그간 독일에서 오랫동안 잊혀왔던 인명구조人命救助를 위한 고문拷問을 다루는 소송의 제1막이 다시 세간의 구설에 오르내렸다. 경찰에게는 이와 관련해서 어디까지 멀리 가는 게 허용되겠는지? 당시 기민당CDU 소속의 에른스트 알브레히트Ernst Albrecht가 니더작센Niedrsachsen의 란트 총리로 선출되고, 같은 해인 1959년에 그가 쓴 박사학위 논문,《국가-그 이상과 현실》이 책으로 출간되었다. 그가 이 책에서 테러리스트들에 대한 고문을 정당화하는 까닭에 대중들로부터 큰 공분公憤을 불러일으켰다. 게다가 매우 작위적으로 재구성된 사례를 거론했기에 더욱 그러했다. 즉 대도시에 숨겨둔 위험한 폭탄이 터지기 직전에 어느 테러리스트가 체포된다. 에른스트 알브레히트는 이 경우에 수천 명의 억울한 죽음을 막기 위해서라면 경찰이 그를 고문하는 게 허용된다고 서술했다. 설령 그가 실제로 그렇게 하지는 않았지만, 이 같은 생각의 단초를 밝힌 것만으로도 곧바로 다시 비판이 쏟아졌다.

그 후로 20년 동안 다시 잠잠해졌다가, 1996년에 하이델베르크 대학의 국가법/행정법 교수인 빈프리트 브루거Winfried Brugger (1950~2010)가 〈국가에 고문이 예외적으로 허용되는가?〉라는 제목의 논문을 발표했을 적에 이 쟁점이 또다시 불거졌다. 즉 사회학자인 니클라스 루만Niklas Luhmann이 하이델베르크 대학에서 행한 강연에서 이전에 에른스트 알브레히트가 고안했던 사례를 다시 상기시켰다. 이 물음에 대해 빈프리트 브루거는 법적으로 허용될 수 있다고 답했고, 4년 후에 발표된 두 번째 논문에서도 여전히 이 쟁점을 다뤘다. 그는 국가에는 고문이 허용될 뿐만 아니라, 심지어 해당 사례에서는 고문을 가해야 마땅하다고 밝혔다. 이게 그의 "보호규범론"이고, 이 일이 2000년에 있었다. 그리고서 해당 논의가 계속해서 이어졌다. 2001년 9월 11일에, 미국에 대한 알카에다의 "9/11 테러"가 있었고, 2002년 이후로는 쿠바의 관타나모 만에 자리한 수용소에서뿐만 아니라 미국 군대에 의해서 이른바 "불법적인 전투원들"에 대한 고문이 행해져 왔다. 마찬가지로 2002년에 프랑크푸르트의 경찰청 차장인 볼프강 다쉬너Wolfgang Daschner가 어린아이의 생명을 구하기 위하여 아이를 납치한 범인에게 고문을 가할 것을 협박했다. 그리고 2003년에 유명한 마운츠/뒤리히Maunz/Dürig《기본법 주석서》에서 참사가 벌어졌다. 빈프리트 브루거 교수의 동료인 본Bonn 대학의 마티아스 헤르데겐Matthias Herdegen 교수가 인간의 존엄성을 보장하고 있는 기본법 제1조와 관련해서 튀빙겐 대학의 권터 뒤히리Günter Dürig 교수에 의해서 지금껏 권위 있게 주석되어온 헌법의 근본규범적인 성격을 무너뜨렸는데, 이로부터 의문스러운 구별과 함께 많든 적든지 간에 제한될 수 있는 기본권을 도출하려는 시도가 행해졌다. 인간의 존엄성은 사라지고, 그 자리를 고문拷問이 차지했다. 2004년에 프랑크푸르트 지방법원에서 아이를 납치한 피의자에게 고문을 가할 것을 협박했던 볼프강 다쉬너에 대한 유죄판결이 있었는데, 그런데 고작 경고처분에 그쳤다. 2005년에 헤르데겐 교수는 격렬한 비판에 직면하고서는 발 빠르게 마운츠/뒤리히《기본법 주석서》제2차 신개정판에서 제1조에 대한 자신의 서술 부분을 방어했는데, 이는 해당 주석서에서 매우 이례적인 일이었다. 독일의 대다수 국가법학자가 이와는 다른 입장이었는데도, 그 누구도 사내답게 손들고 일어서지는 않았다. 몇몇 학자들은 반박했고, 몇몇은 위 두 학자의 입장을 따랐다. 그리고서 마티아스 헤르데겐 교수는 2009년에 출간된《기본법 주석서》의 증보 신개정판에서 모든 신체적 가혹행위가 보장되고 있는 인간의 존엄성에 대한 침해이고, 인명구조를 위한 고문도 이에 해당한다는 점을 분명하게 밝혔다. 이는 무조건적으로 금지된다는 것이다. 그런데도 이 논쟁은 여전히 위험스럽게 남아있다. 왜냐하면, 만약에 독일에서 미국의 9/11 테러와 유사한 일이 벌어진다면, 아마도 더 이상은 이 논쟁을 저지하지 못할 것이기 때문이다. 미국의 사례뿐만 아니라, 독일에서도 수백 년 동안 이어져 온 고문의 법 역사가 이를 웅변하고 있다. 고문은 충동적이고 널리 퍼져있다.

물론 오늘날 독일에서는 이에 맞서는 장벽이 존재한다. 그 장벽이 바로 연방헌법재판소인데, 2006년에 연방헌법재판소는 2005년도에 개정된「항공보안법」제14조 제3항에 대한 판결에서 귄터 뒤리히 교수가 창안해둔 낡은 "대상공식"Objektformel을 재차 반복했다. 이 공식에 따르면 한 사람을 단순한 대상이나 수단으로 격하시키게 되면, 이로써 기본법 제1조가 침해된다고 본다. 여기서는 테러리스트들에 의해 납치되어서 대량살상무기로 사용될 수 있는 민간여객기에 대한 격추 명령이 문제시되었다. 이 법조항은 위헌으로 결정되었다(BVerfGE 115, 118, NJW 2006, 751). 이 법리는 고문에 그리고 인명구조를 위한 고문에도 똑같이 적용된다.

항소와 상고

세 단계의 막판에서 법원이 판결을 선고하더라도, 이 선고가 아직은 최종적인 선언이어서는 아니 된다. 즉 항소나 상고를 청구할 수가 있다. 이는 매우 상이한 권리구제수단들이다. 어떤 권리구제수단이 문제가 되느냐는 어느 법원이 이를 심리하는지의 향배를 결정짓는다. 구법원Amtsgericht (AG)이 판결을 내렸다면 항소심이 존재하는데, 지방법원Landgericht (LG)을 찾아가면 된다. 그리고 지방법원의 판결에 대해서는 상고심으로 고등법원Ober-landesgerich (OLG)이 설치되어 있다. 만약에 재판이 지방법원이나 고등법원에서 시작되었다면 단지 상고심만 가능한데, 연방통상법원Bundesgerichtshof (BGH)을 찾아가야 한다. 어느 법원에서 재판이 시작되는지는 피고인이 저지른 범죄행위에 대한 비난의 강도와 그에게 어떤 형벌이 기대되는지에 따라서 달리 정해진다. 가볍거나 중간 정도의 범죄는 먼저 구법원區法院에서 그리고 중한 범죄는 지방법원에서 그리고 국가적인 보호법익을 침해하는 특별히 중한 범죄는 고등법원에서 먼저 다루게 된다.

항소심에서는 모든 게 다시 한 번 더 심리된다. 즉 구법원에서의 소송절차가 반복된다. 지방법원은 피고인에게 다시 한 번 더 본인 확인과 범죄행위에 대한 비난에 대해서 질문하고, 증인들은 한 번 더 진술하고, 증명된 것으로 간주할 수 있는 것들도 법적으로 한 번 더 정리되는데, 법원은 전적으로 새로운 판결을 내릴 수도 있다.

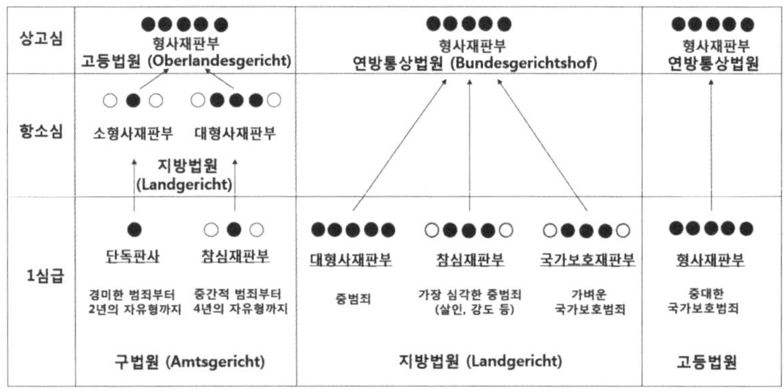

[형사재판에서 중요한 관할사항과 심급제도(○=참심(시민)법관, ●=직업법관)]

피고인과 검사 또는 위 양자가 항소를 제기하는지의 여부 등 각각의 경우에 따라서 무죄가 선고될 수도 있고, 형벌이 감경되거나 더 늘어날 수도 있다. 이를 두고서 항소와 함께 두 번째의 사실심이 진행된다는 말로도 달리 표현된다.

상고심은 이와는 전혀 다르게 진행된다. 여기서는 단지 법률적 문제들만이 심사되지, 사실의 문제는 더 이상 다루지 않는다. 증거채택이 다시 반복되지 않고, 증인 심문도 더 이상 없으며, 피고인이 법정에 앉아있을 필요도 없다. 왜냐하면, 그가 범행을 저질렀는지의 문제가 여기서는 더 이상 중요하지 않기 때문이다. 이에 대해서는 지방법원이나 고등법원이 확정한 바가 일단은 올바르다고 간주된다. 사실에 대한 판단이나 소송절차에 있어서 법적인 오류가 있는지 여부만이 심사된다. 그러므로 상고심 법원은 새로운 판결을 선고할 수가 없다. 즉 상고심은 법률심이지 사실심이 아니다. 이전 법원의 판결이 그대로 확인되거나 파기될 뿐이다. 만약에 파기되면, 지방법원이나 고등법원이 새로이 심리해야 하는데, 이 같은 오류가 더 이상 허용되지 않는 까닭에 다른 재판부가 심리해야 한다. 아주 드문 경우에는 이전의 판결이 파기되면서 무죄가 선고될 수도 있는데, 지금까지의 증거상황에 따라서 법적으로 이게 가능한 경우에 그러하다.

왜 이런 구분이 존재하는 건가? 왜 가볍거나 중간 정도의 범죄인 경우에는 두 심급을 통한 심사가 행해지고, 중한 범죄인 경우에는 하나의 심급이 적용되는가? 왜 거기서는 증거상황에 대해 전적인 사후심사가 행해지고, 여기서는 그렇지 아니한가? 이는 다소 그로테스크한데, 본질적으로는 단지 역사적으로만 설명이 가능하다. 중한 범죄에 대해서는 이전에 즉 법원에 의한 사전조사가 행해졌고, 이는 증거상황에 대한 이중적 심사와도 유사했다. 이는 실무적으로 동일한 법원에 의해서 행해지는 불리함만을 갖고 있었다. 그런데 지난 1920년대에 12명의 참심원으로 구성되는 참심법원이 폐지되었기 때문에라도 특히나 위 이중적 심사가 다시 폐지되었다. 오늘날에는 1심급 법원에서의 증거채택이 전적으로 올바르지 못하다는 인상이 주어져 있는 경우에 상고심 법원이 해당 판결의 파기를 선호하면서 형벌이 감경되는 일종의 참을 수 없는 모순이 여하튼 존재하고 있다. 그래서 이런 방식으로 중한 범죄인 경우에도 두 번째의 사실심이 행해지는데, 이 경우에 재판의 취소는 언제나 파기를 뜻한다. 그런데 이게 보장되지 않으면, 모순적인 문제가 계속해서 남게 된다.

앰네스티와 사면

　모든 소송절차가 끝나고서, 즉 항소심과 상고심 이후에 그간의 피고인 신분에서 이제는 유죄의 수형자가 되는 법적 효력이 있는 판결이 선고되면, 그는 곧바로 검사에 의한 형벌의 집행에 처해지는데, 이조차도 아직 완전히 끝난 게 아니다. 앰네스티와 사면이 남아있다.*

　앰네스티Amnestie는 본래 망각忘却을 뜻한다. BC 403년 아테네에서 정치적 소요騷擾가 있은 후에 내부의 평화를 위해서, 이에 종지부를 찍으려고 개최된 시민총회에서 앰네스티와 유사한 것이 처음으로 결정되었다. 정치적 소요 중에 벌어진 불특정 다수인의 모든 범죄가 종결된 것으로 선언되었다, 또한 재판도 열릴 필요가 없다고 밝혔다. 이것은 오늘날의 사면과는 여전히 차이가 있다. 사면은 이미 유죄를 선고받은 특정 개인을 대상으로 결정된다.

　절대주의 시기에 영주가 존재하고 있을 당시에 앰네스티가 공포되고서 유죄를 선고받은 이들이 사면되었다. 19세기에 이 앰네스티에 관한 권한이 이제 입법권을 가진 새로운 의회로 넘겨졌다. 그간 앰네스티에 관한 결정이 지역을 다스리는 영주들에게 남겨져 있었는데, 1918년에는 이들 영주를 갈음하는 란트정부가 갖게끔 되었다. 사면권은 이들 란트정부나 란트총리에게 여전히 놓여있는데, 중대한 국가보호 위반범죄에 해당하는 몇몇 경우에는 연방이 사법고권司法高權을 갖는다. 그러나 연방 스스로가 이 사법고권을 행사하지는 않으며, 연방통상법원BGH이 아니라 각 란트에 소

---

*우리식으로 표현하자면, 여기서 앰네스티는 일반사면 그리고 사면은 특별사면을 뜻한다.

재하는 고등법원OLG들이 이를 판단하게끔 하는데, 그러나 이 경우에도 연방대통령이 사면권을 갖는다.

앰네스티와 관련해서는 독일이 매우 인색한 편에 속하는데, 과거 바이마르 공화국과 제3제국에서 다소 남용되었던 까닭이다. 바이마르 공화국의 처음 7년 동안에 125개의 앰네스티 법률이 제징되었다. 반면에 서독이 출범하고서 처음 40년 동안에는 고작 3개의 관련 법률이 제정되었다. 다른 많은 법률 제정 시도들이 좌절되었고, 1980년대에는 단지 6개의 앰네스티 법률이 제정되었다.

사면赦免은 앰네스티와는 전혀 다르다. 각 란트마다 많은 법률전문가가 직원으로 일하고 있는 사면 관련 행정청을 갖고 있다. 이 행정청은 법무부나 란트총리 또는 란트정부 전체의 산하기구로 자리하고 있다. 추산에 따르면 사면 청구절차에서 대략 10%가 성공적이라고 한다. 이로써 때로 형벌의 전부 또는 대다수의 경우에 일부가 면제된다. 이는 형법전 제57조에서 예견되는 가석방의 가능성과도 어느 정도 유사한데, 수형자가 형기의 2/3 이상을 채운 경우에 지방법원LG에 설치되어 있는 형벌의 집행을 전담하는 재판부에 의해서 가석방이 선고될 수 있다. 그런데 차이점이 존재한다. 형법전 제57조에 따른 가석방을 위해서는 고등법원에 의해서 사후 심사될 수 있는 일정한 전제조건을 충족해야 한다. 사면 결정은 법적으로는 자유로운 영역에서 작동한다. 대다수가 란트의회에서 제정된 사면 관련 규정들이 곳곳에 널려있지만, 해당 절차의 외부적인 경과만을 규율하고 있을 뿐이고, 어떤 조건에서 사면 관련 행정청이 법무장관, 란트총리 또는 란트정부에 사면을 추천하고, 이어서 해당 추천이 어떻게 결정될 수 있는지의 물음에 대해서는 정작 아무런 규정이 없다. 이 안에서 이들은 전적으로 자유롭게 결정한다. 이렇듯 사면이 법적으로 자유로운 공간에서 작동하고 있고, 이런 까닭에 많은 법률가로부터 비합리적이라고 묘사된다.

즉 합리적이라고 간주되는 법과는 정반대인 셈이다. 구스타프 라드브루흐
Gustav Radbruch는 이에 대해 자신이 쓴《법철학》의 제24장에서 아래와 같
이 서술하고 있다.

> "다만 예로부터 자선慈善이 인위적인 선행이 아니라, 자발적이고 충
> 일充溢한 마음에서 행해졌던 것처럼, 사면이라는 것에도 강제성은 전
> 혀 없고, 아니 정의를 빙자한 강제도 절대로 없다. 사면은 그저 법의 온
> 화한 형태가 아니며, 법과는 아예 무관한 낯선 세계에서 법의 영역으로
> 뚫고 들어오는 찬란한 빛줄기이고, 차갑고 음침한 법의 세계는 이 빛줄
> 기를 통해서 비로소 그 윤곽을 드러낸다. 물리적인 세상의 법칙을 깨트
> 리는 것이 기적이라면, 법에 휘둘리는 법칙의 세계에서 법칙 없이 일어
> 나는 기적이 바로 사면이다."

키일Kiel 대학의 법사학자인 한스 하텐하우어Hans Hattenhauer 교수는
1966년에 발간된 〈전체 형법학 잡지〉에서 이와 유사한 맥락에서 다음과
같이 밝혔다.

> "기적만이 사면을 세속의 법으로 이끄는 길이다."

20세기 말까지 권위를 지녀온 독일의 《사면법 핸드북》을 저술한 요한-
게오르크 쇠츨러Johann-Georg Schötzler 교수는 다소 조심스럽게 표현한다. 그
러나 그 역시도 마지막에는 위와 동일하게 언급하고 있다.

> "사면 결정은 그 어느 법원보다도 더 높은 망루 위에 서서 법이 아닌
> 다른 척도를 갖고서 판단하는 힘이다."

기적 같다거나, 또는 더 높은 망루 위에서 행해지는 사면결정은 그것이

법원에 의해서 더 이상 심사될 수 없다는 사실이 문제시된다. 예컨대 연방 대통령이 그간 테러를 자행해온 도시게릴라집단의 조직원을 사면하거나 사면을 거부하는 것과 같은 드문 경우에는 이게 타당할 수가 있겠다. 특별한 사유에 따른 하나의 예외가 존재한다. 왜냐하면, 테러단체의 조직원에 대한 형사재판에서 대부분은 고등법원들이 판결하기 때문이다. 이 고등법원OLG이 본래는 연방을 구성하는 각 란트의 사법司法에 속하기는 하지만, 기본법 제96조 제5항에 따르면 이 같은 국가보호사건에서는 연방통상법원과 마찬가지로 연방의 사법관할에 속하는데, 일종의 대리인代理人인 셈이다. 그러므로 또한 연방대통령의 소관사항이기도 해서, 이에 대해 경청하고, 대중들이 논쟁하기도 한다. 그러나 "기적"이라는 표현은 그간 행해져온 수십만 건의 잘 알려지지 않은 사면절차들과 관련해서는 전혀 적절하지가 않다. 매년 독일의 사면 관련 행정청에서 긍정적 또는 부정적인 결정이 내려지고 있고, 이에 대해 대중들은 전혀 아무것도 듣지 못하거나, 때로 간혹 드물게만 관련 소식을 접하고 있다. 왜냐하면, 그곳에서도 독일의 형사사법의 통상적인 경과와 하등 다르지 않게 진행되는데, 동일한 사람들과 동일한 수단을 갖고서 그사이에 매우 헝클어진 시스템 속에서 마지막 교정 작업이 다뤄지고 있기 때문이다.

기적으로 묘사되거나 높은 망루로 일컬어지는 이 같은 표현의 배후에는 사면 관련 행정청의 결정이 법원에 의해서 더 이상 심사될 수 없다는 이유가 은폐되어있다. 여기서는 법원에 의한 사법적 심사를 규정하고 있는 기본법 제19조 제4항에도 불구하고 기본법상의 가장 중요한 법치국가 원리들의 하나와는 어긋나는 분명한 이유를 발견하는 어려움이 은폐되고 있다. 사면 관련 행정청의 사면 거부 사례도 이 원칙에 따르면 이와 다르지 않게 다뤄지고 있다. 이게 한 측면인데, 그런데 더 많은 것들이 문제시된다. 이 같은 표현은 또한 해당 절차의 규범성을 은폐하는 기능을 수행한다. 관대한 사면조치와 함께 더 이상 아무것도 할 게 없다. 이는 단어의 가장 진정한 의미가 무자비無慈悲함을 뜻하는 형사사법의 통상적인 지속이 실제의 모습이라는 사실을 단지 말하고 있을 따 름이다. 즉 형사사법은 충분한 논거 없이도 형벌을 범죄정책의 수단으로 동원하고 있고, 법정형의 형량에 있어서 합리적인 범주 없이 매일 수천 명의 사람을 감방으로 보내고 있기 때문이다.

[참고문헌]

Ein vorzügliches Lehrbuch ist Johannes Wessels, Strafrecht: Wessels/ Beulke/Satzger, Allgemeiner Teil, 50. Aufl. 2020; Wessels/Hettinger, Besonderer Teil, Band I, 44.Auflage 2020, Band 2, 43.Auflage 2020,, gut geschrieben, manchmal etwas schwierig, aber übersichtlich und mit vielen Beispielen. Das schönste Buch zum Strafrecht hat Claus Roxin geschrieben: Strafrecht Allgemeiner Teil. Der Aufbau der Verbrechenslehre, jetzt in 5.Auflage zusammen mit Luis Gerco, 2020, traumhaft gut, brillant geschrieben. In drei, vier Wochen hat man es geschafft und verstanden, was die Grundstrukturen des Strafrechts sind. Falls man dann noch Zeit hat, gibt es dazu einen zweiten Band: Strafrecht Allgemeiner Teil. Besondere Erscheinungsformen (z.B. Täterschaft und Teilnahme, Versuch, Unterlassungstaten, U.W.), noch einmal 899 Seiten, von 2003. Aber dann hat man's.

– 양형 관련

die von Roxin natürlich nicht behandelt wird, ein zusammenfassender Aufsatz von Hans-Ludwig Günther, Systematische Grundlage der Strafzumessung, in: Juristenzeitung 1989, S. 1025 ff., jetzt sogar ein ganzes Buch: Gerhard Schäfer/Günther Sander/Gerhard van Gemmerer, Praxis der Strafzumessung, 6. Aufl. 2017, eine Art Preiskatalog.

Das Problem des Tankens ohne Bezahlung ist oft behandelt worden, z.B. von Rolf Dietrich Herzberg, Tanken ohne zu zahlen, in: Juristische Arbeitsblätter 1980, S. 385-392 und, vom selben Autor, Zivilrechtliche Verschiebungen zur Schließung von Strafbarkeitslücken? In: NJW 1984, 896-899.

- 모살과 고살 관련

der Breifall. BGHSt S. 216.

Ein sehr guter Überblick über die Geschichte der Straftheorien und neuere Untersuchungen zur Wirkung von General- und Spezialprävention: Michael Bock, Prävention und Empirie. Über das Verhältnis von Strafzwecken und Erfahrungswissen, in: Juristische Schulung 1994, S. 89-99.

Die Entscheidungen des Bundesverfassungsgerichts zum Schwangerschaftsabbruch: BVerfGE 39,1 (1975) und BVErfGE 88,203 (1993), die von 1986 zu Sitzblockaden: BVerfGE 73,206, die von 1995: BVerfGE 92,I.

- 보안처분 관련

Geschichte: Thomas Vormbaum, Einführung in die moderne Strafrechtsgeschichte, 2. Aufl. 2010, S. 148,173,195, 268 f. Zum Gesetz über das Abstandsgebot: Joachim Rezikowski, Abstand halten! - Die Neuregelung der Sicherungsverwahrung, in: NJW 2013, 1638 ff. Zur Unsicherheit der Prognosen: Wilfried Rasch, Forensische Psychiatrie, 2. Aufl. 1999, S. 372 (nichts in der 3. Aufl.); Jörg Kinzig, Die Legalbewährung gefährlicher Rückfalltäter, 2008; Günter Tondorf/Babette Tondorf, Psychologische und psychiatrische Sachverständige im Strafverfahren, 3. Aufl. 2011.

- 형사소송 관련

Claus Roxin/Bernd Schünemann, Strafverfahrensrecht, 30. Aufl. 2021; die statistischen Angaben des Bundes Pressemitteilung des Statistischen

Bundesamtes Nr. 425 vom 1.11 .2019 https://www.destatis.de/DE/Presse/ Pressemitteilungen/2019/11/PD19_425_243.html, des Landes Nordrhein-Westfalen https://www.justiz.nrw.de/Gerichte_Behoerden/zahlen_fakten/statistiken/justizvollzug/kosten.pdf. Ulrich Eisenberg, Ralf Koelbel, Kriminologie, 7. Aufl. 2017. Zur Freiheitsstrafe und ihren Problemen: Georg Wagner, Das absurde System, 1985.

– 긴급구조를 위한 가혹행위 관련

die Diskussion von Ernst Albrecht bis Matthias Herdegen und Wolfgang Daschner sehr gut: Jan Philipp Reemtsma, Folter im Rechtsstaat?, 2005. Die beiden Aufsätze Winfried Brugger in: Der Staat, 1996, S. 67ff. und Juristenzeitung, 2000, S. 165 ff. Das Urteil gegen Wolfgang Daschner: Landgericht Frankfurt/Main NJW 2005, 692ff.

– 사면 관련

das Standardwerk Schätzlers ist inzwischen ersetzt durch Hansgeorg Birkhoff/Michael Lemke, Gnadenrecht, 2012.

Verwaltungsrecht

제7장
행정법

행정행위와 항고소송

많은 이들은 행정법이 행정의 법이라고 생각한다. 그런데 이 같은 생각은 단지 일정한 조건에서만 옳다. 왜냐하면, 행정법은 우선으로는 행정에 맞서는 시민들의 법이기 때문이고, 이것은 19세기에 이른바 치안학Policeywissenschaft이 변화하는 과정에서 생겨났다. 이 치안학은 사실상 행정의 법이 되고, 오늘날의 행정법이 되었다. 이는 절대주의 시대의 공공복지에서 시민적 법치국가로 바뀌어가는 과정의 일부였는데, 카를 폰 로테크Karl von Rotteck, 로베르트 폰 몰Robert von Mohl, 프리드리히 크리스토프 폰 달만Friedrich Christoph von Dahlmann과 같은 자유주의자들과 그리고 실제로 발효되지는 못했던 1849년의 파울교회 헌법이 요구했던 바이기도 하다. 이는 19세기 초반부터 말까지에 이르는 실로 놀랍도록 오랜 과정이었다. 왜냐하면 영주領主들이 빈번하게 이 흐름에 저항했었기 때문이다. 이 같은 저항 시도가 당시 독일 땅이었던 슈트라스부르크Straßburg 대학의 교수인 오토 마이어Otto Mayer에 의해서 1895~1896년에 종식되었는데, 그는《독일 행정법》이라는 두 권짜리 교과서를 집필했다. 이 책의 중심에는 프랑스 법에서 채택해온 "행정행위"라는 개념이 놓여있었다. 이로써 오토 마이어는 "행정법의 아버지"가 되었다.

오늘날에도 여전히 행정행위가 문제 상황의 중심에 자리하고 있는데,

어떻게 한 시민이 행정처분에 맞설 수 있는지, 즉 행정법원에 항고소송을 제기하고, 처분이 행정행위가 되는 이 소송의 전제조건은 어떻게 되는지 하는 문제가 그러하다. 법률가들의 언어로는, 이로써 소송이 허용된다. 이는 법원이 비로소 행정작용을 심사할 수 있는 권한을 갖는다는 것을 뜻한다. 허용성 요건이 인정되면, 이어서 정당성이 문제시되는데, 이는 행정행위의 적법성 심사를 말한다. 행정행위가 위법하다고 확인되면, 소송은 성공적이다. 법적으로 말하자면 소송은 이유 있다. 이 경우에 법원은 행정행위가 유효하지 않다고 선언한다. 법률가들의 언어로는, 법원이 해당 행정행위를 취소시킨다. 이와 관련해서 법률가들 사이에서 매우 유명한 사례 하나, 즉 **돼지축사 사건**을 살펴보자.

어느 도시의 외곽지역에서 농부 甲이 돼지 축사를 운영해오고 있는데, 이웃 주민들이 고약한 냄새로 인해 괴로울 뿐만 아니라 특히 날파리와 쥐가 들끓어서 또한 건강을 위협하고 있다. 그래서 그간 많은 민원이 제기되었다. 마침내 도시의 해당 책임자는 甲이 돼지 축사를 더는 운영하지 못하게끔 금지했다. 이 조치에 맞서서 甲은 행정법원에서 성공적으로 소송을 제기할 수가 있겠는가?

먼저 항고소송의 허용성 여부가 검토되어야 한다. 이는 돼지 축사 운영을 금지하는 행위가 행정행위라는 사실을 전제한다. 이를 위해서 1976년 이래로 법률상의 개념이 존재하고 있다. 행정절차법 제35조 제1문은 아래와 같이 규정하고 있다.

> 행정행위는 공법의 영역에서 개별적인 사항을 규율하기 위하여 행정청이 발하고, 외부에 대해 직접적인 법적 효력을 갖는 모든 처분, 결정 또는 기타의 고권적 조치이다.

여기서는 개별적인 사항에 있어서 외부에 대해 직접적인 법적 효력을 갖는 규율이 다뤄지고 있는지가 중요하다. 관련되는 것은 농부 甲과 그의 축사 운영이고, 따라서 개별적인 사항이 맞다. 그리고 외부에 대한 영향도 존재한다. 예컨대 만약에 시장市長이 관련 책임자에게만 내부적으로 돼지 축사 운영을 금지하라고 지시했다면, 甲은 이에 대해서는 아직 맞설 수가 없다. 이는 단지 업무상의 내부 지시에 불과하고, 아직은 이를 두고서 다툴 수가 없는 행정 내부적인 준비 조치일 뿐이다. 그러나 여기서는 甲에게 금지처분이 이미 행해졌고, 외부로도 발發해진 까닭에, 따라서 행정행위이다.

이제 여전히 마지막 장애물이 존재한다. 행정법원법VwGO 제42조 제2항은 아래와 같이 규정하고 있다.

> 법률에서 달리 정하지 않는 한, 청구인이 행정행위로 인해서 자신의 권리가 침해되고 있다고 주장한다면, 소의 제기가 허용된다.

해당 금지처분이 甲의 영업상의 재산권과 직업상의 활동, 즉 직업의 자유라는 기본권을 제한하고 있기 때문에 이로써 권리 침해가 전제될 수 있다. 이는 법원이 소송을 받아들이는 게 허용되고, 행정작용이 사법적으로 심사됨을 뜻한다.

이제 두 번째 문제가 제기된다. 소의 제기가 이유 있는가? 행정행위가 위법하다면, 소의 제기는 이유 있다. 그렇다면 행정행위는 언제 위법한가? 행정행위가 적법하지 않은 경우에 그러하다. 그리고 시 당국의 책임자가 행한 금지처분이 법률적 근거 아래에 발해진 경우에만 행정행위가 적법하다. 왜냐하면, 법률이 허용하는 경우에만 행정이 시민의 권리를 제한하는 게 용납되기 때문이다. 이것이 행정법의 기본이고, 처음이자 끝이며, 전부이다. 이걸 **"법률유보"**法律留保라고 말하는데, 법치국가의 기본원

리이기도 하다. 따라서 돼지 축사 금지처분이 법률상의 규정으로 정당화
된다면, 이 금지처분은 적법하다. 그렇다면 소의 제기는 이유가 없다. 이
에 대해서 그 어떤 법률적 근거가 없다면, 행정행위는 위법하고, 소의 제
기는 이유 있으며, 따라서 행정법원법 제113조 제1항 제1문이 적용된다.

> 행정행위가 위법하고, 이를 통해서 소송 청구인이 자신의 권리를 침
> 해받고 있는 한, 법원은 행정행위를 취소한다. […]

당시에 이 사건이 뮌스터Münster 고등행정법원에서 다투어졌을 적에,
1956년에 시 당국의 책임자는 노르트라인-베스트팔렌Nordrhein-Westfalen
경찰법상의 매우 일반적인 규정을 법적인 근거로 내세웠다. 해당 규정에
따르면 공공의 안전과 질서에 대한 위험이 발생하는 경우에 책임자인 그
가 개입해야 할 의무가 있다는 주장이다. 오늘날에는 특별규정이 존재한
다. 1974년에 제정된 「연방임밋시온보호법」 제25조 제2항은 아래와 같
이 규정하고 있다.

> 특정 시설에 의해서 야기된, 환경에 유해한 영향이 인간의 생명이나
> 건강 또는 중요한 사물의 가치를 위협하는 경우에는, 공중이나 이웃
> 이 다른 방법으로는 충분히 보호될 수 없는 한, 소관 행정청은 해당
> 시설의 설치나 운영을 전부 또는 일부 금지해야 마땅하다.

당시에 뮌스터 고등행정법원은 甲의 돼지 축사 운영으로 인해서 이웃
들이 겪고 있는 괴로움과 위험이 너무 커서, 경찰법에 근거한 금지처분
이 정당하다고 밝혔다. 또한 「연방임밋시온보호법」 제25조 제2항에 따라
서도 이와는 다르게 결정될 수는 없었으리라고 짐작된다. 당시와 마찬가
지로 오늘날에도 본연의 법적인 문제는 甲이 그곳에서 이미 오래전부터
별다른 항의가 없는 가운데 돼지 축사를 운영해왔다는 데에 있다. 이유
는 간단하다. 이전에는 도시의 외곽에 지금처럼 인구가 밀집되지 않았었

기 때문이다. 그가 이 일을 시작했을 적에 그곳에서 그는 혼자였고, 인근에 몇몇 농가들이 있었을 뿐이었다. 이후에 점점 더 많은 도시주민이 그곳으로 몰려들었고, 이제는 이들이 괴롭고 위험하다고 느끼게 되었다. 이는 경찰법에서 언급하는 바와 같이 "방해자" 개념의 문제이다. 경찰법에 따르면 이후에 다른 이들이 甲의 주변으로 이사해서 몰려오더라도, 이로써도 그는 이처럼 방해자가 된다. 이게 문제였다. 이 경우 잠재적 방해자라고 부른다. 따라서 금지처분은 정당하게 내려졌다. 甲이 제기한 소송이 허용되기는 하지만, 그러나 이유가 없다. 甲이 청구한 소송은 행정법원에서 기각되어야 마땅하다.

침익적 행정과 급부행정

농부 甲이 자신의 돼지들을 도시 외곽에서 더 이상 사육할 수 없게끔 시당국의 책임자가 발한 명령은 사람들이 오래전부터 잘 알고 있는 행정의 과업에 속한다. 행정은 사람들이 안전과 질서라는 단어로 표현하는 것들을 보살펴야 했다. 19세기의 야경국가夜警國家에서 이것이 일반적으로 경찰작용으로 일컬어졌다. 행정은 기술적 결함을 지닌 건물이나 불성실한 영업주체에 의해서 그리고 범죄를 저지르는 우범자들에 의해서 시민들이 위험에 처하지 않도록 잘 보살펴야 한다. 또한, 안전과 질서가 요구되면서, 모든 시민이 언제라도 확인될 수 있고, 전입신고제도와 함께 이들의 주소가 정확하게 파악될 수 있어야 한다고들 생각한다. 외국인등록청도 이에 속했는데, 왜냐하면 "외국인들 대부분이 이곳에서 폭동의 불온한 정신을 퍼트린다"라고 생각했었던 까닭이다(Heinrich Heine).

오늘날에는 질서를 관장하는 행정청과 경찰이 따로 분리되어 있다. 이들 기관은 19세기와 마찬가지로 안전과 질서 또는 위험의 방지라는 동일한 과업을 갖고 있다. 이 전체 과업이 다소 덜 군사적으로 조직화하게끔 이들 과업이 나뉘어서 배분되어있다. 통상적으로는 질서를 관장하는 행정청의 소관인데, 따라서 시 당국의 책임자는 농부 甲의 돼지 축사 운영금지 여부에 있어서 권한을 갖는다. 경찰은 단지 이른바 집행경찰이고, 따라서 보호경찰, 형사경찰, 출동경찰이다. 경찰은 예컨대 범죄행위를 저지하거나 추적하기 위해 즉시 개입해야 할 급박성이 있는 경우에만 활동하게 된다. 경찰 및 질서를 관장하는 행정청과 더불어서 우리는 행정의 고전적인 영역에 발을 내딛는다. 이 같은 행정은 명령하면서 개입하고, 사회 내의 삶을 규율하고 예컨대 시 당국의 책임자가 돼지를 사육하는 농부의 재산과 직업의 자유와 같이 시민들의 개별적인 권리들 또한 자주 규율하고 있다. 이는 침익적 행정Eingriffsverwaltung으로 불리는데, 관련 행정처분을 발해왔다. 이후 오랫동안 이밖에 다른 것은 없을 거라고 여겨졌다.

그리고서 이 세계에 새로운 지평을 개척한 한 인물이 등장했다. 그가 바로 당시 36세의 에른스트 포르스트호프Ernst Forsthoff인데, 처음에는 쾨니히스베르크Königsberg 대학, 이후에는 하이델베르크 대학의 국가법 및 행정법 교수가 된 매우 보수적인 인물이고, 히틀러의 제3제국에서 벌어졌던 일들이 그와 전혀 무관하지는 않다. 1938년에 그는《급부주체로서의 행정》이라는 제목의 책을 저술했다. 급부행정Leistungsverwaltung이라는 행정의 또 다른 영역을 발견해낸 지혜롭고 아름다운 문체로 쓰인 책인데, 에른스트 포르스트호프는 이를 위해 **생존배려**Daseinsvorsorge라고 하는 오늘날에도 여전히 사용되고 있는 매우 적절한 단어를 고안해냈다. 생존배려는 수도와 가스 및 전기, 쓰레기 처리, 대중교통수단, 전화 및 우편과 같이 시민들의 기술적인 기본수요를 위한 행정의 경제적 활동만을 뜻하지 않는다. 생존배려에는 또한 유치원, 교육제도, 병원, 공동묘지 그리고 예컨대 사회보장, 사회부조 및 재교육제도와 같이 사회적 급부를 위한 조직도 포함된다. 그 이후로는 침익적 행정과 급부행정을 구별해오고 있다.

에른스트 포르스트호프의 이 같은 발견이 전혀 우연한 일만은 아니다. 그는 행정법원의 존재에 대해 거세게 반대하면서 잘 기능하는 행정에 대한 애착을 지닌 그런 부류의 행정법학자 중 한 명이었다. 그는 행정법원이 장애요소라고 여겼다. 전적으로 정상적인 수천 건의 다른 행정사례들이 존재하는 데도, 행정법원이 늘 이를 비껴가는 병리학적인 사례들만을 다루고 있다고 보았다. 항고소송은 시민들의 개별적인 권리에 관한 자유주의적인 상념에 기초하고 있는데, 국가가 행정행위를 통해서 이 권리를 제한할 수 있다고 여겼다. 그런데 지금은 다음과 같이 말하고들 있다. "너는 아무것도 아니다. 너의 민족이 전부다."* 행정재판이라는 게 당시에는 매우 비판적으로 여겨졌고, 나치주의자들에 의해서 그것의 중요한 영역들이 상당 부분 제한되었다. 행정재판은 강력한 국가로 나아가는 도상途上에서 그저 성가신 장애물에 불과했다. 시민들이 이 국가에 맞서는 게 허용되어서는 아니 되기 때문이었다.

이런 이유로 에른스트 포르스트호프는 급부행정을 발견해냈고, 다음과 같은 모토를 주창했다. "캐스트너씨, 어디에 긍정적인 게 남아있나요?" 여기서 그는 행정이 시민들의 권리를 제한하지만, 전적으로 늘 부정적인 것만은 아니라는 사실을 보여줄 수가 있었다. 그는 여기서 생존배려와 같이 긍정적인 무언가를, 즉 행정행위로서의 처분성과 항고소송이 없는 생존배려를 행정이 제공한다는 사실을 보여줄 수 있었다. 원죄原罪도 그리고 다툼도 없이 지상地上에서 구현되는 행정법의 천국인 셈이다. 시민들이 이 같은 생존배려에 함께 동참해야 마땅하다고 생각했다. 그리고 행정의 모든 영역에서도 똑같이 그렇게 일이 벌어졌다. 그는 책에서 "그러나 앞서 상술한 곳에서는 권리보호가 아니라 참여가 중요하다는 사실이 분명해졌다"라고 서술한다.

---

*나치즘이 득세했던 당시에 전체주의를 상징하는 대표적인 슬로건이다.

처음에는 모든 게 순조롭게 진행되었다. 하지만 전후에 서독이 기본법과 시민에 대한 포괄적인 법적 보호 원칙을 도입하고 나서는 이제 어쩔 수가 없었다. 연방행정법원은 1954년에 선고한 최초의 판결에서 급부행정이 시민에게 급부의 제공을 거부하는 경우에 해당 시민이 행정법원에 소송을 제기할 수 있다고 선언했다. 게다가 지금은 기초생활수급자라고 불리는 한 생계보조금 수급자까지 나타나서 분란을 야기하고 소송을 제기하면서는, 포르스트호프가 그간 꿈꿔온 행정을 둘러싼 지극히 평온하고 목가적牧歌的인 풍경이 허물어졌다.

생계보조금 사건(BVerfGE 1, 159)

하노버Hannover시에서 생계보조금을 지급받는 한 노인이 방이 두 개뿐인 비좁은 집에서 아내와 함께 살아가고 있었는데, 그는 자신을 돌보기에는 너무 병약해서 아내가 생계를 책임지고 있었다. 그에게 주거보조금으로 임차료의 절반만 지급되고 있었다. 즉 관련 행정청으로서는 임차료의 나머지 절반은 아내가 부담해야 마땅하다는 생각이었다. 주택임차료의 전액 지급을 승인해달라는 신청이 거부당하자, 노인이 관련 행정청을 상대로 항고소송을 제기했는데, 이로써 또다시 두 가지 문제가 불거졌다. 이 소송이 허용되는가? 그리고 소송은 이유가 있는가?

이 판결이 갖는 대단한 중요성은 첫 번째 물음에 대한 법원의 대답에 놓여있다. 지금까지는 보조금 지급 신청이 거부되더라도 생계보조금 수급자는 소송을 제기할 수 없다는 견해가 일반적이었다. 설령 행정청이 올바르게 또는 그릇되게 결정했는지와는 전혀 무관하게 말이다. 이미 앞에서 언급된 행정법원법 제42조 제2항에 따른 권리 침해가 결여되어 있어서다.

1954년까지만 해도 생계보조금 수급자에게는 이 같은 급부 제공을 요구할 어떠한 청구권도 없다고 일반적으로 말해왔다. 그러한 한에서 그는 이 같은 지급거부 통지로 인해서 자신의 권리가 침해될 수가 없었다. 1924년에 제정된 「생계지원법」에 따라서 행정청이 요부조자에게 규정된 지원금을 지급할 의무가 설령 있다손 치더라도, 이 의무는 공공복리 상의 이유로 일반 대중을 상대로만 존재하는 것이었다. 이 의무가 가난한 이들을 상대로는 직접 존재하지 않는다. 노인은 행정청이 지닌 의무에 상응하는 주체가 아니라, 단지 행정행위의 객체에 불과할 뿐이었다. 따라서 생계보조금 수급자가 제기하는 항고소송은 허용되지 않는다는 결론이 나름 그럴 법했다.

그러나 연방행정법원은 이와는 달리 판결했다. 즉 기본법GG이 제정된 이후로는 위와 같은 견해가 더 이상 유지될 수 없다고 보았다.

"국가권력에 의해서 보호되어야 할 불가침적인 인간의 존엄성은 (기본법 제1조) 생존 보장이 전적으로 문제가 되는 한, 인간을 단지 국가작용의 객체로만 바라보는 것을 금지한다. 이는 또한 자유로운 인격권이라는 기본권에서 비롯하는 결과이기도 하다(기본법 제2조 제1항). […] 법치국가에서 시민들이 국가와 관계를 맺는 것은 원칙적으로 법이 국가와 관계를 맺는 것이다. 그러므로 시민을 대상으로 하는 공권력 작용 역시도 법원의 사후적인 심사 아래에 놓여있다(기본법 제19조 제4항). 유권자로서 국가권력을 함께 형성하는 무수히 많은 시민이 이와 동시에 자신들의 실존적 측면에서 독자적인 권리가 없이 국가권력에 맞서는 것은 민주적인 국가사고와도 합치하지 않는다."

따라서 생계지원법에서 요부조자가 지원을 위한 어떠한 청구권도 갖지 못한다는 원칙을 고수한다면, 이는 헌법에 위반된다고 보았다.

"법률이 부조扶助의 주체에게 요부조자를 위한 의무를 부과하고 있는 한, 요부조자는 이에 상응하는 권리를 가지며, 그러므로 권리 침해에 맞서서 행정법원에 보호를 주장할 수 있다."

따라서 소의 제기가 허용되고, 이로써 행정법원이 급부행정을 통제할 수 있는 문이 활짝 열리게 되었다. 그런데도 하노버의 노인은 소송에서 성공하지는 못했다. 왜냐하면, 소송의 정당성 문제에서 법원이 노인에게는 부정적인 결론에 도달했기 때문이다. 법원은 한 집에서 노인과 함께 사는 아내가 임차료의 나머지 절반을 지불할 능력이 있고, 또한 그래야만 한다고 밝혔다. 이에 대해서 노인은 아내를 상대로 청구권을 갖는데, 이런 까닭에 그러한 한에서 노인은 요부조자가 아니라고 판단했다. 즉 행정청이 올바르게 결정했다는 판단이다. 소송이 허용되기는 하지만, 그러나 정당한 이유가 없어서 기각되었다.

이것이 법치국가를 위한 승리인가? 결국에는 그렇다. 왜냐하면, 그 이후로 급부행정의 영역에서 그 이유가 인정되어서 승소한 소송이 당연히 존재해왔기 때문이다. 그런데 노인이 청구한 이 첫 번째 재판은 그다지 비전형적인 게 아니다. 행정법원은 소송의 허용성 문제에 있어서 종종 정당성의 문제보다도 훨씬 더 관대하다. 왜 그럴까? 이유는 간단하다. 이런 방법으로 법원은 자신들의 고유한 권한 범위를 확장해왔다. 소송이 허용된다고 법원이 말하는 순간에 법원은 행정작용을 사후심사할 수 있는 권한을 갖게 된다. 그렇지 않으면 이러한 권한이 아예 없기 때문이다. 이로써 법원은 스스로 부여한 은총으로 일종의 상급기관이 된다. 시민들의 입장에서는 정부의 지시나 명령에 종속적이지 않은 기관, 즉 독립된 법원이 결정을 내리게 되는 장점이 있다.

탈규제화

급부행정에 있어서, 그리고 에른스트 포르스트호프가 명명命名한 이후 오늘날에도 여전히 그렇게 불리고 있는 생존배려에 있어서 그동안 많은 것들이 바뀌있다. 이는 유럽통합의 주목할 만한 결과이기도 하다. 유럽경제공동체ECC와 그 후신後身에 해당하는 유럽연합EU은 지난 1980년대 이래로 지침(제3장 참조)과 함께 "탈규제화"라는 말로 다소 혼란스럽게 표현되고 있는 여러 내용을 도입해왔다. 이는 지금껏 단지 국가, 란트들 및 게마인데(기초지자체)들에 의해서 마치 독점과도 유사하게 조직되어온 급부행정의 영역을 해체하고서, 사기업들이 참여하는 시장경제적인 질서의 도입을 의미하는 것이기도 하다.

그간 가격을 자의적으로 결정해온 독점기업들에 의한 지배보다도 시장경제가 많든 적든지 간에 소비자들에게 더 유리하다는 사실은 일반적으로는 의심할 나위 없이 맞는 말이다. 그러나 우리네 급부행정의 영역에서 공적 기구들에 의해서만 운영되어온 영역에서도 마찬가지로 적용되는지와 관련해서는 다소 의문이 있고, 그리고 특히나 국가, 란트들 및 게마인데들이 기본법 제20조 제1항에 따라서 사회국가원리에 의무 지어져 있기 때문에도 자주 의문시되어왔다.

다른 측면에서 유럽통합은 기본법 제23조 및 제24조와 더불어서 마찬가지로 일종의 프로그램으로 확정되었고, 몬탄유니온에서부터 유럽연합에 이르기까지 이를 위한 여러 조약이 반백 년이 넘도록 형성되어왔다. 그리고 우리는 이 지침과 규범들을 따를 의무가 있다. 여기서는 가장 중요한 영역들, 즉 우편, 전화, 전기 및 수도에 대해서만 서술하고자 한다.

우편은 지금껏 Deutsche Bundespost(독일 연방우체국)가 맡아왔었다. "노란색 영역"에서 편지와 소포를 배달해온 이 Deutsche Bundespost가

지녀왔던 독점적 권리가 2010년 12월 31일 자로 끝장이 났다. 1998년에 유럽공동체 지침 97/67과 더불어서 점차적으로 시장개방이 시작되었다. Bundespost가 민영화되고서 이제는 Deutsche Post AG로 불리는데, 즉 사법私法상의 주식회사AG가 되었지만, 계속해서 연방이 최대주주로 남아 있다. 오늘날 소포업무에서는 미국의 United Parcel Service(UPS)와 같은 민간의 경쟁자가 존재한다. Deutsche Post AG가 미국의 편지와 소포 특송서비스회사인 DHL을 인수하면서 본격적으로 경쟁 구도에 나섰다. 이게 과연 소비자들에게 이익이 되는지 아닌지에 대해서는 답하기가 쉽지 않다. 소포 배달이 이전보다 더 빨라지는 게 가능해질 법도 하다. 우편 배달에 있어서 Deutsche Post의 경쟁력이 한때는 더욱더 강화되었으나, 2014년 이후로는 다시 약화하였다.

탈규제화는 전화통신에도 큰 영향을 미쳐서 컴퓨터 및 인터넷과 더불어서 텔레커뮤니케이션으로 발전했다. 또한, 여기서도 Deutsche Post는 민영기업인 Deutsche Telekom AG로 바뀌었고, 유럽 전체에서 가장 큰 텔레커뮤니케이션 시스템으로 발전해왔다. 다른 회사들과의 경쟁은 이용요금이 현저히 저렴해지는 결과를 가져왔다. 가장 중요한 사업영역이 지금은 전화망, 이동통신 및 온라인과 인터넷이다. 특히 이른바 고정요금제, 즉 점점 더 중요해지는 전화와 인터넷에 대한 정액요금제로의 발전은 Telekom 에서 그렇듯이 이 시장이 자유화된 결과이다.

전기와 가스의 경우에는 위와는 다소 다르게 진행되어왔다. 그간 국가나 지방자치단체가 운영해온 발전소를 민영기업으로 바꾸거나 국내 및 외국의 기업들에 매각한 것은 잘못된 결정이었다. 이전보다도 더 비싸게 요금이 계속해서 오르고, 이제는 환경부담금까지 더해져서 더욱 비싸졌다. 이 영역에서 잘 작동하는 경쟁은 지금껏 단지 제한된 범주에 국한해서만 존재한다.

상수上水 공급의 경우는 하수下水의 경우와 마찬가지로 탈규제화가 처음에는 거의 시도되지 못했다. 독일의 수자원시장은 여전히 국가의 수중手中에 남아있다. 민간 기업들은 단지 3.5%의 지분만을 갖고 있으며, 하수처리에서는 거의 아무런 역할을 행하지 못하고 있다. 그 이유는 아마도 상수 공급에 관련되는 기업들의 수가 너무 많은 까닭으로 짐작된다. 즉 6천 개가 넘는 기업들이 존재하고 있고, 이들 기업의 관할 영역이 매우 작고 또한 분산되어있다. 상수도와 관련 기반시설 및 샘들에 지출되는 고정비용이 매우 많이 들고, 또한 대규모의 투자를 요구한다. 그러므로 민간의 투자유인이 떨어진다. 독일과 덴마크는 유럽 내 다른 16개 산업 국가들과 비교하면 물값이 가장 비싼 편에 속한다. 여러 개별 회사를 더 크고 효과적인 단위로 합병하는 것이 보다 더 바람직할 것으로 보인다.

모델로서의 민사법

행정청이 행하는 여러 처분에 맞서서 시민들의 권리보호를 정상화하는데에는 두 개의 상념이 존재한다. 즉 행정행위와 주관적 공권이 바로 그것이다. 행정행위는 예컨대 앞에서 다룬 도시 외곽에서의 돼지사육 금지처분이 그러하다. 주관적 공권은 예컨대 하노버에 사는 한 노인의 주거보조금 지급청구권이 그러하다. 위 두 상념은 19세기의 법치국가 논쟁에서 유래되었다. 그리고 이 둘 다 민사법民私法을 모델로 삼아서 강구되었다.

앞서 서술한 바와 같이 행정행위는 프랑스에서 유래한 것인데, 프랑스에서는 *acte administratif*로 불리며, 독일에는 20세기 말에 오토 마이어Otto Mayer와 더불어서 자리 잡았다. 그는 사적인 민사소송에 상응하는 내용으로 행정행위를 고안해냈다. 오토 마이어는 규정된 절차가 있어야 마땅하다면서, 당사자의 입장이 법정法廷 안에서 경청 되고, 민사법상의 판결과도 같은 결정이 특정한 형식을 갖추고서 정당화되며, 이로써 민사법적으로 심사되어야 마땅하다고 생각했다.

그는 이 같은 상념을 행정이 위법하게 행위를 하는 경우에 침해되는 시민의 권리사고와도 결합시켰는데, 이로써 만일 해당 금지조치가 위법하다면, 돼지사육의 사례에서처럼 재산권과 같은 사법私法상의 오래된 권리를 먼저 머리속에 떠올렸다. 또한, 행정행위와 시민의 권리 간의 결합이 민사법民私法을 모델로 삼아서 고안되는데, 즉 타인의 재산권을 부당하게 침해하고, 재물을 손괴하고, 유리창을 깨트리고, 카펫에다가 불을 지져서 구멍을 내거나 차량으로 추돌하는 사인私人처럼 위법한 행정행위를 발하는 행정청도 이와 마찬가지로 똑같이 이 같은 권리를 침해하는 방식으로 말이다. 이것은 민사법民私法상의 불법행위, 즉 사적인 손해배상 의무를 부담하는, 허용되지 않는 행위에 근거하는 상념이다. 이어서 민법전 제249조 제1항이 적용된다.

> 손해배상을 해야 하는 사람은 배상이 필요한 상황이 발생하지 않았더라면 존재했을 상황으로 회복시켜야 한다.

행정법에서도 이와 같은 목적으로 소송이 제기된다. 이 소송이 항고소송抗告訴訟이고, 그 목적은 만약에 위법한 행정행위가 발해지지 않았더라면 있었을 원래의 상태로의 회복, 즉 행정행위의 취소이다. 오늘날에는 심지어 이른바 결과제거청구권과도 결합시킬 수가 있다. 행정법원법 제113조 제1항 제2문은 아래와 같이 규정하고 있다.

> 행정행위가 이미 집행되었다면, 법원은 청구에 기해서 행정청이 그 집행을 되돌려야 하며, 그리고 어떻게 되돌리는지를 또한 선언할 수 있다.

사적인 권리가 침해된 것은 아니지만, 당사자인 시민에게 소송의 가능성이 존재한다면, 이는 **주관적 공권**主觀的 公權으로 표현된다. 이것의 모델이 사적인 재산권이지만, 시민의 행정에 대한 관계에서만 단지 의미가 있을 뿐이고, 다른 시민들과의 관계에서는 그렇지 아니하다. 건축법에서 비롯하는 사례를 살펴보자.

각기 단독주택에 거주하는 N_1과 N_2는 그들의 집 사이에 자리하는 토지의 소유자인 E를 이웃으로 두고 있다. 이들은 건물들 간에 이격離隔거리 기준이 적용되는 건축법규를 가진 게마인데에서 살고 있다. 이것은 도로에 바로 접해서 집이 지어지는 도시에서와같이 주택이 건축되어서는 아니 됨을 뜻한다. 토지 경계선으로부터 일정 거리가 유지되어야 하는데, 이 게마인데에서는 이웃과의 토지경계 이격으로 3m 기준이 적용되고 있다. E는 행정청으로부터 주택건축을 위한 허가를 막 득했는데, N_1이 소유하는 토지의 경계에 바로 접해서 차고車庫를 지을 예정이다. 이곳의 건축규정에 따르면 예외가 가능한데, 단지 3m 높이까지만 허용된다. 이에 반해서 E가 지으려고 하는 차고는 4m 높이까지 허가되었다. N_1과 N_2는 이 건축허가처분을 대상으로 행정법원에다 소송을 제기한다.

건축허가처분은 행정행위이다. 우선은 단지 E에 대한 행정행위이다. 그런데 N_1도 이 건축허가와는 관련성이 있다. 왜냐하면, 그에게 유리한 건축법상의 규정이 침해되고 있기 때문인데, 해당 규정은 이웃의 건축물로 인해서 일조권日照權이 침해되지 않도록 배려하고 있다. 따라서 그는 건축허가처분을 대상으로 법원에 소송을 제기할 수 있어야 한다. 그러므로 그가 주관적 공권을 갖는다는 데에 수긍한다. 건축법상의 규정들은 우선적으로 공공질서라는 이해관계 속에서 제정되었다. 이로써 모든 건축주가 원하는 바대로 행하거나 내버려 둘 수가 없고, 지역의 전체 외관과 토목상태가 마구 뒤죽박죽이 되거나 무모한 구조로 인해 일반적인 안전이 위협되어서도 아니 된다. 그리고 이 규정들이 또한 이웃의 이익에도 기여할 수 있다.

그래서 N_1은 행정청을 상대로 해당 규정들의 준수를 요구하는 주관적 공권을 갖는다고들 말한다. 건축허가처분은 그에게도 자신의 권리를 침해하는 행정행위가 된다. 따라서 그는 항고소송을 제기할 수 있고, 이로써 행정법원은 건축허가처분을 취소할 수도 있다.

반면에 N_2는 소송을 청구할 수가 없다. 자신의 토지경계에 인접한 이웃의 건축물이 일정 거리를 두게끔 해서 보호하는 기존 규정들이 그의 경우에는 준수되고 있다. 그는 행정청을 상대로 N_1에 대한 거리가 지켜지게끔 요구할 수 있는 주관적 공권이 없다. 그리고 만약에 E가 행정청으로부터 허가를 득하는 경우에 위 양자는 이의를 제기할 수 없다. 일반적으로 허용되는 것 이상으로 도로상에 더 가까이 맞대어서 건축하는 게 E에게는 예외적으로 허용된다. 왜냐하면, 이 규정들은 이웃들 간의 이해관계가 아니라 일반적인 질서에만 기여하기 때문이다. 그러한 한에서 이들은 주관적 공권을 갖지 못한다. 그리고 행정청을 상대로 하는 민중소송民衆訴訟도 존재하지 않는다. 그래서 누구나가 다 소訴를 제기하지는 못한다. 행정법은 개별적인 법익을 보호하는 법이다. 따라서 행정법이 사법私法을 모델로 삼았다는 게 그다지 놀랄 일은 아니다.

모델로서의 사법私法이 항고소송에만 기여하는 게 아니다. 또한, 행정청이 행정행위를 발하도록 마땅히 강제하는 소송의 배후에도 민사법이 놓여 있다. 따라서 이와는 전혀 정반대인 사례도 존재한다. 즉 이미 발해진 행정행위를 상대로 행해지는 공격이 아니라, 행해지지 않고 있는 행정행위를 요구하기도 한다. 즉 생계배려의 차원에서 임차료의 전액 지원을 원하고 있는 하노버의 노인 사례가 그러하다. 이것을 의무이행소송으로 부르는데, 행정법원법 제42조 제1항에서 아래와 같이 규정하고 있다.

소송을 통해서 행정행위의 취소(항고소송)뿐만 아니라, 거부되거나 부작위인 행정행위의 발동(의무이행소송)을 판결해 줄 것을 청구할 수도 있다.

항고소송을 통해서는 자신에게 불리한 행정행위를 대상으로 이의를 제기한다. 의무이행소송은 유리한 행정행위의 교부를 의도한다. 법률용어로는 이것들을 각각 수익적 그리고 침익적 행정행위라고 부른다. 돼지축사의 금지는 침익적 행정행위이고, 사회부조의 승인은 수익적 행정행위이다. 건축허가는 위 양자 모두에 해당할 수가 있다. 즉 행정청이 E에게 이웃의 토지경계까지 그의 차고를 짓게끔 허용한다면, 그에게는 수익적 행정행위이지만, N_1에는 침익적 행정행위가 된다.*

의무이행소송의 배후에도 또한 민사법民私法적인 상념이 놓여있다. 즉 그 배후에는 19세기에 민사법에서 형성된 청구권 상념이 놓여있는데, 한 사람이 다른 이에게 금전의 지급, 물건 배달, 주택건축 또는 사업장에서의 노무제공과 같은 채무를 갖고 있음을 뜻한다. 이 개념을 행정법에다 접목하는 것이 전적으로 당연한 것은 결코 아니었다. 왜냐하면, 이 개념은 원칙적으로 동등한 권리와 의무가 있는 두 사람의 존재를 전제로 하기 때문이다. 즉 법률가들이 말하듯이 두 명의 권리주체가 있어야 한다. 행정이 그간 오랫동안 모든 것을 포괄하는 국가의 일부로 간주되어온 까닭에 행정청을 시민과 동등한 서열로 자리 매기지 않으려는 게 한편으로는 당연했다. "너는 아무것도 아니고, 너의 민족이 전부다." 결정적인 전환의 계기가 기본법 GG 제정과 더불어서, 특히 제19조 제4항의 권리보호 보장과 함께 도래했다. 행정법에서 사회부조를 다룬 1954년의 판결이 그러했다. 하노버에 사는 노인에게는 비록 그가 원했던 결과가 주어지지 않았는데도 말이다. 그러나 이 판결은 다른 무언가를 가져왔다. 이걸 국가와 시민과의 관계에서의 주관화主觀化라고들 말한다. 위 양자는 그 이후로는 민사법에서와같이

---

*따라서 이를 두고서 복효적(復效的)행정행위라고도 부른다.

원칙적으로 상호대립적인 권리와 의무를 질 수 있는 동등한 권리주체로 간주하고 있다. 심지어 행정법에서도 인간의 존엄성이 인정되고, 그것이 똑바로 정립되게끔 한 최초의 교훈적인 사례이기도 하다.

비공식적 행정작용

그는 에버하르트 보네Eberhard Bohne라고 불린다. 그는 젊은 시절인 1981년에 쓴 박사학위 논문에서 침익적 행정의 영역에서 중요한 행정법상의 발견을 이뤄냈고, 이어서 관련 문헌들이 마치 눈사태처럼 마구 쏟아져 나왔다. 당시에 그는 37살이었다. 전체가 308쪽인 이 책의 제목은《비공식적 법치국가》였다. 일은 이렇게 진행되었다.

1976년에 그는 연방내무부의 공무원 신분으로 쾰른 대학의 사회학 연구소로 파견되어 나갔다. 이 연구소의 소장인 레나테 마인츠Renate Mayntz교수는 환경문제에 관한 전문가위원회 및 연방내무부 산하의 연방정부 학술자문위원회로부터 전문가로서의 자문의견서 작성을 부탁받았다. 이를 위해 그녀에게 소규모의 지원그룹이 배정되었다. 이 지원그룹은 행정법학자인 한스 울리히 데를린Hans Ulrich Derlin이 조직책임자로, 에버하르트 보네는 연구조교로 그리고 행정학과 경제학을 전공한 석사출신 2명과 연구보조원 1명으로 구성되었다.

1970년대 전반기에 빌리 브란트Willy Brandt 정부에서 처음으로 중요한 환경보호법률이 제정되고, 베를린에 연방환경청이 설립되고, 환경 관련 전문가위원회가 소집되는 등으로 나름 환경보호에 애쓰기 시작했다. 빌리 브란트 총리는 이미 1961년에 루르Ruhr 지역에서의 푸른 하늘을 약속한 바가 있었다. 그러나 사민당/자민당 연립정부가 기울여온 이 같은 노력에도 불구하고, 소기했던 환경 개선은 여전히 지체되고 있었다. 이를 두고서 환경법에서의 집행 결손으로 비판되었고, 저명한 마인츠 교수는 자신의 연구팀과 더불어서 그 원인을 분석해야 했다.

이 문제는 물론 실로 오래된 것이다. 고대의 그리스인들은 무분별한 벌목으로 숲을 황폐하게 했다. 로마에서도 길거리에는 악취가 넘쳐났고, 소음은 참을 수 없을 정도였다. 중세에는 「연기배출금지법」이 있었고, 1306년 런던에서는 석탄을 땠다는 이유로 한 남자가 참수斬首당했다. 증기기관이 출현하고, 산업화가 진행되면서 상황은 더욱 심각해졌다. 부퍼Wupper강과 엠셔Emscher강에서는* 더 이상 물고기를 찾아볼 수 없게 되었다. 엠셔강은 지옥의 강으로도 불렸는데, 완전히 오염되었다. 그래서 이 지역의 주민들은 당시의 하수도법에 근거해서 도움을 외쳤다. 그런데 산업계가 이에 반대했다. 염료회사인 바이에르Bayer의 대표인 카를 두이스베르크Carl Duisberg는 물고기들에게 책임을 전가하면서, 어느 회의장에서 이렇게 말하기도 했다. "하늘이시여, 우리를 제국하수도법으로부터 지켜주소서" 그러자 하늘이 정말로 도왔다.

제2차 세계대전 이후로 상황이 더욱 심각해졌다. 당시 서독의 좁은 영토 안으로 탈출과 추방 등으로 1천2백5십만 명의 인구가 추가로 유입되면서 집집마다 배출하는 생활하수의 양 또한 급증했다. 산업계의 생산량도 세 배씩이나 늘어났다. 이어서 마이카My Car 시대가 열리고, 비로소 1970년대에 사민당/자민당 연립정부가 놀라운 입법과 함께 환경보호를 관철하려고 시도했다. 즉 「임밋시온보호법」, 「쓰레기감축법」, 새로운 「상하수도법」, 「세탁세제규제법」 등이 그러하다.

마인츠 교수 연구팀이 작성한 800쪽 분량의 보고서는 오늘날까지도 마치 범죄 소설처럼 읽힌다. 법률가인 에버하르트 보네는 여기서 논문 주제를 찾아냈다. 1981년에 출판된 책에서 그는 연구팀이 노르트라인-베스트

---

*독일의 대표적인 공업지대인 루르 지역을 관통해서 흐르는 강들이다.

팔렌, 바이에른, 바덴-뷔르템베르크에서 수행하고 상세히 설명한 임밋시온 관리법에 따른 시설 승인 절차를 면밀히 분석한 다음에 "시행 부족"의 원인 중 하나를 설명했다.

「연방임밋시온보호법」Bundes-Immissionschutzgesetz (약칭 BImSchG)은 제1조 제1항에서 입법목적을 아래와 같이 밝히고 있다.

> 인간, 동물, 식물, 땅, 물, 대기뿐만 아니라 문화재와 기타의 재화들을, 이를 훼손하는 환경의 영향 앞에서 보호하고, 훼손적인 영향의 발생을 방지하고자 함

이것이 이 환경보호법률의 가장 중요한 대목인데, 왜냐하면 토양과 대지, 하천과 대기에 이르기까지 그리고 에너지산업 분야의 모든 유형의 발전시설에서 돼지축사에 이르기까지 가장 넓은 적용범위를 갖고 있기 때문이다.

통상적인 허가절차는 영업주체의 신청과 더불어서 개시된다. 그리고서 시민들의 열람을 위해 신청서류를 1개월 동안 게시하면서 해당 계획의 공시절차가 뒤따른다. 공시되고서 2주일 이내에, 특히 2010년에 제정된 유럽연합의 「산업임밋시온 지침」에 따른 시설의 경우에는 게시가 끝나고서 1개월 이내에 해당 계획에 대한 이의가 제기될 수 있다. 이와 동시에 허가처분을 내리는 행정청은 관련되는 다른 행정청의 의견을 구한다. 이의가 제기되면, 이의제기인과 영업주체가 함께하는 토론기일이 소집될 수가 있다. 마침내 끝으로 허가를 교부하는 행정행위 또는 허가신청을 거부하는 행정행위가 행해진다. 이것이 법률의 규정에 따른 침익적 행정절차에서의 통상적인 진행 과정이다. 연방임밋시온보호법 제10조에서 이를 규율하고 있다.

그런데 그게 아니었다. 실제에서는 일이 대부분 다르게 진행되어왔다. "사전협상"이라는 게 있다. 이것이 마인츠 교수 연구팀에서 진행한 19건의 사례조사에서 14건이 그러했었다. 그리고 이 사전협상은 그 내용과 기간

이 형식적인 절차에 폭넓게 부합했다. 때로 심지어 그 기간이 더 길어지기도 한다. 에버하르트 보네는 이를 비공식적informal이라고 부른다. 오늘날에는 비공식적인 사전협상과 공식적인 절차로 따로 부르고 있다. 참여주체는 허가청, 영업주체 및 (더 나은 전문지식을 가진) 상급행정청이고, (또한, 문제점의 하나인데) 단지 드물게 관련되는 시민들이나 시민단체도 참여한다. 해당 계획을 실행하면서 법률과 "기술의 현재적 수준"에 따라서 환경보호를 위해서 그리고 인근 지역에 사는 주민들을 고려해서 필수적인 조치들이 문제시된다. 사전협상의 결과는 대개는 결정의 결론을 미리 알려주는 셈이다. 즉 많은 시설이 임밋시온보호법상 요구되는 조건들에 부합하지 못한다고 결론이 난다.

그런데도 비공식적인 사전협상이 위법하다고 말할 수는 없다. 이 같은 협력을 금지하는 규정은 존재하지 않는다. 이 협력은 종종 어려운 협상과 "기술의 현재적 수준"에 관한 평가를 촉진하는 장점이 있다. 솔직하게 말하자면, 문제는 단지 이 협력이 야합野合으로 변질하여서는 아니 된다는 데에만 존재한다. 이에 대해서 학계도 오랫동안 논쟁해왔다. 그런데 생각하는 것만큼 관련 문헌이 많지가 않다. 관련 판결들이 있기는 하지만, 심지어 전적으로 분명한 법률규정은 아니고(「환경영향평가에 관한 법률」Gesetz über die Umweltverträglichkeitsprüfung (약칭 UVPG) 제5조), 1997년에 제정된 유럽연합 이사회 지침 97/11이 그러하다. 그사이에 에버하르트 보네는 슈파이어Speyer 행정대학원의 교수직에서 은퇴했다. 마인츠 교수 연구팀의 보고서와 보네가 쓴 박사학위 논문 이후로 환경보호가 많이 개선되어왔다. 이는 아마도 이들의 작업에 우리가 조금이나마 감사해야 할 몫이고, 가장 중요한 대목은 이로써 녹색당이 연방의회에서 급부상하고, 1980년대 이후로 연방부처들에도 진출했다는 사실에 있다. 그러나 비공식적 행정작용의 문제는 오늘날까지도 궁극적으로는 해결되지 못하고 있다. 아마도 사람들은 연방행정법원이 이미 이와 유사한 사건을 다룬 1974년의 판결(BVerwGE

45, 309, NJW 1975, 70 "판유리사건")에서 밝힌 바가 있는 지침을 그냥 지키면 된다고 여기고 있는 듯하다. 결정권자의 권한은 그대로 유보되어야 하고, 비공식적 협상에는 나름의 정당한 이유가 있고, 비공식적으로 미리 내려지는 결정은 모든 당사자의 이해관계를 정당하게 형량해야 한다는 요구에 부합해야 한다(Michael Fehling, Rnr. 12). 이러하다면 이의를 제기할 수가 없다.

행정법과 헌법

널리 독일 행정법학의 아버지로 불리는 오토 마이어Otto Mayer가 제1차 세계대전 이후인 1924년에 펴낸 교과서의 새로운 개정판, 즉 제3판을 출간했을 당시에, 그는 책의 서문序文에서 "독일의 행정법은 이미 사람들이 여기에 기대어서 기쁨을 느낄 수 있는 하나의 학문이 되었다"고 밝혔을 뿐만 아니라, 그 이후로 자주 인용되는 문장 하나를 덧붙였다. 즉 "헌법은 사라져도, 행정법은 여전히 남아있다." 그 사이에 혁명이 벌어졌고, 이로써 그는 독일인들이 더 이상 황제가 다스리는 제국이 아니라 지금은 민주주의 속에서 살아가기에 (기존의) 헌법이 말짱 허사虛事가 되어버렸음에도 불구하고, 자신의 새로운 개정판에는 큰 변화가 필요하지 않다는 것을 말하고자 했다. 오늘날에는 사람들의 생각이 이와는 다르다.

오늘날에는 헌법이 행정법이라는 건물 전체가 놓여있는 토대일 뿐만 아니라, 또한 그 아래에는 이를 지탱하는 많은 기둥 그리고 건물 전체를 관통하면서 해당 건축물의 개별사항들을 결정짓는 토목시설들이 위로 뻗어있다. 기본법GG과 더불어서 독일의 행정법이 고작 십수 년 사이에 매우 크게 바뀌었는데, 아마도 행정법학의 아버지가 이렇게 바뀐 건축구조를 더는 다시 알아차리지 못한 채로 절망 속에서 헤매었을 법하다. 이 건축물은 더욱 커지고, 모습이 크게 달라졌고, 더욱 복잡해졌다.

이 같은 변화는 1954년에 사회부조扶助를 다룬 연방행정법원의 판결과 함께 급부행정이라는 거대한 영역이 법원의 통제 아래에 들어오게 되면서부터 이미 시작되었는데, 인권에 관한 대목이 처음부터 끝까지 헌법의 중심적인 규정들에 분명하게 근거하고 있고, 또한 인간의 존엄성을 규정하는 기본법 제1조와 국가에 맞서는 개인의 권리보호를 보장하는 기본권인 제19조 제4항의 관점에서도 그러했다. 이로써 다시 헌법으로 회귀해야만 해결될 수 있는 새로운 행정법적인 문제들이 생겨나고 있는데, 예컨대 이 급부행정에서도 법률유보원칙이 적용되는지의 문제가 그러하다. 지금껏 이 원칙은 단지 침익적 행정영역에서의 행정청의 활동에만 적용됐다. 그리고 경제에 대한 보조금 지급은 어떻게 되는지? 행정청이 위기에 처한 사기업을 금전으로 지원하는 게 허용되겠는지? 이에 대한 법률적 근거가 존재하지 않는데도 말이다. 해당 기업의 경쟁자들에게는 이게 중요하지 않은 문제가 결코 아니다.* 이는 오늘날까지도 여전히 논란되고 있는 문제다. 원칙적으로 이 문제는 기본법 제20조 제3항에서 규정하고 있듯이 헌법에 근거해서 결정되어야 한다.

또한, 급부행정에서도 행정청은 원하는 대로 일을 마음대로 처리할 수가 없다. 보조금 지급 역시도 단지 법률에 근거해서만 승인이 허용된다. 행정법이라는 낡은 건축물의 리모델링이 때로 행해지는데, 먼저 헌법상의 여러 원리를 관철하는 권한을 가진 법원, 즉 연방헌법재판소의 판결에 의해서 행해진다는 사실과 더불어서 행정법에서 헌법이 얼마나 중요한지를 마침내 깨닫게 된다. 가장 중요한 사례가 연방헌법재판소가 1972년에 행한 아래 판결이다.

---

*서로 경쟁관계에 있는 한 기업에만 혜택이 주어지면, 다른 기업은 이로써 가격경쟁력이 약화하는 등의 간접적인 불이익을 받게 된다. 따라서 이른바 "경업자소송"이 행해지기도 한다.

수형자 편지 사건(BVerfGE 33, 1)

1967년에 첼레Celle에 있는 교도소의 어느 간부가 수형자들의 편지를 검사하다가 한 편지를 발송하지 않고서 보관하기로 결정했다. 수형자인 Gerhard P.가 하노버의 어느 후원단체에 보내는 편지였는데, 편지에서 교도소장에 대해 경멸적으로 표현하면서 그가 교체된 이유, 크리스마스 선물을 가로챈 다른 교도관들에 대해서, 그리고 교도소장의 이임식에서 수형자들더러 "너희들은 한통속이다"라고 발언한 니더작센Niedersachsen의 검찰총장에 대해서도 비방했다. Gerhard P.는 마치 흥분한 송아지더러 "꼬마야, 진정해. 우리는 한통속이야"라고 말하면서 진정시키는 도축업자를 떠올려야 했다고 토로한다. 편지는 압류되었는데, 그가 모욕적으로 표현하고, 수형자에게는 개인적으로 아무런 상관이 없는 교도소와의 관계가 언급되었다는 게 그 이유였다. 그는 검찰총장과 고등법원에 이의를 제기했지만, 아무런 소득이 없었다. 그리고서 연방헌법재판소에다 헌법소원을 제기했다. 그의 헌법소원은 성공적이었다. 첼레 고등법원의 판결이 취소되었는데, 편지 압류가 의사표현의 자유를 침해한다는 게 그 이유였다.

첼레의 고등법원은 자신의 판결을 정당화하기를, Gerhard P.가 교도 시설에 있는 수형자이고, 그렇기 때문에 그의 기본권은 자동적으로 일부가 제한되고, 일부는 전적으로 효력이 없다고 보았다. 이는 수형의 목적과 교도소 관계의 본질에서 비롯하는 것이며, 행형당국의 이 같은 지도가 정당하고, 수형자의 편지를 통제하고, 편지가 교도시설의 안전과 질서에 반하는 경우에는 필요하다면 압류할 수 있다고 보았다. 그리고 이에 관한 법무장관의 상응하는 업무명령도 존재한다고 판단했다. 교도시설의 책임자가 이를 준수했고, 따라서 편지를 적법하게 통제하고, 회수했다고 판단했다.

그러나 연방헌법재판소는 이와는 생각이 달랐다. "기본법GG에서, 특히 제104조에서 감금되는 수형受刑이라는 형벌을 허용하는 까닭에, 그래서 구금시설에서 한 시민의 행동의 자유가 제한될 수는 있다. 그런데 수형자의 다른 기본권들에 대해서는 아무런 언급이 없다. 모든 시민에 대해서와 마찬가지로 여기서도 또한 법률에 근거해서만 기본권의 제한이 허용된다는 원칙이 적용된다. 즉 "법률유보"法律留保라고 말하는 바로 그것이다. 수형자의 의사표현의 자유를 제한하거나 그의 편지를 압류하더라도, 예컨대 탈옥계획과 같이 이를 정당화하는 이유가 전적으로 존재할 수가 있다. 그러나 이것도 법률적 근거에서 행해져야만 하고, 이를 위해 당시에는 존재하지 않았던 행형법行刑法이 필요하다. 장관의 업무명령만으로는 충분하지가 않다"라고 판단했다.

"기본법GG 제1조 제3항에서 기본권이 입법, 집행 및 사법을 직접 기속한다고 선언하고 있다. 그런데 만일 형사집행에 있어서 기본권이 자의적으로나 또는 재량으로 제한될 수 있다면, 국가권력에 대한 이 같은 포괄적인 기속 요구에 반한다. 기본권에 대한 제한은 그것이 기본법의 가치질서와 함께 파악되는 공동체 관련적인 목적을 달성하기 위하여 불가피한 경우에 그리고 이를 위해 헌법적으로 규정된 형식 속에서 행해져야만 비로소 고려될 수가 있다. 따라서 수형자의 기본권은 단지 법률에 의해서나 또는 법률에 근거해서만 제한될 수가 있다. […]"

Gerhard P.가 하노버의 후원단체에 보낸 편지는 따라서 다소 지체된 후에야 배달되었고, 5년 후에 연방의회는 「행형법」行刑法을 제정하여 모든 사항을 규율했다. 하나의 작은 편지가 커다란 반향을 불러온 것이다. 이제는 오토 마이어Otto Mayer가 구축해놓은 행정법의 낡은 건축물이 리모델링되어야 했다. 그 첫 번째 확대는 에른스트 포르스트호프Ernst Forsthoff와 그의 급부행정론과 더불어서 행해졌다. 그는 물론 급부행정에 있어서 행정법원의 통제를 원하지는 않았다. 급부행정에 대한 행정법원의 통제가 사회부조(당시에는 이렇게 불렀다)를 다룬 1954년의 행정법원 판결과 함께 관철되었다. 이것이 그 다음번의 리모델링이었다. 그리고 마지막으로는 수형자의 편지를 둘러싼 분쟁을 다룬 연방헌법재판소의 판결과 함께 마지막 장애물이 허물어졌다.

오토 마이어 역시도 행정에 법원의 통제 없이 작동할 수 있는 상당히 큰 자유로운 공간을 허용했었다. 오늘날에도 우리는 예컨대 행정행위의 사전준비처럼 여전히 이와 유사한 경우를 잘 알고 있다. 만일 앞서 다룬 돼지축사 사례에서 시장市長이 단 한 번 도시의 해당 책임자에게 농부의 축사 운영을 폐쇄할 것을 지시하고서는 시장이 직접 농부에게는 그 어떤 통지도 송달하지 않았다면, 행정절차법 제35조에서 규정하는 "외부에 영향을 미치는 직접적인 법적 효력"을 지닌 행정행위가 아직은 아니고, 단지 행정청 내부의 지시에 불과한 셈이다. 아직은 시민이 당사자로서 이 같은 행정청 내부의 작용을 문제 삼을 수가 없다. 이것은 옳다. 모든 것들에 간섭할 수 있을 때야 비로소 행정이 저지되게 된다. 사전준비 과정에 대한 법원의 통제는 과잉적이다. 오늘날 이 부분에서는 우리 역시도 오토 마이어와 똑같이 바라보고 있다. 그러나 오토 마이어에게는 매우 폭발력이 큰 두 번째의 내부영역이 여전히 존재하는데, 여기서는 마찬가지로 법원의 통제에서 벗어나고, 당사자의 권리보호가 배제되고 있었다. 그는 이 영역을 "특별권력관계"라고 지칭했다. 가장 중요한 사례가 군대, 공무원들이 근무하는 관공서, 학교 및 행형시설이다.

행정의 여러 영역과 리모델링

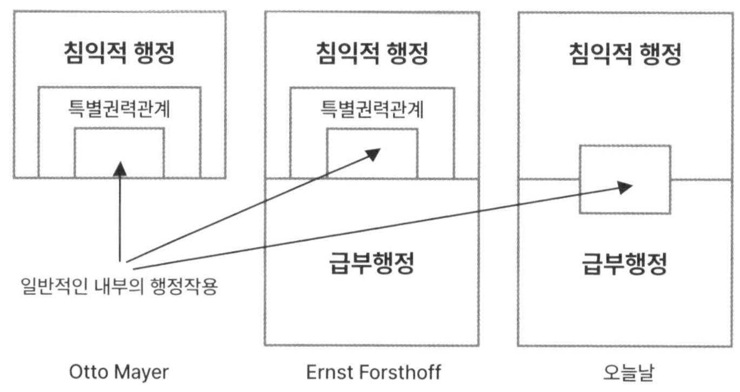

그가 서술한 바와 같이, 여기서는 규정된 특별한 관계성에서 드러나는 모든 개별사항에 이르기까지 공공행정의 특정한 목적을 위해 정당화되는 "날카로운 종속성"이 존재한다. 이 같은 날카로운 종속성은 행정의 법률적합성원칙이 적용되지 않는다는 사실을 뜻한다. 즉 기본권의 효력이 배제되고, 모든 것들이 행정 내부적인 지시로 규율되고, 법원에 의해서 심사될 수가 없다. 늦어도 기본법GG이 제정된 이후로는 이 모든 것들이 그 자체로 시대에 걸맞지 않은 낡은 게 되어버렸다. 이는 법치국가원리, 기본권의 직접적인 적용 그리고 기본법 제19조 제4항에 따른 권리보호의 보장에 반하는 것으로 이해되는 까닭이다. 굳이 인간의 존엄성을 거론할 필요도 없이 말이다. 이런 부분들이 그간 문헌들에서 자주 비판되었는데, 심지어 에른스트 포르스트호프도 이 같은 비판에 가담했다. 그런데도 행정법원들은 20년이 넘도록 여전히 이를 고수해왔는데, 1972년의 연방헌법재판소 판결과 더불어서 그네들에게 행운이 강제당할 때까지 말이다. 그 이후로 행정법원 측에 새로운 권한이 추가되었다. 이때부터는 특별권력관계가 더는 존재하지 않게 되었고, 군복이나 수형복을 입고 있거나, 책가방을 들거나 관공서에서 근무하는 시민들만이 여전히 존재하고 있다. 행정청의 내부영역은 외부영역이 되고서는 행정법원의 통제 아래 들어오게 되었다.

그런데도 어느 정도의 특수성이 남아있다. 특별권력관계가 전적으로 사라지지는 않았지만, 이제는 개념으로서는 낡고 진부한 것이 되어버렸다. 오늘날에는 특수한 신분관계라고들 일컫는다. 여기서 행정은 여타의 다른 것들에 비해서 어느 정도 더 큰 자유로운 공간을 필요로 한다. 그런데 이 자유공간을 어떻게 제한해야 마땅한지가 여전히 문제로 남아있다. 잠시 후에 연방헌법재판소는 이에 대해 새로운 규칙을 발전시켰다.

본질성이론(BVerfGE 33, 303)

수형자 편지 사건의 판결이 수록된 같은 권호의 판례집 300쪽 뒤에서 본질성이론이 처음으로 세상의 빛을 보게 되는데, 이것은 낡은 특별권력관계가 아니라 차라리 급부행정에 관한 영역에 새로이 세례를 준 셈이었다. 즉 의학공부에 있어서 1960년대에 입학정원제한규정numerus clausus을 도입한 대학들을 상대로 하는 판결인데, 당시에 대학 진학을 희망하는 이들이 급증했었기 때문이다. 학업 기회를 이렇듯 제한하는 것은 직업의 자유라는 기본권에 대한 제한이다. 왜냐하면, 국가가 대학들과 더불어서 공교육을 독점하고 있으며, 국가가 행하는 이러한 급부에의 참여는 기본권의 실현을 위한 전제조건이기 때문이다. 연방헌법재판소는 그러므로 여기서도 법률유보원칙이 적용된다고 밝혔다. 기본권에 대한 제한은 법률에 근거해서만 허용된다. 함부르크Hamburg시의 대학법이 일반적으로 입학정원제한의 가능성을 예정하고는 있었지만, 세부적인 개별사항을 규율하고 있지는 않았다. 그 대신에 법률은 어떠한 기준에 따라서 지원자를 받아들이거나 거부할지를 대학 측에다 위임했다. 연방헌법재판소는 이것이 위헌이라고 지적했다. 입법자가 모든 개별사항을 죄다 규율해서도 아니 되지만, 그러나 본질적인 사항은 규율해야만 한다. 여기서는 적어도 입학허가를 제한하는 일반적인 기준이 본질적인 사항에 속하는데, 해당 사안에서는 아비투어Abitur* 성적이 결정적인지, 사회적 필요성 또는 추첨과 같이 그저 단순한 우연인지가 불분명하다. 이로써 본질성이론이 탄생했다(BVerfGE 33, 303).

그다음 해에 이 본질성이론은 과거에 특별권력관계가 자리했던 곳에서 행정이 얼마만큼의 자유로운 공간을 갖는지의 물음에 답하는 기준이 되었다. 이는 특히 학교에서 적용되는데, 1970년대까지만 해도 이런 방법으로 "법제화"가 이뤄졌다. 예컨대 유급이나 강제퇴학의 경우처럼 말이다. 입법자는 이것들을 일반적으로 규율해야 한다. 그러나 세부적인 개별사항들은 행정에 넘기는 게 허용된다. 김나지움Gymnasium의 상급반 개혁 및 성교육 수업의 도입과 관련해서 교육 관련 부처가 단독으로 결정하는 게 허용되지 않으며, 의회에 법률안으로 제출되어야 한다. 왜냐하면, 여기서는 부모의 양육권 및 교육권이 본질적으로 제한되고 있기 때문이다. 이 경우에 사안마다 무엇이 본질적인지의 물음이 늘 남게 된다. 학교 수업에서 암컷과 수컷 사이에서 무슨 일이 벌어질 수 있는지를 다룬다면, 이것은 본질적이다. 1977년에 이렇게 판결이 내려졌다. 그러나 1년 후에 칼카르Kalkar의 고속증식로에 사용되는 플루토늄Plutonium으로** 인해서 위협되는 주민들의 위험이 1959년에 비해서 본질적인 변경인지 여부가 문제시되었을 적에, 입법자는 원자력법에서 이 같은 가능성을 미처 생각하지 못한 채로 단지 핵연료의 분열을 위한 시설의 일반적인 허가를 규율하고만 있었고, 사람들이 이제 그곳에서 모든 일이 벌어질 수 있다며 우려하고 있을 적에 연방헌법재판소는 그것이 전혀 본질적인 게 아니라며, "잔존 위험"이라는 나쁜 단어를 각인시켰다. 즉 이러한 경우에 우리에게 보장되는 생명권과 신체의

---

*독일에서의 대학입학자격시험을 말하는데, 프랑스의 바칼로레아Baccalauréat와 유사하다.

**우라늄 238에 중수소를 충격하여 만든 넵투늄 238의 β붕괴과정에서 생성되는 질량수 238인 동위원소를 말하는데, 1945년 8월에 미국이 일본 나가사키에 투하한 암호명 Fat Man으로 이름 붙여진 원자폭탄이 대표적인 플루토늄 폭탄이다.

불가훼손성이라는 기본권은 이 같은 잔존 위험을 감수해야 한다고 판단했다. 여기서 입법자가 다시 한 번 더 수고할 필요가 없이 행정이 단독으로 결정하는 게 허용된다고 밝혔다(BVerfGE 49,89). 따라서 로베르트 융크Robert Jungk는 칼카르의 이 원자로 시설과 바커도르프Wackerdorf에 설치된 그것의 개량형 원자로와 더불어서 "특별권력관계"가 거의 다시 부활했다며 원자력 국가의 현실을 묘사하기도 했다. 1986년에 체르노빌에서 실제로 무언가 본질적인 일이 벌어졌고, 잔존 위험이 더욱 분명해졌다. 그리고서 이 문제는 법률가들이 다시 한 번 골머리를 앓을 것도 없이 정치적으로 해결되었다. 그런데 이게 확실히 보다 더 나은 해결책이기는 했다.

행정법과 헌법 사이의 긴장 영역에 놓여있는 본질성이론의 본질에 대해서는 여기까지만 얘기하도록 하자. 일부 행정법 교수들은 이게 과연 자신들의 전공영역에 도움이 되는지가 확실하지 않다고 지적한다. 왜냐하면, 구체적인 사안에서 본질성의 원칙이 고려되었는가라는 질문에 답하기가 쉽지 않기 때문이다(Hartmut Maurer).

재량과 판단여지

법에서는 본질성이론처럼 불분명한 것들이 흔하다. 이는 거의 불가피한 일이기도 하다. 대부분은 원하지 않아도 생겨나는데, 그런데 때로는 행정법에서 재량과 판단여지와 같은 개념처럼 의도적으로 만들어지기도 한다. 이것들은 언제나 시계처럼 정확하게 작동할 수는 없고, 때로 유연하게 대응해야 하는 행정에 어느 정도는 재량의 공간을 형성한다. 그런데 정말로 필요한 자유로운 공간이 만들어지는지 또는 이로써 단지 법치국가원리가 어느 정도로 완화되면서 행정이 법률에의 기속에서 자유롭게 벗어나는지에 대해서 사람들이 결코 분명하게 잘 알지는 못하기 때문에, 전혀 문제가 없지는 않다.

정확하게 기계적으로 작동하는 시계와 같은 행정, 법률에의 기속은 그저 사람들이 그렇게 믿어온 이상론에 불과하다. 실제로 행정이 제대로만 행위를 한다면, 이것저것 잡다한 조건이나 전제를 붙이지 않은 채로 유일무이한 하나의 결정을 내릴 수 있는 그런 많은 사안이 존재한다. 예컨대 건축법 영역에서 그러하다. 누군가가 토지를 구매하고서 집을 짓고자 하는 경우에, 해당 건축계획이 관련되는 모든 규정에 부합하면, 행정청은 건축허가를 교부해야 한다. 예컨대 여러 란트의 건축법규에는 아래와 같은 규정이 마련되어 있다.

> **건축계획이 공법상의 제 규정에 부합하면, 건축허가가 교부되어야 한다.**

이러한 경우에 행정청에는 재량의 여지가 없다. 그래서 관련 법규에서 "교부해야 한다"라고 표현하는 경우에는 입법자가 그렇게 하기를 원한다는 말이다. 이것은 "교부되어야 한다"와 같은 뜻이다. 그 반대의 경우에는 이미 이와는 달리 드러난다. 만일 누군가가 건축허가 없이 집을 짓는다면, 이에 대해 행정청이 무얼 해야 하는지에 관한 규정들은 매우 관대하게 표현되고 있다. 예컨대 아래와 같다.

> **건축물이 공법상의 제 규정을 위반하여 설치되거나 변경된 경우에 건축물의 감독을 맡은 행정청은 다른 방법으로 적법한 상태로 만들 수가 없다면, 건축물의 일부 또는 전부의 철거를 명령할 수 있다.**

중요한 대목은 "할 수 있다"라는 단어에 놓여있다. 행정청이 반드시 그래야만 하는 게 아니라, 철거를 요구할 수 있다. 행정청은 자유롭게 행위할 여지餘地를 갖고 있다. 이를 **재량**裁量이라고 부른다. 물론 여기서 행정청이 전적으로 자유롭지는 않다. 여기서는 행정청이 어떻게 행위해야 하는지에 관한 어느 정도의 규칙이 존재한다. 그렇지만 행정청은 상당히 자유롭다. 이렇듯 허가 없이 마구 지어진 건축물의 경우에 행정청이 철거와 방치 사이에서 선택할 수 있음을 전적으로 의미한다. 이는 건축법규의 위반 정도가 어떠한지 그리고 이와 유사한 사안에서 이전에 어떻게 조치했는지에 따라서 결정된다. 그렇지만 행정청은 상당히 자유롭고, 행정법원의 권한은 이에 상응해서 제한적이게 된다. 행정법원은 단지 행정청이 재량 범위를 벗어났는지를 심사할 수 있을 뿐인데, 만일 재량 범위를 벗어나지 않았다면, 행정청이 재량 범위 안에서 형식적으로 제대로 행위 했는지만을 심사할 수가 있다. 형식적으로 제대로 행위한다는 것은 여러 가능성을 두고서 사항적인 이유에서 선택이 행해짐을 뜻한다. 즉 자의적이거나, 무분별하거나 닥치는 대로이거나, 개인적이거나 정치적인 연민이나 반감反感에 근거해서는 아니 된다. 이는 재량 하자이거나 또는 위법하게 된다. 개별적인 사례에서 때로는 재량이 제로(0)로 축소되는 결과가 행해지는 많은 판결이 존재한다. 즉 중요한 법익에 대한 위험이 전제되고 있는 경우가 그러하다.

이제 다른 사례, 즉 규정에 맞게 신청된 건축허가의 사안으로 되돌아가 보자. 건축계획이 제 규정에 부합하면, 행정청에는 다른 가능성이 없다. 행정청은 허가를 교부해야 한다. 그리하게끔 법률에 적혀있다. 그런데 모든 이론은 회색灰色을 띠고 있는 법이다. 왜냐하면, 우리는 지금 또 다른 불분명함의 영역에 다다르는데, 행정이 이렇게 아니면 저렇게도 결정할 수 있는 딜레마에 다시 놓인다. 예컨대 통상적인 건축계획이 아니라, 한 야심 찬 건축사가 새로운 길을 개척하려는 사례를 가정해보자. 그는 건물의 외부 벽을 상이한 소재와 눈에 띄게 다른 색깔들이 뒤섞인 비대칭적인 조각 절편들로 짓고자 한다. 이를 두고서 혹자는 키치kitsch하다고 하고, 다른 이는 다채롭다고 한다. 행정청은 이 건축계획이 허가될 수 없다고 말하면서 건축법규상의 아래 규정을 주장한다.

건축물은 그것의 형식, 표준 및 건축물 전체와 일부가 서로 어울려야 하고, 자재와 색깔이 꼴사납게 흉하지 않게끔 구성되어야 한다.

"그럴 리가 없다. 나는 이보다 더 아름다운 걸 보지 못했다. 도대체 여기서 뭐가 흉하냐?"며 건축주가 반발한다. 그리고서 그는 행정법원에다 건축허가 거부처분을 대상으로 소송을 제기한다. 법원으로서는 행정청이 재량여지를 갖고 있는지, 그리고 그렇기 때문에 법원이 이를 심사할 수 있는 제한된 권한만을 갖는지가 여기서 문제시 된다.

먼저 여기서 철거의 경우에서의 재량과는 다른 점이, 법률이 "할 수 있다"라는 단어와 함께 이 같은 재량 공간을 분명하게 언급하지 않고 있다는 데에 놓여있다. 건축법규에는 단지 "꼴사납게 흉하다"라고만 적혀있다. 이걸 **불확정적인 법개념**(불확정개념)이라고 말한다. 그리고 이것은 "할 수 있다", "꼴사납게 흉하다"와 같은 단어들이 법률의 여러 상이한 부분에 포함된 채로 계속해서 남아있다. 모든 법률은 즉 원칙적으로 두 개의 부분을 갖는다. 간단하게 표현하면 다음과 같다.

> 첫 번째 사례 – 건축 허가 없이 주택을 짓는 경우에 철거가 명령될 수 있다. →구성요건은 허가가 없는 건축이다. 법적 결과는 철거가 명령될 수 있는 가능성이다.

> 두 번째 사례 – 주택의 외관이 꼴사납게 흉한 경우에 건축 허가의 거부가 허용된다. →구성요건은 꼴사납게 흉한 외관이다. 법적 결과는 건축허가의 거부이다.

첫 번째 사례에서 해당 주택이 철거된다면, 구성요건과 관련해서는 다툼의 여지가 없다. 해당 주택은 허가 없이 지어졌다. "할 수 있다"라는 단어는 법적 결과에 놓여있다. 즉 철거냐 또는 아니냐이다. 두 번째 사례에서는 구성요건을 두고서 다투게 된다. 건축주가 "도대체 여기서 뭐가 흉하냐?"며 따진다. 이 부분이 분명해지면, 법적 결과와 관련해서는 다툼의 여지가 없다. 법적 결과는 즉 자동적으로 생겨난다. 따라서 이는 상이한 문제들이고, 그러므로 그 표현 문구가 구별되어야 한다. 법적 결과가 다뤄지는 경우에만 재량을 거론할 수가 있다. 이를 달리 표현하자면, 즉 행정청은 법적 결과가 다뤄지는 경우에만 재량을 가질 수가 있다. 또다시 달리 표현하자면, 행정청은 구성요건이 분명해지고, 입법자로부터 법적 결과에 대한 재량여지를 부여받은 경우에만 재량을 행사할 수가 있다.

두 번째 사례에서 구성요건의 해석이 다뤄지는 경우에는 이를 **판단여지**判斷餘地라고 말한다. 그리고 법적인 문제는 행정청이 불확정개념을 해석함에 있어서 판단여지를 갖는지 아닌지에 놓여있다. 이 판단여지에는 입법자가 행정청에 법적 결과에 대한 결정에 있어서 재량을 허용한 것처럼 행정청에 이와 유사한 자유가 존재한다. 이로써 이 경우에서도 행정청의 결정은 행정법원에 의해서 단지 제한적으로만 심사될 수 있다. 재량은 법적 결과에 그리고 판단여지는 구성요건에 속한다. 그러나 근본적으로 이는 거듭되는 동일한 문제다. 즉 법치국가원리 또는 행정의 유연성 중에서 뭐가 더 중요한가? 여기서는 강력한 국가가 늘 배후에 자리하고 있다.

이 물음에 대한 답을 둘러싼 다툼이 여전히 종결되지 않고 있다. 그러나 누군가는 이기게 될 거라고 넉넉히 말할 수가 있겠다. 이 다툼에서 한쪽에는 몇몇 행정법 교수들이 그리고 다른 쪽에는 행정법원이 자리하고 있다. 그렇다면 누가 이기게 될까나? 법원이다. 그리고 법원의 입장이 옳다. 법원은 여기서는 재량의 경우와는 전혀 다르다고 말한다. 여기서는 모든 것이 심사될 수 있다는 입장이다. 행정청에는 불확정개념에 있어서 원칙적으로 그 어떤 판단여지가 존재하지 않는다. 따라서 행정법원의 법관은 설계된 주택의 독특한 외관을 두고서 별다른 숙고 없이도 건축주와 같은 결론에 이를 수가 있다. 즉 법관은 "멋지네요. 아름답네요!"라고 말할 수가 있다. 그리고서 건축 관련 행정청은 해당 허가를 교부해야 한다.

왜 그래야 하는가? 무척이나 간단하다. 기본법은 제19조 제4항에서 포괄적인 권리보호의 프로그램을 마련해두면서, 강력한 국가에 맞설 것을 결단했다. 행정법원이 시민을 보호하기 위해서는 행정청의 모든 처분을 심사할 수 있어야 마땅하다. 그리고 행정의 유연성이라는 이해관계 속에서 예외들이 존재해야 한다. 그런데 입법자는 예컨대 "할 수 있다kann", "허용된다darf" 또는 "마땅히 해야 한다soll" 등과 같은 단어들로써 이를 분명하게 지시해야 한다. 이렇게 해야만 뻐꾸기 시계의 숫자판 위에 달린 작은 문에서 평소와는 다른 새가 등장할 수 있고, 정해진 뻐꾸기 울음소리가 아닌 다른 소리도 들을 수가 있다.

법원은 몇몇 행정청에 예외적으로만 판단여지를 인정해왔다. 법원은 이 예외를 예컨대 학교와 대학에 허용했다. 아비투어Abitur나 기말시험에서의 성적평가는 행정행위이다. 그런데 성적이 훌륭한지gut 또는 매우 훌륭한지sehr gut, 아니면 만족스러운지befriedigend, 그저 충분한지ausreichend 또는 부족한지mangelhaft의 여부는 법원에 의해서 단지 매우 제한적으로만 사후심사될 수가 있다. 여기서 교사나 교수는 상당히 광범위한 판단여지를 가지며, 이들은 불법 건축물의 철거 결정을 내리는 행정청처럼 자유롭다. 사느냐 또는 죽느냐가 여기서는 같은 문제다.

행정행위의 취소와 철회

거기가 어디였는지는 잘 모르겠으나 우스Uz 지방의 신앙심 깊고 부유한

욥Hiob을 다룬 책에서, 즉 구약성서의 앞부분에는 그가 얼마나 많은 자식과 양떼들, 낙타, 암소, 당나귀와 하인들을 가졌는지를 묘사하고 있다. 그리고서 사탄이 자비로운 신께로 다가가서는, 욥은 당신께서 이 모든 걸 다시 빼앗아갈까 봐 두려워서 신을 공경한다고 말한다. 그러자 자비로운 신은 사탄에게 그가 원하는 것을 욥에게서 빼앗도록 하면서, 욥이 어찌하는지를 지켜보자고 답한다. 그리고서 강도에게서 3천 마리의 낙타와 다른 가축들을 빼앗기고, 자식들이 연이어 죽는 등으로 욥에게 불행이 이어진다. 마지막에는 이렇게 적혀 있다(욥기 1장 21절).

"그러자 욥이 일어나서는 겉옷을 찢고 머리털을 밀고 땅에 엎드려 경배하며 이르되, 제가 모태에서 알몸으로 이 세상에 나왔기에 다시 알몸으로 그리로 돌아갈지니, 이 모든 걸 주신 이도 당신이시고, 거두신 이도 당신이시니, 당신의 이름을 찬양합니다."

연방공화국(서독)의 초기에는 행정행위를 발한 행정청이 그 행정행위를 다시 취소할 수 있는지의 문제가 여전히 이 같은 원칙에 따라서 해결되었다. 행정행위의 발동에서는 오래전부터 두 개의 낡은 규칙이 존재해왔다. 즉 법률유보의 원칙 그리고 위법하게 시민의 권리를 제한해서는 아니 된다는 원칙이 그것이다. 여기서 행정은 오래전부터 나름의 경계를 설정해왔다. 그런데 행정행위를 취소하는 경우는 어떠한가? 이것은 행정행위의 발동과 마찬가지로 시민에게는 똑같이 마뜩잖은 것인가? 왜냐하면, 이로써 행정청에 손과 발이 자유롭게끔 허용하기 때문이다. 원래는 매우 그로테스크하다. 이에 대해서는 이미 바이마르 시대에 산발적으로 이의가 제기되었다. 그러나 행정법원과 학계는, 행정행위를 발함에 있어서 이미 행정청에 법치국가적인 어려움을 안겨다 주었다면, 적어도 행정행위를 취소하는 경우에는 행정청을 조용히 내버려 두자는 입장이었다.

늘 그렇듯이 이 모든 문제의 배후에는 국가가 얼마나 강력해져야 마땅하냐는 오래된 물음이 자리하고 있다. 한 법률가가 더 권위주의적으로 사고할수록, 그는 행정에 자유로운 손과 발을 허용하자는 데에 더욱 수긍한다. 그러나 이 문제를 달리 바라볼 수도 있다. 1953년에 에른스트 포르스트호프Ernst Forsthoff는 자신의《행정법 교과서》에서 다음과 같은 방법으로 이를 정당화했다.

“행정이 변화하는 상황에 직면해있고, 이에 적응할 수 있어야 한다는 사실로부터 원칙이 생겨난다.”(216쪽)

이러한 경우에도 행정청은 자의적으로 행위해서는 아니 되고, 사항적인 근거가 있어야 한다. 그러나 이밖에도 행정청에는 행정행위를 다시 취소하는 게 허용된다. 행정행위를 취소하는 게 옳다고 여긴다면 말이다. 행정행위가 위법하다면, 이 같은 취소는 이미 법치국가원리에서 비롯하는 것이기도 하다. 즉 위법하게 행정행위를 발했다면, 행정청은 곧바로 이것을 다시 취소해야 할 의무를 갖는다. 얼핏 보면 이는 전적으로 그럴법하다. 그런데 더 정확하게 들여다보면, 우려할 점이 없지는 않다. 행정청이 시민에게 건축 허가를 교부하거나 또는 음식점의 영업을 허가하고서는, 뒤로 다가와서는 “이 모든 게 더는 사실이 아니다”라고 말하면, 도대체 어찌 되겠는가?

독일에서 그동안 시대의 흐름 속에서 행정법이 얼마나 크게 바뀌어왔는지, 제19조 제4항의 권리보호 보장과 제20조 제3항에서 법치국가원리를 규정하는 기본법에 따르게끔 얼마나 많이 준비해왔는지가 아래의 영역에서 한 번 더 분명해진다. 즉 이 부분은 해당 공적功績의 뒷면에 불과하고, 앞서 설명한 바와 같이 행정법원에 의한 통제가 부단히 확대되어온 것이 또한 주된 공적이었다. 먼저는 단지 침익적 행정뿐이었는데, 이어서 급부행정이 그리고 결국에는 심지어 특별권력관계 또한 행정법원에 의해서 통제되게끔 바뀌었다. 우선은 먼저 단지 행정행위의 발동이 문제 되었다. 그러나 취소는 동전의 다른 양면으로 시민들에게도 마찬가지로 중요하다. 에른스트 포르스트호프가 자신의 권위로써 통설을 대표하던 그런 시대는 오늘날 이미 지나갔다. 많은 판례와 학계의 문헌들이 연이어서 행정행위의 발동에 적용되는 이 같은 원칙들에 순응해왔고, 새로운 법률용어들이 담긴 복잡한 규정집을 만들어왔다. 1976년에 이 모든 것을 연방의회가 많든 적든지 간에 별로 바뀌지 않은 채로 「행정절차법」vwVf 안에다 채택했다. 특히 같은 법 제48조 이하의 규정들에서 그러했다.

취소와 철회는 구별된다. 취소는 위법한 행정행위를 폐지하는 것이고, 철회는 적법한 행정행위를 폐지하는 것이다. 이에 대해서는 여러 상이한 규정이 적용되는데, 이 규정들은 행정행위가 시민에게 침익적인지 아니면 수익적인지에 따라서 또다시 달라진다. 일반적으로는, 행정행위의 취소는 다시 새로운 행정행위이고, 이를 대상으로 이전과 마찬가지로 행정법원에서 똑같이 다툴 수가 있다. 개별적인 세부사항은 복잡하지만, 원칙들은 단순하다.

침익적 행정행위의 취소는 별달리 문제가 되지 않는다. 누군가가 공무원의 직에서 해임되거나, 건축 허가가 거부되거나 게마인데로부터 하수도 요금의 납부를 통지받은 경우가 침익적 행정행위이다. 그것이 적법하든 그렇지 않든 간에 상관없이, 취소와 철회가 원칙적으로 가능하다. 왜냐하면, 시민은 여기서 자신에게 유리한 바를 요구하고 있고, 이로써 자신의 권리가 침해당하지는 않기 때문이다.

이와는 달리 수익적 행정행위의 취소는 다소 어렵다. 건축 허가가 교부되고, 누군가가 음식점 영업을 허가받고, 연금 지급이 승인되었다. 이제는 행정행위가 적법한지 또는 아닌지를 구별해야 한다. 철회, 즉 적법한 행정행위의 효력을 없애는 건 원칙적으로는 불가능하다. 그러나 일부 예외가 존재한다. 예외에 해당하는 개별적인 경우를 행정절차법 제49조에서 찾을 수가 있다. 위법한 수익적 행정행위의 취소는 원칙적으로 가능하고, 행정절차법 제48조에서 그렇게 정하고 있다. 그러나 또한, 여기서도 예외가 존재하는데, 이 예외는 행정절차법이 제정되기 오래전부터 점차적으로 발전해 온 것이다. 예외가 적용된 첫 번째 사례에 대해서 1957년에 연방헌법재판소가 판결을 내렸다.

미망인 연금 사건(BVerfGE 9, 241)

제2차 세계대전이 발발하기 전에 베를린에서 사망한 어느 시청 간부의 미망인이 전후에 동독의 니더라우지츠Niederlaussitz 지역의 코트부스Cottbus 시 인근에 자리한 슈프렘베르크Supremberg라는 작은 마을에서 살고 있었다. 그녀는 동독을 떠나서 서西베를린으로 이주하기를 원했는데, 만일 이주하게 되면 그곳에서 유족연금을 지급받을 수 있는지를 서베를린의 내무부서에다 문의했다. 1953년 3월, 그녀에게 연금 지급이 확인되었다. 그래서 그녀는 살던 집을 정리하고, 이사하고서는 연금을 받아왔다. 그런데 1년 후에 서베를린의 내무부서가 연금 지급통지를 취소하면서 그사이에 그녀에 대한 연금 지급에 법적인 오류가 있다는 사실을 확인해 주었다. 기본법 제131조에 근거해서 구舊 독일제국 공무원들의 권리를 규정해둔 법률 규정에 따르면, 그녀는 애당초 유족연금 수급자격이 없었다. 왜냐하면, 그녀가 해당 기준일인 1945년 5월 8일 항복 당시에 서독 또는 서베를린 지역에서 살고 있지 않았기 때문이다.

그녀가 제기한 항고소송은 성공적이었다. 1956년 베를린 고등행정법원은 그녀의 손을 들어줬다. 법원은 위법한 수익적 행정행위의 취소가 아래와 같은 경우에는 예외적으로 가능하지 않다고 밝혔는데, 즉 수혜자가 그러한 통지의 적법성을 신뢰하고서 자신의 삶에서 한 획을 긋고서 결정적으로 그리고 시간적으로 지속해서 삶을 바꾸게 되었고, 이를 다시 되돌리는 게 신의칙信義則상으로 기대되지 않는다면 말이다. 1957년 연방헌법재판소는 위 판결을 거듭해서 확인하고, 이에 덧붙여서 연금 지급통지를 발부한 주체가 베를린시의 최상급 소관 부서였다는 점을 지적하면서 해당 부서의 법적 견해라면 당사자가 신뢰하는 게 맞았다고 설시했다.

"이러한 관점은 해당 통지가 법 감정에 의한 검토 대상이 아닌 형식적 특성에 따라 행해진 구별이라는 점을 고려할 때 나름의 의미가 있고, 무엇보다도 이 결정이 피고의 진술에 의존하고, 이를 신뢰한 소련 관할 구역 내에서 살고 있던 공무원의 미망인에게 내려졌다는 점을 고려할 때 더더욱 그러하다. 항소법원의 추가적인 구속력 있는 판결이 신의칙을 위반하지 않으려면, 이 신뢰를 미래에도 보호해야 한다는 결론을 얻을 수 있다. 그 이후에 이 고령의 원고는 기본법 제131조에 근거한 법률에 따라서 연금이 지급될 것이라는 1953년 3월 11일 자로 교부된 행정청의 통지에 근거해서 슈프렘베르크의 집과 살림살이를 정리하고서는 서베를린으로 거주지를 옮겼다. 결국 해당 통지는 본래 그녀의 삶에 있어서 한 획을 긋는 결정적인 변화의 계기가 되었던 것이다."

위법한 행정행위가 그대로 유지되어서는 아니 된다는 원칙이 물론 존재한다. 위법한 행정행위를 바로잡는 건 공익에 속한다. 게다가 행정은 기본법 제20조 제3항에 따라서 법률과 법에 기속된다. 그러나 […]

"법률상 다른 사람들과 마찬가지로 원고에게도 어차피 자격이 없고, 반면 피고 측인 행정청에는 법률상 일반 대중이 부담하지 말아야 할 돈을 부담해야 하는 상황이기 때문에 원고에게 수급을 포기하게 하는 것이 단지 좀 무리한 요구일 뿐이라고 주장할 수는 없다. 항소심에서는 원고가 이주

관련 통지의 적법성을 신뢰하고서 동독의 집을 처분하고, 그 밖에 원고의 삶 전체에서 한 획을 긋고서 향후로도 지속하는 변화를 도모했으며, 그리고 당시의 정치적 관계 속에서 원고의 (서베를린에로의) 이주는 이제 되돌릴 수가 없다는 사실이 확인되었다. 따라서 원고는 기본법 제131조에 근거한 법률에 따라서 마찬가지로 청구권을 갖지 않고 이를 받아들일 수밖에 없는 다른 모든 이들과 똑같은 처지에 놓여있지 않다. 왜냐하면, 다른 이들은 본래부터 이에 적응해야 하고 그리할 수가 있었던 반면에, 원고는 이와는 달리 피고의 행위에 기해서, 고등행정법원에 의해서 확인된 방법으로 자신의 삶에 한 획을 긋고서 실제로 이를 바꿀 수 없게끔 계기를 제공받았기 때문이다. 이는 더 이상 피고 측의 행정영역이 아니라, 이들 행정기관을 위해서 책임을 떠맡는 공공의 영역에 속하는 일이다."

이것은 일종의 혁신이었다. 베를린 고등행정법원의 판결이 말이다. 그 이듬해에 전제조건들이 완화되었다. 이제는 그것이 더 이상 전체 삶에서 한 획을 긋는 변화가 아니라, 행정처분의 철회를 받아들이는 게 수혜자에게서 단지 일반적으로 기대 불가능한 경우에도 인정되게끔 바뀌었다. 오늘날은 이에 대해서 행정절차법 제48조 제2항은 아래와 같이 규정하고 있다.

> 일회성의 또는 지속적인 금전 급부나 부분적인 재화 급부를 보장하고 있거나 이를 위한 전제조건이 되는 위법한 행정행위는, 그 수혜자가 행정행위의 존속을 신뢰하고 있고 그의 신뢰가 취소를 위한 공익과 형량해서도 보호할만한 가치가 있는 한, 취소는 허용되지 아니한다. 수혜자가 보장된 급부를 이미 사용해 버리거나, 더 이상 되돌릴 수 없거나 단지 기대가 불가능한 불이익에서만 되돌릴 수 있는 재산상의 처분조치를 행한 경우에도 신뢰는 원칙적으로 보호할만한 가치가 있다.

오늘날은 잘못 계산해서 어느 공무원에게 지급된 의료비 보조금액을 다시 삭감하지는 못한다고 주장된다. 그가 해당 보조금 지급통지를 신뢰하고서 자신의 아내에게 값비싼 모피코트를 샀더라도 그러하다. 만일 그렇지 않았더라면, 그는 결코 모피코트를 구매하지 않았을 것이다. 그러나 이 규칙이 단지 금전 급부에 관한 행정행위에만 적용된다는 사실이 매우 중요하다. 다른 경우에는 예외적으로도 존속보호가 존재하지 않는다. 위법하게 교부된 건축허가나 음식점 영업허가는, 그것이 당사자에게 기대 불가능한 경우에 다시 취소될 수 있다. 이러한 경우에 당사자는 금전으로 손실을 보상받는다. 이에 대해서는 다음과 같은 규칙으로 표현되는데, 즉 그 밖의 행정행위에는 존속보호가 없고, 신뢰보호만 있다고 말한다.

행정법원법과 행정절차법

법률가들은 실체법과 절차법을 구별한다. 이는 형법전StBG과 형사소송법StPO이 존재하는 형사법에서 이미 서술한 바가 있다. 실체법은 무엇이 옳은지를 결정한다. 절차법에서는 이 실체법에 근거해서 법원이 판결에 이르는 절차가 어떠해야 하는지가 규율된다. 민사법에서 실체법은 민법전BGB에서 그리고 절차법은 민사소송법ZPO에서 규율된다. 형사법과는 달리 민사법에서는 절차에 관한 규정들이 큰 의미가 없다. 민사법상의 청구권을 두고서 다투는 분쟁의 시작은 그 전체가 먼저 실체법에 따라서 어떻게 판단되는지에 달려있는데, 민사소송법상의 규정들이 준수되는지와는 무관하다. 형사법에서와는 달리 여기서는 대략적으로 동등한 기회를 가진 당사자들 사이에서 재판이 진행된다. 형사소송에서 피고인은, 설령 변호인이 있더라도, 원칙적으로는 혼자서 법정에 서는 셈인데, 검사와의 기회균등은 종종 서류상으로만 존재하며, 그렇기 때문에 단지 절차규정의 준수 문제만이 때로 피고인을 구하는 유일한 방책이 된다.

　형사법원과 민사법원에서 진행되는 일상의 실무에서 이는 전혀 상이하지만, 이론적으로는 여기나 저기나 같은 방법으로 구별된다. 한쪽에는 민법전 및 형법전과 같은 실체법이 그리고 다른 한쪽에는 형사소송법과 민사소송법과 같은 절차법이 존재한다. 원칙적으로 하나의 사건에 대한 올바른 해결은 단지 실체법에서만 나온다. 만약에 사안을 법적으로 판단해야 한다면, 민법전이나 형법전을 파악하고서, 거기서 결정을 구한다. 행정법에서는 이와는 전혀 다르다. 여기서는 실체법과 절차법이 이론적으로도 매우 밀접하게 서로 결합하여 있다.

　행정법적인 사건은 실체법상의 규정들, 예컨대 각 란트의 건축법규나 연방의 건축법에 따라서 판단한다고 해서 간단히 해결되지는 않는다. 이와 동시에 언제나「행정법원법」VwGO이 필요하다. 실체법과 절차법이 상호 침투적인 관계에 놓여있다. 법원이 취하는 어떤 유형의 조치가 다뤄지고 있고, 소송의 유형 그리고 이를 위한 전제조건들이 충족되고 있는지를 숙고해야 한다. 독일 대학에서 법학도들의 교육 및 양성에 있어서 절차법은 따로 큰 의미가 없는데, 행정법에서는 그렇지가 않다. 왜 그런가?

　민사법과 형사법은 매우 오래된 법 영역이다. 행정법은 19세기 말에야 비로소 생겨났다. 하나의 법 영역이 새로이 발전되면, 언제나 그렇듯이 절차법적인 문제들이 이전보다도 훨씬 더 큰 역할을 떠맡는데, 그러므로 또한 실체법에도 영향을 미친다. 행정법의 초기에는 시민의 권리보호가 보장되는 사례가 극히 드물었고, 일부의 특별한 분쟁들에 대해서 몇몇 특별한 소송유형만이 있었을 뿐이다. 다른 것들은 아직 규율되지 않은 채로 남아서 여전히 법제화되지 않은 채로 법의 바깥에 놓여있거나 심지어는 재판조차 아예 행해지지도 않았다. 따라서 법적인 문제를 해결함에 있어서는 이와 동시에 몇몇 소송유형 중에서 어느 것이 문제시되고, 그 전제조건들이 충족되고 있는지를 곰곰이 숙고해야 한다. 이는 이미 2천 년 전에 로마인들의 민사법에서도 마찬가지였다. 로마의 법률가들은 그네들의 법을 제한된 개수의 몇몇 개별 소송유형의 시스템으로 발전시켰다. 개별 소송을 *actio*라고 불렀고, 실체법과 절차법의 밀접한 결합에서 비롯하는 특정한 문구와 특정한 전제조건들을 지녔었다. 이를 소송법적 사고라고 부른다. 이 같은 사고가 민사법에서는 19세기에 비로소 궁극적으로 포기되었다. 그 이후로 민법전과 민사소송법이 이론적으로 엄격하게 분리되고 있다. 행정법에서는 이것이 더욱더 빠르게 진행되는데, 행정법의 소송법적 시스템은 이미 십수 년 이내에 극복되었다. 오늘날에도 여기서 더 멀리 나아가지 못하고 있다.

　행정법에서의 소송법은 따라서 「행정법원법」이다. 이 법률에서는 법원이 어떻게 구성되는지, 행정법원VG부터 고등행정법원OVG을 거쳐서 연방행정법원BVerwG에 이르기까지의 심급, 기한 또는 가처분과 같은 절차상의 일반적인 규정들과 개별 소송유형들, 이 가운데서 오늘날에도 늘 여전히 가장 중요하다고 간주되는 항고소송이 규율되고 있다. 그밖에 항고소송을 곧바로 제기할 수는 없고, 그전에 행정행위를 발한 행정청(처분청)에 이의를 제기해야 한다. 이것이 이른바 전심절차前審節次(행정심판)이고 행정법원법 제68조~제80b조에서 규율하고 있다. 행정청이 자신의 결정을 그대로 고수하면, 직상급直上級 행정청(감독청)이 최종 발언권을 갖는다. 그런 연후에야 비로소 행정법원에 소송을 제기할 수가 있다. 다른 소송유형들은 그다지 상세하게 규율되고 있지 않은데, 때로는 심지어 단지 부수적으로만 규율되고 있다. 즉 의무이행소송, 확인소송과 일반적인 급부소송이 그러하다. 규범통제소송(행정법원법 제47조)과 함께 개별적인 분쟁사례와는 무관하게 몇몇 규정들의 합법성이 일반적으로 심사되는데, 예컨대 란트의 법률보다도 하위의 규범인 법규명령, 게마인데의 조례, 도시계획이 그러하다.

　행정법원법 말고도 또한 「행정절차법」이 존재한다. 그런데 법률의 명칭이 다소 기만적이다. 이 법률은 소송절차적인 성격을 갖고 있지 않은데, 차라리 실체법에 속한다. 그리고 법원에서의 소송절차가 아니라 단지 행정청에서의 절차, 즉 시민과 행정 간의 관계를 규율하고 있으며, 따라서 근본적으로는 실체적인 행정법의 일반적 규정들이 집대성된 것에 불과하다. 즉 행정행위, 재량, 취소와 철회 등을 다루고 있는데, 1976년에 법률이 제정되기 전에 오토 마이어Otto Mayer로부터 연방행정법원에 이르기까지의 여러 판례와 문헌들에서 발전되어온 내용들이다. 이 행정절차법은 이 장章에서 지금까지 불완전하게나마 서술된 행정법 총론의 내용이 그대로 법전法典이 된 것(Kodifikation)이다. 그밖에 아래의 내용이 담겨있다.

개별 행정법

민사법 및 형사법과 마찬가지로 행정법도 총론總論과 각론各論으로 구분된다. 민법전BGB에 대해서는 앞에서 이미 서술한 바가 있다. 민사법에서는 이 구분이 19세기 초반에 고안되었다. 괄호 앞에다 이끌어낸 일반적인 규정들로 구성되는 총론 및 각론상의 특별한 규정들이 함께 적용된다. 그래서 각론은 괄호 안에서 찾게 되는 모든 것이다. 민사법의 각론에는 채권법, 물권법, 가족법과 상속법의 규정들이 이에 해당하고, 형사법에서는 내란죄, 모살과 고살, 절도와 사기와 같은 개별 범죄행위가, 그리고 행정법에서는 많은 개별 영역들이 이에 속하는데, 이 가운데서 가장 중요한 것들은 다음과 같다. 즉 경찰법, 건축법, 지방자치법, 도로법, 영업법, 경제행정법, 학교법, 공무원법, 군사조직법, 환경법이 그러하다. 일부는 연방법으로, 다른 일부는 각 란트의 법률로 규율되고 있다. 그중에서 가장 오래된 것은 경찰법인데, 이것의 오늘날의 모습은 18세기까지 거슬러 올라간다. 그리고 가장 최근의 것은 환경법인데, 1970년대에 처음 생겨났다. 이것들은 아래의 서술에서 처음과 끝에 자리하고 있다.

경찰법

독일의 경찰법이 최근에 와서는 한눈에 파악하기가 어렵게 되었는데, 예컨대 앞에서 돼지축사사건을 다룬 시 당국의 사례처럼 이른바 질서행정을 담당하는 행정청이 여기에 덧붙여졌기 때문이다. 집행경찰로서의 경찰은 즉각적인 조치를 취해야 하는 경우에만 여전히 관할을 갖고 있다. 그 밖의 모든 사항은 질서행정의 소관이다. 따라서 더 정확하게 표현하는 이들은 더 이상 경찰법이 아니라, 경찰법 및 질서법이라고 말한다.

이에 맞추어서 여러 개별적인 특별법들이 증가한다. 공통의 과업은 "공공의 안녕과 질서에 대한 위험의 방지"이다. 이전에는 이를 위해 단 하나의 유일한 규정, 즉 이른바 경찰법상의 일반조항Generalklausel이 있었다. 예컨대 언제나 모범으로 적용되는 프로이센 경찰행정법 제14조가 그러했다. 그 당시와 마찬가지로 오늘날에도 여전히 각 란트에 적용되는 경찰법 모범초안 제8조에서는 아래와 같이 규정하고 있다.

> 경찰은 개별 사안에서 존재하는 공공의 안녕과 질서에 대한 위험을 […] 방지하기 위하여 필요한 조치를 취할 수 있다.

각 란트의 모든 경찰법에서 이렇듯 또는 이와 유사하게 표현되고 있다. 그런데 이외에도 지금은 점점 더 많은 개별규정, 이른바 특별한 전권위임이 존재하는데, 예컨대 이 장章의 앞부분에서 다룬 돼지축사사건과 같은 사안들에 대한 연방임밋시온보호법 제25조처럼 대부분은 질서행정청에 대한 전권위임이고, 그러나 또한 경찰에 대한 전권위임도 있다. 위험이 그리 급박하지 않고 관련 특별규정이 없는 경우에는 질서행정청도 마찬가지로 경찰작용상의 일반조항을 주장할 수 있다.

공통의 과업은 위험의 방지(예방)에 놓여있다. 경찰은 여전히 두 번째 과업을 갖고 있다. 경찰은 법원조직법GVG 제152조에서 규정하고 있듯이, 법원과 검찰의 곁에서 검찰의 수사 인력으로서 형사소추를 관할한다. 여기서 경찰이 범죄자를 추적하고, 범죄의 흔적을 확보하고, 증인을 신문하고, 주택을 수색하고, 혐의자를 체포하는 경우에 형사소송법은 이를 위한 법적인 토대를 제공한다. 우선적으로는 범죄수사전담경찰Kriminalpolizei에 해당하지만, 탈세 조사와 관세청에도 또한 해당한다. 따라서 경찰은 두 가지 과업을 갖는다. 하나는 "예방적인", 즉 위험의 방지이고, 다른 하나는 "억압적인", 즉 형사소추이다. 한편으로 경찰은 어린아이가 위험한 분수대 안으로 떨어지지 않게끔 돌봐야 하고, 다른 한편으로는 범죄사건이 벌어지고 그것이 가벌적이라면 책임질 사람을 확정하고서는, 그를 사법당국에 넘겨야 한다. 질서행정청은 단지 위험의 방지라는 과업만을 갖는다.

그밖에 과업과 권한을 구분해야 한다. 이 같은 구분은 그곳의 사람들이 늘 정확하기로 정평이 나 있는 바이에른Bayern의 경찰법에서 비롯하는데, 오늘날에는 다른 란트들에서도 그렇게 받아들여지고 있다. 즉 이전에 프로이센 경찰법에서 그랬던 것처럼, 과업과 관련해서는 해당 권한을 배제하는 게 허용되지 않는다. 따라서 두 개의 규정이 존재하는데, 하나는 경찰법의 앞부분에서 대개는 경찰이 공공의 안녕과 질서를 보살필 과업을 갖고 있다고들 말한다. 그리고 이어서 다른 하나는 경찰에게 이 목적을 위해 필요한 조치를 취할 권한이 있다는 권한위임인데, 해당 법에서 한참이나 뒤에 자리한다. 물론 복잡한 경우도 있지만, 왜 이렇듯 간단하게 규율하고 있을까? 그러나 본연의 법적인 문제는 뒤에서야 비로소 드러난다.

경찰에게는 어떠한 조치를 취하는 게 허용되는가? 여기에는 상당히 많은 선택지가 존재한다. 위험이 발생하면, 경찰은 늘 무언가를 행해야 하는가? 공공의 안녕과 질서가 도대체 무엇인가? 그리고 위험이란 무엇인가? 결론적으로는, 관련되는 시민이 반대하는 데도 경찰이 이를 행하는 게 허용되는가? 또한, 전적으로 적법하게 행동하고 있는 시민이 항의하는 데도 말이다. 여기서 항의하는 누군가는 경찰법에서 말하는 바처럼 방해자의 문제이다. 누가 방해자인가? 이 물음에 대한 대답이 먼저 나와야 하고, 이어서 두 번째 물음이 제기된다. 방해자를 상대로 어떤 수단을 행사하는 게 허용되는가? 즉 비례성의 문제이다. 「공공의 안녕과 질서 보호를 위한 일반법률」이라는 바로크적인 명칭을 가진 베를린 경찰법ASOG 제11조는 이에 대해 아래와 같이 규정하고 있다.

> ① 질서행정청과 경찰은 가능하고 적합한 다수의 조치 중에서 예상하건대 개인과 일반에게 가장 덜 침해적인 조치를 취해야 한다.
> ② 해당 조치는 추구하는 결과와 관련해서 인식할 수 있을 정도로 비례성에서 벗어나는 불이익을 가져와서는 아니 된다.

따라서 경찰이 행하는 조치는 적절하고, 필요하고 비례성에 합당해야 한다. 그렇지 않으면 위법하다. 이로써 위험이 제거될 수 있다면, 해당 수단은 적절하다. 더 완화된 수단이 존재하지 않는다면, 해당 조치는 필요하다. 이를 달리 표현하자면, "대포로 참새를 겨냥해서는 아니 된다"라는 말이다. 그러나 해당 조치가 적절하고 필요하다 할지라도, 이로써 비례에 맞지 않는 불이익과 결부되어 있다면, 경찰은 이를 동원해서는 아니 된다. 즉 비례성의 원칙이다. "목욕물을 버리려다 아이까지 버린다"라는 독일 속담이 그러하다. 19세기에 경찰법에서 발전된 이 규칙은 그사이에 전체 행정법의 일반원칙이 되고, 연방헌법재판소의 판례를 통해서 또한 헌법상의 원칙으로도 자리를 잡아 왔다.

어려운 문제는 방해자로부터 비롯한다. 행위방해자와 상태방해자로 구분된다. 예컨대 베를린의 경찰법ASOG은 아래와 같이 규정하고 있다.

> 제13조 ① 한 사람이 위험을 야기하면, 해당 조치는 해당자를 대상으로 행해진다.
> 제14조 ① 동물이나 물건으로부터 위험이 비롯되면, 해당 조치는 사실상의 지배력을 가진 자에게 행해진다.

② 해당 조치는 또한 소유권자나 다른 정당한 자격 있는 자를 대상으로도 행해질 수 있다.

이와 관련해서는 1901년 프로이센의 고등행정법원에서 행해진 판결이 독일 경찰법의 고전적인 사례인데, 해당 판례집 제40권에 수록되어 있다.

백화점 쇼윈도 기계인형 사건(PrOVGE 40, 216)

베를린 시내에 행인들로 매우 붐비는 좁은 길에 자리한 백화점의 소유주인 상인 C.는 쇼윈도 안에다 기계장치로 움직이면서 공연하는 여러 인형을 전시해 두었다. 시의 경찰 당국은 이로 인해 구경꾼들이 밀집해서 보행로가 꽉 막히고, 그래서 찻길 쪽으로 밀려나는 군중들이 위험해지고, 또한 도로교통에 심각한 정체를 초래한다고 확신하기에 이르렀다. 그래서 경찰 당국은 상인 C.에게 인형들의 작동을 즉각 중지시키고, 통고를 받고서 1시간 이내에 쇼윈도 밖으로 인형들을 멀리 옮기라고 명령했다. 그리고 C.에게 다시는 인형들을 쇼윈도에다 전시하지 말라며 금지했다. 상인 C.가 경찰 당국을 상대로 해당 처분의 취소를 주장하는 청구와 함께 소송을 제기하고 나서, 지역위원회는 인형들의 쇼윈도 전시가 도로교통에 정체를 야기했는지 여부를 두고서 증인들을 신문하고서는, 소송의 기각을 인정했다. 고등행정법원도 원고의 항소를 마찬가지로 기각했다.

고등행정법원은 사실관계를 서술하면서, 판결 이유에서 아래와 같이 덧붙였다.

"경찰관 G.와 건물관리인 P.의 진술에 따르면 원고가 쇼윈도 안에다 움직이는 인형을 전시해 둠으로써 보행로에 구경꾼들의 과도한 밀집을 야기했고, 이로 인해 도로교통이 지속해서 그리고 상당할 정도로 방해되었으며, 특히나 많은 행인이 앞쪽으로 밀려나면서 찻길로 보행해야만 했다."

법원에 의해서 결정되어야 하는 법적인 문제는 다수의 원인 중에 하나라도 이에 책임이 있다면, 즉 (인과관계의 끝없는) 연쇄 사슬 속에서 공공질서의 방해를 야기한다면 누구라도 경찰에게서 고소당할 수 있겠는지의 물음이다. 예컨대 어느 공장주가 천여 명의 노동자들을 해고했고, 그 때문에 이들이 항의하면서 도로를 봉쇄하고 있다. 경찰은 도로교통을 다시 정상화하기 위하여 공장주에게 해고를 금지할 수 있겠는가? 방해의 첫째 원인은 노동자들의 항의다. 그 배후에는 둘째 원인으로 공장주에 의한 해고 통지가 자리하고 있다. 여전히 달팽이처럼 맴돌고 있다. 셋째 원인은 기존의 도매상이 다른 공장의 제품으로 구매처를 바꾼 데에 있다. 그 배후에는 또다시 넷째 원인, 즉 외국 생산업체로부터의 저렴한 상품 수입으로 인해서 도매상의 영업에 발생한 어려움에 있다. 경찰이 또한 이에 대해서도 모종의 조치를 취할 수가 있겠는가? 당연히 그렇지가 않다. 그렇다면 그 경계는 어디에 놓여있는가? 백화점 주인은 영업 주체가 영업상의 적법한 행위로 말미암아 고소되어서는 아니 된다고 주장한다. 그는 자신의 상점 앞에 구경꾼들이 대거 밀집하리라고는 미처 생각하지 못했다고 말한다. 쇼윈도 앞을 떠나지 않고서 내내 머물러있는 구경꾼들과 찻길로 뛰쳐나간 행인들의 자기 책임이라는 주장이다. 이들이 방해자이지, 자신이 아니라고 따진다. 따라서 경찰이 이들에게 법적 조치를 취해야지, 자신에 대해서는 아니라고 항변한다. 그는 위험을 직접적으로 야기한 자가 방해자이지, 간접적으로 야기한 자는 방해자가 아니어야 이치에 합당하다고 생각한다.

이로써 그가 원칙적으로는 옳았다. 만약에 경찰이 방해의 배후에 놓여있는 모든 원인에 대해 조치를 취할 수가 있다면, 경찰은 모든 걸 금지할 수가 있게 된다. 예컨대 공장주에 의한 해고나 값싼 수입품에 대해서도 말이다. 이는 옳지가 않다. 따라서 실제로 규칙은 아래와 같다. 즉 가장 최전선에서 방해를 직접적으로 야기한 자만이 방해자이다. 경찰은 단지 그를 대상으로만 필요한 조치를 취할 수가 있다. 경찰은 여러 사회문제를 치유하기 위한 시설이 아니다. 이는 경찰에게 지나친 요구이다. 다른 예를 들어보자. 누군가가 사거리의 한 모퉁이에 집을 갖고 있는데 울타리를 겸해서 가시덤불을 심어두었다. 여기에는 건축법규나 다른 규정들의 위반이 없었다. 그렇지만 이 가시덤불이 너무 높아서 운전자의 시야를 방해해왔다. 그 때문에 교통사고가 여러 번 발생했다. 이 가시덤불을 자르거나 제거할 것을 요구하는 게 경찰에게 허용되는가? 아니다. 가시덤불의 식재植栽는 교통사고의 간접적인 원인일 뿐이다. 집 소유주는 방해자가 아니다. 제대로 주의하지 않은 운전자들이 방해자이고, 이들이 직접적인 유발자이다.

이 원칙에는 물론 예외가 존재한다. 이것이 프로이센 고등법원이 내린 판결의 주된 내용이다. 설령 간접적인 유발자라 할지라도, 만일 그가 목적 달성을 위한 유발자라면 방해자라는 것이다. 오늘날에도 이렇게들 말하고 있다. 가시덤불을 심은 자는 단지 정원에서의 평온함과 외부와의 고립을 원했을 뿐이다. 그는 운전자들의 시야를 방해할 의도가 없었다. 그렇지만 백화점 주인은 어떤가? 그의 경우는 이와는 다르다. 법원의 판결에서 "그의 의도는 여하튼 인형들을 놓아두고서 구경꾼들의 호기심을 자극하고, 군중들이 서서 머물러있도록 유발하려는 것이다"라고 밝혔다. 그래서 오늘날에도 이런 자를 "목적 달성을 위한 유발자"라고 부른다. 왜냐하면, 그는 방해를 유발하지는 않았지만, 적어도 부분적으로는 또한 이를 목적(의도)했기 때문이다. 그래서 그는 비록 간접적인 유발자라 할지라도 또한 방해자인 셈이다. 따라서 경찰 당국의 금지조치는 적법하고, 게다가 해당 조치는 1794년에 제정된「프로이센 일반란트법」의 규정에 근거하기도 했는데, 이 규정은 오늘날의 우리네 일반조항과도 그다지 다르지가 않다. 프로이센 일반란트법 제2편 제17장 제10조는 아래와 같은 규정을 두고 있었다.

> 공공의 평화, 안전 및 질서를 유지하기 위하여 필요한 조치를 취하고, 공중이나 개별 구성원에게 닥칠 수 있는 위험을 막는 것이 경찰의 임무다.

건축법

옛날에 한 목수가 "집 짓는 게 즐거운 일이지만, 이렇게 돈이 많이 들 줄은 미처 몰랐네"라고 노래했었다. 오늘날에는 집을 짓는 데에 돈뿐만 아니라, 대부분은 건축허가 또한 필요하다. 이 건축허가는 건축법의 중심에 그리고 포괄적인 학문영역 속에 자리하는데, 그것의 토대는 간단한 법률조항 하나이다. 이 법률조항은 각 란트의 모든 건축법규에서도 확인되는데, 예컨대 노르트라인-베스트팔렌Nordrhein-Westfalen의 건축법규 제74조 제1항은 아래와 같이 규정하고 있다.

> 건축계획이 공법상의 제 규정들에 저촉되지 않는다면, 건축허가가 교부되어야 한다.

공법상의 규정들은 크게 연방의 건축법과 각 란트의 건축법규들로 구성된다. 왜냐하면, 우리네 건축법은 두 개의 부분으로 나뉘는데, 이는 건축계획법과 건축질서법으로 구분된다.

상대적으로 더 오래된 건축질서법은 안전과 질서라는 이해관계 속에서 형성된 규정들과 함께 성립되었다. 이전에 한때 이 건축질서법은 경찰법에 속했었다. 집들이 사람들에게 해를 끼치지 않고, 마을의 전체적인 모습과도 걸맞아야 하고, 꼴사납게 흉해서는 아니 되게끔 설계되어야 했다.

건축계획법은 상대적으로 최근에 생겨났다. 이것의 토대는 건축법과 각 란트, 개별 도시 및 마을들을 포함하는 전체 영역에 대한 복잡한 계획수단들이 덧붙여져 있는 공간관리법이다. 산업시설, 발전소, 공항, 도로 및 학교는 어디에 건설되는가? 어디서 사람들이 계속해서 안온하게 살아갈 수가 있는가? 농업은 어디서 계속해서 행해지는가? 그리고 자연은 어떻게 되는가? 그래서 국토계획법과 지역 단위의 계획법 그리고 도시와 마을에는 토지이용계획과 건축조례가 마련되어있다. 이들 법령은 개별 건물들에 대한 건축계획이 허가될 수 있는지, 없는지에 대해 상이한 방식으로 영향을 미쳐왔다.

건축질서법에서는 위험의 방지와 미학적인 측면이 문제시된다. 구조역학 전문가들은 건물이 붕괴하지 않게끔 확실히 해야 한다. 내력벽들이 화재에 견디면서 계단 상부의 위층까지 이어져야 하고, 거실 공간에는 반드시 창문이 있어야 하고, 주택에는 욕실과 변기가 있어야 하는데, 필요하다면 창문이 없어도 되지만, 적어도 충분한 환기가 이뤄져야 한다. 그리고 공동주택의 경우에는 충분한 주차시설을 갖춰야 한다. 베를린의 건축법규에는 심지어 건축자재와 기타 설비들이 친환경적이어야 한다고까지 규정하고 있다. 결국, 질서가 없이는 아름다움도 없다는 것인데, 이웃집과의 이격거리가 유지되어야 하고, 외관이 꼴사납게 흉하게 비쳐서는 아니 되고, 지역과 마을의 풍광과도 어울려야 한다. 이웃하는 건물과의 이격거리 및 주택의 높이에 관한 규정은 건축계획법에 이미 규정되어 있었다.

여전히 아데나워 정부 시절이던 1960년에 「연방건축법」이 제정되었다. 비로소 처음으로 각 도시와 마을에 토지이용계획과 건축조례를 수립할 것이 의무로 주어졌다. 당시 사민당SPD은 이에 반대했는데, 건축금지조치로 인해 토지가격이 내려가면 토지소유주에게 손실보상이 행해지기 때문이었다. 그런데 건축조례로 인해 토지가격이 상승하면, 토지소유주가 그 이익을 온전히 갖게 된다. 1971년에 「도시건축촉진법」이 추가로 제정되었는데, 이로써 건축계획절차가 빨라지고, 시민들의 참여가 더욱 확대되었다. 결국에는 위 두 개의 법률이 새로운 하나의 법률, 즉 「건축법」으로 합쳐졌는데, 환경보호가 전적으로 소홀히 다뤄지고, 시민들의 참여가 제한되고, 산업과 농공지역에 대한 예외의 가능성과 더불어서 전체 계획이 지금 다시 마구 뒤섞여 버릴 수 있다는 등의 많은 비판이 제기되었다. 그래, 단지 하나의 계획만 있으면 돼! 사람들은 발 빠른 투자로 경기景氣를 다시 되살리기만을 원했다. 연방과 각 란트의 광역공간계획은 건드리지 않은 채로 남겨두면서, 2008년에 제정된 ─어차피 기속력이 약한─ 「공간관리법」ROG에서 규율되고 있다.

연방과 각 란트 그리고 게마인데들에서 위·아래도 없이 무분별하게 계획되면서 그 어떤 우선순위도 없다. 양측의 의견이 일치해야 한다. 각 란트는 란트의 개발계획과 지역개발계획을 내놓는데, 여기서 이 계획들은 또한 여기에 참여하는 도시와 마을들을 고려해야 한다. 이 계획들은 전체 계획과도 걸맞아야 마땅하다. 공간관리법 제1조 제3항은 이른바 "역류逆流원칙"을 규정하고 있다.

> 부분 공간의 개발, 관리 및 안전은 전체 공간의 주어진 소여와 필요성에 짜 맞춰져야 하는데, 전체 공간의 개발, 관리 및 안전 역시도 부분 공간의 주어진 소여와 필요성을 고려해야 한다(역류원칙).

무엇을 위해서 계획되는가? 공간관리법 제2조에는 다음과 같은 장황한 목록의 목적들이 존재한다. 즉 균형 있는 사회적, 인프라 구조적, 경제적, 생태학적 그리고 문화적인 비례성이 추구되어야 하고, 도시와 마을 공간은 미래에도 사회를 위한 다양한 과업들을 충족시킬 수 있어야 하는데, 도로교통의 부하를 줄여서 추가적인 교통 수요를 회피하고, 에너지 망의 구축을 포함해서 환경이 감당할만한 충분한 에너지공급이 미리 계산되고, 문화, 자연, 풍광, 동식물의 세계, 대지와 환경을 보호하게끔 공간구조가 형성되어야 한다. 그러나 디테일 속에 숨어있는 건축법상의 악마가 또한 존재한다.

디테일은 도시와 마을의 여러 계획 속에서 규율되는데, 건축허가를 위해서는 토지이용계획과 건축조례가 중요하다. 이 계획들은 초안이 마련되고서는 주민들에게 공지되고, 토론되며 그리고서는 시의회나 마을 의회에서 의결된다. 토지이용계획이 먼저 수립되고, 이로부터 건축조례를 발전시켜가는 것도 가능하다. 이들 계획은 상이한 법적 효과가 있는데, -각 란트마다 달리 규율됨- 상급 행정청으로부터 승인을 득해야 한다. 여기서는 단지 법적인 하자가 있는지의 여부만이 심사될 뿐이고, 해당 계획들이 합목적적인지 또는 비합리적인지는 심사되지 않는다. 즉 법적인 감독이지 전문적인 사항에 대한 감독이 아니라고 법률가들은 말한다. 이는 기본법에 의거해서 보장되고 있는 게마인데들의 자치 권한 때문이다(기본법 제28조 제2항).

토지이용계획은 개략적인 틀을 제공하는데, 마치 스케치와도 같다. 여기서는 어디에 주거지역, 상업지역, 녹지, 농지, 숲 등이 위치하는지가 파악된다. 이것은 건축허가를 위해서는 두 번째의 중요성이 있는데, 건축조례가 우선적으로 중요하다.

이 건축조례는 더 정확한 그림을 제공하는데, 이제 게마인데 안의 각 지역이 더욱 상세하게 구분된다. 여기에는 전용주거지역, 일반주거지역 및 특별주거지역과 이외에도 각기 상이한 구조를 갖는 소규모 주거구역, 동네구역, 혼합구역 및 중심구역이 존재한다.

예컨대 이곳에서는 주유소 건축이 허용되지 않지만, 작은 펜션은 가능하고, 저곳에서는 소란스러운 상점들의 영업이 허용되지 않지만, 큰 호텔은 가능하다고 말이다. 디스코텍은 이곳에서도 그리고 저곳에서도 허용되지 않지만, 중심구역에서는 가능하다. 이 모든 것을 연방건설부장관이 발한「건축이용을 위한 법규명령」을 읽고서야 파악할 수가 있다.「건축조례」에는 주택의 허용되는 높이, 건폐율과 용적률 그리고 외딴곳의 건축이나 도로에 접한 건축 등이 규율된다.

건축조례와 개별 건축법규는 "공법상의 규정들"이고, 건축주의 건축계획은 이에 부합해야 한다. 건축주가 이 모든 규정을 준수했다면, 건축허가가 교부되어야 한다. 이에 대해서 건축주는 청구권을 갖는다. 그렇지 않으면 어찌 되는가?

그렇지 않으면 건축허가를 위한 신청은 규정에 따라서 거부되어야 한다. 그러나 예컨대 건축조례가 토지이용계획과 제대로 합치하지 않을 수가 있다. 이 경우에 건축조례는 -대부분은- 위법하고, 건축조례가 존재하지 않는 상태에서와 같은 권리가 적용된다. 이것이 건축허가에 있어서 토지이용계획이 갖는 간접적 효과이다. 그러한 한에서 토지이용계획이 더 우월한 규범적 서열을 갖는다. 이 경우에는 예컨대 건축주에게 더 유리하게끔 정하고 있는 건축법 제34조, 제35조와 같은 일반적인 규정들에 따라서 결정된다. 또는 행정청이 건축계획법상의 지침과 건축법령의 규정상의 예외를 적용해서 허가할 수도 있다. 이것이 그리 드물지 않게 행해지는 특별허가이다. 그리고 건축허가가 교부되더라도, 이 허가는 자신의 권리가 침해된 이웃이 취소소송을 제기하는 경우에 법원에 의해서 다시 취소될 수도 있다. 즉 인접한 다른 이웃에게 유리하게끔 제정된 규정을 위반하여 이웃에게 건축 허가가 교부된 경우에 그러하다.

누가 톱니바퀴를 움직이게 하는가? 바로 허가를 신청하는 건축주다. 그리고 어떻게 진행되는지는 누가 결정하는가? 게마인데Gemeinde는 본래 이 신청을 받아들여야 마땅하다. 게마인데는 건축조례를 제정했고, 해당 지역에서 최선의 결정이 무엇인지를 잘 알고 있다. 그러나 이는 기본법상 보장되고 있는 지방자치와는 상당히 거리가 멀다고들 말한다. 따라서 대개는 게마인데와 국가의 행정 사이에서 그 한 가운데에 자리하는 행정청이 따로 있는데, 바로 란트라츠암트Landratsamt (LRA)가 그러하다. 여기서 게마인데는 그저 경청해야만 하는데, 단지 기속력이 없는 발언권을 갖는다.

지방자치법

두 개의 하부 법 영역인 게마인데법과 란트크라이스법을 포괄하는 상위 개념이 지방자치법이다. 여기서 게마인데Gemeinde는 지방자치 차원의 독자적인 법적 주체이고, 란트크라이스Landkreis는* 국가조직에 더 가깝다. 2020년 중반 현재 독일에는 10,795개의 게마인데가 존재하고 있는데, 이 가운데 2,054개는 도시Stadt이다. 이 게마인데는 국가 내부에서 가장 작은 조직단위인데, 전 세계에서 널리 보편화하여 있듯이 지역적인 행정구역일 뿐만 아니라 국가에 맞서서 고유한 권리를 가진 독자적인 공동체이기도 하다. 즉 자치행정권과 독자적인 법규범을 제정하는 권한을 갖고서 사실상 주목할 만한 자치 권한을 갖고 있다. 왜냐하면 자치Autonomie라는 단어 자체가 자신의 법률을 스스로 만들 수 있음을 뜻하기 때문이다. 이 독자적인 법규는 연방의회나 란트의회에서 제정한 법규범보다는 규범서열상으로 하위에 자리하지만, 게마인데 영역 안에서는 모든 주민을 기속한다. 이 법규를 따로 조례條例라고 부른다. 이 모든 것이 기본법GG 제28조 제2항에서 보장되고 있다.

> 법률의 범위 안에서 지역공동체의 모든 사안을 자신의 책임 하에 규율하는 권리가 게마인데Gemeinde에게 보장되어야 한다.

여기에는 상·하수도, 도로, 학교, 공동묘지, 놀이터, 녹지, 유치원, 병원 및 쓰레기 수거 조직이 속한다. 이는 "**고유사무**(자치사무)"로 불리는데, 이와는 달리 예컨대 경찰관서를 유지하거나, 연방의회선거나 란트의회선거를

---

*란트크라이스는 독일의 지방자치법상 여러 게마인데들이 함께 묶여있는 연합체이고, 독자적인 지역단체이다. 현재 독일에는 294개의 란트크라이스가 있고, 이와 함께 크라이스를 끼고 있지 않은 106개의 도시가 있다. 즉 크라이스Kreis의 차원에서는 도합 400개의 지역단체가 존재하고 있다. 그리고 이 란트크라이스의 행정청이 Landratsamt (LRA)인데, 일부 란트들에서는 따로 Kreisverwaltung으로 불린다.

집행하거나, 신분증명서나 소득분위증명서의 발부와 같이 게마인데가 연방과 란트를 위해서 활동하는 것을 "**위임사무**"라고 부른다. 고유사무와 위임사무는 한편으로는 자치행정으로서 그리고 다른 한편으로는 국가의 행정청으로서 언제나 이중적 지위를 지닌 게마인데의 두 얼굴이기도 하다. 그리고 이로써 게마인데는 국가와 사회의 경계에서 활동하고 있다.

그 밖에 게마인데법도 종종 두 개의 부분으로 나뉜다. 즉 한편으로는 내부 질서에 관한 규정들과 다른 한편으로는 외부와의 관계 규정이 그러하다. 여기서 외부는 상부를 뜻하는데, 이는 게마인데에 대립해 있는 국가뿐만 아니라, 란트라츠암트IRA를 가진 란트크라이스Landkreis가 그러하다. 란트크라이스 또한 마찬가지로 이중적 기능을 지닌 지역공동체인데, 고유사무에서는 자치권을 갖고, 위임사무에 대해서는 국가의 행정구역으로 기능한다. 란트크라이스의 상부에서 비로소 국가라는 단일한 영역이 시작된다. 그런데 몇몇 란트들에서는 다시 두 개로 나뉘는데, 따로 직할행정구역청장이 이끄는 레기룽스베치르크Regierungsbezirk가* 존재하는 영역 그리고 그 상부에는 란트 전체를 위한 란트정부가 있는데, 란트정부는 이 직할행정구역청장을 임명하고, 그에게 명령을 내릴 수 있다.

란트Land의** 구조는 레기룽스베치르크(란트직할행정구역), 란트크라이스와 게마인데로 분할되는데, 게마인데법은 란트법이다. 개별 란트들의 란트의회는 게마인데의 활동에 있어서 일종의 윤곽(테두리)을 제시하는 법률을 제정한다. 그 중심에는 「게마인데법」이 자리하는데, 이 규정Ordnung은 여기서는 단지 법률Gesetz의 또 다른 표현에 지나지 않는다. 대부분은 하나의 게마인데의회와 시의회가 있고, 한 명 또는 복수의 시장市長이 존재한다. 남

---

*현재 독일에는 전체 16개 란트들 중에서 4개 란트(바덴-뷔르템베르크, 바이에른, 헤센, 노르트라인-베스트팔렌)에만 이 레기룽스베치르크(란트직할행정구역)가 따로 설치되어 있다.

**연방국가인 독일에는 현재 바이에른, 노르트라인-베스트팔렌 등 도합 16개의 란트(Land)들이 존재한다. 이 란트들은 연방을 구성하는 독자적인 국가단위이다. 예컨대 바이에른(Bayern)의 공식표기가 "Freistaat Bayern"인데, 즉 "독립국가 바이에른"이다.

독일 지역에서는 -미국을 모범으로 삼아서- 게마인데의회와 마찬가지로 시장 또한 주민들이 직접 선출하는데, 이로써 단지 북독일의 란트들에서 게마인데의회나 시의회에서 간접적으로 선출되는 동료 시장들보다도 당연히 보다 더 강력한 지위를 갖는다. 남독일과 마찬가지로 북독일에서도 최상의 기관은 게마인데의회인데, 게마인데의회가 설령 조례를 제정할 수 있다 하더라도, 통상적인 의회가 아니라 어디까지나 행정청이다. 이런 까닭에 게마인데의회는 불체포특권이나 면책특권을 누리지 못한다. 도시들에서는 최상급의 기관을 대부분 시의회, 시대표기구 또는 시의원총회로 부른다. 이들 기구가 내리는 대부분의 결정은 행정사항들인데, 공무원이나 사무직 공직자들의 임명, 해임 및 승진 등이 그러하다. 예컨대 바이에른의 게마인데법 제29조에서는 이에 대해 아래와 같이 규정하고 있다.

> 게마인데는 특히 […] 공공복리의 이유에서 상수도 연결, 하수 처리 및 쓰레기 배출, 도로 청소와 건강 관련 설비를 조례로 미리 정할 수 있고, 다른 법 규정들의 유보 아래 이들 설비와 장례시설 및 도축장의 이용을 의무로 정할 수 있다.

"연결강제"가 무엇을 뜻하는지는 분명하다. 그러나 이는 상·하수도에 있어서 이를 반드시 이용해야만 한다는 것을 뜻하지는 않는다. 아마도 샘물이 더 낫다고 생각되면, 사람들은 여전히 멀리 떨어져 있는 오래된 샘물로도 살아갈 수가 있다. 이를 방지하기 위하여 "이용강제"가 존재한다. 이로써 사람들에게는 단지 수돗물만이 허용된다. 게마인데가 또한 원격난방공급을 미리 정할 수 있겠는지가 오랫동안 논란되어왔다. 이 설비가 과연 주민들의 건강에 도움이 되겠는지? 이에 대해서는 1970년대에 란트의회들이 게마인데법을 보완하고서, 원격난방공급을 도축장과 공동묘지 및 화장火葬시설과 마찬가지로 명시적으로 목록에 채택할 때까지 서로 다른 의견들이 대립해왔다.

내부의 질서에 관한 규정들이 너무 많고, 이것들은 외부로부터 통제된다. 즉 국가에 의해서, 정기적으로 직상급直上級의 기관에 의해서, 또한 국가에 속하는 행정청으로서 기능하는 부분에서는 란트라츠암트Landratsamt에 의해서도 통제된다. 이 같은 통제를 감독Aufsicht이라고 부른다. 1808년의 슈타인-하르덴베르크 개혁Stein-Hardenbergische Reform* 이래로 전문사항 감독과 법적 감독으로 구분된다. 게마인데가 고유사무를 다루는 경우에 란트라츠암트는 게마인데의 결정이 법적으로 정상인지 여부만을 통제할 수 있다. 놀이터나 학교가 어디에 들어서는지는 전적으로 게마인데가 단독으로 결정한다. 또한, 국가에 위임이 허용되는 위임사무에 대한 전문사항 감독과는 달리, 법적 감독에서는 국가가 게마인데의 결정이 합목적적이지 않다고 판단하는 경우에 게마인데에게 해당 결정의 변경을 요구할 수 있다. 법적 감독에서는 단지 법률적합성이 심사되고, 전문사항 감독에서는 또한 합목적성도 심사된다.

또한, 따로 크라이스를 끼고 있지 않은 도시들, 즉 란트크라이스로서의 권한을 부여할 정도로 규모가 큰 도시들도 있는데, 그렇다고 해서 통제를 전혀 받지 않는다는 건 아니다. 이 크라이스를 끼고 있지 않은 도시들도 란트크라이스와 마찬가지로 법적 감독과 전문사항 감독을 받는다. 다만, 직상급기관에 의해서만, 따라서 직할행정구역청Bezirksregierung을 통해서만 감독을 받는데, 이 직할행정구역청이 따로 없는 소규모의 란트들에서는 곧바로 란트정부에 의해서 직접 감독이 행해진다.

그리고 게마인데법에서 가장 중요한 것은 재정, 즉 돈이 아닐까 싶다. 이 돈이 어디서 확보되는가? 여러 재원財源이 존재한다. 가장 큰 재원은 조세수입과 국가로부터의 재정교부금이다. 기본법 제106조 제5항, 제5a항 및 제6조에 따라서 게마인데에는 영업세, 토지세, 소득세와 법인세 일

---

*당시 군소의 영방領邦에 불과했던 프로이센Preußen을 이후에 가장 강력한 영방으로 거듭나게 한 개혁조치로 일컬어진다.

부가 귀속된다. 이들 재원이 게마인데 수입의 1/3을 차지한다. 1/4은 국가가 지급한다. 나머지 수입은 게마인데 내의 시설과 설비 등의 이용료를 통해서 확보된다.

환경법

앞에서 다룬 비공식적 행정작용에서 이미 서술한 바와 같이 환경문제는 오래된 문제다. 앞서 언급된 환경보호를 위한 새로운 법률들, 연방환경청, 관련 전문가위원회와 같은 이 모든 것은 독일 산업계를 대표하는 단체들의 거센 저항에 맞서서 관철해낸 큰 성과다. 그 이후로는 이들 법률에 근거해서 법원의 판결이 행해지고, 많은 관련 문헌들이 작성되고, 법조계의 해당 전문분야와 법학부에서 관련 강의가 행해지고 있다. 이로써 환경법이라는 새로운 법 영역이 형성되었다. 그렇지만 이 환경법을 둘러싸고 있는 문제들은 그 일부가 여전히 해결되지 못한 채로 남아있다.

몇몇 문제점은 앞서 언급한 마인츠Mayntz 교수의 책에서 이미 서술한 바가 있다. 소관 행정청은 인력과 기자재 부족으로 늘 어려움을 겪고 있다. 사전협상에서 사적인 영업 주체들이 종종 법적인 우위를 갖는다. 대중들이 청문 절차에서 배제되면, 이로써 실무적으로는 이미 모든 게 결정되어 있는 셈이다. 그리고서는 마인츠 교수가 명명命名해서 밝힌 바와 같이 사전협상의 "사실상의 기속효과"가 파악된다. 허가의무를 지닌 모든 시설의 상당수가 법률상의 규정에 부합하지 않고, 위법하고, 새로운 환경법을 위반하고 있는데도 말이다. 가히 범죄적이다.

여기에다 구조적인 문제점이 추가된다. 환경법은 일단은 행정법이다. 이웃들 간의, 즉 민사법상의 즉 린인隣人 관계 규정들이 별반 도움이 되지 않으며 그리고 환경법은 근본적으로는 단지 행정법의 부록과도 같다. 왜냐하면, 행정청의 허가 없이 환경을 훼손한 자만이 언제나 가별적可罰的이기 때문이다. 법률가들이 말하는 환경형법은 행정법에 종속된 일종의 액세서리에 지나지 않는다. 여기에 환경보호의 핵심영역이 놓여있다. 그리고 행정법이 환경보호를 위해서는 원칙적으로 부적합하다. 왜냐하면, 행정법은 개별 법익들을 보호할 뿐이지, 보편적인 이익의 보호에는 기여하지 않기 때문이다. 이에 관한 두 가지 사례를 살펴보기로 하자. 먼저 다루는 첫 번째 사례는 아래와 같다.

농부 요제프 마스와 칼카르의 고속증식로 사건

1972년에 한 기업이 칼카르Kalkar에서 고속증식로 건설을 위한 첫 번째 건축허가를 신청했다. 해당 허가가 행정청으로부터 교부되었다. 이 사안과 관련해서는 이웃하는 주민이 있었다. 행정법원법 제42조 제2항에 따르면 원고는 자신의 권리가 침해되고 있음을 주장해야 하는데, 원고의 청구는 이에 부합했다. 그사이에 니더하임Niederheim의 칼카르 출신의 농부 요제프 마스Josef Maas가 이 소송을 제기하면서 독일 역사의 한 부분을 차지하게 되었다. 그런데 소송에서 발생하는 비용이 엄청났다. 나는 여기서 재정적인 경비를 말하고자 하는 게 아니다. 이런 경비는 종종 시민들의 모금으로나 또는 그 배후에 있는 환경단체들이 부담하곤 한다. 모든 소송절차가 이를 이끌어가는 이에게는 일반적으로 큰 부담인데, 그가 칼카르에서와 같이 개별적인 다수의 소송을 제기하고서 열 번이 넘게 이리저리 여러 심급을 오가는 경우에는 특히 그러하다. 이를 위해 요제프 마스는 농부로서의 자신의 생존을 그 대가로 치렀다. 무려 13년이나 걸린 많은 소송에서 승소 또는 패소한 연후에, 마침내 그는 고속증식로의 운영 주체인 유니온Union 원자력발전소의 곁에 자리하고 있던 자신의 농장을 처분하고 말았다. 다른 원고가 그를 대신했고, 그 역시도 시민들의 모금과 환경단체들의 지원을 받았으나, 이 두 번째 원고에게도 원칙적으로는 과도한 부담이었다. 언젠가는 연방정부가 이 대형 프로젝트에 대한 재정 지원을 삭감하더라도, 그는 여전히 계속해서 소송을 진행할 작정이었다. 고속증식로 사업이 결국에는 좌절되었는데, 무엇보다도 농부 요제프 마스의 끈질긴 저항 때문이었다. 1986년 우크라이나에서 체르노빌Chernobyl 원전사고가 있고서, 이 사건은 여론이 돌아서는 데에 결정적인 한 방이 되었다. 말은 길지만, 그 의미는 간단하다. 즉 환경보호 소송을 이끌어갈 준비가 되어있고, 그럴 능력이 있는 한 이웃 주민이 있다손 치더라도, 그리고 문제가 되는 시설이 칼카르의 고속증식로보다도 훨씬 더 작은 규모라 할지라도 그에게는 큰 부담이 된다.

그렇다면 어떻게 해야 하는가? 예컨대 구조적으로 잘못 지어진 행정법원 건물을 없앨 가능성이 있는가? 증축 또는 개축改築의 방법으로 가능하겠는가? 늘 그렇듯이 법률가들에게는 두 당사자가 존재한다. 산업계의 로비스트들은 모든 게 잘 정리되어있다고 생각한다. 그들은 이 같은 상황을 바꿀 필요성과 가능성을 애써 보려고 하지 않는다. 그렇지만 깐깐한 이들에게는 의문점이 생겨난다.

먼저 입증 부담이 문제가 될 수가 있다. 입증 책임의 전환이 그러하다. 이로써 민사법에서는 수년 전부터 산업계의 하자 있는 제품에 맞서는 소비자 보호체계가 조직되어왔다. 환경법에서는 백 년 전보다 달라진 게 전혀 없다. 행정청이 허가를 교부한다거나 또는 항고소송에서 사인私人인 원고가 계획된 시설에서 환경생태적인 위험이 발생한다는 증거를 제시해야 하는데, 이는 종종 매우 어려운 일이다. 시설의 운영 주체는 단지 그렇지 않다고만 주장하면 된다. 그는 이미 허가를 득하기 위한 청구권을 갖고 있다. 만약에 이와 반대라면, 그는 해당 시설이 위험하지 않다는 증거를 제시해

야만 할 것이고, 그러면 많은 프로젝트가 이미 사전단계에서 좌절될 법하
다. 일본의 환경법은 이 길을 따라갔다. 독일에서는 아직도 그렇지가 않다.

이제 린인隣人법상의 당사자 문제를 살펴보자. 만약에 환경보호를 위한
기본권이 존재한다면, 행정법원법 제42조 제2항이라는 허들을 큰 어려움
없이 뛰어넘을 수 있을 법하다. 그렇다면 누구라도 당사자가 되고, 소송을
제기할 수가 있다. 환경단체들과 시민운동 측에게도 더는 별 어려움이 없
게 되고, 더는 농부 요제프 마스의 뒤에 숨지 않고서 스스로 소송을 이끌어
갈 수도 있겠다. 녹색당은 오래전부터 이 부분을 요구해왔다. 물론 생명권
과 신체를 훼손당하지 않을 기본권이 또한 존재한다. 녹색당의 생각으로는
바로 그곳, 즉 기본법 제2조 제2항 제1문에도 또한 관련 내용이 담겨있다
고 본다. 오늘날 기본법 제2조 제2항 제1문은 아래와 같이 규정하고 있다.

> 누구라도 생명권과 신체를 훼손당하지 않을 권리를 갖는다.

녹색당은 오래전부터 아래와 같이 해당 조항을 보완하자고 연방의회
에서 줄곧 주장해왔다.

> 누구라도 생명권, 신체를 훼손당하지 않을 권리와 자신의 자연적인 삶의
> 토대를 유지할 권리 및 자연적인 환경에 대한 심각한 침해로부터 보호받을
> 권리를 갖는다.

이 같은 기본권은 오래전부터 논의되어왔다. 이 기본권은 1971년에 사
민당/자민당 연립정부의 환경프로그램에 포함되었고, 1973년의 선거 캠
페인에서 빌리 브란트Willy Brandt 연방총리와 겐셔Genscher 내무장관이 유
권자들에게 공약하기도 했다. 그간 환경보호를 그저 시대의 유행쯤으로
나 치부해온 산업계 측에 보다 더 친화적인 헬무트 슈미트Helmut Schmidt
가 1974년에 연방총리가 되고서는 이 공약이 흐지부지해지고 말았다. 그
런데 이후로 잇단 참사들이 벌어지고서, 특히 체르노빌 원전사고가 있고

나서는 압력이 더욱 거세진 까닭에 정당들은 이제 유권자들에게 무언가를 제시해야만 한다고 생각하면서, 환경보호를 기속력이 없는 국가목표로 파악했다. 즉 사람들을 진정시키기 위해서 기본법 안에 받아들인 것이다. 국가목표라는 건 모든 시민에게 소구권訴求權을 주는 것이 아직은 시기상조라며 사람들을 기만하는 목적을 갖는다. 1994년 이래로 환경권이 기본법에 삽입되어 있고, 2002년에는 여기에 동물이 추가로 삽입되었다. 기본법 제20a조는 아래와 같이 규정하고 있다.

국가는 또한 미래 세대에 대한 책임을 인식하는 가운데 합헌적 질서의 범주 내에서 입법을 통해서 그리고 법률과 법이 정하는 바에 따라서 집행권 및 사법을 통해서 자연적인 삶의 토대와 동물을 보호한다.

그런데 2021년 3월 24일에 기본법 제20a조가 사법적으로 다투어질 수 있는 법규범이고, 국가에게 기후 보호와 기후 중립성의 형성을 위한 의무를 근거 짓는다고 연방헌법재판소가 선고했을 적에 많은 이들이 적잖이 놀랐다. 2019년 12월 12일에 제정된「연방기후보호법」의 일부 조항은 이로써 위헌으로 결정되었다. 기본법 제20a조를 제2조 제2항 제1문과 결합하면서 연방헌법재판소는 국가목표규정으로부터 기본권을 도출해낸다. 두 번째 사례는 다음과 같다.

(평균 크기가 겨우 20cm에 불과한) **작은 도마뱀**과 (추정 재산액이 1,750억 유로에 달하는) 거대한 **일론 머스크**, 2020년 12월 18일 자 베를린-브란덴부르크 고등행정법원 판결(사건번호 OVG 115127/20).

테슬라 전기차를 생산하는 미국의 일론 머스크Elon Musk는 베를린의 남동쪽에 자리한 그륀하이데Grünheide라는 지역에다 2021년 여름부터 자동차를 생산할 수 있는 엄청난 규모의 자동차공장을 짓겠다고 발표했다. 이 공장 건설을 위한 예정 부지인 300헥타르에 달하는 가문비나무숲이 해당 게마인데의 건축계획상으로 산업지역으로 지정되었다. 이 숲은 축구장 430개가 들어서는 면적에 달하는 크기였다. 브란덴부르크Brandenburg 란트정부는 많은 세수와 신규 일자리 창출에 고무되어서는 미리부터 허가절차를 준비하기 위한 태스크 포스를 꾸렸다. 이 사안에는 그륀하이데 게마인데만이 관여하는 게 아닌 까닭에 또한 지방환경청의 소관사항이기도 했다. 자동차생산자 측의 계획이 설명되고 이의가 제기되고서는, 2020년 가을에 지방환경청에서 관계자들이 참석한 가운데 해당 심의가 개최되었다. 지방환경청은 이미 그전에 연방임밋시온보호법 제8a조에 따라서 해당 부지의 개간 작업을 조기에 착수할 수 있게끔 허가했었다. 머스크에게는 이 일이 시급했다. 그런데 이에 반대하면서 두 환경단체가 법원에 금지를 위한 가처분을 신청했는데, 행정법원은 이를 기각했다. 그러나 이어서 고등행정법원은 이들 환경단체에게 부분적으로 권리를 인정하는 결정을 내렸다. 이 자동차생산자는 여러 땅에서 더는 개간 작업이 허용되지 않게 되었다. 즉 고등행정법원은 이곳은 엄격하게 보호받고 있는 도마뱀들이 살아가는 공간인데, 벌목으로 인해서 도마뱀들이 더는 살아남지 못하게 될 것이어서 2021년 여름까지는 개간 작업의 금지가 적용된다고 밝혔다. 그리고 그때까지 이 작은 동물들을 살아있는 채로 옮겨야 한다고 지적했다. 머스크는 자신의 계획이 지체되는 걸 감수해야만 했다. 이 개간금지 가처분결정은 법적인 효력을 갖는다.

이것이 바로 그 자체로 환경법에 부적합한 행정법을 어떻게 개선할 수 있겠는지 하는 물음에 대한 해결책이다. 즉 **단체소송**이 그러하다. 이 단체소송은 행정법원법 제42조 제2항이 지닌 구조적 결함을 지속해서 제거해간다. 기본권을 가진 개별 시민이 사람들, 수목樹木과 동물들의 변호인으로서 공익을 대변하지 못한다면, 적어도 몇몇 단체들, 즉 환경보호단체, 자연보호단체들이라도 이를 떠맡을 수 있어야 마땅하다. 이 같은 단체소송은 미국에서 오래전에 고안되었는데, 미국에서는 개별 수목과 동물들을 돌봐온 일종의 터부Taboo단체들에 대해 그간 시민들이 좋은 경험을 지녀왔고, 이런 가운데 이들 터부단체가 돌보고 있는 대상들을 위한 대변자로서 법정에 서기도 했다.

독일에서도 환경법이 생겨나던 1970년대에 이 같은 해결책이 논의되었다. 그러나 반발이 극심했는데, 특히 산업계로부터의 반발이 컸다. 본Bonn에서 개최된 공청회에서 여러 관련 행정청들, 법원 및 산업계의 단체들이 이에 반대하며 나섰다. 그렇지만 몇몇 란트들은 그다지 중요하지 않은 부차적인 영역, 즉 산업계의 관심이 비교적 적은 자연보호 영역에서 단체소송을 도입했다. 그리고서는 오랫동안 봉인된 채로 시간이 조용하게 흘러갔다. 2006년까지 말이다.

당시에 「환경도우미법」(참으로 아름다운 말이지 아니한가?)에서는 긴급한 방법으로 단체들의 소송가능성을 강화했는데, 이는 2003년의 유럽연합 지침에 따라서 강제된 것이었다. 그 이후로는 일론 머스크의 그륀하이데에서와 같은 사건들에서 환경단체들이 산업시설의 허가 결정에 반대하면서 대응할 수 있게 되었다. 이 같은 허가 결정이 국가에 의해서만 행해지게끔 되었다. 허가 결정이 대개는 뎃사우Dessau에 소재하는 연방환경청에서 행해진다. 해당 사안이 하나의 란트에만 관련되는 경우에는 해당 란트에 소재하는 지방환경청의 소관사항이 된다.

행정청을 상대로 하는 손해배상청구

행정영역에서 손해배상은 여러 규정을 난삽하게 뒤죽박죽 모아둔 것인데, 그 일부는 2백 년이 넘게 오래되었고, 다른 일부는 전후의 독일에서 새롭게 만들어졌는데, 한눈에 알아볼 수 없을 정도로 마구 뒤엉켜 있다. 누군가가 행정으로 인해 손해를 입었다면, 그에게는 네 가지 가능성이 주어져 있다. 즉 첫째는 결과제거청구권, 둘째는 희생보상청구권, 셋째는 공용수용으로 인한 보상, 넷째는 국가배상청구권이 그러하다.

결과제거청구권은 가장 최근에 형성된 것인데, 위법한 처분의 취소를 목적으로 한다. 즉 이전의 상태로 다시 원상회복시키는, 이른바 원물原物반환이* 그러하다. 예컨대 어느 게마인데가 위법하게 타인 소유의 들판 위로 도로를 건설하도록 했다고 치자. 해당 타인은 게마인데가 도로를 다시 철거하고, 또한 그 위로 다시 풀이 자라나게끔 하도록 요구할 수 있다. 대부분의 사안이 그렇듯이 이 과정이 행정행위에 근거하고 있다면, 행정법원법 제113조 제1항은 아래와 같이 규정하고 있다.

> 위법한 행정행위에 의해서 청구인의 권리가 침해되고 있다면, 법원은 행정행위를 […] 취소한다. 행정행위가 이미 집행되었다면, 법원은 청구에 기해서 행정청이 이미 집행한 것을 되돌리게끔 그리고 어떻게 되돌릴지를 판결할 수 있다.

행정청이 이렇듯 해당 결과를 제거해야 하는 경우에 행정청은 이전과 마찬가지로 공행정으로서 행위를 하지만, 다만 정반대의 방향인 셈이다. 법률가들은 이를 *actus contrarius*라고 말한다. 따라서 해당 청구도, 대부분 항고소송과 결합해서, 행정법원에 제기되며, 이와는 달리 단지 금전배상만을 요구할 수 있는 나머지 세 개의 권리구제수단과는 구별된다. 이에 대해서는 행정법원이 아니라 민사법원이 관할한다.

---

*그 의미는 민법전BGB 제249조 제1항과 합치한다. 즉 "손해배상의 의무를 부담하는 자는, 배상의무를 발생시키는 사정이 없었다면 그대로 있었을 상태로 원상회복하여야 한다."

희생보상청구권은 매우 오래된 것이다. 이는 1794년에 제정된 프로이센 일반란트법의 서론 제75조까지 거슬러 올라간다. 이 희생보상청구권과 더불어서 처방된 백신을 접종받고서 건강을 해친 사안에 있어서 일찍부터 보상을 청구할 수가 있었다. 그리고서 1900년에 「제국전염병법」이, 1961년에는 「연방전염병법」이 마련되었다. 오늘날에는 「감염보호법」이 적용되고 있는데, 연방보건부 또는 란트정부가 판단하는 각각의 상황에 따라서 감염보호법 제20조 제6항 및 제7항에 근거해서 백신 접종을 강제로 명령할 수가 있다. 이 경우에 법규명령으로 각 란트의 최상급 보건행정청에 해당 권한이 위임될 수 있다. 이렇듯 매우 광범위한 권한 위임이 2020년 코로나 팬데믹 동안에 아주 세부적으로, 거의 모든 개별조치를 열거하고 있는 개정법률과 함께 추가적으로 보완되었다. 2020년 11월 18일 자 개정법률에서는 "특별한 보호조치"라는 타이틀을 지닌 감염보호법 제28a조가 코로나바이러스COVID 19의 확산 방지를 위하여 새로이 삽입되었는데, 거리 제한, 공공장소에서의 음주 제한, 여행 제한, 영업점포 및 문화시설의 폐쇄 등 거의 모든 사항이 규범적으로 규율되었다. 또한, 집회, 현장예배 및 고향 방문의 금지와 같은 추가적인 기본권 제한이 가능하게끔 되었다. 상황과 여건에 따라서는 지역적인 차별화가 허용된다. 해당 법률이 지녀온 오래된 컨셉에 따르면 이것이 매우 광범위한 일반조항을 갖고서 적용되고, 행정청에 더 많은 재량이 허용되어왔다. 그렇지만 출입 제한과 점포 폐쇄로 인해 영업상의 곤경에 처한 이들이 최고심급까지 소송을 제기하는 경우에 이렇듯 상세한 명령들이 효력을 그대로 유지할지는 여전히 미지수로 남아있다. 코로나 백신의 접종 강제가 아직은 실시되지 않고 있으며, 책임 있는 정치인이 밝히는 바에 따르면 그럴 계획 또한 없다고 한다. 그러나 이는 가능성의 영역에 내몰려 있는데, 충분히 많은 시민이 자발적으로 백신을 접종받지 않는다면 그리고 이른바 집단감염의 상태에 도달하지 못하는 경우에는 어찌 될지 모를 일이다.

권장되거나 명령되는 백신 접종으로 인해서 신체적 손상이 발생하게 되면, 감염보호법 제60조 및 「연방부조법」상의 상응하는 규정이 적용되면서 보상이 지급된다.

개인적인 피해로 더욱더 자주 등장하는 것이 재산상의 피해다. 이에 대해서는 **공용수용**公用收用에 따른 청구권이 존재한다. 이와 관련해서는 연방헌법재판소의 1981년 자 판결이 초래한 혼란이 한 가운데에 놓여있다. 그 이전에는 공용수용이라는 타이틀 아래에서 예컨대 도로 건설을 위해 자신의 토지를 내놓아야 하는 것처럼 규정에 합당하게 수용되는 경우에 보상을 요구할 수 있을 뿐만 아니라, 다른 상실에 대해서도 요구할 수가 있었다. 아래 세 가지 경우로 구별된다.

1. 통상적인 공용수용
2. 수용적 침해
3. 수용유사적 침해

통상적인 공용수용은 이미 폭넓게 적용되고 있다. 즉 토지의 강제 수용뿐만이 아니다. 이와 관련해서 기본법 제14조 제3항에서 아래와 같이 규정하고 있다.

> 수용收用은 공공의 복리를 위해서만 허용된다. 수용은 보상의 유형과 외연을 정하고 있는 법률에 의해서 또는 법률에 근거해서만 허용된다.

그러나 앞에서 이미 많이 다뤄진 돼지축사 금지사례에서 축사의 주인에게 수용에 따른 청구권이 존재하겠는지가 문제시된다. 즉 축사 주인은 도시 외곽에 놓여있는 자신의 돼지축사가 언젠가는 정당하게 금지될 거라는 사실을 예외적으로도 미처 예견할 수가 없었다. 그는 자신의 토지는 계속해서 보유하게 되지만, 다만 그곳에서 더 이상 돼지를 사육하는 게 허용되지 않는다. 이것으로 이미 수용에 해당할 수 있다.

다른 두 가지 사안을 계속해서 살펴보자. 이것들은 지난 1950~1960년대에 출현했는데, 당시 연방통상법원의 새로운 창작품이었다. 먼저 수용 **유사적 침해**라는 타이틀 아래에서는 위법한 행정작용에 대한 보상이 존재한다. 반면에 **수용적 침해**는 적법한 행정작용에 뒤따르는 미처 예상하지 못한 결과에 대해서 보상이 행해지는데, 그것이 원칙적으로는 해당 당사자를 대상으로 하지 않은 작용이었다. 예컨대 짧은 시간 동안에 어느 편의점의 매출액이 3/4이나 줄어들었는데, 인접한 지하철 건설공사로 인해 도롯가에 접한 해당 편의점을 소비자들이 외면한 까닭이었다. 도시의 당국은 금전 보상을 지급해야 한다.

희생보상청구권과 마찬가지로 공용수용 및 수용적 침해 또한 적법한 행정작용에 근거한다. 그런데도 해당 개인은 여느 일반 대중을 위한 막대한 희생자로 등장하기 때문에 보상이 요구될 수 있다. 이와는 달리 수용 유사적 침해는 위법하다. 이것은 금전 보상이 아니라 사실상의 원상회복을 지향하는 결과제거청구권과 함께 공동으로 행사된다. 이로써 모든 불명확한 여지가 남김없이 제거되겠는가?

이어서 이제 1981년에 연방헌법재판소가 선고한 유명한 "**자갈채취판결**"이 등장한다. 누군가가 자갈채취업을 영위하고 있고, 지금보다 더 넓게 하상河上을 파게끔 허가를 신청했는데, 시 당국은 그것이 상수원 및 이와 결부된 급수給水를 위협한다며 No라고 답한다. 수자원법상으로 토지 소유자에는 상수원을 이용하거나 더럽히는 것이 원칙적으로 금지되고 있다.

따라서 자갈채취장의 소유주는 여기서 언제나 자기 소유의 설비가 다뤄지고 있기 때문에 보상을 요구한다. 이 보상 신청이 기각되고서, 그는 자신의 청구 자체는 적법하다고 밝히고 있는 지방법원에다 소송을 제기한다. 지방법원은 공공의 이익을 앞세우는 행정청의 허가 거부처분이 적법하지만, 재산의 사용을 위한 측면에서 그 결과가 비례에 맞지 않는다고 밝혔다. 따라서 이는 거부처분을 상대로 보상을 요구할 수 있는 수용적 침해라고 보았다. 지금껏 늘 이렇게 판결해왔다. 그런데 연방헌법재판소는 이 사안을 달리 바라봤다. 여기서는 두 가지 가능성만 존재한다는 것이다. 즉 수자원법상의 금지가 이른바 재산권의 내용 제한으로서, 즉 비례에 합당한 가벼운 제한이어서 언제나 수인해야만 하는 경우가 있다. 모든 재산 소유자는 기본법 제14조에서 규정되고 있듯이 처음부터 공공의 이익을 염두에 둬야만 하기 때문이다. 기본법 제14조 제1항과 제2항은 아래와 같이 규정하고 있다.

> 재산권과 상속권은 보장된다. 그 내용과 한계는 법률로 정한다. 재산은 의무를 갖는다. 그 사용은 동시에 공공복리에 기여해야 한다.

"그러면 그 어떤 보상도 존재할 수가 없다. 다만 이것이 재산권에 대한 중대한 제한이어서, 수용이라고 할 수 있는 경우는 다르다. 왜냐하면, 기본법 제14조 제3항이 요구하는 바와 같이 제한과 동시에 미리 보상을 규정하고 있지 않기 때문에" 위헌이라는 주장이다.

> 수용은 공공의 복리를 위해서만 허용된다. 수용은 보상의 유형과 외연을 정하고 있는 법률에 의해서 또는 법률에 근거해서만 허용된다.

"사안과 같은 경우에는 해당 금지처분을 상대로 방어해야 하고, 따라서 자갈채취장의 소유주는 시의 행정당국이 행한 금지 통고에 맞서서 법적인 조치, 즉 취소소송을 제기해야 한다. 왜냐하면, 위헌적인 법률에 근거해서 행해진 행정행위는 위법하기 때문이다. 그런데 청구인은 그렇게 하지 않았고, 따라서 금전으로 보상해줄 수 없다." 결국 그는 어떠한 보상도 받지 못한다.

1981년에 행해진 연방헌법재판소의 이 판결과 더불어서 연방통상법원 BGH이 그간 구축해온 구조물의 토대가 무너져버렸는데, 즉 수용적 침해 뿐만 아니라 다른 새로운 창작품인 수용유사적 침해가 그러하다. 그 이후로 이 폐허더미 위에 무엇이 남아있는지 그리고 무엇이 새로이 만들어져야 하는지를 두고서 논쟁이 불거져왔다. 최종적인 해결책에 대해서는 아직도 의견의 일치를 보지 못하고 있다. 수용적 침해가 더는 존재하지 않는다는 사실만큼은 확실하다. 수용유사적 침해와 관련해서는 여전히 일부 사례가 존재한다고 보는데, 단지 극히 일부의 사례에 국한된다. 왜냐하면, 여기서는 먼저 위법한 행정행위를 상대로 방어해야 하지, 그저 금전이 지급되어서는 아니 된다는 법리가 또한 적용되기 때문이다. 결국에는 보상의무 있는 내용 규정이라는 새로운 구성물이 등장한다. 이제는 공용수용이 아니라 단지 재산권에 관한 내용 규정이 다뤄지는데도 갑자기 다시 보상이 행해지게 된다. 자갈채취판결에서 선고되었던, 이것이 아니면 저것이라는 키에르케고르적인 완강함은 대문자 A나 B가 아니라 소문자 c를 가질 뿐이다. 보상의무 있는 공용수용과 보상이 없는 내용 규정 사이에서 그 한가운데에 놓여있는 극단적인 사례는 매우 드물다. 자갈채취는 여기에 해당하지 않는다. 하르트무트 마우러Hartmut Maurer 교수가 쓴 《일반행정법》교과서의 단락번호 제26번에서 이 모든 게 상술되어 있으니 참조하기 바란다. 그리고 다시 여기서 보상을 요구할 수 있는 세 가지 사례를 살펴보자. 이것들은 이전과는 다소 다르게 보인다.

1. 통상적인 공용수용
2. 보상의무 있는 내용 규정
3. 수용유사적 침해

수용유사적 침해와 더불어서 우리는 벌써 최후의 권리구제수단인 국가배상책임에 가까이 다가서 있다. 이 국가배상책임 또한 행정청의 위법한 활동 내지는 흠결 있는 결정을 전제하고 있다. 그러나 여기서는 고의故意 또는 과실過失이라는 공직자의 책임이 덧붙여져야 한다. 또는 이것을 달리 설명해보기로 하자. 1952년에 연방통상법원이 수용유사적 침해라는 걸 발굴해냈는데, 왜냐하면 이 같은 국가배상소송은 공직자의 책임이 존재하지 않거나 입증되지 못해서 대부분 좌절되기 때문이었다. 단지 침해의 위법성에 근거해서 손해배상이 주어질 수가 있다. 그리고 그 때문에 국가배상청구권이 더는 중요한 의미가 없다. 지금은 이 국가배상청구권이 꽤 복잡해져서 법학부의 교육과정에서는 여전히 중요한 역할을 떠맡고 있다.

그 근저에는 18세기부터 유래된 낡은 공무원책임이 놓여있다. 당시에는 공무원 자신이 의무를 위반하면 책임을 지게 되는데, 혼자서 책임을 부담한다. 절대주의적인 국가는 이와 관련해서 아무것도 행한 게 없다는 입장을 취해왔다. 공무원은 국가로부터 단지 의무에 합당하게 행위할 것을 위임받았을 뿐이라고 여겨졌다. 공무원이 무언가 부당하게 행위를 하게 되면, 이것은 해당 공무원 자신의 문제인 것이다. 따라서 오늘날 민법전 제839조 제1항은 여전히 아래와 같이 밝히고 있다.

> 공무원이 고의 또는 과실로 제삼자에 대해 부담하는 직무상의 의무를 위반한 때에는, 공무원은 제삼자에게 이로 인하여 발생하는 손해를 배상해야 한다.

당연히 오늘날에는 공무원 자신이 더 이상 책임을 부담하지는 않는다. 국가도 이를 배려하고서, 기본법 제34조에서 피해자에 대한 청구권을 넘겨받았다.

공무원이 자신에게 맡겨진 공직을 수행하는 중에 제삼자에 대해 부담하는 직무상의 의무를 위반하는 때에는 원칙적으로 해당 공무원이 복무하는 국가 또는 지방자치단체가 책임을 부담한다.

따라서 오늘날 국가배상책임은 기본법 제34조와 더불어서 민법전 제839조라는 두 개 법 조항의 결합으로부터 비롯하고 있다. 이는 다소 뜨악한 결합이다. 즉 국가가 책임을 진다. 그러나 공무원에 대한 낡은 개인적 청구권도 여전히 계속해서 살아남아 있는데, 사인私人인 해당 공무원이 행정법상의 결과제거를 도모할 권한이 없는 까닭에 그에게 단지 금전배상만을 요구할 수 있다고 인식되는 경우가 그러하다. 따라서 민법전 제839조나 기본법 제34조를 통해서는 어느 공무원이 공무상의 기능을 수행하면서 명예를 훼손하는 언행言行으로 다른 이에게 피해를 준 것에 대해 그 주장의 취소조차도 요구할 수가 없는데, 단지 금전 보상을 요구할 수 있을 따름이다.

공무원 자신은 더 이상 배상책임을 지지 않는다. 그가 고의나 중대한 과실로 행위를 한 예외적인 경우에만 그가 속해있는 행정청은 해당 시민에게 배상금으로 지급한 금액을 구상求償해주기를 그에게 요구할 수 있다. 이것이 기본법 제34조 제2문이 의미하는 바이다.

고의나 중대한 과실이 있는 경우에는 구상권이 유보되어 남아있다.

따라서 이해관계인 셋, 즉 시민, 행정청과 공무원의 관계 속에서 최대 두 번의 배상청구권이 존재하게 되는데, 그러나 대부분은 단지 한 번만, 즉 시민과 행정청 사이에서의 배상청구권이 존재한다.

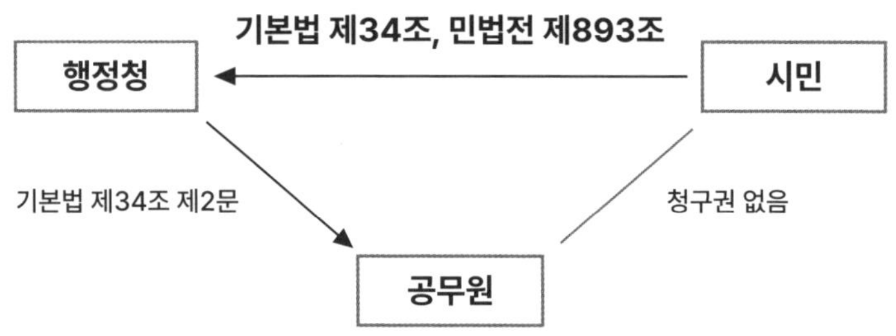

행정을 상대로 하는 손해배상청구

또한, 지난 18세기의 오래된 좋았던 시절로부터 이른바 "보충성 규정"으로 불리는 민법전 제839조 제1항 제2문의 규정이 유래되었다.

> 공무원이 단지 과실을 범한 데에 그치고, 피해자가 다른 방법으로는 배상을 받을 수 없는 경우에만 공무원에 대하여 배상이 청구될 수 있다.

위 조항이 갖는 의미는 개별 공무원을 보호하려는 데에 있었다. 만약 경찰관이 스스로 비용을 지불해야 하는 경우에도 지불할 다른 누군가가 있다면 공무원은 책임을 면한다. 즉 경찰관이 아무런 행동을 하지 않고서 누군가의 폭행을 그저 지켜보기만 하는 실수를 범했더라도 비용을 지불할 의무가 없는데, 부상당한 사람은 가해자에게 보상을 요구할 수 있기 때문이다. 오늘날 위 조항은 그 의미를 상실했는데, 이것이 이제는 더 이상 개별 공무원이 아니라 행정청에 유리한 조항이기 때문이다. 그런데도 위 조항은 여전히 늘 적용되고 있다. 물론 연방통상법원이 최근에 위 조항을 다소 제한하는 쪽으로 판례를 변경하기는 했다. 피해자가 보험회사를 상대로 청구권을 갖는 경우라도 이제는 이 청구권이 국가를 면책하지는 않는다.

그러나 국가배상책임의 의미에서 민법전 제839조와 기본법 제34조의 결합은 기본법 제34조에서 규정하고 있는 바와 같이 공무원이 "그에게 맡겨진 공직을 수행하면서" 행위를 한 경우에만 적용된다. 즉 행정이 활동하는 두 가지 유형이 구별된다. 행정은 공법적公法的으로 그리고 사법적私法的으로도 활동할 수가 있다. 예컨대 행정청이 단지 필요한 사무용품을 구매하고 공용차량을 마련하거나, 사기업에 건축 관련 일감을 맡기는 경우에 행정은 사법적私法的으로 활동하고 있다. 그렇다면 이 경우에는 18세기에서와같이 해당 공직담당자 자신의 책임만 남는다. 만일 사법상私法上으로 다른 결과가 나온다면 그렇지가 않다. 그렇지만 기본법 제34조는 적용되지 않는다. 이로써 우리는 행정법 교과서에서 늘 처음에 다뤄지는 주제로 접어든다. 언제 행정이 공법적으로 그리고 사법적으로 활동하는가? 이것은 공법公法과 사법私法 간의 구별에 관한 문제이기도 하다.

수직적 행정에서 수평적 행정으로

이것 또한 실로 오래된 물음이다. 거의 2천 년 전에 저술한 책에서 로마의 유명한 법률가인 울피아누스Ulpianus의 잘 알려진 문장이 책의 앞부분에 놓여있다(《학설휘찬》 제1권 제1장 제1단락 §2). 이 문장은 늘 거듭해서 인용되곤 한다. 거의 모든 세대의 법률가들이 이를 배워왔다.

"Publicum ius est quod ad statum rei Romanae spectat, privatum quod ad singulorum utilitatem. Sunt enim quaedam publice utilia, quaedam privatum Publicum ius in sacris, in sacerdotibus, in magistratibus consisit."

("공법公法은 로마의 국가제도와 관계하고, 사법私法은 개인의 이익들에 관여한다. 즉 일부는 공적인 이익에 그리고 일부는 사적인 이익에 기여한다. 희생제례, 사제와 공직자에 관한 규정은 공법에 속한다.")

이것이 이른바 "이익이론"이다. 공법은 공적인 이익 속에서 처리되는 모든 규정이다. 사법은 개개인의 이익에 기여하는 것들이다. 다만 문제는 그 무언가가 한 시민사회에서 더는 올바로 구별되지 않는다는 데에 있다. 즉 "제네럴 모터스에 좋은 것이 미국에도 좋다"What's good for General Motors is good for America. 행정법 역시도 또한 개인의 법익보호가 우선이다. 계약 및 재산의 자유와 함께 하는 우리네 사법私法은 자유롭고 민주적인 기본 질서의 토대이다. 그래서 어찌 되는가?

따라서 19세기 이후로는 "종속관계이론"이 존재하고 있다. 종속관계는 하위질서를 뜻한다. 하위질서가 존재하는 곳에는 또한 상위질서가 존재하기 마련이다. 그러므로 또한 "상·하위질서이론"으로도 불린다. 이에 따르면 공법은 이전에 황제의 승계자, 국왕, 영주로서의 국가가 시민들보다도 더 높은 존재로 대립해 있는 영역이다. 우리 백성은 복종적인 신민臣民인 셈이다. 이와는 달리 사법私法은 대등한 질서의 법이다. 시민들 서로는 자유롭고 평등한 존재다. 시민들 상호 간에 상·하위의 질서가 마땅히 존재하더라도 말이다. 어느 시점부터는 이 이론이 자유롭고 민주적인 질서의 톱니바퀴에 더는 맞지 않게 되었고, 점차 고권적 행위로 옮겨갔다.

이미 아데나워 총리 시절에 고안되었는데, 1970년대에 연방공화국(서독)이 지닌 매력에 더욱더 잘 들어맞는 다른 이론이 마련되기 시작했다. 즉 "특별법이론"이 그것이다. 이 이론은 오늘날 대다수의 추종자를 갖고 있다. 더 이상 낭패스러운 상·하위의 질서가 아니라 그저 특별함이 다뤄지고 있다는 주장이다. 이에 따르면 국가를 특별법상의 존재로 자리매김 하는 모든 규정이 공법에 속하는데, 사법과 같이 모든 사람에게 적용되지는 않는다. 국가가 특별한 기구로서 특별한 규정에 따라서 행위를 하는지 아닌지가 이제는 사안마다 다르고, 국가는 공법적으로 또는 모든 이에게 적용되는 일반적인 법률에 따라서 활동한다. 그리고 사법적으로 활동하기도 한다. 이 이론이 논리적으로 아무런 흠결이 없다고 곧바로 말할 수는 없다. 그러나 이것이 무얼 말하는지 그리고 나름 만족스럽다는 걸 사람들은 어렴풋하게나마 알고들 있다. 국가가 더는 수직적으로 시민들의 위에 서서 군림하지 않고, 수평적으로 시민들의 곁에 서 있다. 각자가 자신의 영역을 갖는다. 때로 행정은 여느 시민들과 같은 조건으로 가까이에 있는 문구점에서 종이 클립을 구매한다. 즉 사법私法적이다. 때로 국가는 여느 다른 옴니버스 사업자들과 마찬가지로 옴니버스 노선을 운영한다. 또한, 사법적이다. 그리고 축산업자에게 돼지사육을 금지하듯이 국가는 더욱더 자주 특별법에 따라서 활동한다. 여느 일반시민들은 이렇게 할 수가 없다. 일반시민에게는 악취가 심한 까닭에 돼지를 사육하고 있는 이웃 주민더러 사육을 그만두라는 말만이 허용될 뿐이다. 따라서 공법, 행정법은 무언가 특별한 법이다.

[참고문헌]

Zur Geschichte: Uwe Wesel, Geschichte des Rechts, 4. Aufl. 2014, Rdz. 279. Ausführlich und vorzüglich: Michael Stolleis, Geschichte des öffentlichen Rechts in Deutschland, 2. Band, 1992. Allgemein: Ein vorzügliches Buch ist das von Harmut Maurer/Christian Waldhoff, Allgemeines Verwaltungsrecht, 20. Aufl. 2020. Hier sind alle Einzelheiten ausführlich beschrieben, die in diesem Kapitel nur angedeutet werden konnten, also vom Verwaltungsakt, der Eingriffs- und Leistungsverwaltung, das informelle Verwaltungshandeln bis zu den Schadensersatzansprüchen und der Abgrenzung von öffentlichem und privatem Recht. Zum informellen Verwaltungshandeln zuletzt ausführlicher: Michael Fehling, Informelles Verwaltungshandeln, in: Wolfgang Hoffmann-Riem/Eberhard Schmidt-Aßmann/Andreas Voßkuhle (Hg.), Grundlagen des Verwaltungsrechts, 2. Band, 2. Aufl. 2012, S. 1457ff.; Eberhard Bohne, Der informale Rechtsstaat, 1981. Die Deregulierung behandelt Maurer nicht, zu ihr: umfassend Rolf Stürner, Markt und Wettbewerb über alles? Gesellschaft und Recht im Fokus naler Marktideologie, 2007; Arnold Picot (Hg.), 10 Jahre wettbewerbsorientierte Regulierung von Netzindustrien in Deutschland, 2008; zum Wassermarkt: Hubert Bardt, Wettbewerb im Wassermarkt, 2006. Zur Verwaltungsgerichtsordnung, also zum Verfahren vor den Verwaltungsgerichten: Friedhelm Hufen, Verwaltungsprozessrecht, 10. Aufl. 2016. Die wichtigsten Bereiche des besonderenVerwaltungsrechts sind behandelt im Sammelwerk: Friederich Schoch (Hg.), Besonderes Verwaltungsrecht, 2018. Zum Umweltrecht: Reiner Schmidt/Wolfgang Kahl, Umweltrecht, 10. Aufl. 2017; Michael Kloepfer, Umweltschutzrecht, 2.Auflage 2011.

Datenschutz

제8장
정보보호

디지털 혁명

디지털 혁명과 함께 정보보호를 위한 법적 규정들이 필수적이게끔 되었다. 이 디지털 혁명은 콘라트 추제Konrad Zuse와* 여느 다른 이들의 개발 성과의 도움으로 1943년 제2차 세계대전 중에 영국에서 거대한 컴퓨터 및 계산기와 함께 군사적인 이유에서 시작되었다. 이 거대한 컴퓨터는 무수히 많은 진공관으로 작동되는데, 런던 인근의 블레츨리Bletchley 공원에 소재하는 스파이센터에서 앨런 튜링Alan Turing에 의해서 만들어졌고, 데이터 보호와는 정반대의 목적에 기여했다. 영국인들은 이 컴퓨터로 독일 측의 군사 무선통신 암호를 해독해냈고, 이로써 독일을 상대로 승리하기 위한 시간을 결정적으로 단축하여 수백만 명 시민들의 생명을 구해냈다. 달리 말하자면, 독일 군대의 암호화된 데이터 보호가 제거된 셈이었다.

이 같은 디지털 기술은 전후에 미국에서 계속해서 발전하였고, 그 사이에 컴퓨터가 실리콘 소재의 트랜지스터로 작동되고, 이로써 지속적으로 크기가 작아지고, 연산속도 또한 더욱 빨라졌다. 처음에는 군사적인 이유에서 계속해서 개발되어갔지만, 이제는 데이터 보호라는 목적을 또한 갖게 되었다. 그러나 이를 위해 그 어떤 법적인 규정들을 필요로 하

---

*콘라트 에른스트 오토 추제는 독일의 토목 기사, 발명가, 그리고 기업가Zuse KG였다. 추제는 1941년 Z3를 개발하여 부동 소수점 연산으로 동작하는 최초의 기능적이고 완전 자동이며 프로그램 제어 및 자유 프로그래밍이 가능한 컴퓨터를 제작했으며, 이로써 세계 최초의 기능적 컴퓨터가 탄생했다.

지 않았다. 동·서 진영 간의 냉전 중에 우주 비행을 둘러싼 경쟁국면이 재차 불거졌다. 1969년 미국인들에게는 달에 자국의 우주비행사들이 두 발을 디딘 지금껏 최초의 그리고 유일한 나라로 기록되는 큰 성취가 있었다. 이 같은 성공은 수천 대의 컴퓨터가 동원되지 않고서는 불가능했다고 짐작된다.

1970년대에 당시 서독에도 이미 중급 규모의 계산기가 운용되고 있었는데, 맨 먼저 연방범죄수사청에서 도입했다. 1977년에 미국을 벤치마킹해서 「연방데이터보호법」이 제정되고, 1983년에는 「인구조사법」에 대한 연방헌법재판소의 판결과 더불어서 데이터 보호를 위해 처음으로 큰 획이 그어졌다. 수백만 명의 시민들이 긴장하면서 이 판결을 기다렸다.

인구조사법 판결(BVerfGE 65, 1)

연방헌법재판소가 행한 이 판결은 격하게 칭송되었는데, 또한 새로운 기본권으로도 정당화되었다. 해당 법률은 새로이 구성된 "개인정보자기결정권" 앞에서 좌절되었다. 이에 대해 판결문은 아래와 같이 밝히고 있다.

"많은 데이터가 처리되고 있는 현대의 여러 조건에서 개인에 관한 데이터들이 제한 없이 조사, 저장, 이용 및 전파되는 데에 맞서서 개개인을 보호하는 것은 기본법GG 제1조 제1항과 결합해서 기본법 제2조 제1항의 일반적 인격권이 포괄하고 있는 바이다. 이러한 한에서 이 기본권은 원칙적으로 개개인에게 자신의 개인적인 데이터의 공개와 적용을 스스로 결정케 하는 권능을 보장한다. 이 같은 개인정보자기결정권에 대한 제한은 단지 압도적인 공익 아래에서만 허용된다. […]"

이로써 연방헌법재판소는 기본법 제2조의 일반적 자유권 및 기본법 제1조의 인간의 존엄성과 더불어서 하나의 새로운 기본권을 구성해냈다. 헌법학 교수들은 이것이 법원의 권한 범위를 넘어서는 거라며 비판했다. 그러나 헌법재판관들은 자신들의 입장을 그대로 고수했다. 이 기본권은 대중들에게서뿐만 아니라 또한 헌법에서도 중심개념이 되었다. 그 당시는 그 누구도 지금껏 인지해온 디지털 혁명이라는 지속적인 축복 속에서 이 모든 게 우리에게 어떻게 다가올지에 대해 전혀 예감하지 못했었다. 즉 PC로 불리는 개인용 컴퓨터, 인터넷, Google과 같은 검색엔진, Wikipedia와 같은 슈퍼백과사전, 전자상거래 그리고 호주머니 속의 작은 계산기, 독일에서는 Handy로 부르는 휴대용전화기, 앨런 튜링이 만든 것에 비하자면 크기가 엄청나게 작지만, 성능은 수백만 배나 더 강력해진 컴퓨터 등이 그러하다. 비로소 2007년에 Apple 회사가 시장에 처음 내놓은 기술상의 놀라운 걸작품에* 대해서도 개인정보자기결정권이라는 일반적인 기본권을 위한 보완책으로 2008년에 PC 및 Notebook과 같은 모든 사적인 계산기를 위한 두 번째의 특별한 기본권이 등장했다.

컴퓨터 기본권(BVerfGE 120, 274)

2006년에 노르트라인-베스트팔렌에서 「란트헌법수호청법」이 제정되었는데, 독일에서는 최초로 이른바 트로이의 목마와 같이 컴퓨터 검색에 관한 규정이 삽입되었다. 이 트로이의 목마는 타인의 컴퓨터 안에 몰래 침입해서는 전체 내용을 검색할 수 있는 프로그램이다. 트로이의 목마는 트로이 전쟁에 관한 그리스 신화에서 그리스인들이 속임수를 써서 침입한 데서 그 이름이 붙여졌다. 그리스인들이 평화의 징표로 성문 앞에다 거대

---

*iPhone(아이폰)을 뜻한다.

한 목마를 남겨뒀지만, 그 안에는 정복자들의 공격부대가 숨겨져 있었다. 성벽을 방어해온 트로이 사람들은 이 목마를 성안으로 끌고 왔고, 이후에 목마가 열리고서는 공격부대가 돌진했으며, 이로써 트로이는 그리스인들에 의해 정복되고 말았다.

노르트라인-베스트팔렌에서는 이 같은 컴퓨터 검색이 가택 수색과 하등 다를 바가 없다고 생각했는데, 형사소송법 제102조에 따른 가택 수색은 증거를 찾을 수 있다고 짐작되는 경우에 또한 비밀리에 명령될 수가 있다. 이해관계를 갖는 당사자들이 헌법소원을 제기했고, 연방헌법재판소의 재판관들은 이것이 또한 컴퓨터 기본권으로도 불리는 "정보기술적인 시스템의 신뢰성과 통합성의 보장에 관한 기본권"에 대한 침해여서 위헌이라고 판결했다. 이는 "개인정보자기결정"에 관한 일반적인 기본권과 마찬가지로 독자적인 기본권이고, 기본법의 같은 조항들에서 도출된다고 보았다. 즉 앞서 언급한 바와 같이 기본법 제1조 및 제2조로부터 말이다. 왜냐하면, 정보기술적인 시스템의 점증하는 보급 및 네트워크화가 개인이 자신의 인격을 펼칠 수 있는 새로운 가능성 이외에도 인격에 대한 새로운 위협을 또한 근거 짓고 있기 때문이다. 특히나 PC의 경우에 이용자의 인격에 관한 광범위한 귀납적 추론에서부터 구체적인 프로필 구성까지 가능케 하는 개인적인 관계들에 관한 데이터뿐만 아니라 더 나아가서 내밀한 영역까지도 포함하고 있다. 그러므로 헌법수호청에 의한 비밀스러운 컴퓨터 침입은 단지 제한적으로만 허용되는데, 즉 신체, 생명과 개인의 자유 또는 국가의 존립과 같은 압도적으로 중요한 법익에 대한 구체적인 위험이라는 실제의 준거점이 있는 경우에만 그러하다. 그밖에도 헌법수호청이 단독으로는 활동할 수 없고, 법원에 의한 허가가 필요하다.

이보다 앞서서 8년 전인 1998년 당시 헬무트 콜Helmut Kohl 총리가 주도하는 가운데 이미 유사한 입법 시도가 한 번 있었다. 이것은 대규모의 감청 또는 공식적으로는 "주거에 대한 음향적 감시"로 불리는 조치였다. 연방의회와 연방참사원에서 각각 2/3 의 다수결로 주거의 불가침성을 보장하는 기본법 제13조에 네 개의 새로운 조항들이 삽입되었다. 이 규정들은 오늘날까지도 여전히 그대로 남아있다. 나머지 세부적인 사항들은 형사소송법에서 규정되었다. 명목상으로는 이 모든 게 조직범죄를 추적하기 위해서는 무조건적으로 필요한 조치였고, 이에 큰 비용이 소요되었다. 거주자나 그 이웃의 생활습관을 탐문하면서 해당 거주지 안으로 아무런 흔적을 남기지 않은 채로 몰래 침입할 준비가 되어있었다. 그리고서 "소형 도청기"를 설치하거나, 추후에 이를 다시 회수하고, 숨겨진 발신용 녹취 마이크로폰과 인근에 수신기가 필요했다. 이를 위해서는 50~60명의 경찰 인력이 필요했다. 그래서 이는 단지 극히 소수의 사례에서만 실행되었고, 절반 이상의 성공을 거두질 못했다. 프랑크푸르트의 한 주택에서 공무원들이 마약 거래에 관한 대화가 아니라 밤중에 2~3분 동안에 단지 사랑의 속삭임과 성행위 중에 내지르는 교성嬌聲을 엿들었을 뿐이었다. 2004년에 연방헌법재판소는 아래의 판결을 선고했다.

대규모 감청 판결(BVerfGE 109, 272)

전직 연방의회 부의장, 전직 연방내무장관 및 전직 연방법무장관이 공동으로 헌법소원심판을 청구했다. 연방헌법재판소는 기본법 제13조 상의 보완조치가 기본법 제1조의 인간의 존엄성 보장과 합치하지만, 주거에 대한 감청 실시에 관한 형사소송법의 규정과는 합치하지 않는다고 결정했다. 왜냐하면, 침해가 허용되지 않는 "절대적으로 보호되는 사적인 생활 형성의 핵심영역"이 존재하기 때문이라고 밝혔다. 그러므로 이를 보장하기 위해서는 보다 정확한 규정들이 적용돼야 한다고 보았다. "해당 조치로 인해서 인간의 존엄성이 침해되는 지점이 존재하는 상황에서는 해당 감청은 처음부터 멈춰야만 한다." 따라서 감청을 중단하고서, 해당 설비는 제거되어야 한다. 이 같은 핵심영역에는 가족들, 가까운 지인 및 친구와의 대화 및 변호사, 사제 또는 의사와의 대화가 속한다. 이밖에도 헌법재판관들은 형사소송법에서 감청에 대해 언급하고 있는 구성요건을 상당히 축소했다. 이 결정과 더불어서 감청에는 더욱 고비용이 소요되게 되었다. 녹취시설을 동원해서 온종일 지속하는 감청은 더는 행해지지 않는다. 수신 설비와 관련해서는 해당 공무원이 감청을 즉각 중단하기 위해 핵심영역이 관련되지는 않는지 여부를 늘 조심하고 검토해야 한다. 이로써 대규모 감청은 이제 매우 작은 규모가 되었다.

예비데이터의 저장(BVerfGE 125, 260)

예비데이터의 저장도 이와 흡사하다. 이에 관한 논의가 2002년 유럽연합 내부에서 시작되었는데, 미국에서 2001년 9월 11일에 테러 공격이 있고 난 직후였다. 많은 이들은 전화통화가 사전에 일반적으로 그리고 대량적으로 감청되었더라면, 테러 공격이 저지될 수 있었을 것으로 생각했다. 즉 예비데이터의 저장은 특정인에 대한 특정 의혹과는 무관하게 "별다른 계기 없이" 예컨대 Telekom, Vodafon 또는 O2와 같은 통신회사들의 모든 데이터가 저장되는 것을 뜻한다. 여기에는 전화통화뿐만 아니라 문자메시지와 E-메일도 포함되는데, 원칙적으로는 이른바 메타데이터와 같은 기술적인 데이터에만 해당한다. 따라서 누가 언제 누구와 통화하는지 또는 타인에게 문자메시지나 E-메일을 보내는지가 확인된다. 특정인을 일주일 또는 한 달 내내 추적할 수 있다면, 이로써 별 어려움 없이 개인적인 프로필을 확인하거나, 범죄나 테러행위의 실행이나 계획에 관한 정보를 얻을 법도 하다. 물론 이 같은 데이터 저장이 누구에게라도 해당한다는 게 화나기는 한다. 우리 중에 누구라도 잠재적인 범죄자 또는 테러리스트가 되는 셈이다.

이에 대해 유럽연합 내부에서 수년에 걸친 찬반 토론 끝에 관련 지침을 마련하는 데에 성공했다. 이 지침은 회원국들에게 최소 1년 그리고 최대 3년까지 통신데이터를 저장할 수 있는 통일적인 국내 규정의 제정을 의무 지웠다. 그 계기가 바로 2005년 런던에서 있었던 이슬람 측의 자살테러 공격인데, 이로써 지하철과 시내버스에서 52명이 사망하고, 700여 명이 부상당했다. 이 지침은 2006년부터 발효되었다.

이에 대해 독일연방의회는 통신 감시에 관한 새로운 규정을 위한 법률을 제정했는데, 2008년부터 발효되었다. 해당 법률은 유럽연합의 지침이 정하는 범주에 전적으로 부합하지는 않았다. 즉 전화, 휴대폰 및 E-메일의 서비스제공자는 "별다른 계기가 없이도" 자신들이 가진 데이터를 6개월에서 최대 7개월까지 저장해야 하고, 연방범죄수사청, 연방헌법수호청과 범죄수사경찰이 요구하는 경우에 해당 데이터를 제공하게 된다. 범죄사건의 추적, 공공의 안녕에 대한 위협으로부터의 방어 등등의 이유로 말이다. 이 법률은 앙겔라 메르켈Angela Merkel이 연방총리를 맡고 나서 기민당/기사당 및 사민당 간의 제1차 대연정 시기에 제정되었다.

이에 대해 많은 항의시위가 벌어졌고, 여러 소포 뭉치에 담긴 채로 거의 3만 5천 명이 함께하는 대규모의 헌법소원이 제기되었다. 이와 더불어서 Bündnis 90/Die Grünen(녹색당) 교섭단체에 속하는 연방의회의원들도 헌법소원심판과 권한쟁의심판을 청구했다. 2010년에 관련 사건들에 대한 연방헌법재판소의 판결이 선고되었다. 연방헌법재판소는 관련 행정청 측에 예견되는 추후의 제공 가능성과 결부되어있는 가운데 사기업들이 별다른 계기가 없이도 데이터를 저장하는 것은 개인정보자기결정에 관한 일반적인 기본권에 우선하는 특별한 규정으로서 기본법 제10조 제1항에서 서신, 우편 및 전신의 비밀을 보장하는 기본권에 대한 중대한 침

해로 보았다. 왜냐하면, 대량으로 저장된 메타데이터로부터 많게는 개인
적인 프로필에서 심지어 내밀 영역까지도 들여다볼 수 있기 때문이다. 이
러한 까닭에 해당 법률이 위헌이라고 밝혔다. 또한, 여러 사기업에 의해
서 저장된 데이터들에 대해서는 보다 높은 보안수준이 충족되어야만 하
는데, 관련 당사자에게 추후 통지를 가능케 하는 투명성이 결여되어 있다
고 판단했다. 게다가 단지 중대한 범죄행위에 관한 충분한 의혹만으로도
데이터 소환이 정당화될 수가 있는데, 즉 단지 "개인의 신체, 생명 및 자유
에 대한 위험, 연방과 란트의 안전 또는 일반적인 위험의 예방"이 있는 경
우에만 그러하다고 밝혔다.

정보보호기본법

그렇다면 그 결과는 어찌 되었는가? 십수 년 동안 연방헌법재판소는 국
가의 침입에 맞서서 나름의 장벽을 세워서 시민들의 데이터(개인정보)를 성
공적으로 보호해왔다. 그러나 일상의 디지털화 및 국제화는 계속해서 가
속화되고 있다. 독일의 국내 법원과 국내 법률을 통한 보호만으로는 더 이
상 충분하지가 않기 때문에 초국가적인 기구가 도움을 줘야 한다. 유럽연
합과 더불어서 이 기구가 만들어졌고, 해당 기구는 2016년에 「정보보호기
본법」(약칭 DS-GVO)을 제정했으며, 이 법률은 2018년부터 발효되었다. 따
라서 이제는 윤곽규정인 지침이 아니라 모든 회원국에 적용되는 법에 해
당하는 규정이 제정되었다. 가장 중요한 규정은 동법 제3조 제2항의 시장
기준원칙Marktortprinzip이다.

> 이 규정은 유럽연합 내에 거주하지 않는 책임자 또는 그 위임에 따라서
> 일하는 자에 의해서, 유럽연합 내에 거주하고 있는 해당 개인의 인격과
> 관련되는 데이터를 다루는 데에 적용되는데, 아래와 같은 관련성이 존재

유럽연합 내에서의 언어적 다양성에 따른 전형적인 산물인 셈이다. 공식적인 텍스트는 될 수 있으면 통일적으로 구성되어야 마땅한데, 그리고서도 독일의 법률가들 사이에서도 쉽사리 해독되지 않는 알아듣기 힘든 문장을 이리저리 비교해보곤 한다. 위 제2항은 독일어로는 다음과 같은 의미다. 유럽연합 내에 주소를 두고 있지 않은 누군가가 유럽연합 내에서 한 기업과 특정한 사업에 합의한다면, 정보보호에 대한 침해가 있는 경우에 그를 상대로 법적인 조치를 취할 수 있다. 예를 들어보자. 미국 캘리포니아의 실리콘 밸리에 소재하는 XY라는 회사가 유럽 내에 지사를 두고 있지 않으면서도 인터넷상으로 유럽연합 내에 체류하고 있는 누군가에게 무언가를 판매한다. 해당 회사가 유럽연합을 자신의 시장으로 이용하고 있으므로 사람들은 이 원칙을 "시장기준원칙"이라고 부른다. 그리고 그 누군가는 이 원칙을 어떻게 관철해낼 수 있을까? 이에 대해서는 정보보호기본법 제77조에서 보다 상세하게 규율하고 있다.

이는 권리 주장의 부담을 경감시킨다. 해당 감독행정청은 자신을 크라이스Kreis, 시市, 란트 및 연방 차원에서 "IT보안과 정보보호를 위한 수임인"으로 파악하고 있으며, 이에 대해서는 정보보호기본법과 병행해서 제정된 새로운 「연방정보보호법」에서 세부사항들을 정하고 있다. 해당 개인이 청구하는 소송과는 별도로 감독행정청은 정보보호기본법 제83조에 따라서 또한 과징금을 명령할 수 있다. 그리고 이 정보보호기본법이 발효되기 전에 이미 룩셈부르크에 소재하는 유럽사법재판소는 미국의 거대 기업을 상대로 첫 번째 판결을 선고한 바가 있는데, 이 판결은 유럽공동체가 연방헌법재판소를 보완하고 있는 역할이 얼마나 중요한지를 잘 보여준다.

Google 사건(EuGH, NJW 2014, 2257)

Mario Costeja González는 스페인 국적의 변호사이다. 정보보호를 위한 스페인의 행정청인 Agencia Espanola de Proteccion de Datos (AEPD) 측이 그에게 어느 사건을 살펴봐 주기를 위임했는데, 미국의 거대 검색엔진 운영회사인 Google이 자신에 관한 기사 링크를 인터넷상에서 금지해 달라는 내용이었다. 해당 기사의 내용은 사실인데, 18년 전에 해당 기구에 속하는 토지가 사회보험료 체납으로 인해 경매처분 되었다고 보도하는 내용이었다. 즉 당시의 신문기사였다.

AEPD는 Google이 검색엔진 운영자로서 유럽연합 지침 95/46/EG의 의미에서 책임 주체이고, 이러한 까닭에 Costeja González 변호사가 지침 제12와 제14조에 따라서 Google 측에 해당 링크를 제거할 것을 요구할 수 있는 권리가 있다고 지적했다. 이러한 권리가 또한 유럽연합 기본권헌장 제7조와 제8조로부터도 도출되는데, 동 규정에 따르면 누구나 자신의 사생활을 존중받을 권리와 독립적인 기구(여기서는 AEPD 등등)를 통해서 감시되고 있는 상응하는 정보의 보호에 관한 권리를 갖는다.

Google 측이 AEPD의 요구에 따르기를 거부하자, AEPD는 Google을 상대로 관할 고등법원으로 마드리드Madrid에 소재하는 스페인국가고등법원Audiencia National de Espana에 소송을 제기했다. 동 법원은 이 사건을 AEUV 제267조에 따라서 룩셈부르크에 소재하는 유럽사법재판소에 해당 규정의 해석에 관한 선행결정을 구했다. 유럽사법재판소는 2014년 5월 13일에 판결을 선고했다.

유럽사법재판소는 Google이 검색엔진의 운영자로서 지침 95/46/EG 제2조에 따라서 인격연관적인 정보의 처리에 있어서 책임이 있으며, 단지 수동적인 중개자는 아니라고 판결했다. 왜냐하면, 위 지침 제4조에 따르면 Google은 이 같은 정보의 처리와 또한 광고 지면의 판매를 위해서 스페인에다 자회사를 설립했기 때문이다. 그러므로 Costeja González 변호사가 기본권헌장 제7조 및 제8조와 결합하는 가운데 지침 제12조 및 제14조에 따라서 Google 측에 해당 링크의 삭제를 요구하는 게 정당하다고 보았다. 왜냐하면, 이 사안에서 그의 기본권은 Google의 경제적인 이익 및 정보공개의 권리에 비해 더 중대한데, 이는 Costeja González 변호사가 밝힌 바와 같이 해당 링크의 게시로 인해 그에게 손해가 발생했는지 여부와는 무관하다고 보았다. 그리고 기본권에 대한 이 같은 제한이 단지 특별한 사유로만 허용되는데, 예컨대 해당 개인이 공적인 생활에서 중요한 역할을 하는 경우가 그러하다. 그러나 이러한 사정이 여기서는 존재하지 않는다고 보았다.

스페인에서 Google을 상대로 적용된 것이 이제는 또한 유럽연합 내 다른 국가들의 모든 시민의 권리이기도 하고, Amazon, Facebook 또는 Yahoo와 같은 다른 IT 거대 기업들에도 또한 마찬가지다.

요약 및 결론

19세기의 산업혁명과 마찬가지로 20세기의 디지털 혁명 역시도 생활의 질적 수준과 새로운 복지의 향상을 가져왔지만, 부정적인 결과 또한 지니고 있다. 즉 이 같은 부정적인 결과가 19세기에는 노동자들이 처한 사회적 곤경이었고, 20세기와 21세기에는 정보의 과잉과 독점으로 인해 거울처럼 투명하게 일상의 모든 게 드러나는 인간이 생겨나는 모습이다. 특히나 2020년 이후의 코로나 팬데믹 국면에서 미국의 거대 기업인 Amazon과 Facebook 및 Yahoo(Yahoo는 경영난으로 인해 유럽에서 소규모 회사를 운영하고 있음)가 엄청난 수익과 더불어서 압도적인 시장지배력을 분명하게 드러냈다. 여기서 국제거래법, 경쟁법과 조세법 영역에서 더 많은 규율이 필요한데, 이들 사적인 거대 기업들로부터 개인을 보다 낫게 보호하기 위해서라도 그러하다.

[참고문헌]

Christina-Maria Leeb / Johannes Liebhaber, Grundlagen des Datenschutzrechts, JuS 2018, 534 ff.; Peter Schantz, Die Datenschutz-Grundverordnung- Beginn einer neuen Zeitrechnung im Datenschutzrecht, NJW 2016,1841 ff.; Peter Gola/ Christoph Klug, Die Entwicklung des Datenschutzrechts, NJW 2020, 2774 ff.; Thomas Hoeren, Inernetrecht, 3. Aufl. 2018 (Lehrbuch);Peter Gola, DS-GVO, 2. Aufl. 2018 (Kommentar); Peter Gola/Dirk Heckmann, Bundesdatenschutzgesetz, 13. Aufl. 2019 (Kommentar).

Außerdem noch

제9장

그 밖의 여러 법

이상의 내용이 법에서 가장 중요한 부분과 이를 보완하는 것들인데, 헌법, 국가법, 유럽법, 민사법, 노동법, 사회적인 임대차법, 형법, 행정법 및 정보보호법이 그러하다.

가장 오래된 것은 2천 년 전에 고대 로마에서 생겨난 우리네 사법私法이다. 사법상의 여러 개념과 더불어서 우리의 전체 법이 결정적으로 형성되고 각인되어왔다. 중세의 전성기에 형법이 학문으로서 이에 덧붙여졌고, 볼로냐 학파를 주도했던 로마법 법률가들과 구舊 독일제국의 형법전으로서 1532년에 제정된 카롤리나 형법전으로부터도 영향을 받아왔다. 그리고서 백 년이 지난 17세기에 제국의 공법학에서 국가법이 생겨났는데, 이것은 절대주의 국가의 산물이고, 이로부터 또한 특히 19세기의 국가법과 행정법이 비롯되었다. 그리고 이 두 법은 국가에 맞서는 시민들의 권리로서 부르주아 시민사회의 전형적인 창조물이기도 하다. 이 국가는 법치국가로서 국민이 이제는 당당한 시민市民이지, 더 이상 복종적인 신민臣民으로 취급될 수가 없게 되었다. 그러나 오늘날 모든 시민이 그런 것은 결코 아니다. 그렇다면 그 밖에 또 무엇이 남아있는가?

법원조직법과 소송법

지금껏 단지 소송법만 강조되어왔을 뿐이지 법원의 구성과 조직을 규율하는 법원조직법에 대해서는 거의 언급이 없었다. 즉, 사법司法의 여러 상이한 법원과 심급, 민·형사재판을 관할하는 통상법원, 노동법원, 행정법원 등에 대해서 말이다. 얼마나 많은 법원이 존재하는가? 각 법원에 얼마나 많은 법관이 있는가? 이들 법관은 언제 재판을 관할하는가?

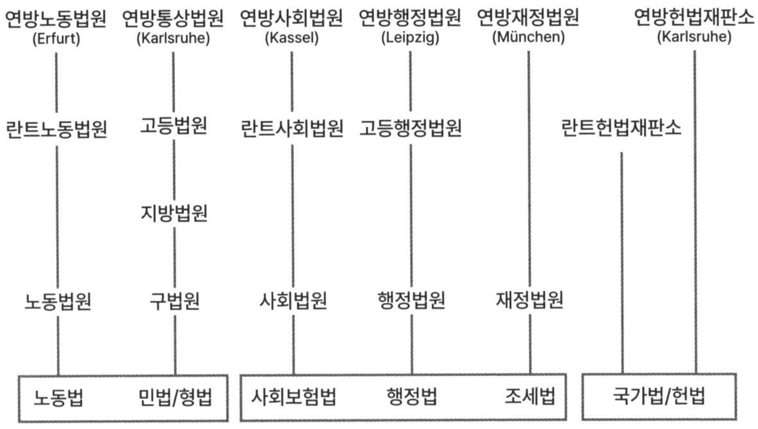

독일연방공화국의 여러 법 영역과 관할 법원들

　각 영역마다 고유한 소송법이 마련되어있다. 즉 「민사소송법」, 「형사소송법」, 「행정법원법」, 「노동법원법」, 「사회법원법」, 「재정법원법」 및 「연방헌법재판소법」이 그러하다. 이들 소송법은 개별 소송의 경과를 규율하고 있다. 어떻게 소송을 제기하는지, 어떤 기한을 준수해야 하는지, 증거는 어떻게 입증되는지, 판결에 불복하면서 항소나 상고를 청구할 수 있는지 말이다. 그리고 판결이 어떻게 집행되는지가 특히 중요하다. 강제집행과 파산은 민사법에서 중요한 역할을 떠맡는데, 이제는 그 자체로 하나의 학문 분야가 되었다. 실체법과 절차법의 내적인 관계는 매우 상이한데, 행정법에서 그 관계가 가장 밀접하다. 행정법에서 그 실체법과 절차법의 내적 관계는 소송법적 사고와 실체법적 시스템 간의 차이와 마찬가지로 이미 서술한 바가 있다.

비송재판

민사법원의 소송법에는 무언가 특별한 게 존재하는데, 즉 비송재판非訟裁判이 바로 그것이다. 이는 가정법원, 후견법원, 상업등기, 단체등록 및 등기소에 관한 절차법이다. 이전에는 이것들이 1898년에 제정된 「비송사건에 관한 법률」(약칭 FGG)과 1897년에 제정된 「등기부법」(약칭 GBO)에서 규율되었다. 등기부법은 그간 많은 개정을 거쳐서 오늘날에도 여전히 적용되고 있다. 법원 판결과 행정실무 간의 주목할 만한 혼합인데, 언뜻 들리는 것처럼 전혀 임의적(비송적)이지가 않다. 누군가가 상속증명서가 필요해서 구법원區法院(Amtsgericht)의 일부에 해당하는 상속법원을 찾는다면, 그가 상속받으려는 의사가 있음을 밝히는 것만으로 이미 충분하다. 부모가 자녀를 위해서 땅을 사거나 그럴 계획이 있는 경우에 그리고 처지가 딱한 자녀를 폐쇄된 보육원에서 지내게끔 한다면, 이를 위해서는 법원의 허가가 필요하다. 다른 방법으로는 가능하지가 않다. 그러나 이 법원이 신체적으로나 정신적으로 장애가 있는 누군가에게 그를 돌봐줄 성년후견인을 붙일 때 지난 1992년 이래로 그렇게 불리듯이 전적으로 임의적freiwillig이지가 않다. 이전에는 금치산자를 위해 후견인Vormund이 있었지만, 오늘날에는 피후견인을 위한 성년후견인Betreuer이 존재한다. 임의적(비송적)이라는 표현은 18~19세기에 법원에서 쟁송사건으로 다투는 권리구제와 행정청이나 법원에서 쟁송으로 다투지 않는 임의적인 권리구제를 달리 구별했던 것에서 유래한다. 후자에는 예컨대 공증과 등기부가 속하는데, 이후에 예컨대 후견법과 같은 비임의적인 것들이 덧붙여졌다. 결국, 이로써 마구 뒤섞여 버려서 한눈에 알아보기가 어렵게 되었다. 이혼에 관한 절차는 민사소송법에서 규율하지만, 대부분의 관련 규정들은 구법舊法인 「비송사건에 관한 법률」에 남아있고, 일부 규정은 토지등기절차처럼 「등기부법」에 편입되었다.

이 같은 혼란상을 정리하고서 더욱더 명료하게 만들려고 2008년에 「가족법과 비송재판의 절차 개선을 위한 법률」(약칭 FGG-Reformgesetz 또는 FGG-RG)이 제정되었고, 같은 법 제1조에서 현재 적용되고 있는 새로운 법률인 「가사사건 및 비송사건의 절차에 관한 법률」(약칭 FamFG)이 확인되고 있다. 이 법률은 이제 가정법원에서 본연의 가사사건들(이혼과 그 후속 결과, 양육권, 입양 및 생활부양비 등등)의 절차만을 규율하는 법률인데, 또한 후견법원과 상속법원에서 후견과 상속에 관한 사항 그리고 더 나아가서 등기사항, 형법 외부에서의 자유박탈과 법원의 공시최고公示催告* 또한 규정하고 있다. 구 법원이 담당하는 이 같은 사항들 중에서 많은 게 사법보좌관Rechtspfleger들에게 맡겨지는데, 이들 사법보좌관의 직업수행에 대해서는 「사법보좌관법」에서 따로 규율하고 있다. 이들 사법보좌관은 전문대학의 교육과정을 이수하는 반면에 법관들에게는 「독일법관법」에 따라서 정규대학 법학부에서의 성공적인 학업 수료가 필수적이다.

실체법의 한 가운데에는 민법전BGB이 놓여있는데, 백 년 전과 다를 바 없이 여전히 태양처럼 빛나면서 그 광채를 발하고 있다. 보장되는 재산권과 자유로운 계약과 함께 하는 이 민법전은 팽창하는 경제의 원동력이고, 열려있는 닭장을 마음껏 자유롭게 활보하는 여우에게도 반짝이는 빛이기도 하다. 그 주변으로 행성行星들이 돌아다니는데, 상법, 회사법, 유가증권법, 보험법, 영업상의 권리보호, 저작권법, 경쟁법과 카르텔법 등이 그러하다. 그러나 딱한 처지의 닭들은 마음껏 날개를 펼칠 수가 없는데, 이를 위해서 노동법과 사회적인 임대차법이 마련되어있다.

---

*가사사건 및 비송사건의 절차에 관한 법률(FamFG) 제433조에서 공시최고는 법원이 공개리에 청구권이나 권리의 신고를 요구하는 절차인데, 신고를 해태한 경우에 이로 인한 법적 불이익을 부담케 하는 효과를 수반하며, 법률이 정하고 있는 경우에만 행해진다고 정하고 있다.

상법

상법은 상인商人의 법이고, 상법전(약칭 HGB)에서 규율하고 있다. 가장 중요한 내용은 맨 앞의 개념정의에 놓여있다. 제1조는 아래와 같이 규정하고 있다.

이 법전의 의미에서의 상인은 상업을 영위하는 자이다.

일부 상인들에게는 상업등기부상의 등기가 규정되고 있는데, 한 번 더 다음과 같이 정하고 있다. 상법전 제17조 제1항은 아래와 같이 규정하고 있다.

상인의 회사는 상호와 서명을 제출해야 하는데, 그는 해당 상호와 더불어서 자신의 사업을 상업적으로 영위한다.

상인들의 권리와 이들의 법은 상거래를 신속하게끔 하는 특별규정들과 더불어서 민법전과는 구별된다. 상사대리를 통한 위임은 포괄적이고, 법률상의 보증계약에 있어서 서면 형식이 필요하지는 않다. 침묵이 때로는 청약의 수락으로 적용되고, 판매된 물품이 제대로 된 게 아니라면, 상인은 이를 즉각 신고해야 한다. 통상적인 고객에게는 물품의 변형, 가치감소 또는 손해배상을 위해서 6개월의 기한을 준다.

회사법

상법전에는 합명회사OHG, 합자회사KG 및 익명조합이 규정되고 있다. 다른 세 개의 회사, 즉 유한책임회사GmbH, 주식회사AG 및 조합은 특별법에서 확인되고, 다른 두 개의 회사는 이미 민법전에서 규정하고 있는데 민법전상의 조합과 단체가 그러하다. 이 모든 게 함께 회사법을 구성한다. 굉장히 넓은 영역인데, 이것은 인적회사와 자본회사라는 두 카테고리로 나뉜다. 하나는 단순히 사람들의 집합이고, 다른 하나는 일종의 변형태다. 이것들은 자본을 매개로 해서 하나의 법인法人으로 압축되어서는 사람들이 사라져버리고 만다. 이 법인이 다소 모호한 존재이고, 마치 사랑하는 신神처럼 사람들이 생각하는 형상에 따라서 고안된 일종의 허구虛構이다. 법인은 권리주체이고, 이는 법인이 그 배후에서 사라져버린 사람들과는 무관하게 고유한 권리와 의무를 갖는다는 것을 뜻한다. 민법전상의 조합, 합명회사와 합자회사는 인적회사이고, 유한책임회사와 주식회사는 자본회사다. 또한, 법인으로서 권리능력이 있다고 인정되는 단체도 이들과 매우 유사하다. 경제적으로 특정 사업을 영위하지 않는 단체도 구법원區法院이 관장하는 단체등기부에 등록함으로써 권리능력을 취득한다(민법전 제21조).

예컨대 마이어Meier, 뮐러Müller와 슈미트Schmidt가 함께 부동산을 취급하는 유한책임회사를 설립하는 경우에 해당 토지는 유한책임회사에 속하고, 이 유한책임회사는 위 세 사람에게 속한다. 이 회사는 토지와 사람들 사이에 놓여있는 법인인데, 평범한 여느 사람들과 마찬가지로 재산의 소유자이고 채권자나 채무자가 된다. 회사의 사업이 잘되면, 마이어, 뮐러와 슈미트는 회사로부터 자주 금전을 지급받는다. 이 회사는 그들의 것이고, 그들이 말하는 대로 행위를 한다. 사업이 여의치가 않으면, 채무자에 대해서 유한책임회사 혼자서 책임을 부담하는데, 남아있는 재산이 있다면 회사의 고유 재산으로 말이다. 마이어, 뮐러와 슈미트는 더 이상의 곤경에서 벗어나게 되고, 다만 회사 설립 초기에 자본으로 투자한 돈만 잃을 뿐이다. 이것이 인적회사와의 차이점이다. 만일 위 기업이 합명회사로 운영되었다면, 이 회사 전부가 마이어, 뮐러 및 슈미트, 이 세 사람의 것이고, 회사의 사업이 어려워질 때 이들 스스로가 채무를 변제해야 한다. 즉 개별 사람들 위에서 떠돌면서 이들의 힘을 규합하고 이들의 치부恥部를 감추고 있는 일종의 독자적이고 인공적인 형상인 법인이 아니라는 말이다.

유가증권법

또한, 유가증권법에서 독자적인 인격화를 위한 법적인 기교技巧가 그 절정을 구가한다. 즉 금전상의 요구가 독자적인 삶을 살아가는 종이쪽지로 바뀐다. "이 종이쪽지에서 나온 권리가 종이쪽지에 적힌 권리로 이어진다"라며 법률가들은 진정한 유가증권, 약속어음 및 수표에 대해 말하는데,「어음법」과「수표법」에서 상세하게 규정하고는 있지만, 법원과 학계에서 더 상세하게 다뤄야 할 많은 복잡한 문제점들이 함께 놓여있다. 종이쪽지에 적힌 권리와 종이쪽지에서 나온 권리로 표현되는 속담과 함께 종이쪽지에 적힌 재산을 취득한 소지자에게서 금전의 지급요구를 받는다는 사실을 뜻한다. 질적으로 낮은 유가증권의 경우와는 달리, 예컨대 예금통장은 아직은 독자화되지는 않았고, 단지 은행에 제시되지 않는 경우에는 예금이 지급되어서는 아니 되는 효과만을 갖는다. 이에 대해서는 다른 규정들에 비해서 그다지 복잡하지 않게 민법전 제808조에서 규정하고 있다.

유가증권법은 다수의 법률에 분산해서 규정되고 있다. 즉 민법전, 상법전, 어음법 및 수표법에 관해서는 이미 언급한 바가 있다. 또한「증권거래법」이 중요하다. 이 법은 투자자들의 보호에 기여하고 그리고 자본시장법의 핵심적인 규정이기도 하다.「증권공시법」도 마찬가지로 투자자 보호에 기여하는데, 자국 내에서 공개리에 거래되는 유가증권에 대해서는 미리 규정된 내용과 형식을 갖춘 공시公示가 행해져야만 한다.「증권취득법」과「증권인수법」은 공개 매수를 통한 상장기업의 주식 취득을 위한 절차를 규율하고 있다.

보험법

많은 법률가가 갖고 있는 지도地圖에는 커다란 하얀 얼룩이 남아있다. 보험법이 바로 그 얼룩이다. 화재와 도난 등에 대비하는 생명보험, 책임보험 및 손해보험을 다루는 민간 보험회사와의 계약에 관한 법에서는 단지 소수의 전문가만이 이에 정통하다. 사람들은 보험료를 지급하고, 보험회사는 위험을 인수한다. 이 같은 계약은 민법전BGB이 아니라 특별한 법률인「보험계약법」에서 규율하고 있다. 민법전에는 이 같은 계약을 자리매김할 그 어떤 준거점도 없다. 그런데 이 법률이 매우 상세하고, 관련 판례도 엄청나게 많고, 관련 문헌들도 매우 풍부하다.

저작권법과 영업상의 권리보호

"내가 더 멀리 바라보았다면, 거인의 어깨 위에 올라탄 덕분일 것이다"라며 아이작 뉴턴Isaac Newton이 말했다고 한다. 그렇다면 과연 지적재산권이라는 게 존재하는가? 이는 법률가들에게는 전혀 문제가 없다. 우리는 법률을 갖고 있고, 물건에 대한 재산권은 민법전BGB에서 그리고 지적재산에 대해서는 저작권법에서 규율하고 있다. 존 로크John Locke는 3백 년 전에 재산권에 대한 나름의 설명을 내놓았는데, 그것은 본래 노동이 더해진 것이고, 인간에게 대지와 땅에다 지적인 활동을 그 대가로 치르고서 얻어낸 자신의 생산물에 대한 청구권으로 주어진 것이다. 따라서 재산권은 노동으로부터 비롯한다. 이로부터 18세기에 저작자들의 지적재산권에 관한 이론이 전개되었는데, 영국에서는 이미 1709년에 관련 법률의 제정과 함께 지적재산권이 인정되었다. 독일에는 요한 슈테판 퓌터Johann Stephan Pütter라는 학자가 있었는데, 그는 당시 괴팅겐Göttingen 대학의 교수로서 당대의 가장 중요한 법률가로 칭송받았다. 1774년에 그는 《법의 여러 원칙을 경시하는 서적 추가인쇄에 관한 일고찰》이라는 제목의 책을 펴냈는데, 이로써 저작자著作者가 저작권을 갖는다는 신념이 우리에게 일반적으로 통용되게 되었다. 저작자가 출판업자에게 이 저작권을 양도할 수 있으며, 그러므로 출판업자는 단독으로 해당 저작을 출판할 수 있는 권리를 갖는다고 주장된다. 독일의 저작권법은 현재 143개의 조항을 갖고 있으며, 이 법의 제1조는 아래와 같은 문장으로 시작한다. 그런데 이 문장은 여느 다른 법률규정들과 마찬가지로 저작권법상으로 보호받지 못한다. *

문헌, 학문 및 예술의 창작물을 만든 저작자는 자신의 창작물에 대해서 이 법률이 정하는 바에 따라서 보호를 향유한다.

기술적인 발명으로 다시 돌아가서 살펴보자. 영국에서는 1623년에, 베니스에서는 1474년에 특허법이 제정되었다. 오늘날에는 영업상의 권리보호라고 말한다. 이것은 「특허법」, 「실용신안법」, 「디자인법」, 「상표법」을 통해서 보호되는 지적재산권에 대해 적용된다. 특허는 더 높은 수준의 기술적인 발명을 뜻한다. 예컨대 수명이 더 오래가는 새로운 전구電球가 그러하다. 실용신안은 입구에 접착제가 붙여져 있는 편지봉투처럼 더 낮은 수준의 기술적 발명을 뜻한다. 디자인은 〈HÖRZU〉 잡지의 마스코트인 호박벌 피규어와 Mecki가 증명하는 바와 같이** 반드시 취향과 관련성이 있지는 않다. 그런데도 법적으로는 예술작품과는 단지 매우 어렵사리 구별되는데, 예술작품도 실용신안과 마찬가지로 특허에 매우 근접해 있다. 상표와 관련해서는 어려움이 그다지 크지 않다. 상표는 단어나 그림으로 구성

---

*우리나라에서도 이와 마찬가지로 각종 법령과 법원의 판결문은 저작권법상의 보호대상이 아니다.

**HÖRZU는 독일에서 1946년부터 발간되어온, 가장 판매 부수가 많은 TV 프로그램 안내 잡지인데, 잡지 표지에 자주 등장하는 호박벌과 특히 고슴도치를 의인화해서 만든 Mecki가 이 잡지의 대표적인 마스코트로 자리 잡고 있다.

된 회사의 상징인데, BMW나 운터튀르크하임Untertürkheim에서 만들어진 삼각별이* 그러하다. 미리 등록하면 이 모든 게 보호되는데, 특허권은 20년 동안 그리고 상표는 10년 동안 보호된다. 그리고 신청과 함께 종종 각각 10년씩 연장된다. 실용신안은 10년 동안 그리고 디자인은 5년 동안 보호되는데, 신청으로 향후 5년에서 최대 25년까지 연장될 수 있다. 기간 연장을 위해서는 언제나 이에 상응하는 비용을 지급해야 한다.

경쟁법과 카르텔법

경쟁법과 카르텔법은 민법전BGB상으로 보장되는 자유와 더불어서 자유로운 시장이 위협되거나 말살될 수도 있는 남용을 저지한다. 이 시장은 민법전이 보장하는 자유와 더불어서 비로소 그 문을 활짝 열었다. 「부당경쟁방지법」(약칭 UWG) 제1조는 아래와 같이 규정하고 있다.

> 이 법은 부당한 사업적 활동으로부터 경업자, 소비자 및 기타 시장참여자들의 보호에 기여한다. 이 법률은 이와 동시에 왜곡되지 않은 경쟁에 관련되는 공익을 보호한다.

이어서 부당경쟁방지법 제3조는 일반조항Generalklausel으로서 글로벌한 부당한 사업적 활동을 금지하고 있다. 이어지는 조항들에서는 일련의 부당한 행위 유형들이 각기 열거되고 있는데, 경업자에 대한 평가절하나 비방, 상품이나 서비스의 복제, 소비자를 착각하게끔 하거나 공격적인 마케팅과 같은 의도적인 방해행위, 괴롭힘과 협박 등이 그러하다. 비교 광고는 단지 제한된 범주 내에서만 허용된다. 이 같은 부당한 행위를 상대로

---

*Untertürkheim은 Stuttgart시의 한 구역으로서 이곳에 Mercedes-Benz 회사의 공장이 자리하고 있다. 삼각별은 Mercedes-Benz 회사와 그 자동차를 상징한다.

제거, 부작위, 손해배상과 수익추징을 위한 청구권이 주장될 수 있다. 경제단체, 소비자단체, 상공회의소도 또한 청구권을 갖는데(단체소송), 그렇지만 개별 소비자들은 청구적격이 없다. 특히 중대한 사안에서는 최고 2년의 자유형 또는 벌금형이 가능하다.

카르텔법도 시장을 유지하기 위한 동일한 목적을 갖는데, 경쟁법과 마찬가지로 동일한 사법적私法的인 수단들을 갖고서 나름의 원칙 아래에서 작동하는데, 다소 달리 적용된다. 경쟁법은 불법행위법적으로 접근하면서 경쟁법 위반을 보상이 요구되는 불법행위의 특수한 사례로 간주하는 반면에, 카르텔법은 계약에 개입한다. 즉 경쟁법은 불법행위법에 속하고, 카르텔법은 계약법에 속한다. 더 정확하게 말하자면, 카르텔법은 계약의 자유를 제한하는 가장 중요한 사례 중의 하나이다. 기업들 간에 체결되는 일부 계약들은 따라서 간단하게 무효로 선언된다.

이상적인 모습은 투자자, 공장주, 소매상인, 고객 및 경기변동 국면에서 수익을 올리는 이들의 고유한 이기심이 중립화된 자유시장이다. 아담 스미스Adam Smith가 말하듯 모든 걸 선善으로 바꾸는 보이지 않는 손이 그러한데, 최상의 저렴한 물건들만이 시장에서 통용되고, 다양성이 증대되고, 질적 개선이 이뤄지기 때문에, 이로써 복지가 증대하고, 행복에 더욱 근접한다는 발상이다. 그런데 유감스럽게도 늘 악당이 있기 마련이다. 이들 악당은 공통의 일을 도모하고서는 자율규제의 프로세스를 왜곡시킨다. 회사들이 서로 약속하는데, 한 회사는 여기서만 그리고 다른 회사는 저곳에서만 상품을 판매하거나 둘 다 어디서라도 동일한 조건으로 판매하기로 말이다. 이것을 카르텔Kartell이라고 한다. 이같이 축복받은 경쟁은 대중들을 바보로 만들어버리는데, 왜냐하면 소수의 몇몇 시장지배적인 기업들의 장단에 놀아나는 셈이 되기 때문이다. 이로써 상품의 질이 떨어지고 가격이 오르면서 이들 악당만이 수익을 취하는 것 이외에 더는 다른 선택의 여지가 없다. 따라서 독일의 카르텔법은 「경쟁제한법」(약칭 GWB)을 규정하고 있다. 이 법은 제1조에서 아래와 같이 규정하고 있다.

> 경쟁의 방해, 제한 및 왜곡을 의도하거나 그렇게 영향을 미치는 기업 간의 합의, 기업가단체의 결정과 서로 약속된 행위방식은 금지된다.

금지된 일부 행위방식에 대해서는 특정한 조건에서 또한 예외가 허용된다. 따라서 법익을 형량해서 국민경제에 대한 긍정적인 효과가 분명히 압도적인 경우에는 경쟁제한적인 합의가 예외적으로 허용된다. 연방차원에서는 본Bonn에 소재하는 연방카르텔청이 독립된 연방의 상급기관으로 활동하고 있고, 이와 더불어서 또한 각 란트마다 란트카르텔청이 설치되어 있다. 대기업들이 서로 합병하는 경우에 경쟁제한법 제39조에 따라서 연방카르텔청에 신고해야 한다. 합병이 거부되는 경우에는 연방경제부장관에게 이른바 장관허가를 신청할 수 있다. "개별 사례에서 경쟁제한이 합병의 전체 경제에 미치는 장점과 함께 상쇄되거나, 합병이 압도적인 공익으로 정당화되는 경우에는" 이 장관허가가 교부될 수 있다(경쟁제한법 제42조). 해당 장관은 이러한 사실에 대해 나름의 근거를 제시해야 한다.

그런데 이 카르텔법이 순전히 독일 전체의 사안만은 아니다. 여기서는 유럽연합 역시도 회원국들 간의 경쟁을 보호하려는 목적으로 규정되고있는 AEUV 제101조~제105조에 따라서 권한을 갖는다. 여기서 유럽연합은 통상적으로는 회원국의 국내 입법자들을 통해 우회해서 적용되는 지침을 갖고서 행위를 하지만, 또한 직접 적용되는 규정을 갖고서도 대응한다. 여기서 중요한 것은, 예컨대 1998년 5월 7일 자에 이사회가 제정한 규정(Nr. 994/98)인데, 수평적 보조금이 필요한 특정 그룹에 대한 유럽연합의 행위방식에 관한 계약을 다루는 제107조 및 제108조의 적용에 관한 것이다. 간단히 말해서, 특정한 영역에서 예외적으로 보조금 지급을 허용하는 규정의 제정을 위한 유럽연합 집행위원회의 위임에 관한 규정이다. 그사이에 예컨대 중소기업들을 대상으로 교육보조금과 고용보조금에 관한 규정이 마련되어있다. 유럽연합의 차원에서는 브뤼셀에 소재하는 유럽연합 집행위원회가 바로 관할 카르텔청인 셈이다.

소년형법, 범죄학 및 형집행법

형법전StGB을 둘러싸고서 또한 그 주위에 소년형법, 범죄학과 형집행법(행형법)이 놓여있다. 소년형법은 오늘날 유소년 및 청년들에게 적용되는 영역인데, 프란츠 폰 리스트Franz von Liszt의 근대학파가 백 년 전에 전체 형법을 위해서 설계해둔 것이다. 여기서는 유죄선고와 형벌이 아니라, 실제로 교육 및 재사회화가 전면에 놓여있다. 14세가 못 된 나이에 범죄를 저지른 자는 아동으로서 책임능력이 없다(형법전 제19조). 그렇기 때문은 이들 소년은 기꺼이 범죄를 저지르는 갱단이나 패거리들과 어울리기도 한다. 청소년은 14~17세까지이고, 청년은 18~21세까지이다. 이들이 저지른 범죄는 성인들과 마찬가지로 형법전에 따라서 유죄가 선고되지만, 그 결과는 사뭇 다르다. 이들에 대해서는 특별한 소년법원의 절차를 위한 특별규정인 「소년법원법」에서 따로 규율하고 있다. 즉 청소년의 경우에는 재판이 비공개로 행해진다. 형벌을 선고하는 대신에 법원은 이들 청소년이 장차 어떻게 행동해야 하는지를 미리 정해둘 수 있다. 즉 이들이 특정 술집을 가서는 아니 되고, 나쁜 친구들과 어울리지 말고, 흡연과 음주를 삼가라거나, 공익적 활동에 참여하라거나, 특정 교육과정의 이수 등이 그러하다. 이어서 경고, 조건부의 부관, 저지른 손해의 원상회복, 단기구금 및 최후의 수단으로는 중범죄의 경우에 최대 10년형의 형벌이 가해질 수 있다. 소년형법에서는 누가 어떤 범죄를 저질렀는지 그리고 그것이 절도, 사기나 횡령 등으로 법적으로 어떻게 평가되는지는 그다지 크게 문제가 되지 않는다. 여기서는 그 결과가 중요하다. 이런 까닭에 소년형법은 범죄를 다루는 학문인 범죄학과 중첩되는데, 범죄학은 범죄의 원인뿐만 아니라 형벌에 뒤따르는 결과도 또한 탐구한다. 우리에게 득得이 되는지 아니면 실失이 되는지 여부가 그 결과로 나타난다. 독일의 구금시설의 실제에 대해 어떻게들 바라보고 있는가? 수형자와 교도관들로 구성되는 이 기이한 소우주는 도대체 어떤 세계인가? 이들이 어떻게 생활하고 있는지? 여기서 누가 누구에게 그리고 어떻게 영향을 끼치고 있는지? 석방되어서 자유로운 상태로 넘어가는 과정은 어떤 모습인지? 그리고 재범률再犯率은 어떠한지?

이런 물음들에 대한 대답은 두 번째로 중첩되는 형집행법(행형법)에서 찾을 수 있는데, 1976년 이후로는 「형刑집행법」이라는 단행 법률로 규율되고 있다. 이 법률은 1972년에 연방헌법재판소가 수형자의 편지에 대한 판결을 선고한 이후에 제정되었다. 이 판결에 대해서는 여기서 더는 상술하지는 않겠는데, 이 책의 제6장을 참고하기 바란다. 이제는 형벌의 집행에 관한 모든 사항이 대략 200여 개의 조항으로 규율되고 있다. 원칙적으로 법 개정도 드물다. 그러나 이에 대해 연방의회는 형집행법 제2조에서 교도소가 왜 존재하는지를 최소한으로 밝히고 있다.

> 자유형의 집행에 있어서 수형자는 장차 사회적 책임을 갖고서 범죄를 저지르지 않고서 자신의 삶을 영위할 능력을 마땅히 갖추도록 해야 한다(형벌 집행의 목적). 자유형의 집행은 또한 공중公衆을 후속 범죄로부터 보호하는 데에도 기여한다.

따라서 첫 번째가 특별예방이고, 두 번째가 일반예방이다. 제2조의 목적은 많든 적든지 간에 달성할 수 없는 것으로 남아있다. 그런데도 우리는 지금까지와 마찬가지로 계속해서 이 일을 도모하면서 기소하고 유죄를 선고하고, 차단하고, 그리고 일반예방, 특별예방과 복수이론에 대해 말하고 있다.

사회법

기본법GG 제20조 제1항에서 연방공화국, 즉 독일은 "민주적이고 사회적인" 국가로 정의하고 있다. 기본법 제28조는 이 사회적인 성격을 또한 란트들의 헌법에도 적용하고 있다. 그러므로 국가의 활동은 모든 차원에서 "사회적"이어야 한다(최소한 사회적이기라도 해야 한다). 이전에는 사회법이 세 영역으로 나뉘어 있었다. 먼저 「사회보험법」에서는 사람들이 스스로 분담해서 내는 보험료에 근거해서 여러 청구권을 갖는데, 통상적인 지원을 요구할 권리나 특별한 생활환경에서 요부조자로서 갖는 권리 그리고 앞서 이 책의 제5장에서 이미 다룬 사회적인 임대차법과 노동법과 같이 특별한 관련성 속에서 사회적인 성격을 함께 규율하고 있는 병행적인 법률에 근거한 권리들도 있다. 「사회법전」SGB에다 수많은 중요하고 핵심적인 사회(보험)법률을 함께 모아둔 이후로 이 같은 구분이 더는 도움이 되지 않는다. 많은 쟁점에 대한 이해를 도모하려면 사회법전의 여러 권卷을 살펴보는 것으로 충분하다. 그리고 이와 더불어서 또한 무수히 많은 특별한 사회법률들이 존재한다. SGB I 은 사회법전 제1권의 약칭이다.

SGB I : 총칙

SGB II : 구직자를 위한 기본보장

SGB III : 근로 장려

SGB IV : 사회보험에 대한 공통 규정들

SGB V : 법률로 강제되는 의료보험

SGB Ⅵ: 법률로 강제되는 연금보험

SGB Ⅶ: 법률로 강제되는 산재보험

SGB Ⅷ: 아동 및 청소년 부조

SGB Ⅸ: 장애인의 재활과 참여

SGB Ⅹ: 사회적인 행정절차와 사회적인 개인정보보호

SGB Ⅺ: 사회적인 요양보험

SGB Ⅻ: 사회부조

법적 분쟁은 특별한 행정법원으로 마련되어있는 사회법원에서 다뤄진다. 이 사회법원은 세 개의 심급으로 구성되는데, 사회법원, 란트사회법원 및 카셀Kassel에 소재하는 연방사회법원이 그러하다. 이 모든 게 「사회법원법」(약칭해서 SGG)에서 규정되고 있다.

조세법

조세법에 관해서는 법률가들이 그다지 잘 알지는 못하고, 오히려 세무사와 회계사가 더 전문가이다. 연방, 란트 및 지방자치단체들은 돈이 있어야 하고, 이를 위해서 소득세, 법인세, 매상세, 상속세, 증여세, 주세 및 담배세 등에 관한 많은 법률을 제정해왔다. 근로소득세는 임금에서 바로 떼서는 국고國庫로 직접 넘어가는데, 이를 위해서는 따로 법률이 없고 「소득세법」에서 소득세에 관한 규정과 함께 다뤄진다. 그러나 근로소득세에 관한 보다 상세한 규정은 「근로소득세시행령」에서 확인된다. 법규명령Verordnung은 직접적으로 적용되는 법규범이고, 법규Rechtsvorschrift는 보다 더 좁은 의미가 있다. 이와 더불어서 여러 근로소득세 지침Richtlinie들이 존재하는데, 이것은 일종의 지침으로서 단지 행정청 내부에서 조세당국에 대한 부처

장관의 지시나 명령에 해당한다. 따라서 납세자를 상대로는 어떠한 직접적인 구속력을 갖지 않는다. 이 지침상의 규정이 올바르지 않다고 여기는 자는 이를 준수하지 않아도 된다. 분쟁이 있는 경우에는 법원이 결정한다. 다른 조세법률들에서도 시행령과 지침이 존재한다. 조세범租稅犯들에 대한 절차, 법원의 조직 및 형벌규정은 「조세법」(약칭 AO)에서 규율하고 있다. 법적 분쟁은 재정법원에서 시작되고, 뮌헨에 소재하는 연방재정법원에서 끝난다. 그 중간의 심급은 존재하지 않는다.

교회법

과거에는 법률가로서 박사학위를 취득하면, 대학으로부터 Dr. jur. utr., *Doctor iuris utriusque*, 즉 두 개 법 분야의 박사 타이틀을 받았었다. 이 두 개의 법 분야는 바로 세속의 법과 교회법이었다. 하이델베르크Heidelberg 대학에서는 지금도 여전히 이 같은 타이틀이 수여되고 있다. 하이델베르크 대학은 오늘날 독일에서 가장 오래된 대학이다. 이 대학이 1386년에 설립되었을 적에 교회법(카논법)은 당시 사람들의 일상에서는 가장 첫 번째 위상을 지닌 법규범이었다. 세속의 로마법은 이보다는 중요성이 떨어졌었다. 학생들은 "강학상의 법"으로서 이 두 분야의 법을 배워야 했다. 중세 시절에 가톨릭교회는 한때 가장 강력한 국가조직이었다. 오늘날 교회는 공법상의 단체인데, 이 대목도 여전히 논쟁적이다. 교회법에 대해서는 극소수의 교수들에 의해서만 강의가 행해지고 있는데, 게다가 모든 대학에서도 아니다. 그리고 도대체 어떤 내용을 가르치는지에 대해서 보통의 법률가들은 사실 잘 알지 못한다. 따라서 아래에서는 짧게 이에 대해 살펴보기로 한다.

먼저 국가교회법과 교회 내부의 법으로 구별된다. 국가교회법은 교회와 국가 간의 관계를 규율한다. 이것은 일부는 헌법이고, 일부는 란트법이다. 교회가 지금은 문화영역에 속하기 때문에 란트법이고, 따라서 연방이 아니라 각 란트가 다뤄야 할 사항이다. 이 교회의 법적 성격 자체가 이미 논란적이다. 바이마르 헌법 제137조 제5항에서 교회가 공법상의 단체라고 밝혔고, 이 부분은 기본법 제140조에서 규정하고 있는 바와 같이 오늘날에도 여전히 유효하다.

그런데 교회는 공법상의 단체가 없이 존재하는 공법상의 단체이다. 즉 이러한 가운데 국가의 과업을 수행하는 법인으로 이해되는데, 마찬가지로 이러한 법인에는 게마인데, 란트크라이스, 수공업자조합, 의사협회, 지역의료보험조합 및 대학이 속한다. 반면에 종교는 지극히 사적인 사항이고, 국가와 교회는 상반되는 이해관계 속에서 분리된다. 그렇다면 어찌 되는가? 바이마르 헌법 제137조 제5항에는 이미 그 당시에도 진부하다고 여겨졌던 역사적인 이유가 있었다. 이와 더불어서 교회에 대한 국가의 감독권한이 존재하는지 여부 그리고 만일 존재한다면 어떻게 감독 되는지의 문제가 놓여있다. 국가의 종교교육에 있어서 교회와의 관계는 어찌 되는가? 학교에서 함께 기도하는 것은 어찌 되는가? 종교세(교회세)도 이에 속하는 문제이고, 종교세 징수와 같은 국가의 조치가 못마땅한 경우에 그렇다면 교회에서 어떻게 탈퇴할 수 있는가 하는 물음도 놓여있다.

교회 내부의 영역에서는 가톨릭의 교회법과 개신교의 교회법이 있다. 가톨릭 신자들에게 교황은 중세 때와 마찬가지로 늘 여전히 최고의 사법권을 갖고 있다. 교황은 최상의 심판관이고, 입법자이고 그리고 행정의 수장首長이다. 그의 권한은 권위를 갖고서 집중되어 있으며 보수적인데, 그가 갖는 권한은 이전의 많은 전前 단계를 거치고서 1904년에 교황 비오 10세가 제정한 「교회법전」Codex Iuris Canonici에 근거하고 있는데, 1983년에 교황 요한 바오로 2세에 의해서 새롭게 개정되었으며, 여전히 라틴어로 쓰여 있다. 이 교회법전은 교회의 조직과 재판, 사제들의 서품, 세례, 혼인 및 교회가 행하는 징계 등을 규율하고 있다. 개신교의 교회법은 민주적이고 다소 산만하며 그리고 전체적으로는 가톨릭 신자들에게서만큼 그다지 중요한 역할을 행하지 못한다. 개신교 교회의 내부조직은 옛날의 국가법률로 회귀하는데, 대부분은 불문의 관습법이고, 지역적으로도 서로 상이하다. 개신교 교회에 속하는 종교공무원들의 권리는 연방 및 란트의 공무원법과 유사하게 1950년대부터 교회법을 통해서 매우 정확하게 규율되어 왔다.*

국제법

국제법은 국가들 간에 적용되는 법으로서 국제조약, 외교관의 권한, 특권 및 의무, 바다의 자유, 연안 바다와 영공을 가진 나라들의 영토고권에 관한 법, 전쟁법, 맨 먼저 전쟁을 방지하기 위하여 설립된 국제연합UN과 같은 국제조직에 관한 법 그리고 독일에는 더욱더 중요한 유럽연합EU과 같은 지역적인 결합체에 관한 법이고, 국제법과 유럽법이 서로 다소 중첩되어 있다.

오늘날에도 여전히 일부 사람들은 국제법을 두고서 법이 아니라 정치의 한 특별한 유형으로 여기고 있다. 이 같은 생각의 배후에는 토머스 홉스Thomas Hobbes, 바루흐 스피노자Baruch Spinoza, 사무엘 푸펜도르프Samuel Pufendorf, 게오르크 빌헬름 프리드리히 헤겔Georg Wilhelm Friedrich Hegel, 존 오스틴John Austin, 막스 베버Max Weber 그리고 이른바 "강제이론"으로 불리는 확산된 법 이론의 지도자들이 존재한다. 즉 법이란 모름지기 국가의 강제장치와 더불어서 관철될 수 있는 것이라는 사고인데, 즉 법원을 통해서

*이른바 "국가교회시스템" 하에서 독일의 가톨릭교회와 대다수 개신교회의 신부와 목사는 종교공무원의 지위를 갖는다. 이 국가교회시스템에서 벗어나 있는 일부 개신교회를 따로 "자유교회"Freie Kirche라고 부른다.

그리고 법원의 판결을 통해서 필요한 경우에는 법원집행관, 경찰 또는 구금시설을 통해서 집행될 수 있어야 한다는 상념이다. 이 강제이론은 매우 형식화된 관점에 입각해 있는데, 인간이 가진 법인식의 높은 서열을 간과하고, 법원집행관과 감옥의 의미를 과대평가하고 있다. 많은 이들에게서 "국제법의 아버지"로 간주되고 있는 인물, 즉 후고 그로티우스Hugo Grotius가 1625년에 펴낸 유명한 저서《전쟁과 평화의 법》De iure belli ac pacis에서 국제법뿐만 아니라 국가가 없는 가운데 전적으로 보편적으로 인간의 본성에서 비롯하는 법을 도출해낸 것은 결코 우연한 일이 아니다. 그래서 이 책은 17~18세기의 고전적인 자연법의 주된 저작 중의 하나이고, 이 자연법이 남긴 가장 중요한 유산이 바로 인권人權이다. 이 인권은 국가 및 그 강제장치와는 무관하게 실존할 뿐만 아니라 시민이 갖는 방어권으로서 국가에 맞서 있고, 독일의 헌법질서와 국제법의 기초적인 구성부분이기도 하다. 따라서 국제법의 법적 성격을 의심할 하등의 이유가 없다.

국제법적인 분쟁에 대해서는 심지어 네덜란드의 헤이그Den Haag에 소재하는 국제재판소가 관할하고 있다. 이 국제재판소는 끔찍했던 제1차 세계대전이 끝나고서 1922년에 당시 국제연맹의 한 기구로 설립되었는데, 오늘날에도 국제연합UN의 주된 사법기구로 존속하고 있다. 그러나 이 재판소의 판결은 집행될 수가 없다. 동 재판소에 피소된 국가는 소송 중에 단 한 번도 얼굴을 내비치지 않아도 된다. 국제법에서는 그래서 강제력이 없다. 단 하나의 예외가 있다. 마찬가지로 헤이그에 소재하는 국제형사재판소의 판결이 그러하다.

이 국제형사재판소는 1945~1946년에 주요 전범들을 대상으로 국제군사재판이 벌어졌던 뉘른베르크 전범재판을 본떠서 수년간의 준비 작업 끝에 탄생했고, 2002년 국제연합이 소집한 국가정상회담에서 합의되었다. 즉 이 정상회담에 참여한 대다수인 122개 국가가 동 재판소의 설립을 결정했다. 2010년 이후로 활동해오고 있는 이 재판소에서는 개별 민간인들도 인종 학살, 반反인도적인 범죄 및 전쟁범죄와 같은 중범죄로 인해 유죄선고를 받을 수가 있다. 물론 여기서도 기존의 규칙이 적용되는데, 뉘른베르크 전범재판에서처럼 체포된 이들에 대해서만 기소와 재판이 행해졌다. 더욱이 미국은 예방 차원에서 이 조약에 가입하지 않았고, 오히려 2002년에는 헤이그에서 기소되어 구금되어 있는 미국 시민을 필요한 경우에 무력으로 석방할 수 있는 권한을 대통령에게 부여하는 법을 즉시 제정했다. 이것이 바로 「미국인복무요원보호법」American Service-Members' Protection Act 인데, 이를 조롱하는 이들로부터 「헤이그 침공법」The Hague Invasion Act으로 불리고 있다.

그런데도 동 법원은 그간 여러 중요한 판결을 해왔고, 네덜란드에서 해당 판결이 집행되었는데, 특히 아프리카에서 벌어진 끔찍한 참상들에 대해서 그러했다. 그리고 헤이그에 소재하는 여러 법원이 뒤섞여있는 혼란상이 더욱 커져 왔는데, 이곳에 이전에는 1993년 5월 25일 자 유엔UN 안전보장이사회의 결의로 설치되어서, 구舊 유고슬라비아에서 벌어진 범죄행위를 다룬 국제형사재판소가 있었다. 동 재판소는 2017년 12월 31일 자로 문을 닫았다. 이 기간에 161명이 기소되고, 84명이 유죄선고를 받았다. 이 같은 임시적 내지 임기응변적인ad hoc 재판소가 르완다 사태와 관련해서도 설치되었다. 그사이에 또 다루기에 힘든 명칭을 지닌 새로운 재판소가 존재하고 있는데, 즉 유엔UN 안전보장이사회 결의 제1966호로 2010년 12월 22일에 설치된 "국제형사재판소 잔여 업무 처리기구"라는 특별재판소인데, 영어로는 "International Residual Mechanism for Criminal Tribunal"이고, 약칭으로는 IRMCT 또는 MICT 그리고 간단하게는 그저 "메커니즘"으로 불린다.

국제사법과 비교법

이제 국제사법國際私法에 대해서 살펴보자. 한 이탈리아 남성이 파리의 샹젤리제 도로상에서 독일 함부르크에서 거주하고 있는 스위스 국적의 어느 여성이 모는 자동차와 충돌하고서 부상을 입었다. 이 이탈리아 남성은 운전자인 스위스 여성을 상대로 함부르크의 법원에 손해배상 소송을 제기했다. 그렇다면 이제 독일법, 이탈리아법, 프랑스법 또는 스위스법 중에서 어느 법이 적용되는가? 이에 대한 답을 주는 게 바로 충돌관계를 해결하는 법으로 묘사되는 국제사법이다. 그러나 여기서는 파리의 휘황찬란한 도로상에서의 자동차 충돌이 아니라, 여러 나라의 법질서 간의 충돌이 문제시된다. 국제사법은 단지 어느 나라의 법이 적용되는지를 확정하는 목표만을 갖는다.

독일에서는 이 같은 국제사법이 「민법전시행법률」EGBGB 제3조~제47조에서 규정하고 있다. 유럽연합에 대해서는 사항영역별로 같은 법 제3조에서 복잡하게 규율하고 있다. "계약 외적인 책임관계"에 대해서는 알파벳 a 제1호에 따라서 2007년에 제정된 로마Ⅱ 규정이 적용된다. 이탈리아 남성의 차량에 대해 스위스 여성이 가한 손해는 민법전 제823조에 따라서 계약 외적인 책임관계로부터 비롯하는 "불법행위"이다. 그리고 로마Ⅱ 규정 제4조 제1항에 따르면 해당 손해가 유발된 국가의 법, 즉 프랑스의 민법전Code Civil이 적용된다. 이것이 중세 전성기 이래로 *Lex loci delicti*라고 불리는 오래된 행위지行爲地규칙인데, 잘못을 범한 장소의 법이 적용된다는 것이다.

낯선 법질서가 적용되려면, 법원은 이 낯선 법질서를 잘 알고 있어야 한다. 비교법이 이 일을 돕는다. 이는 다른 나라의 법을 서술하고서 자기 나라의 법과 비교하는 것인데, 다른 방법으로는 가능하지 않기 때문이기도 하다. 이것은 국제사법보다도 훨씬 더 오랜 역사를 갖고 있으며 고대 그리스와 로마까지 거슬러 올라가는데, 다른 나라의 법들을 비교하고서, 이로써 자기 나라의 법을 더 잘 이해하고자 했다. 즉 타자로부터 배움을 얻는다는 말이다. 살고 있는 건물 밖을 나서면 더욱더 넓고 자유로운 조망眺望을 얻게 되고, 자신이 지나온 흔적을 더 분명하게 살펴보게 되며, 이로써 자극을 받아서는 아마도 또한 새로운 해결책을 찾을지도 모른다. 민법에서뿐만 아니라 형법과 공법에서도 말이다. 그러한 한에서 비교법은 다른 세 개의 기초법학 교과목들, 즉 법철학, 법사회학 및 법사학과 같은 반열에 놓여있다.

법철학, 법사회학 및 법사학

법이란 무엇인가? 정의란 무엇인가? 이런 물음들이 법철학이 다루는 주제다. 보다 더 정확하게는 철학자들이 다루는 주제다. 아리스토텔레스는《니코마코스 윤리학》의 제5권에서 이 부분을 주도적으로 다뤘었다. 17 ~18세기에 토머스 홉스, 후고 그로티우스로부터 비롯해서 사무엘 푸펜도르프Samuel Pufendorf와 크리스티안 볼프Christian Wolff에 이르기까지, 이들에 의해서 거대한 자연법 시스템이 생겨났다. 그리고 19세기의 시민사회는 칸트의《윤리형이상학》과 헤겔의《법철학 기초》와 더불어서 자신의 법철학적인 토대를 획득했다. 오늘날 이렇듯 거대한 철학시스템의 시대는 지나갔고, 법철학은 점차 법률가들에 의해서 추동되는 법학의 기초학문이 되어왔다. 그렇지만 위 주제들은 여전히 남아있다. 법이란 무엇인가? 정의란 무엇인가? 이에 대해 더 많은 내용은 이 책의 뒤에 나오는 제10장에서 다루고 있다. 그렇지만 이에 대한 대답들이 더는 주도적이지가 않다. 대신에 더 작은 동전을 수집하는 일에나 골몰하면서 법이론으로도 불리는 법학방법론에 집중하고 있는데, 이 영역으로 말하자면 이제 법률가들의 사고 속에서 논리적 구조에 관한 그리고 올바른 결론으로 이끌어가는 옳은 길을 찾아내려는 방법론에 관한 물음이기 때문에 더 이상 철학자들이 얼쩡거리지 못하는 법률가들의 구역이다.

20세기 이래로 법사회학이 하나의 학문 분야로 정착해왔는데, 이는 지난 19세기에 사회학이 철학의 곁에서 생겨난 것과도 흡사하다. 법사회학은 오이겐 에를리히Eugen Erlich와 막스 베버Max Weber, 이 두 대가大家의 권위에 힘입어서 지탱되었는데, 법의 사회적인 토대에 관해서 이들이 서 있는 지점은 19세기의 법학, 즉 "개념법학"에 대한 대응으로 형성되었다. 이 개념법학에서는 법이 지극히 형식화되어서는 거의 모든 도덕적, 자연법적인 내용과는 절연되었다. 오늘날에는 여기서 입법의 일반적인 물음에 관해 연구하고, 특히 어떻게 입법이 본래의 목적을 달성하는지에 대해 탐구한다. 즉 전체 국민의 여러 상이한 계층들 속에서 어느 정도로 해당 입법이 수용될 준비가 되어있는지 그리고 수용할 능력이 있는지 그리고 분쟁이 벌어지는 경우에 법원에서 다툴 수가 있겠는지를 말이다. 이것은 "법에로의 접근"이라는 주제다. 그리고 법관들의 사회적 출신과 정치적인 태도를 연구하는 이른바 법관사회학이라는 것도 있고, 법이 아닌 다른 대안을 다루는 주제도 있는데, 법적인 해결보다는 다른 대안이 더 낫다거나 보다 더 의미 있지는 않은지 여부를 캐묻는다. 그리고 마지막으로 법률가들도 시민들이 법에 대해 잘 알고 있는지 그리고 법률가들에 대해서 어떻게 생각하고 있는지에 대해 전혀 무관심하지는 않다.

카를 마르크스Karl Marx는 단지 하나의 학문이 존재하는데, 그것이 바로 역사학이라고 말한 바가 있다. 이것은 이전에도 하인리히 하이네Heinrich Heine가《겨울동화》에서 판덱텐의 숨겨진 음유시인이라고 노래했던 한 법률가가 이와 유사하게 표현한 바가 있는데, 바로 프리드리히 카를 폰 사비니Friedrich Carl von Savigny가 그러하다. 그는 이른바 역사법학의 창시자로서

19세기의 법과 법학에 지대한 영향을 미쳤다. 그에게 있어서 법적인 문제의 해결은 단지 그것의 역사적인 발전과정, 특히 고대의 로마법을 제대로 인식하는 토대 위에서만 가능하다고 보았다. 그 이후로 법 역사는 독일 법률가들의 교육과정에서 20세기 내내 중요한 역할을 담당했었는데, 이와 더불어서 특히 기존의 보수적인 기본입장을 매우 세련된 문명화의 결과로 정당화하는 데에도 영향을 미쳤다. 즉 법사학法史學은 문화적인 정당화를 도모하는 학문인 셈이다. 그동안에 법사학의 중요성이 점점 더 약해졌다. 그렇지만 그것의 연구 지평은 여전히 매우 넓은데, 처음에는 가장 중요한 고대 로마법 그리고 중세법과 근대의 법 역사까지 아우른다. 수메르과 바빌론의 사람들이 만든 메소포타미아의 쐐기문자로 적힌 법에 대해 놀랍도록 잘 연구되었고, 고대 이집트의 법, 고대 그리스와 비잔틴의 법에 대해서는 상대적으로 덜 연구되었다. 가장 잘 연구된 영역들 중의 하나가 바로 이집트의 위대한 시기에 마지막 시점의 법인데, 즉 알렉산더 대왕 시대부터 로마 황제의 시대까지, 특히 수천 개의 파피루스에 적힌 문건들과 함께 그리스와 로마의 통치하에 놓였던 시기가 그러하다. 파피루스를 다루는 법학적인 고문헌학인 셈이다. 그렇다면 과연 역사로부터 배울 게 있겠는가? 아마도 그럴 것이다.

법률가의 교육 및 양성

어떻게 법률가가 되는가? 대학의 법학부나 이와 동일한 전문영역에서의 교육을 통해서 가능하다. 이어서 제1차 사법시험, 그리고서 법원, 행정청 및 로펌 등에서 법률시보Referendar로서의 실무교육 그리고 다시 제2차 사법시험이 이어진다. 즉 먼저 대학에서의 이론교육, 그리고서 실무교육이 행해진다. 시험에서는 필기시험과 함께 구술시험이 행해진다. 이 첫 번째 시험을 2003년까지는 제1차 국가시험 또는 Referendarexamen으로 불렀고, 두 번째로 치르는 시험은 오늘날에도 여전히 제2차 국가시험 또는 Assessorexamen으로 부르고 있다. 2003년 이후로는 전체 시험의 1/3이 대학에 의해서 그리고 나머지 2/3는 국가에 의해서 시행되고 있다. 이런 까닭에 이 시험은 그 이후로 "제1차 법학시험"Erste juristische Prüfung으로 달리 불리고 있다. 이 국가시험은 각 란트의 법무장관에게 속하는 사법시험청이 주관한다. 2년의 수습 기간에 법률시보는 교육보조금을 지급 받는다. 각 란트마다 다소 다른데, 2018년 현재로 매월 1,100~1,300유로를 지급 받는다. 전체적으로 이 같은 교육과정이 처음에는 대학에서부터 시작해서 제2차 국가시험이 끝날 때까지 평균해서 대략 7~8년이 소요되는데, 법률시보로 채용되는 대기기간을 포함해서 그러하다. 제2차 국가시험에서 합격하면, 완전한 (자격을 갖춘) 법률가Volljurist가 되고, 이로써 법관직을 위한 자격을 갖추게 된다. 이 법관직을 위한 자격은 검사, 변호사 또는 행정청의 중간간부(대개는 사무관급) 채용을 위한 전제조건이기도 하다.

법률가들에게는 학업과 시험 기간의 경제적 어려움이 타 전공 분야에서보다도 훨씬 더 크다. 규정상으로 정해진 시험성적은 sehr gut(매우 우수, 14~18점)부터 gut(우수, 11.5점 이상) 그리고 vollbefriedigend(전적으로 만족할만함, 9점 이상)까지는 이른바 우등성적Prädiktstnote으로 평가된다. 이어서 befriedigend(만족할만함, 6.5점 이상)와 ausreichend(충분함, 4점 이상)로 평가된다. 흠결이 많고 부족한 성적으로는 시험에서 떨어진다.*

자신의 밝은 미래를 위해서는 제2차 국가시험에서의 성적이 가장 중요하다. 2016년에 연방전체의 16개 란트에서 도합 8,695명의 법률시보들이 이 시험에 응시했다. 이들 가운데 단지 6명이 sehr gut 성적을 취득했는데(전체 응시자의 0.1%), 바이에른, 함부르크 및 노르트라인-베스트팔렌에서

---

*참고로 독일의 이 국가시험에서 최고점은 18점이고, 4점미만의 성적을 받은 응시자는 탈락한다. 그리고 응시자에게는 1차와 2차 국가시험에서 각각 2회의 응시기회가 주어진다.

각각 2명이 나왔고, 연방 내 다른 란트에서는 한 명도 없었다. 162명이 gut 성적을(1.9%) 그리고 1,416명이 vollbefriedigend 성적을 획득했다(16.3%). 즉 전체 응시자들 가운데서 단지 18.3%만이 우등성적을 취득했고, 이로써 판사, 검사 또는 행정사무관으로 채용될 기회를 얻게 된다. 3,514명이 befriedigend 성적을(40.4%) 그리고 2,362명이(27.2%) ausreichend 성적을 받았다. ausreichend 성적만으로도 이미 변호사로서의 영업을 위한 자격과 권리를 갖는다. 그리고 1,233명(14.2%)이 탈락하였다.

이것을 의학도醫學徒 교육에서의 성적과 비교해 보자. 이들에게도 법률가와 마찬가지로 학업과 시험에 대략 7~8년의 기간이 소요되는데, 실습, 병원 근무와 수습이라는 세 파트로 나뉜다. 각 파트마다 시험이 치러진다. 2017년에 실시된 이 세 개의 시험에서 응시자의 15.3%가 sehr gut 성적을 받았고, 전체 응시자의 3.8%가 탈락했다. 비교를 위해서는 이것만으로도 충분하다. sehr gut 성적이 법률가들의 경우에 0.1%, 의사들의 경우에는 15.3%인데, 법률가들과 비교하면 무려 150배나 많다. 탈락자 비율도 각기 14.2%와 3.8%로 법률가들이 의사들과 비교하면 4배가 높다. 이렇듯 의사들의 더 나은 성적은 부분적으로는 다음과 같이 설명될 수도 있겠는데, 여기서는 지금껏 입학정원제한규정numerus clausus 때문에 의대생들 모두가 대학입학자격시험인 아비투어Abitur에서 "sehr gut" 성적을 받았기 때문이라는 분석이 그러하다. 그러나 이걸로는 의사들의 경우에 있어서 전체적으로 시험성적이 더 나은 상황을 설명하기에 충분치 않다. 많은 것들을 설명하는 두 개의 근본적인 차이점이 존재한다. 첫째는 의사 교육과정 전체의 최종성적이 세 개의 파트를 마치고 나서 정해지는데, 즉 세 개 파트의 시험성적이 가산되는 방식으로 행해지고, 다시 3으로 나눗셈이 된다(의사면허법 제33조). 응시자에게는 상대적으로 부담이 상당히 덜어지는 셈이다. 이로써 의학도는 각 파트에서 요구되는 전체성과의 1/3을 미리 얻고서, 또다시 각 1/3을 미리 준비할 수 있게 된다. 반면에 법학도들은 제2차 국가시험에 대비하려면 학부 1학기부터 법률시보 기간의 마지막까지 배워온 학습 내용 전체를 준비해둬야만 한다. 제1차 국가시험에서의 성적이 공무원 채용에 있어서 마찬가지로 적용되지만, 단지 합격하기만 하면 되기 때문에 별로 중요하지가 않다. 그리고 제2차 국가시험에서는 법률시보 기간에 지득한 실무지식과 마찬가지로 제1차 국가시험에서 다룬 내용이 또한 중요한 역할을 한다. 의학도들의 경우처럼 시험이 각기 분리되어 있지 않다. 이것이 차이가 크게 나는 상이한 시험성적에 대해서 많은 걸 설명해 준다. 그리고 다소 다른 관점에서의 두 번째 차이점이 존재한다. 법률시보 들은 사법시험청이라는 특별한 행정청이 주관하는 가운데 시험을 치르는 데, 이들에게는 잘 알려지지 않은 낯선 공직자들에 의해서 말이다. 개인적 으로 속박되어있다는 느낌이 여기서 꽤나 상당하다. 의학도들에 대한 구술 시험이 대학과 병원에서 자신을 가르쳤던 교수들로부터 치러지는 것과는 사뭇 다르다. 그리고 해당 시험은 대학과 병원에서 실시된다. 시험 응시자 들은 공간적으로나 개인적으로나 마치 집에 있는 듯 편하게 여길 법하다. 이 또한 사안의 일부를 설명할 수 있다고 본다. 결론적으로 말하자면, 법률 가들은 더 많이 공부해야 하는데도 상대적으로 좋지 못한 성적을 손에 쥔 다. 그래도 위안이 되는 게 하나 있기는 하다. 법률가들은 의사들보다는 더 많이 잠을 잘 수가 있는데, 종합병원에서 인턴 의사의 근무시간은 아침 7시부터 시작한다. 그리고 퇴근시간도 더 늦다.

[참고문헌]

Ein gutes Hilfsmittel für alle Rechtsgebiete ist Carl Creifelds, Rechtswörterbuch, 23.Aufl. 2019. Zu den einzelnen Themen in der Reihenfolge dieses Kapitels mit Schwerpunkt bei einführenden Schriften: Wolfgang Lüke, Zivilprozessrecht I, 11.Aufl. 2020; Hans Brox/Martin Henssler, Handelsrecht mit Grundzügen des Wertpapierrechts, 23.Aufl. 2020; Christine Windbichler, Gesellschaftsrecht, 24. Aufl. 2017; Dörte Poelzig, Kapitalmarktrecht, 2018; Andreas Kerst/Holger Jäckel, Versicherungsrecht, 2. Aufl. 2020; Manfred Rehbinder/Alexander Peukert, Urheberrecht, 18. Aufl. 2018; Volker Emmerich/Knut Werner Lange, Unlauterer Wettbewerb, 11.Aufl. 2019; Volker Emmerich/Knut Werner Lange, Kartellrecht, 14.Aufl. 2018; Günther Kaiser/Heinz Schöch/Jörg Kinzig, Kriminologie, Jugendstrafrecht, Strafvollzug, 8.Aufl. 2015; Bernd Dieter Meier, Kriminologie, 6. Aufl. 2021; Heinrich de Wall/Stefan Muckel, Kirchenrecht, 5.Aufl. 2017; Matthias Herdegen, Völkerrecht, 19.Aufl. 2020; Abbo Junker, Internationales Privatrecht, 4. Aufl. 2021; Stefan Muckel/ Markus Ogorek/Stephan Rixen, Sozialrecht, 5.Aufl. 2019; Hans-Wolfgang Arndt/Holger Jenzen/Thomas Fetzer, Allgemeines Steuerrecht, 3. Aufl. 2016; Edward Schramm, Internationales Strafrecht, 2. Aufl. 2018, Robert Esser, Europäisches und Internationales Strafrecht, 2.Aufl. 2018; Kurt Seelmann/Daniela Demko, Rechtsphilosophie, 7. Aufl. 2019; Susanne Baer, Rechtssoziologie, 4. Aufl. 2020; Uwe Wesel, Geschichte des Rechts, 4. Aufl. 2014. Das Wichtigste zur Juristenausbildung in § § 5 ff. Deutsches Richtergesetz. Die Zahlen von 2016: im Internet unter Bundesamt für Justiz, Juristenausbildung, Übersicht über die Ergebnisse der Zweiten Juristischen Staatsprüfung 2016. Die Noten der Mediziner ebenfalls im

Internet und ebenfalls unter: Bundesamt für Justiz, Institut für medizinische und pharmazeutische Prüfungsfragen, impp, Ergebnisse des ersten Abschnitts der ärztlichen Prüfung Herbst 2017/Frühjahr 2018; Ergebnisse des zweiten Abschnitts der ärztlichen Prüfung Herbst 2017/Frühjahr 2018; Ergebnisse des dritten Abschnitts der ärztlichen Prüfung und der ärztlichen Prüfung Herbst 2016/Frühjahr 2017.

Recht und Gerechtigkeit

제10장
법과 정의

법이란 무엇인가?

법철학에 관한 거대담론적인 물음들에 대해서 모든 시대는 저마다 나름의 고유한 방식으로 대답해왔다. 가장 최고의 여러 제안이 철학자들로부터 개괄적으로en gros 주어졌다. 반면에 법률가들은 이 물음에 미시적으로en détail 골몰해왔다. 이들은 임마누엘 칸트Immanuel Kant를 언급해야 하는데, 법 이론에 관한 도입부인《윤리형이상학》책의 첫 대목에서 서술된 "법이란 무엇인가"라는 제목 하의 문장이 그러하다.

"이 물음에 대한 답을 기꺼이 법학자들에게 내맡기고자 하는데, 다만 이들이 순환논증에 빠지지 않고서, 일반적인 해결책이 아니라 자신의 나라에서 특정 시대를 위한 법률을 갖고자 한다면 말이다. 이는 '정의正義란 무엇인가'라는 물음으로 논리학자들이 곤경에 빠지는 상황과도 같다."

이어서 칸트는 곧바로 자신의 독자적인 대답을 내놓는데, 지금껏 시민사회를 위해서 주어진 가장 아름다운 대답이기도 하다.

"따라서 법은 자유의 보편적인 법칙에 따라서 한 사람의 자의恣意가 타인의 자의恣意와 합일合一될 수 있는 여러 조건의 총관 개념이다."

당시에는 자의恣意 내지는 임의任意라는 게 오늘날처럼 그리 부정적인 뉘앙스가 아니었다. 우리는 오늘날 이것을 행동의 자유나 자유의지로 표현하려고 한다. 법률가들은 늘 여전히 법에 관한 자신들의 개념을 찾으려고 한다. 그간 역사가 흘러오는 동안에 대단한 대답들이 있었지만, 무조건적으로 모든 시대에 그리고 모든 사람에게 동등하게 적용되지는 않았다. 이는 진리나 아름다움에서도 마찬가지다. 우리는 그것이 무언지를 어렴풋이 알고는 있지만, 각자가 이에 대해 자신의 고유한 생각을 갖고 있고, 그래서 보편적으로 적용되는 형식을 찾기가 어렵다. 가장 간단하게는 사전을 집어 들면 된다. 카를 크라이펠즈Carl Creifelds가 펴낸 《법률사전》(제23판, 2019)에는 법Recht이라는 표제어 아래에 이렇게 적혀있다.

"법은 객관적인 의미로는 법질서이다. 즉 법규들의 총합이고, 이로써 인간들이 모여 있는 집단에서의 상호적인 관계나 상위에 놓여있는 고권주체에 대한 관계 또는 이들 간의 관계가 규율된다. 객관적인 법과는 달리 주관적인 법 아래에서는 권리라는 게 파악되는데, 이는 그 적격자를 위하여 객관적인 법으로부터 직접 생겨나거나 객관적인 법에 근거해서 획득된 것이다.

법과 도덕(윤리)이 늘 보완적이지만은 않다. 도덕은 인간 내면의 성향이나 신념을 지향하는 반면에, 법은 인간의 외적인 행위를 규율한다. 윤리(이것은 공동체 안에서 적용되는 예절규칙과 관행을 뜻한다)의 존중과 마찬가지로 도덕적인 행동은 법규에 의거해서 요구되는 한에서만 강제될 수 있다."

따라서 이것은 다수의 개념으로, 즉 법, 도덕, 윤리, 관습으로 다룰 수가 있다. 그리고 또한 정의가 여기에 덧붙여진다.

법을 모든 법규의 총합이라고들 말하는데, 이로써 객관적인 법이 주관적인 법과는 구별되는 지극히 형식적인 그 무엇을 뜻한다. 여기서 객관적인 법은 법질서를 뜻하고, 주관적인 법은 개개인에게 법상 귀속되는 그 무엇을 뜻하는데, 나의 재산 또는 채무자에 대한 나의 청구권이 그러하다. 법이 그러하다면, 정의 또한 객관적인 성격을 갖고 있는가? 정의는 법의 내적인 올바름이고, 도덕적이고 사회적이다. 법이 단지 외적인 형식이라면, 정의는 더 많은 내적인 내용을 갖는데, 늘 그렇듯이 이 양자를 분명하게 구분하기가 쉽지 않다. 법에서와 마찬가지로 정의의 곁에도 여전히 주관적인 그 무엇이 존재한다. 즉 주관적 정의가 그러한데, 이는 정의롭게 사고하고 행동하는 개개인이 갖는 개별적인 특성이다.

정의正義와 더불어서 우리는 도덕 또는 이와 동일한 윤리의 영역에 들어선다. 도덕은 선과 악에 관한 앎이고, 우리가 지닌 양심의 문법이다. 크리스티안 토마지우스Christian Thomasius와 임마누엘 칸트Immanuel Kant가 도덕을 개념적으로 법과 구분한 이후로도 결국 위 양자가 그렇게 분리되지는 못했다. 칸트의 생각에 따르면, 법은 사람들이 자유롭게 자신을 스스로 실현해 갈 수 있는 외적인 테두리다. 도덕적 행위의 의미에서 말이다. 그러나 이로써 법의 테두리 안에서 비도덕적으로 행위를 할 가능성 또한 주어진다. 그렇지 않으면 우리는 아마도 자유롭지 못할 법하다. 물론 이로부터 이 양자가 서로 멀어지는 상황이 생겨나기도 한다. 환경을 오염시키게 될 어느 발전소의 운영주체가 발전소 운영을 위해서 법적으로 아무런 문제가 없는 허가를 득하고자 한다. 그는 합법적으로 행위를 하지만, 그러나 비도덕적이다. 이와는 반대로 원자력 무기 반대자들이 핵미사일 배치를 앞두고서 도로를 점거하고서 앉아있다면, 이들의 항의시위가 비록 법에는 저촉되는데, 그렇지만 도덕은 이들의 편이다. 많은 경우에서 법과 도덕 간의 이 같은 상반성이 문제가 되는데, 그렇지만 다른 한편으로 이는 우리 스스로가 원칙적으로 법을 뛰어넘는 그 어떤 도덕규율을 만들 수 없다는 사실을 뜻하기도 한다. 이것이 우리가 지닌 개별적인 자유의 표현인데, 그러나 이와 동시에 또한 그것과 결부되어있는 많은 사회적 문제들의 원인이기도 하다.

도덕과 윤리도 구별된다. 윤리는 사회적인 교류에 있어서 통용되는 규칙들, 각종의 예절들, 복식服式 및 식탁 에티켓, 인사규칙, 호칭형식 및 성행위에서의 규칙들, 상이한 연령대인 사람들 상호 간의 행동, 출생, 결혼 및 사망 시의 풍속 등의 총합이다. 윤리 또한 종종 법의 영역 안으로 영향을 미친다. 이로써 이 둘을 개념적으로 구별하는 데에 어려움이 더해진다. 이 구별을 도모해온 그간의 모든 시도가 좌절되었다. 이에 덧붙여서 구스타프 라드브루흐Gustav Radbruch는 이것이 개념의 문제가 아니라 역사적인 문제라고 말한 바가 있다. 하이델베르크 대학의 형법교수이기도 한 그는 20세기에 가장 걸출한 법철학자 중 한 사람인데, 1921~1923년까지 바이마르 공화국에서 사회민주당 정부의 법무장관직을 역임했었다. 그에 따르면 법, 도덕 및 윤리가 서로 분리되지 않은 채로 있다가 이후 점차 해체되면서는 본래의 단일한 질서의 자투리 구성 부분들이 윤리에 속하게 되었다고 한다. 이때 법과 도덕이 분명하게 드러난다. 제대로 된 관찰이라고 여겨진다. 구스타프 라드브루흐는 자신의 저서《법철학》(제8판, 1973, 139쪽 이하)에서 아래와 같이 서술한다.

> "윤리는 법과 도덕에 대해서 시스템적으로가 아니라 역사적인 관계 속에 놓여있다. 윤리는 법과 도덕에서 아직 전개되지 못하고 분리되지 못한 채로 남아있는 공통의 전형식前形式이다."

달리 말하자면, 법은 시대의 흐름에 따라서 자신의 성격을 바꿔 간다. 이러한 발전과정의 시작점에는 법이 종교, 도덕 및 윤리와 전혀 분리되지 않은 상태의 단일체로 형성되어 있었다. 고대에 법은 종교와는 상당히 멀어진 채로 분리되어 있었다. 그사이에 법이 통치와 결합하여 있었던 까닭인데, 통치의 성격을 바꾸었다. 군주가 더는 자신이 가진 종교적 정당성 속에서 법의 담지자나 입법자 그리고 최고의 심판관이 아니게 되었고, 인민총회와 참사원이 그 자리를 대신했다. 그러나 당시에 법, 도덕 및 윤리가 서로 얽혀있는 통합성은 오늘날보다도 훨씬 더 강했는데,《학설휘찬》의 처음에, 즉《로마법대전》에 적혀있는 유명한 문장이 이를 잘 드러낸다. 로마의 법률가 켈수스Celsus는 2세기 중반에 이 문장을 구성해냈고, 울피아누스 Ulpianus가 쓴《학설휘찬》제1권(1. Title, 1. Fragment)에서도 발견된다.

> "[…] *nam, ut eleganter Celsus definit, ius est ars boni aequi,* [⋯]"
> ([⋯] 왜냐하면 켈수스가 우아하게 표현한 바와 같이 법은 선善과 형평衡平의 예술이기 때문이다. [⋯])

형평衡平은 플라톤과 아리스토텔레스에게서 묘사되는 평등인데, 정의의 토대이기도 하다. 선善은 도덕의 의미에서 악惡의 대립물이다. 따라서 로마의 법률가들에게 있어서 법은 결코 형식적인 학문이 아니라 일종의 기예技藝였고, 이 법의 소재가 바로 정의와 도덕이었다. 이런 사고는 칸트와 시민사회를 거쳐서 19~20세기에 각인된 법과는 꽤 상당히 동떨어져 있는데, 설령 독일 전역의 많은 고등법원들의 벽에서 그리고 많은 법학 서적의 맨 앞장을 장식하는 격언으로 더 자주 접하고 있더라도 말이다. 그동안에 이것 역시도 다소 바뀌었다. 법과 도덕 간의 개념적 분리는 ―이론적으로 보자면― 법률가들이 점점 더 많이 법률의 논리적이고 올바른 적용에만 골몰하고 있고, 법률의 내적인 올바름에 대해서는 더 이상 유념하지 않는다는 사실을 뜻한다. 법률의 내용에 해당하는 정의正義는 입법자들의 몫이다. 당시에는 이렇게들 생각했었다. 법관은 그 내용이 어떠하든지 상관없이 법률을 적용해야만 했다. 또한, 이에 대해서도 구스타프 라드브루흐는《법철학》(제3판, 1932, 83쪽 이하)에서 유명한 문장을 남겨놓았다.

"자신의 고유한 법 감정을 법의 권위적인 명령 앞에 희생시킨 채로 법률에 담겨있는 입법자의 의지를 유효하게 적용하는 게 법관에게는 직업상의 의무이다. 그는 단지 "무엇이 올바른지"만을 질문할 따름이고, "저것도 올바를 수 있지 않겠는지?"라는 물음은 절대로 꺼내지 않는다. 그런데 법이 늘 그 내용상으로 얼마나 부정의不正義 하게 형성되곤 하는가? 법은 이미 그 존재 자체가 자기목적이고, 법적 안정성이라는 목적을 충족하고 있다고들 말한다. 우리는 자신의 신념에 반하는 내용을 설교하는 사제司祭를 경멸하면서도, 자신의 법 감정에 반하는데도 그저 법률에 충실한 가운데 이리저리 현혹당하지 않는 법관을 칭송한다."

여기서 사제가 등장하는 게 결코 우연한 일이 아니다. 왜냐하면, 18세기에 토마지우스와 칸트에 의한 법과 도덕의 분리는 교회의 세속화라는 배경 하에 행해졌기 때문인데, 이로써 교회가 가진 도덕 사고가 더는 국가의 법질서 안에서 관철될 수 없게 되었고, 사람 여하를 따지지 않는 모든 사람의 권리인 자유와 평등이 그 시그널이 되는 시민사회의 우위가 확보되었다.

이렇듯 법이 갖는 성격의 변화가 법철학의 쟁점들에서도 변화를 가져왔다. 고대의 법철학자들 중에서 누구도 법의 개념에 대한 물음에 골몰하지 않았다. 늘 정의正義가 문제시되었을 뿐이었다. 비로소 칸트 이후로 법을 독자적으로 "추상적으로" 개념정의하려는 수많은 시도가 행해졌다. 법과 정의 또는 결국에는 이와 동일한 법과 도덕은 개념적으로 분명하게 구별되고, 이는 시민사회로의 보편적인 발전이 행해지는 자연스러운 분리 과정에도 부합하는 바였다. 이 시민사회가 지닌 법의 사회적 불평등과의 관계가 분명하게 드러났다. 평등에 대해서는 지금껏 아나톨 프랑스Anatole France보다 더 분명하게 표현한 이가 없었는데, 그는 1894년에 출간된 소설《붉은 백합》에서 법 아래에서 살아가는 프랑스 시민들의 자긍심을 다음과 같이 묘사했다.

"법률의 장엄한 평등은 가난한 이들과 똑같이 부자들에게도 다리 밑에서 잠자고, 길거리에서 구걸하거나 빵을 훔치는 걸 금지한다."

지난 시대의 가장 중요한 법철학자들

이제는 역사 속에 발을 들여놓고서 가장 중요한 여러 법철학자를 살펴보기로 하자. 과거의 거대담론들에 내재하는 여러 상이함으로부터 우리는 법과 정의에 대해 몇몇 중요한 것들을 배울 수가 있는데, 적어도 이에 따라서 서술되고 있는 현재의 이론으로부터도 마찬가지이다. 소크라테스, 플라톤, 아리스토텔레스, 후고 그로티우스, 토머스 홉스, 임마누엘 칸트, 게오르크 빌헬름 프리드리히 헤겔, 막스 베버와 한스 켈젠이 지난 시대에 법철학의 대가들이다.

소크라테스, 플라톤 및 아리스토텔레스

위 세 사람은 오늘날까지도 유럽 철학의 중심에 놓여있고, 또한 법과 정의라는 주제에서도 그러하다. 이들은 BC 5~4세기에 이들 사고의 토대인 아테네 민주정의 고전적인 시대를 살아갔다. 즉 두 명의 스승과 두 명의 제자들이다. 소크라테스(BC 469~399)는 플라톤(BC 427~347)의 스승이었고 그리고 플라톤 또한 아리스토텔레스(BC 384~322)의 스승이었다. 소크라테스가 만들어낸 서유럽 철학의 전형前型 내지는 원형原型을 "인류 역사에서 가장 위대한 사상가인 두 대가大家, 즉 플라톤과 아리스토텔레스가 계승했다"(Otfried Höffe).

소크라테스는 글을 쓰지는 않았지만, 그 대신에 아테네의 시장市場으로 가서는 법과 도덕, 국가와 법에 대해 토론하면서 소위 지식이라는 것의 실체를 폭로했다. 다만 "나는 아무것도 모른다는 것을 안다"라는 모토에 따라서 자신이 더 잘 알고 있다고 주장하지는 않았다. 이것이 청소년들을 타락시켰다는 고발과 함께 그는 아테네의 법정에 서야했고, 5백 명의 배심원이 모인 법정에서 그에게 사형이 선고되었다. 인류 역사상 가장 첫 번째의 그리고 중차대한 정치적인 오심誤審이다. 두 번째의 오심은 이보다 350년이 지난 후에 로마 총독이 주재하는 심판정에서 내린 예수 그리스도에 대한 판결이다. 소크라테스는 법이 설령 불의不義하더라도 법은 법이라며 도망갈 기회를 거부했고, 그리고서는 처형당했다. 그는 당시의 민주정적인 상태의 많은 부분을 비판했다. 그렇지만 그는 민주정의 친구였다(Karl Raimund Popper).

소크라테스의 천재적인 제자인 플라톤은 곧바로 스승에게 가장 충실하지 않은 이로 드러났다. 그는 소크라테스를 배반하고서 성공을 거두었다. 소크라테스는 이미 죽었기 때문이다(K. R. Popper). 즉 주된 저작인《국가론》Politeia에서 그는 정의를 두고서 소크라테스와 가상의 대화를 나누는데, 먼저 국가와 고대의 폴리스polis에 대해서 그리고서는 이 양자가 행복하게 실존하기 위한 전제조건인 인간에 대해 다룬다. 그에 따르면 폴리스 안에는 세 개의 집단이 존재하는데, 즉 통치자 내지는 지배자 그리고 파수꾼, 즉 군인 그리고 노동하는 시민들, 즉 농부, 수공업자, 상인들이 그러하다. 중세 유럽에서와 마찬가지로 신분제국가였는데, 지배자들은 현명하고, 군인들은 용맹하며, 노동자(생산자)들이 분별 있게 행동한다면, 이 행복한 도시국가에는 정의正義가 지배한다고 생각했다. 그런데 한 사람이 통치자가 얼마나 현명해야 하는지를 가상의 소크라테스에게 묻는다. 그리고 그는《국가론》에서 유명한 문장으로(473d) 답한다. "여러 나라에서 철학자가 왕이 되지 못하거나, 지금의 왕이나 권력자가 진정으로나 근본적으로 철학적이지 못하면, 따라서 국가권력과 철학, 이 양자가 서로 뒤섞이면 이들 국가에게는 악惡을 치유할 방법이 없게 된다." 그렇다면, 즉 이 철학자들이 법률들을 갖고서 서로 꿰맞추고, 개개인들의 일부는 설득하고, 다른 일부는 각자가 공동체를 위해서 행할 수 있는 유용한 일을 하게끔 강제할 수가 있다(《국가론》519a~520a). 이렇게 해서 개인도 또한 마침내 개별적으로 현명하고, 용맹하며 그리고 분별심을 갖고서 행복해진다고 보았다.

이러한 상념과 관련해서는 포퍼Karl Raimund Popper가 왜 자신이 쓴 저작의 제1권인《열린 사회와 그 적들》에서 플라톤이 말하는 국가를 전체주의 국가를 위한 프로그램으로 묘사했는지가 이해된다. 포퍼의 이 제1권은 "플라톤의 마법"이라는 부제를 갖고 있다. 물론 아마도 이에 대한 정당한 반론 또한 존재한다. 어쨌든 플라톤의 이 주된 저작은 오늘날까지도 유럽 철학에 강하게 영향을 미치고 있다.*

플라톤이 자신의 스승인 소크라테스에게 반기를 들었듯이, 아리스토텔레스 또한 자신의 스승인 플라톤과 대척점에 서 있었다. 아리스토텔레스는 더 이상 사상의 거대담론이 아니라 유용한 관찰들, 예컨대 오늘날에도 여전히 통용되는 동물의 이원적인 분류방식, 즉 몸 안에서 피가 돌아가는 동물(척추동물)과 피가 없는 동물(무척추동물)과 같은 자연과학적인 발견들을 제공했다. 이와 더불어서 그는 이후로도 여전히 수백 년 동안 지속해온 한물간 낡은 논리도 제공했다.《니코마코스 윤리학》제5권에서 전개되는 그의 법철학은 플라톤에 비하자면 더욱더 단순명료하다. 이것 역시도 마찬가지로 정의의 철학이다. 주관적인 특성으로서의 정의dikaiosyne는 그가 책의 앞부분에서 밝히듯, 올바른 일을 행하고, 그리하고자 의욕意欲하는

---

*이런 맥락에서 심지어 영국의 수학자이자 철학자인 화이트헤드는 "유럽 철학은 플라톤 철학의 각주"라고 언급한 바가 있다.

능력이다. 그가 정의로운 것을 위해서 필요로 하는 그리스어 단어가 바로 *ta dikaia*인데, 법의 복수형 명사가 *to dikaion*이며, 이 단어는 추후에 단수 명사로도 객관적인 정의와 같은 의미로 사용됐다. 이 단어가 지닌 정황상의 묘사가 왜 필요한가? 이는 로마인들과 마찬가지로 그리스인들도 객관적인 정의에 대해서는 그 어떤 마땅한 표현을 갖지 못했음을 드러낸다. *dikaiosyne*는 *iustitia*와 마찬가지로 늘 단지 주관적인 정의일 따름이다. 객관적인 정의와 법은 같은 단어로 묘사되는데, 우리에게서 지금 분리된 것과는 달리 같은 동의어인 셈이다. 정의로운 것은 무엇인가? 《니코마코스 윤리학》 제6장에는 다음과 같이 적혀있다.

> "올바른 것은 평등이다. 모두가 이걸 잘 알고 있고, 이것은 따로 증명될 필요가 없다."

대단한 문장 같지만, 자세히 살펴보면 금세 그 의미가 퇴색한다. 왜냐하면, 이제 갑자기 평등의 두 가지 유형이 존재하는데, 이로써 정의의 두 가지 유형 또한 나타난다. 즉 산술적 평등과 등비적 평등이 그러하다. 그리고 평균적 정의와 배분적 정의가 이에 상응해서 거론되는데, 이는 이미 플라톤에 의해서 발견되고 체계적으로 구축된 사고이다. 평균적 정의는 계약과 관련된 법, 손해배상, 시민들 상호 간의 법, 법적으로는 채권법에서 목도된다. 내가 누군가에게 손해를 입히면, 나는 산술적 평등 속에서 그에게 배상해야 한다. 즉 입힌 손해와 같은 가액의 손해배상 말이다. 평등의 더 고차원적인 형식은 국가의 개인에 대한 관계에서 나타나는 배분적 정의인데, 여기서 국가는 다양한 방식으로 비례적인 원칙에 따라서 보편적인 복리와 공직 및 공적인 명예에 관여하고, 따라서 국가로부터 어떤 시민은 더 많이 그리고 다른 시민은 더 적게 받는다. 각자에게 주어지는 것이 상황에 따라서 다르다. 모든 동물은 평등하지만, 어떤 동물은 다른 동물들보다도 더 평등하다.* 그렇지만 당연히 분명한 척도들에 따라서 말이다. 플라톤 자신도 다양함이 존재한다고 말했다. 그에게서 가장 공감이 가는 것은 *arete*이다. 번역하기가 쉽지 않지만 아마도 "성과"와 관련해서 표현하는 게 가장 적절할 듯싶다. 즉 무언가를 행하는 자만이 무언가를 누릴 수 있다는 것으로, "계급과 재산을 구별하는 사법 제도"를 정당화하기 위한 수단이 바로 정의正義다(Ernst Bloch).

로마인들

로마인들은 인류 역사에서 법의 민족으로 이해된다. 이들이 철학자는 아니었다. 그리스인들과는 달리 로마인들은 법과 정의에 관한 새로운 컨셉을 발전시키지는 않았다. 이들은 법과 권력의 실행자이지 이론가는 아니었다. 키케로Cicero가 서술한 내용은 아리스토텔레스와 스토아학파의 혼합이었는데, 이 스토아 철학자들은 위에서 지구별을 내려다보면서 평온한 가운데 미래를 내다보는 이들이었다. 일종의 철학자들의 로터리 클럽Rotary Club인 셈이다. 로마의 법률가들에게서 이론의 한 단편을 찾게 되면, 바로 그곳에서 이론이 시작되곤 한다. 정의의 형성에 있어서 수백 년 동안 가장 널리 알려진 처방전을 내놓은 울피아누스Ulpianus는 《학설휘찬》의 앞부분(1. Buch, 1. Titel, !. Fragment)에서 다음과 같이 적어두었다.

> *"Iustitia est constans et perpetua voluntas ius suum cuique tribuend."*
> (정의는 각자에게 자신의 권리를 향유케 하는 끈질기고 영속적인 의지다.)

---

*All animals are equal, but some are more equal than others. 조지 오웰의 《동물농장》에서 인용된 문구이다.

각자에게 자신의 권리라고? 맞아, 그때는 그랬지. 로마법은 어차피 잘난 사람들의 법이었으니까.

후고 그로티우스

이제 고대를 벗어나서 중세로 넘어가 보자. 중세의 법철학은 특히나 토마스 아퀴나스Thomas Aquinas로부터 발전되었는데, 종교적인 색채가 너무 짙은 까닭에 오늘날에는 거의 큰 의미가 없다. 이어서 후고 그로티우스가 등장한다. 그는 아리스토텔레스 이후로 거의 2천 년이 지난 17세기를 살아갔는데, 이 시기는 고전적인 자연법의 시대였고, 그는 토머스 홉스와 더불어서 고전적인 자연법의 가장 중요한 대변자였다. 그가 저술한 책이 바로 유명한 《전쟁과 평화의 법》De iure belle ac pacis인데, 30년 전쟁이 진행 중이던 1625년에 출간되었다. 이 책에서 그는 자신의 법 이론을 단지 인간의 본성에 속하는 이성理性을 통해서 이끌어냈는데, 즉 국가권력에 터 잡고 있던 아리스토텔레스와는 달리 이 이성은 국가와 국가의 법과는 무관하게 실존하는 것이었고 그리고 토마스 아퀴나스처럼 종교적으로 정당화하지도 않았다. 이런 까닭에 이것은 자연법이고, 또한 이성법으로도 불렸다. 이는 기독교적인 토대에 근거하지 않으면서 국가로부터 자유로운 법을 위한 근대 최초의 정당화 작업이었다. 즉 기독교적인 토대 위에 놓여있는 법은 "모든 사람은 공통되기(보편적이기) 때문에 종교가 다른 게 허용되지 않는다"라는 전제를 깔고 있었다. 이미 이것만으로도 논쟁적인 전환이었는데, 왜냐하면 종교가 다르다는 게 그 당시에는 매우 큰 의미를 지녔었기 때문이다. 따라서 그로티우스는 인간의 세속적인 본성에서 비롯하는 법을 요청하는데, 그가 매우 단순한 방법론에 따라서 재구성하는 자연법이 그러하다. 이 방법론은 보편성의 상념에 근거한다. 즉 만약에 여러 다른 시대에 그리고 전

지구상에서 개별적인 문제들에 대해 늘 재차 거듭해서 적용되고 있는 동일한 규칙이 확인된다면, 이것은 보편적이고, 따라서 시대와 장소, 국가와 종교와는 무관하게 인간의 본성에 부합한다는 주장이다. 이런 까닭에 그의 책에는 그리스와 로마의 고전적인 저작들, 로마법과 성서聖書에서 따온 수많은 인용문과 여러 이민족異民族의 관습에 관한 많은 언급이 담겨있다. 그리고서 이것들을 제대로 잘 살펴보면, 이 모든 것들의 배후에 놓여있는, 인간의 본성과 이성에 부합하는 보편적인 원칙을 알아챌 수가 있다고 그는 생각했다. 그것은 바로 계약이다. 이 원칙은 사람들 사이에서도 또한 적용된다. 사람들은 모든 것들 위에 떠다니면서 모든 걸 규율하는 국가 없이도 계약을 맺는다. 즉 모든 걸 스스로 규율한다. 왜냐하면, 인간은 이성적이고 타인과의 관계 맺기를 즐기기 때문인데, 이로부터 나오는 정확한 개별적인 사항들은 후고 그로티우스의 저작들에서 확인할 수가 있다. 그는 이 자연법을 시민들 사이에서 적용되는 사법私法으로만 다룬 게 아니라, 국제법, 즉 여러 민족 간의 법으로도 또한 적용하는데, ─이것이 그의 두 번째 위대한 발견이다─ 예컨대 당시 유럽을 뒤흔들어놓았던 30년 전쟁에도 적용되었다. 왜냐하면, 여러 민족의 위에 이보다 상위의 기구가 존재하지 않았기 때문이다. 여러 민족은 자신들의 갈등을 스스로 규율해야 하는데, 가급적 국제법적인 계약, 즉 조약을 통해서 말이다.

토머스 홉스

얼마 후인 1651년에 토머스 홉스Thomas Hobbes가 《리바이어던》Leviathan 이라는 책을 펴냈다. 그는 자연법을 전혀 다른 관점에서 발전시켰는데, 즉 인간의 본성에 관한 전혀 다른 이해에 기반하는 것이었다. 여기서 인간을 묘사하는 특성은 이성異性 및 타인들과의 사교성이 아니다. 인간을 지배하고 있는 것은 행복의 추구인데, 이는 강한 자만이 이뤄낼 수가 있다(제11장).

"따라서 맨 먼저 모든 인간이 지닌 보편적인 욕망이 권력을 차지하기 위한 부단하고 쉼 없는 노력이고, 이것이 죽음과 함께 비로소 끝난다는 사실을 나는 전제하고 있다."

이로부터 그는 자신의 발견물인 자연상태를 재구성하는데, 국가가 생겨나기 이전의 시대로부터 말이다. 그는 이 자연상태를 그 자신이 몸소 겪어온 영국 내전內戰의 경험과 호전적인 북미의 인디언에 관한 기사로부터 재구성해냈다. 즉 자연상태는 야생野生의 법칙이 지배하는 혼란의 상태이고, 만인萬人의 만인萬人에 대한 투쟁이라고 보았다. 따라서 토머스 홉스의 곁에서 이성적으로 된 인간들은 자신들의 늑대 본성을 대장 늑대, 즉 국가에 양도하는데, 이로써 국가가 권력을 독점하고서는 마치 성서에 등장하는 괴물과도 같게 된다고 주장한다. 이 괴물의 이름이 바로 책 제목이다. 인간들이 국가의 성립에 스스로 합의한다. 단지 한 사람이 명령하고, 이로써 다른 이들은 평화롭게 살아갈 수가 있게 된다. 그가 명령하는 것이 바로 법이다. 즉 법은 명령이고, 영어로는 command이며, 19세기에 존 오스틴John Austin 그리고 20세기에는 한스 켈젠Hans Kelsen에 의해서 새롭게 다듬어진 이른바 "명령설"이 등장한다. 물론 이 같은 명령은 그 내용이 지닌 정의正義에 관한 그 어떤 상념과는 전혀 무관하게 효력을 갖는다. 법률은 모종의 형식적인 조건들을 충족시켜야 한다. 즉 법률은 공개리에 잘 알려져야 하고, 소급해서 적용되어서는 아니 된다. 그러나 그밖에는 주권자는 그가 원하는 바를 명령할 수가 있다. 법과 정의가 처음으로 분명하게 분리된다. 위 책의 제26장에는 라틴어로 매우 인상 깊은 문장이 적혀있다.

"auctoritas non veritas facit legem."

(진리가 아니라 권위가 무엇이 법인지를 결정한다.)

*auctoritas*는 국가, 즉 군주의 권위이고, *veritas*는 후고 그로티우스가 인간의 이성에서 발견해낸 자연법적인 진리를 뜻한다. 진리는 이성적이기 때문에 그것은 또한 올바르다. 이것이 간결하게 언급되는 결정적인 차이점이다. 후고 그로티우스의 자연법은 실질적 정의와 올바른 규칙들의 체계이다. 반면에 토머스 홉스의 자연법은 단지 국가와 법의 형식적 실존을 정당화하는데, 그것의 내용은 임의에 맡겨져 있다. 위 양자는 물론 공통점도 갖고 있다. 후고 그로티우스에게서와 마찬가지로 토머스 홉스에게서도 또한 계약이 법의 중심에 놓여있는데, 이 법은 인간의 본성으로부터 비롯한 것이다. 이 법은 단지 사람들 사이에서 매일 그리고 무수히 반복되는 그런 계약일 뿐만 아니라, 복종 계약이기도 하다. 즉 만인에게서 국가권력을 넘겨받고서 이제 그가 원하는 대로 할 수 있는 이들과 영원토록 체결한 계약인데, 그가 이들의 생명과 안전을 보장해 주는 한에서 말이다. 17~18세기의 절대 국가에 대한 장엄한 정당화 기제이고, 이로써 토머스 홉스는 궁정 철학자로 역사책에 자신의 이름을 남기게 되었다.

임마누엘 칸트

이제 우리가 다음에 들릴 정류장은 19세기의 시민사회이다. 이 시대의 철학자는 자유의 철학자이기도 한 임마누엘 칸트Immanuel Kant다. 그는 18세기를 살아갔는데, 그렇지만 다음에 다가올 세기를 위해서 글을 썼다. 그의 법철학이 터 잡은 준거점은 국가가 아니라 사회, 개인 및 개인의 도덕이다. 이미 《윤리형이상학》 책의 서두에서 그가 밝히고 있는 바와 같이 법과 도덕, 합법성과 도덕성 간의 개념적 분리가 전제되고 있다. 그는 위 책 서론의 제3장에서 다음과 같이 서술한다.

> "그 동기를 고려하지 않고서 한 개인의 행위가 법과 그저 합치하거
> 나 합치하지 않는 것을 합법성(적법성)이라고 부르고, 그러나 법률에서
> 비롯한 의무감이 동시에 행위의 동기가 되는 게 도덕성(윤리성)이다."

따라서 자유의 외적 조건인 법과 내적 태도인 도덕이 서로 대립해 있을
뿐만 아니라, 누군가가 도덕적인 이유에서 법에 합당하게 행위를 하는 경
우에는 상호 보완적이고 결합하기도 한다. 이것이 가장 이상적인 경우인
데, 여기서는 법이 도덕적 원칙들의 실현을 위한 자유의 조건이 된다. 도덕
이 개념적으로는 법에 속하지 않기 때문에 칸트의 법 개념은 매우 형식적
이다. 그의 유명한 개념정의를 차분하게 두 번째로 정독해보자.

> "따라서 법은 자유의 보편적인 법칙에 따라서 한 사람의 자의恣意가
> 타인의 자의恣意와 합일合一될 수 있는 여러 조건의 총괄 개념이다."

매우 형식적이지만, 그러나 리바이어던의 명령처럼 전혀 간결하지는 않
다. *auctoritas non veritas*(진리가 아니라 권위). 또한, 만일 그렇지 않다면, 칸
트는 그로티우스와 홉스 사이에서 어정쩡하게 자리매김 되었을 법하다. 그
는 법과 관련해서 홉스가 전적으로 등한시한 몇몇 내용을 언급하고, 계약
과 재산권, 혼인 및 부모의 권리에 관해서도 서술하고 있으며, 마침내 −제
2부의 법 이론에서는− 후고 그로티우스가 크게 간과했었던 국가도 등장한다.
그러나 여기서 국가는 자유를 위해서이지, 토머스 홉스에게서와같이 그저
맹목적으로 생존 자체를 보장하기 위해서는 아니다. 즉 국가는 그 시민들
이 갖는 자유의 보장자로서 권력분립과 법의 지배 아래에 놓여있다.

“한 국가는 법률 아래에 놓여있는 다수의 사람이 모인 단체다.”(§45)

이로써 19세기 초반에 우리가 오늘날 법치국가로 이해하는 것의 커다란 윤곽이 그려졌다. 시민 혼자서, 즉 후고 그로티우스에게서와 같은 사회만이 아니라 그리고 토머스 홉스에게서와같이 처음부터 끝까지 강조되는 국가가 아니라, 국가와 사회 양자가 함께하지만, 그러나 어쨌든 시민이 최우선이다. 그렇다면 정의正義는 어찌 되는가? 정의는 아리스토텔레스에게서와 마찬가지로 평균적 정의와 배분적 정의다. 무언가를 행하는 자만이 무언가를 성취해낼 수가 있다.

게오르크 빌헬름 프리드리히 헤겔

게오르크 빌헬름 프리드리히 헤겔Georg Wilhelm Friedrich Hegel은 1821년에 출간된 《법철학 개요》에서 객관적 정신의 법철학을 구성해냈다. 여기서 '객관적'이라는 형용사가 뜻하는 바는 주관적 정신과는 정반대다. 칸트는 이 주관적 정신을 개개인이 생각하는바, 주관적이고 개별적이라고 여겼는데, 즉 자신의 책임 속에서 도덕적인 자기실현의 관점과 결부시켰다. 헤겔의 객관적 정신은 모두가 공통되게 생각하는바, 한 민족 전체가 생각하는바, 즉 민족정신이었다.

이것이 매우 중요하다. 칸트는 개인주의적, 자유주의적이다. 반면에 헤겔은 대세에 순응적이고, 보수적이다. 그는 칸트처럼 형식논리가 아니라, 역사적으로 논증한다. 그는 칸트에게서 논리적인 모순을 발견하고서는 이것을 역사적으로, 즉 변증법적으로 해결한다. 이로써 헤겔은 하나의 발전과정을 묘사하는데, 민족정신이 처음에 하나를 생각해내고, 이어서 다른 하나를 생각해냄으로써 비롯하는 그러한 발전과정이다. 이로써 마침내 이

같은 대립으로부터 더 나은 질質을 갖는 보다 높은 단계의 새로운 상념이
생겨난다. 그리고 이것은 일정한 시간이 흐른 후에 그가 명명하는 테제正,
안티테제反 그리고 진테제合로 이어지는 그다음의 발전을 위한 시작점이
된다. 역사는 언제나 문화의 더 높은 단계로 이어지는 발전이고, 이러한 까
닭에 헤겔은 역사철학자이다. 우리는 그에게서 인간들이 다른 시대마다 달
리 사고해왔다는 사실을 배우게 되는데, 즉 고대의 정신이 있고, 중세의 신
앙심 깊은 인내 그리고 르네상스와 바로크의 시대정신이 그러하다. 그런
데 그 이전에는 많든 적든지 간에 사람들은 무의식적으로 이전의 인류도
지금의 우리와 똑같이 사고했을 거라고 전제했었다.

　인간에 관한 일반적인 사고뿐만 아니라 인간들의 법 또한 변화해왔다.
법은 객관적 정신의 가장 중요한 형식인데, 세 가지 단계, 즉 테제, 안티테
제 및 진테제로 발전해왔다. 그는 이것들을 추상적인 법, 도덕 그리고 윤리
라고 불렀다. 첫 번째 단계, 즉 테제는 추상적인 법이다. 형식적이고 객관
적인 법, 재산권, 계약, 불법행위가 여기에 해당하고, 고대의 법, 더 정확하
게 말하자면 고대 로마법으로 역사적으로 이해된다. 두 번째 단계, 즉 안티
테제에서는 민족정신이 이 외부의 법에 대항하면서 내부를 지향하는데, 신
앙적으로 경건해지면서 내적인 도덕성이 양심과 책임을 강조하면서 외부
의 법에 맞선다. 이것은 역사적으로 중세시대의 기독교로 이해된다. 위 양
자의 대립으로부터 새로운 결합이 내·외부에서 생겨나는데, 바로 세 번째
단계인 진테제다. 그는 이것을 윤리성이라고 부른다. 이 윤리성은 최고의
정점頂點을 드러낸다. "그리고 마침내 우리는 어떻게 이렇게 훌륭하게 여기
까지 왔을까!" 헤겔은 윤리성이 가족, 사회 그리고 가장 중요한 국가의 새
로운 형식을 만들어가는 추상적인 법과 도덕성의 결합이라고 말한다. 마찬
가지로 근대의 국가로서 역사적으로 이해되는 국가는 더 정확하게 말해서
프로이센Preußen이었다. 헤겔이 서른 살 이후로 줄곧 살아온 1821년의 베
를린 말이다. 이 프로이센 국가는 앞선 두 단계에서의 여러 원칙이 서로 화

해하는 가운데 "게르만 민족의" 제국으로서 성립되었다. 즉 고대와 중세를 극복한 근대 말이다. 객관적 정신은 이 국가의 가장 높은 단계에 도달한다.

"국가는 실체적인 의지의 현실태인데, 국가는 보편적으로 고양된 자신의 특별한 자의식 속에서 이 현실태를 가지며, 그 자체로 이성적이다. 국가라고 하는 이 같은 실체적인 단일체는 절대적이고 부동不動의 자기목적이 되는데, 이 같은 궁극적인 목적이 개개인에 맞서는 최상의 법을 갖는 한에서 그리고 개개인에게 주어진 최고의 의무가 국가의 구성원이 되는 한에서, 그 안에서 자유는 국가의 최상의 법이 된다."(§258)

헤겔에게서 자유가 매우 빈번하게 언급되는데, 칸트보다도 더욱 잦다. 다음에 나오는 단락의 첫 문장이 아래와 같다.

"국가는 구체적인 자유의 현실태이다."(§260)

위 문장을 좀 더 정확하게 살펴보면, 반박적인 내용의 보수적인 프로파간다가 행해지고 있음을 간파할 수가 있다. 즉 자유주의자들이 마구 울려대는 자유의 종鐘에 맞서는 자유의 프로파간다인데, 칸트와 그의 추종자들에게 맞서서 우회적으로 말하는 국가보수주의적인 방어벽인 셈이다. 우리는 즉 3월 혁명 이전의 시대Vormärz를* 살아가고 있다. 1819년에 코체부에Kotzebue가 암살당했고, 이를 계기로 칼스바트 결의Karlsbader Beschlüsse가 **

---

*독일 역사에서 1848년에 있었던 3월 혁명 이전의 시기를 뜻하는 용어로서 나폴레옹 황제가 몰락하고서 개최된 1815년의 빈 회의부터 1848년 혁명까지의 시기를 지칭하는 용어인데, 보수·반동적으로 불리는 소위 '메테르니히 체제' 시기와도 겹친다.

**1819년 3월 23일에 벌어졌던 극작가이자 러시아의 외교관인 아우구스트 폰 코체부에 August von Kotzebue 암살 사건을 계기로 당시 빈 체제를 주도하던 오스트리아 재상 메테르니히가 중심이 되어 보헤미아 지방의 칼스바트Karlsbad에서 개최된 독일동맹의 대표자 회합에서 같은 해 9월 20일에 통과시킨 결의를 말한다. 이 결의와 함께 당시 독일동맹에 속했던 개별 국나왔으며, 선동자들에 대한 박해가 시작되었다. 당시 프리드리히 빌헬름 2세가 베를린에서 통치하고 있었는데, 그는 나폴레옹과의 전쟁에서 승리하고서는 개혁정책을 그만두었고, 자유주의자들과 공화주의자들에 맞서서 러시아 및 오스트리아와 함께 신성동맹을 구축했다. 따라서 헤겔은 입법에 대해서 다음과 같이 서술하고 있다.

"총체로서의 입법권력 속에는 먼저 두 개의 다른 계기들이 영향을 미치는데, 즉 최고의 결정이 자신에게 귀속되는 군주적인 계기와 심의적인 계기로서의 통치권력이 그러하다. 후자는 사안에 대한 구체적인 인식, 다양한 측면에서 전체를 바라보는 통찰, 그 안에서 확정되는 현실적인 여러 원칙 그리고 국가권력이 필요로 하는 것에 대해 인식하고서 심의하는 계기인데, 결국에는 신분의회제적 요소가 영향을 미친다."(§300)

반면에 칸트는 프랑스혁명이 발발한 지 8년 후에 《윤리형이상학》에서 이를 달리 그리고 간결하게 언급했다.

"입법권력은 단지 인민의 결집한 의지에만 귀속될 수 있다."

안개가 차츰 걷히고서야 주변의 풍경을 제대로 인식하게 된다. 법에 관한 헤겔의 세 가지 단계, 즉 테제, 안티테제 및 진테제는 법과 도덕을 구별하는 칸트에게 맞서는 구조물이다. 이 같은 구별과 함께 국가의 법률과 개인의 양심 사이에 존재하는 모순이 가능하게 되었다. 이러한 갈등국면에서 칸트는 국가에 맞서서 시민들의 편에 서 있는 게 분명했다. 그러나 헤

가들의 권한이 상당히 침해되었다. 이로써 자유주의적이고 민족주의적인 많은 출판물과 단체의 결성 등이 금지되고, 대학들이 당국의 감시 아래에 놓였다.

겔은 그게 아니라고 답한다. 이것은 정치적으로 무의미한 일이고, 게다가 역사적인 착각이라고 말한다. 이 같은 갈등국면은 존재할 수가 없다고 한다. 왜냐하면, 법과 도덕이 더 이상 구별될 수가 없기 때문이다. 법과 도덕이 윤리성으로 결합하고서는 이미 하나가 되었다. 그리고 이보다 고차원에서 무언가 새로운 것이 생겨나는데, 즉 국가적, 프로이센적 그리고 보수주의적이라는 강조점을 지닌 프로이센 국가, 신앙의 자유가 바로 그것이다(오늘날의 관점으로는 군사독재에 해당한다). 원래는 전혀 더 이상 가능하지 않지만, 만약에 국가와 시민들 간에 실제로 갈등이 존재한다면, 윤리성은 당연히 국가의 편에 서서 결정을 내린다. 칸트에게서는 이 윤리성이 여전히 도덕과 동일한 의미였다. 헤겔은 이로부터 무언가 다른 것을 만들어낸다. 그는 동일한 단어를 갖고서 정반대의 결론에 도달한다. 즉 법과 도덕 사이에는 어떠한 구별도 없고, 단지 윤리성만 존재할 뿐이다. 따라서 그에게는 법과 정의 간의 모순 가능성도 더는 문제가 되지 않는다.

이것이 바로 19세기에 칸트와 헤겔에게서 제안된 거대한 법철학적인 구상이었다. 단순한 법도 추상화라는 보다 높은 차원으로 고양되는데, 일반화는 특수성을 도외시하는 보편적인 평등의 표현이기 때문이다. 즉 일반화는 법률이 지닌 장엄한 평등의 표현이다. 이것은 민사법, 형법 및 공법에서 그 이전에는 전혀 알지 못했던 보편적인 개념들을 켜켜이 쌓아 올린다. 이것이 이른바 개념법학이었다.

막스 베버

비로소 19세기 말에 법의 현실을 재발견하려는 반대 움직임이 시작되었고, 이로써 법사회학이 생겨났다. 이런 움직임들에서 처음 정점을 찍은 이가 막스 베버Max Weber인데, 또한 교육받은 법률가이기도 한 그는 1921년에 《경제와 사회》라는 책을 펴냈다. 법과 경제의 관계가 그의 연구주제였고, 특히 현대의 자본주의에 적합한 법이 어떤 모습이어야 하는지의 물음에 천착했다. 즉 법은 다른 법질서들과는 왜 그리고 어떻게 구별되는가? 후고 그로티우스와 유사하게 그 또한 많은 법 소재들을 수집했는데, 물론 전혀 다른 유형들이었다. 그는 개별적인 법 규칙들에 대해서는 별로 관심이 없었다. 그 대신에 그는 법이 고대에서부터 현재까지 어떻게 해서 생겨나고 기능하는지를 탐구했다. 그것의 사회적, 경제적 원인은 무엇인가? 그리고 어떠한 영향을 미치는지에 대해서 말이다. 그는 비합리적 그리고 합리적인 법 발견, 명망 있는 법학자들, 로마의 학식법률가들, 판례들과 시스템적인 사고, 소송절차의 형식적, 비형식적 성격, 실체법에서의 형식주의 또는 신념에 대한 지향성과 같은 법의 구성요소를 알아내기 위해서 많은 소재를 이리저리 살펴보았다. 그에게는 상품의 빠른 매출 상승과 같은 국민경제가 생산자와 상거래가 유연하게 대응하는 흥미로운 사례였다. 따라서 법에서 더는 융통성이 없이 고정된 규칙들만으로 결정되지 않고, 먼저 이 규칙들이 왜 그리고 어떤 의도로 준수되는지가 다뤄진다. 달리 말하자면, 법에서의 형식주의는 차라리 통계적인 시스템에 더 부합하는데, 반면에 법은 신념에 기대어서 잘 작동하는 국민경제를 지향하고 있다는 것이다.

법이란 무엇인가? 이 질문이 베버에게는 너무도 보편적인 물음이었다. 자유로운 선택이 아니라 차라리 의무적으로 그는 사회학의 기초개념을 다룬 책의 서론에서 잠정적인 대답을 내놓는다. 즉 법의 강제적인 성격이 결정적으로 중요하다는 것이다. 책의 제1장 §6에서 규범에 대해 밝히고 있다.

"규범이 그 위반을 그만두게 하게나, 위반에 대한 경고를 의도하는 행위를 통해서, 즉 본래부터 이를 위해서 채용된 인적 집단에 의한 (물리적 또는 심리적) 강제라는 기회를 통해서 외부적으로 보장된다면, 그것이 바로 법이다."

법은 강제장치다. 둘째, 자본주의의 법은 분쟁의 결정에 관한 합리성, 계산성, 예측가능성으로 묘사된다. 자본주의 경제는 계산될 수 있어야만 한다. 셋째, 이를 위한 가장 중요한 조건이 사법司法을 떠맡고 있는 법률가들의 직업적 신분이 보장되고 실존하는 것인데, 이들 법률가는 "부유하고, 특별히 자본주의적인 사적인 이익에 봉사하면서 활동하고 있고, 실질적으로 직접 이들 부자에게 기대어서 살아가고 있다"(제7장 §8). 법적인 테크닉에 관한 여러 개별사항은 별로 중요하지가 않다. 이는 일반적인 규범들을 지닌 대륙법이, 낡은 판례에 따라서 차라리 비합리적으로 결정되는 앵글로색슨의 법과 병존하고 있다는 사실에서 드러난다. 법률가들에게는 여러 상이한 시대와 나라들의 다양한 법 유형을 갖고서 다루는 저글링 곡예는 익숙하지 않은 관점이다. 그래서 곧 상황이 정반대로 흘러간 것도 결코 무리가 아니다.

한스 켈젠

한스 켈젠Hans Kelsen은 1934년에 출간된 자신의 저서《순수법학론》과 함께 고유한 노선 뒤로의 후퇴를 조직적으로 도모했다. 그는 총체적이고, 일관적이며 그리고 당당했다. 그는 법학에서 벗어나서 이제는 정확한 과학이 되어야 한다고 강조하는데, 예컨대 이미 법률의 해석에서부터 그래야 한다고 주장한다. 법률의 해석에 있어서 다양한 가능성이 존재하는 문제점이 궁극적으로는 해소되어야 마땅하다고 생각했다. 여기서는 법률가들의 언어가 갖는 불분명함이라는 오래된 딜레마가 문제시되는데, 책의 제1장에서 이에 관해 서술하고 있다. 민법전 제1570조에 따라서 갓난아기의 양육을 위한 생활부양비가 다뤄지고 있는 야콥Jakob과 마리Marie의 사안은 어찌 되는가? 이 작은 생명을 위한 첫 수정受精이 그 부모가 이혼하고 나서 비로소 행해진 경우에, 갓난아기인 게지네Gesine는 해당 규정이 의미하는 "부부 공동의 아이"인가? 법적으로는 충분한 이유와 함께 "아니다"라고 답할 수가 있지만, 마찬가지로 충분히 설득력 있는 논거로 "그렇다"라고도 답할 수 있다. 그렇다면 이에 대한 통설은 어찌 되는가? 여기서 통설은 전혀 아무런 입장을 내놓지 않는다. 그런데 한스 켈젠에게는 이게 전혀 문제가 되지 않는다. 그는 이것이 학자인 자신에게 주어진 학문적인 문제가 더 이상 아니라, 정치적인 문제라는 입장을 취한다. 법학은 이를 결정해서는 아니 되고, 그런 결정이 허용되지도 않는다는 건데, 법학은 단지 두 가지 가능성을 서술하고, 이것 또는 저것을 위한 논거들을 밝히기만 하면 된다고 본다. 사건을 관할하는 법원이 가장 결정적이다. 재판부의 법관들이 동등해야 하는데, 왜냐하면 여기서 법원은 법률을 제정하는, 즉 정치적 공간에서 법을 창조하는 의회와 유사한 과업을 갖는 까닭이다. 따라서 법관들에게는 법과 정의의 분리가 더는 유효하지가 않다. 법과 정의의 분리는 여전히 단지 법학자들에게만 유효할 따름이다. 《순수법학론》에서 아래와 같이 밝히고 있다(제2판, 1961, 348쪽).

> "적용해야 할 법은 이 모든 사안에서 단지 하나의 테두리(윤곽)를 형성할 따름인데, 이 테두리 안에서 법 적용에 있어서 다수의 가능성이 존재하게 된다. 여기서는 이 테두리 안에서 행해지는 모든 행위가 적법하고, 여하튼 가능한 의미들로 테두리 안을 채워간다."

법의 내용에 해당하는 그 결론이 확실히 중요하기는 하다. 그러나 그것은 정치적인 문제이고, 법이 무엇인가라는 물음과는 별로 상관이 없다. 이 책 199쪽의 내용은 다음과 같다.

> "사례 하나가 이 문제를 잘 설명해 준다. 즉 한 아빠가 아이더러 학교

에 가라고 명령한다. '왜 내가 학교에 가야 하나요?'라며 따지는 아이의 물음에 '아빠는 명령하고, 자식은 아빠의 명령에 복종해야 마땅하다'라고 답한다. 아이가 다시 되묻는다. '왜 내가 아빠의 명령에 복종해야 하냐?'고 말이다. 그러자 '신께서 자식은 부모에게 복종해야 한다고 명령했는데, 사람들이 신의 명령에 복종하듯 그렇다'라고 답한다. '왜 사람들은 신의 명령에 복종해야 하냐'고 아이가 또 되묻는다. 이것은 이 같은 규범의 효력에 관한 물음이기도 한데, 답은 이렇다. '사람들은 이 규범을 전혀 문제 삼지 않는데, 이것은 그 효력의 이유를 더 이상 찾지 않고서 이 규범이 단지 전제된 것으로만 여긴다는 걸 말한다.'"

켈젠은 이것을 근본규범이라고 부른다. 근본규범은 일종의 인위적인 개념인데, 토머스 홉스의 자연상태 개념처럼 후속적인 더 이상의 물음들을 불필요한 것으로 만들고, 이를 허용하지 않는 개념이다. 마치 다소 드라마처럼 다른 이들이 살아남으려면 한 사람은 명령해야 한다며 켈젠은 차분하게 아이는 학교에 가야 한다고 말했다고 거기에 그렇게 적혀있다. 법이 명령이라는 명령이론이다. 또한, 켈젠은 이것을 좀 더 우아하게 재구성하면서, 법은 당위규범이지 존재규범이 아니라고 말한다. 여기서 존재는 법의 내용, 배경 및 기능과 같이 법을 둘러싸고 있는 전체 부속물인데, 따라서 정치, 도덕, 경제 및 사회도 마찬가지다. 이로써 법은 아무것도 할 수가 없게 된다. 왜냐하면 그가 《순수법학론》에서 아래와 같이 서술하고 있기 때문이다.

"법이 무엇이고, 어때야 법인지 하는 물음에 답하려고 해야지, 법이 어떻게 존재하고, 어떻게 만들어져야 마땅한지의 물음에 답할 필요는 없다. 이는 어디까지나 법학이지, 법정책학이 아니다."(위의 책, 1쪽)

따라서 대체 무엇이 법인가? 그것은 권한 있는 자리에서 명령되고, 국가의 강제장치와 더불어서 관철되는 명령이고 당위이다. 토머스 홉스와 그가 남긴 유명한 문장, 즉 *auctoritas non veritas facit legem*이 그러하다. 진리가 아니라 국가의 권위가 무엇이 법인지를 결정한다. 이에 대해서 한스 켈젠은 아래와 같이 서술한다.

> "법규범은 그것이 특정한 내용을 갖고 있다는 이유로, 즉 그 내용이 전제하고 있는 근본규범으로부터 논리적으로 결론이 이끌어지는 방식으로 도출되어서가 아니라, 그것이 특정하게, 실로 최종적으로 전제하고 있는 근본규범에 의거해서 정해진 방식으로 제정되었기 때문에 유효한 것으로 적용된다. 이 같은 이유로 그리고 이 이유 때문에만 법규범은 법질서에 속하고, 이 같은 근본규범의 규범성에 합당하게 제정되었다고 본다. 그러므로 모든 임의적인 내용이 법일 수가 있다. 그 내용, 즉 한 규범의 내용일 수 있는 그 무엇 때문에 법이 아니라며 배제되는 인간의 행동은 절대 존재하지 않는다."

그렇다면 정의는 어찌 되는가? 지금 당신이 머물러 있는, 바로 그 문장들을 다시 반추해볼 수가 있다. 그러면 마지막 부록에서 결론이 나온다. 거기서 켈젠은 정의에 관한 개별 원칙들을 밝히는데, 이 원칙들은 지난 2천 년 동안에 아리스토텔레스의 평등에서부터 "각자에게 자신의 것"을 강조하는 로마의 법률가들을 거쳐서, 임마누엘 칸트의 정언명령에 이르기까지 50여 쪽 분량으로 분명하게 서술되고 있다. 논리적으로 전혀 아무도 이의제기할 수가 없고, 순서에 맞게 조심스럽게만 접근하면 된다는데, 그런데 모든 것이 아무것도 아니게 된다. 기준이 없는 척도, 눈금이 없는 줄자, 공허한 프로그램규정이어서 너무도 부정확하다. 모든 방법론이 마치 안개 속에 꽂혀 있는 막대와도 같고, 법인지를 판단하기에 부적합하다. 유감스럽게도 그렇다. 이 부분에 대해서는 더는 언급하지 않겠으니 양해를 구한다. 법은 명령이고, 정의는 "인류가 간직하고 있는 아름다운 꿈"이다.

과거의 법철학

이 주제에 관한 역사적인 여러 변형은 이로써 전체 모습을 묘사하는 제한된 숫자의 가능성을 드러낸다. 우리는 이것들에 가까이 다가가서 살펴보고서는 그 안에 무엇이 들어있는지를 전한다. 이것이 소크라테스, 플라톤, 아리스토텔레스 및 그로티우스가 행한 낡은 방법론이었다. 홉스와 더불어서 전환이 벌어졌다. 그 이후로 대다수는 몇 걸음 후퇴하고서 외부의 형식, 실루엣과 프로필을 바라본다. 칸트와 켈젠이 꼭 이와 같이 행했던 반면에, 막스 베버는 여전히 그 주변을 묘사했고, 헤겔은 제3의 길, 즉 그 한가운데에 놓여있으면서 통일체로서 내부의 실체를 가진 외부의 형식을 스케치하는 길을 따라갔다. 즉 이 외부의 형식이 바로 명령으로서의 법이고, 그 안에 정의가 자리하고 있다.

그렇다면 어떤 방법론이 올바른가? 이에 대한 대답은 관찰자의 법정책적인 관점에 달려있다고들 말한다. 이는 19세기에 칸트와 헤겔에게서 나온 두 개의 거대한 구상이 서로 병립하고 있음을 나타낸다. 그러나 이 둘 간의 간격이 점점 더 벌어지고 있는 가운데 관찰자의 태도가 더욱더 자유주의적일수록 외부의 형식만 더욱 두드러지게 강조된다. 여기서 자유주의적이라는 단어는 개인의 자유라는 의미일 뿐만 아니라, 또한 경제적 자유주의, 자본주의, 시장경제의 표현으로도 이해된다. 열려있는 닭장에서 마음껏 자유롭게 활보하는 여우는 법을 형식적으로, 즉 명령으로 바라본다. 여기에다가 도덕과 정의의 문제에 관한 모종의 무관심과의 분리가 덧붙여진다. 종종 그저 평균적 정의와 배분적 정의라는 두 가지 유형을 언급하는 아리스토텔레스가 인용될 따름이다. 그러나 이와는 달리 관찰자가 보수적이거나 사회적이라면 또는 사회주의적이거나 생태주의적이라면, 그는 그 안의 내용을 더 많이 살펴볼 터이고, 그에게는 형식적인 개념정의가 정의와 도덕보다도 덜 중요해진다. 이 두 가지 입장을 두고서 흔히들, 그 하나는 질서기능에 그리고 다른 하나는 법의 정의기능에 더 많은 강조점을 두고 있다며 그 성격을 규정짓는다. 그리고 이제는 오른쪽이든 왼쪽이든지 간에 각자가 바라보고자 하는 대로 스스로 대자적으로 결정할 수가 있다.

 이 같은 여러 역사적 변형은 여전히 다른 전망을 드러내고 있다. 이는 법과 국가 간의 결합에 해당하는데, 홉스에게서 극단적으로 좁게 그리고 헤겔에게서도 또한 마찬가지로 좁게 목도된다. 칸트에게서는 그것이 전적으로 미리 깔려있지만, 위 두 사람만큼 그렇게 집중적이지는 않다. 그리고 그로티우스에게서는 그것이 거의 전적으로 결여되어 있다. 홉스에게서 법은 통치를 위한 도구에 불과하다. 칸트에게서는 이와는 정반대인데, 그가 말하기로는 국가는 다수의 사람과 법규들이 모여 있는 단체이다. 즉 이 법률들은 권력을 가진 자들에게도 또한 적용되고, 이들을 제한하고 통제한다. 법치국가에서 법은 그 기능에 있어서 통치에 대한 통제로 나타난다. 또한, 이 같은 구별은 상이한 정치적 입장들에 따라서 조건적이다. 어떤 입장은 권위주의적으로 사고하면서 갈등국면에서 국가의 편에 서서 결정을 내린다. 다른 입장은 권력을 불신하면서 시민들의 편에 서서 결정을 내린다. 이는 또한 근본적인 신념의 문제이다. 따라서 그렇다면 무엇이 법인가?

법이 지닌 네 가지 기능

 사람들은 이 물음에 답하기가 어렵다고 알고 있다. 그렇지만 아마도 또한 이렇게 뒤섞여있는 가운데서도 공통분모를 찾게 되는데, 즉 법철학이 걸어온 지난 2천5백 년의 여정에서 법이 지닌 네 가지 기능들을 마주하게 된다. 이 네 가지 기능 중에서 각자는 그가 강조점을 두는 곳을 스스로 결정한다. 법이 지닌 네 가지 기능은 아래와 같다.

1. 질서기능
2. 정의기능
3. 통치기능
4. 통치에 대한 통제기능

첫째, 지금의 의미로 번역하자면 법은 질서요소이다. 흔한 사례는 도로교통이다. 도로교통을 세부적으로 어떻게 규율하느냐 하는 것은 결국에는 똑같다. 앵글로색슨계 국가들에서처럼 좌측통행이든, 유럽대륙에서처럼 우측통행이든 별로 상관이 없다. 단지 특정한 질서가 있기만 하면 된다. 이것이 도로교통에서뿐만 아니라, 일상에서 늘 행해지고 있는 법의 기능이다.

둘째, 법은 정의의 관철에도 기여한다. 이는 도덕적이나 사회적인 기능이기도 한데, 언제나 여전히 완벽하게 기능하지는 않는다. 세 번째의 통치기능과의 결합에서 비롯하는 결함이 존재한다. 즉 이밖에도 법은 통치를 유지하는 기능을 갖는다. 그래서 법학은 또한 통치를 위한 학문, 통치를 유지하기 위한 학문이다. 오늘날에도 확실히 통치가 존재하고, 국가는 또한 질서요소가 된다. 그러한 한에서 법의 통치기능과 질서기능에는 동일성이 주어져 있다. 그렇지만 이는 기만적이다. 서로 간에 단지 부분적으로만 보완하는 교집합이 존재할 따름이다. 먼저 통치는 종종 자기목적의 한 유형이다. 그렇지 않으면 기꺼이 통치를 받아들이려는 이들이 그리 많지 않을 법하다. 이어서 통치는 또한 언제나 다른 이해관계를 갖는다. 부르주아적, 자유주의적인 민주주의에서 그 이해관계는 생산수단에 대한 사유재산의 보존에 있다. 이와 더불어서 오늘날까지도 여전히 해결되지 못하고 있는 많은 문제, 즉 사회정의, 윤리, 환경보호 및 평화의 문제가 서로 얽혀있다.

통치기능이 지닌 일부의 부정적인 영향은 법이 통치에 대한 통제메커니즘으로 작용하면서 다소 완화되어왔다. 독일에서 이것은 행정재판과 헌법재판의 기능에 있어서 중요하다. 이게 바로 법치국가적인 사고다. 국가의 통치도 또한 법에 기속되고, 물론 국가 스스로가 이에 대한 윤곽조건들을 설정한 경우라 하더라도 통제되어야 한다.

현대의 법철학

과거의 법과 법철학에 대해서는 충분히 많이 다룬 듯싶다. 이제는 오늘날의 정의와 법철학에 대해 살펴보기로 하자. 우리 시대에는 두 학자가 과거의 철학자들을 뒤따라가고 있다. 니클라스 루만Niklas Luhmann과 존 롤스 John Rawls가 그러하다.

유럽인들은 고대 이래로 정의正義라는 주제에 내내 골몰하면서 정의에 관해 기술하기를 거듭해왔다. 오늘날에도 여전하고, 철학자와 법률가들은 미래에도 이 작업을 그만두지 않을 것이다. 물론 사법司法이라는 거대한 기계가 이 같은 성찰 없이도 작동하기는 한다. 15만 명에 달하는 독일의 법률가들은 매일매일을 법과 씨름하면서 살아가고 있다. 그리고 그 숫자만큼의 법학부 학생들이 대학에서 법학을 공부하고 있다. 그런데 이들은 정의에 대해서는 아무것도 배우지 않는다. 이들에게 무엇이 정의냐고 질문하면, 그저 더듬거리기만 할 뿐이다.

외부의 일반인들에게는 놀랄 일이지만, 이들 전문가에게는 그렇지가 않다. 왜냐하면, 이는 다루기에 매우 까다로운 주제이기 때문이다. 누군가가 정의에 관해서 말한다면, 그 배후에는 법은 정의롭거나 부정의不正義 한 내용이 담겨있는 그릇이라는 생각이 깔려있고, 이 그릇에는 오직 정의만이 허용되어야 한다는 요청과도 결합하여 있다. 법의 토대이자 척도인 정의는 고대에까지 거슬러 올라가는 하나의 상념이다.

시간이 흐르면서 개념 자체가 변해온 까닭에 위 논의가 더욱 어려워졌다. 그리스인과 로마인들에게 정의는 한 인간이 지닌 특성으로서 주관적인 정의였다. 객관적 정의와 관련해서는 해당하는 단어가 없었다. 객관적 정의는 법과 합체해있는 것으로 여겨졌고, *dikaion*, 즉 *ius*법라는 유일한 단어로 표현되었다. 즉 부정의 한 법이란 건 존재하지 않고, 단지 부정의 한 인간들이 있을 따름이다. 울피아누스Ulpianus에게도 또한 세상은 여전히 질서정연한 정상적인 모습이었다.

그런데 언젠가부터 이 세상이 더 이상 정상이 아니게 되었다. 이때부터 정의正義라는 단어의 의미가 "객관적"이라는 수식어 안으로 확장되기 시작했다. 갑자기 이 같은 두 개의 개념, 즉 객관적인 법과 객관적인 정의가 직접 서로 병존하게 되었다. 이제 심각한 경우에는 법이 부정의 할 수도 있다고 여겨졌고, 마치 바빌론의 언어 혼란 속에 성큼 들어선 것처럼 정의와 부정의 사이에서 다양한 단계에 걸쳐졌다. 즉 전체 법질서, 개별 법률 또는 개별 판결을 두고서 정의롭다거나 부정의 하다고 말할 수가 있게 되었다. 정의의 잣대를 들이대는 논증도 매번 바뀌어야 했다. 그러나 이것이 목도되는 경우는 매우 드물었다. 게다가 이 잣대도 여하튼 불확실했다. 아리스토텔레스가 말하는 평등만으로는 충분치가 않고, 울피아누스의 *Suum cuique*(각자에게 자신의 것을)도 불명확하고, 다른 유사한 규칙들도 마찬가지였다. 따라서 이에 많은 이들이 절망해야 한다면, 이 부분도 충분히 이해가 간다. 1974년에 스웨덴의 법철학자 빌헬름 룬드스테트Vilhelm Lundstedt는《현대 법철학의 해석》(Paul Sayre 편저, 450쪽 등)이라는 책에서 아래와 같이 지적한다.

"법의 토대가 정의이고, 이것이 법의 내용을 결정한다는 사고는 오늘날까지도 서구의 법학에 큰 영향을 미쳐왔다. 법학 문헌의 저자들은, 입법자는 정의에 의해 인도되어야 하고 법원에는 정의가 지배해야, 즉 정의가 실현되어야 한다는 생각을 여전히 고수하고 있다. 이 같은 주장이 법학에서는 결코 상투적인 빈말로 간주되지 않는다. 사람들은 그것이 오히려 사실에 기초하고 있다고 여기고 있다. 하지만 이러한 주장은 사실에 근거하지 않았으며 전혀 의미가 없다."

니클라스 루만

독일에서 영향력이 가장 큰 법철학 이론가인 니클라스 루만Niklas Luhmann이 바로 위와 같은 생각이었다. 그는 법학을 공부하고서 오랫동안 활동해온 법률가였는데, 이후 빌레펠트Bielefeld 대학의 사회학 교수가 되었고, 1998년에 작고했다. 그의 사회학적인 체계(시스템)이론 안에서 법은 가장 중요한 하부체계에 해당한다. 이에 대한 그의 기본적인 저서가 1969년에 출간된 《절차로서의 정당성》이다.

체계이론은 사회가 하나의 체계라는 상념을 전제하는데, 이 체계는 독자적인 유기체와 흡사하게 작동한다. 여기서는 하나의 체계가 가능한 여러 장애에도 불구하고 어떻게 균형을 유지하느냐 하는 물음에 특히 관심을 기울인다. 그래서 이 체계이론은 체제유지적, 보수적인 이론으로 다뤄지고 있고, 사회, 국가 및 경제가 마치 살아있는 유기체처럼 그 자체로 폐쇄적인 체계로 이해된다. 즉 하부에서 서로 얽혀있는 다수의 부분체계와 더불어서 전체 체계를 바라보게 되는데, 예컨대 소는 머리와 다리 그리고 날파리를 쫓아내는 꼬리, 내부의 장기, 혈액순환체계 그리고 두꺼운 가죽으로 외부와는 차단되어있다. 이것이 어떻게 작동하는가? 장애 요소는 어디에 있는가? 어떻게 모든 게 균형을 유지하고 있는가?

이 체계이론은 본래 미국에서 비롯한 것인데, 탈코트 파슨즈Talcott Parsons, 데이비드 이스턴David Easton 및 카를 도이치Karl Deutsch의 생물학적 모델을 본떠서 발전되었다. 루만의 독일적인 변형은 법 쪽으로 더 강하게 지향되었다. 이것은 사회적인 절차가 아니라, 정치적인 절차, 선거의 실시, 의회의 입법절차 그리고 특히 법원의 재판절차를 직시하면서, 중요한 사회적 갈등을 통해서 문제가 해결된다고 본다. 이것들은 제거되어야만 하는 장애들이다. 루만이 애용하는 개념이 복잡성의 환원인데, 즉 복잡하게 얽혀 있는 것을 단순화하는 것을 뜻한다. 그는 현대 산업사회가 복잡하고, 여러 결정이 필수적이라고 말한다. 많은 사물이 단순화되어야만 비로소 작동한다. 그러므로 우리네 법이 점점 더 일반적인 구성 쪽으로, 점점 더 고차원적인 추상 쪽으로 흘러가는 경향성을 갖는다고 말한다. 법원에서의 재판절차에 대한 그의 생각은 그의 법사회학계의 동료인 로트로이트너Hubert Rottleuthner로부터 아래와 같이 비판적으로 정리된다《법학과 사회과학》, 1972, 127쪽).

"정치체계와 법적인 독트린은 형식적인 결정프로그램을 법률과 도그마틱적인 보조수단 안으로 옮겨놓는다. 아카데믹한 법학을 매개로 해서 개인의 마음가짐과 이데올로기가 유효하게 적용된다. 늘 생겨나기 마련인 사회적 갈등의 잠재성은 먼저 경찰, 검찰, 변호사와 같은 선별된 중개자에게 과제로 주어지는데, 이들은 문제들을 선별하고서 해당 문제를 특수 언어로 번역하기를 시도한다. 비로소 문제들이 당사자 소송에서 낱낱이 다 까발려지고, 일상의 언어가 법정法廷에서의 언어로 번역되다시피 옮겨지고, 가능할 수 있는 논증의 스펙트럼이 좁게 수축하고서야 말이다. 요약해서 말하자면, 문제를 사법적으로 판단할 수 있는 사건으로 만들고, 이를 관할하는 법원이 지정되면, 내부의 변환과정이 시작될 수가 있다."

진리와 정의는 존재하지 않는다. 이것들을 위해서는 우리네 삶이 너무 복잡하기만 하다. 법원에서의 재판절차는 어떤 일이 실제로 있었는지를 발견하는 과업을 갖고 있지 않다. 이런 경우는 매우 드물다. 또한, 정의로운 해결책을 도모하지도 않는다. 왜냐하면, 이에 대한 입장들이 서로 다르기 때문이다. 법원과 소송당사자들이 재판에서 소송절차를 위한 특정한 규칙들을 준수하고, 소송절차는 단지 당사자들을 판결에 설득시키는 기능을 갖기 때문에 법원의 판결은 유효한 것으로 적용된다. 그렇다. 도대체 무얼 더 설득시켜야 하는가? 즉 법원의 소송절차는 그저 말하는 게 아니라, 이들이 판결을 받아들이는, 즉 "수락하는", 자신들을 기속한다고 인정하는 것이 중요하다는 사실만을 선언하고 있을 뿐이다. (판결의) 수락受諾은 또 다른 핵심개념이다. 수락은 소송상 절차규정들의 준수를 통해서 달성된다, 루만은《절차를 통한 정당성》(1969) 25쪽 이하에서 아래와 같이 서술하고 있다.

"단지 판결이 근거하고 있는 선별選別의 성과가 받아들여진다는 사실은 특별한 정당화 근거를 필요로 한다. 판결에 앞서서 전제된 모종의 진리만으로는 이를 위해서 충분치가 않다. 그러므로 소송절차에서 판결이 수락되기 위해서는 이 같은 추가적인 논거들이 만들어져야 하고, 이러한 의미에서 판결을 위한 권력이 형성되고 정당화되어야 한다는 사실이 받아들여져야만 한다. 이는 구체적으로 행사된 강제로부터 독립적임을 뜻한다. 이렇게 본다면, 법적으로 규율된 소송절차의 목적은 복잡성의 환원을 주체 내부적으로 옮겨 갈 수 있게끔 하는 것이고, 이는 진리의 도움을 빌려서 그리고 판결을 위한 정당한 권력의 형성으로 가능하다."

법은 형식적인 구성물이다. 그 내용은 동등하다. 가장 주된 사항은 그것이 제대로 기능하는 데에 있다. 이러한 논의의 배후에서 그 원조元祖 격인 토머스 홉스가 다시 눈짓을 보내고 있다. 니클라스 루만의 주장은 중산층 계급이 중심이 되는 산업사회의 포스트모더니즘적인 리바이어던인 셈이다. 토머스 홉스에게는 그 당시가 모든 게 그토록 위험했다면, 오늘날에는 모든 게 복잡하다. 당시에는 생존을 위해서 국가가 필수적이었고, 오늘날에는 절차가 기능화를 위해서 필수적이다. 당신이 감당해낼 수 없다면, 그냥 내게 맡기시라, 내게서는 단번에 해결될 일이다. 나나 당신이든, 그 누가 되었든 간에 어쨌든 사람들을 놀라게 하는 무대효과가 주된 일이니까 말이다.

존 롤스

하버드 대학의 철학교수로 재직하다가 2002년에 작고한 존 롤스John Rawls는 앞선 학자들과는 다른 지평 위에 서 있다. 그가 30년이 넘도록 천착해온 연구주제는 정의였다. 그 결과물이 1971년에 출간된《정의론》(독일어 초판은 1975년에 출간됨)이다. 이 책은 미국에서 사회적 생산물의 분배에 놓여있는 분명한 불평등에 대한 대답으로 간주할 수 있는데, 자유시장질서의 범주 내에서 재분배를 위한 일종의 사회민주주의적인 프로그램인 셈이었다. 이 책은 미국뿐만 아니라 서구의 다른 많은 나라에서도 사회철학과 법학 관련 문헌들에서 놀라운 반향을 불러왔다. 20세기에 그 누구도 롤스만큼이나 정의에 집중적으로 골몰해온 이가 없었고, 그 누구도 롤스만큼이나 많은 공감과 반박을 겪은 이가 없다. 존 롤스가 다뤄온 주제는 배분적 정의, 즉 사회적 정의의 문제이다.

"우리에게 정의의 첫 번째 대상은 사회의 기본 구조다. 더 정확하게는 가장 중요한 사회적 기구들이 기본권과 기본의무 그리고 사회적인 공조 및 협력의 과실果實을 어떻게 배분하느냐 하는 유형에 있다. 이러한 가장 중요한 기구들로 나는 헌법 그리고 가장 중요한 경제적, 사회적 관계들을 파악하고 있다. 예컨대 사상과 양심의 자유의 법률적 보장, 경쟁이 행해지는 시장, 생산수단에 대한 사유재산권 및 일부일처제의 가족이 그러하다. 정리하자면, 가장 중요한 기구들이 인간들의 권리와 의무를 확정 짓고서는, 이들이 앞으로 무엇이 될 수 있을지 그리고 어떻게 잘 지내게 될지 하는 삶의 기회에 영향을 미친다.”

롤스는 정의로운 법을 위한 범주를 발전시키려고 노력했는데, 그가 내린 결론은 새로운 진리의 목록이 아니라 새로운 방법론이다. 이 방법론은 자연상태와 17~18세기의 위대한 자연법체계에서 나온 사회계약을 본떠서 구성된 절차이다. 즉 절차로서의 정의인데, 그러나 루만의 경우처럼 정의가 과잉적인 그러한 절차가 아니라, 정의를 끄집어내는 절차이다. 롤스의 모델에서 정의는 사회계약으로부터 생겨나는데, 가상의 상황에서 사람들이 이구동성異口同聲으로 일치하는 가운데 이 사회계약을 결정한다. 그는 이것을 원초적 입장original condition으로 묘사한다.

이 같은 구성은 그것이 공정하게 결정되고, 특별한 이해관계와는 무관하다는 사실을 통해서 보장된다. 즉 공정公正, Fairness으로서의 정의이다. 토머스 홉스의 자연상태가 아니라 존 롤스의 원초적 입장은 모든 문제가 잘 알려져 있는 문명화된 출발점인데, 아리스토텔레스부터 현재에 이르기까지의 정의 문제에 대한 사회철학적인 해결책이기도 하다. 이 같은 새로운 입장 속에서 사람들은 무지無知의 베일veil of ignorance 뒤에서 결정을 내린다. 자신의 성별과 나이, 계급과 인종이 이 같은 결정사항에 해당한다. 그리고서는 어떤 행운이 이후에 그에게 주어질지를 아무도 알지 못하고, 누구라도 그 어떤 위험을 감수하려 하지 않기 때문에 사람들은 적어도 정의에 관한 세 개의 기본원칙에 합의하게 된다고 롤스는 생각한다. 즉 자유, 기회의 균등, 차별화 원리가 그러하다. 이에 따르면 누구나 자신의 인권을 포괄적으로 보호받고 경제, 행정 및 국가의 모든 자리에 평등하게 취임할 권리를 갖는다. 그리고 롤스가 지칭하는 차별화 원리에 따르면 사회적, 경제적 불평등은 그것이 가장 적은 수혜를 받는 이들에게도 동시에 가급적 최대한의 장점을 가져오는 경우에만 그 존속이 허용된다. 이로부터 롤스에게는 실적주의와 생활수준에 상응하는 정의의 우선성이 도출된다.

일관되게 법의 정의로운 내용을 자신의 목표로 의도하는 이에게는 어쩔 수 없이 강제적으로 저항권이 주어진다. 롤스는 폭군에 반대하는 저항권과 "거의 정의로운" 사회에서 불법에 반대하는 시민 불복종 사이에서 이것들을 구별 짓는다. 원칙적으로 사람들은 부정의不正義 한 법률에 따라야 한다. 그러나 여기에는 아래와 같은 한계가 있다(독일어판, 391쪽 이하).

> "대충 표현하자면, 부정의에 뒤따르는 부담은 긴 안목으로 볼 때 많든 적든지 간에 사회 내 여러 상이한 집단에 균등하게 배분되기 마련이고, 그래서 모든 개별 사례에서 부정의로부터 매우 심각한 불이익이 더 커지지는 않는다. 이러한 까닭에 부정의로 인해서 오랫동안 지속해서 고통을 겪어온 소수자들에게는 복종 의무가 의문시된다. 그래도 사람들은 자신과 타인의 기본적 자유를 포기할 필요는 없는데, 왜냐하면 이로써 정의의 의미에서 원초적 입장에 놓일 수가 없기 때문이다. […] 적어도 거의 정의로운 관계들 속에서 또한 흔히 부정의한 법률들에 복종할 의무가 존재하는데, 때에 따라서는 이 의무가 부정의의 특정 기준선을 넘어서지는 않는다."

"대충 표현하자면"과 "특정의 기준선"에 대해서 좀 더 살펴보기로 하자. 더 정확하게 이것이 무언지는 롤스 자신도 말하지 않는다. 정의에 대한 숙고가 의미 없다고 여기는 이들에게는 이것이 물레방아를 돌리는 시냇물이 아니어서 전혀 득이 되지 않는다는 건가? 정의가 바로 평등이다. 아리스토텔레스의 이 같은 오랜 지혜가 여전히 중요하지 않은 게 아니다. 이후 시간이 흐르면서 자유가 여기에 덧붙여지면서 마치 두 개의 몸이 맞붙어있는 샴쌍둥이가 되고, 롤스는 인권과 차별화 원리로써 이를 보완한다. 이는 아주 많지는 않지만, 대답된 것보다도 더 많은 물음을 여전히 남겨두고 있다는 게 확실하다. 그런데 불확실성이 단지 정의의 문제만은 아니다. 이는 법에서도 또한 발견된다. 즉 법에서도 어떤 해결책이 올바른 것이라고 말하게 하는 그런 적확한 규칙들은 매우 드물다. 사람들은 법률의 해석만을 생각할 뿐이다. 그러므로 지금껏 그 누구도 이에 대한 방법론적인 숙고가 의미 없다고 해명할 생각에는 결코 이르지 못했다. 그렇다면 앞서 다룬 야콥과 마리의 사례는 어찌 되는가? 마리는 이혼하고서 10개월이 지나서 세상에 나온 아이의 양육을 위해 민법전 제1570조에 따라서 야콥에게 생활부양비를 요구할 수 있겠는가? 이 사안을 분명하게 결정짓도록 하는 법적인 규칙은 존재하지 않는다. 그리고 이런 사례들이 일상에서 허다하다. 따라서 법에서 무엇이 올바른지 하는 것은 정의와도 다르지가 않다. 법에 대해서보다도 정의에 대해서는 적확한 규칙이 더 적다는 사실만큼은 확실하다. 법의 규율밀도는 정의의 그것보다도 훨씬 더 높다. 종종 무엇이 올바른 것인지를 안다고 하더라도, 그 이유를 제대로 설명할 수가 없다. 그렇다고 해서 이게 정의가 존재하지 않는 이유라고 말할 수가 있을까? 이런 까닭에 정의와 이에 대한 성찰이 의미가 없겠는가?

그렇지가 않다. 왜냐하면, 또한 분명한 사례들이 존재하기 때문이다. 즉 정의의 규칙들이 분명한 결론으로 이끄는 그런 사례들이 있다. 예컨대 존 롤스가 말하는 규칙들이 그러한데, 이에 따르면 어떤 결론이 올바른지를 정확하게 말할 수 있게 된다. 이는 여전히 정의가 존재하지 않는다면, 법 혼자만으로는 거부될 그런 사례들이다. 최근에 와서 정의가 다시 현실적인 문제가 되고 있다. 부정의不正義한 법률들이 존재한다. 그래서 법률적 불법에 대해서 말한다.

법과 정의의 분리: 구스타프 라드브루흐

우리가 이 논의를 시작한 처음으로 다시 돌아가 보자. 법과 정의의 분리라는 원칙을 구스타프 라드브루흐Gustav Radbruch만큼이나 절박하게 구성해낸 이가 드물고, 그이만큼 기본적인 원칙들 속으로의 근본적인 회귀가 필수적이라고 여긴 이도 드물다. 1932년에 그는 아래와 같은 글을 썼는데 《법철학》 제3판, 83쪽 이하), 우리는 차분하게 다시 한 번 더 두 번째로 이 문장을 정독할 수가 있다.

"자신의 고유한 법 감정을 법의 권위적인 명령 앞에 희생시킨 채로 법률에 담겨있는 입법자의 의지를 유효하게 적용하는 게 법관에게는 직업상의 의무이다. 그는 단지 "무엇이 올바른지"만을 질문할 따름이고, "저것도 올바를 수 있지 않겠는지?"라는 물음은 절대로 꺼내지 않는다. 그런데 법이 늘 그 내용상으로 얼마나 부정의不正義 하게 형성되곤 하는가? 법은 이미 그 존재 자체가 자기목적이고, 법적 안정성이라는 목적을 충족하고 있다고들 말한다. 우리는 자신의 신념에 반하는 내용을 설교하는 사제司祭를 경멸하면서도, 자신의 법 감정에 반하는데도 그저 법률에 충실한 가운데 이리저리 현혹당하지 않는 법관을 칭송한다."

이후 14년이 지나고서, 히틀러의 제3제국이 자행해온 법의 황폐화에 깊은 영향을 받고서는 그는 생각을 바꿨고, 이렇듯 부정의한 법률들이 있을 수 있다는 사실을 인식하면서 이 법률들을 법률적 불법으로 받아들여야 하고, 또한 법관들은 이 법률들을 수용해서는 아니 된다고 보았다. 예컨대 1935년에 제정된 「뉘른베르크 인종차별법」이 그러했다. 이어서 그는 1946년에 이른바 **"라드브루흐 공식"**을 서술했다(《법철학》 제8판, 1973, 345쪽).

"정의와 법적 안정성 사이에서 불거지는 갈등국면에서 다음과 같은 해결책이 허용되는데, 즉 규약과 권력으로써 보장되는 실정법은, 설령 그것이 내용상으로 부정의하고 합목적적이지 않더라도, 우선성을 갖는다. 그러나 정의에 대한 관계에서 실정법이 지닌 모순이 더는 감당할 수 없을 만큼에 이르는 경우는 예외인데, 이때 법률은 '부정의不正義한 법'으로서 정의正義로부터 한참이나 멀어져 있다."

올바르지 않은 법은 그래도 법률적인 법이다. 이는 동독과 서독, 양 독일 국가가 통일된 이후에 과거 동독에서 자행된 불법을 다루는 형사재판에서 나름 중요한 역할을 수행했다. 특히 국경을 수비하는 병사들의 장벽사살사건을 다룬 재판과 호네커Honecker 재판에서 그리고 정치국 간부들, 국경수비대의 장군들에 대한 재판에서 그러했다. 구舊 동독의 법에 따르면 이 같은 만행蠻行이 합법이었는데, 1982년에 제정된 국경법 제27조 제2항은 아래와 같이 규정하고 있었다.

> 정황상으로 범죄인 것으로 드러나고, 직접적으로 직면해 있는 범죄행위의 실행 또는 계속을 막기 위한 총기 사용은 정당하다.

누군가가 장벽을 넘어서 탈주하려고 하면, 동독 형법 제213조에 따라서 불법적인 월경越境으로 간주하고 대부분의 경우에 이것은 단순한 법률위반일 뿐만 아니라 범죄행위가 된다. 이 경우에는 사살射殺이 허용된다. 도망자가 사살되면 살인죄의 구성요건을 충족하지만, 사살행위는 국경법 제27조에 따라서 정당화되고, 따라서 처벌받지 않는다. 이와는 달리 총을 쏜 사수射手는 칭송받고 보상을 받는다. 그렇지만 독일의 법정法廷에서는 이를 다르게 바라본다.

독일의 법원에 있어서 통일 이전의 동독은 형사법적으로는 외국에 속했다. 독일법은 형법전StGB 제3조의 이른바 "영토원칙"상 국내에서 벌어진 행위에만 적용되기 때문에 독일의 법원은 이에 대해 관할권이 없었다. 독일 법원은 지금 과거 동독에서 벌어진 범죄행위에 대해 판결을 내려야만 하는데, 그간 전례가 없던 일이었다. 동·서독 간에 체결된 통일조약에 그렇게 적혀있다. 그러나 독일 법원은 동독의 법에 따라서 판결해야만 한다. 이 또한 통일조약에 적혀있고, 게다가 당연한 일이기도 하다. 왜냐하면, 독일법은 고유한 영토에 국한되고, 동독 지역에까지 소급해서 적용될 수가 없기 때문이다. 이는 기본법 제103조 제2항에서 정하고 있는 *nulla poena sine lege,* 즉 "법률이 없으면 형벌도 없다"라는 원칙에 위반될 수 있다.

> 한 행위는 그것이 행해지기 전에 그 가벌성이 법률상 규정되고 있는 경우에만 처벌될 수 있다.

동독 지역에서 그리고 과거에 행해진 행위에 대해서도 또한 독일 법원에서 마치 원래부터 고유한 법인 마냥 동독의 법률들이 적용된다. 그렇다면 국경법 제27조는 어떻게 되는가? 병사들은 해당 사살행위로 인해 동독의 법에 따라서 유죄선고를 받게 되는데, 그러나 이들 병사는 국경법을 앞세워서 항변할 수는 없다. 베를린의 법정에 섰던 호네커와 동독 국방위원회의 다른 간부들, 정치국의 위원들 또는 국경수비대의 장군들도 마찬가지였다. 왜 안 된다는 건가? 베를린의 옛 궁정법원Kammergericht에 자리하고 있는 고등법원은 첫 번째 판결에서 다음과 같이 밝혔다(NJW 1991, 2654쪽).

"불법적인 월경越境에 대해서 오랫동안 처벌의 위협이 장착되어온 규정(동독형법 제213조), 즉 특정한 상황에서 국경법 제27조를 저해하는 행위에 대해 총기 사용을 허용하는 규정은 주민들이 동독의 사회주의

적인 권력 영역으로부터 떠나려는 것을 막고, 이로써 전체주의적인 통
치시스템의 지속을 보장하고자, 근본적인 법치국가원리에 뿌리내리고
있는 동독 시민들의 거주·이전의 자유를 억압하는 것이다. 이러한 정
치적 이유로 의도적으로 사람을 살해하는 자는 법과 인간성의 근본원
칙을 침해하는 행위다. […] 이러한 사실로부터 다음과 같은 결론이 이
끌어지는데, 즉 독일 내부의 국경 지역에서 단지 일반적으로 억압되어
온 거주·이전의 자유를 행사하려는 탈주자들이 폭력이나 협박 등으
로 다른 법익을 위협하지 않는데도, 이들에 대한 총기 사용은 국경법
제27조 제3항에 따라서 정당화되지 않는다."

1946년에 발표된 라드브루흐 공식은 이해하기가 쉽지 않지만, 그러나
오해의 여지없이 자명하다. 국경법과 동독형법 제213조는 기본적인 인권
을 침해하고 있다. 인권은 정의의 요청이다. 그리고 국가의 법률과 정의 사
이의 모순이 이토록 감내할 수가 없다면, 해당 법률은 불법이기에 법관에
게서 무시되어야 하고, 적용되어서는 아니 된다. 따라서 총을 쏜 병사들은
그들이 이러한 사실을 인식해야만 하는 한 형사처벌적인 행위를 범한 것
이고, 이는 동독의 국방위원회 간부나 다른 모든 이들에게도 마찬가지다.
베를린의 고등법원은 라드브루흐 공식을 명시적으로 언급하지는 않은
채로 전체 상황을 다소 달리 재구성하면서 법률의 무효를 주장하는 게 아
니라, 병사들이 인간성의 근본원칙을 침해했다고 말하는데, 즉 법률이 아
니라 사람들에게 방점을 두었다. 그리고서 장벽사살사건을 다룬 베를린
지방법원의 판결이 있었고, 여기서 많은 쟁점이 보다 더 분명해졌다. 이제
는 라드브루흐 공식이 명시적으로 언급되고, 국경법 제27조는 해당 조항
이 도망자에 대한 사살을 허용하는 한에서 무효로 선언되었다. 대부분의
하급심 판결들을 그대로 확인해온 연방통상법원BGH도 마찬가지로 명시
적으로 라드브루흐 공식을 인용했다. 예컨대 1984년에 베를린의 판코우

Pankow 지역에서* 장벽을 넘어서 서쪽으로 탈주를 시도한 젊은이를 사살한 두 명의 국경경비대 병사들에 대한 판결에서 다음과 같이 밝히고 있다 (NJW 1993, 144쪽).

"정당화 사유 속에 정의와 인도주의의 근본사고에 반하는 확실히 중대한 침해가 표현되고 있다면, 이는 보다 고차원의 법에 대한 위반이어서 행위를 정당화하는 사유라 하더라도 고려되지 않을 수 있다. 해당 침해행위가 매우 어렵사리 법익형량 되는 게 분명한데, 전 세계의 모든 이들에게 공통되고, 인간의 존엄성과 가치와도 연결되는 법적인 확신을 침해하고 있다. 정의에 대한 실정법의 모순이 이렇듯 감내할 수 없음이 틀림이 없기에 해당 법률은 부정의한 법으로서 정의에 반한다."

그리고 1991년 베를린 고등법원이 행한 판결처럼, 왜 국경법 제27조가 감내할 수 없을 정도로 정의에 반하는지를 정당화한다. 구舊 동독 측은 노동력을 갖춘 시민들이 동독 지역을 떠나지 못하게 하는 데에 이해관계를 갖고 있었지만, 그렇다고 해서 이들의 생존권보다도 더 높은 법익은 아니다. 따라서 국경법 제27조는 부정의한 법으로서 정의에 반한다.

그렇다. 이게 정의正義다. 결론적으로는 올바르다고 여겨진다. 그런데 단 하나만은 간과되어서는 아니 된다. 국경법 제27조는 예컨대 서독 형법전 제32조에 따른 정당방위와 마찬가지로 이른바 정당화 사유였다. 즉 긴급한 방어 상황에서 누군가가 타인을 살해하는 경우에는 처벌될 수 없다. 이는 이 같은 살해행위에 대해서는 마치 그 어떤 형법도 존재하지 않는 것과도 같다. 그리고 만약에 내가 정당화 사유를 가진 이에게 유죄를 선고한다면, 그는 법률이 없는데도 유죄선고를 받는 것과 하등 다를 바가 없다.

---

*통일 이전에는 동베를린에 속했고, 현재는 베를린시 전체에서 주민 수가 두 번째로 많은 자치구이다.

nulla poena sine lege, 즉 "법률이 없으면 형벌도 없다"라고 기본법GG 제 103조 제2항에서 그렇게 규정하고 있다. 이렇듯 라드브루흐 공식이 국경법 제27조에 적용되면, 이는 불법이 벌어진 이후에야 비로소 제정된 연합국 측의 법률에 근거해서 피고인들에게 유죄가 선고되었던 뉘른베르크 전범재판과도 하등 다를 바가 없다. 여기서 사람들은 자연법을 말하곤 한다. 자연법은 인간의 본성과 정의로부터 비롯해서는 긴급한 경우에 국가와 그 법률들에 반해서라도 적용되는 그런 법이다. 따라서 이것은 종종 정치적 주장이거나 법철학의 한 유형일 뿐이다.

뉘른베르크 전범재판은 그것이 지닌 자연법적인 성격과 "법률이 없으면 형벌도 없다"라는 문제로 인해 오늘날까지도 저명한 법률가들로부터 늘 거듭해서 비판되고 있다. 나는 이 같은 비판이 부당하다고 생각한다. 왜냐하면, 나치의 잔혹함은 너무도 극단적이어서, 우리가 가진 형법의 정상적인 규정들에 따라서는 심판할 수가 없기 때문이다. 구舊 동독 정권이 저지른 만행이 너무도 심각하고 끔찍했지만, 장벽과 철조망에서 죽어간 이들에게는 더했다. 그사이에 국제형사재판소가 행한 몇몇 재판의 판결에서(이에 대해서는 앞의 제9장 참조) 뉘른베르크 전범재판에서 적용되었던 사고가 채택되었다.

끝에 남아있는 또 한 명의 철학자 – 위르겐 하버마스

법철학이 소크라테스부터 헤겔에 이르기까지 2천5백 년 동안은 철학자들의 일이었다가, 20세기로 넘어오면서 법률가들의 손에 쥐어졌다. 19세기 후반부에 법치국가가 성립되면서 국가법과 행정법이 생겨났기 때문인데, 여기서는 단지 법적으로 무엇이 올바른지를 질문할 뿐이지, 어떻게 하면 그것이 사회를 위해서 더 나은 것이 될 수 있을지는 더 알려고 하지 않는다. 그러나 20세기 말에 한 철학자가 다시 무대 위에 등장하는데, 그는 막스 호르크하이머Max Horkheimer와 테오도르 아도르노Theodor Adorno가 중심이 된 좌파자유주의적인 프랑크푸르트학파에서 저명한 그리고 전 세계에 마지막으로 널리 알려진 이 학파의 대변자이다. 즉 위르겐 하버마스Jürgen Habermas가 1992년에 《사실성과 타당성-법과 민주적 법치국가의 담론이론에 관한 소고-》라는 자신의 저서와 함께 무대 위로 등장했다.

하버마스에게 있어서 사실성Faktizität은 한 사회의 보편적인 상태이고, 타당성Geltung은 이 상태가 어떻게 더욱더 나아져야 마땅한지에 관한 상념을 뜻한다. 여기서 법은 "사회적 통합"의 기능을 갖는데, 왜냐하면 현대 사회에서 사실성과 타당성이 서로 멀어져 있고, 법과 법률이 이 같은 균열을 극복해야 마땅하다고 본다. 그는 마찬가지로 중요한 법률의 적용, 법원을 통한 법률의 해석과 법학, 즉 통설(이에 대해서는 앞의 제1장 참고)에 대해서는 따로 다루지 않고 있다.

법이 이 같은 과업을 어떻게 수행해야 마땅한지는 이 책의 부제가 말하듯이 사회 안의 담론을 통해서 국가의 법률 제정에 영향을 미친다고 본다. "법적으로 파악된 담론적인 입법절차에서 법공동체 안의 모든 동료의 동의가 법률 속에서 확인되거나" 또는 거의 다른 모든 곳에서도 그러하다면, 이 법률들은 정당하고 도덕적으로도 올바르다. 이것이 위르겐 하버마스로부터 오랫동안 전개되어온 담론윤리이고, 사람들은 서로 대화해야 하고, 따라서 문제를 해결하기 위해서는 가급적 많은 사람이 서로를 이해해야 마땅하다고 주장하는데, 왜냐하면 대화가 선善한 쪽으로 영향을 미치거나 심지어 그 자체로 이성적이기 때문이다. 따라서 토머스 홉스의 *"auctoritas non veritas facit legem"*, 즉 "진리가 아니라 권위가 법을 만든다"와는 정반대인 셈이다. 그러한 한에서 이 대목은 환경 및 기후보호를 위해서 원자력에 저항하는 시민운동의 성공으로 입증되었다.

그렇다면 사람들과 제대로 소통하지 않는 미국의 도널드 트럼프Donald

Trump나 영국의 보리스 존슨Boris Johnson같은 포퓰리스트가 권력을 손에 쥔 것은 대체 어찌 된 건가? 그리고 반反외국인 정서를 확산시키고, 이로써 1999년에 나치의 지하조직이 자행한 살해행위부터 2020년 하나우Hanau에서 벌어진 무슬림에 대한 살해행위에 이르기까지 극우주의자들의 테러리즘을 위한 온상이 된 독일대안당AfD은 어떠한가? 그리고 점점 더 많은 사람이 가능한 모든 영역에서 급진적으로 되어가고, 정치적, 역사적, 경제적 그리고 학문적인 인식을 외면하는 것은 대체 무엇이란 말인가? 좋은 대화가 도움이 되는가? 또는 결국에는 단지 국가만이 혼자서 조치를 취하고 있지 아니한가?

정의正義가 무엇인지 이제는 알 것 같은가? 그러니까 지금은 말이다. 시대마다 고유한 답이 존재해야만 한다는 것을 우리는 처음으로 이해하고 있다. 그리고 막스 베버부터 존 롤스에까지 이르는 법률가들보다도 하버마스가 답에 더욱 가까이 다가서 있다. 왜냐하면, 이미 기본법GG이 민주적, 사회적 연방국가를 늘 말하고 있기 때문이다. 그 밖에 하버마스와 플라톤 사이에는 모종의 유사성이 놓여있다. 둘 다 두 개의 세계를 묘사하고 있다. 플라톤의 경우에는 위에 자리하고 있는 우리가 명령하고, 아래에 놓여있는 너희들은 분별 있게 행동해야 한다고 말한다. 하버마스의 경우에는 위에 있는 너희들은 통치하고 그리고 통치해야만 하는데, 아래에 있는 우리는 위로 요구해야 마땅하다고 말한다. 그러나 이 둘 간의 차이가 마찬가지로 크다. 플라톤은 이 대목을 놀랍도록 아름답게 서술할 수가 있었다. 그런 까닭에 그의 성공은 오늘날까지도 이어지고 있다. 위르겐 하버마스가 쓴 660쪽에 달하는 책은 그저 바람이나 기대에 불과하다. 27년 후에 그는 이 책을 재편집하고서 2019년에 두 권의 책으로 묶어서《또한 철학의 역사》라는 책을 펴냈다. 훌륭하고 아름다운 책이어서, 족히 읽어볼 만하다.

[참고문헌]

Heinrich Weber-Grellet, Rechsphilosophie und Rechtstheorie, 7.Aufl. 2019 (von Sokrates bis Habermas); Ernst-Wolfgang Böckenförde, Geschichte der Rechts- und Staatsphilosophie. Antike und Mittelalter (Sokrates, Platon, Aristoteles und andere griechische Philosophen, außerdem die Römer,alles sehr ausführlich). Die Zitate: Ottfried Höffe, Kleine Geschichte der Philosophie, 3. Aufl. 2018, S. 35. Karl Raimund Popper, Die offene Gesellschaft und ihre Feinde, 1.Band: Der Zauber Platons, 8.Aufl. 2003, S. 227, 231. Widerspruch gegen Popper: Dorothea Frede, Platon, Popper und der Historismus, in: Enno Rudolph (Hg.), Polis und Kosmos, 1996, S. 74-107.

인명 및 사항색인

거의 모든 법
-시민들을 위한 법 안내서-

초 판 1쇄   2026년 2월 15일
저   자   우버 베젤(Uwe Wesel)
역   자   이종수
발 행 인   전민형
디 자 인   박고운
발 행 처   푸블리우스
등   록   2018년 4월 3일 (제2023-000194호)
주   소   서울시 마포구 월드컵로8길 45-8, 3198호(서교동, 양성빌딩)
전   화   02)927-6392
팩   스   02)929-6392
이 메 일   ceo@publius.co.kr
I S B N   979-11-89237-36-3   93360

정   가   32,000원